启真学术文库

从「修身」到「工夫」

陈立胜——著

儒家「内圣学」的开显与转折（增订版）

ZHEJIANG UNIVERSITY PRESS
浙江大学出版社
·杭州·

图书在版编目（CIP）数据

从"修身"到"工夫"：儒家"内圣学"的开显与转折 / 陈立胜著. -- 增订版. -- 杭州：浙江大学出版社, 2025. 5. --（启真学术文库）. -- ISBN 978-7-308-25982-8

Ⅰ. B222. 05

中国国家版本馆CIP数据核字第2025FN3594号

从"修身"到"工夫"：儒家"内圣学"的开显与转折（增订版）

陈立胜 著

责任编辑	凌金良
责任校对	赵　珏
装帧设计	罗　洪
出版发行	浙江大学出版社
	（杭州市天目山路148号　邮政编码310007）
	（网址：http:// www.zjupress.com）
排　　版	北京楠竹文化发展有限公司
印　　刷	北京天宇万达印刷有限公司
开　　本	635mm×965mm　1/16
印　　张	31
字　　数	477千
版 印 次	2025年5月第1版　2025年5月第1次印刷
书　　号	ISBN 978-7-308-25982-8
定　　价	95.00元

鸣　谢

儒家形而上学既非"思辨的形而上学",亦非"道德底形而上学"(metaphysics of morals),而是以道德体证为进路证成的形而上学即"道德的形而上学"(moral metaphysics)。依此牟宗三先生之慧见,儒家形而上学的内容实则由"道体"与"体道"两个面向构成。形而上学的"道体"是在"体道"的过程之中证成的。我自2003年完成"王阳明万物一体论"的研究计划之后,便自觉转向王阳明致良知工夫论研究。前后两个研究领域,前者聚焦于"道体",后者关乎"体道"。王阳明的工夫论则必须放在儒家修身传统之中才能得到适当的定位与理解,于是我个人的兴趣也由阳明学转向对整个儒家修身学传统的研究。

儒家修身传统渊源有自,自《尚书·皋陶谟》提出"慎厥身修"的观点起,迄今已有数千年的历史。任何一个悠久的传统之存续都必表现出因袭与损益、变与常的辩证面向。传统作为世代延续之物在根本上是一种世代性、历史性现象,历史的时间并非"匀质的"且量化的物理时间,而是由一系列重要的历史时刻所刻画,其中既有中断,又有转择,构成了异质且定性化的时刻与时机。在宗教传统中,时间是由"神圣者""圣贤"的参与、显现而表现出一个个重要的"节点"与"时刻",它传递出重要的精神信息,即保罗所谓的"凯罗斯"(Kairos,即天命时刻),是"白昼之子"期待、响应基督再临的时刻;同理,"天生仲尼",在儒家那里则是打破长夜的关键时刻。在上下五千年的中国历史中,人们耳熟能详的富有"时间"意义"之际",如春秋战国之际、唐宋之际、明清之际、清末民初之际,不仅标志着朝代的更迭,更意味着社会政治的转型乃至人之生存方式的转变,反映在思想上则是思想形态的转型。"身"之所在之"时"与"世"的变迁,当然会折射在修身思想的转折上面。刻画修身传统之中的这些重大的转折"时刻",是修身谱系学研究的重要内容,这也正是本书所尝试进行的工作。

本书十四章（另加"导论"）系由单篇论文构成。这些文字多曾在不同场合发表，我一直对结缘的师友持有真挚的敬意。

我要感谢杜维明先生。2002—2003 年，应先生之邀，我担任哈佛燕京学社访问学者。2019 年与 2020 年春季学期，我又前后两次受先生之邀，担任北京大学人文高等研究院高级访问学者（2020 年春季学期因疫情而最终只能"云访"），先生将院长办公室提供给我使用，办公室中先生那富有特色的藏书，为本书的修订与结集工作提供了莫大便利。

我要感谢黄俊杰先生。在黄先生担任台湾大学东亚文明研究中心计划总主持人、台湾大学人文社会高等研究院（台大高研院）院长期间，他两次邀请我担任访问学者。自 2004 年后，我几乎每年都受邀参加先生主持的研究计划与学术会议，我的研究成果也有幸被纳入"东亚文明研究丛书"中。先生荣休后担任文德书院院长，又邀我参加他主持的研究计划，本书第一章即是该研究计划的部分成果。本书即将付梓之际，先生更于百忙中赐序奖掖。

我要感谢台湾清华大学杨儒宾先生与台湾大学陈昭瑛先生。两位先生慨允将拙著纳入"东亚儒学研究丛书"。

我要感谢冯达文先生、陈少明教授及中山大学中哲研究团队。这里的同人饱含着对学术的激情与生活的热爱，俨然形成了南国可遇而不可求的精神共同体。

我要感谢美国葛底斯堡学院司马黛兰（Deborah Sommer）教授、台湾"中央研究院"中国文哲研究所林月惠教授。司马黛兰教授不仅将陈荣捷生前所用的宋明理学原典转赠给了我，更多次帮我扫描我所需要的海外研究文献。林月惠教授总是把中国文哲研究所出版的各种最新研究文献赠寄给我。

我要感谢两名匿名审稿人。两位时贤从义理表述到简繁转换均提出了具体而微的修订意见。

我要感谢安鹏博士。他帮我排定了版式，编订了参考书目，并校正了书中多处疏漏。贵州大学刘荣茂副教授与中大珠海校区罗志达副教授通读了一遍书稿，鲁鱼亥豕，亦多有订正。台大高研院金叶明助理最后统一了格式，在此一并致谢！

　　全书部分章节曾以学术讲座与演讲形式发表于四川大学、北京大学、北京师范大学、中国社科院哲学研究所、南京大学、香港中文大学、台湾"中央研究院"中国文哲研究所、韩国成均馆大学和忠南大学，部分章节系提交给复旦大学、深圳大学、清华大学、台湾中山大学与辅仁大学学术研讨会的论文，另一部分章节已刊发在《深圳社会科学》《哲学门》《贵阳学院学报》《中山大学学报》《复旦大学学报》《中国文化与哲学评论》《广西大学学报》《孔子研究》《中国文化》《贵州大学学报》《社会科学》《华东师范大学学报》《学术研究》等学术杂志与辑刊上。在此，谨向讲座与会议的邀请者与评论人、期刊与辑刊的编辑致以衷心的谢意。

　　最后，我要一如既往地向妹妹、弟弟表达谢意，我的父母均已行开九秩，他们对父母悉心照顾，让我安心在南国问学，每每念此，心中总有一丝不安。

陈立胜
2020 年 5 月 4 日

序言　儒家修身传统的几个突出面向

黄俊杰 *

《从"修身"到"工夫"：儒家"内圣学"的开显与转折》这部书，是陈立胜先生最新推出的一部专著，全书共包括十四章（另加"导论"），围绕儒家修身传统的发展这个主题开展论述。承蒙立胜的雅意，寄书稿让我先睹为快，我非常高兴。我与立胜相识已超过四分之一世纪，二十多年来在学术上交往密切，常相切磋，我在读完全书稿后，乐于写下一些读后心得，以就教于本书读者诸君子。

一

首先，立胜这部新著所讨论的是源远流长的儒家修身传统，涵盖从远古中华文明"轴心时代"时期直到17世纪的历史长河中儒家修身学的发展历程及其所经历的转折与变化。立胜自述他的研究动机说：

> 儒家哲学是生命的学问，体证、实现生命之道乃儒家修身学、工夫论之终极旨趣。现代儒学研究一向重在形上建构与名相分析，而疏于修身工夫之阐述。长期以来，西方哲学重自然，中国哲学重精神；西方哲学重理论，中国哲学重伦理；西方哲学重理性分析，中国哲学重亲证体验。诸如此类的说法几成为共识。"中国哲学"的重建大致也折射出这种"共识"的深刻影响，毕竟客观性、系统性乃现代学科建制下"知识"之基本要求，"扬长避短"亦本是传统民族精神"跟上"时代的路

---

* 台湾大学特聘讲座教授，欧洲研究院院士。

径，于是传统思想之中那些关乎修道体验的论述，往往被视为"神秘体验"而归于"私人领域""主观性领域"，因此很难进入中国哲学体系建构者的法眼。哲学越来越知识化、专业化、学院化，因而亦越来越远离日常生活，远离实际的人生领域。追求人生之道本是人生第一等事，但哲学越来越远离人生，遑论第一等事。

立胜这一段话完全切中儒学研究进入现代学术殿堂以后日趋专业化、知识化、学院化所衍生的问题，儒学在现代学术研究中逐渐远离日用常行的生活世界，立胜有心于重返儒家自孔子以降"体神化不测之妙于人伦日用之间"[①]的"生命的学问"的传统，其志可嘉。立胜自述他的学术历程的转变时说："我的'专业'本来是'西方哲学'，但一直对中国哲学有浓厚的兴趣，并逐渐神往于儒家生命智慧，遂投在冯师达文教授门下，攻读中国古代哲学。但彼时的主要精力仍用在现象学运动的研究上面，直到我的那本论述现象学运动的著作（《自我与世界：以问题为中心的现象学运动研究》，1999）杀青后，我才开始将时间用在儒学、宗教现象学与基督教思想的研读上面。"[②]立胜从西方现象学研究转向中国哲学研究以后，集中精力研究王阳明（1472—1529）以"万物一体"论为中心的身体哲学，他从博士论文改写而成的专书《王阳明"万物一体"论：从"身—体"的立场看》，[③]聚焦王阳明"万物一体"论中的"仁"与"乐"这两个核心概念，深入分析阳明"一体之仁"说的诸多面向，为阳明的身体哲学研究开启了一个崭新而富有启发的窗口。立胜的学思历程，恰如当代新儒家牟宗三先生（1909—1995）所言，经历了"从西方哲学进至儒家学术"[④]的转折。

随后，在2019年，立胜又发表了研究王阳明"致良知"工夫论的新作，深入阳明学工夫论的堂奥，较前书更近一层，析论阳明良知论中

---

①　熊十力：《读经示要》卷1，台北：广文书局，1970年版，第67页。

②　陈立胜：《王阳明"万物一体"论：从"身—体"的立场看》，台北：台大出版中心，2005年，第293页。

③　同上书。

④　牟宗三：《从西方哲学进至儒家学术——〈王阳明致良知教〉引言》，《生命的学问》，台北：三民书局，1978年，第21—32页。

（1）作为"知—情—意"三位一体的良知，（2）作为"虚寂之体"的良知与（3）作为"造化的精灵"的良知等三个面向，并析论"致良知"的工夫论，确实是一部掘井及泉、深造有得的大作。①

立胜在完成王阳明"致良知"工夫论的研究之后，深感"王阳明的工夫论则必须放在儒家修身传统之中才能得到适当的定位与理解"，于是其个人的兴趣也由阳明学转向对整个儒家修身学传统的研究，这是他写作本书的学术动力。

从以上学思历程发展来看，立胜探索儒家"内圣学"所持的问题意识，可以说与 20 世纪当代新儒家的问题意识一脉相承，遥相呼应，都心系儒家"生命的学问"。我想以马一浮先生（1883—1967）、牟宗三先生与唐君毅先生（1909—1978）的意见加以说明。

全民族抗战时期的 1939 年 5 月，马一浮在四川创办复性书院，② 由教育部资助。书院创办之初，熊十力（1885—1968）与牟宗三都应马先生之邀，参与了书院主讲活动。③ 但是正如牟宗三回忆说，"因二位先生的性格完全不一样，马先生是狷型的性格，熊先生是狂型的性格，二者正好相反"④，所以后来熊十力便离开复性书院。马一浮宣示复性书院"所讲习者要在原本经术，发明自性本具之义理，与今之治哲学者未可同日而语，……若以今日治哲学者一般所持客观态度，视此为过去时代之一种哲学思想而研究之，恐未必有深益。……何以故？因其求之在外也，一任如何安排、如何组织，持之有故，言之成理，却与自性了无干涉"⑤。马一浮强调他的书院教育在于"发明自性本具之义理"，正是要延续自孔子以降中国"生命的学问"的伟大传统。

---

① 陈立胜：《入圣之机：王阳明致良知工夫论研究》，北京：生活·读书·新知三联书店，2019 年。

② 刘梦溪先生对复性书院的创立旨趣、办学方式及其废止有非常翔实的研究，见刘梦溪：《马一浮与国学》，北京：生活·读书·新知三联书店，2015 年，第 169—236 页。

③ 牟宗三：《我与熊十力先生》，《生命的学问》，第 146—147 页。

④ 牟宗三：《熊十力先生追念会讲话》，《时代与感受》，台北：鹅湖出版社，1988 年，第 258 页。

⑤ 马一浮：《答许君》，《尔雅台答问》卷 1，台北：广文书局，1973 年，第 33—34 页。

1961 年 1 月，牟宗三发表《关于生命的学问》这篇文章，他说：

> 我们这几十年来的哲学界是以西方哲学为主的，所以只注意了他们的"知识中心"的逻辑思辨，接触了一些逻辑问题、科学问题以及外在的思辨的形而上学的问题，而并没有注意生命的问题。读西方哲学是很难接触生命的学问的。西方哲学的精彩是不在生命领域内，而是在逻辑领域内、知识领域内、概念的思辨方式中。所以他们没有好的人生哲学。
>
> ……实则真正的生命学问是在中国。但是这个学问传统早已断绝了，而且更为近时知识分子的科学尺度所窒死。他们对于这个学问传统，在情感上不是偏爱，而是偏憎了。[1]

牟宗三和他同时代的儒门同道，痛感民国以降中国"学术文化教育中之价值标准之外在化与奴隶意识之开始"[2]，他们在 1958 年 1 月发表《中国文化与世界：我们对中国学术研究及中国文化与世界文化前途之共同认知》这篇划时代的宣言，[3]强烈表达了弘扬中国心性之学的必要性与紧迫性，并指出研究者本身必须从事道德实践，才能对中国心性之学获得亲切的了解。[4]当代新儒家都深信自孔子以降中国的"生命的学问"，可以承担人类的苦难，正如徐复观所说："儒家思想，乃从人类现实生活的正面来对人类负责的思想。他不能逃避向自然，他不能逃避向虚无空寂，也不能逃避向观念的游戏，更无租界外国可逃。而只能硬挺挺的站在人类的现实生活中以担当人类现实生存发展的命运。"[5]当代新儒家所倡导的"生命的学问"的研究与实践，绝不是冷冰冰的而与人生无涉的知识系统或逻辑推理，而是活

---

① 牟宗三：《关于生命的学问》，《生命的学问》，第 34—35 页。

② 唐君毅：《花果飘零及灵根自植》，《说中华民族之花果飘零》，台北：三民书局，1964 年，第 32 页。

③ 此文由牟宗三、徐复观、张君劢、唐君毅共同署名，收入于唐君毅《说中华民族之花果飘零》，第 125—192 页。

④ 唐君毅：《说中华民族之花果飘零》，第 145、148 页。

⑤ 徐复观：《研究中国思想史的方法与态度问题》，收入于萧欣义编《儒家政治思想与民主自由人权》，台北：八十年代出版社，1979 年，第 39—40 页。

生生地参与生活劳动，介入人的生命成长，可以抚慰人类灵魂的创伤，可以擦拭苦难人民的血泪的学问。

我追溯 20 世纪当代新儒学治学的问题意识与终极关怀，是为了说明立胜这部书的问题意识与当代新儒家的问题意识遥相呼应，渊源有自。立胜之所以研究儒家修身传统的发展，正是因为他体认到儒家形而上学（徐复观先生称为"形而中学"①）的"道体"是在"体道"的过程中证成的（见本书的"鸣谢"）。

二

立胜这部书的第一项重要贡献在于：将源远流长的儒家修身传统置于中国历史长河的时间脉络中进行细致的分析，体现所谓"脉络化"的研究方法。立胜在本书"鸣谢"中钩元提要地论述了儒家修身学的发展历程。立胜首先自述他的研究动机：

> "天生仲尼"，在儒家那里则是打破长夜的关键时刻。而在上下五千年的中国历史中，人们耳熟能详的富有"时间"意义的可能还是几个"之际"：春秋战国之际、唐宋之际、明清之际、清末民初之际。这些"之际"不仅意味着朝代的更迭，更意味着社会政治的转型乃至人之生存方式的转变，而反映在思想上则是思想形态的转型。"身"之所在之"时"与"世"的变迁，当然会折射在修身思想的转折上面。刻画修身传统之中的这些重大的转折"时刻"，是修身谱系学研究的重要内容，而这正是本书所尝试进行的工作。

《易经·豫卦》："豫之时，义大矣哉。"②立胜所揭橥的本书研究动机，可谓

---

① 徐复观：《心的文化》，《中国思想史论集》，台北：台湾学生书局，1975 年，第242—249 页。

② 高亨：《周易大全今注》卷 2，济南：齐鲁书社，1979 年，第 186 页。

深得孟子"知人论世"①之旨。中国文化源远流长，时间意识特别深厚，所以"时间感"是中国人文传统的主轴。史学是中国学问的渊薮，中国史学家默察世运兴衰与人物贤奸，原始察终，见盛观衰，既垂变以显常，又体常以尽变，皆以"时间"贯穿于其间；传统中国哲学家怀抱深刻的时间意识，所以第一流的中国哲学家常常身兼哲学史家，中国哲学问题常常被置于时间脉络中思考；中国文学家感时伤逝，心灵敏锐，中国文学有其悠久的"悲秋"传统，欧阳修（1007—1072）著名的《秋声赋》，更将"秋"之为状，加以拟人化，刻画"其色惨淡，烟霏云敛；其容清明，天高日晶；其气栗冽，砭人肌骨；其意萧条，山川寂寥"②，令读者为之动容。19世纪中叶以后中国饱受帝国主义国家侵凌，在历史风狂雨骤的时代里，中国知识分子更感受到"时间"的压迫感。咸丰十一年，自称"读书十年，在外涉猎于艰难情伪者三十年"的冯桂芬（1809—1874）在《校邠庐抗议》的《自序》中就痛感"古今异时亦异势，……又戒生今反古"，③这种近代中国知识人心中的"时间的压力感"，绵延到20世纪80年代，当时还有人呼吁，中国人再不长进，迎头赶上，那么"中国将被开除球籍"，可谓极矣。立胜将儒家修身学放在"时间"之流中考察，可谓目光如炬，探骊得珠。

　　立胜这部书在共十四章的篇幅里，将儒家修身学置于两种"时间"脉络中，观察其发展与转折：第一种"时间"脉络是儒者的精神进境的脉络，如孔子自述"十有五而志于学"到"七十而从心所欲不逾矩"④的心路发展历程；第二种"时间"是儒者身处的大时代的脉络，如春秋战国之际、唐宋之际、明清之际、清末民初等历史旋乾转坤的时代。立胜指出：在儒家修身传统之中，孔子与朱子双峰并峙，分别代表儒家修身传统的"孔子时

①《孟子·万章下》，收入朱熹：《四书章句集注》，台北：台大出版中心，2016年，第452页。

②欧阳修：《秋声赋》，《居士集》卷15，收入《欧阳修全集》，北京：中国书店，1986年，第111—112页。

③冯桂芬：《自序》，《校邠庐抗议》，收入冯桂芬、马建忠著，郑大华点校：《采西学议——冯桂芬、马建忠集》，沈阳：辽宁人民出版社，1994年，第1—3页。

④《论语·为政》，收入朱熹：《四书章句集注》，第70—71页。

刻"（本书第二章）与"朱子时刻"（本书第九章）的到来。立胜强调：孔子开启"修己以敬"的修身传统，而朱子则发挥"独知"的修身工夫，这个议题延伸到王阳明（本书第十章及第十一章）及阳明—湛若水心学一系儒者的工夫论思考（本书第十二章及第十三章），从朱子学到阳明—湛若水心学在表面的断裂性之中，实有其在工夫论上的延续性。

立胜在本书导论起首，就综摄本书论述的要点，他说：

> 儒家拥有一个源远流长的"修身"传统。这个传统宛若黄河、长江，蜿蜒浩荡，奔流不息，惟于高处俯瞰，把握其大转折处，方能了解其大势与脉络。在本章中，我尝试把儒家的修身传统划分为四个不同的时代：（1）随着游士阶层的出现，而于春秋战国之际形成了德行培育的时代，修身的目标是"君子"，修身对治的焦点是德性与德行的培育。（2）随着平民社会的到来，而于唐宋变革之际形成了心灵操练的时代，"工夫"（"功夫"）的目标是"成圣"，工夫对治的焦点是"意念"，工夫修炼的范围、深度均有重大拓展与深化（"梦"与"生死一念"成为工夫修炼的场域），静坐、自我书写等多元化、专题化的工夫技术日趋流行，"复其初"工夫论模式取代了先秦的"扩充"与"改造"模式。（3）随着三千年未有之大变局的来临，而于清末民初之际形成了"过渡时代"，"觉悟"（"觉醒"）成为修身的关键词，修身的目标是培育"新君子"（国民、公民）与"新圣人"（"革命圣人"）。（4）当今，我们正在步入另一个"过渡时代"，一个"人禽之辨"的 2.0 版本（"人机之辨"）的时代，一个"人机共体时代"，一个如何修身乃至修身是否必要皆成为问题的时代。

以上这一段宏观叙述非常具有说服力。儒家的"修身"理论与工夫，随着时代变迁而与时俱进，令人想起庄子所说"礼义法度者，应时而变者也"，郭象（252？—312）为此做注："彼以为美而此或以为恶，故当应时而变，然后皆适也。"[1] 郭象这句话，完全可以用来说明立胜所分析的儒家"修身学"在"时间"之流中的变化。我在读过立胜关于在"时间"流逝（"时移

---

[1] 《庄子集释》（第 2 册），郭庆藩撰，王孝鱼点校，北京：中华书局，1961 年，第 515 页。

事异")之中儒家修身学的转变的论述之后，只想补充两点意见：第一，儒家的"时间"概念，并不是康德式的"感性的、直观的存在"，而是某种意义下的"具体性的时间"，而且儒家的"时间感"深深浸润在"历史感"之中。[1] 浸润在儒家传统之中的知识分子心中的"时间"，充满了世运兴衰的变化与人物贤奸的升沉，充满了忠臣义士的苦心孤诣、烈女的孤贞以及贫苦无告的众庶的呐喊。第二，儒家的"时间"在"古"与"今"之间交互呈现，因而有其反复性，所以儒家常在"时间性"（temporality）中，归纳并抽离出具有"超时间性"（super-temporality）的道德训诫或启示。[2] 我所说的儒家"时间"观的这两个特质，都适用于立胜在这本书中所分析的儒家修身学中的"时间"的"小脉络"（指个人生命成长中的脉络）与"大脉络"（指时代变迁中的脉络）。

三

本书第二项贡献在于对儒家修身传统中的"独"这个核心概念进行非常细致的"观念史"的分析。[3]"独"这个儒家修身学的关键词，在本书各章中一再出现，构成了本书论述的主轴。立胜选择"独"并为此做深入分析，切中儒家修身学的肌理，确实别具慧眼，深得儒家修身学之肯綮。

立胜这部书的主题是"修身"，这是儒家传统的核心课题。《广雅·释

---

① Chun-chieh Huang and Erik Zürcher, "Cultural Notions of Time and Space in China," in Chun-chieh Huang and Erik Zürcher eds., *Time and Space in Chinese Culture* (Leiden: E. J. Brill, 1995), pp. 3–16.

② 我曾讨论中国"时间"观的这一项特质，参看 Chun-chieh Huang, "Time and Super-time in Chinese Historical Thinking," in Chun-chieh Huang and John B. Henderson eds., *Notions of Time in Chinese Historical Thinking* (Hong Kong: The Chinese University Press, 2006), pp. 19–42；黄俊杰：《儒家思想与中国历史思维》，台北：台大出版中心，2014 年。

③ 所谓"观念史"研究方法，由 20 世纪美国学者洛夫乔伊（A. O. Lovejoy, 1873—1962）提出，我曾经讨论此种方法的短长得失，参看黄俊杰：《思想史方法论的两个侧面》，收入拙著：《东亚儒学探索》，贵阳：孔学堂书局，2019 年，第 3—32 页。

诂》："修，治也。"① 这是古籍常见的"修"字之定诂。《中庸》首章："修道之谓教。"朱子注："修，品节之也。"②《尔雅·释训》："如琢如磨，自修也。"③ "如琢如磨"出自《诗经·卫风·淇奥》："有匪君子，如切如磋，如琢如磨。"④《诗经》的"如琢如磨"这四字最为传神，能较好表达历代儒家"修身"过程中精神上所经历的艰辛。立胜在本书第二章指出：中国文化历经"枢轴突破"之后，即"世俗"即"神圣"，儒家身体哲学中的身体，扎根于"天地人"的生活世界，从而成为一种"世代生成的身体"。这项论点是立胜的重要创见。接着，立胜在本书第三章分析孔子所说的"修己以敬"一语，展现了一种"为己"之学的"自反性向度"。他集中讨论"敬"这一个字：

> "敬"是一种基本的生存情态，这种情态贯彻于天人、人己、物我种种关系之中。儒家之"己"不是孤零零的、绝缘的、原子化的"己"。通天地人、与物同体方是"真己"，自敬、自爱之所敬爱乃是对此真己之呵护，即是将"敬爱"彻底植根于主体之中的表现。将"敬爱"落实于生命的各个面向，德性生命的全面的觉醒始可谓之自敬、自爱。一个人倘不能通过"敬""爱"而向他者（天、地、人）敞开，他的精神只能日趋萎缩，受困于患得患失"常戚戚"的心理纠结之中而不能自拔。真正的自敬、自爱只能在敬人、爱人之中得到实现。就此而言，自敬、自爱又不是生命的前提与出发点，不是"仁之端"，而是终极的德性生命之饱满，是"仁之实现"（"仁之至"）。
>
> 要之，"自敬"与"敬人"、"自爱"与"爱人"是密不可分的。这说明敬、爱在根本上不是一种单向的指向他者的力量，而是人之为人的整体性的生存态度。

以上这一段话非常精彩，是立胜的重要创见，阐释了儒家经由"敬"的态

---

① 王念孙：《广雅疏证》卷第三下，北京：中华书局，1983 年，第 96 页。

② 朱熹：《中庸章句》，收入《四书章句集注》，第 23 页。

③ 《尔雅注疏》卷 4，郭璞注，邢昺疏，上海：上海古籍出版社，第 98 页。

④ 《毛诗正义》卷 3，毛亨传，郑玄笺，孔颖达疏，北京：北京大学出版社，2000 年，第 254 页。

度而建立了"天地人"的"存在巨链"（"The Great Chain of Being"①）。立胜说"'敬'是一种基本的生存情态"，其一针见血地指出儒家思想中"人"之存在的"实存的"（existential）本质。立胜又说，"儒家的'己'不是孤零零的、绝缘的、原子化的'己'"，这项论断极具卓识。儒家的"自我"（self）不仅是"社会的自我""心理的自我""政治的自我"，而是浸润在"宇宙的悲情"（可称为"cosmic feeling"）之中的"自我"。

　　正如立胜所说，孔子以"敬"为中心的修身学具有强烈的"反身性"（reflexivity），朱子对这一点发挥得淋漓尽致，朱子说："'敬'之一字，真圣门之纲领，存养之要法。"② 又说："'敬'字工夫，乃圣门第一义。"③ 朱子在《大学或问》中曾说："敬者，一心之主宰，而万事之本根也。"④ 朱子在解释《论语·学而》"敬事而信"一语时说："敬者，主一而无适之谓也。"⑤ 在解释《论语·雍也》时又说："自处以敬，则中有主而自治严。"⑥ 朱子所说的"敬"，与伊川主"敬"之说一脉相承。伊川说："识道以智为先，入道以敬为本。"⑦ 又说："学必先知仁，知之矣，敬以存之而已。"⑧ 伊川也告诫弟子涵养"莫如敬"⑨。陈荣捷（1901—1994）先生说，"敬"这个字，不能理解为"respect"或"reverence"，因为"敬"是一种严肃、收敛之意，不是面对一个外在的对象，所以陈先生将儒家的"敬"这个字译为

---

① A. O. Lovejoy, *The Great Chain of Being: A Study of the History of an Idea*, Cambridge, Mass.: Harvard University Press, 1936.

② 黎靖德编：《朱子语类》卷 12，收入朱杰人等主编：《朱子全书》（第 14 册），上海：上海古籍出版社；合肥：安徽教育出版社，2002 年，第 371 页。

③ 同上书，第 371 页。

④ 朱熹：《大学或问》，收入朱杰人等主编：《朱子全书》（第 6 册），第 506 页。

⑤ 朱熹：《论语集注》，收入《四书章句集注》，第 63 页。

⑥ 朱熹：《论语集注》，收入《四书章句集注》，第 113 页。

⑦ 程颢、程颐：《论学篇》，《河南程氏粹言》，《二程集》，北京：中华书局，2004 年，第 1183 页。

⑧ 同上书，第 1184 页。

⑨ 同上书，第 1191 页。

"seriousness"。[①] 我认为从孔子到朱子到阳明，儒家修身传统中的"敬"这一个字，实具有类宗教情操的性格。

对"敬"的解释也深切牵涉作为本书主轴的核心概念——"独"这个字。立胜在本书第九章极为精彩地分析了儒家慎独传统的"朱子时刻"，可谓胜义纷披。他指出朱子将《大学》的"慎独"解释为"人所不知而己所独知之地也"，"独知之地"是一种心理空间而不是地理空间，与汉唐儒者之说完全不同，代表儒家修身学的"朱子时刻"的来临。

立胜以上所提出的解释，是可以成立的，我基本上同意，但我有一点补充意见。朱子在解释《中庸》第一章"君子慎其独"的"独"字时说："独者，人所不知而己所独知之地也。言幽暗之中，细微之事，迹虽未形而几则已动，人虽不知而己独知之，则是天下之事无有著见明显而过于此者。"[②] 朱子的解释预设了一个"人""己"对待的立场，并在这一立场中讲"慎独"。朱子的讲法就受到 18 世纪德川时代日本古文辞学派儒者荻生徂徕（1666—1728）的挑战，荻生徂徕在《中庸解》中说：

> 独者，不对人之辞，乃谓求成德于己也，成德于己则能诚矣。为下半篇言诚之张本，曰"戒慎"、曰"恐惧"、曰"慎"，言语之道为尔，非以此为用功之方也。[③]

揆徂徕之意，儒家修身学中所谓"慎独"的"独"，不应以"他者"之不在场作为预设前提，而是以"诚"面对"自我"心灵的幽暗角落。我觉得，

---

① 陈荣捷：《新儒家研究的时代趋势》，《新儒学论集》，台北："中央研究院"中国文哲研究所筹备处，1995 年，第 34 页。

② 朱熹：《中庸章句》，收入《四书章句集注》，第 23 页。莎士比亚（William Shakespeare，1564—1616）在《庸人自扰》（*Much Ado about Nothing*）里有一段话："How much is it better to weep at joy than to joy at weeping!"（William Shakespeare, John F. Cox ed., *Much Ado about Nothing*, Cambridge: Cambridge University Press, 1997, p. 88.）莎翁以锐利的目光，直探人心幽暗的角落，认为"喜极而泣比哭泣中私心窃喜好多了"，恰可为朱子之说做批注。

③ 荻生徂徕：《中庸解》，收入冈仪一郎编：《日本名家四书注释全书》（第 1 卷，学庸部），东京：凤出版，1973 年，第 4 页。

获生徂徕的解释，比较能够照应我在上文中所引朱子对“敬”的解释，可能也比较符合孔子讲“修己以敬”时的原初语境。

四

总之，立胜这部书着力探讨了儒家修身思想的发展历程，涵盖从远古“枢轴突破”的时代到 17 世纪，时间跨度很长，涉及的问题很多，可以继续探讨的议题亦指不胜屈。我在本文所说的，仅是我个人拜读这部书稿时所激发的一些心得，写在这里与立胜切磋，酬答立胜远道索序之雅意，并就教于本书广大的读友。

黄俊杰

台北文德书院，2020 年 4 月 6 日

目　录

第一部　儒家"内圣学"的开显：德行培育的时代

第二部　儒家"内圣学"中的反省向度与修炼技术

第三部　儒家"内圣学"的转进：心灵操练的时代

导论 儒家修身之道的历程及其现代命运

儒家拥有一个源远流长的"修身"传统。这个传统宛若黄河、长江，蜿蜒浩荡，奔流不息，唯于高处俯瞰，把握其大转折处，方能了解其大势与脉络。在本章中，我尝试把儒家的修身传统划分为四个不同的时代：（1）随着游士阶层的出现，而于春秋战国之际形成了德行培育的时代。修身的目标是"君子"，修身对治的焦点是德性与德行的培育。[①]（2）随着平民社会的到来，而于唐宋变革之际形成了心灵操练的时代。"工夫"（"功夫"）的目标是"成圣"，工夫对治的焦点是"意念"，工夫修炼的范围、深度均有重大拓展与深化（"梦"与"生死一念"也成为工夫修炼的场域），静坐、自我书写等多元化、专题化的工夫技术日趋流行，"复其初"工夫论模式取代了先秦的"扩充"与"改造"模式。（3）随着三千年未有之大变局的来临，而于清末民初之际形成了"过渡时代"。"觉悟"（"觉醒"）成为修身的关键词，修身的目标是培育"新君子"（国民、公民）与"新圣人"（"革命圣人"）。（4）当今，我们正在步入另一个"过渡时代"，一个"人禽之辨"的 2.0 版本（"人机之辨"）的时代，一个"人机共体时代"，一个如何修身乃至修身是否必要皆成为问题的时代。

一、"修身"：德行培育的时代

修身的观念在上古时期就已经出现，如《书经·皋陶谟》《逸周书·周

---

① 广义的"德行"概念包含了"德性"义，孔颖达在《春秋左传正义》中指出："德者，得也。谓内得于心，外得于物，在心为德，施之为行，德是行之未发者也。"以下"德行"一词的用法均涵摄"德性"与"德行"两义，不再另做说明。

书序》已有"慎厥身修""修身观天""修身敬戒"等说法。周公明确地将"天命"与"德"联系在一起，原本"嗜饮食""不歆非类"的天、神，转而成为超越族类与世俗物质利益的"飨德""惟德惟馨""惟德是辅"的道德神。就此而言，西周政治文化已经具备了"崇德贵民"的人文主义底色。代表世俗的道德理性与政治理性的"地官传统"逐渐压倒了以神灵祭祀为核心的"天官传统"。与此相伴，礼乐文化之中的仪式意义逐渐内化为德性，"仪式伦理"向"德行伦理"过渡是春秋时代的文化精神。① 周人"敬德"观念，诚如徐复观指出的那样，其背后的"忧患意识"具有"道德的性格"。然而，我们也不能忽视这一现象，即周公对德行的重视其根本的目的始终未脱离"获得天命""守住天命"这一终极视野。"敬德"与"受命"、"德"与政权的"天命"往往联结在一起。对"德"的追求虽不乏真诚与坚定（"厥德不回"），但其动机却始终无法超越政权的"受命"这一向度（"王其德之用，祈天永命"）。②

孔子（公元前551年至前479年）坚持有教无类，使得修身带有开放性，在原则上它不限定于某个阶层，后来的《荀子·君道》与《礼记·大学》都明确指出，上自天子下至臣下、百吏乃至庶人皆以修己、修身为本。孔子又强调："德之不修，学之不讲，闻义不能徙，不善不能改，是吾忧也。"（《论语·述而》）《孟子·尽心下》则说："哭死而哀，非为生者也。经德不回，非以干禄也。言语必信，非以正行也。君子行法，以俟命而已矣。"显然，孔子对德行的追求不仅具有了普遍性，而且也拥有纯粹性。由"受命"向"俟命"、由古老的善恶有报的宗教信念向德福剥离、由"行仁义"向"由仁义行"的转向中，德行获得了自身的纯粹性与自足性。余英时指出，春秋前半段尤其是公元前7世纪中叶（孔子出生前一个世纪左右），"修德"已成为"精神内向运动的主题"：与王朝"天命"相联系的集体和外在的"德"逐渐转为个人化、内在化的"德"，但这个"德"仅限于诸侯、执政、卿大夫，仍未触及一般人，"德"尚未具有普遍性。另外

---

① 陈来：《古代思想文化的世界：春秋时代的宗教、伦理与社会思想》，北京：生活·读书·新知三联书店，2002年，第16页。

② 李巍：《从语义分析到道理重构——早期中国哲学的新刻画》，北京：商务印书馆，2019年，第108—109页。

"德"虽已开始"内在化",但以何种方式内在于人,亦指示未清,此中关键尚未出现"心"的观念,故这个时期只能称为轴心时代的"酝酿期"。①在此需要补充的是,早期儒家的德行修养乃扎根于"礼乐文化共同体"。礼乐不只是发生在某种特殊领域的礼仪与音乐现象,还是涵盖宗教、政治、社会、文化以及人生各个面向的规范与仪式,是沟通天地人神、传承历代圣王德行与风范的乐舞,是政教合一的古典世界秩序的核心,是儒家文明的基因。故贵族与士大夫普遍重视具有政教色彩的"威仪的身体"之展示,《左传·襄公三十一年》记载卫国北宫文子论威仪的一段经典文字最能说明问题:"有威而可畏谓之威,有仪而可象谓之仪。君有君之威仪,其臣畏而爱之,则而象之,故能有其国家,令闻长世;臣有臣之威仪,其下畏而爱之,故能守其官职,保族宜家。顺是以下皆如此,是以上下能相固也。《卫诗》曰:'威仪棣棣,不可选也。'言君臣、上下、父子、兄弟、内外、大小皆有威仪也。《周诗》曰:'朋友攸摄,摄以威仪。'言朋友之道,必相教训以威仪也。《周书》数文王之德,曰:'大国畏其力,小国怀其德。'言畏而爱之也。《诗》云:'不识不知,顺帝之则。'言则而象之也……故君子在位可畏,施舍可爱,进退可度,周旋可则,容止可观,作事可法,德行可象,声气可乐,动作有文,言语有章,以临其下,谓之有威仪也。""有威可畏""有仪可象"均注重在"上"者临下所呈现出的身体之威严及其可象、可则、可观的示范性。这种威仪之身是伦理政治的"具身化","威仪

---

① 余英时:《论天人之际:中国古代思想起源试探》,台北:联经出版公司,2014年,第236、246—247页。唐君毅也很早指出,中国思想中人与人之间的尊敬乃是由原始敬天敬祖的精神,通过宗法关系在人间铺开的,这当然有一发展的历程:记述三代帝王言行之《尚书》所论德行基本上是帝王应具备的品德(敬、慎、勿怠、宽容、勿矜等),周以后,"礼让忠信"之德大张,此类德行则涉及人间关系,此亦与周之封建制、人与人之关系网络空前复杂有莫大关系。"礼教之本义,原偏重于敬神及行于君臣上下之间者,变为偏重于对等之人间之相敬,乃有礼让忠信之德之重视。"孔子以仁教弟子,乃"无异于教弟子以王者之德,天子之智慧。天子原须上承天心之宽容以涵育万民,孔子教人以仁,亦即教人直接法天之使四时行百物生之德,而使人皆有同于天之德。此乃孔子之由继往而下开万世之真精神所在,为生民以来所未有。……孔子之真精神,亦中国哲学之真精神所自始也。"见唐君毅:《中国文化之精神价值》,桂林:广西师范大学出版社,2005年,第33、34、37页。

观下的贵族形象，仿佛一座威严的浮雕，你只能从远方眺望他那令人望而生畏的仪容并肃然起敬，却无从进入他的内心世界"。① 这种威仪之身无疑注重"动作"，但因此而断定它只是一"外在的气象"而与人的理性或心性缺乏内在的联系，恐也不符合上述余英时所称的"精神向内运动"的事实。威仪之身是一种"敬畏天命"的身体姿态，不过，"如果和孔、孟以后的儒家伦理比较的话，我们可以发现威仪观最大的特色，乃在它是以社会共同体规范的身份展现出来的伦理，'主体性'此时仍是若隐若现。因此，它虽然在君子的个体上表现出来，但它仍然只是社会性的身体之意义，缺乏'主体性'的真实内涵"。② 更为重要的是，在孔子之前，德尚未完全证得其自身的纯粹性与自足性，"疾敬德"始终笼罩在"祈天永命"的心态底下。另外，自孔子开始，人与禽兽之别的话语开始见于不同的文献。先秦诸子不约而同地"将禽兽视为映射人之为人"的他者之镜，人禽之别话语的出现标志着人之"类意识的自觉"、做人意识的自觉。③ 人之"天爵""良贵"说将人之"贵"由世间有差异性的社会地位提升至人人皆具的超越性身位，不仅构成了人皆可成圣的人性论的超越根据，也成为传统向现代不断转化的精神资源，谭嗣同（1865—1898）"仁以通为第一义""通之象为平等"这一近代"仁说"未尝不可被视为是对这一精神资源的重新启动。

孔子不仅强调"有教无类"的普遍人性意识，更明确提出了"修己以敬"的主张，这是一种整体生命的省思意识、一种反思性的处己态度、一种彻底的自我负责的态度（"为仁由己""我欲仁斯仁至矣"）。毫无疑问，它反映了对自我德性生命的高度专注。"敬"之一字更刻画出以孔子为代表的儒家对"自我"的一种特殊的关注方式，与"修身西学"中的"关心自我"、福柯（Michel Foucault，1926—1984）所谓的"自我技术"形成了鲜明的对照。④ 另外，孔子还提出"躬自厚而薄责于人"这一反身修德的自

---

①　赵法生：《儒家超越思想的起源》，北京：中国社会科学出版社，2019 年，第120 页。

②　杨儒宾：《儒家身体观》，台北："中央研究院"中国文哲研究所，2003 年修订二版，第40—41 页。

③　详见本书第一章"轴心期之突破：'身'何以成为'修'的对象？"。

④　详见本书第二章"'修己以敬'：儒家修身传统的'孔子时刻'"。

反性的人生态度，奠定了儒家"君子必自反"的修身路径。①"君子"则是先秦儒学修身的目标。观《论语》开篇《学而》"人不知而不愠，不亦君子乎"，到卒篇《尧曰》"不知命，无以为君子"，成就君子的人格始终是孔子认定的修身目标。据杨伯峻《论语译注》统计，二十篇中记载孔子及其弟子论"君子"的有八十六章，出现频率最高词是"仁"（109 次），其次就是"君子"（107 次）。修身的焦点大致可归结为以下三个方面：一是"仁之精神"的植根与培养。修身活动源自内在精神的显豁与觉醒，即"为仁由己"之"己"的自立、自决与自强。二是"血气"之对治。早在孔子之前，对治血气就成为君子修身的自觉要求，《国语·周语中》就载有周定王"贪而不让，其血气不治，若禽兽焉"一语。孔子讲君子有"三戒"："少之时，血气未定，戒之在色；及其壮也，血气方刚，戒之在斗；及其老也，血气既衰，戒之在得。"（《论语·季氏》）显然，在夫子看来，君子的修身活动应根据血气状态而调整对治的重点。"道（导）血气"（《管子·中匡》）、"平争心"（《左传·昭公十年》："凡有血气，皆有争心。"）、"治喜怒"（《郭店竹简·语丛一》："凡有血气者，皆有喜有怒，有慎有庄。"），皆属于修身养性的重要内容。三是言行举止的修饰。《尚书·洪范》已有"敬用"五事的古训，五事即貌、言、视、听、思：貌恭、言从、视明、听聪、思睿。《国语·周语》单襄公更是明确指出："夫君子目以定体，足以从之。是以观其容而知其心矣。目以处义，足以步目。……视远曰绝其义，足高曰弃其德，言爽曰反其信，听淫曰离其名。目以处义，足以践德，口以庇信，耳以听名者也，故不可不慎也。偏丧有咎，既丧则国从之。"君子之"视听言动"关乎国之存亡，可不慎乎！孔子"四勿"之诫（非礼勿视、听、言、动）实渊源有自。《礼记·哀公问》载哀公问孔子何谓"敬身"，孔子答曰："君子过言，则民作辞；过动，则民作则。君子言不过辞，动不过则，百姓不命而敬恭。如是，则能敬其身。"《周易·系辞上》云："言行，君子之枢机。枢机之发，荣辱之主也。言行，君子之所以动天地也，可不慎乎！"在《论语·泰伯》中，曾子将君子之道归结为三："动容貌""正颜色""出辞气"；而在子夏"君子三变"之说中，"望之俨然"即是"动容貌"，"即之也温"即是"正颜色"，"听其言也厉"即是"出辞气"（《论语·子张》），

———————
①　详见本书第三章"'慎独''自反'与'目光'：儒家修身学中的自我反省向度"。

由此亦不难窥见孔子君子人格教育之重点所在。《论语·阳货》载孔子以"恭、宽、信、敏、惠"五者教子张，五种品德显然均是待人接物的德性。对于颜回"何以为身"之问，孔子则回答说："恭敬忠信而已矣。恭则远于患，敬则人爱之，忠则和于众，信则人任之。勤斯四者，可以政国，岂特一身者哉？故夫不比于数而比于疏，不亦远乎？不修其中，而修外者，不亦反乎？虑不先定，临事而谋，不亦晚乎？"（《孔子家语·贤君》，《说苑·敬慎》）"恭""敬""忠""信"既是内在的德性，是"修其中"的对象，又是展现于人我之间的德行。孔子与门人还屡有"君子之道四焉"的说法："其行己也恭，其事上也敬，其养民也惠，其使民也义。"（《论语·公冶长》）"强于行义，弱于受谏，休于待禄，慎于治身。"（《孔子家语·六本》）这一类"君子之道四焉"的说法也都是围绕处己、待人、接物展开的。《论语·述而》所记孔子教学的内容为"文、行、忠、信"：文，先王遗文；行，德行；忠，尽力做本分之事；信，诚信待人。这均不外乎君子德行之培育。而所谓的"四科"（德行、言语、政事、文学）亦均着眼于实际行政能力的培育。诚如狄百瑞指出：君子代表的是一个全新的阶层，这个阶层志在"通过培养个人的美德和智慧为公众服务"。[1] 当然儒学是为己之学，健全的人格最终都可归结为"君子之道者三"："仁者不忧，知者不惑，勇者不惧。"（《论语·宪问》）无疑，"仁之精神的植根与培养"属于"心"的范畴，血气对治属于"气"的范畴，容色与言行举止属于"形"的范畴，心—气—形是由内而外、由隐而显、由心而身的动态结构，此一修身结构在《论语》中已昭然矣。

实际上"士"之本义即"事"，观《尚书》《诗经》《礼记》《荀子》等典籍中"多士""庶士""卿士"一类术语，"士"均与"事"联系在一起，士即是在政府部门中担任某种"职事"的人。故"士"又通"仕"，[2] 这从一个侧面说明，士阶层即是通过学习政治、军事、礼仪的能力而获得从政、出仕的群体。不过，春秋之前的士受到"三重身份"的限定：就社会身份言，士被限定在封建贵族层（当然是最低的一层）；就政治身份言，士被

---

[1] 狄百瑞：《儒家的困境》，黄水婴译，北京：北京大学出版社，2009年，第6页。

[2] 阎步克：《士大夫政治演生史稿》，北京：北京大学出版社，1996年，第50页。

限定在各种具体的职位上面；而就思想层面言，士则被限定在诗、书、礼、乐等王官学的范围。士的这三种限定也限制了他的视野，使得他不能真正超越自己的身份而形成对现实世界全盘的反思能力。① 士在春秋时代成为"游士"，丧失了原来"有限的"身份，却也因此形成了"无限的"视野，"处士横议""不治而议论""不任职而论国事""不在其位而议其政"成了一时之"士风"。儒家的伟大之处在于，自孔子始，就给这个新出现的"士"阶层注入了一种"道德理想主义"的精神气质，并对士阶层提出了更高的要求：士绝不能为仕而仕，"可以仕则仕，可以止则止"。士之仕是有原则与底线的："邦有道，谷；邦无道，谷，耻也。"（《论语·宪问》）"笃信好学，守死善道。危邦不入，乱邦不居。天下有道则见，无道则隐。"（《论语·秦伯》）余英时指出，先秦的修身观念与士之出处辞受有不可分割的关系，中国士代表的"道"跟西方教士代表的"上帝"都是不可见的至高权威，唯有上帝的权威由一套教会制度得以体现，而"道"的权威自始就"悬在空中"。以道自任的士唯有守住自己的人格尊严，自尊、自重，才能显示出其所抱之道的庄严性（"人能弘道，非道弘人"），才能与王侯之"势"分庭抗礼。② 这是先秦诸子重视治气养心之修身之道的原因所在。

孔子之后，孟子（约公元前 372 年—前 289 年）与荀子（约公元前 313 年—前 238 年）对儒家修身思想均有所推进。心—气—形（身）的三联结构则是两人共同的修身路径：以"心"统摄"气"，让德性（"德气"）渗透于人之身体并表现于言行举止、动容语默之中（"见面盎背""践形""美身""有诸内，必形诸外""著乎心，布乎四体，形乎动静""诚于内而形于外"）。③ 不过，孟、荀修身的具体方法有异。孟子采取的是一种由内而外的"扩充模式"（development model），荀子采取的则是一种由外而内的

---

① 余英时：《中国知识人之史的考察》，《现代危机与思想人物》，北京：生活·读书·新知三联书店，2005 年，第 3 页。

② 余英时：《士与中国文化》，上海：上海人民出版社，1987 年，第 102、107、120—126 页。

③ 杨儒宾：《儒家身体观》，台北："中央研究院"中国文哲研究所，2003 年修订二版。黄俊杰：《"身体隐喻"与古代儒家的修养工夫》，《东亚儒学史的新视野》，上海：华东师范大学出版社，2008 年。

"改造模式"（re-forming model），① 二人对"大丈夫""士君子"的人格亦各有精彩之描述，但究其实质都未超出"君子"这一目标。要之，通过心—气—形的联动而像虫蛹蜕变一般（"君子之学如蜕"）形成新的自我（"君子"），这是先秦儒学修身传统的共法。

二、"工夫"：心灵操练的时代

"功夫""工夫"，原义为役夫、役徒及其所担负的徭役工作，由此而衍生出做事所花费的时间、精力，并由花费时间、精力做某事而成就某种能力与本领、达到某种造诣，亦成为"功夫""工夫"进一步的衍生义。最初佛教将造塔一类的工程所需要的人力、物力称为"功夫"，后又将布施一类活动称为"功夫"，"功夫"即"功德"，再后，持戒、忍辱、精进、禅定、智慧均被称为"功夫"。其中"禅定"与"智慧"二门被视为成佛的关键，故在唐代开始的佛教典籍中，"功夫"通常就是用来指坐禅这种修养方式，而坐禅既要求身心的高度专一，又有一套仪式化的操作步骤，每一步骤都包含了许多具体的要求；于是，在佛教那里，"工夫""功夫"义最终变成了"个体将其身心进行高度的集中，以投入某种具有可重复性、窍门性、进阶性的仪式化操作技法"。②

---

① Philip J. Ivanhoe, *Confucian Moral Self Cultivation* (Peter Lang Inc., International Academic Publishers, 1993). 对孟、荀修身路径之最新阐述，可参见彭国翔：《"养气"与"尽心"：孟子身心修炼的功夫论》，《学术月刊》2018 年第 4 期；《"治气"与"养心"：荀子身心修炼的功夫论》，《学术月刊》2019 年第 9 期。另可参见王正主编：《儒家工夫论》，北京：华文出版社，2018 年。

② 有关"功夫""工夫"语义之演变，可参见林永胜：《功夫试探——以初期佛教译经为线索》《反工夫的工夫论——以禅宗与阳明学为中心》（《台大佛学研究》2011 年第 21 期；2012 年第 24 期）两文。将修身工夫／功夫理解为修身"方法"始于徐复观，吴启超指出，朱子语录中"做工夫""下工夫"等"工夫"一词不应理解为"方法"，而应理解为"修养"，但在朱子回答门人"下手工夫"的提问时，朱子则往往给出实际的操作方法，就此而言，工夫又确有"修养方法"的意思。见吴启超：《朱子的穷理工夫论》，台北：台大出版中心，2017 年，第 9—16 页。

佛教的兴盛，让有精神追求的士大夫竞相奔赴，"儒门淡泊，收拾不住，皆归释氏"。儒学的复兴靠"人其人、火其书、庐其居"的野蛮政治举措，只会落入"攻之暂破而愈坚，扑之未灭而愈炽，遂至于无可奈何"这一尴尬的境地，唯有"入室操戈""修其本以胜之"，方是正途。于是阐天道之密义、剖性命之微言、揭成圣之工夫便成了新时期儒学理论建构的主题。机缘到了，《中庸》（天道性命之书）与《大学》（内圣外王工夫指点之书）遂从《礼记》之中脱颖而出，成为独立的经典，与《论语》《孟子》构成儒家新圣经系统。[①] 就"成圣"功夫指点而论，与佛教具有重复性、窍门性、进阶性的仪式化操作方法的"工夫论"堪媲美的唯有《大学》之"三纲八目"说。宋明儒不约而同地从《大学》之中择取二三字作为为学宗旨，[②] 良有以也。

在《大学》所指点的"工夫"中，"慎独"成为"理学"与"心学"共同聚焦的"一环"。与汉唐儒将"独"理解为"闲居之所为"不同，朱子（1130—1200）创造性地将"独"理解为私己、隐秘的心理空间概念，对这个私己、隐秘的心理活动之"知"并不限于"独居"或"闲居"，即便是在大庭广众或与他人共处之际，仍是独知之范畴。而对"一念萌动"之觉察、审查便成为慎独、诚意工夫的关键，这是决定人之命运的"一关"，过此"一关"，方是"人"，否则便是"鬼"。作为工夫范畴"独知"的提出，诚是儒家慎独传统中的"朱子时刻"。[③] 儒家工夫遂发生重大的转折，其表现有如下七端。

第一，意念的对治成为工夫修炼聚焦之场域。早在北宋，"意念管理"即成为士大夫修身的一项重要内容。司马光（1019—1086）尝患思虑纷乱，有时竟中夜而作，达旦不寐，后来则"以中为念"锁定心猿意马，即是著

---

① 杨儒宾：《〈中庸〉、〈大学〉变成经典的历程：从性命之书的观点立论》，收入李明辉编：《中国经典诠释传统（二）儒学篇》，台北：台大出版中心，2004年，第113—158页。

② 刘宗周云："《大学》一书，程朱说'诚正'，阳明说'致知'，心斋（王艮）说'格物'，盱江（罗汝芳）说'明明德'，剑江（李材）说'修身'，至此其无余蕴乎！"见黄宗羲：《师说》，沈芝盈点校：《明儒学案》，北京：中华书局，1985年，第13页。

③ 详见本书第九章"作为工夫范畴'独知'的提出：儒家慎独传统中的'朱子时刻'"。

名的例子。吕大临（1042—1090）向二程问学的一个主题即是如何驱除思虑之杂。赵概（996—1083）为澄治念虑，"于坐处置两器。每起一善念，则投白豆一粒于器中。每起一恶念，则投黑豆一粒于器中。至夜，则倒虚器中之豆。观其黑白，以验善恶之多少。初间黑多而白少，久之，渐一般。又久之，则白多而黑少。又久，则和豆也无了"（《朱子语类》卷第一百二十九）。这种以数黑白豆或红黑点多寡为修身手段的例子充分体现出宋明理学工夫"内转"的特点。意念的对治在儒家修身传统中催生了新的省思方式与省察类型。在先秦修身传统中，孔子开启了将人生整体作为一种对象加以反思的模式："十有五而志于学""三十而立""四十而不惑""五十而知天命""六十而耳顺""七十而从心所欲不逾矩"。不同的年龄段成为人格临界的标志，成为人生德性生命不断跃进的"路标"，它让每个人在其修身历程中不断校准自己的目标，而不至于迷失方向。曾子"日旦就业，夕而自省思""吾日三省吾身"，将每天的行为纳入反省的对象。宋明儒则将每个当下的"意念"纳入反省的对象："念虑之正不正，在顷刻之间。念虑之不正者，顷刻而知之，即可以正。念虑之正者，顷刻而失之，即是不正"（《陆九渊集》卷二十二），这是在意念发生之后的省思；"思之是非邪正，良知无有不自知者"（《传习录》中），此是在意念发生之际与意念同步而生的省察，此省察与意念为"并起"，"无等待，无先后"，完全符合现象学意义上的自身意识的界定标准。[1]

第二，工夫修炼的广度、深度均有重大拓展与深化。工夫不仅对治人之意识领域，更是深入无意识、潜意识领域，为此"梦"成为工夫的场域。"对广众易，对妻子难；对妻子犹易，对梦寐更难"，借梦卜学（"人于梦寐之间，亦可以卜自己所学之浅深。如梦寐颠倒，便是心志不定，操存不固。"[2]）、梦后自责、梦中用功乃至梦中悟道等现象的出现，表明儒家内省工夫之范围涵括了吾人全部的心灵生活。这不仅意味着反思的广度，而且

---

① 详见本书第四章"儒家修身传统中的四种反省类型"、第十章"从'独知'到'良知'：王阳明论慎独"、第十一章"王阳明思想中的'一念'两义说"、第十二章"湛若水'独体'意识的形成及其历史效应"以及第十三章"'独'—'几'—'意'：阳明心学一系工夫演进中的三个'关键词'"。

② 见《刘宗周全集》语类三，浙江古籍出版社，2012年。

也表明省察的深度，省思的目光已经深入人性之幽深晦暗之领域。毫无疑问，这是心灵澄明工夫贯彻到底之体现。①

第三，与个体的内省、省察的深化相伴而来的是修行共同体中反省的生活。省察之光亦往往存在"灯下黑"现象：见人过，易；见己过，难。圣贤固会"闻过则喜"，常人却难免文过饰非。陆象山（1139—1193）指出："人之精爽，负于血气，其发露于五官者安得皆正？不得明师良友剖剥，如何得去其浮伪，而归于真实？又如何得能自省、自觉、自剥落？"②就此而言，个体性的拯救（"究极自己性命"）离不开修行共同体的集体拯救（"共了性命"）。劝善、省过、疑义相质、师友夹持都需要一种团体生活，书院、精舍、盟会之出现均可说是这种共同修身需要的制度化、仪式化之表现。

第四，"生死一念"成为工夫修炼的对象。"未知生，焉知死"，先秦修身传统很少讨论死亡现象。佛教之所以能在中国广为流行，依二程的看法即是因其"以生死恐动人"，此后人"皆以死为一大事"。刘元城（1048—1125）对二程的说法颇不以为然："世间事有大于生死者乎？而此事独一味理会生死，有个见处，则于贵贱祸福轻矣。且正如人担得百斤，则于五六十斤极轻。此事老先生极通晓，但口不言耳。盖此事极系利害，若常论则人以谓平生只由佛法，所谓五经者，不能使人晓生死说矣。故为儒者不可只谈佛法，盖为孔子地也。"③王阳明再传弟子王时槐（1522—1605）明确指出："世儒之必趋释氏者，无他，彼以为释氏能超生死而孔子不能也。"④佛教高僧安然坐化乃至豫知死期等现象更是给理学家留下了深刻的印象，故在理学家的传记、年谱"死生之际"的记载中，辞气不乱、安静而逝成为通例。至阳明心学一系化生死一念、"寻个不叹气的事做"（"真正仲

---

①　详见本书第六章"'梦'如何成为工夫修炼的场域：以程颐说梦为中心"。

②　陆九渊：《陆象山全集》卷35，北京：中国书店，1992年，第303页。

③　刘安世：《元城语录解》（卷上），马永卿辑，王崇庆解，北京：商务印书馆，1939年，第8页。

④　王时槐：《友庆堂合稿》卷6，钱明、程海霞编校：《王时槐集》，上海：上海古籍出版社，2015年，第589页。

尼，临终不免叹口气"）成为工夫修炼的一个重要议题，[①]心学一系"坐亡立脱""豫知死期"乃至推迟死期的现象亦屡见不鲜。死亡遂成为一种"清醒意识"，一种"自主的事件"。[②]罗汝芳（1515—1588）指示门人说："吾夫子永诀前日，犹曳杖逍遥，则平时无不歌也，可知矣。然则吾侪其尚趁早演习，庶为他日逍遥地耶。"这跟苏格拉底所讲的学习哲学就是自愿地为死亡做好准备、柏拉图所说的真正的哲学就是练习死亡的观点颇为接近，只是西方哲人坚信今生结束以后会在另一个世界发现最伟大的幸福，而东方哲人则自认"此身不向今生度，更向何时度此身"。先秦儒学对死亡事件的描述（"子路结缨""曾子易箦"）更注重一种尊严意识、守礼意识以及"全

---

① 罗汝芳曰："某幼时与族兄访一亲长，此亲长颇饶富，凡事如意，时疾已亟，数向某兄弟叹气。归途谓族兄曰：'此翁无不如意者，而数叹气，何也？兄试谓，我兄弟读书而及第，仕宦而作相，临终是有气叹否？'族兄曰：'诚恐不免。'某曰：'如此，我等须寻个不叹气事为之。'"方祖猷等编校整理：《罗汝芳集》，南京：凤凰出版社，2007 年，第 294 页。

② 阳明江右门人罗洪先（1504—1564）即预先自觉其死期，死时"正巾敛手，端默如平日"。事见胡直所撰行状，收入徐儒宗编校整理：《罗洪先集》，南京：凤凰出版社，2007 年，第 1386—1387 页。罗汝芳曾有一名言"真正仲尼，临终不免叹口气"，但他本人自幼即立志"寻个不叹气的事做"。"及其临终（九月初一日），罗子自梳洗，端坐堂中。命诸孙次第进酒，各各微饮，仍称谢。随拱手别诸生曰：'我行矣，珍重珍重！'诸生苦留。罗子愉色许曰：'为诸君，我再盘桓一日。'乃复入室，初二日午时，罗子命诸孙曰：'扶我出堂。'整冠更衣，坐而逝。"事见方祖猷等编校整理：《罗汝芳集》，南京：凤凰出版社，2007 年，第 299、851 页。王艮（1483—1541）之子王东厓（1511—1587）临终，命弟子辈雅歌取乐，旁有人见其气定，令扶起更衣，东厓曰："是速之也，须令其从容俟气尽行之。"少顷，瞑目敛容以逝。事见《明儒王东厓先生遗集》，收入王艮撰、陈祝生点校：《王心斋全集》，南京：江苏教育出版社，2001 年，第 211 页。杜惟熙（1521—1601）"年八十余，小疾。语诸友曰：'明晨当来作别。'及期，焚香端坐曰：'诸君看我如是而来，如是而去，可用得意见安排否？'门人请教，良久曰：'极深研几。'遂瞑"。事见王崇炳：《杜见山先生传》，《学樗堂文集》卷 4。对中晚明心学一系生死关切议题之考察，可参见彭国翔：《良知学的展开：王龙溪与中晚明的阳明学》，北京：生活·读书·新知三联书店，2005 年，第 463—480 页。

归"意识，①而宋明理学尤其心学一系对死亡的描述更体现了一种"死亡的艺术"。无疑，今天越来越多的人死于现代医疗工业流水线的终端——管子与器械缠绕的 ICU 病房中，而不再以传统的"寿终正寝"的方式告别人生。这固然延长了寿命，但对美好生活的追求以并不美好的方式终结，总不能说是为人生画上了一个圆满的句号。如何以一种有尊严乃至富有艺术的方式告别人生仍然是这个时代的重要问题。

第五，工夫修炼日趋技术化、仪式化、课程化。自宋始，"静坐"既是士大夫的"生活格调"，更是理学家日常工夫修炼的专门技术。收敛身心、见性悟道、养出端倪、观未发气象、观生物气象、省过讼过，静坐在修炼工夫中发挥了重大作用。②另外，书信的往来、问学游记、日记、日谱、自画像等福柯所称的"自我书写"（self-writing）也是理学修炼工夫的重要技术。③

第六，工夫修炼的目标明确为"成圣"。"欲出第一等言，须有第一等

①　《论语·泰伯》："曾子有疾，召门弟子曰：'启予足，启予手。《诗》云：战战兢兢，如临深渊，如履薄冰。而今而后，吾知免夫！小子！'"《礼记·檀弓上》："子张曰：'君子曰终，小人曰死。吾今日其庶几乎。'"这些说法无疑都体现了《礼记·祭义》所称的"父母全而生之，子全而归之"的"孝"意识（"全归意识"）。为避免误解，必须指出的是，理学家当然并没有放弃此"全归意识"，反而将之提升到宇宙论（天道论）的高度着意加以强调："天地全而生之，人全而归之，是为仁。父母全而生之，子全而归之，是为孝。获罪于天，不可以为人；忝其所生，不可以为子。"见邹守益：《题安和里小会籍》，董平编整理，《邹守益集》卷18，南京：凤凰出版社，2007年，第867页。顾宪成甚至说，朱子临终言"须要坚苦"，只是言工夫；阳明临终言"此心光明"，是说本体。惟曾子启足启手之遗言，乃"本体功夫和盘托出矣"。故针对佛氏只是理会生死的说法，顾宪成斩钉截铁地说："吾儒亦只是理会生死。"又说，道无生死，吾儒尽其道而生，尽其道而死，故不以生而生，不以死而死。而佛氏以生死为重，故不免堕生死，吾儒轻生死，乃是深于理会生死者也。顾宪成：《小心斋札记六》，王学伟编校，《顾宪成全集》，上海：上海古籍出版社，2022年，第78—80页。

②　详见本书第七章"宋明理学中的静坐类型及其效用"。

③　理学文献中著名的《定性书》即是程颢与张载切磋工夫的书信。阳明再传弟子胡直（1517—1585）每日将检点全天活动，且记录在案以自箴而自验，去世后门人检其遗文，得一密笥，"启之，册不盈尺，皆手书，名曰《日录》。每岁一帙，日有书，时有纪，自卯至寝，自几微念虑以至应对交接，工夫纯疵，毛发必书，即梦寐中有一念整道者亦书"。见郭子章：《先师胡庐山先生行状》，收入张昭炜编校：《胡直集》，上海：上海古籍出版社，2015年，第998页。关于儒家自我书写修炼传统，请参见 Pei-Yi Wu, *The Confucian's Progress: Autobiographical Writings in Traditional China* (New Jersey: Princeton University Press, 1990) 一书。

意；欲为第一等人，须作第一等事"，成为理学家共同的人生期许。圣人的心性图像充分汲取了佛道两家的"明镜"意象（"圣人用心若镜""大圆镜智"），《论语》中"空""无""空空"术语被诠释为圣人心体当空属性。[①] 物来顺应、应而中节、过后不留（"事来而心始现，事去而心随空"），"心中不可有一物"，圣人心性中之"无"的一面得到了空前的彰显。唐宋变革之际，中国步入"平民社会"，人皆可成圣、满街皆圣人的信念更是不胫而走。[②]

第七，"复其初模式"（recovering model）是宋明理学的普遍的工夫论模式。[③] 这一模式设定本体（"明德""天德""良知""本心"）原是自家"天然完全自足之物"，故工夫只是"使复如旧"。"明德如明珠，常自光明，但要时加拂拭耳"（朱子），"吾心自有光明月，千古团圆永无缺"（王阳明），这一类说法跟禅师说"我有明珠一颗，久被尘劳关锁。今朝尘尽光生，照

① 陈立胜：《谁之"空空"："鄙夫"抑或"夫子"？》（未刊稿）。

② 钱穆指出，宋儒将佛教人人成佛的理想转回到人人作圣上面，将先秦儒家的"事业"意识看淡，而看重"气象"，并把曾点说成是"尧舜气象"。究其实，宋儒所谓"气象"不过是魏晋玄学撇开外面世务而谈论的"风度"与"德操"。宋儒为了与佛氏竞争人生理想的领导权，便跟禅宗人人成佛一样提出人人为圣，这是"宋明两代人之人生新理想"。"满街都是圣人"，"风气所播，理学变成一种通俗运动与平民教育。这可说是宋明理学自始就存在的主要的一大趋势"。钱穆：《中国历史上关于人生理想之四大转变》，收入《钱宾四先生全集·世界局势与中国文化》，台北：联经出版公司，1998年，第153—154页。

③ 在儒家中，这一模式当然可上溯至李翱的《复性书》。阮元在《塔性说》《复性辨》两文中指出，佛教"有物焉，具于人未生之初，虚灵圆净，光明寂照，人受之以生，或为嗜欲所昏，则必静身养心，而后复见其为父母未生时本来面目"，此"物"究何名耶？无得而称也。"晋宋姚秦人翻译者执此物求之于中国经典内"，发现《庄子》中"性"字本是天生自然之物，"《骈拇》《马蹄》之喻最为明显，庄子曰：'缮性于俗，学以求复其初，谓之蒙蔽之民。附之以文，益之以博，文灭质，博溺心，然后民始惑乱，无以反其性情而复其初。'是庄子此言复性谓复其自然也。晋人读老庄者，最重自然，故与佛所谓性相近也，李习之《复性书》之'复初'，则窃取佛老之说，以乱儒经，显然可见也"。阮元撰、邓经元点校：《揅经室集》，北京：中华书局，1993年，第1059—1060、1061页。其实《淮南子·淑真训》已将儒家的圣人之学与"复其初"联系在一起了："是故圣人之学也，欲以返性于初。"高诱注曰："人受天地之中以生。孟子曰：'性无不善，而情欲害之。'故圣人能反其性于初也。"（《孟子正义》卷一）

破山河万朵"若合符节。故工夫论说也是同一套路，朱子说："今之为学，须是求复其初，求全天之所以与我者始得。"他更是将孟子的"扩充话语"巧妙地解释为"充满其本然之量"的复初工夫。王阳明说："吾辈用功只求日减，不求日增。减得一分人欲，便是复得一分天理。何等轻快脱洒！何等简易！"（《传习录》上）王畿（1498－1583）说"良知不学不虑，终日学，只是复他不学之体；终日虑，只是复他不虑之体"（《明儒学案》卷十二）。王艮《复初说》更是画龙点睛："知不善之动者，良知也；知不善之动而复之，乃所谓'致良知'，以复其初也。"① 无疑，阳明说"良知愈思愈精明"，就此而言，良知亦有"成长""充拓""发展"的过程，但这只是就"良知"当下呈现、实现的"实际状态"而言的，究其实这一"发展话语"还是要回复到那原初的完善的本体："孩提之童无不知爱其亲，无不知敬其兄。只是这个灵能不为私欲遮隔，充拓得尽，便完完是他本体。便与天地合德。"（《传习录》118:140）②

三、"觉悟"："过渡时代"

清末民初是中国"天崩地裂"的过渡时代。用列文森（Joseph R. Levenson，1920－1969）的话概括，这个过渡时代就是一个使"天下"成为"国家"的过程。③ 由传统"天下"视界下的"中国"向现代"世界"视界下的"民族国家"的中国之转换，由"道出于一"向"道出于二"再向另类的"道出于一"（实则"道出于西"——先是"欧美之西"，继而是"苏俄之西"）的过渡，由传统的天人合一、天一地一人存有的连续之道向"物竞天择""与天争胜"的"新天道"的过渡，牵涉"三千年未有之大变

---

① 王艮：《王心斋全集》，陈祝生点校，南京：江苏教育出版社，2001年，第28页。

② 陈荣捷：《王阳明传习录详注集评》，台北：台湾学生书局，2006年修订版。下引该书均简称为《传习录》，且随文加注，"："之前数字为陈荣捷所编条目，之后数字则是该书页码。

③ 列文森：《儒教中国及其现代命运》，郑大华、任菁译，北京：中国社会科学出版社，2000年，第87页。

局"，其中充满着满汉、古今、中西、新旧之纠结与紧张。这个大变局涉及政治制度、经济与社会生活、文化理念与价值观念各个方面的转变，这是一次全盘性、结构性的转变。这个空前未有的转变反映在思想层面，便是各种一揽子解决方案的提出、各种"主义"话语的竞相登场。这一变局在本质上可概之为"中国现代性"问题。

在这个过渡时代中，西方世界中的近代"民族国家"一如巴黎的"标准米"成为"国"之为"国"的标杆，中国"无国说"流行一时。倡导"鼓民力、开民智、新民德"的严复（1854—1921）认定，"最病者，则通国之民不知公德为底物，爱国为何语"。[1] 立于世界民族之林或者说使中国成为"世界的中国"便成了中国近代思想的一个重要主题。[2] 梁启超（1873—1929）在《新民说》中明确提出："凡一国能立于世界，必有其国民独具之特质。"建设何种国家（"国性"）、培育何种"国民"（"民德"）自是一体两面之问题。"固其群""善其群""进其群"的利群之道（有益于群者为善，无益于群者为恶）取代了基于血缘伦理的"孝道"，并被看作"放诸四海而皆准，俟诸百世而不惑"的真理。成全自我的"为己之学"被代之以"成全国家"，为"成圣而读书"被代之以"为中华之崛起而读书"，国家成为最大的思考单位："国也者，私爱之本位，而博爱之极点，不及焉者野蛮也，过焉者亦野蛮也。"不及焉者野蛮，甚好理解，"过焉者亦野蛮"则如何讲？梁启超解释说，世界主义、博爱主义、大同主义此类事情"或待至万数千年后"犹不敢知，而竞争为文明之母。国家则是竞争的最大单位（"最高潮"），国家之界限被突破，则竞争消泯，"竞争绝"，"毋乃文明亦与之绝乎！"文明绝，则重陷入"部民"之竞争，"率天下之人复归于野蛮"。传统的"独善其身"被视为"私德"，而以此自足放弃对国家之责任则"无论其私德上为善人为恶人，而皆为群与国之蟊贼"，"谓其对于本群而犯大逆不道之罪，亦不为过"。宋明理

---

① 引自严复的话，参见孟德斯鸠：《孟德斯鸠法义》，严复译，北京：商务印书馆，1981 年，第 373 页。

② 王汎森指出，"国家""国民""群"是晚清时期三个新概念，它们是最关键的"概念工具"，属于一种"新的政治思维"。见王汎森：《中国近代思想与学术的系谱》，上海：上海三联书店，2018 年，第 218—219 页。

学"民胞物与""万物一体之仁"之精神的旨趣在于突破人己、物我的界限("无有乎人己之分,物我之间"),在梁启超看来此天下同风的意识造成中国人"知有天下而不知有国家",进而"视国家为渺小之一物,而不屑厝意"。更为重要的是,国家作为"大群"其成立"必以对待",即"群"之为"群"必有一"界限意识":对外竞争,故须善认"群外之公敌";对内团结,故必不认"群内之私敌"。这种民族国家建构之中分清敌友的意识后来则成为中国革命的"首要问题"——只是在后者那里,敌友的划分是依照阶级而非国族,或者说阶级敌人已经被放逐于"群"之外,不属于革命"群众"的队伍。根据现代某些政治哲学家的看法,划分道德领域的标准是善与恶,审美领域是美与丑,经济领域是利与害,政治领域则是敌与友,把敌人明晰无误地确定为敌人是政治诞生的时刻:"所有政治活动和政治动机所能归结成的具体政治性划分便是朋友与敌人。"①"仁政"与"德治"是传统儒家政治哲学的基本精神,这种精神在根本上是一种消解现代政治的意识。杜维明在论及儒家的"远人"问题时指出:儒家对待远人的方式,蕴含着"四海之内皆兄弟"这一理想践履目标,"把'远人'在政治上讲成'外国人'或'陌生人',这种观念同《中庸》的思维方式是不相应的。它之所以劝导统治者把'远人'当作'客人'接待,乃是因为他所督视的根本不是一种政治单位,而基本上是一种道德伦理上的联合"。②不过,在饥鹰饿虎、万国竞争的丛林时代,民族国家体系的世界视界取代这种天下一家、天下同风的视界自是"大势"所趋、在所难免。用康有为的话说,传统儒家的"天下义""宗族义"必须转换为纯粹的"国民义"。

需要指出的是,传统的"天下一家"观念也始终没有完全退出国族建构者的"世界"视界。康有为(1858—1927)的"大同论"、谭嗣同的"有天下而无国的"地球之治论,一战后梁启超的"世界主义的国家"与"尽性主义"论,这种种的"反现代性的现代性理论"("反西化的西方主义")一直绵延不绝。对青年毛泽东有深刻影响的杨昌济在其《静观室札记》

---

① 施米特:《政治的概念》,沈雁冰译,上海:上海人民出版社,2015年,第30页。

② 杜维明:《论儒学的宗教性》,收入郭齐勇、郑文龙编:《杜维明文集》（第3卷）,武汉:武汉出版社,2002年,第433页。

（1914）畅论世界主义与国家主义，他写道：

> 吾国圣贤之教，本取世界主义，故恒谓吾国为天下。因世界尚未交通，中国独立于亚东，环其国者不过小国及游牧之部落，文化不得比于上国，故人民无民族思想。今则万国交通，时势大变，不得不暂舍世界主义而取国家主义。康南海谓今日当以列国并立之势治天下，即为此也。《春秋》三世之义，据乱世内其国而外诸夏，升平世内诸夏而外夷狄，太平之世天下远近小大若一。是孔子终极之理想为世界主义，然时势有未遽许者，故有内其国而外诸夏与内诸夏而外夷狄之必要。不徒驰于高尚之理想而忽略目前之事实，此孔子所以为圣之时者也。[①]

孙中山（1866—1925）虽然一方面抱怨传统中国之所以“不国”就是传统的世界主义（实则是“天下主义”）抑制了“民族主义”的发展，故当今中国应该大力提倡民族主义。不过他话锋一转，认为中国的民族主义包含着真正的世界主义精神，因为欧洲的世界主义是有强权无公理的世界主义，中国的世界主义是天下为公、大同之治的和平主义。即便是在后来的社会主义、国际主义论述中，“天下一家”的痕迹仍然依稀可辨。郭沫若（1892—1978）在20世纪20年代就曾断言，“马克思与列宁的人格之高洁不输于孔子与王阳明，俄罗斯革命后的施政是孔子所谓的‘王道’”。[②] 无疑，近代的世界主义论述究竟在多大程度上是由传统天下的观念生发出来的，而不是由“另类的西方世界”观（一种扎根于基督宗教的乌托邦主义终末论的世界观）投射给传统而制造出来的，甚或是某种出于对西方“爱恨交织的两难心理”激发出来的，仍是值得深究的问题。[③] 不过，20世纪的天下主义、世界主义、国际主义、社会主义跟以往的“天下一家”的观念有着根本的区别，它不再是基于“亲亲”这一亲情、血缘家庭伦理所推扩而成的“共同体”，而是由志同道合

---

① 王兴国编校：《杨昌济集》，北京：民主与建设出版社，2016年，第354页。

② 郭沫若：《郭沫若全集》（第3卷），北京：人民出版社，1984年，第299页。

③ 狄百瑞指出，中国人的时间意识、历史意识不具有西方千禧年与终末论的观念，直到20世纪，与基督教和马克思主义一起被引进中国的先知观，才开启了一个新的革命性时代，一个以累积或发展观为基础放眼未来的新时代。狄百瑞：《儒家的困境》，黄水婴译，北京：北京大学出版社，2009年，第15页。

的"同志"所建构的高度同质化的"社会"。①

这就意味着，无论是民族国家的建构，抑或是革命意识形态的营造，都需要一番伤筋动骨的"脱人伦""脱身份"的改造活动。"国民意识"与"党性意识"的"觉悟""觉醒"便成了"过渡时代"修身的主题。梁启超在 1915 年创办《大中华》杂志，发刊词即以唤起国民的"自觉心"为宗旨。的确，唯有将人从各种宗教、宗族等的有机共同体之中抽离出来，将传统扎根于乡土社会之中的"植物性国民"（丸山真男语）"连根拔起"，将之转化为爱国、爱党的一个"分子"（"国民之一分子""人道之一阿屯"），才能形成统一的国家意志、政党意志以及全民、全党总动员的能力。"分子"一词正是摆脱了亲缘关系而被置于一个社会整体中具有某种阶级或集体属性的最小单位，正如在化学中，分子是指能够独立存在并保持本物质一切化学性质的最小微粒一样。这也可以理解为何在 19 世纪末 20 世纪初军国主义思潮盛行于中国，"惟军国主义是务，而宗法社会弃之如脱屣耳"。② 于是，传统的"身家"成了现代"国家"的累赘，套用章太炎（1869—1936）的术语说，从家族伦常之中挣脱出来成为"大独"，才能成就国家这个"大群"。传统的"身—家—国—天下"的存有链条断裂为"个体"（"身""大独"）与"国家"（"大群"）两截。"家"（以及家族社会）逐渐被视为"罪

---

① 王汎森指出，刘师培在《伦理教科书》中已经意识到，要让人民有公德，就要成立"完全社会"、推行"社会伦理"，而要成立"完全社会"就要有"党"。见王汎森：《从"新民"到"新人"》，收入《思想是生活的一种方式：中国近代思想史的再思考》，北京：北京大学出版社，2018 年，第 39 页。需要指出的是，中晚明的讲会活动已经将"同志"的友道提升到很高的地位，泰州学派的何心隐甚至将"友伦"提升为五伦之首（"天地之交尽于友"），他视自身是"不农、不工、不商、不士"（"身之无在"），又说"父子、昆弟、夫妇"，固是天下之达道，却"难统乎天下"，"惟君臣而可以聚天下之豪杰，以仁出政，仁自覆天下矣"，"惟友朋可以聚天下之英才，以仁设教，而天下自归仁矣"。何心隐：《与艾冷溪书》，容肇祖整理：《何心隐集》卷 3，北京：中华书局，1960年，第 66 页。显然，何心隐已经洞见到"同志"与"政治共同体"建构之内在联系。谭嗣同论朋友"为四伦之圭臬"，"四伦咸以朋友之道贯之，是四伦可废"的激进看法可溯源至此。

② 章太炎：《社会通诠商兑》，《章太炎全集·太炎文录初编》，上海：上海人民出版社，2014 年，第 349 页。

恶的渊薮"，^① 作为"身家"的存在甚至也遭到第一代新儒家的怀疑，称"家庭为万恶之源，衰微之本"的熊十力自不必说，即便是最为保守的马一浮（1883—1967）也感慨说，儒家即便程朱诸公亦未尝不婚，儒者自大贤以下鲜不为室家所累，^②"离家出走"方能真正成为无牵无挂、放开手脚做大事、创大业的"个体"。现代性中的个体其本质即是一—"无负担的自我"(the unencumbered self)，即是"出离自身"的，即是"无家可归"的。"这种不具有任何必然的社会内容和必然的社会身份的、民主化了的自我，可以是任何东西，可以扮演任何角色、采纳任何观点，因为它本身什么也不是，什么目的也没有。"^③ 这也是萨特《存在与虚无》中所着力描述的作为纯粹虚无之流的"自为存在"的基本性格，于是原来旨在觉悟成圣的"身"被塑造为一种具有冲破罗网、敢于行动的富有革命觉悟的主体，原来的"为己之学"变成了带有革命气质的主体性哲学。传统扎根于人伦共同体之中的"修身"变成了政党信仰共同体之中的"修养"与超越人伦的"革命觉悟"和"最后觉悟之最后觉悟"。

　　传统儒家的修身思想、工夫修炼的技艺从人伦教化（"孝弟慈"）、为己之学、天下一家、万物一体的儒家信念框架中"脱嵌"，并被"嵌入"现代民族国家与政党政治的视界之中。这体现在"个人意识"与"团体意识"两个方面。第一，就个体的心性世界的锤炼而论，它成为政治领袖、时代的先知先觉者自我规训、自我挺立、自我决断的精神指引，贺麟一度称蒋介石为"王学之发为事功的伟大代表"，其责己之严、治事之勤、革命之精诚、事业之伟大，皆由于精诚致良知之学问得来。^④ 在有志之士中，用阳明心学乃至

　　① 张灏指出，家庭伦理在梁启超那里尚未成为国民发展的障碍，这可能与他受到日本忠孝一体的观念影响不无关系。张灏：《梁启超与中国思想的过渡（1890—1907）》，崔志海、葛夫平译，南京：江苏人民出版社，1995 年，第 91 页。

　　② 马一浮：《马一浮集》(第 3 册)，马镜泉等点校，杭州：浙江古籍出版社、浙江教育出版社，1996 年，第 1053 页。

　　③ 麦金太尔：《追寻美德》，宋继杰译，南京：译林出版社，2011 年第 2 版，第 40 页。

　　④ 有关蒋介石与阳明学之关系，请参见陈铁健、黄道炫：《王学及其现代命运》，《历史研究》1994 年第 4 期；黄道炫：《蒋介石与朱、王二学》，《史学月刊》2002 年第 12 期；黄克武：《蒋介石与阳明学：以清末调适传统为背景之分析》，收入黄自进主编：《蒋中正与近代中日关系》，台北：稻乡出版社，2006 年，第 1—26 页。

宋明理学锤炼自己的人格、培养自己的革命意志已蔚然成风。在《论共产党员的修养》中，修身的目标是成为"革命家""革命的圣人"，这就需要"立志"（"真正有决心"）、"觉悟"（"真正自觉地始终站在无产阶级先锋战士的岗位"），并要在"事上磨练"（"共产党的修养要跟群众的革命实践结合在一起"，要经历"一个很长的革命的锻炼和修养的过程"）等，因此儒家原有修己安人（内圣外王）变成了改造自我与改造社会双向改造的框架。不过，修身在传统中是君子的自我要求，而在现代政治运动之中则被泛化为一种道德与政治泯然无别的总体性要求。① 第二，就培育团体意识而论，它成为现代政党政治统一认识、提升党的政策一竿子插到底的贯彻力、执行力的重要思想资源，成为"实行革命主义最重要的心法"。全民总动员的国家与政党政治最终必须诉诸全民性的意志、觉悟与行动力，用孙中山的话说，"革命必先革心"。从梁启超、孙中山、蒋介石到毛泽东这些现代政治风云人物纷纷关注知行问题，不亦宜乎！不用说，"全民"之"民"已经抖落干净传统的"身家"关系。它不再是多元的、具有不同身份的"复合群体"，而是清一色的、拥有统一意志的"单纯的同质型"的整体。② 塑造这种具有统一意志的"群体"便成了中国现代性教化的最重要任务，从梁启超的新民说到刘少奇的共产党员修养论，这是一以贯之的主题。

---

① 王汎森指出，在传统修身与教化活动中，已经出现了三种将个人"私"领域公共化的形式。一为乡约中的彰善纠过形式，特别是以吕坤《实政录》中的《乡甲约》为代表，其不仅规定犯错的人要公开检讨，而且其家门上还要钉上木牌，写明罪状，以督促他徙义改过；一为讲会、省过会中师长或会中同志检阅私人日记，即将个人的修身日记公开化，以起到相互劝勉的作用；一为省过团体如"考德课业会"中，人们将记录每日言行乃至心理活动的日记向团友报告，以期相互纠举。这三种传统的形式在五四青年社团的修身活动中依然具有活力，而在整风运动、思想改造运动中，"批评与自我批评"更是日趋课程化，"以公开私人领域求得道德转化的传统有一个重大的转折，那就是私人领域的政治化"。这体现在两个方面：一是"人被重新定义"，意识的最深层、最为隐微之处可以彻底公开，而且应该公开；一是"传统中国'以圣望人'的思想，似乎被以一种奇怪的方式加以落实"，即人人都被"逼迫"要做圣人。王汎森：《近代中国私人领域的政治化》，《中国近代思想与学术的系谱》，上海：上海三联书店，2018 年，第 181—202 页。

② 张灏：《五四与中共革命：中国现代思想史上的激化》，《"中央研究院"近代史研究所辑刊》第 77 期（2012 年 9 月）。

最终"国家"与"革命"成为中国知识人心中最神圣的观念。谁都可以批判上帝、天理、祖先、道德，但是没有人敢反对"国家"与"革命"。[①]早在《新民说》中，梁启超就提出在新伦理（家族伦理、社会伦理、国家伦理）的构成中，父母对子女有生、育、保、教之恩，故子女对父母有报恩之义务，而社会、国家之于"国民"其恩与父母同，故国民如不爱国，则"实与不孝"同种。不过，梁启超明确将"国"与"朝廷"（"政府"）做了区别。国如村市，朝廷为村市之会馆，故爱国与爱朝廷并不是一回事："朝廷由正式而成立者，则朝廷为国家之代表，爱朝廷即所以爱国家也；朝廷不以正式成立者，则朝廷为国家之蟊贼，正朝廷乃所以爱国家也。"（《新民说》）何谓"正式"？何谓"不正式"？梁启超未言，毛泽东（1893—1976）在1910年下半年读到此处加以发明说："正式而成立者，立宪之国家也。宪法为人民所制定，君主为人民所推戴。不以正式而成立者，专制之国家也，法令由君主所制定，君主非人民所心悦诚服者。前者，为现今之英日诸国；后者，为中国数千年来盗窃之国之列朝也。"[②]1905年，梁启超在《德育鉴》中明确将"致良知"与"爱国"画等号，反复强调爱父母、妻子的良知就是"爱国"之良知，在爱国成为"吾辈今日之最急者时代"，人人须以刻刻不欺良知的心法来检查、省察自己的"爱国心之诚伪"。而在1932年，蒋介石（1887—1975）在其《自述研究革命哲学经过的阶段》一

---

①　这或是近代民族国家建构与革命运动的通例。吕克·费里（Luc Ferry）指出，"国家主义"与"革命理想"是现代西方的共和观念的"结构性弱点"。他以托克维尔为例，深刻揭示了张扬自由、平等、博爱、人权的共和观念如何受困于"国家主义"与"革命理想"的"陷阱"：于《论美国的民主》中，托克维尔毫不留情地揭露了殖民者对黑人的奴役罪行，然而在论阿尔及利亚的法国殖民地的著述中，托克维尔彻底换了一副面孔，他完全赞同法国军队于19世纪40年代在北非犯下的种种战争罪行。"一位如此睿智的人，他用最精彩的文字表达废除奴役制度的要求，同时又对那些我们今天视作反北非人民的战争罪行散发最无耻的言论。"显然，"国家主义"蒙蔽了人的良知。有关"革命的传统"，费里认为，"革命和国家一样，都是革命者们眼中的超越性原则，是他们要为之献身的伟大事业，对于他们，这个事业高于对个体做出的许诺，而个体的权利在这些条件下不再有什么重要价值"。见吕克·费里：《论爱》，杜小真译，北京：北京大学出版社，2017年，第89—95页。

②　中共中央文献研究室、中共湖南省委《毛泽东早期文稿》编辑组编：《毛泽东早期文稿（一九一二年六月——一九二〇年十一月）》，长沙：湖南人民出版社，2008年，第4页。

文中直接呼吁："爱国家，为国家牺牲，就是个人良心上认为应该做的事情，这就是良知，否则只顾逞意志，争权利，就是在强敌压境的时候，还要破坏统一，破坏团结，并且借这个机会来反对党，推倒政府，这就是不能致良知。"[1] 到了 1943 年，冯友兰（1895—1990）就新旧道德加以辨析说：旧道德中的"忠孝"是以家为本位，为父母尽孝、为君主尽忠，但往往会忠孝不能两全，不能两全时就要"移孝作忠"；新道德则不同，"现在为国家尽忠为民族尽孝，那就没有冲突……我们为国尽忠，就是为民族尽孝，为民族尽孝，也就是为国家尽忠"。[2] 由于"国家"与"革命"成了终极的视界，而对"国家"与"革命"的理解呈现出党派性与阶级性的根本性差异，于是传统修身之中的一些自明的概念诸如天理、良知都成了问题。在"革命话语"中，"既是刽子手又是牧师"的阳明，其"良知"不过是一种为反动统治阶级发出的声音而已。[3] 实际上早在"民族主义"高涨的晚清，章太炎就对"途说之士羡王守仁"现象表示不解，他认为阳明学问"至浅薄""无足羡"，而且还犯有双重的政治立场错误："抑守仁所师者，陆子静也。子静翦爪善射，欲一当女真，与之搏。今守仁所与搏者，何人也？……以武宗之童昏无艺，宸濠比之，为有长民之德。晋文而在，必不辅武宗蹶宸濠明矣。"阳明所搏击的对象不是北方的"异族"，故民族大义上是非不明，更为重要的是，他追随武宗而不是"有长民之德"的宸濠，故革命是非不清。双重是非不明，阳明地下有知，会有何辩解？

---

[1]　刘健清编：《中国法西斯主义资料选编》（一），北京：中国人民大学中共党史系，1985 年，第 109—110、117 页。

[2]　冯友兰：《当前的几个思想问题之一：新旧道德问题》，《三松堂全集·中国哲学史补二集》，北京：中华书局，2017 年，第 411 页。

[3]　杨天石：《王阳明》，北京：中华书局，1972 年。杨天石还进一步指出，王阳明的主观唯心主义虽然未能挽救明王朝的覆灭，但是，"在中国现代史上，却为一切反人民、反革命的反动派所倾心，不断有人捡拾王阳明的余唾，用以反对中国人民在中国共产党领导下所进行的轰轰烈烈的革命斗争。独夫、民贼蒋介石……一方面效法王阳明刽子手的一面，不断对革命人民发动反革命的军事围剿，妄图将革命烈火扑灭在中国人民的血泊中；另一方面，则效法王阳明牧师的一手，大肆鼓吹所谓'力行哲学'，要人民'死心塌地地，任何牺牲，任何痛苦，任何危险都不顾'地为帝国主义、封建主义、官僚资本主义卖命效劳"。同上书，第 99 页。

四、"设计"：人机一体时代修身会终结吗？

21 世纪是一个"加速"的世纪。科技、社会、生活步调变动速率出现了日益加速的现象。[1] 纳米技术、生物技术、信息技术（大数据、物联网）和认知科学（人工智能）会聚为 NBIC（Nano-Bio-Info-Cogno）四位一体的"人类增强技术"（Human Body Enhancement Technology），从"外"到"内"、从"身"到"心"（"脑"），为人之"生理""认知""道德"各个层面提供了一套增强技术，使得人之听力、视力、运动能力、耐力、抗疾病与推迟衰老的能力、感知、接受、记忆和运用信息的认知能力以及道德能力（道德判断、道德情感与道德行动）向着更高、更强、更完善的方向提升。[2] 人类增强技术日益成为 21 世纪的"新道教"，它将道教的"外丹"与"内丹"修炼术完全技术化、程序化、可操作化而且有效化了。人类首先运用技术改造自然、改造社会，现今终于"进化"到改造人自身，改天换地的工程最终落实到改换人类自身的生命工程。人类在以工程的方式安顿周遭世界的同时，其自身的生命亦日益得到工程化的处理（engineered way of life）。[3] 设计与规划不再只是建筑活动的术语，也不单是各种工业

---

① 哈特穆特·罗萨：《新异化的诞生：社会加速批判理论大纲》，郑作彧译，上海：上海人民出版社，2019 年。

② 相关文献见罗西·布拉伊多蒂：《后人类》，宋根成译，郑州：河南大学出版社，2016 年。吕克·费希：《超人类革命》，周行译，长沙：湖南科学技术出版社，2017 年。凯瑟琳·海勒：《我们何以成为后人类：文学、信息科学和控制论中的虚拟身体》，刘宇清译，北京：北京大学出版社，2017 年。弗朗西斯·福山：《我们的后人类未来：生物技术革命的后果》，黄立志译，桂林：广西师范大学出版社，2017 年。

③ 米切姆（Carl Mitcham）：《一种工程的生活是否值得人类去过？》，黄晓伟译，《哲学分析》2019 年第 2 期。汉斯·约纳斯（Hans Jonas, 1903—1993）指出，生物技术最终打破了传统工程技术中主体之人与作为技术所要克服的对象（自然）之间的二元结构："生物技术的到来表明这种明确划分的彻底背离，甚至是和潜在的形而上学意义的一次决裂：人可能是他自己的制造术的直接对象。"不仅如此，新型生物技术跟传统的工程技术相比，无论在"制造的规模""制作的基质""不可预言""不可逆""遗传学层面""权力问题"还是"目的评估"诸方面皆有着本质的区别。见约纳斯：《技术、医学与伦理学：责任伦理的实践》，张荣译，上海：上海译文出版社，2008 年，第 128—134 页。

产品生产制作流程的术语，也是政治、经济人生乃至生活方式的术语，我们所处的世界日益为工程师所设计、建造、运营、维护与创新，我们的人生本身也成了规划、设计的对象，最终我们的生命、肉身也不再是"天生的"，而是由我们自己塑造、规划、设计、加工的。

人类正迈向一个"支配对敬畏的绝对胜利"的时代。人类自由地创造自身，"我命由我不由天"看来正在变成一件"技术活"和"体力活"。政治性的"洗脑"与道德性的"洗心"看来都可以通过 NBIC 流水作业线一劳永逸地加以解决了。这究竟是对自由、尊严的一种"增进"抑或是"剥夺"，技术进步派与技术保守派各执一词。上帝无法造出一个只会行善而不会作恶的"人"，因为那意味着人之自由的丧失。这是传统基督教神义论对"恶"现象的经典辩护。今天如果通过人类增强技术干预人的道德决定，使得原本会做出恶的决定的意识，变成了只能做出善的决定的意识，这是不是值得追求的一件事情？人的自我工程化是不是一种美好的在世方式，是不是一种美好的人生？早在 20 世纪 60 年代，针对世人对遗传工程的恐惧与担忧，神学家麦奎利（John Macquarrie，1919—2007）就指出：或许有人质疑遗传工程会僭越本属于上帝的神圣特权，但是"变得如同上帝，这是人的命运。如果对新权力的接管，并未带有傲慢的自主性，而是带着服务的意识以及觉察到神圣恩典与审判是高于人的，那么，便谈不上对于神圣者的篡位"。① 这种工程化的人生设计与改造当然也是带着服务于人的意识，但是否带有"傲慢的自主性"，即便在神学家之间也是见仁见智之事。一方面，人类无比渴望通过增强技术来使自己变得更健康、更幸福；但另一方面，人类又担心增强技术会带来某些不可逆的人性改变。在先秦，由"人禽之辨"唤起的做人意识，是儒家修身传统的逻辑起点，在当今"人机之辨"这个"人禽之辨"的 2.0 版本所唤起的意识，不再只是简单的做人问题，因为与"禽兽"这个人的"降格"不同，这个"机"是人的"升格"。升格后的人最终会导致"人将不人"甚或是"人将不存"的困惑。② 新世纪的人生工程（"新道教"工程）将我们带进了做"人"还是成"仙"，抑或是做"后

---

① 麦奎利：《基督教神学原理》，何光沪译，香港：汉语基督教文化研究所，1998年，第 648 页。

② 陈少明：《儒家伦理与人性的未来》，《开放时代》2018 年第 6 期。

人类"（Posthuman）这一最根本的生存问题中。"使人类更人性化"，还是"不断超越人类"自身？这是儒家必须回应的问题。

五、结论

无论在"德行的培育"抑或在"心灵的操练"时代，尽管在修身的目标与具体的技术方面都存在着差异，但二者共享一个共同的人性论框架，即天人合一的天道—人道一贯的世界图景。"天"（天道、天理、天德）是修身的终极视野。修身工夫究其实是要成就、培育天性、天心与天情，让人享受天伦（孝弟慈）之乐。张灏在描述轴心突破时提出一个原人意识的"三段结构"（现实生命的缺憾—生命发展与转化道路—生命的理想与完成），这个结构跟麦金太尔所说的"三重图式"即"偶然所是的人性"—实践理性与经验的教诲—"实现其目而可能所是的人性"是一致的。在古典儒家中，生命的理想乃是镶嵌在"天—地—人—万物"这一存在的连续体中，基于"人的觉醒"而产生的"自我—转化"最终在这一天道秩序之中"找到"自己的位置。另外，由德行的培育向心灵的操练的转折，虽以"范式转移"拟之亦不为过，但这绝不意味着"修身"传统的断裂，与其如此说，毋宁说原来的修身技术仍然有效，理学家依然注重礼仪与行为举止，乃至遭到世人"幅巾大袖，高视阔步"之讥讽；而就先秦儒学而论，固然德行的培育是修身的焦点，但这也绝不意味着孔子、孟子、荀子等大儒不再关注心灵生活。孔子之"操存舍亡"、孟子之"尽心"、荀子之"以心治性"、儒简《五行》"德形于内谓之德之行"① 乃至《礼记·大学》"正心诚意"无不说明先秦儒家从未离"心"而论德。孔子虽从不曾以"圣"自期与自许，但孟、荀均认定人皆可为尧舜、涂之人可以为禹，故宋明理学"圣可学""满街圣人"的理念实亦肇始于先秦儒学修身传统之中。不过圣人皆有异表、万杰曰圣说，自汉即已成文（见《白虎通·圣人》）。唐宋转型之际，

---

① 关于出土文献"心"之含义，可参见王中江：《"心灵"概念图像的多样性：出土文献中的"心"之诸说》，《哲学研究》2019 年第 12 期。

人皆有佛性、人皆可成佛的观念的流行无疑促成了宋明理学家共同以"成圣"作为工夫修炼的目标，而在圣人的心性图像中更是充分吸纳了佛道二教的虚无空灵之精神。要之，旨在"成圣"的心灵操练的理学工夫与德行培育的先秦修身传统相比，既呈现出连续性，更呈现出更新、突破乃至转折的面向。或者更准确地说，先秦修身传统的目标与修身技术成为宋明理学工夫论说的底色。在此底色上，理学家应时代精神而起，出于民族文化慧命的自觉与强烈的道统意识，由各自深刻的工夫修炼体验出发，浓墨重彩地为之增添新的色层，绘制新的篇章。

近代以降，传统的"天道"被物竞天择的"自然规律"与"社会规律"的"新天道"所取代，修身首先意味着"觉悟"，即从传统的旧天道（日用伦常的人间秩序）中摆脱出来，从"存有的大链条"中摆脱出来，这是一个"解放"的过程，一个现代主体自由、自主觉醒的过程，一个"脱人伦"、离家、出家的过程。人生的意义是在征服自然、改造社会之中完成的，"意义"是自由主体赋予的，是创造出来的，而不是"找出"来的。现代人生在根本上是筹划、设计、规划的人生，带有强烈的"人工"性，而不是"自然"性。

社会乌托邦工程最终演进为人自身的乌托邦工程，即通过一种技术手段可以全方位地改造（提升）人之身心的工程。其将人向着更高、更强、更完善的方向提升，只是这个"更高""更强""更完善"已经完全超出了"自然身体"的限制，"人"从"脱人伦"向"脱人身"演进，从"碳基生命"向"硅基生命"演进，这里已没有"天性注定"的自然限界——所谓的天性（nature）原本即是自然性，即与身体性、碳基性分不开。既无天性，因而也就没有"康复""复其初"的理想模式。质言之，人性是无限定的。人的未来、人的命运第一次真正掌握在人自己的手中，人的的确确就是在世间活动的"上帝"。在这样一个时代中，何谓美好生活、美好心性再度成为一个时代问题。原来人类对完美的追求一直以"天"作为"原型"，"天心""天道""天德""天性""天情""天乐"一直是儒道两家共同追求的心性、性情、德性，生命一直作为"礼物"、作为自然之所予（the givens）被感激、被接受、被珍惜、被传承。现在这一切都有让"人"向着"更完美"的方向突破的可能，"天心"与"机心"对决的时代已经悄然莅临了。[①] 阿多（Pierre Hadot，1922—2010）哀叹说："我们的确必须承认，人类非但远远未能驾驭这种形势，反而发现正面临着更严重的危险。技术正在导致一种使人类自身日益机械化的生活方式和思维方式。然而，这种文明的无情进步是不能阻止的。在此过程中，人不仅可能失去其身体，而且可能失去其灵魂。"[②] 当人生可以活到一百五十岁，当人造子宫已经成为可以定制的产品，当"人生"不再只是"天生"的，而是"天人"共生，或者说是"天生人造"的，当"我"不再是"个人生活史的唯一作者"，对儒家而言，长幼有序、夫妇有别一类的人间伦理与希圣、希天的人生目标，这些儒家修身之道究竟如何开展？为此，《孟子·尽心》以"求则得之，舍则失之，是求有益于得也，求在我者也"作为主体自觉及生命追求的动力机制看来必需予以重新审视，因为传统修身工夫所着力的"变化气质"在原则上可以通过一种"增强技术"而"垂手可得"。"修身"不再是一个人的自由问题，而是一个生物技术问题。修身之"修"跟修车、修电脑之"修"不再具有本质的区别，修身是不是最终会进入一个"终结的时代"？

---

① 桑德尔：《反对完美：科技与人性的正义之战》，黄慧慧译，北京：中信出版社，2013 年。

② 皮埃尔·阿多：《伊西斯的面纱：自然的观念史随笔》，张卜天译，上海：华东师范大学出版社，2019 年，第 211 页。

第一部　儒家"内圣学"的开显：德行培育的时代

第一章 轴心期之突破：
"身"何以成为"修"的对象？

"轴心时代"自雅斯贝尔斯（Karl Theodor Jaspers，1883—1969）于20世纪40年代提出后，逐渐在哲学、宗教学、社会学、神学、政治思想史、文化科学等领域中得到了广泛使用。80年代，众多学者开始用之描述中国思想的突破。"向内超越"或"内向超越"被视为中国哲学、中国思想轴心突破的一个基本特征。孔子为新崛起的士阶层注入"道德理想主义"，"修德"成为一种普遍的"精神内向运动"，以及由此而表现出的"原人意识"更被认作突破的一个标志。本章在此基础上进一步指出：自孔子始，"人禽之辨"成为一种人性自觉的流行话语，"做人"意识、修身意识上升到一种存在论的高度，与此相关，"德行"与"受命""福报"的观念得以彻底剥离而呈现出其自身的无待性、自足性、纯粹性。将"修身"视为轴心时代中国文明突破的主题，其意义在于更加凸显了中国思想的特色，儒家对"身"的独特理解决定了中国轴心突破始终在"世间"与"超世间"保持了一种"不即不离"的关系。

一、轴心时代说

德国哲学家雅斯贝尔斯认为，中国、印度与西方在公元前800年至前200年间出现了平行的精神运动：人类意识到了整体的存在、自身与自身的限度，以往习焉不察而接受的观念、习惯、环境都遭到了审查与盘点。"哲人"在其自身内部发现超越性的"本原"：人证明自己有能力，从精神上将自己与整个宇宙进行对比。他在自身内部发现了将他提高到自身与世界之上的本原。这种"觉醒意识"造就了"人类精神的全部历史从此所依赖的创造成果"，奠定了"人类精神存在的基础"。① 有趣的是，闻一多（1899—1946）在雅斯贝尔斯之前也观察到类似的精神跳跃现象："人类在进化的途程中蹒跚了多少万年，忽然这对近世文明影响最大最深的四个古老民族中国，印度，以色列，希腊都在差不多同时猛抬头，迈开了大步。约当纪元前一千年左右，在这四个国度里，人们都歌唱起来，并将他们的歌记录在文字里，给流传到后代，……再过几百年，在四处思想都醒觉了，跟着是比较可靠的历史记载的出现。"②

雅斯贝尔斯轴心时代说在西方一度曲高和寡，除了20世纪50年代沃格林（Eric Voegelin，1901—1985）在其鸿篇巨制《秩序与历史》之中提出公元前的第一个千禧年在人类不同的文明之中出现了"多元而平行的存在之跳跃"之外，应者几乎寥若晨星。直到70年代，著名汉学家史华慈（Benjamin I. Schwartz，1916—1999）主持召开了轴心时代研讨会（罗马，1972；威尼斯，1973），并以《智慧、启示与怀疑：公元前第一个千禧年面面观》为题出版了专题号③，情况开始有所改观。这期文章对轴心文明超越突破的内在动力、知识分子的作用、社会政治的变迁进行了阐述，这被视为轴心时代理论复兴的一个标志性事件。20世纪80年代著名的社会学家艾森斯塔特（Shmuel N. Eisenstadt，1923—2010）从比较历史社会学的角度重新阐述轴心时代理论，揭示了"超越"视野的本质、方向与制度意涵在不同轴心文明中的多元形态。④ 他还修订了马克斯·韦伯对儒教的看法，称儒教是一种"入世的超越主义"。⑤ 进入21世纪之后，轴心时代话语普遍

---

① 雅斯贝尔斯：《历史的起源与目标》，魏楚雄、俞新天译，北京：华夏出版社，1989年，第10、22页。

② 闻一多：《文学的历史动向》（1943年），《闻一多作品集》，北京：现代出版社，2018年，第239页。余英时在《论天人之际：中国古代思想起源试探》中专门提到此文。

③ 见 *Daedalus*, 104, 2, Spring, 1975。

④ S. N. Eisenstadt, ed., *The Origins and Diversity of the Axial Age*, Albany, New York: State University of New York Press, 1986.

⑤ S. N. Eisenstadt, *This Worldly Transcendentalism and the Structuring of the World: Weber's Religion of China and the Format of Chinese History and Civilization*, Jerusalem: Hebrew University of Jerusalem, 1983.

扩展到语言学、宗教演化论以及埃及学、亚述学等世界史领域。[①] 可以说，"轴心时代"话语已经在哲学、宗教学、社会学、神学、政治思想史、文化科学等领域中得到了广泛使用。

　　然而对"轴心时代"话语的质疑至今也未曾消停。有学者认定"轴心时代"作为一个"描述性的历史概念"，"太模糊、太泛泛、太片面、太欠深思熟虑、太欠批判性、太多价值承载"，"最好把它看作一种分析工具或有用的虚构"。[②] 亦有学者指出，雅斯贝尔斯虽声称要克服排他主义，实则亦不自觉陷入一种以轴心文化反对非轴心文化的"新排他主义"，其本人的立场不过是重建一种希腊与犹太—基督宗教的独特性而已。更有人批评雅斯贝尔斯对轴心期特征的刻画如对"整体存在、人自身及其有限性的自觉"等均与他自己的生存哲学的洞见相关，他把自己的"前设"代入其他文明范式之中了。[③] 而在接受轴心时代话语的学者之中，对如何刻画轴心时代的特征，难免又有见仁见智之异。[④]

[①] Arnason, Eisenstadt and Wittrock, ed., *Axial Civilizations and World History*, Leiden: Brill, 2005; Robert N. Bellah and Hans Joas, ed., *The Axial Age and Its Consequences*, Cambridge, MA: Harvard University Press, 2012.

[②] Ingolf U. Dalferth, "The Idea of an Axial Age: A Phenomenological Reconsideration," Robert N. Bellah and Hans Joas, op. cit., p. 136.

[③] Johann Arnason, "The Axial Age and its Interpreters: Reopening a Debate," Arnason, Eisenstadt and Wittrock, op. cit., pp. 31-32. 罗哲海（Roetz）对这些质疑的声音均有有力的反驳，见 Heiner Roetz, "The Axial Age Theory: A Challenge to Historism or an Explanatory Device of Civilization Analysis? With a Look at the Normative Discourse in Axial Age China," Robert N. Bellah and Hans Joas, op. cit., pp. 253-255。

[④] 罗伯特·贝拉从宗教演化的角度将这个时代称为"理论文化"（theoretic culture）的时代，见 Robert N. Bellah, *Religion in Human Evolution: From the Paleolithic to the Axial Age*, Cambridge, MA: Harvard University Press, 2011. 意大利史学家莫米利亚诺（Arnaldo Momigliano）在把轴心期界定为公元前600年至公元300年的同时，又将这个时期称为"批判的时代"，见 Arnaldo Momigliano, *Alien Wisdom: The Limits of Hellenization*, Cambridge: Cambridge University Press, 1990, pp. 8-9. 以色列思想家艾尔卡纳（Elkana）则用"第二序思维"（second-order thinking）来刻画这个时代的特征，见 Yehuda Elkana, "The Emergence of Second-Order Thinking in Classical Greece," Eisenstadt, op. cit., pp. 40-64. 史华慈则直接用"超越的时代"称呼轴心时代。史华慈：《超越的时代》，收入史华慈：《思想的跨度与张力：中国思想史论集》，王中江编，郑州：中州古籍出版社，2009年，第74—78页。

对以"轴心时代"来研究早期中国思想的质疑同样至今未断：中国文明之中根深蒂固的入世性（this-worldliness）是否也存在"超越"与"世俗"的紧张关系？雅斯贝尔斯对轴心时代特征的描述太过注重宗教面向而对政治与社会的变化不够重视，此或适合以色列与印度，对中国与希腊是否适合？[①] 雅斯贝尔斯轴心期时间只相当于中国思想史中的晚周诸子时期，而不是三代王官学时期，因此以轴心时代讲中国思想是截断"源头"而只论"流变"，置"周文"于不顾而只论"疲敝"，[②] 所以应该把这一理论"像婴儿玩具一样挂起来"。有论者指出"轴心时代"一词并不是一个妥当的译法，因为"axis"是轴心，而"axial"乃是由轴心延伸出的"轴杆"，它有车轮转动的意味。故 axial age 一词应该译为"转轴时代"，[③] 这一看法确实抓住了轴心时代的基本特征，轴心时代的"理性化"与"宗教的转化"的特征正是基于对"前轴心时代"对比而言的：它既是一个"历史的转折点"，同时也是一个"文化之间的链接物"。[④] 其实持轴心时代说的学者已指出，所谓的轴心"突破"绝不意味着"断裂"，如罗伯特·贝拉（Robert N. Bellah，1927—2013）就强调，人类文化乃是由"情景文化"（episodic culture）向拟态文化（mimetic culture）、神话文化（mythic culture）到"理论文化"依次演化的，而轴心期"理论文化"的"突破"并不是对之前诸文化传统的"放弃"，相反，前期诸文化在"突破"后得到重新组织而依然存在于"理论文化"之中。

---

① Mark Elvin, "Was There a Transcendental Break-through in China?" Eisenstadt, op. cit., pp. 325-359.Antony Black, "The Axial Period: What Was It and What Does It Signify?" in *The Review of Politics* 70 (2008), p. 26.

② 这是很多中国学者质疑轴心时代话语的一个重要理由。见张京华：《中国何来"轴心时代"？》（上、下），《学术月刊》2007 年第 7—8 期；张汝伦：《"轴心时代"的概念与中国哲学的诞生》，《哲学动态》2017 年第 5 期；吾淳：《重新审视"轴心期"：对雅斯贝斯相关理论的批判性研究》，上海：上海人民出版社，2018 年。

③ 陈启云：《中华古文化中的"超越"哲思："轴心"与"转轴"》，《学术月刊》2011 年第 10 期。

④ Heiner Roetz, "The Axial Age Theory: A Challenge to Historism or an Explanatory Device of Civilization Analysis? With a Look at the Normative Discourse in Axial Age China," Robert N. Bellah and Hans Joas, op. cit.,ed., p. 251. 罗哲海：《轴心时期的儒家伦理》，陈咏明、翟德瑜译，郑州：大象出版社，2009 年。

二、以轴心时代论中国哲学的起源

无论如何，"轴心时代"已经成为当代中国思想界研究早期中国哲学思想的一个重要术语。实际上，杜维明先生直接参与了 20 世纪 80 年代由艾森斯塔特发起的轴心时代多元性的讨论。早在 1983 年 1 月，杜先生即为"轴心时代及其多元性"会议撰写了"背景报告"，并大胆使用"超越突破"一语来表达孔子的人文主义精神的"特殊义蕴"。孔子思想突破的特色"既不在于神圣和俗世之间产生严重分裂，亦不在脱离古代宗教的神奇花园"。对孔子而言，人间的礼乐文化乃是与超越的"天命"联系在一起的，"天之将丧斯文也""知我者其天乎"这些说法表明孔子在"天人合一"的意义之下，在"人的内在富源"那里找到了"道"。这是一项划时代的创举，这个创举所展示的突破即是"超越的"。杜维明先生还进一步把这种超越的突破刻画为以儒者为代表的知识层（士阶层）的崛起："入于世间"（in the world）却绝非"属于世间"（of the world）的儒者对礼仪、行为准则、共同信念的存续以及人的意义抱有一种超越的维度，使得其功能与西方的教士相同，他们对于知识、智能与人的尊严与美好生活的追求，又承载了哲学家所担任的角色。①而在正式提交给艾森斯塔特主编的《轴心时代的起源与多元性》的论文《中国古代儒学知识分子的结构与功能》中，杜维明先生开宗明义："古典儒学在公元前 6 世纪的兴起，是轴心时代的一种表征，意义深远地决定了中国文化的伦理-宗教取向。"②1988 年，杜维明先生以《轴心时代的含义》为题在台湾大学发表了一系列演讲。他详细追溯了雅斯贝尔斯轴心时代理论产生的时代背景，并充分肯定其启发意义。他还特别重视艾尔卡纳第二序思维的说法：第二序思维的出现就是反思能力的表现，在犹太教表现为对信仰的终极关切进行反思，在希腊文明表现为对世界本

①　杜维明：《宋儒教育观念的前景》，林正珍译，《史学评论》（中国思想史研究专号）1985 年第 9 期。个别术语有改动。

②　The Structure and Function of the Confucian Intellectual in Ancient China, in S. N. Eisenstadt, ed., *The Origins and Diversity of the Axial Age* , Albany, New York: State University of New York Press, 1986, pp. 360-373. 中译文收入郭齐勇、郑文龙编：《杜维明文集》（第 3 卷），武汉：武汉出版社，2002 年，第 514—528 页。

原的反思，在印度文明中表现为对成佛或与梵天合一的反思，而在中国思想之中则表现为对人本身的反省："中国的特色是考虑何谓人，如何做人的课题。最能代表儒家特色的反思，是修身的哲理与实践。我们既是人，又要学做人。学做人的理由何在？儒家有它的一套设置和构想。"① 杜维明先生认为这一看法说服力强，比"超越说"要更胜一筹。

　　张灏认为，艾森斯塔特与史华慈在讨论轴心时代时，太过注重"超越意识"以及由此意识所产生的批判意识与反思性。在他看来，"超越意识"实则并不能真正彰显轴心时代的特征，因为无论在中国人的观念（"天"）抑或在希伯来人的观念（"耶和华"／"雅威"）中，超越意识的出现都要早于轴心时代的上限。唯有由超越意识衍生的"原人意识"才是轴心时代的真正的思想创新。原人意识即是"在'轴心时代'这超越意识有一内化于个人生命的趋势，以此内化为根据去认识与反思生命的意义"，显然张灏的原人意识观念源自雅斯贝尔斯的"内在的本原意识"（"觉醒意识"）。张灏援引沃格林"宇宙王制"（cosmological kingship）说，认定世界文明三大中心都存在一种特殊的王权制度，王制是世间（"人"）与宇宙秩序（"天"）衔接的枢纽，人王也是法王，国王也是大祭司，轴心时代的一个重大意义在于对此宇宙王制的突破，而突破的关键就在于"原人意识"之中的"超越"的观念。它在人的生命内部发展出一个核心的理念，使得在那个时代破天荒地出现了一种重要的政治观念：人的生命在宇宙王制之外，与超越有独立而直接的关联。换言之，人的心灵可以在宇宙王制之外直接通达超越者而形成"一个独立的意义与权威中心"，此即沃格林所称的"心灵秩序"。张灏进一步指出，在中国晚周的轴心时代，儒家与道家都出现了"心灵秩序"的意识，突破了宇宙王制的牢笼。就儒家而论，从《论语》到《孟子》以及《礼记》中的《大学》《中庸》，超越的"天命"观念与内在的"心灵"观念紧密绾接在一起，形成了独立于世俗君主政治权威之外的心灵秩序。"一个由道德 - 精神的行动主体组成的共同体与现存的以宇宙王权为中心的社会 - 政治秩序相抗衡"，这种二元式的政治理念是轴心突破的一大

① 郭齐勇、郑文龙编：《杜维明文集》（第 2 卷），第 285、625 页。

表现。① 张灏还将"超越的原人意识"的内涵界定为以下五个方面：

> 第一，原人意识对人的体认与反思是以人的生命本身为对象，而超越了阶层、地域、种族、信仰之限制。
>
> 第二，原人意识有一个内化的趋势，内在的精神是超越意识进入个人生命的结果，它凝聚为生命的核心，是与超越衔接的枢纽。
>
> 第三，受超越意识启发，以内在精神枢纽为主导，生命成为一个有定向、有目标的道路——一个发展过程。
>
> 第四，这一发展过程隐然有一个三段结构：一段是现实生命的缺憾，一段是生命的理想与完成，连接于二者之间的是生命发展与转化道路。
>
> 第五，人的生命发展有其无限性、终极性与完美性。

张灏称以上五点是由超越的原人意识产生的"生命的原始理念模式"，是"超越的理想主义"，它是轴心时代思想创新的共同特征。②

与张灏将中国文明轴心期定位于"心灵秩序的意识"对"宇宙王制"的突破上面相呼应，余英时则将中国轴心期突破定位于礼乐传统背后的巫文化。他指出，三代礼乐传统是中国轴心期突破的"直接的历史文化背景"。而在"礼乐"的背后栖息着的是中国特有的"宗教"精神，礼乐本来就与上帝鬼神的祭祀分不开。苍璧礼天、黄琮礼地，礼原本就具有"彻底的宗教性质"。祭祀活动之主持者即巫觋，普遍被认为专属于某个特殊阶层、具有某种特殊禀赋与能力的人。而"王"则是大祭司，普世人王（"余一人"）垄断了人与天之间的沟通。轴心期突破即表现在打破"余一人"对"天"或"帝"的垄断权上。这种突破具体表现在以下三个方面：第一，帝

---

① 实际上，观《诗》《书》及出土的铭文，宇宙王制的政治神学架构不外"上帝"（"天""帝"）"天命"——文王、武王，祖先崇拜所崇拜者亦不外承接"天命"的列祖列宗，这一"奉天承运"的政治神学架构与孔夫子"天生德于予""天命在兹"的个体性认信无疑构成了中国思想中道统与政统、德与位的巨大张力。

② 对儒家超越的天命观念之"内化"考察，见张灏、卢华：《古典儒学与轴心时代的突破》，《政治思想史》2014 年第 1 期。对"超越的原人意识"观念之阐述，见张灏《世界人文传统中的轴心时代》，收入张灏：《时代的探索》，台北："中央研究院"、联经出版公司，2004 年，第 1—26 页。

廷之天（鬼神世界）成为超越的精神领域（"道"）。"天"由人格神的主宰之天转变为作为生命与价值之源的道、天道。第二，由巫所证成、由君主垄断的"天命观"系统崩溃，天命从集体本位扩展到个人本位。哲学家依靠个人的"自力"即能够与天相通，而不再求助于巫，最终乞援于一己之心，"中国的'心学'即滥觞于此"。第三，沟通天人的巫的中介功能、"降神功能"转化为哲人的"存心""养性"与心灵的"虚静工夫""治气养心之术"。通过高度的精神修养，把自己的心净化得一尘不染，然后便能与天相通，"巫的神通"转化为"心的神通"，这是后世工夫论的渊源。要之，中国轴心突破的文化特色是超越世界与现实世界之间的"不即不离"，而孔子将礼之本归于"仁"，仁虽得之于天，却常驻于心，此种"向内超越"的展开使得孔子成为"中国轴心突破的第一位哲人"。①

需要指出的是，使用轴心期话语讨论中国哲学起源的学者大多又强调"突破"而不是"断裂"，余先生就明确指出孔子之突破是"前有所承"，周公将天命与德联系在一起已是三代礼乐史上一大变革与突破，不过此只是三代礼乐传统内部的突破，但孔子以仁说礼，开启"内向超越"，方堪称轴心突破的真正起始点。陈来对春秋思想世界的研究也观察到了类似的现象。他指出，西周政治文化已具备一种人文主义的基础，其特色是崇德贵民。春秋时期，代表世俗的道德理性与政治理性的"地官传统"逐渐压倒了以神灵祭祀为核心的"天官传统"。礼乐文化之中的仪式之意义逐渐内化为德性，陈来将这种转变称作由"仪式伦理"向"德行伦理"过渡，并称春秋时代是"德行的时代"。它决定了孔子与诸子的时代不是以超越的突破为趋向，而是以"人文的转向"为依归。批判与反思并不是在孔子之后才出现的，因此，"如果把中国的轴心时代定在孔子以后，那么很显然的，这个时代的精神发展并不是与它之前的时代相断裂，而是与它之前的时代有着密切的关联"。②

综上所述，杜维明儒家反思精神中的修身、张灏的"心灵秩序的意识""原人意识"、余英时的"心的神通""内向超越"，以及陈来的"德行

<hr>

① 余英时：《论天人之际：中国古代思想起源试探》，台北：联经出版公司，2014年，第1—70页。

② 陈来：《古代思想文化的世界：春秋时代的宗教、伦理与社会思想》，第16页。

的时代"，这一系列说法皆表明，"人"与"天"的内在联系这一觉醒意识才是中国哲学突破的一个标志。对人之生命本身的觉醒、反思本来就是中西哲学的大本大原所在。哲学即是对生命之道之反思。"反思"现象本身就是人之为人的"生命现象"。一般的生命都是顺着单纯的血气，一循丛林法则而不自知，气机鼓荡，竞奔在天地间。惟人"天植灵根"，逆着这生命的洪流行走。正是在对生命世界投下的这惊鸿一瞥之中，而起"大感触"，而生"大觉情"（"存有论的觉情"）。常人日用而不察，哲人则始终对这"几希"保持高度的敏感。在西方乃有"未经省察的人生，不值得一过"之说，在中国，无论夫子"为己之学"与"为人之学"之别（"古之学者为己，今之学者为人"），抑或老子"昭察"与"昏闷"之判（"俗人昭昭，我独昏昏；俗人察察，我独闷闷"），都分明标出哲人对生活、生命的理解有别于常人、俗人。这种"有别"乃是一种"距离意识"，哲人跟世间的生活总是保持"距离"，这不是一个现成的空间上的距离，而是由"天"（"道"）不远人的觉情而自觉地截断众流，"不从流俗"，从气机鼓荡的生命世界中退守而造成的"距离"。这一距离让哲人犹如埃德温·阿伯特（Edwin Abbott）《平面国》（*Flatland: A Romance of Many Dimensions*）中从异域空间而来的"陌生人"一样得以重新审视他所生活的世界，冷静地观察与反思生命的真谛·何种生活是好的生活，何种人生是好的人生？如何实现这种好的生活、好的人生？哲学的反思必须服务于生命的提升，落实于美好人生、美好生活之追求上面。此种"生命的学问"乃是普遍、永恒的哲学问题。这种由"距离"而产生的"反思"（所谓第二序的思维）其根源仍在于"超越"。其实大可不必担心"超越"一词的犹太—基督宗教背景，"超越"一词本有多种内涵，中国哲学固然没有西方文明此岸与彼岸世界之间二元对峙，但绝不缺乏"道""理想"（儒家往往用"古"来表示，此"古"实是宗教现象学家伊利亚德所说的"原型"）与"非道""现实"（儒家往往用"今"来表示）之张力。由"道""古之理想"审视"今之现实"，则自然而起对现实的自我与社会之不满，于是而有自我转化与转化社会（"修己安人"／"内圣外王"）之觉悟。无论是"成圣"抑或"外王"，都是一个永无止境的过程，此本亦是"超越"一词具体的含义。在西方，承担这一觉醒意识的是

"先知"与"哲人"，在中国则是"士"阶层。①

三、士的"身位"

毫无疑问，作为共同体的成员，为了生存本身，人就需要培养德行。倘若没有一套典章制度乃至德位一致的政治文化，夏朝与商朝能延续四五百年之久，这恐怕也是有疑问的。实际上，早在《尧典》中就出现了"克明峻德"的说法，《皋陶谟》则有"慎厥身修"一语，并提出"行有九德"（"宽而栗，柔而立，愿而恭，乱而敬，扰而毅，直而温，简而廉，刚而塞，强而义"）的观念。九德凡十八字，上九字皆是说人的资质、禀赋，后九字则是讲进修，这无疑已经具备修身、变化气质的意思。②《洪范》篇中的"五事畴"（"一曰貌，二曰言，三曰视，四曰听，五曰思。貌曰恭，言曰从，视曰明，听曰聪，思曰睿。恭作肃，从作乂，明作哲，聪作谋，睿作圣"）更是周人修身思想的一个重要来源。③《仪礼》十七篇，囊括冠、昏、丧、祭、乡、射、朝、聘八礼，邵懿辰《礼经通论》称此八礼为"礼之经"，并概之曰："冠以明成人，昏以合男女，丧以仁父子，祭以严鬼神，乡饮以合乡里，燕射以成宾主，聘食以睦邦交，朝觐以辨上下。"凡此种种礼仪几乎涉及人之生存的各个面向，自然需要习礼者的"慎修"。礼乐文明是修身观念得以扎根的土壤。但不可否认的是，这套修身观念得以扎根的礼乐体系是与"身份""等级"一类"亲亲尊尊"观念联系在一起的。

---

① 杜维明先生指出：不同文明有不同的活水源头、精神资源、潜在力量与发展脉络，代表印度文明的是"上师"（guru），代表希腊文明的是哲人，代表犹太文明的是先知，代表儒家文化的是圣贤。这些不同文明中的不同的"人格形象"或标榜具有"舍离精神"的"自我超升"，或注重遗世独立追求哲学的沉思与哲学洞见，或强调依照上帝的启示超离世俗世界的羁绊，或在这个世界之中成全其自身。见《杜维明文集》（第2卷），第286—287页。

② 金景芳、吕绍纲：《〈尚书·虞夏书〉新解》，沈阳：辽宁古籍出版社，1996年，第196—206页。

③ 丁四新：《洪范大义与忠恕之道》，北京：商务印书馆，2022年，第138页。

《仪礼·士冠礼》的"记"中出现了"天子之元子犹士也，天下无生而贵者也"的说法，有论者认为《仪礼》中的"记"出自孔门后学。确实，孔子的有教无类的观念，孟子的"涂之人可以为尧舜"、荀子"涂之人可以为禹"的观念并不是凭空产生的，观念变动的背后当然是社会阶层与结构的变动。"士"作为贵族（天子、诸侯、卿大夫、士）最低的一个等级在西周时期就出现了。周平王以后，"天厌周德"，"周室寝微"，终致王纲解纽，礼崩乐坏。公室"降为皂隶"，"三后之姓，倏焉为庶"。世事沧桑，给人以"高岸为谷，深谷为陵"的强烈印象。上层贵族阶层"下移"至谷底，底层有技艺、有知识的庶民则由"谷"上升为"陵"。最终这种"下移"与"上升"的两股力量合成一个新的阶层——"士民"。①士不再是贵族，而是成为四民之首的士民。这个阶层具有高度的流动性，且已经从固定的君臣网络之中解放出来，"士无定主"（顾炎武《日知录·周末风俗》语），成为择木而栖、待价而沽、以仕为业的"自由阶层"，用夫子本人的话说："鸟则择木，木岂能择鸟？"（《春秋左传诂》卷二十）在"争于气力"的时代，诸侯国欲自存，乃至逐鹿中原、统一中国则必走富国强兵之路。《孔丛子·居卫第七》曾借子思之口将此时代描述为士的时代："今天下诸侯方欲力争，竞招英雄以自辅翼，此乃得士则昌、失士则亡之秋也。"②国与国之争必导致人才之争，"礼贤下士""举贤任能"的国家"养士"政策为"士"提供了空前的活动空间。《国语·齐语》记载了以下一则对话：

> ……桓公又亲问焉，曰："于子之属，有居处为义好学、慈孝于父母，聪慧质仁，发闻于乡里者，有则以告。有而不以告，谓之蔽明，其罪五。"有司已于事而竣。桓公又问焉，曰："于子之属，有拳勇股肱之力，秀出于众者，有则以告。有而不以告，谓之蔽贤，其罪五。"有司已于事而竣。桓公又问焉，曰："于子之属，有不慈孝于父母，不长悌于乡里，骄躁淫暴，不用上令者，有则以告。有而不以告，谓之下比，

---

① 余英时：《士与中国文化》，第9—21页。葛兆光：《中国思想史》（第1卷），上海：复旦大学出版社，2001年，第68—87页。许倬云：《论雅斯贝斯枢轴时代的背景》，《中国文化与世界文化》，贵阳：贵州人民出版社，1991年，第106—107页。

② 傅亚庶：《孔丛子校释》，北京：中华书局，2011年，第130页。

其罪五。"有司已于事而竣。五属大夫于是退而修属，属退而修县，县退而修乡，乡退而修卒，卒退而修邑，邑退而修家。是故匹夫有善，可得而举也；匹夫有不善，可得而诛也。

显然这种面向"匹夫"的"胡萝卜加大棒"的奖惩政策为"善"的培养营造了广阔的政治空间。《墨子·尚贤上》将这个时代描述为："当是时，以德就列，以官服事，以劳殿赏，量功而分禄；故官无常贵，而民无终贱。"可见社会流动为有德之士人提供了更快改变自己命运的机会。社会身份不再完全受制于出生时的"运气"，《荀子·王制》曰："虽王公士大夫之子孙也，不能属于礼义，则归之庶人；虽庶人之子孙也，积文学，正身行，能属于礼义，则归之卿相士大夫。"决定一个人社会地位的高低不在于其家庭出身，而是取决于个体自己的学习（"积文学"）与修身（"正身行"）能力。在这样一个时代中，"一般知识分子，都游于各国王侯之门，上者猎取卿相，下者亦可衣食，而知识界领袖如稷下先生之流则更受到君主的特殊礼遇"。[1] 孔子弟子中，参政议政的热情很高，以至于夫子有"三年学，不志于谷，不易得也"之感慨。《论语·先进》之中孔子著名的发问，子路、冉有、公西华的理想均志在参政，惟曾皙与之不同，而赢得夫子"与点"之叹。后来，子路、子夏、子游出任季氏宰、莒父宰、武城宰，此皆可证明孔门三千弟子本身就是一支庞大的官员储备队伍，源源不断地为诸侯国输送德才兼备的人才。

　　孔门"学""思"并重。"学"指向"外"，旨在通过学习先王之道而传承古典文化精神；"思"指向"内"，旨在通过反省、思考而培养主体意识。"学"在"传统"（"学而时习"）与"社会"（"与朋友共学"）脉络中展开的同时，又超越此一脉络而证成一独立人格（"人不知而不愠"）。[2] 概之，"学"就是"做事"与"做人"能力之培养。"六艺之学"（礼、乐、射、御、书、数）不只是典章制度一类知识的储备与传承，而且关乎出仕能力的培养。"士"之本义即"事"。《说文》："士，事也。"《白虎通》："士者，事也，

---

　　① 余英时：《士与中国文化》，第3页。
　　② 李明辉：《孔子论"学"：儒家的文化意识》，《儒家视野下的政治思想》，台北：台大出版中心，2005年，第1—16页。

任事之称也。"观《尚书》《诗经》《礼记》《荀子》等典籍中"多士""庶士""卿士"诸词，士均与"事"联系在一起，士即是在政府部门中担任某种"职事"的人。顾炎武《日知录》云："谓之士者；大抵皆有职之人。""'士'这一称谓除了具有任事者的意味之外，还有指称拥有知识技艺者的意味。……'士'可通'仕'。《说文解字》：'仕，学也。''仕'可训为'学'，这当是一个渊源古老的义项。"① 这从一个侧面说明，士阶层即是通过学习政治、军事、礼仪的能力而获得从政、出仕机会的群体。《荀子·儒效》："我欲贱而贵，愚而智，贫而富，可乎？曰：其唯学乎！彼学者：行之，曰士也；敦慕焉，君子也；知之，圣人也。上为圣人，下为士君子，孰禁我哉！""学习"即可改变命运，显然荀子的这一说法反映了战国时期社会阶层的流动状况。

春秋之前的士受到"三重身份"的限定，就社会身份言，士被限定在封建贵族层（当然是最低的一层）；就政治身份言，士被限定在各种具体的职位；而就思想层面言，士则被限定在诗、书、礼、乐等王官学的范围。士的这三种限定也限制了其"视野"，他们不能真正超越自己的身份而形成对现实世界全盘的反思能力。② 而"士"在春秋时代成为"游士"之后，丧失了原来"有限的"身份，却也因此拥有了"无限"的视野，"处士横议""不治而议论""不任职而论国事"成了一时之"士风"。

儒家的伟大在于，自孔子始，就给这个新出现的"士"阶层注入了一种"道德理想主义"的精神气质，对"士"阶层提出了更高的要求："士"绝不能为"仕"而"仕"，"可以仕则仕，可以止则止"。"仕"是有原则的。"邦有道，谷；邦无道，谷，耻也。""笃信好学，守死善道。危邦不入，乱邦不居。天下有道则见，无道则隐。"用《孔丛子·对魏王第十四》中孔穿的话说："今天下悠悠，士亡定处，有德则住，无德则去。"余英时指出，先秦的修身观念与士之出处辞受有不可分割的关系，中国士代表的"道"跟西方教士代表的"上帝"都是不可见的至高权威，惟上帝的权威则由一套教会制度得以体现，而"道"的权威自始就"悬在空中"，以道自任的士惟有守住自己的人格尊严、自尊、自重，才能显示出其所抱之道的庄严性

---

① 阎步克：《士大夫政治演生史稿》，第 50 页。

② 余英时：《中国知识人之史的考察》，《现代危机与思想人物》，第 3 页。

（"人能弘道，非道弘人"），才能与王侯之"势"分庭抗礼，这是先秦诸子重视治气养心之修身之道的原因所在。[1]

士的这种以道自任的精神气质确实与犹太 - 基督教的先知具有几分相似性：他作为个体可以直接领悟到拥有最高价值和权威的"道""天命"；他富有灵感的言说见证上天无言的启示；他的使命感直接就来自上天的委托；他可以直接对统治者提出警示，以免他们因为违背天命而遭受灭顶之灾。[2]

孔子"为己之学"则将"学"牢固地锚定于学者自身的修养上面，一言以蔽之，完整的人格培养（"君子不器"）、自身的改变与提升是为己之学的本质要求。

四、"修身"是中国轴心期突破的一个主题

人与道、天道的内在联系这一觉醒意识在根本上是对人的特殊存在地位的觉醒、人之为人的"类意识"的觉醒、人之为人的尊严意识的觉醒。自孔子开始，人与禽兽之别的话语开始见于不同的文献。这种对"做人"而不是"做禽兽"的自觉构成了先秦思想人禽之别的重要问题意识。孔子"鸟兽不可与同群"说的背后正折射出这一问题意识。《晏子春秋》中明确提出了"凡人之所以贵于禽兽者，以有礼也"，"君子无礼是庶人，庶人无礼是禽兽"一类说法。

先秦诸子不约而同地将"禽兽"视为映射人之为人的"他者之镜"：

> 今人固与禽兽麋鹿、蜚鸟、贞虫异者也，今之禽兽麋鹿、蜚鸟、贞虫，因其羽毛以为衣裘，因其蹄蚤以为绔屦，因其水草以为饮食。故唯使雄不耕稼树艺，雌亦不纺绩织纴，衣食之财固已具矣。今人与此异者也，赖其力者生，不赖其力者不生。（《墨子·非乐上》）

---

[1] 余英时：《士与中国文化》，第 102、107、120—126 页。

[2] 狄百瑞：《儒家的困境》，黄水婴译，北京：北京大学出版社，2009 年，第 14 页。尽管儒家的士可以发挥类似于《旧约》先知的作用，但这并不否定二者之间仍有种种区别。详见同书第 15—16 页。

天下之乱也，至如禽兽然。无君臣上下长幼之节、父子兄弟之礼，是以天下乱焉。(《墨子·尚同》)

我欲属之鸟鼠禽兽邪？则不可，其形体又人，而好恶多同。(《荀子·荣辱》)

故人之所以为人者，非特以其二足而无毛也。以其有辨也。夫禽兽有父子而无父子之亲，有牝牡而无男女之别。故人道莫不有辨，辨莫大于分，分莫大于礼。礼莫大于圣王。(《荀子·非相》)

人有气有生有知亦有义，故最为天下贵。力不若牛，走不若马，而牛马为用，何也？曰：人能群，彼不能群也。人何以群？曰：分。分何以能行？曰：义。(《荀子·王制》)

仁者必敬人，凡人非贤则案不肖也。人贤而不敬，则是禽兽也。人不肖而不敬，则是狎虎也。……故仁者必敬人。敬人有道：贤者则贵而敬之；不肖者则畏而敬之；贤者则亲而敬之；不肖者则疏而敬之。其敬一也，其情二也。若夫忠信端悫而不害伤，则无接而不然，是仁人之质也。(《荀子·臣道》)

……是故圣人作，为礼以教人，使人以有礼，知自别于禽兽。(《礼记·曲礼》)

这一类说法均强烈表明"人"在生产能力、社会组织方式、人伦关系等方面在本质上有别于"禽兽"。孟子更是明确地将人的尊严、人之为人的价值上溯至"天"，此即孟子所谓的"天爵""良贵"："欲贵者，人之同心也。人人有贵于己者，弗思耳。人之所贵者，非良贵也。"天爵、尊荣无假于外，故是"良贵"。①孟子又反复称"无四端之心，非人也"，这种人之"贵"超越世间差异性的社会地位而直接锚定于人人皆具的内在心性，此心性又是由天所赋，故具有超越性。这不仅构成了人皆可成圣的人性论的超越根据，也构成了传统向现代不断转化的精神资源，谭嗣同"仁以通为第一义""通之象为平等"这一近代"仁说"未尝不可视为是对这一精神资源的

---

① 谷中信一：《孟子人性观的现代意义——阐扬"人的尊严"的思想家》，王中江、李存山主编：《中国儒学》(第7辑)，北京：中国社会科学出版社，2012年，第67—84页。

重新启动。荀子具有类似的"贵"意识（荀子亦有"天君"的观念）："水火有气而无生，草木有生而无知，禽兽有知而无义，人有气、有生、有知，亦且有义，故最为天下贵也。"（《荀子·王制》）这种人人有贵于己者的"天爵""良贵"却又极容易放失，故孟子、荀子又均有"几分"之叹：人不知"存"则会"去"之（孟子），"为之，人也；舍之，禽兽也"（荀子），"存"与"为"即是"成为人"的过程，即是"做人"的过程。"惟天地，万物父母；惟人，万物之灵"，"人者，其天地之德，阴阳之交，鬼神之会，五行之秀气也"，"人者，天地之心也，五行之端也"，《礼记·礼运》与《伪古文尚书·泰誓》中的这些说法将人提高到"万物之灵""天地之心"的高度，正体现了人之为人的尊严意识之自觉。以上几处文字和伪书或是晚起之文，但与先秦诸子所呈现的人之尊贵意识的确是高度一致的。①

　　徐复观非常注重周人的"敬德"观念，并指出其背后的"忧患意识"具有"道德"的性格，比如，周公"不可不监于有夏""不可不监于有殷"的说法就具有强烈的忧患精神。"疾敬德"与"敬身""敬慎威仪"紧密绾接在一起，表现出老子所说的"修之于身，其德乃真"之"具身性"特点。

---

　　① 《列子·天瑞》记载孔子与荣启期的一则对话。孔子问曰："先生所以乐，何也？"对曰："吾乐甚多。天生万物，唯人为贵，而吾得为人，是一乐也。男女之别，男尊女卑，故以男为贵，吾既得为男矣，是二乐也。人生有不见日月、不免襁褓者，吾既已行年九十矣，是三乐也。"《说苑·杂言》《孔子家语·六公》也有类似的记载。钱锺书指出，这种幸生为人的意识为中西文化所共有，佛教《四十二章经》记佛说："人离恶道，得为人难；既得为人，去女即男难；既得为男，六情完具难；六情完具，生中国难。"希腊哲人泰勒斯亦常曰："吾有三福（three blessings）：吾生得为人而不为畜，是一福也；得为男而不为女，是二福也；得为希腊上国之民而不为蛮夷，是三福也。"见钱锺书：《管锥编》，北京：中华书局，1986年，第477—478页。幸生为人的意识通常与责任意识联系在一起。在宋明理学中，"幸生为人"则直接与"做第一等事"的使命感绾接在一起，王畿说："古人以人有五幸：幸不为禽兽，幸生中国、不为夷狄，幸为男子、不为女人，幸为四民之首、不为农工商贾，幸列衣冠、生于盛世。此是天地间第一等人，不可不自幸。既为天地间第一等人，当做天地间第一等事。第一等事非待外求，即天之所以与我性命，是也。吾人若不知学，不干办性命上事，虽处衣冠之列，即是襁褓之牛马。绮语巧言、心口不相应，即是能言之鹦鹉，与禽兽何异？"见王畿：《蓬莱会籍申约》，吴震编校整理：《王畿集》卷5，南京：凤凰出版社，2007年，第108页。

"敬德""敬"也确实具有宗教性的"敬畏""敬虔"义,由"敬忌天威"而
激发出"不敢""无敢"意识("不敢荒宁""不敢不敬天之休""不敢费乃
命""无敢逸豫"等),并最终形成对自我的规整("克自抑畏""无逸")。
"德、畏、敬、忌、不敢、无逸等范畴","构成了一个意涵密切关联的概念
丛:德是至上主宰天之命令,它体现为一系列政治规范,违背德就要遭受
天罚而坠命,敬德体现了对天命的敬畏;忌是由于敬畏天命而来的畏忌心
理;不敢是由于敬畏和敬忌而产生的自我抑制;无逸也是为政者的自我约
束,是基于历代治国理政的经验教训而总结出来的天命"。①但敬德与"受
命"、"德"与政权的"天命"往往联结在一起,这种追求虽不乏真诚与坚
定("厥德不回"),但其动机却始终无法超越"受命"这一向度("王其德
之用,祈天永命")。"自从'有命在天'的殷王朝覆灭后,周人开始怀疑天
的绝对权威,认为'天畏棐忱……惟命不于常'(《康诰》);'天不可信,我
道惟文王德延'(《君奭》);'王其德之用,祈天永命'(《召诰》);'惟敬
德,亡攸违'(《班簋》)。这样频繁地提出了'德'字用来'祈天永命',就
是用'敬德'来求取天命。"②周公之"敬"与"忧"一方面重点在告诫"受
命者",另一方面其最终的关切亦不外于"受命"。③追根溯源,以"敬"
为本的"礼"其原初动机亦不外天子、诸侯之祈福心理。《说文》:"礼,
履也,所以事神致福也。"礼有五经,莫重于祭。祭即需要"牺牲",而为
了祈福,殷人用了大量的"人牲"。于省吾指出,甲骨文中有关用人牲以
祭的占卜触目皆是,胡厚宣则依据 2000 片甲骨文统计出,殷墟人祭共用
了 14000 多人,其中 8000 个是羌人。④今天被视为镇国之宝的大鼎也是血
腥的人牲祭祀的见证。人牲或是人类早期文明的普遍现象,这一点摩尔根
(Lewis Henry Morgan,1818—1881)早已有论证。耶和华让亚伯拉罕将独

---

① 赵法生:《儒家超越思想的起源》,北京:中国社会科学出版社,2019 年,第
106 页。

② 顾颉刚、刘起釪:《尚书校释译论》(二),北京:中华书局,2018 年,第
1093 页。

③ 李巍:《从语义分析到道理重构:早期中国哲学的新刻画》,第 108—109 页。

④ 胡厚宣:《中国奴隶社会的人殉和人祭(下)》,《文物》1974 年第 8 期。对古代
人牲与人殉的研究,可参见黄展岳:《古代人牲人殉通论》,北京:文物出版社,2004 年。

生子作为燔祭即是例证，而《出埃及记》（13：12-15）则记载摩西得到神谕，要成功逃离埃及，就必须"把埃及所有头生的，无论是人是牲畜，都杀了"。《逸周书·世俘解》所载武王"癸酉，荐殷俘王士百人"，"武王乃夹于南门用俘，皆施佩衣，衣先馘入"。此处文字究竟是不是人牲，学界尚有争议，西周人牲、人殉较殷商确有大幅下降则是不争的事实。此亦可以见出周公人文精神的影响，但就此而断言周朝已无人牲现象恐怕也不是事实。人牲现象说明，为了给部族祈福，某部分人（通常是战俘）是可以作为"代价""牺牲"的。这是柏格森所谓的"封闭社会"（société close）的道德状况：在这个社会中，人们关心的只是社会内成员的团结，而对其余的人则漠不关心。"始作俑者，其无后乎！"孔子对人牲、人殉现象的强烈抗议，正表示出一种"开放社会"（即在原则上向所有人开放的社会）所具有的"开放道德""开放宗教"的精神气质。[①] 他提出的"有教无类"的主张，使得修身带有强烈的开放性，在原则上它不限定在某个阶层上面，后来的《荀子·君道》与《礼记·大学》都明确指出，上自天子下至臣下、百吏乃至庶人皆以修己、修身为本。孔子也强调"德之不修，学之不讲，闻义不能徙，不善不能改，是吾忧也"（《论语·述而》）。孟子则说："哭死而哀，非为生者也。经德不回，非以干禄也。言语必信，非以正行也。君子行法以俟命而已矣。"（《孟子·尽心下》）显然，孔子对德行的追求不仅具有了普遍性，而且也表现出一种纯粹性。由"受命"向"俟命"、由"善恶有报"向"德福剥离"、由"行仁义"向"由仁义行"，德行自此获得了自身的纯粹性与自足性。余英时认为，春秋的前半段尤其是公元前 7 世纪中叶（孔子出生前一个世纪左右），"修德"已经成为"精神内向运动"的主题：西周时期与王朝"天命"相联系的集体和外在的"德"，逐渐转为个人化、内在化的"德"。但他仍然称此一时期为轴心时代的"酝酿期"，因为在这一时期中，这个"德"仅限于诸侯、执政、卿大夫，而仍未及一般人，另外这个"德"虽已开始"内在化"，但以何种方式内在于人，亦指示

---

① 柏格森：《道德与宗教的两个来源》，王作虹、成穷译，贵阳：贵州人民出版社，2000 年。

未清。此中关键尚未出现“心”的观念。[①] 我们要补充的是，要把孔子视为轴心期突破的关键人物，因在孔子之前，“德”尚未完全证得其自身的普遍性、纯粹性与自足性。

孟子对良贵、天爵与人贵、人爵的区别，荀子对“义荣”与“势荣”的区别，具有共同的理论预设：

第一，人有其独特的尊严、价值与地位，此是人之为人应当追求的。

第二，人亦有与禽兽共同的一面，人本是有其天赋的尊严（良贵、天爵），然而现实之中的人却往往迷失于“人贵”“人爵”一类权力、利益的追求之中而不知返，明明可以做人（“为仁由己”“居仁由义”），却偏偏“旷安宅而弗居，舍正路而不由”，沦入禽兽而不自觉。

第三，圣哲作为先知先觉者，都致力于提倡一种新的生活态度，此即自我的更生、自我的转化，在西方则曰“拯救”，在印度则曰“解脱”，在

---

① 余英时：《论天人之际：中国古代思想起源试探》，第 236、246 页。早在 20 世纪 50 年代，唐君毅就指出，先秦学术的起源皆可追溯到周文化，针对不少学者（如夏曾佑、梁启超、胡适与冯友兰等）主张即从远古的“神话思维”向“理性思维”哲学突破的背后是社会结构变化的结果，唐君毅特别强调中国哲学的“突破”说不应被理解为思想乃至社会结构的“断裂”。因此，“中国哲学的起源”不是“由反宗教、由消极的批评怀疑传统文化开出理性之运用”，而是“由积极地自觉传统宗教文化之精神即开出理性之运用”：“中国哲学之进于传统宗教文化精神者，唯在多此一自觉理性之应用耳。”中国思想中人与人之间的尊敬乃是由原始敬天敬祖的精神，通过宗法关系在人间铺开的，这当然有一发展的历程：记述三代帝王言行之《尚书》所论德行基本上是帝王应具备的品德（敬、慎、勿怠、宽容、勿矜等），周以后，“礼让忠信”之德大张，此类德行则涉及人间关系，此亦与周之封建制，人与人之关系网络空前复杂有莫大关系。“礼教之本义，原偏重于敬神及行于君臣上下之间者，变为偏重于对等之人间之相敬，乃有礼让忠信之德之重视。”孔子以仁教弟子，乃“无异于教弟子以王者之德，天子之智慧。天子原须上承天心之宽容以涵育万民，孔子教人以仁，亦即教人直接法天之使四时行百物生之德，而使人皆有同于天之德。此乃孔子之由继往而下开万世之真精神所在，为生民以来所未有。……孔子之真精神，亦中国哲学之真精神所自始也”。（唐君毅：《中国文化之精神价值》，第 33、34、37 页）

中国则曰"修身"。[①]

希克（John Hick，1922—2012）在对比轴心期前后之"宗教"时指出：轴心时代后的各大文明的宗教信仰之中都出现了一个普遍的救赎论结构："认识到我们人类道德的苍白无力、普遍的不安全感和全部生活的苦难倾向；宣称一个无限好的可能性，它产生于另一个现实，超越于当前的自我；并教导通过'自力'的精神原则或'神恩'的他力，而获得自觉的方法。"[②] 毫无疑问，无论"他力"，抑或"自力"，人总是不满于现实的人性与生活，从而向往一理想的人性与生活，而欲实现此"向往"则必诉诸"自我-转化"（self-transformation）。宗教学家斯特伦（Frederick Streng）即以"实现根本转变的一种手段"来界定宗教现象，人通过此根本转变而改变自身，达到与真正的和终极的实体合一。[③] 就此而言，倘若我们视"自我-转化"为"修身"的本质，则可以说"修身"乃是轴心时代各大文明之普遍的现象，而非儒家传统所独有。张灏所称的原人意识之中"三段结构"（现实生命的缺憾—生命发展与转化道路—生命的理想与完成），以及麦金太尔（MacIntyre，1929—）所说的"三重图式"即"偶然所成的人性（human-nature-as-it-happens-to-be）—实践理性与经验的教诲—亲证其目的而可能所成的人性（human-nature-as-it-could-be-if-it-realized-its-telos）"[④]，可以说是

---

① 杜维明先生对此有系统而深入的阐述。他将宗教人的儒家取向直接界定为"一种终极的自我转化"，而且这种转化不是超离人性，而是实现人性。"儒学的宗教性是从'终极的自我转化'这个断语出发的。'终极的自我转化'既意味着一个人生命中的关键时刻，也意味着修养的连续过程。"见《论儒学的宗教性》，郭齐勇、郑文龙编：《杜维明文集》（第3卷），第459—485页。

② 希克：《宗教之解释：人类对超越者的回应》，第67页。轴心时代前的宗教并不批判现实世界，亦不聚焦自我转换，如《礼记·郊特牲》所载《伊耆氏蜡辞》"土反其宅，水归其壑，昆虫毋作，草木归其泽"。这显然是举行田祭之时的"祝词"，它反映了先民通过宗教性的祭祀活动祈求风调雨顺的丰收意愿。弗雷泽《金枝》一书记载了大量此类巫术现象。

③ 斯特伦：《人与神：宗教生活的理解》，金泽、何其敏译，上海：上海人民出版社，1991年，第2—4页。

④ Alasdair MacIntyre, *After Virtue*, Notre Dame: University of Notre Dame Press, 1981, pp. 50-51. 中译本见《德性之后》，龚群译，北京：中国社会科学出版社，1995年，第68页。

轴心时代基于"人的觉醒"而产生的"自我-转化"要求的一个普遍结构。

不过，唯有儒家以"修身"一词来表示这一人类轴心时代所出现的普遍的"自我-转化"之精神旨趣，自有与其他文明不同的特点。众多学者指出，"超越的突破"于中国文明最不激烈，两个世界的观念在希腊有真实世界与现象世界之别，在犹太-基督教文明则有天上的国与人世间之别，在印度文明则有业力世界与梵界之别，故均染有浓厚的灵肉二分的诺斯替主义底色。唯有中国文明其"突破"始终在"世间"与"超世间"保持一"不即不离"的关系，学界以"内在超越"或"内向超越"示之。其实儒家对修身之"身"的理解本身就决定了中国文明之轴心突破的这种特殊性。"身"何以成为"修"的对象？儒家为何用"身"来指示西方宗教与哲学之中的"自我转化"的对象，正是一个值得进一步追问的哲学问题。

五、"身"何以成为"修"的对象？

在先秦典籍中，"修"字通常出现于有关战争的篇章。如"修尔车马，弓矢戎兵。用戒戎作，用逷蛮方"。又如"王于兴师，修我戈矛……王于兴师，修我矛戟……干于兴师，修我甲兵……"①"修"，《说文》释曰："饰也，从彡，攸声。"段玉裁注：饰即今之"拭"字，"拂拭之则发其光采"，"不去其尘垢，不可谓之修；不加以缛采，不可谓之修"。因此，"修"本来指的是对器具的整饬，后延伸至对人的外表的妆饰（"修容"），进一步延伸为对言辞的整饰（"修辞"）。器具之修理、修饰是一种外在化技艺活动，它旨在让器具（武器、设备）恢复到它本来的状态，即发挥它作为器具应该起到的功能。"修道路""修墙屋""修宗庙""修钟磬""修城郭"等一类说法之中，"修"字都是修葺、修理、修建的意思。

然而，在《尚书》中就出现了将"修"用于"身"的表述，如"慎厥

---

① 司马黛兰（Deborah Sommer）：《中国早期经典中的"修身"与"修己"》，收入《2012年纪念涵静老人宗教汇通论坛》，南投：2012年12月21—23日，第29—42页。

身修"（《皋陶谟》），《逸周书·周书序》亦有"修身观天""修身敬戒"等说法。《老子》中则有"修之身，其德乃真"的说法。《论语》中"修"字共11处，其中最值得注意的是"修己以敬"的表述，它不仅明确地将"修"用于"己"上，还清晰地指示出应该用"敬"的态度来"修己"（《礼记》与《孔子家语》亦均载有"君子无不敬也，敬也者，敬身为大"一类说法）。其后，"修身"一词频繁地出现在儒、墨、道、法各家文献之中。《孟子》讲修身立命、修身立世，《韩非子》将"修士"与"智术之士"（"智士"）、"能法之士"（"法术之士"）并列，修士即"以精絜固身""洁其身之士"，故修士实则是修身之士之简称。《管子》《墨子》《荀子》则都有《修身》篇（《管子》修身篇已佚）。

那么，"身"之修与"器具"之修究竟有何异同？

"身"当然也可以作为一件特殊的物品被"修理"或"自我修理"，我们的身体都是由各种"器官"构成的，"器官"跟"器具"一样都是承载某种"功能"的载体。一旦"功能"出现紊乱，就需要修理、修复乃至更换。实际上，在现代社会中作为生理性的"身"也越来越成为医疗工业、保险业、基因工程、身体增强技术（Human Body Enhancement Technology）所"修理"的对象，而作为社会性的"身"则越来越成为美容业、化妆业、健身业所消费的对象。这种生理学意义上的身体修复、修理跟"器具"的修复、修理确实具有结构上的对应性，但是，"修身"意义上的"身"之被"修"，与一般的器具、器物被"修"之间，存在着一种"本体论的差异"。

第一，"身"之修绝不是对一客观、现成的材料进行加工，而是对一个有待成长与成就的生命对象进行雕琢。米兰多拉（Giovanni Pico della Mirandola，1463—1494）曾将人比拟为雕塑家，人生则是一块未经雕琢的大理石，这块大理石虽然有着自身的质地与纹路，但它成为什么，则取决于雕塑家自己的创造。他还指出，上帝在创世的活动中，其他的作品都是完完全全造好了，只有人这件作品尚未完成，上帝把这件作品的创作权留给了人自身。"人类被允许成为他所选择成为的任何东西"，当人类被上帝赋予生命时，他的生命中便蕴涵了所有种类的种子和每一条可能的生命之路。人培植哪类种子，就会收获哪种果实：如果种子迟钝无知，那么他会像植物；如果种子知觉敏锐，他会像动物；如果种子理性善思，他则会成为天使和神的儿子。要之，人是"自己尊贵而自由的形塑者"。[1] 帛书《五行篇》有类似的说法：

> 循草木之性，则有生焉，而无好恶。循禽兽之性，则有好恶焉，而无礼义焉。循人之性，则巍然知其好仁义也。不循其所以受命也，循之则得之矣，是俓之已。故俓万物之性而知人独有仁义也，进耳。……文王源耳目之性而知其好声色也，源鼻口之性而知其好臭味也，源手足之性而知其好佚愉也，源心之性则巍然知其好仁义也。故执之而弗失，亲之而弗离，故卓然见于天，箸于天下，无他焉，俓也。故曰俓人体而知其莫贵于仁义也，进耳。

这里的"草木之性"相当于米兰多拉所说的"迟钝无知的种子"（"植物"），"禽兽之性"相当于"知觉敏锐的种子"（"动物"），"人之性"则相当于"理性善思的种子"（"天使""神的儿子"）。人之贵在于人"独有仁义"，"好仁义"乃是人之为人所当好。福柯则将人的生命本身视为有待创造的艺术作品。让他惊讶的是，在我们的社会中，艺术（art）只与器具、物体有关，只跟艺术家创作的东西有关，而不与个体或生命发生联系，"每个人的生命难道不可以是一件艺术品吗？为何一个灯具或者房屋应该成为艺术的对象而我们的生命反而不是呢？"[2] 福柯将人的生命比拟为艺术作品带有浓厚的存在主义色彩，从而有别于传统儒家天人合一的人生模式，但就生命是一有待成长、修炼的对象而言，则有其一致性。以"生"论"性"是先秦诸子理解人性的一种常见的方式，依《说文》，"生"即"进也，象中木生出土上"，"进"之义即登、升，意为向上生长。所以，在严格意义上说，人之"性"即是一种向上成长（"上进"）的内在力量，孟子论人性一直注重人性之中德性力量（"种子"）之能动性、自发性与成长性，他喜欢以"牛山之木""五谷""原泉混混""火之始燃，泉之始达"这一类隐喻比拟人之

---

[1] 米兰多拉：《论人的尊严》，顾超一、樊虹谷译，北京：北京大学出版社，2010年，第25页。

[2] Michel Foucault, *Ethics: Subjectivity and Truth*, edited by Paul Rabinow, New York: The New Press, 1997, p. 261.

善性所内蕴的"沛然莫之能御"的势能，而"修身"过程即是培育此种自成、自长的能力之过程。

第二，"身"之修与"器具""物"之修另一本质差别在于，"身"之修是一种"自反性的"活动，我对"身"的"加工"是一种"自我加工"。器具的维修涉及器具这一被修理的"客体"与维修者（工匠）进行维修活动的"主体"，而修身活动的主体与客体恰恰是同一存在者。修身者将自家的"身"作为对象加以修炼，显然这是一种自反性活动。"自反性"在这里不仅意味着一种自身关涉（self-regarding），更是一种自身反省（self-reflection）。大理石被雕塑家雕琢的时候，并不能意识到它被雕琢，而人在对自家身心进行修炼时，会意识到自身被修炼。正是由于这种自反性的存在，修身者才可以及时调整自己的心态与言行，才可以自觉地变化气质。凡有"怠心""忽心""懆心""妒心""忿心""贪心""傲心""吝心"之生，吾人皆能"觉之"，并当下遏之、抑之。没有这种自反性，人就如动物一样顺着其血气冲动，竞奔在天地间而不自知。

第三，"器具"作为用具在本质上是一种"为了作……的东西"，有用、合用、方便、好使等都是"为了作……之用"的方式，这各种各样的方式构成了一个相互指引的工具整体性，但最终要追溯到一个"何所用"上面。显然，这个"何所用"不再是用具，而是一切用具之为用具的先天可能性，即使用用具的人。[①] 修理器具是为了好用，它最终指向一个使用者，那么，我们能说"修身"是为了"好用"，这个好用又为"谁"所用呢？夫子的"为己之学"已明确认定"修身自身"即是目的，修身是为了成就"身"自身。

第四，"器具"是为我所拥有的"财产"与"资产"，我们能说"身"是我所拥有的财产吗？"器具"属于我，并为我所用，我们能不能说身体属于"我"，也为"我"所用？当我说："我拥有一个身体""这是我的身体"，这个说话的"我"难道是在我的身体之外吗？这跟我说"我拥有一部手机""这是我的手机"意思相同吗？我们说"你不能拿走我的手机"，我们会不会说"你不能拿走我的身体"？身体是"我的"不动产，这个不动

---

① 有关工具性质的分析，详见海德格尔：《存在与时间》，陈嘉映、王庆节译，北京：生活·读书·新知三联书店，1987年，第83—109页。

产为"我"所有，且由"我"支配，不仅如此，它也是由我自由支配、可以活动的不动产，是这样吗？当我说"我拥有一个身体"的时候，"我"又是什么？"我拥有一个身体"与"我就是身体"哪一个说法更符合"吾身"之"实事"呢？杜维明先生说："我们受之于父母的身体，并不是我们所拥有的私产，而是天地所赐予的神器。"① 君子对物质财富与社会地位（"轩冕荣华"）并不看得太重（"君子谋道不谋食"，"忧道不忧贫"），因为那都是"身外之物"（"不义而富且贵，于我如浮云"）。我们对生意、官场失意的朋友往往也会开导说，"想开点，那都是身外之物"。言外之意，唯有"身"不能被当作身外之物。但我们会不会说父母、兄弟、姐妹、师友也是身外之物？陈确说："士守其身，如是而已。所谓身，非一身也。凡父母兄弟妻子之事，皆身以内事。"② 我们会不会说大自然也是身外之物？二程说过，"人之在天地，如鱼在水，不知有水，直待出水，方知动不得"。③ 离开了天地，人便动不得，身子便成为死的躯壳。身子活动自如，原来皆是在天地之中方能如此。儒家所理解的"身"一定是"身世"之身，它与其所在之社群、天地万物存在着千丝万缕的联系。

要之，儒家的身体是扎根于"天—地—人"生活世界之中的"世代生成"的身体。用《荀子·礼论》"礼三本"的话说，它有三条大根：作为"生之本"的天地，这是宇宙生命之本根，更是超越的性命之本根（"天命之谓性"）；作为"类之本"的先祖，这是个体生命之本根；作为"治之本"圣贤（"君师"），这是文化传承、民族慧命之本根。"大地""父母""圣贤"乃是生成、成就吾身的三个源头。"做人"就要"对得起"将我置于"人身"这一存在论地位的"三本"，"修身"就要让"形—气—神"三位一体的身体"充实而有光辉"。④ 显然，轴心文明中普遍的"自我－转化"现象在儒家这里始终是在人间化、人伦化、在地化乃至肉身化之中展开的。儒家的

---

① 郭齐勇、郑文龙编：《杜维明文集》（第 5 卷），第 357 页。

② 陈确：《陈确集》卷 5，北京：中华书局，1979 年，第 158 页。

③ 程颢、程颐：《河南程氏遗书》卷 2 上，《二程集》，王孝鱼点校，北京：中华书局，2004 年第 2 版，第 43 页。

④ 杨儒宾：《儒家身体观》，台北："中央研究院"中国文哲研究所筹备处，2003 年修订二版。

轴心突破的超越性始终保持着以人为中心而贯通"天文"与"地文"的人文主义底色。孔子"修己以敬"的主张无疑体现了这种贯通天文、地文与人文的修身精神。

第二章 "修己以敬"：
儒家修身传统的"孔子时刻"

一、孔子之前的"敬"

郭沫若在《两周金文辞大系考释》中指出：敬之初文为"茍"，茍（按：《说文》，茍，"自急敕"），为狗蹲踞警惕之形，敬即警惕，对外来事物的警惕、戒备。[①]《诗经·大雅·常武》："既敬既戒，惠此南国。""敬"与"戒"义近。但郭沫若的说法并未得到学界的认可。甲骨文"犬"字形体与"茍"字差异明显，"从形体上和辞例上都无法证明茍为狗字之初文"。[②]于省吾认为，"茍"乃是人跪以戴角之形，是巫师作法事神时的姿态，以示虔诚、恭敬。[③]郭沫若释为狗蹲踞、于省吾释为人跪以戴角之形，两者都是要突出"茍"之本义是某种姿态，这个姿态表示某种专一、警醒的态度。但前者更有负面的意味，因恐惧而警醒的色彩重；后者更有正面的意味，因敬畏而肃然的色彩重。观《诗》《书》以及西周金文"茍""敬"字，往往与"夙夜"连用，如师虎簋铭文"茍（敬）夙夜无法（废）朕令（命）"，逆钟铭文"敬乃夙夜"，《诗·周颂·闵予小子》"夙夜敬之"，《逸周书·谥法解第五十四》"夙夜警戒曰敬，夙夜恭事曰敬"，等等，显然"敬"的意思不外"严肃""肃敬""肃恭"。刘师培在《理学字义通释》"恭敬"条指出：恭指容言，乃威仪发现于外之谓也。敬指事言，乃人心恒自警肃之谓

---

① 郭沫若：《郭沫若全集》（第 8 册），北京：科学出版社，1958 年，第 22 页。

② 李学勤主编：《字源》，天津：天津古籍出版社；沈阳：辽宁人民出版社，2012年，第 805 页。

③ 于省吾：《释羌、茍、敬、美》，《吉林大学学报》1963 年第 1 期。

也。"盖未作事之先，即存不敢怠慢之心也，是之谓敬。"①

　　《尚书》与《逸周书》中还有"钦哉！""敬之哉！"一类的说法，这类说法多系针对君主的德行而言的，钦敬的对象不外是君主应该关注、警惕、留心的事情与行动。这些德行会影响乃至决定"天命"的转移、权力的更迭。"明德""敬德""奉德""用德"这些"德"字的最初语境都具有浓厚的政治色彩。

　　《国语·周语》载单襄公称晋孙谈之子周"言敬必及天"。确实"钦若昊天"（《尧典》）是中国文化之中具有基源性的宗教情感。"敬天之怒，无敢戏豫；敬天之渝，无敢驱驰"（《诗经·生民之什》），"敬恭明神，宜无悔怒"（《诗经·荡之什·云汉》），这种敬天、配天的传统被视为殷商兴旺的根源："在昔殷先哲王，迪畏天，显小民，经德秉哲，自成汤咸至于帝乙，成王畏相，惟御事厥棐有恭，不敢自暇自逸，矧曰其敢崇饮。"（《尚书·酒诰》）"敬天"与"敬祖"密不可分。殷商的"五祀周祭"对从上甲到康丁的三十一个先王及二十个先妣，按顺序进行五种祭祀，全部祭祀完成需要三十七旬。②宗法社会本来就是通过祭祀共同的先祖凝聚而成，这个社会是由"先世"的列祖列宗、"在世"的孝子贤孙与"未来"的后代构成的"人神共同体"。祖先神需要自己的子孙不断提供"血食"（"祭祀"），子孙则期盼祖先在歆飨血食后，能够"宾于上帝"而护佑、赐福子孙。③祭祀祖先成了最重要的政治活动（"礼有五经，莫重于祭"），而商王即是大祭司。"歆非类，民不祀非族"，非其鬼神而祭之，是淫祭，"淫祀无福"。北大简《周训》所记载的汤与大甲的对话更是明白无误地指出，如不敬天事神，将不得见天日，身病体痛；反之，倘能做到敬天事神，则寿命永长，身无疾殃，灾祸不至。殷周之际，人文精神日趋觉醒。祭祀不再单纯追求血食的丰厚，而更注重祭仪过程中始终如一的"敬慎"

　　①　刘师培：《清儒得失论：刘师培论学杂稿》，北京：中国人民大学出版社，2004年，第 134 页。

　　②　常玉芝：《商代周祭制度》，北京：中国社会科学出版社，1987 年，第 139—216 页。

　　③　陈梦家：《殷墟卜辞综述》，北京：中华书局，2004 年，第 561—573 页。

态度。① "鬼神飨德"，"黍稷非馨，惟德惟馨"，"鬼神非人实亲，惟德是依"，"皇天无亲，惟德是辅"等观念开始流行，这既是偏居于西部一隅的蕞尔小邦取代"大邦殷"而制造的革命话语，② 更是周朝延续、守护"天命"的文化软实力。"天命""帝""神"成为超越族类与世俗物质利益的道德神。《诗》《书》中的"文王"成了"敬天命"的符码。③ 的确，周文王小心翼翼敬天、配天具有"敬"的"典范"意义，可谓是敬之原型（archetype）。④ 据统计，周人敬德内容有"敬天""敬祖""遵王命""虚心接受先哲之遗教""怜小民""慎行政""无逸""行教化""作新民""慎

---

① 林素娟：《致爱则存、致悫则著：先秦祭礼中的生死观》，周大兴主编：《东亚哲学的生死观》，台北："中央研究院"中国文哲研究所，2016 年，第 9—52 页。

② 周人为革商纣之命而制造的意识形态不外正负两面。负面即将纣刻画为无道之人，依顾颉刚统计，纣之恶计有六项：一、酗酒；二、不用贵戚旧臣；三、登用小人；四、听信妇言；五、自信有命在天；六、不留心祭祀。其中，最后两项不畏天念祖，而有悖于殷先哲王敬天祭祖的传统。见顾颉刚：《纣恶七十事的发生次第》，收入《古史辨》（第 2 册），上海：上海古籍出版社，1982 年，第 82—93 页。正面则极力将"天命""帝""鬼神"脱族群化，它不再是丧失德性的殷商民族的保护神，而是有德者（周民族）的超越性的眷顾者。

③ "克明德慎罚，不敢侮鳏寡，庸庸，祗祗，威威，显民，用肇造我区夏，越我一二邦以修我西土。惟时怙冒，闻于上帝，帝休，天乃大命文王，殪戎殷。"（《尚书·康诰》）"呜呼！皇天上帝改厥元子，兹大国殷之命，惟王受命，无疆惟休，亦无疆惟恤。呜呼！曷其奈何弗敬？"（《尚书·召诰》）"周公曰：'呜呼，厥亦惟我周太王王季，克自抑畏（以义自抑，畏敬天命）。文王卑服，即康功田功。徽柔懿恭，怀保小民，惠鲜鳏寡，自朝至于日中昃，不遑暇食，用咸和万民。'"（《尚书·无逸》）"维此文王，小心翼翼，昭事上帝。"（《诗经·大雅·大明》）"我将我享，维羊维牛，维天其右之。仪式刑文王之典，日靖四方，伊嘏文王，既右享之。我其夙夜，畏天之威，于时保之。"（《诗经·周颂·我将》）"惟文王之敬忌，乃裕民。"（《尚书·康诰》）"穆穆文王，于缉熙敬止。"（《诗经·大雅·文王》）这一系列文王敬天、敬德的话语其义不外两点：一是文王因为有德才会受上帝之命取代殷商；二是只有延续文王之德，才能确保新天命（国祚）的延续。要之，"敬德"既是针对旧政权的革命话语，也是延续新政权的建设之话语。

④ 高木智见：《先秦社会与思想》，何晓毅译，上海：上海古籍出版社，2011 年，第 216—226 页。

刑罚"十项内容。^①这些"敬"话语折射出强烈的责任意识，"周人建立了一个由'敬'所贯注的'敬德''明德'的观念世界，来照察、指导自己的行为，对自己的行为负责，这正是中国人文精神最早的出现；而此种人文精神，是以'敬'为其动力的"。^②徐复观称此意识为"忧患意识"。"凡百君子，各敬尔身"（《诗经·小雅·雨无正》），"各敬尔仪，天命不又"（《诗经·节南山之什·小宛》）以及《尚书·洪范》"敬用五事"（貌、言、视、听、思）等话语无不反映出先人对君子（君主）言行举止的可能后果的警觉，所谓祸福无门，唯人所召。

周文化中的这些不同类型的敬最终凝聚为"敬，德之聚"（《左传·僖公三十三年》）这一抽象命题。整个周礼的精神亦被视为"敬"："敬，礼之舆也，不敬，则礼不行"（《左传·僖公十一年》）；"礼，身之干也；敬，身之基也"（《左传·成公十三年》）。"敬道"成为彻吉凶、彻内外、彻夷夏的普遍之道："大哉恭逊敬爱之道！吉事可以入察，凶事可以居丧。大以理天下而不益也，小以治一人而不损也。尝试往之中国、诸夏、蛮夷之国，以及禽兽昆虫，皆待此而为治乱。泽之身则荣，去之身则辱。审行之身毋怠，虽夷貉之民，可化而使之爱。审去之身，虽兄弟父母，可化而使之恶。故之身者，使之爱恶。名者，使之荣辱。此其变名物也，如天如地，故先王曰道。"（《管子·小称》）徐复观说周人的哲学可用一个"敬"字作代表，诚哉斯言！

不过，周人敬天之实质在于因自己的行动可能引起的后果而心存敬畏。敬德与"受命"、"德"与政权的"天命"往往联结在一起，而天命的实质无非血族的长期存续。这种追求虽不乏真诚与坚定（"厥德不回"），但其动机却始终无法超越"受命"这一向度（"以受方国"，"王其德之用，祈天永命"；"惟不敬厥德，乃早堕厥命"；"惟王受命，无疆无休，亦无疆惟恤。呜呼！曷其奈何弗敬！"）。文王与周公之"敬"与"忧"一方面重点在告诫"受命者"要敬畏"天命"，另一方面其最终的关切亦不外于"受命"。我们固然不应将"天命的永续"与"保民"对立而观，但"德"与"福"

---

①　刘泽华主编：《中国政治思想史》，天津：南开大学出版社，1992年，第9页。

②　徐复观：《中国人性论史》，上海：上海三联书店，2001年，第21页。

割不断的纠缠（《洪范》云"予攸好德，汝则锡之福"）毕竟让"敬德文化"中的"德"无法彻底挺立其自身而获得纯粹德性的品格。

孔子坚持有教无类，使得修身带有开放性，在原则上它不限定于某个阶层（统治阶层），后来的《荀子·君道》与《礼记·大学》都明确指出，上自天子下至臣下、百吏乃至庶人皆以修己、修身为本。唐君毅在讨论"中国哲学的起源问题"时指出，中国哲学不是"由反宗教、由消极的批评怀疑传统文化开出理性之运用"，而是"由积极地自觉传统宗教文化之精神即开出理性之运用"：中国思想中人与人之间的尊敬乃是由原始敬天敬祖的精神，通过宗法关系在人间铺开的，这当然有一发展的历程：记述三代帝王言行之《尚书》所论德行基本上是帝王应具备的品德（敬、慎，勿怠、宽容、勿矜等），周以后，"礼让忠信"之德大张，此类德行则涉及人间关系，此亦与周之封建制，人与人之关系网络空前复杂有莫大关系。礼教之本义，原偏重于敬神，及行于君臣上下之间者，变为偏重于对等之人间之相敬，乃有礼让忠信之德之重视。而孔子以仁教弟子，乃"无异于教弟子以王者之德，天子之智慧。天子原须上承天心之宽容以涵育万民，孔子教人以仁，亦即教人直接法天之使四时行百物生之德，而使人皆有同于天之德。此乃孔子之由继往而下开万世之真精神所在，为生民以来所未有。……孔子之真精神，亦中国哲学之真精神所自始也"。[①]

另外，孔子开始强调："德之不修，学之不讲，闻义不能徙，不善不能改，是吾忧也。"（《论语·述而》）孟子则说："哭死而哀，非为生者也。经德不回，非以干禄也。言语必信，非以正行也。君子行法以俟命而已矣。"（《孟子·尽心下》）显然孔子对德行的追求不仅具有普遍性，而且也有纯粹性。由"受命"向"俟命"、由"善恶有报"向德福剥离、由"行仁义"向"由仁义行"，德行自此获得了自身的纯粹性与自足性。

---

① 唐君毅：《中国文化之精神价值》，桂林：广西师范大学出版社，2005年，第33、34、37页。

二、《论语》中的"敬"

"敬"字以及与之相近的词汇频频出现于《论语》中，概括其义不外以下几项：

（1）"敬鬼神而远之"之敬。"远"固然不是"疏远"，疏远何来敬？"远"是保持距离而不亵渎。《礼记·礼器》云："子曰：礼之近人情者，非其至者也。"郑玄注曰："近人情者亵，而远之者敬。"故"礼以敬远为敬"。"远"是幽深玄远之"远"。[①] 但"远"更表明"天人之分际"，它是对原始宗教"必先鬼神而后人"（《墨子·明鬼》）传统的一种突破。《礼记·表记》："殷人尊神，率民以事鬼，先鬼而后礼……周人尊礼尚施，事鬼敬神而远之，近人而忠焉。"显然夫子的敬鬼神的观念正反映了"远鬼神而近人"的时代精神，《先进》篇"未能事人，焉能事鬼"更为明确地体现了这种分际意识。"盖人自有人道所当为之事，今若不肯自尽，只管去谄事鬼神，便是不智。"[②] 这即意味着夫子的心思专用在尽人道上面，或者说，克尽人道即是"敬鬼神"。《论语·述而》记载孔子染疾，子路依据"祷尔于上下神祇"之《诔》文而为夫子请祷一事，请祷即是祷请于鬼神以求福。孔子听后曰："丘之祷久矣。"所谓"祷久"，历代注家均谓孔子实不祷而云久祷者端因其"修身正行"（王充《论衡·感虚》），"素行合于神明"（何晏《论语集解》），"德合神明"（皇侃《论语义疏》），《太平御览》则引孔子语曰："吾坐席不敢先，居处若斋，食饮若祭，吾卜之久矣。"显然，夫子心里敬重鬼神，在日常生活中总是小心翼翼的。

（2）"畏天命"之敬畏。孔子非常注重"天命"，乃至有"五十知天命""不知命，无以为君子"等说法。《论语·季氏》"君子有三畏"之首即是"畏天命"。"畏"与"敬"义近，通常解为"畏惧""严惮""畏服"，理学家则认为"畏"是"敬"之所发，将敬畏之畏与日常生活中的害怕某个

---

①　此是罗汝芳的说法，见方祖猷等编校整理：《罗汝芳集》，南京：凤凰出版社，2007 年，第 70—71 页。

②　黎靖德编：《朱子语类》卷 32，朱杰人等主编：《朱子全书》（第 15 册），上海：上海古籍出版社；合肥：安徽教育出版社，2002 年，第 1153 页。

对象区别开来，最能畅其旨趣。在宋之前，"畏天命"之"天命"则通常被视为"作善降之百祥，作不善降之百殃"之"顺吉逆凶"之天命。朱子则将"天命"解释为"天所赋之正理"，"三畏"遂成一畏："大人是全得天命的人"，"圣言是发得天命的言"，故"君子有三畏，只一'畏天命'便尽了"。对天命的敬畏实则是对本真自我、德性自我的"敬畏"。刘宗周进一步发明说："无不畏者，君子之心法，三畏其大端也。'畏'即'敬'之所发也。'畏天命'，畏其命我者也。君子知天命之在我，而敢弗畏乎？'畏大人'，畏其型我者也。'畏圣人之言'，畏其训我者也。皆所以密畏天之功也，三畏，一畏也。"① 无论如何，原本"惟王受命"的"天命"在夫子这里不再是商民族或周民族族群之命，而是每个"君子"应该体认、体证的德性以及由此德性所孳乳的使命与担当意识，原来作为行为的"敬德"之德变成了人的内在德性之德。这样的"天命"遂下贯为人之"真实的主体性"，郭店楚简《五行》篇仁义礼智"形于内谓之德之行"的观念、孟子的"天爵"观念即由此而出。要之，"畏"不是惧怕，而是对此由"天"而下贯的人性的敬畏。"畏"之所"畏"不过是人之真己、人之"本真能在"而已。②

（3）"敬父母"之敬。夫子答子游问孝曰："今之孝者，是谓能养。至于犬马，皆能有养。不敬，何以别乎？"（《论语·为政》）《孟子·尽心上》亦云："食而弗爱，豕交之也；爱而不敬，兽畜之也。""敬"是一种有别于"养"与"爱"的态度，我们说爱护动物，但不会说尊敬动物。敬爱是对人格的尊重。这既包括对父母身体状态的关心（"父母唯其疾之

---

① 刘宗周：《论语学案》，吴光主编：《刘宗周全集》，杭州：浙江古籍出版社，2007年，第508页。对该章的解释，可参见廖名春：《〈论语〉"君子有三畏"章新释》，《孔子研究》2011年第6期。

② 在孔子处"天""命"尚有命限、命运之义。如《论语·宪问》"道之将行""道之将废，命也"之说，《论语·雍也》"亡之，命矣夫"之说，命显然是命定、命限之义。《孟子·梁惠王下》"若夫成功则天也"，《孟子·尽心下》"君子行法以俟命"，"天"与"命"亦是命限义。但夫子之"知天命""畏天命"以及孟子之"知天"不应与此命限意义上的天与天命混在一起。

忧"），① 又包括对待父母的态度（"色难"），② 这种态度更体现在对待父母过失之规劝上面。（"事父母几谏，见志不从，又敬不违，劳而不怨。"）③ 要之，敬父母要"无违于礼"："生事之以礼，死葬之以礼，祭之以礼。"用朱子《四书章句》的话说："人之事亲，自始至终一于礼而不苟，其尊亲也至矣。"

（4）"事上也敬"之敬。《论语·公冶长》：子谓子产，"有君子之道四焉：其行己也恭，其事上也敬，其养民也惠，其使民也义"。这里恭敬并举，在己曰"恭"（《洪范》"貌曰恭"），施于事曰"敬"。"上"并不限定在君上，而是指"君亲及凡在己上者"，"事上也敬"其义不外乎"承事在己上之人及君亲，则忠心复加谨敬也"（邢昺《论语注疏》）。

（5）待人接物之敬。《论语·颜渊》："出门如见大宾，使民如承大祭。己所不欲，勿施于人。"大宾，君臣嘉会；大祭，国家祭典。王夫之《四书笺解》云："'出门'则必与人相接，特不相酬酢，易于自怠而不庄；'使民'则必有使之之事，特非己所勤而可以任意则不慎。'如见大宾'，如其

---

① 此章历代儒者（何晏、皇侃、邢昺、朱子）多从马融"孝子不妄为非，惟有疾病然后使父母忧"之释义，惟清儒（戴望、刘宝楠）认为此章之本义是孝子于父母有疾，则致其忧。刘宝楠指出，王充《论衡·问孔》与《淮南子·说林》皆以人子忧父母疾为孝，《孝经·纪孝行》载："子曰：孝子之事亲也，居则致其敬，养则致其乐，病则致其忧，丧则致其哀，祭则致其严。五者备矣，然后能事亲。"戴望、刘宝楠之说可从。这当然并不意味着孔子不忧"己"之"疾"，君子敬身安体，岂有不慎己身之理？《论语·述而》明确记载"疾"为子之所慎三目（斋、战、疾）之一目。详见黄怀信主撰：《论语汇校集释》，上海：上海古籍出版社，2008 年，第 134—139 页。

② 马融、包咸、皇侃、邢昺都认为"色难"是指"承顺父母的颜色为难"，郑玄、孔颖达认为"和颜悦色是为难"，朱子引《礼记·祭义》"孝子之有深爱者必有和气，有和气者必有愉色，有愉色者必有婉容"，而主"事亲之际，惟色为难耳"。今人杨逢彬指出，在先秦与西汉典籍中，"色"位于句首表示容色时，通常是指未出现于主语的容色，故"色难"的主语显然是指行孝者，"色难"的本义是孝子侍奉父母时，总是保持和颜悦色是很难的。见杨逢彬：《论语新注新译》，北京：北京大学出版社，2016 年，第 21—22 页。

③ 皇侃与朱子皆指出此章与《礼记·内则》（"父母有过，下气怡色，柔声以谏。谏若不入，起敬起孝，悦则复谏。"）相表里。

言动之必庄也；'如承大祭'，如其莅事之必慎也。庄与慎皆敬也。""敬"是待人接物之道。《左传·僖公三十三年》晋臼季曰："臣闻之，出门如宾，承事如祭，仁之则也。"可见，古已有此语。

（6）敬礼之敬。《论语·八佾》："居上不宽，为礼不敬，临丧不哀，吾何以观之哉？"为礼须以敬为本，这是孔子一贯的主张。《论语·子张》的"祭思敬"，亦是强调祭神如神在的"敬"之心态。"齐必变食""虽疏食菜羹瓜祭，必齐如也"一类记载，皆说明孔子对待祭祀、斋戒的谨慎虔诚的态度。

（7）敬事之敬。"敬事而信"（《论语·学而》）、"事思敬"（君子"九思"之一，《论语·季氏》）、"敬其事"（《论语·卫灵公》）均属于此敬事之敬。在回答樊迟问仁时，孔子指出："居处恭，执事敬，与人忠。虽之夷狄，不可弃也。"（《论语·子路》）换言之，恭、敬、忠乃是一普世的行为原则。《论语·卫灵公》亦见类似的记载："子张问行，子曰：'言忠信，行笃敬，虽蛮貊之邦行矣。言不忠信，行不笃敬，虽州里行乎哉？'"

以上七项"敬"涉及"鬼神""天命""人际"（父母、君上、"大人"、"圣人"之言）、"事"（"礼"亦是一"事"），[①] 要之，"敬"之内容涵括了"天地、人、鬼神"这一人类生存的整体。实际上，《乡党》篇所记孔子衣食住行与视听言动正体现了其"敬"之生活风格。礼乐文明，作为礼仪交织而成的时空结构，具有"异质性特征"。[②] 孔子于乡党恂恂如也（温恭、恭慎），于宗庙朝廷唯谨尔（谨敬），于议政处，与大夫言则侃侃、訚訚（和乐而谨正），君在踧踖、与与（恭敬而安和），为君接宾色勃如、足躩如

---

① 《论语》尚有他人对己之敬者种种说法，如《为政》"临之以庄，则敬"，《公冶长》"晏平仲善与人交，久而敬之"，《子路》"上好礼，则民莫敢不敬"，以及《卫灵公》"知及之，仁能守之，不庄以莅之，则民不敬"，等等。此类言敬文本均是阐明在上位者如能守礼、善交，在下位者必能敬之的道理，因此，此种种"敬"皆是敬人、敬事所带来的"效验"之敬。

② "异质性时空"的说法取自宗教现象学家伊利亚德（Eliade）。他指出，宗教人生存的空间与时间不是物理学、几何学意义上同质、中性、广袤的时空，而是由神圣者的显现所造就的有中心与边缘、中断与间隔的异质的时空。有关伊利亚德异质时空的描述，可参见陈立胜：《遭遇"宗教人"：与伊利亚德一起面向神圣人生》，李志刚、冯达文主编：《面向神圣人生》，成都：巴蜀书社，2004年，第1—40页。

（变色起敬、不敢懈怠），……这种种在异质的时空中所表现出的不同姿态，均是孔子依照礼义由衷而发的"敬"的"颜色"与"姿态"。无论是待人抑或是执事（接物），"敬"作为一种处世原则（为仁之道）要求的是内心的真诚、专一、谨慎与笃实，以及颜色与行为举止的温润、齐整、得体与庄严（"望之俨然，即之也温，听其言也厉"①）。任何处世的原则最终要奠基在个己在世的觉醒上面，敬鬼神、敬天命、敬人、敬事均是发自能敬者自身的自觉，而使其自身在根本上即是一"能敬的存在"，此正是孔子"修己以敬"的哲学意义所在。

三、修己以敬：为己之学的自反性向度

"修己以敬"出自《论语·宪问》：子路问君子。子曰："修己以敬。"曰："如斯而已乎？"曰："修己以安人。"曰："如斯而已乎？"曰："修己以安百姓。修己以安百姓，尧舜其犹病诸！"在这里，孔子明确将"敬"作为一种对待自己的态度。《论语·颜渊》亦有一段文字与"修己以敬"思想相关，这段文字常被学界所忽视。司马牛忧曰："人皆有兄弟，我独亡！"子夏曰："商闻之矣：'死生有命，富贵在天。君子敬而无失，与人恭而有礼，四海之内皆兄弟也。'君子何患乎无兄弟也。"程树德《论语集释》云："玩此节语气，自'死生有命'至'皆兄弟也'皆孔子语，惟'君子何患乎'一句乃子夏语。"敬而无失，依俞樾《群经平议》，"失"当读为"佚"，在先秦文献中，失与佚通。如此，敬而无失，即"敬而无佚"，敬而无佚是对己言，"恭而有礼"则对人言。朱子《四书章句》解此章时即已明确指出："既安于命，又当修其在己者，故又言苟能持己以敬而不间断，接人以恭而有节文，则天下之人皆爱敬之如兄弟矣。"

这种敬身、自敬的处己之道其实质是将整体的生命置于反思的基础上而有的态度，一种彻底的自我负责的态度。它有一个不言自明的前提，即

① 语出子夏之口，见《论语·子张》）。朱子说此即是君子貌庄、色和、辞确。见《四书章句》，朱杰人等主编：《朱子全书》（第6册），上海：上海古籍出版社；合肥：安徽教育出版社，2002年，第235页。

"己"是有待塑造、修证的存在者。观《论语》，"己"字出现二十余次，跟《论语》中出现的"我""吾""予"这些第一人称词相比，"己"更具有反思义。"修己""行己"的说法表明"己"是一种能够反省并提升自身存在的主体。这个"己"是人之主体性所在，它有着自己独立的意志与人格（"为仁由己"）。无疑以"敬"对待自己，这是对自我德性生命的一种高度专注。

在希腊文明中，"关心自己"的传统源远流长。福柯指出，在希腊和罗马文化中，关心自己一直是规定哲学态度的一个基本原则、一个真正总体的文化现象。这个原则包含三个面向：首先它是一种态度，一种关于自身、他人和世界的态度；其次，它也是某种特别的关注方式，它把注意力由外转向内；最后，它还是一种自身训练的活动，一种福柯称之为自我技术的活动，一种控制自身、改变自身、净化自身、变化气质的活动。所谓自我技术即是指个体通过自己的力量或者他人的帮助，对其身体及灵魂、思想、行为、存在方式加以修炼，以此达成自我的转变，从而获得某种幸福、纯洁、智慧、完美或不朽状态的种种手段、方法。[1]毫无疑问，孔子"修己以敬"的思想中同样也包含着"关心自己"的三个面向。"敬"的后面乃是"为己之学"的精神取向，夫子反复强调君子之学的"自反性"（"求诸己"）与自足性，[2]而与逐物外求的世俗态度划清界限。更为重要的是，依据有教无类与因材施教的原则，夫子提出了各种丰富的自我技术（"为仁"方法）。因此，福柯认定"关心自己"是"希腊化和罗马社会特有的一个总体文化现象"显然是偏颇的。实际上，无论是"修己以敬"抑或是"关心自己"，都具有一个共同的结构：人总是对其现实的人性与生活不满，向往一理想的人性与生活，而欲实现此"向往"则必诉诸"自我-转化"。麦金太尔曾以"三重图式"标识这一结构，即由"偶然所成的人性"经过实践理性与经验的教诲向"亲证其目的而可能所成的人性"转变。[3]

---

① 福柯：《主体解释学》，佘碧平译，上海：上海人民出版社，2010年，第8—9页；福柯：《自我技术》，汪民安编，北京：北京大学出版社，2016年，第54页。

② 陈立胜：《"慎独""自反"与"目光"：儒家修身学中的自我反省向度》，《深圳社会科学》2018年第1期。

③ Alasdair MacIntyre, *After Virtue*, op. cit. pp. 50–51.

　　作为一种自处之道，"修己以敬"在其本质上是"为仁之道"。孔子对周礼乐文明一直怀有崇敬之心（"吾从周"），并为之注入"仁之精神"（《八佾》"人而不仁，如礼何？人而不仁，如乐何？"）。仁的基本意涵与"爱"密不可分。《说文》"仁，亲也，从人二"，经郑玄"仁也，读如'相人偶'之人"之注而广为流传，孔颖达、段玉裁直到阮元皆以"相人偶"释仁。阮元《论语论仁论》的解释最详尽："春秋时，孔门所谓仁也者，以此一人与彼一人相人偶而尽其敬礼忠恕等事之谓也。相人偶者，谓人之偶之也。凡仁必于身所行者验之而始见，亦必有二人而仁乃见，若一人闭户斋居，瞑目静坐，虽有德理在心，终不得指为圣门所谓之仁矣……必人与人相偶而仁乃见也。"[1] 在出土文献中，特别是郭店竹简"从身从心"的仁字（㤟）屡屡出现，有学者遂指出"仁"字在先秦存在着两条演变的线索：一条是以南方郭店竹简为代表，仁写作㤟，又简化为"忎"，另一条是以北方中山鼎铭文为代表，仁写作"𡰥"。[2] 在这两种写法的背后，牵涉对作"仁"的本义理解之不同。"相人偶"之仁，其义自是爱人，《国语·周语下》已有"爱人能仁"的说法，樊迟问仁，孔子答曰"爱人"，孟子说"仁者爱人"，董仲舒说"仁之法在爱人""仁者，爱人之名也"，凡此种种说法均是在"相人偶"的意义上理解"仁"。"𡰥"字的写法正折射出这种人际间的爱，"仁"只是指向他者的一种德行。然写作"㤟"字之"仁"却敞开了另外一种路径，即作为"身"与"心"关系的"仁"，只是这个"心"中的"身"是他人之身抑或是己之身，学界并无共识。刘翔从字形变化之迹入手，考释金文"仁"字之种种字形，认为战国印玺文中的"㤟"就是仁字的较早构形，其本义是"从心从身"，即"心"中想着人之身体，但亦有学者认定，此仁字是心里想着自己的身体，是对己身的爱。实际上，只要通观《论语》中夫子论述君子"涉他"关系的文字，也不难发现所有这些文字最终都要归结于"涉己"这一本根上面。"为人""立人""达人""求诸人""正人"等关涉他者的向度必回溯"为己""己立""己达""求诸己""正其身"这一"身己"的向度。这一以身为本的思想在《大学》中被称为"以修身为本"，在《中庸》中被表述为"成己，仁也"，在《孟子》中则被表述为

---

[1] 阮元：《揅经室集》卷8，邓经元点校，北京：中华书局，1993年，第176页。

[2] 白奚：《"仁"字古文考辨》，《中国哲学史》2000年第3期。

"天下之本在国，国之本在家，家之本在身"。实际上，《论语》中著名的"克己复礼为仁"的说法已经表明"克己"是为仁的根本，而安人、安百姓（"成物"）这一政治理想亦必最终奠基于"修己以敬"这一"成己"的向度。①

如所周知，在孔子那里，仁除了"爱人"这一向度之外，确实亦有"自爱"的向度。《荀子·子道》记载了以下一则孔门对话：

> 子路入，子曰："由，知者若何？仁者若何？"子路对曰："知者使人知己，仁者使人爱己。"子曰："可谓士矣。"子贡入，子曰："赐，知者若何？仁者若何？"子贡对曰："知者知人，仁者爱人。"子曰："可谓士君子矣。"颜渊入，子曰："回，知者若何？仁者若何？"颜渊对曰："知者自知，仁者自爱。"子曰："可谓明君子矣。"

在孔门三人组合中，最后出场的总是智慧最高的，当然，一如既往，颜子是最后出场的人。就修养与德性生命的成长而言，由"士""士君子"到"明君子"有一个由低到高的阶序，"爱人"高于"使人爱己"，而"自爱"又高于"爱人"。这一说法肯定不是荀子一家之言。与孔子同时的老子亦有"圣人自知而不自见，自爱而不自贵"之语。扬雄《法言·君子》明确地说："人必其自爱也，而后人爱诸；人必其自敬也，而后人敬诸。自爱，仁之至也；自敬，礼之至也。未有不自爱敬而人爱敬之者也。"②肩水金关汉简《论语》则有"自爱，仁之至也；自敬，知之至也"的说法。如此，扬雄的话实衍生自《论语》。显而易见，"敬""爱"在孔子那里有内外两个指向，指向外，则是敬人、爱人；指向内，则是自爱、自敬。这也正是仁的

---

① 在严格意义上说，成己成物原是一事。"因叹'敬'字工夫之妙，圣学之所以成始成终者，皆由此，故曰：'修己以敬。'下面'安人'，'安百姓'，皆由于此。只缘子路问不置，故圣人复以此答之。要之，只是个'修己以敬'，则其事皆了。"黎靖德编：《朱子语类》卷12，朱杰人等主编：《朱子全书》（第14册），第368页。

② 宋咸以"言先自爱于人，而人亦爱之人。言先自敬于人，而人亦敬之"释自爱、自敬（见司马光《法言集注》卷9），将"明君子"的爱敬降格为"士"的爱敬，这显然不妥。

完整的意涵。①

由"己"出发，能够通贯人己、人物、人天而确保敬人、敬事、敬鬼神的修身践履即是"敬"。一方面，"敬"能确保对人、天地、鬼神的感通、感应均是真实的、由衷的、自觉的、自然的。这是一种德性之身的"自觉"，即用心对待己身的生命觉情，通过"敬以直内，义以方外"的反身、反躬的实践活动，切实做到由仁义行，而非行仁义。②弗洛姆在论自爱与爱人的关系时指出："在所有那些能够爱他人的人身上，都会发现某种爱自己的态度。原则上，就'对象'和爱者自身的联系而言，爱是不可分割的。真正的爱是生产性的表示，它意味着关心、尊重、责任和认识。它不是为某人所爱的意义上的一种'情感'，而是为所爱的人的成长和幸福的一种积极主动的奋斗，它根植于自身的爱的能力中。"③当代著名的神学家麦奎利（John Macquarrie）亦指出："如果一个人要去爱别人并帮助别人，他首先必须成为他自己。在他能够交出自身或牺牲自身之前，必须有某种能够给予别人的东西。他必须至少走在成为那样一个自我的道路上，他内心的良知呼唤他走向那个自

① 梁涛指出：仁的含义不能只是局限于《说文解字》"从人从二"与郑玄的"相人偶"上面，"从身从心"的仁最基本的意思就是"心中想着自己，思考着自己，用当时的话说，就是'克己''修己''成己'，用今天的话说，就是要成就自己、实现自己、完成自己"。见梁涛：《郭店竹简与思孟学派》，北京：中国人民大学出版社，2008年，第66页。

② 庞朴指出，除去这个从心的"仁"字外，还有大批别的从心的字，如"义、勇、畏、孙、顺、反、疑、难、易、欲、谋、喜、哀、昏、宠、欺、求、与、为、知"等（原文为竹简文字）。细察这些带"心"的字，仿佛都是为了强调其作为一种心态，以区别于对应的行为而特意创造出来的。新的领域孕育出新的理论，新的理论锻造出新的术语，新的术语有时会需要新的文字来表达。有关新的文字中，最耀眼的，首推从心从身的"仁"字。它是当时子思学派将孔子的人道理论建基于人情、人心和人性，从而使儒家学说迈入新阶段的集中表现。见庞朴：《"仁"字臆断》，收入刘贻群编：《庞朴文集》（第2卷），济南：山东大学出版社，2005年，第74—75页。王中江进一步指出，《礼记·表记》中"中心憯怛，爱人之仁也"与"率法而强之，资仁者也"之别正对应于孟子"由仁义行"与"行仁义"之别。见王中江：《身心合一》之"仁"与儒家德性伦理——郭店竹简"㥑"字及儒家仁爱的构成》，《中国哲学史》2006年第1期。

③ 弗洛姆：《爱的艺术》，孙依依译，北京：中国工人出版社，1986年，第53页。

我。"[①] 确实，没有能力敬、爱自己的人也根本没有能力去敬人、爱人。在此意义上，自敬、自爱是敬人、爱人的前提与出发点，是"仁之端"。

另一方面，"敬"是一种基本的生存情态，这种情态贯彻于天人、人己、物我种种关系之中。儒家之"己"不是孤零零、绝缘的原子化的"己"，通天地人、与物同体方是"真己"。自敬、自爱之所敬爱在本质上乃是对此真己之呵护，即是将"敬爱"彻底植根于主体之中的表现，将"敬爱"落实于个己生命的各个面向，德性生命的全幅觉醒始可谓之自敬、自爱。一个人倘不能通过"敬爱"而向他者（天、地、人）敞开，他的精神只能日趋萎缩，受困于患得患失"常戚戚"的心理纠结之中而不能自拔。真正的自敬、自爱只能在敬人、爱人之中得到实现。就此而言，自敬、自爱又不只是爱他人的前提与出发点，不只是"仁之端"，而是终极的德性生命之饱满，是"仁之实现"（"仁之至"）。

要之，"自敬"与"敬人"、"自爱"与"爱人"是密不可分的。这说明敬、爱在根本上不是一种单向的指向他者的力量，而是人之为人的整体性的生存态度。

另外，"修己以敬""仁者自爱"还与"敬身"的观念有关。《礼记·哀公问》（《大戴礼记·哀公问于孔子》《孔子家语·大婚解》）记载了孔子"敬身"的思想。哀公问孔子"人道"，孔子指出人道以"政"为大，而"政"以"爱人为大"，爱人则以"礼"为大，礼则以"敬"为大。"敬之至也，大昏为大，大昏至矣。"这一序列的"大"最终落实于"敬身为大"："昔三代明王之政，必敬其妻、子也有道。妻也者，亲之主也，敢不敬与？子也者，亲之后也，敢不敬与？君子无不敬也，敬身为大。身也者，亲之枝也，敢不敬与？不能敬其身，是伤其亲；伤其亲，是伤其本；伤其本，枝从而亡。""妻"是"亲之主"，子是"亲之后"，身是"亲之枝"，敬妻、敬子、敬身就其本质而言是敬"亲"，"亲"在此不过是在代际传承之中永续的生命本身。敬天、敬人、敬事最终是"敬"这一生生不息的生命，这是由父母传递给我又通过我与妻、子协力和合而用心传递下去的作为"礼物"的生命。"身"是受之于父母、天地的"礼物"，"己"则是这一礼物的"受托

---

　① 麦奎利：《探索人性：一种神学与哲学的途径》，何光沪、高师宁译，香港：道风书社，2014年，第279页。

者"，守此身、成此身、光荣此身乃是"己"之天职，仁之为"悬"，应该含有这层"敬身为大"的意思。

四、余论

"修己以敬"是儒家"关心自己"的一个基本命题，它将敬天、敬人、敬事的"敬"的精神彻底安顿在个己德性生命的自觉上面，因而也是孔子之前"敬"文化的哲学上的升华。

"敬"是修己、行己、对待自己的一种基本态度，是儒家文化传统中"关心自己"（"为己之学"）的一个关键词。儒家修身哲学中的"反诸己"这一自反向度以及由此而衍生的各种"为仁"的道德践履都体现着这种"敬"的精神。追溯其源头，这种"敬"的精神固源自敬天敬祖的宗教文化，但经过"忧患意识"的升华，最终下贯于人的内心（至孟子以"恭敬之心人皆有之"而尽畅其趣）。于是，由"敬天""敬鬼神"的文化转而成为一种"自我肯定"（self-affirmation）的文化。① 由"敬天""敬鬼神"而落实于"敬人""敬礼""敬事"，并最终奠基于这一"敬己"的向度，这是

① 牟宗三指出：在中国思想中，天命、天道乃通过忧患意识所生的"敬"而步步下贯，贯注到人的主体身上。因此，在"敬"之中，我们的主体并未投注到上帝那里去，我们所作的不是自我否定，而是自我肯定。仿佛在敬的过程中，天命、天道愈往下贯，我们的主体愈得肯定，所以天命、天道愈往下贯，愈显得自我肯定之有价值。表面说来，这是通过敬的作用肯定自己；本质地说，实是在天道、天命的层层下贯而为自己的真正主体中肯定自己。见牟宗三：《中国哲学的特质》，《牟宗三先生全集》（第28册），第16页。无疑，这绝不意味着天命、天道已完全内化为一种心性主体，而不再具有超越义与客观义。夫子所说的天、天命、天道是承《诗》《书》中的"帝"、天、天命而来，而后者则是中国历史文化中的"超越意识"所在，"以孔子圣者之襟怀以及其历史文化意识（文统意识）之强，自不能无此超越意识"，但孔子的贡献在于，他"自主观面开启道德价值之源、德性生命之门以言'仁'"，并在"践仁"的生命体验中"知之、默识之、契接之或崇敬之"，要之，孔子"重主体性并非否定或轻忽帝、天之客观性（或客体性），而毋宁是更加重更真切于人对于超越而客观的天、天命、天道之契接与崇敬"。牟宗三：《心体与性体》，《牟宗三先生全集》（第5册），第23—24页。

孔子"修己以敬"的思想史意义之所在。

作为"关心自己"的"修己以敬"这一命题亦强烈表明"己"自身的价值。"修己以敬"与"为己之学"是绾接在一起的。质言之，"修己以敬"就是"为己之学"的基本要求，"敬"就是"成己""诚身"之道。通观《论语》，孔子对为己之学的阐述始终不离整全性（"君子不器"）与独立性（"匹夫不可夺志"）人格的培养与建立。孔子对"闻"与"达"的区别[①]以及"人不知而不愠"（《论语·学而》）、"君子病无能焉，不病人之不己知也"（《论语·卫灵公》）一类说法皆说明君子德性世界的自足无待性。"为仁由己""己立""己达"等表明，"己"才是自我负责、自我主体性之所在，故围绕"己"之生活世界所发生的一切均应"反诸己"即自省、自察。"见贤思齐焉，见不贤而内自省"（《论语·里仁》），"躬自厚而薄责于人"（《论语·卫灵公》），"见其过而内自讼"（《论语·公冶长》），此类教诲更是体现了"君子求诸己"这一"为己之学"的"自反性"精神。要之，由孔子所奠定的"修己以敬"的关心自我与为己之学之道，在根本上决定了儒家的修身活动是一项高强度的自反性活动。在这种自反性活动中，自我通过一种特殊的"目光""他者的目光"将自身变成省察的对象。我们在下一章中将解读儒家有关慎独的文本，揭示作为一种自反性的修身活动他者目光所起到的不同作用。

---

① 《论语·颜渊》："子张问：'士何如斯可谓之达矣。'子曰：'何哉，尔所谓达者？'子张对曰：'在邦必闻，在家必闻。'子曰：'是闻也，非达也。夫达也者，质直而好义，察言而观色，虑以下人。在邦必达，在家必达。夫闻也者，色取仁而行违，居之不疑。在邦必闻，在家必闻。'"

第二部　儒家"内圣学"中的反省向度与修炼技术

第三章 "慎独"、"自反"与 "目光"：儒家修身学中的自我反省向度

在《荀子·不苟》《礼记·中庸》《礼记·大学》《礼记·礼器》《庄子·大宗师》《管子·心术》《文子·精诚》等传世经典以及出土文献马王堆帛书与郭店竹简《五行》中，都出现了"慎其独"或"见独"一类的"独文本"，这无疑表明"慎独"的观念一度是先秦儒道二家工夫论之共同议题。早在20世纪70年代末，日本学者岛森哲男就指出，在先秦儒家的慎独文字之中，通常设定了除了自己以外，无他人在看这一场景。这是"独"字提出的背景。为何慎独的要求通常是在这种场景下提出来呢？这是缘于"对人性的洞察或危惧"，"人类会因为他者的在或不在而改变态度，尤其他者不在时，人性有容易偏向恶的倾向"，故在慎其独的文本之中，"潜虽伏矣，亦孔之昭"的说法便格外抢眼，这是一种"从外部而来的锐利的视线"，是"鬼神的视线"。慎独文本之中浓厚的他者的目光，"显示了他者的视线对自己渗透的深度，以及人生活在共同体中彼此有着密切的关系。即使对社会归属感稀薄的我们，有时也不得不感受到这样的视线，更何况对于紧密生活在共同体的古代人来说，必定更强烈地感受到视线的威力"。①

笔者认为，岛森哲男对慎独文本之中的他者目光的阐述，为我们理解儒家的省身工夫提供了一个有趣的视角。实际上，在儒家修身学中，无论在慎独之要求抑或在"三自反"的主张之中，都设定了一种"他者的目光"。这个他者的目光首先表现为"鬼神的目光"与"他人的目光"，而随着儒家人文主义精神之勃兴，他者的目光渐被每个人内在的"良知之光"（"心目之光"）所替代。在儒家修身工夫的"反省向度"之中，"鬼神的目

---

① 岛森哲男：《慎独思想》，收入梁涛、斯云龙编：《出土文献与君子慎独——慎独问题讨论集》，桂林：漓江出版社，2012年，第14页。

光"、"他人的目光"与"良知之光"扮演着不同的角色。

一、"鬼神的目光"

古人很早就观察到"自我"在日常生活中的表现之两面性：在众目睽睽的"前台"，自我容易配合观众目光的"角色期待"，从而表现出循规蹈矩、彬彬有礼之一面，及至退至"后台"，则容易暴露原形，显示出自私的面目。《慎子》有句话就生动地描述了这种人性的"双面"："能辞万钟之禄于朝陛，不能不拾一金于无人之地；能谨百节之礼于庙宇，不能不弛一容于独居之余。盖人情每狎于所私故也。"因"朝陛"与"无人之地"、"庙宇"与"独居之余"场景之转换，人之行为表现出强烈的反差：在权力之大庭与神圣之空间表现得光鲜动人，在隐秘与私己之场所则寸利必得、放肆无忌。慎到这里所描述的人性现象属于典型的"人莫不自为""每狎于所私"的人性之丑陋的一面，也同样见于《礼记·大学》："小人闲居为不善，无所不至。见君子而后厌然，掩其不善，而著其善。"

如何克服此人性之有限性？一种最直接的方式莫过于让行动者始终活动于"前台"，活动于"光天化日"之下。子贡说："君子之过也，如日月之食焉。过也，人皆见之；更也，人皆仰之。"这强烈地暗示出一种通过公共的目光审视自家之"过"的省思模式。就如同在都市行走的今人无时不感受到既高清又无死角的全程监控一样，于是，老子有"天网恢恢，疏而不漏"的说法。是的，今天中国都市的监控系统就叫天网工程。不过古人的天网工程的主角不是无处不在的摄像头，而是比摄像头更加神奇的"鬼神"：《诗·大雅·抑》云："相在尔室，尚不愧于屋漏。无曰不显，莫予云觏。神之格思，不可度思，矧可射思？""神"的临在不可揣度，曾子所说的"十目所视，十手所指，其严乎"亦描述出古人对这种"目光"的敬畏、忌惮之感受。《墨子·天志》指出，处家、处国虽"共相儆戒"，"不可不戒"，"不可不慎"，但得罪于家长，犹可逃往邻家，躲避家长之惩罚，得罪于国君，犹可逃往邻国，躲避国君之惩罚，而得罪于天，则无所逃避："今人皆处天下而事天，得罪于天，将无所以避逃之者矣。"因为，鬼神的目光无处不在。

《墨子·明鬼》曰："虽有深谿、博林、幽涧毋（无）人之所，施行不可以不董（董），见有鬼神视之。"①《庄子·庚桑楚》也说："为不善乎显明之中者，人得而诛之；为不善乎幽闲之中者，鬼得而诛之。明乎人、明乎鬼者，然后能独行。""显明之中"人之目光与"幽闲之中"鬼神的目光共同交织成为无处、无时不在的"他者的目光"，让人在行动的每一刻都有被人神共同关注（"明乎人、明乎鬼"）的感受，唯如此方能做到郭象注中所说"幽显无愧于心，则独行而不惧"。显然，《庚桑楚》的说法很容易让人联想到《中庸》的说法，林希逸就说，"如此之人，所为既不善矣，非有人诛，则有鬼责，言幽明之间有不可得而逃者。人能知幽明之可畏，则能谨独矣，故曰明乎人，明乎鬼，然后能独行。此即'莫见乎隐，莫显乎微，是以君子慎其独也'。独行，即慎独也。似此数语，入之经书亦得"②。白居易有诗曰："周公恐惧流言后（一作"日"），王莽谦恭未篡时。向使当初身便死，一生真伪复谁知。"诗中透露出"人的目光"的有限性。理学家张履祥就撰诗驳正曰："周公自有周公志，王莽终怀王莽情。勿谓隐微人不见，千秋公论日星明。"③他者的目光成为超越时代的目光，换言之，"隐微之事"纵一世不为人知，却最终也难逃"千秋公论"这一"历史目光"的审视。

在这样一种"他者的目光"的浓厚文化心理氛围下，《大学》之"慎其独"的郑玄之注也就不难理解了："慎独者，慎其闲居之所为。小人于隐者，动作言语，白以为不见睹，不见闻，则必肆尽其情也。"可以肯定的是，郑玄将"独"训为"闲居之所为"，其背后的问题意识看来还是与这种无处不在的"他者的目光"相关。实际上，如果我们浏览以下郑玄前后的思想家对"慎其独"文本的理解，就可以看到他们都有共同的问题意识，

---

① 汉代天人感应思想大盛，人之罪行，天必知之、感之而诛伐之。《淮南子·览冥训》云："上天之诛也，虽在圹虚幽闲，辽远隐匿，重袭石室，界障险阻，其无所逃之，亦明矣。"《新书·耳痹》亦有类似的说法："故天之诛伐，不可为广虚幽间，攸远无人，虽重袭石中而居，其必知之乎！……故曰：天之处高，其听卑，其牧芒，其视察。故凡自行，不可不谨慎也。"

② 林希逸：《庄子鬳斋口义校注》卷23，周启成校注，北京：中华书局，1997年，第360页。

③ 张履祥：《题王介甫诗后》，《杨园先生全集》，陈祖武点校，北京：中华书局，2002年，第9页。此白居易诗自明代即被误传为王安石所作。

即对"人情之所忽"有高度的警惕：

> 存亡祸福，其要在身。圣人重诫，敬慎所忽。《中庸》曰："莫见乎隐，莫显乎微，故君子能慎其独也。"谚曰："诚无诟，思无辱。"夫不诚不思而以存身全国者亦难矣。诗曰："战战兢兢，如临深渊，如履薄冰。"此之谓也。（刘向《说苑·敬慎》）
>
> 王密为昌邑令，谒见。至夜，怀金十斤，以遗震。震曰："故人知君，君不知故人，何也？"密曰："暮夜无知者。震曰："天知，神知，我知，子知，何谓无知？"密愧而出。（《后汉书·杨震列传》）
>
> 人性之所简也，存乎幽微；人情之所忽也，存乎孤独。夫幽微者，显之原也；孤独者，见之端也。胡可简也，胡可忽也！是故君子敬孤独而慎幽微。虽在隐蔽，鬼神不得见其隙也。《诗》云："肃肃兔罝，施于中林。"处独之谓也。（徐干《中论·法象》）

"隐微""幽微""孤独"之处是常人容易忽略的地方，能够在此处"敬慎"，方可称为君子。在杨震暮夜却金的故事之中，我们可以得知，夜晚所发生之事除了当事人知道之外，还有"天知"与"神知"这一无处不在的超越性的"知"之向度；徐干则将君子敬孤独、慎幽微与"鬼神不得见其隙"相提并论，再次展现出"他者的目光"之无所不在性。其后，《刘子·慎独》更是尽畅此鬼神的目光之旨趣："居室如见宾，入虚如有人……暗昧之事，未有幽而不显；昏惑之行，无有隐而不彰。修操于明，行悖于幽，以人不知。若人不知，则鬼神知之；鬼神不知，则己知之。而云不知，是盗钟掩耳之智也。"这里的着眼点仍然还是幽暗之处的举止（"行悖于幽"）。郑玄着重从闲居之所为训"独"，良有以也。

能够在"幽闲处""屋漏处""孤独幽微处"贞定其心志的人格称为"君子"。《淮南子·说山训》说："兰生幽谷，不为莫服而不芳；舟在江海，不为莫乘而不浮；君子行义，不为莫知而止休。"这种独立不改、表里如一的君子人格也正是儒家"慎其独"工夫所要达到的一个目标。"君子独立不惭于影，独寝不惭于魂"一语早见于《晏子春秋》，《文子·精诚》（及《淮南子·缪称》）则将"不惭于影"直接与"君子慎其独"联系在一起："老子曰：子之死父，臣之死君，非出死以求名也。恩心藏于中，而不违其难也。

君子之憷怛，非正为也，自中出者也，亦察其所行。圣人不惭于影，君子慎其独也，舍近期远，塞矣。"章太炎将儒家的慎独观念追溯至晏婴，不亦宜乎！① 实际上，我们看《论语·乡党》对夫子行为之描述，无论在乡党抑或在朝廷，夫子之行为表现出"修己以敬"的高度一致性。《乡党》篇所描绘的夫子形象可谓"君子慎其独"之典范。

《中庸》之中浓墨重彩的"鬼神的目光"实际上可以被视为殷周鬼神文化的遗留。"文王在上，于昭于天。……文王陟降，在帝左右。"（《诗经·大雅·文王》）文王显现于天、与帝同在的画面无疑折射出先民对祖灵与上天的仰视与敬畏之情。"皇矣上帝，临下有赫。监观四方，求民之莫"（《诗经·大雅·皇矣》），"明明在下，赫赫在上"（《诗经·大雅·大明》），"敬天之怒，无敢戏豫"（《诗经·大雅·板》），由《诗经》中的这些篇章可以管窥先民对一种自上而下的威慑性、监视性的鬼神目光之感受。只是这种宗教性的"他者之目光"在文明的轴心期突破的过程之中，经过儒家人文主义的洗礼，逐渐内化为一种"天命意识"和"仁义礼智根于心"的德性生命意识。故儒家"慎其独"之"独"在本质上乃是天所赋予的内在的"德性"及其栖息之所（"内心"），用孟子的话说是"天爵""良贵"。诚如岛森哲男所指出的，这种指向内在良心的目光乃是"具有积极意义的'独'"，它有别于"他者的目光"这一消极意义上的"独"。"积极意义上的独"则表现为"自己本身成为视线的主人，用内省的视线来省察自己。也就是所谓'毋自欺'（《大学》）、'自谦'（《大学》）、'内省不疚，无恶于志'（《中庸》）的立场"。② 这种"内省的视线"与孟子反身而诚、求其放心的工夫取向紧密相关，"穷则独善其身，达则兼济天下"，"仰不愧于天，俯不怍于人"，基于内在的存养之功所呈现的"恒心"自是一浩然之气之道德场域，美、大、圣、神则是其华彩流光（"充实之谓美，充实而有光辉之谓大，大而化之之谓圣，圣而不可知之之谓神"）。

儒家对"独处"行为有着严格的要求，这种要求在后来的理学修身工

---

① 章念驰编订：《章太炎全集（演讲集）》，上海：上海人民出版社，2015年，第979—980页。

② 岛森哲男：《慎独思想》，收入梁涛、斯云龙编：《出土文献与君子慎独——慎独问题讨论集》，第16—17页。

夫实践之中达到了无以复加的地步，甚至最隐秘的夫妻与床笫生活也成了"鬼神目光"的场所。颜元有"闺门之内，肃若朝廷"之说，李二曲更是称："闺门床笫之际，莫非上天昭鉴之所，处闺门如处大庭，心思言动，毫不自苟。不愧其妻，斯不愧天地。"①

不过需要指出的是，儒家对"独处"的严格要求仅限于"修己"这一自我关涉面向（用孔子的话说是"躬自厚"），它绝不意味着对他人隐私的干涉。相反，《礼记》之中不乏对他人隐私保护之礼仪，如"将上堂，声必扬。户外有二屦，言闻则入，言不闻则不入。将入户，视必下。入户奉扃，视瞻毋回"。《曲礼》中的这一行为准则在今天仍不失其意义，而《韩诗外传》所记孟子与孟母之对话则表明《曲礼》的这一规定由来已久：孟子妻独居，踞。孟子入户视之，白其母曰："妇无礼，请去之。"母曰："何也？"曰："踞。"其母曰："何知之？"孟子曰："我亲见之。"母曰："乃汝无礼也，非妇无礼。《礼》不云乎'将入门，问孰存；将上堂，声必扬；将入户，视必下'。不掩人不备也。今汝往燕私之处，入户不有声，令人踞而视之，是汝之无礼也，非妇无礼也。"于是，孟子自责，不敢去妇。君子必须对他人独处之隐私保持足够的尊重。"箕踞"在古人本是一非常不雅之坐姿（古人上衣下裳，箕踞极易露出私处），孔子老友原壤箕踞以待，就被夫子斥为无礼并以杖击其小腿（事见《论语·宪问》）。

二、"他人的目光"

在儒家的省身传统之中尚有另一种"他者的目光"，这是在具体的生活处境与人际的互动之中所遭遇到的"他人的目光"。这种他人的目光虽然也往往让我们感受到"不适""不安"乃至"厌恶"，但它有别于"鬼神的目光"，它不是一种自上而下的监视性、威慑性的目光，而是与我的目光平

---

① 李颙：《二曲集》卷30，陈俊民点校，北京：中华书局，1996年，第420页。吕妙芬《成圣与家庭人伦：宗教对话脉络下的明清之际儒学》一书第六章第二节（"广嗣与寡欲的夫妇生活"）对此有生动的描述，见《成圣与家庭人伦：宗教对话脉络下的明清之际儒学》，台北：联经出版公司，2017年。

行的、向我表达某种不满的目光，是让我感到受冷漠、怀疑、蔑视、鄙夷等的目光。在先秦的政治哲学之中，人们往往把这种他人的目光视为君主、为政者获得清醒的自我认识之不可或缺的借镜：《墨子·非攻中》曰："古者有语曰：君子不镜于水，而镜于人。镜于水，见面之容；镜于人，则知吉与凶。"《国语·吴语》亦有"王其盍亦鉴于人，无鉴于水"之说。早在周公就称"古人有言曰：'人无于水监，当于民监。'"（《尚书·酒诰》），可见这一古老的政治智慧实可追溯于上古时代。这些说法的意思不外是，在他者的反应（目光、表情、举止）那里认清自己行为的"欠缺"、"失当"与"亏欠"。在儒家这里，这种日常的他人的目光则应成为君子反身而诚的契机，这是先秦儒家"自反"思想的一个核心内容。

孟子说："爱人不亲反其仁，治人不治反其智，礼人不答反其敬，行有不得者，皆反求诸己。其身正而天下归之。"（《孟子·离娄上》）"有人于此，其待我以横逆，则君子必自反：我必不仁也，必无礼也，此物奚宜至哉？其自反而仁矣，自反而有礼矣，其横逆由是也，君子必自反也：我必不忠。自反而忠矣，其横逆由是也，君子曰：此亦妄人也已矣！如此则与禽兽奚择哉？于禽兽又何难焉？"（《孟子·离娄下》）在《荀子·荣辱》那里可以见到类似的说法："自知者不怨人，知命者不怨天，怨人者穷，怨天者无志。失之己，反之人，岂不迂乎哉？"《荀子·法行》则明确引曾子曰："同游而不见爱者，吾必不仁也；交而不见敬者，吾必不长也；临财而不见信者，吾必不信也。三者在身，曷怨人？怨人者穷，怨天者无识。失之己而反诸人，岂不亦迂哉。"显然，孟子的"三自反"思想出自曾子。实际上，曾子三省工夫（"吾日三省吾身：为人谋而不忠乎？与朋友交而不信乎？传不习乎？"）未尝不可视为一种自反工夫。这是一种事后的自我省思，[1]而三省之对象均牵涉对待他者的态度。这些看法最终都可以溯源到孔

---

[1] 《大戴礼记》有两处文字暗示三省的工夫乃是在晚上进行的：《曾子立事》记曾子语曰："君子爱日以学，及时以行，难者弗辟，易者弗从，唯义所在。日旦就业，夕而自省思，以殁其身，亦可谓守业矣。"又《制言中》："君子思仁义，昼则忘食，夜则忘寐，日旦就业，夕而自省，以役其身，亦可谓守业矣。"实际上，如果我们考虑《国语·鲁语下》对"士"一天修身内容所做的"士朝而受业，昼而讲贯，夕而习复，夜而计过无憾，而后即安"的描述，则可以断定曾子三省工夫即属于"夜而计过无憾"一类的士之修身活动。"夜而计过无憾"应该是先秦"士"修身活动的"日课"，更准确地说是"夜课"。

子"躬自厚而薄责于人"以及颜子"犯而不校"这一要求上面。《中庸》：
"子曰：射有似乎君子，失诸正鹄，反求诸其身。""宽柔以教，不报无道。"
其义无非亦是正己而不责人。

实际上，据周公所述，殷商的太宗、中宗、高宗与周文王皆有此类
自反之德："厥或告之曰：'小人怨汝詈汝。'则皇自敬德。厥愆，曰：
'朕之愆！'"（《尚书·无逸》）《尚书·秦誓》则有"责人斯无难，惟受
责俾如流，是惟艰哉！"之感叹。《国语·周语》中亦记载有类似的"先
王之训"："有不祭则修意，有不祀则修言，有不享则修文，有不贡则修
名，有不王则修德。"邦甸之内有不供日祭者，有不祀者，有不供享者，
有不贡奉者，远人有不服者，君主都应该反躬而自修。《庄子·则阳》概
括此古老的自反之道曰："古之君人者，以得为在民，以失为在己，以
正为在民，以枉为在己，故一形有失其形者，退而自责。"只是在《诗》
《书》中此类自反的德性要求主要是针对执政者、君主（"古之君人者"）
而言的，而在儒家那里则成为君子修身的一项重要的内容。另外，君
主的自反是有限度的，倘"修意""修言""修文""修名""修德"依
次而完成（"序成"），而仍有不至（"不祭""不祀""不享""不贡""不
王"），则"修刑"以惩罚、攻伐、征讨、谴责、晓谕之（"刑不祭""伐
不祀""征不享""让不贡""告不王"），儒家君子修身之自反则始终不
逾越"不校"这一界限。

可以说"自反"乃是先秦儒家修身工夫的共法。实际上墨子也持有
儒家这一自反的修身理念，其"君子自难而易彼，众人自易而难彼"（《墨
子·亲士》）即是夫子躬厚薄责之义，而《修身》篇更是指出，君子如见
"不修行"（他人品行不端）、见"毁"（自己受到别人的诋毁），则应"反之
身"，如此方能"怨省而行修"。

"仁义忠信"所涉及他人的态度最终都是由内在的心性向度发出的，需
要省思的是这个"内"之向度是不是由衷的、真诚不妄的。如是，则是
"动以天"，用孟子的话就是"诚者天之道"；如否，则是"动以人"，则须
反身而诚，此为"思诚者人之道"。《荀子·不苟》中以"诚心守仁""诚心
行义"来指点"君子养心莫善于诚"之工夫，跟孟子反身而诚的工夫是高

度一致的，①学界在追溯孟子诚身工夫时往往指出子思的影响，此诚然不错，但论起源头应进一步上溯至曾子之自反的工夫论。

人之生存于世，其目光通常是向外的，寻视于周遭世界之人与物："行路"寻视着远方与脚下，"生产"寻视着工具与活动所关涉之对象，"交往"则寻视着各色人等，诸如此类。在交往活动之中，眼神的交流通常或是向对方表达我们的意图、要求、情感，或是透过对方的眼神而力抵其内心世界。在我们遭遇到对方不屑、不满、愤怒的表情、目光之际，或是针锋相对，"以其人之道还治其人之身"，以牙还牙，甚或加倍奉还，或是躲避，所谓惹不起，躲得起。惟在儒家"自反"的要求之中，我们则顺着他人向我表达不屑、不满、愤怒的表情与目光而关注到"自我"，他人的目光成为我心灵生活的一面明镜，他人的眼睛成了我自己心灵生活的窗户：我借着这个窗户看到自家的内心世界。毫无疑问，这种"内视"乃是一种"审视"：我对他者的关爱是不是真诚的？我对他者的尊敬是不是自然的？一言以蔽之，我内在的德性世界究竟有何欠缺？

孟子的三自反本是极高的道德自省要求，但后儒有"不若颜子'犯而不校'高明"之疑问。对此冯从吾辩解说："曾子说'犯而不校'，孟子又恐学者泥其词，不得其意，徒知不校，不知自反，故又有三自反之说。若是果能自反，则横逆之来，方且自反不暇，安有暇工夫校量别人？故三自反正是不校处。昔人谓孟子三自反不如颜子之犯而不校，误矣。"冯从吾还对"犯而不校"与"自反"之关系做了进一步辨析：

　　世之犯而必校者无论，即犯而不校者亦有三样：有自反而不校者，有不自反而不校者，有不自反而又以不校为校者。自反而不校者，颜子是也；若不自反而不校，但遇横逆即曰此妄人也，此禽兽也，何足与之校！如此，若与颜子不校一样，不知这样不校是自以为是，目中无人，把人都当禽兽待了，是何道理！是又傲妄之尤者也，益失颜子不校之意

---

①　此语一度遭到程颐的怀疑："既诚矣，又何养？此已不识诚，又不知所以养。"（见《河南程氏遗书》卷2上）林达曾以此请教王阳明，阳明子曰："此亦未可便以为非。'诚'字有以工夫说者。诚是心之本体，求复其本体，便是思诚的工夫。明道说'以诚敬存之'，亦是此意。……荀子之言固多病，然不可一例吹毛求疵。"（《传习录》121:144）

矣。至于老子欲上故下，欲先故后之说，是又以不校为校，乃深于校者也，其奸深又甚于傲妄。故孟子存心自反之说，正在精微处辨毫厘千里之异耳，犯而不校谈何容易！^①

第一样"不校"扎根于自我反省，第二样"不校"基于自以为是，第三样"不校"是出于机心（老子之说是否如此理解，另当别论）。不过孟子"比妄人为禽兽"的说法还是遭到了后儒的批评，认为"英气太露"，王阳明说："孟子三自反后比妄人为禽兽，此处似尚欠细。盖横逆之来，自谤讪怒骂以至于不道之甚，无非是我实受用得力处，初不见其可憎。所谓'山河大地尽是黄金，满世界皆药物'者也。"^②

当然阳明后学之中也有不认同乃师之批评者，如面对门人对孟子"三自反"之后将妄人看为禽兽之有如下质疑："孔子于君子既断谓之'无争'，孟子亦曰：'行有不得者，皆反求诸己。'大率修身为本故，是洙泗相传之家法也。决无有向人分上校计之理。何三反之后，乃曰：'如此，则于禽兽奚择焉？又何难焉？'此其绝人也得无已甚，而白反之道尚为未至耶？……"李材以自己的切身经历给出了如下回应："经创知惩，遇跌长智。自非身履其境，亦谁识孟子立言之意于自反乃最深切乎？偶记二十载前，曾同从兄迪庵看山。抵山落步，为骡所踶。予时负痛之甚，手自拊摩。迪庵兄亦就摩之。乃直悔其落脚之失支持，而曾不以一语责及于骡也。予因嘻笑曰：'予乃今知禽兽何难，孟子之非轻绝人也。至于自反而忠而曾莫之省焉，是真犹木石禽虫之蠢然无知识者矣，而尚可责乎？是正教人以自反之至，到底不以纤毫之意气涉向人边也。'"^③就"妄人"说，潘平格亦有发明：

> 一生问："横逆之来，已尽三自反之道，而有加无已，奈何！"曰：

① 冯从吾：《少墟集》卷3，《景印文渊阁四库全书》（第1293册），台北：台湾商务印书馆，1983年，第89、90页。

② 王守仁：《王阳明全集》（新编本，第5册），吴光、钱明等编校，杭州：浙江古籍出版社，2010年，第1600页。

③ 李材：《教学录》卷9，《四库未收书辑刊》（第6辑，第12册），北京：北京出版社，1997年，第452页。

"三自反惟仁礼存心之君子能之,恐子未必然。实未尝尽三自反之道,而遽以自许,以横逆目人,恐不可也。"生云:"某之自反何止于三。"曰:"既三自反,彼亦可以释我,我亦可以远彼,渐释渐远,亦渐可相忘,而有加无已,必一本之骨肉至亲,远之不得,疏之不可者也。骨肉至亲,岂可目之为横逆?纵尽三自反,岂可等为妄人而置之禽兽何难之列也哉?必也委曲自尽,至诚默孚,如虞舜之于傲象,方是。"

自反自尽,是吾人分内事,不可期于效验,一有期于效验之心,无论感人不动,已陷入于功利之域而不自知。又曰:"未尝力行,故有期于效验。真力行者,但尽己分,并无感人之念。"①

依潘平格的看法,"三自反"惟可用于生人或关系疏远之人,而于骨肉之亲,则不应限于"三自反",更不应视亲人为"横逆",必如舜之事亲,委屈自尽。另外,"三自反"只是对"己"之要求,至于所关涉的"他者"是否会因此"三自反"而改变态度,则不应期必,更不应强求。

在理学工夫论说中,"犯而不校"之"不校"的一面被无限放大,这很容易与不谴是非的道家混同。以下王栋与门人的一则对话反映了这一隐忧:

曰:"我十分是,他人横逆之来,亦不与较,恐亦不中理。"曰:"不较,非谓全然以退为事,只是不动气,事到该敌处、该控诉处直须为之。要之,只为道理不得不行,不起于我一己之私忿,故谓不较。"②

如是,"不校"只是不校于"血气",不动于"气",该讲理还是要讲理,该

---

① 潘平格:《潘子求仁录辑要》,钟哲点校,北京:中华书局,2009 年,第 91、92 页。标点有改动。

② 王栋:《一庵杂问录》,《四库全书存目丛书·子部》(第 84 册),济南:齐鲁书社,1995 年,第 379 页。全真教注重修炼不动心的方式与儒家犯而不校形成了鲜明的对比:一道人自称炼尽无明火,王志谨密遣人试之。日暮造门,庵门已闭,其人厉声,并以杖大击庵门。道人内应,声已不顺;勉强开门,来人形状暴躁,道人见之颜色已动;又至堂上,其人不解履便跳上座,殊无礼貌,道人大怒,深责其人。其人拱手笑曰:"某非敢如此,师(指王志谨——引者)令某来校勘先生不动底心来,今未及试已见矣,不须再勘。"这样的例子甚多,见《盘山栖云王真人语录》,赵卫东、王光福编:《王志谨学案》,济南:齐鲁书社,2015 年,第 303 页。

力争还是要力争，而不是全然不理。毫无疑问，围绕孟子"三自反"工夫所展开的讨论，反映了理学"自反"工夫日趋细腻与严格之趋势。

严格说来，孟子"三自反"工夫是在"一人一事"（"爱人""礼人""治人"）上自反，"舜，人也；我，亦人也。舜为法于天下，可传于后世；我犹未免为乡人也，是则可忧也。忧之如何？如舜而已矣！"此又可谓"全身之自反"。[①]"自反"工夫其要在于通过"自反"行动而证成一道德人格。

"自反"工夫实际上体现了孔子"忠恕之道"之真精神。杜维明先生指出，儒家"君子之道"具有对内"忠"与对外"恕"两个面向。一方面，"反己"体现出对内"忠"，忠就是"对内在的修身采取绝对认真的态度"，"这就要求不懈地努力，向人的存在的'根基'掘进，以正视自己的所有弱点"。另一方面，"恕"则对他人既不强迫，也不强求："在同他人的交往中，他并不主观臆断（'毋意'），而总是认真地倾听别人的意见；他并不绝对地坚持实现自己的想法（'毋必'），而自知其理解的局限性；他并不拘泥固执（'毋固'），因为他把灵活性看做是一种敞向人的理解的种种新的可能性的美德；他从不以自我为中心（'毋我'），因为他依据人际关系来界定他的存在。"杜先生还指出，君子之所以不苛责于他人，并不是他不希望他人具有相同的德性，而是因为任何对他人"强加"要求之做法往往会适得其反。另外，君子也"不可能绝对地肯定自己最珍惜的东西，对他人是否也必然有同样的价值。尽管他把自己对其内在自我的追求视为一条普遍适用的道路，但是他并不认为自己掌握了某种通向秘传真理的道路。毋宁说，……他希望他的同胞也能够欣赏他认为是真的和有价值的东西，但是他并不强制别人普遍地接受他的'世界观'。他的责任在于'正己'，并帮助他人'正己'"。君子所能做与所应做的，就是"以身作则"："通过身教来发挥他的道德影响，而且即使身教，他的作用也不是去命令，而是去展示，去建议，实际上像孔子那样，去'诱'之（'循循然善诱'之'诱'）。"[②]

儒家"自反"工夫在今天具有重大的理论意义，"自反"凸显出"爱"的相互性、双向性、互动性，它避免了个人自以为是的"爱之偏颇性"。马

①　潘平格：《潘子求仁录辑要》，钟哲点校，第89页。

②　杜维明：《论儒学的宗教性》，郭齐勇、郑文龙编：《杜维明文集》（第3卷），第406—408页。

克思在《1844年经济学—哲学手稿》中提出一种爱的交换逻辑："假定人就是人，而人跟世界的关系是一种合乎人的本性的关系，那么，也就只能用爱来交换爱，只能用信任来交换信任，等等。如果你想得到艺术的享受，你本身就必须是一个有艺术修养的人。如果你想感化别人，你本身就必须是一个能实际上鼓舞和推动别人前进的人。你跟人和自然的一切关系，都必须是同你的意志的对象相符合的、你的现实的个人生活的明确表现。如果你的爱没有引起对方的反应，也就是说，如果你的爱作为爱没有引起对方对你的爱，如果你作为爱者用自己的生命表现没有使自己成为被爱者，那么你的爱就是无力的，而这种爱就是不幸。"① 儒家修身哲学的"自反性"正要确保"爱"是对他者的关心与尊重。爱是关心，不是占有；爱是尊重，不是控制。"他人的目光"成为我们检讨、纯化德性生活的契机。

三、"心目之光"

在儒家的反省工夫之中，还有一种"目光"现象值得留意，这是由"三自反"而推衍出的自我审视的目光，孟子的"三自反"实际上有一理论上的预设，即有一反省内视的主体可对其内在的心灵生活加以审视、检查。罗汝芳即揭示了这一现象：

> 诸友静坐，寂然无哗，良久有将欲为问难者。罗子乃止令复坐，徐徐语之曰："诸君当此静默之境，能澄虑反求，如平时燥动，今觉凝定；平时昏昧，今觉虚朗；平时怠散，今觉整肃。使此心良知，炯炯光彻，则人人坐间，各各抱一明镜在于怀中，却请诸君将自己头面，对镜观照，若心事端庄，则如冠裳济楚，意态自然精明；若念头不免尘俗，则蓬头垢面，不待旁观者耻笑，而自心惶恐，又何能顷刻安耶？"或问："孟子三自反，可是照镜否？"罗子曰："此个镜子，原得于造化炉中，与生俱生，不待人照而常自照，人纤毫瞒他不过。故不忠不仁，亦是当

----

① 马克思：《1844年经济学—哲学手稿》，刘丕坤译，北京：人民出版社，1979年，第108—109页。

初自己放过。故自反者，反其不应放过而然，非曰其始不知，后因反己乃知也。"①

在罗汝芳的描述之中，让我们照见自己的镜子不再是"他人的目光"与"他人的面容"，而是每人怀抱于怀中的"明镜"，这面镜子"与生俱生"，故是先天本具的，"不待人照而常自照"，故是独立、无待的，"人纤毫瞒他不过"（"心目醒然"），故是不可欺的。它所照出的乃是内外一如的自家面目："心事端庄"，则"意态自然精明"；"念头尘俗"，则"蓬头垢面"。"自反者，反其不应放过而然，非曰其始不知，后因反己乃知也"则表明："念头尘俗""不忠不仁"，皆是自我放纵之结果，用王阳明的话说，不忠、不仁之念起处，"吾心之良知无有不自知者，""自反"即是返回到这一"不应放过"的"自知"的向度。罗汝芳的明镜说充分显明，良知乃是内在的、先天本具的、恒常的，完全超越了人己、共处独处之对待的"光之体"。罗汝芳良知光照说可溯源至阳明处。昔南大吉向王阳明问学，自述临政多过，为何阳明师无一言及之，阳明答曰："吾言之矣。"大吉不解。阳明曰："吾不言，何以知之？"大吉始恍然有悟"良知自知"之说。其后，大吉屡屡向阳明坦诚其过，并有"身过可勉，心过奈何"之请教，王阳明答曰："昔镜未开，可得藏垢。今镜明矣。一尘之落，自难住脚。此正入圣之机也。勉之。"（《传习录》拾遗 46:415-416）

而在刘宗周的静坐讼过法之中，这种自我审视的良知的目光兼摄鬼神的目光、他人的目光性质于一身，成为一道"内在而超越的强光"，具有照彻心灵整体的透视力：

　　一炷香，一盂水，置之净几，布一蒲团座子于下，方会平旦以后，一躬就坐，交跌齐手，屏息正容。正俨威间，鉴临有赫，呈我宿疚，炳如也。乃进而敕之，曰："尔固俨然人耳，一朝跌足，乃兽乃禽，种种堕落，嗟何及矣。"应曰："唯唯。"复出十目十手，共指共视，皆作如是言，应曰："唯唯。"于是方寸兀兀，痛汗微星，赤光发颊，若身亲三木者。已乃跃然而奋曰："是予之罪也夫。"则又敕之曰："莫得姑且供

---

① 方祖猷等编校整理：《罗汝芳集》，南京：凤凰出版社，2007 年，第 192—193 页。

认。"又应曰："否否。"顷之，一线清明之气徐徐来，若向太虚然，此心便与太虚同体。乃知从前都是妄缘，妄则非真。一真自若，湛湛澄澄，迎之无来，随之无去，却是本来真面目也。此时正好与之葆任，忽有一尘起，辄吹落。又葆任一回，忽有一尘起，辄吹落。如此数番，勿忘勿助，勿问效验如何。一霍间，整身而起，闭阁终日。①

这里，"一炷香，一盂水，置之净几，布一蒲团座子于下"，乃是要营造一种静谧的宗教氛围，依据孟子"其日夜之所息，平旦之气，其好恶与人相近也者几希"的说法，所以选择"平旦"时静坐这是最适合省察与涵养的时机。"鉴临有赫"四字无疑衍自《诗经》"皇矣上帝，临下有赫""明明在下，赫赫在上"，乃是指"鬼神的目光"，而"十目十手"则又系他人的目光与指点。显然，鬼神的目光指示出良知之超越的面向，而他人目光则体现出良知审查的仪式宣示之面向，其实质是要达到"通身是眼"之效果。②良知之为高悬的明镜，如洋洋在上的目光，如十目十手之所睽、所指，我全幅的心灵生活完全暴露在良知的强光聚焦之下。在刘宗周的静坐讼过仪式之中，儒家的反省的理论结构已清晰可见：

（1）"超越于我"的目光之永恒在场（鉴临有赫、十目十指），在此威慑性的氛围下，"良知的呼声"乃是类似于审判官的严厉的声音。

（2）"鉴临有赫"的目光虽超越于有待审判的习染之我（"客我""俗我"），但又不是一完全的"外在之超越"，究其实，它不过是"内在"于我的"独体""良知"（海德格尔所谓的"本真的能在"）之光照。质言之，在这一虚拟的审判法庭之中，诉讼者与应讼者是同一个当事人。

（3）在严格而逼真的审判氛围下，意识生活之中各种疾病，特别是积淀、潜伏在无意识深处的"宿疢"成为反省、省察之对象。

（4）反省、省察乃一种道德上的审判、一种心灵的拷问（"若身亲三木"），作为"良知呼声"的被呼唤者成了一位"有罪者"、一位"被审判者"。

（5）反省、省察的过程本身既是一个严酷的"审判过程"，又是一当

---

① 刘宗周：《人谱》，吴光主编：《刘宗周全集》（第2册），杭州：浙江古籍出版社，2007年，第15—16页。

② "通身是眼"一说出自李颙《二曲集》卷4，陈俊民点校，第37页。

下的“执行过程”，是一既审判又执行的过程，是一既“治疗”又“涵养”的过程。朱子那里省察与涵养工夫在此融为即省察即涵养的工夫：一边是彻骨彻髓的省察（“痛汗微星，赤光发颓”），一边是精气神的涵养与葆任（“一线清明之气徐徐来”“一真自若，湛湛澄澄”）。

论者（牟宗三、王汎森）或将刘宗周的这种静坐省过法追溯至佛教的《法华忏仪》，或认为它跟西方式的灵魂审判有相近之处。[①]确实，旨在自我转化的反省法在世界各大宗教传统之中本是一“共法”。其实在儒家传统内部自孔子提出“内自讼”的要求后，这种自我审判的反省方法就一直是儒者修身的重要工夫，王阳明“倒巢搜贼式”的省察之功已经为刘宗周静坐省过法的出场做足了铺垫的工作：

> 一日论为学工夫。先生曰：“教人为学不可执一偏。初学时心猿意马，拴缚不定。其所思虑多是人欲一边，故且教之静坐息思虑。久之，俟其心意稍定，只悬空静守，如槁木死灰，亦无用，须教他省察克治。省察克治之功，则无时而可间，如去盗贼，须有个扫除廓清之意。无事时，将好色、好货、好名等私，逐一追究搜寻出来，定要拔去病根，永不复起，方始为快。常如猫之捕鼠，一眼看着，一耳听着，才有一念萌动，即与克去，斩钉截铁，不可姑容与他方便，不可窝藏，不可放他出路，方是真实用功，方能扫除廓清。”（《传习录》39:75）

在这里，良知之光照（“一眼看着，一耳听着”）被拟为捉贼的捕头、捕鼠的猫之锐利的目光，而潜藏在意识生活之中的“好色好货好名等私”则被拟为贼与鼠，于是，自我省察与反省便成了一场捕头捉贼、猫捕老鼠的游戏。在良知“知是知非”的光照下，如贼、鼠一样潜伏在暗处的私心杂念遂暴露出来（“一念萌动”）而自投罗网（“即与克去”）。

①　牟宗三：《从陆象山到刘蕺山》，《牟宗三先生全集》（第 8 册），台北：联经出版公司，2003 年，第 431 页。王汎森：《明末清初的人谱与省过会》，《权力的毛细管作用》，北京：北京大学出版社，2015 年，第 224 页。又参：Pei-yi Wu, *The Confucian's Progress: Autobiographical Writing in Traditional China*, Princeton: Princeton University Press, 1990, p. 224. 何俊：《西学与晚明思想的裂变》，上海：上海人民出版社，2013 年，第 345—346 页。

早在程子那里，他就以鬼神与上帝的目光描述心灵生活自我澄澈的工夫的真实、严谨与肃穆：

> "忠信所以进德"，"终日乾乾"，君子当终日对越在天也。盖"上天之载，无声无臭"，其体则谓之易，其理则谓之道，其用则谓之神，其命于人则谓之性，率性则谓之道，修道则谓之教。孟子去其中，又发挥出浩然之气，可谓尽矣。故说"神如在其上，如在其左右"，大小大事而只曰"诚之不可揜如此夫"，彻上彻下，不过如此。形而上为道，形而下为器，须着如此说：器亦道，道亦器，但得道在。不系今与后、己与人。①

"终日对越在天""神如在其上，如在其左右"皆说明君子进德修身的实践活动始终是在一个"上帝临在"（"上帝临女"）的场域之中展开的，而"敬"（"毋不敬"）之工夫最能保持此心灵生活的肃穆、严谨与神圣性。毫无疑问，在程子那里，"对越在天"首先是在心灵的自我澄澈之中敞开的。朱子就说："人心苟正，表里洞达，无纤豪私意，可以对越上帝，则鬼神焉得不服？故曰：'思虑未起，鬼神莫知。'又曰'一心定而鬼神服'。"他又告诫门人"今且未要理会到鬼神处。大凡理只在人心，此心一定，则万理毕见……"② 这种重在心地上用功的路径跟道家中"神明来舍"的观念是相通的："虚其欲，神将入舍；扫除不洁，神乃留处。"（《管子四篇·心术》）"正汝形， 汝视，天和将至。摄汝知，一汝度，神将来舍。"（《庄子·知北游》）理学家所说的敬的工夫与庄子所谓的"心斋"工夫确实有某种对应性，吴与弼"精白一心，对越神明"的说法更是与庄子"虚室生白""鬼神将来舍"的说法（《人间世》）如出一辙。不过在理学家的"对越上帝"的论述之中，"对越"一词逐渐具有了"面见""直面""面对"的意思，③ 中

---

① 程颢、程颐：《河南程氏遗书》卷1，王孝鱼点校：《二程集》，北京：中华书局，2004年第2版，第4页。

② 黎靖德编：《朱子语类》卷87，朱杰人等主编：《朱子全书》（第17册），第2984页。有关朱子鬼神观研究，可参见吾妻重二：《朱熹的鬼神论和气的逻辑》，《朱子学的新研究》，傅锡洪等译，北京：商务印书馆，2017年，第141—155页；吴展良：《朱子之鬼神论述义》，《汉学研究》2013年第31卷第4期。

③ 翟奎凤：《"对越上帝"与儒学的宗教性》，《哲学动态》2017年第10期。

晚明省过工夫论说中"上帝的目光"（天之灵光）与"心灵的目光"（心之灵光）频频交互出现就折射出这一现象，而刘宗周的静坐省过法无疑是其经典案例。牟宗三先生在论程子"对越在天"的观念时指出，"对越在天"有"原始之超越地对"与"经过孔子之仁与孟子之心性而为内在地对"的意思："凡《诗》《书》中说及帝、天，皆是超越地对，帝天皆有人格神之意。但经过孔子之仁与孟子之心性，则渐转成道德的、形而上的实体义，超越的帝天与内在的心性打成一片，无论帝天或心性皆变成能起宇宙生化或道德创造之寂感真几，就此而言'对越在天'便为内在地对，此即所谓'亲体承当'也。面对既超越而又内在之道德实体而承当下来，以清澈光畅吾人之生命，便是内在地对，此是进德修业之更为内在化与深邃化。"[1] 就刘宗周静坐省过法而言，牟先生的观察还是非常精准的：一方面，"鉴临有赫""十目十指"的说法确实强烈地营造出"鬼神的目光"与"他人的目光"于我个己心灵生活的"超越性"，在此"超越"于我的他者目光注视下，"我"成了一个被审判者；然而另一方面，这一"目光"又出自我的"良知独体"，这并不是一种完全异在的目光。在本质上，这是一种"出于我"（此为"内在"）而又"高于我"（此为"超越"）的目光。这种"出于我"而又"高于我"的结构，倒颇有点海德格尔在《存在与时间》之中对"此在"（Dasein）的良知呼唤现象的描述：此在在良知中呼唤自己本身，此在既是呼唤者，又是被召唤者，良知的呼声"出于我而又逾越我"。由于良知所呼唤的乃是此在"本己的能在自身"，而这种本己的能在自身在"常人"状态下被遮蔽、被压抑已久，故良知的呼声于此在听来竟然像是一种"陌生的声音"，"呼声不是明确地由我呼出的，倒不如说'有声呼唤'。刘宗周"鉴临有赫""十目十指"的说法也是在营造一种"陌生"的"超越"于我的效果，但这个"逾越"的光照实际上是出于我的良知独体，所谓"造化鬼神不必事，吾心之鬼神不可不事"，[2] 吾心之鬼神即此"鉴临有赫"之谓也。在此良知独体的自我透视下，遮蔽我、扭曲我的"常人格套"被彻底剥落，最终我认出了我的"本己的能在本身"（"本来真面目"）。

不过，中晚明及明清之际省过思潮愈演愈烈，儒学阵营之中确实不乏

---

① 牟宗三：《心体与性体》（二），《牟宗三先生全集》（第6册），第25—26页。

② 刘宗周：《答履思二》，《刘宗周全集》（第3册），第310页。

将"对越上帝"观念重新恢复为"原始之超越地对"之尝试。有人问罗汝芳天宫地府，罗汝芳答曰："四书五经，其说具在，固不必远求也。《论语》曰'咨！尔舜，天之历数在尔躬'；舜亦以命禹，又曰'予小子，敢昭告于皇皇后帝，有罪不敢赦，帝臣不敢蔽'；又曰'郊社之礼，所以事上帝也'，'明乎郊社之礼，治国其如示诸掌乎'。则帝天后土，敢谓其无耶？又曰'文王陟降，在帝左右'……则魂之游于天宫地府之间，又敢谓其无耶？后世只因认此良知面目不真，便谓形既毁坏，灵亦消灭。遂决言人死，不复有知。并谓天地神祇，亦只此理，而无复有所谓主宰于其间者。呜呼！若如此言，则今之祭天享地、奉先祀神，皆只叩拜一个空理。虽人之贤者，诚敬亦无自生；至于愚者，则怠慢欺侮肆然而无忌矣。其关于世教人伦甚非小小，故不敢不冒昧详说也。""道之所在，性之所在也；性之所在，天命之所在也。既天命常在，则一有意念，一有言动，皆天则之毕察，上帝之监临，又岂敢不就业捧持，而肆无忌惮也哉！"[1] 显然，在罗汝芳的心目中，上帝与鬼神皆赫然在天而成一位格化的超越者。湛若书高足唐枢则在自家床壁上题曰："三十三天三十八层地狱，自未开天辟地到人消物尽后，冕长褐夫，万物万事，三百六十件行业，一齐在这里收摄管运。"[2] 李颙也说："知鬼神体物不遗，则知无处无鬼神，无时无鬼神。人心甫动，鬼神即觉，存心之功，真无一时一刻而可忽，故必质诸鬼神而无疑，方可言学。"他还批评后儒淡化鬼神的观念："夫子赞鬼神之德之盛，分明说体物而不遗；乃后儒动言无鬼神，启人无忌惮之心，而为不善于幽独者，必此之言夫。"[3]

四、结论

1. "鬼神的目光"是无人之际、独处之时一种超越的监视目光，我是这个目光聚焦下的"行动者"。我之举止与众人共处之时完全一样，不欺暗

---

① 方祖猷等编校整理：《罗汝芳集》，第 70、282、290—291 页。

② 唐枢：《辖园窝杂著》，《木钟台集》(利卷)，《四库全书存目丛书·子部》(第 162 册)，济南：齐鲁书社，1995 年，第 493 页。

③ 李颙：《二曲集》卷 30，陈俊民点校，第 421 页。

室，因为暗室本不暗，鬼神的目光在严厉地盯着我（"举头三尺有神明"），故在鬼神的目光下，营造出的是"我必须……"（I must）这一当下的行为期待，伴随这种期待而来的是我当下小心翼翼的举止。

2."三自反"处境下所遭遇的"他人的目光"是一种责备的、令我不安的目光，我顺着这一目光返观内视，我是对某一行为（"横逆"）的"负责者"。我对自己对待他人的行动加以省察，省察的对象是我之内心世界对他人不满、愤怒一类的负面的目光与表情究竟负何种责任、我在哪些方面本应做得更好而未能做好，故在三自反的"内视目光"下，营造出的是"我本应该……"（I should have）这一对适才发生的行动之反省，伴随这种反省而来的是愧疚感（我本来可以做得更好）。

3.静坐讼过之中自我审视的"良知的目光"（"通身是眼"）是一种审判的目光，我是这一目光下的"有罪者""被审判者"。面对这一鉴临赫然之光，我全盘交代自己心灵之隐情（以往的不当行为、宿疾、各种各样潜存的私心杂念），我是聚光灯下的被审判者，当然我又是审判者："双方当庭，抵死雠对"，故在自我审视的"良知的目光"下，营造出的是"我认罪……"（I confess）这一对心灵生活负责的忏悔态度，伴随着这种忏悔而来的是精神生命的重生。

这三种自我省思的模式各有侧重。鬼神的目光让我在独居、暗室之中的行动与在大庭广众下的行动一样"无一或苟"；借着"他人的目光"而"反观内视"，则旨在对自己行动背后的情感、态度、动机加以检讨，让我成为一个表里如一的真诚的道德行动者；出于良知的目光的自我审判则是一种专题化的荡涤心灵染污的"心理治疗术"。三种目光都属于儒家修身传统中的"自反""自讼""自省"现象，三者之共同的旨趣均是通过省思而培育一独立的德性人格。

以上从三种不同的"目光"揭示出儒家修身活动中的不同省思模式及其各自不同的作用。不过，如从反省的对象、内容立论，儒家的反省活动既有对生命整体的反省，亦有对当下一念的省察，故由此我们亦可对儒家的反省技术进行另一种类型学的划分，这是下一章要处理的主题。

第四章　儒家修身传统中的四种反省类型

反省、反思、省思是一种意识行为，而且是第二序的意识行为，是对意识的意识。通常认定这种"对意识的意识"能力是为人类所独有的"生命现象"，而中西古典哲学的通义皆立足于对生命自身的反省这一精神实事上面。

一般动物的生命都是顺着单纯的血气，一循丛林法则而不自知，气机鼓荡，竞奔在天地间。唯人"天植灵根"，逆着这生命的洪流，并对生命世界有"大感触"，且生"大觉情"。常人日用而不察，哲人则始终对这"几兮"保持高度的敏感。在西方乃有"未经省察的人生，不值得一过"之说，在中国，无论夫子"为己之学"与"为人之学"之别，抑或老子"昏闷"与"昭察"之判（"俗人昭昭，我独昏昏；俗人察察，我独闷闷"），都显明圣哲通过与流俗的人生拉开距离，从而追求一种更真实的生命这一精神实事。儒家的反省从来不是中性的、纯粹理论性的对意识生活的省察，而是通过反省而获得自我更新的体验：反省在其本质上是一种追求美好生活的修身技术。实际上佛教的止观、基督宗教的省察神工与古希腊罗马的灵性修炼中的反思技术无不以变化气质、陶冶性情为目的。

通观儒家修身传统，依照反省的对象、内容可将儒家修身过程中的反省技术划分为以下四种类型：（1）对一生生命历程的反省。（2）对一天行为的反省。（3）对发生过的心灵生活的反省。（4）对当下一念的反省。当然，类型（Typos）的本义在古希腊不过是手艺工人铸造塑像所用的范型、模范。严格意义上的类型学划分必须依照事物的性质分门别类，这些类型既应该囊括所有的可能相关的形态，而不能有所遗漏，同时这些类型之间又有严格的区别，不应有重叠交叉的区域。显然上述四种所谓的反省类型并不能满足这些严格的要求，一生的历程自然由每一天的行为构成，而心灵生活也是由当下一念构成的，故这里四种反省类型的划分只是一方便的说法，其意思不外是对儒家修身传统中的反省现象稍加编排，以期有助于理解儒家反省观念的多样性与丰富性。

一、一生生命历程的反省

生命在根本上是一种时间性的存在现象，这种时间性由连续、差异、转折、中断所刻写而具有丰富的信息，它的最显明的标志就是"年龄"。即便是植物生命如大树，其"年轮"的宽窄、深浅、偏正都指示着它生存的环境（地理位置、气候等）因素的变化，它所"经历"的一切都刻写在这一层层不规则的圆圈上面。不过树木本身对其年轮并无感受与认识，年轮所指示的意义是由树木年代学（Dendrochronology）揭示出来的。人生的时间记忆更不会是年复一年的纯粹量化时间的叠加意识，而是由各种不同的人生事件交织而成的。悲欢离合是似水年华永恒的旋律。我们知道，自我叙事是一种自传性记忆（autobiographical memory）。与零碎、片段、印象情景性记忆（episodic memories）不同，自传式记忆将各种情景性记忆编织进个人历史的画像之中，它将情景性记忆的各种画面片段搜集在一起，按照时间顺序、依照一定的内在理路对之加以解释、提炼、组织，从而形成一个连贯的个人经历的叙事。[①] 从意识现象学看，它牵涉记忆、自主理性意识、主观时间感知、情绪体验等因素。从文化记忆的立场看，在礼乐文明中，岁月是由各种各样的仪式、典礼层层编码的。《礼记·曲礼》："人生十年曰幼，学；二十曰弱，冠；三十曰壮，有室；四十曰强，而仕；五十曰艾，服官政；六十曰耆，指使；七十曰老，而传；八十、九十曰耄；七年曰悼。悼与耄，虽有罪，不加刑焉。百年曰期，颐。"这一系列以十年为单位的年龄刻画，将礼仪、人的自然生命的状况、婚姻制度、政治义务与权利、家族传承、律令等丰富信息绾合在

---

① 关于情景记忆与自传式记忆的区别与联系，参 Jenann Ismael, "Temporal Experience," in *Oxford Handbook on Time*, ed. Craig Callender, Oxford: Oxford University Press, 2010, pp. 467-470。

一起。①

　　从不同的人生阶段看，岁月的长短感受明显表现出由"迟"趋"快"的特点。②遗传学家多勃赞斯基（Theodosius Dobzhansky，1900—1975）指出，动物只生活在当下，唯有人才有生命历程的意识与死亡意识。③维特根斯坦（《逻辑哲学论》6.4311）说过："死不是生活中的一件事情：人是没有经历过死的。"就意识体验而论，我们确实永远体验不到第一人称的死亡意识，因为所有体验到的都是活着的经历，即便我们在死亡的过程中，我们还是只能体验到"生"。但是，各种各样的"死亡事件"不断闯入我们的生活世界之中。尤其是周围亲友的离世，最能触动我们对生命有限性的感受，突然之间，一个一向熟悉的、习以为常的世界被撕裂了，我再也不能像往常那样与亲友交往了，随着年龄的增长，生命中日益呈现"无常"的一面、"未来有限"的意识。观《论语》不难发现孔子一方面"发愤忘食，乐以忘忧，不知老之将至"；另一方面又对"行年"以及"岁月有限"保持高度的敏感。他勉励后生说："后生可畏，焉知来者之不如今也？"孔子又同时警示说："四十、五十而无闻焉，斯亦不足畏也已。"《荀子·法行》载孔子语曰："君子有三思，而不可不思也。少而不学，长无能也。老而不教，死无思也。有而不施，穷无与也。故君子少思长则学，老思死则教，有思穷则施也。"（又见《孔子家语·三恕》）《礼记·檀弓上》"子张……曰：'君子曰终，小人曰死。吾今日其庶几乎。'"这里的"终"显然有别于生物

　　①　孙希旦撰：《礼记集解》，沈啸寰、王星贤点校，北京：中华书局，1989 年，第13—14 页。

　　②　"童龀以往，觉时去迟，中年以来，觉时去速。"章太炎：《齐物论释》，《章太炎全集》（六），上海：上海人民出版社，1986 年，第 10 页。章太炎描述的这种对岁月的感受如今得到了科学的解释。见戴维·班布里基（David Bainbridge）《中年的意义》（北京：北京联合出版公司，2018 年）第八章"为什么年纪愈大，时间过得愈快？"。需要补充的是，个人的时间意识往往与历史意识绾接在一起，历史思维中的时间观念如何体现于个人生命的时间意识中，是学界有待进一步探讨的问题。关于中国历史思维的基本特征，请参见黄俊杰：《儒家思想与中国历史思维》，台北：台大出版中心，2014 年。

　　③　Theodosius Dobzhansky, *The Biology of Ultimate Concern*, New York: New American Library, 1967, p. 72. 转引自麦奎利：《探索人性：一种神学与哲学的途径》，何光沪、高师宁译，香港：道风书社，2014 年，第 368 页。

学意义上的死亡，而是成德历程的终结。据《荀子·大略》，孔子曾对子贡说，人之生存活动是一个"无息"的过程，唯有死亡方可"息"。子贡闻后叹曰："大哉，死乎！君子息焉，小人休焉。"[1]"年龄"与"德业"嵌在一起的感受是儒家修身体验的一个重要内容。[2]

　　对生命历程的反省无疑建立在自传式记忆的基础上。《论语·为政》："吾十有五而志于学，三十而立，四十而不惑，五十而知天命，六十而耳顺，七十而从心所欲不逾矩。"夫子这一"自述"是在其自传性记忆的基础上，对其生命进行整体性的盘点、反思的结果。夫子的"年龄现象学"将其人生历程刻画为一个个"路标"，每一个路标都标志着其人生境界的一次重大提升。这些人生存在的路标一方面作为夫子人生之路的节点，折射出夫子经历过的困惑、挫折、成长等种种事件及其本人对这些事件的解释，[3]另一方面，它又为沿着这些路标前行的后继者提供了一个个自我反省的"契机"，通过这个契机，原本自是人生自然生命的年龄点以十五、十年为界，不断唤起"临界者"回顾以往，对其个人以往经历的生命整体进行反思、省察，"行年意识"、年龄的"临界意识"与修身的"行己意识"交叠在一起构成了修行者的年龄意识。

　　夫子用以标识这些"路标"的用语又是高度凝练的，甚至是充满歧义的："学"何？"立于"何？"不惑"于何？"天命"何谓？"耳顺"何谓？夫子均无给出具体的界定，这为后继者带来了"自由解释"的空间。后继者将自己的人生体验代入其中，在"充实""兑现"这些符号价值的同时，对自己的人生进行重新定向。《史记·孔子世家》称孔子"为儿嬉戏，常陈俎豆，设礼容"。孔子则自称"少也贱"，"故能多鄙事"，赞礼、司仪、委吏（管理仓库的小吏）、乘田（管理牛羊的小吏）一类的事情，孔子都做过。毫无疑问，六艺之学更是孔子所学的重点。夫子以敏而好学，不耻下

---

①　在此意义上，牟宗三说："儒家没有生死的问题，只有终始的问题。"卢雪昆整理：《牟宗三先生讲演录》（一），台北：东方人文基金会，2019年，第79页。

②　《礼记·学记》："时过然后学，则勤苦而难成。"《大戴礼记·曾子立事》："三十、四十之间而无艺，即无艺矣。五十而不以善闻，则无闻矣。"这些说法均充分体现出儒家"德、年俱进""德偕身长"的修身意识。

③　韩星：《超凡入圣：孔子人格境界》，《中华孔学》2019年第3期。

问著称（"三人行必有我师焉"），还十分自信，称"十室之邑，必有忠信如丘者，不如丘之好学也"。重视通经的汉儒有谓"三年明一经"，由十五至三十，正是通五经所需的年数，则"学"是学经，"立"是五经学业之"成立"。观《论语》"立于礼"（《泰伯》篇）、"不知礼，无以立也"（《尧曰》篇）等说法，有人谓夫子"三十而立"实则是"立于礼"。汉儒对夫子一生反省的理解无疑折射出"经师"对自己学术生命的自我理解。

朱子一扫旧注，称"学"即学"大学之道"，志于学即"念念在此，而为之不厌"，"立"即心自立于此而"守之固"，"而无所事志矣"，至四十则"随事物上见这道理合是如此"（"事上知"，"见得理明"），"而无所事守矣"，"五十而知天命"则是"知这道理所以然"（"理上知"，"知得理之所自出"），"而不惑又不足言矣"，"六十而耳顺"是"声入心通，无所违逆"（"事理皆通，入耳无不顺"，"见得理熟"），"七十而从心所欲不逾矩"，则是"安而行之，不勉而中"（"见得理烂熟"）。① 如此，由粗入精、由精入化、盈科而后进、渐次而达天理流行的德性生命的成长之路清晰可见。透过朱子所描述夫子的一生心路历程，我们分明看到一幅作为理学家的朱子格物穷理连环跋涉图。

明儒顾宪成（1550—1612）则谓"十五有志于学章"是"吾夫子一生年谱，亦便是千古作圣妙诀"。他将夫子成长的节点依次分为"修境""悟境""证境"三境："志""立""不惑"是"修境"；"知天命"是"悟境"；"耳顺""从心"是"证境"。而在其中，顾泾阳一方面凸显"悟境"那贯通天人的独特性质："这是吾夫子下学而上达的地头，生平许多积累功夫至此不觉一透。恰如人在平地，陡然抟扶摇而上，翱翔九霄，高览遐瞩，旷焉改观，俯视尘寰形形色色，恍然另换一番精彩。盖前此犹属人界，至此乃属天界矣：前此，犹见天自天，我自我；至此，知我其天，知天其我，俯仰上下两称莫逆矣。"另一方面，顾泾阳则强调从"修境"到"证境"的过程中"入手"之"学"与"得手"之"矩"的意义，称二字将"夫子全体精神和盘托出"："须知提这'学'字万两千斤，提这'矩'字千斤万两。何也？提这'学'字乃与人指出一大路，以为繇此，虽愚者可进而明，柔者可进而

---

① 《四书章句》，朱杰人等主编：《朱子全书》（第 6 册），第 75—76 页；黎靖德编：《朱子语类》卷 23，朱杰人等主编：《朱子全书》（第 14 册），第 817—819 页。

强，但一念克奋，自途人而上，个个做得圣人，此吾夫子所以曲成天下万世于无穷也；提这'矩'字，乃与人指出一定，则以为到此虽明者有不得自用其明，强者有不得自用其强，但一丝稍岐，任他殊能绝行，总总犹是门外汉。此吾夫子所以范围天下万世于无穷也。"[1] 顾宪成的解读无疑折射出他对时人（阳明后学）修行"喜顿而薄渐""喜圆而恶方"之弊端的警醒。

现代大儒熊十力对朱子《志学章》的解读颇不以为然，并特别指出朱子"无事于后步"一类的说法是"大谬"："朱子杂禅家风趣，乃谓三十有立便无事于志，四十不惑便无事于守，五十知命则不惑又不足言。此类语直教后学坠迷惘中，惜不得起朱子而质之也。"他提出自己的新解。第一，"圣人自十五至七十其学大成，中间绝未误入歧途"，"自十五志学以往，逐层得力处，皆是彻始彻终，彻下彻上。逐层功力，只有发展，益精益熟"。第二，就学之历程而论，自十五志学至三十而立，学基已定，而犹戒慎不已；四十不惑至五十知天命，是深于穷理而不已；六十耳顺至七十从心，是上达尽性至命之境。第三，就学之内容而论，孔子之学大致分为两段：十五至四十，用力于人生论；五十，则由人生论而进入宇宙论，穷大极深，沛然充实不已。[2] 在此新解中，五十作为夫子"见道之年"具有特别的意义，这当然与熊十力的政治哲学的创构有关，他认定夫子五十以后将先前所持的小康礼教全盘推翻，并陆续作《易》《春秋》《礼运》《周官》诸经，创发天下为公之大道。

如所周知，海德格尔的死亡现象学以先行到"死"而领悟"生"，即让"此在"的"终结"提前进入"此在"的"当下"，"死"作为一种"最本己的、无所关联的而又无可逾越的、确知但却不确定的可能性"向当下的"此在"打开其自身，由此使"此在"从"常人"作茧自缚的套子中脱身而出，从而面向其"本真的能在自身"。夫子的年龄现象学则通过一种"反省"意识将其一生生命的"年轮"以一种"路标"的方式刻画为一个个不断跃升的"临界点"，警示、指引每一位穿越"临界"的人走好自己的人生之路。

① 顾宪成：《虞山商语中》，王学伟编校，《顾宪成全集》卷20，上海：上海古籍出版社，2022年，第241—251页。

② 熊十力：《原儒》，上海：上海书店出版社，2009年，第237—243页。

二、一天行为之反省

王阳明说："子夏笃信圣人，曾子反求诸己。笃信固亦是，然不如反求之切。"（《传习录》6:36）孔门弟子中，曾子以"反求诸己"最得孔子"躬自厚而薄责于人"精神而闻名。《荀子·法行》明确引曾子曰："同游而不见爱者，吾必不仁也；交而不见敬者，吾必不长也；临财而不见信者，吾必不信也。三者在身，曷怨人？怨人者穷，怨天者无识。失之己而反诸人，岂不亦迂哉。"常人在人际互动中受到挫折往往会产生抱怨的情绪，曾子一循夫子"求诸己"原则，将常人指向他人的"怨"反转为指向自身的省思。"吾日三省吾身。为人谋而不忠乎？与朋友交言而不信乎？传不习乎？"《论语·学而》记载的这则曾子语更是表明对自身的省思是曾子本人的"日课"。《说文》："省，视也。"郑玄注曰："思察己之所行也。"《尚书·酒诰》有"尔克永观省，作稽中德"之说。观，即顾；省，即察。观省即"自顾省察"，而自顾省察的对象就是"作稽"（"所作所止"）是否"中德"。《尚书·康诰》则有"用康乃心，顾乃德"语，"顾乃德"其义亦不外是省察自己的行为。三省的对象是日间所行的事情（与人谋事、与朋友交会、传授之事），省察之焦点在己之尽心尽责与否（尽忠、尽信、熟习于己）。曾子之省思之道折射出当时"士"修身的时代精神。《国语·鲁语下》："士朝受业，昼而讲贯，夕而习复，夜而计过无憾，而后即安。"陈澧指出："此盖所谓'时习'也……盖读书必立定课程，朝读此书，则朝朝读此书，而不移于夕。夕习此业，则夕夕习此业，而不移于朝。有一定之时刻，有一定之功课。今塾师教童子犹如此，盖圣人之学千古未变者也。"[①]《礼记》中的两则曾子语录也都确证了陈澧的"课程"说。《曾子立事》中曾子曰："君子攻其恶，求其过，强其所不能，去私欲，从事于义，可谓学矣。君子爱日以学，及时以行，难者弗辟，易者弗从，唯义所在。日旦就业，夕而自省思，以殁其身，亦可谓守业矣。"《曾子制言中》："君子思仁义，昼则忘食，夜则忘寐，日旦就业，夕而自省，以役其身，亦可谓守业矣。"只是曾子省思的不是童子书本，而是将事后对行为的反省作为课程，更准确地说

---

① 陈澧：《东塾读书记》卷2，杨志刚校点，北京：生活·读书·新知三联书店，2012年，第11页。

是将晚上对白昼的行动加以盘点作为课程。

理学文化兴起后，曾子"三省"的日课被发扬光大。以日记记载与反思日间的言行成为一种流行的省思技术。陆九韶（1128—1205）、刘甲（1141—1214）、宇文公谅（至顺四年［1333］进士）、许谦（1269—1337）等都有"昼之所为，夜必书之"的省身记录。①朱子弟子陈宓（1171—1230）通道甚笃，尝为《朱墨铭》，铭前标以"庄敬和乐中正仁义"与"意必固我克伐怨欲"两行文字（原稿想必是分别用朱、墨两色标识）。铭曰："朱属阳，墨属阴。一日所为，验于中夜。凡属阳者几，属阴者几，直（真）积力久，使无一念之不阳，而阴直置之空虚不用之地。"②随着理学工夫论意识日趋细密，对曾子三省工夫亦有种种发明。要之有三：

其一，认定"三省"不是或不限于三件事情。程门弟子游酢（1053—1123）说："曾子之学主于诚身，则其操心宜无不忠，其立行宜无不信，而处己者无憾矣。虑其所以接人者，或入于不忠、不信而不自悟也，故曰三省其身焉。……然此特曾子之省身者而已，若夫学者之所省又不止此，事亲有不足于孝，事长有不足于敬欤，行或愧于心而言或浮于行欤，欲有所未窒而忿有所未惩欤，推是类而日省之，则曾子之诚身庶乎可以跂及矣。古之人所谓'夜以计过无憾而后即安'者，亦曾子之意。曾子于正心诚意之道，宜无须臾忌也，惟以应物之际，恐或失念而违仁，故曰所省者三事而已。"③游酢认定"三省"只是针对曾子本人而言的，曾子本人"正心诚意"一类"操心""处己"工夫已无缺憾，只有"接人""应物"之际或有失检点，故有"三省"之说。故学者省思不应受到三省的限制，而应于事、于心均一一省思。程颢（1032—1085）则是斥邢恕"一日三检点"为"可哀"："余时理会甚事！盖仿三省之说错了。可见不曾用功，又多逐人面上说一般话。"朱子则指出："三省"不是限于三种事情，只是曾子自"见得

① 郭良翰辑：《问奇类林》卷9，《四库未收书辑刊》（第7辑，第15册），北京：北京出版社，2000年，第239页。

② 陈宓：《复斋先生龙图陈公文集》卷8，《续修四库全书》（第1319册），上海：上海古籍出版社，2002年，第339页。

③ 游酢：《论语杂解·吾日三省吾身章》，《游廌山先生集》卷1，《宋集珍本丛刊》（第29册），北京：线装书局，2004年，第199—200页。

此三事上，实有纤毫未到处。其他处固不可不自省，特此三事较急耳"。朱子又称，"三省"是曾子"晚年进德工夫"，此时曾子"微有这些子渣滓去未尽耳，在学者则当随事省察，非但此三者而已"。[①]

其二，"三省"不是事后之省思，而是当下之省思。朱子指出："曾子三省看来是当下便省得，才有不是处便改。不是事过后，方始去改省了，却又休也。只是合下省得便与它改。"固然《荀子·法行》所记曾子因"同游不见爱""交而不见敬""临财不见信"，而自省的确能印证朱子"当下便省得"说之不虚，但显然与上述"夕而自省思"日课有别，在此意义上，朱子"当下便省得"说正反映了宋儒日益增强的工夫论意识。明儒湛若水则进一步有"无时不省"的诠释："曾子之学常于心上用功，故以三事日省，日省则无时而不省矣。省者，心之所以生，天理之所以存也。三省同一心，皆随处体认之功也。盖谋不忠，交不信，传不习，心皆不实，反以自省，顷刻知之，则顷刻即实而天理存矣。此曾子日省，所以随处精察而致谨焉，真自治之诚切者欤。此即与一贯之学同，宜其闻夫子之旨，而即'唯'也。学曾子之学者，其尚求诸心以决其几哉！"[②] 显然湛若水把曾子的三省工夫完全视为其随时随处体认天理为学宗旨的一个典型范例。泰州学派王栋亦云："曾子三省是临时临事觉醒自己之良知。良知一省，便即皎然莹澈，绝无不忠、不信、不习之事矣。非省察于既事之后，视其有无而改勉之也。世有投豆用功，吾犹以为当下放过，而况一日三点检者，何以语圣学哉？"[③]

其三，"三省"与"一贯"先后之辨。上引朱子称"三省"是曾子晚年进德工夫，但朱子的弟子问道："三省忠信是闻一贯之后，抑未闻之前？"朱子答曰："不见得。然未一贯前也要得忠信，既一贯后也要忠信。此是

① 黎靖德编：《朱子语类》卷21，朱杰人等主编：《朱子全书》（第14册），第719页，第720页。

② 湛若水：《格物通》卷1，《景印文渊阁四库全书》（第716册），台北：台湾商务印书馆，1983年，第23页。

③ 王栋：《一庵杂问录》，《四库全书存目丛书·子部》（第84册），济南：齐鲁书社，1995年，第164页。

彻头彻尾底。"① 而在注"吾道一以贯之"时，朱子指出："圣人之心浑然一理，而泛应曲当，用各不同。曾子于其用处，盖已随事精察而力行之，但未知其体之一尔。夫子知其真积力久，将有所得，是以呼而告之。曾子果能默契其指，即应之速而无疑也。"这似乎又暗示"一贯"工夫又是在曾子三省工夫之后所闻。从此之后，究竟"三省"与"一贯"孰先孰后便成了《论语》诠释史的一个议题。王阳明、李材（1529—1607）、刘宗周这些心学传统的思想家都视朱子"曾子于其用处盖已随事精察而力行之，但未知其体之一"的说法为不妥，并认定"三省"即是一贯工夫。李材的说法最为精详："圣人之学论主脑则合下便是一贯，论条理则到底是要三省。三省不是有间断的工夫，不是无主脑的学问，一日之间除为人谋，与朋友，习师友，更有何事？除此三辈交接，更有何人？是一日之间，自朝至暮，无时而不省，即是无时而不修也，故曰不是有间断的工夫。忠是谁忠？信是谁信？习是谁习？故愚曾有曰三省只是一省，九思只是一思。省者省其所止者也，三省吾身，立所谓知本者也。故曰不是无主脑的学问。"② 清初朱学后辈、有"醇儒第一"之称的陆陇其（1630—1692）则为朱子辨析说："三省""是曾子晚年进德工夫的说法是何叔京所记，属于"乙未以前所闻"，"三省"是彻头彻尾工夫的说法是陈淳所记，属于"庚戌己未所闻"，陈淳所记才是朱子晚年"定论"。陆陇其还驳斥了心学的说法："若明季讲家谓三省不是无主脑学问，遂谓'论主脑则合下便是一贯，论条理则到底是要三省'，此说与朱子大背。真积力久之后方能一贯，岂合下便能如此？"③

孟子曾以"守约"称曾子修身工夫，守约即是动则求诸身、义以直内的工夫。其临终之"启予足，启予手……而今而后，吾知免夫之叹"着实

① 黎靖德编：《朱子语类》卷21，朱杰人等主编：《朱子全书》（第14册），第720页。

② 李材：《见罗先生书》卷3，《四库全书存目丛书·子部》（第11册），济南：齐鲁书社，1997年，第697页。刘宗周说："三省也不是逐念逐事的工夫，正是慎独处。""学以诚为宗。忠信者，诚也，传习者，传习此诚也。故后儒曰：'三省只是一省。'这诚正是独体未发之中。"吴光主编：《刘宗周全集》（第6册），第572—573页。

③ 陆陇其：《松阳讲义》卷4，《景印文渊阁四库全书》（第209册），台北：台湾商务印书馆，1983年，第914页。

是 "一严肃艰苦之道德奋斗至临终时松一口气撒手归去之慨叹"，此是 "君子曰终""君子息焉" 之 "终" 与 "息" 之真实表现。要之，曾子 "三省" 即是其守约之表现，即 "通过道德自觉而唯是称仁体以动，用心于内以清澈自己之生命而期无一事之非理"。①

无论在程朱理学抑或陆王心学，三省之省不再是夜间的课程，而是常惺惺法，是贯事前事后、贯动静的彻头彻尾的工夫。由理学对曾子 "三省" 工夫的创造性解读，亦不难见理学工夫论的递进之处。朱子再传弟子阳枋（1187—1267）就明确指出："如曾子 '吾日三省'，亦须自觉有克不尽处，深自省察。学者当于念虑一萌之初，剪绝私意，只令向中正一脉里行，莫待到事上方觉，便是悔亡意思。"② 由对日间行为的反思、检讨转向对念虑的省察，由德行的培育转向意识生活的经营，是理学工夫论的重要转进处。

三、对意念的反省

"意识""意欲""意念""念虑""念头" 成为省思的对象、工夫修炼的焦点，就儒家传统而论，是与 "慎独" 的新解联系在一起的。

如所周知，汉唐大儒（郑玄、孔颖达）大多把《大学》《中庸》的 "慎其独" 之 "独" 理解为 "闲居之所为"。退朝而处曰燕居，退燕避人曰闲居，闲居比燕居更隐匿、私密，"虽非必一人独处，然其所与居者，亦不过妻子仆辈，不用顾忌，故恣为不善，无所不至"。③ 赵孟（赵盾）盛服将朝，静坐假寐，不忘恭敬，刺客（鉏麑）见其独处如此，遂悄然退出，触槐而死（事见《左传·宣公二年》）。这是 "慎其闲居之所为" 的经典例子。唐

---

①　牟宗三：《心体与性体》（一），《牟宗三先生全集》（第 5 册），第 271—272 页。

②　阳枋：《与族孙恪书》，《字溪集》卷 3，《景印文渊阁四库全书》（第 1183 册），台北：台湾商务印书馆，1983 年，第 186 页。

③　胡渭：《大学翼真》卷 6，《景印文渊阁四库全书》（第 208 册），台北：台湾商务印书馆，1986 年，第 1013 页。

代名相李德裕撰《慎独论》即以此作为"慎其独"的典范。[①]

然而，早在晋人郗超（336—378）即对"慎其独"有崭新的理解。郗超，字景兴，为一代奉佛名士，与当时高僧道安（312—385）、支遁（314—366）、竺法汰（320—387）交往甚密，《晋书》有传。郗超笃信因果报应，《佛祖历代通载》卷六记载郗超"与汰法师厚善，尝约先殁者凡幽冥报应当以相报。俄而汰卒，一夕见梦曰：'向与君约报应之事，今皆不虚。愿君无忘修德，以升济神明。'超由是循道弥笃云"。此记载真实性待考，郗超先汰法师九年而逝。托梦说显有误，但郗超笃信因果则是不争的事实。他以佛教"念念受报"思想诠释《中庸》的"慎其独"："凡虑发乎心，皆念念受报。虽事未及形，而幽对冥构。夫情念圆速，倏忽无间，机动毫端，遂充宇宙。罪福形道，靡不由之。吉凶悔吝，定于俄顷。是以行道之人，每慎独于心，防微虑始，以至理为城池，常领本以御末，不以事形未著，而轻起心念，岂唯言出乎室，千里应之，莫见乎隐，所慎在形哉？"[②]

这里，"慎独于心"与"所慎在形"对置，前者是"发乎心"的念虑，后者则是"事形"。慎独之对象显系"心念"，而之所以要慎此心念乃是因为"凡虑发乎心，皆念念受报"。此文虽不是专门注疏《中庸》，却明确援引《中庸》隐微之说，此足以说明郗超对《中庸》慎独之理解乃是扣紧在对"心念"之谨慎上面。"常领本以御末"的说法则指明戒慎于心念才是根本工夫，戒慎于"事形"（闲居之所为）只是末的工夫。遗憾的是，郗超对"慎其独"的独特理解在儒学发展史中一直隐没不闻。儒门中，李翱（772—841）在《复性书》中首次将"慎其独"之"独"引向内心："……是故君子戒慎乎其所不睹，恐惧乎其所不闻，莫见乎隐，莫显乎微，故君

---

① "士君子爱身防患，无逾于慎独矣。能惧显颣，不为暗欺，忠信参于外，虽有盗贼不能为患矣。《易》曰：'无有师保，如临父母。'斯之谓也。贼入赵孟之门者，睹其盛服将朝，不忘恭敬，悔受君命，至于触槐，所以知其不为患也。向使赵孟未辟寝门，尚安衽席，思变诈之数，无肃敬之容，为盗者必激其怒心，增其勇气，焉得保其首领哉？推是而言，人不可以不诚矣。……"见《李卫公会昌一品集》卷2，北京：中华书局，1985年，第262页。

② 郗超：《奉法要》，僧祐：《弘明集》卷13，上海：上海古籍出版社，1991年，第88页。

子慎其独也。说者曰：不睹之睹，见莫大焉；不闻之闻，闻莫甚焉。其心一动，是不睹之睹，不闻之闻也。其复之也远矣。故君子慎其独，慎其独者，守其中也。"这里李翱明确将"其心一动"理解为"不睹不闻"的对象，于是戒慎恐惧的聚焦点由传统经学家所理解的"闲居之所为"转移为"其心一动"的心灵生活：慎其独即是让心灵保持在"中"的状态的工夫。李翱对其新解很自觉，称经学家之昔解是"以事解"，他自己的解释是"以心通"。《中庸》本为《礼记》49 篇中之一篇，因其言心性之微而首先受到佛教徒的重视（上引郗超文即是例证），而佛教徒通常都是以心通《中庸》，这自然也影响到李翱，自宋开始，《中庸》与《大学》从《礼记》中脱颖而出且进入四书系统，转向"内在"的理学家以心通两书中的"慎其独"文本，也可谓水到渠成之事。

　　真正让意念的反思成为工夫对治的焦点的思想史"时刻"是由朱子启动的。在朱子之前北宋理学家已经做足了铺垫的工作。邵雍（1012—1077）《意未萌于心》一文云："意未萌于心，言未出诸口。神莫得而窥，人莫得而咎。君子贵慎独，上不愧屋漏。人神亦吾心，口自处其后。"[1] 慎独的对象显系"意未萌于心"之状态。游学于关学与洛学的吕大临在解《中庸》"慎其独"一章则明确指出："人心至灵，一萌于思，善与不善，莫不知之。他人虽明，有所不与也。故慎其独者，知为己而已。"[2] "独"是指"一萌于思"的意念之善与不善，这是他人不知而唯有自己知的领域。游酢《中庸义》解"莫见乎隐"一节时更是直接点出"独知"一词："人所不睹，可谓隐矣，而心独知之，不亦见乎？人所不闻，可谓微矣，而心独闻之，不亦显乎？知莫见乎隐，莫显乎微，而不能慎独，是自欺也，其离道远矣。"[3] 游酢这里将隐微直接解释为心之独知、独闻的对象。只是独知与独闻并列，而尚未成为涵盖全幅心灵生活之觉察的哲学范畴。"慎其独"诠释史中精彩的时刻终于来了，朱子在其《大学章句》《大学或问》《中庸章句》《中庸

---

　　① 邵雍：《伊川击壤集》卷 13，郭彧整理：《邵雍集》，北京：中华书局，2010 年，第 400 页。

　　② 吕大临：《礼记解》，陈俊民辑校：《蓝田吕氏遗著辑校》，北京：中华书局，1993 年，第 272 页。

　　③ 游酢：《游廌山先生集》卷 1，《宋集珍本丛刊》（第 29 册），第 218 页。

或问》中，反复将"独"界定为"人所不知而己所独知之地"，这个独知之地不是一物理空间概念，而是一私己、隐秘的心理空间概念，这个对私己、隐秘的心理活动之知并不限于独自一人之闲居，即便是大庭广众之下、在与他人共处之际，仍是独知之范畴。独知专指对此萌发意念之实与不实、正与不正的觉察。慎其独的独知工夫即是"随其念之方萌而致察"的省思工夫。朱子更是将慎其独工夫（诚意工夫）称为"人鬼关"，过此关是人，过不了则沦为鬼。

对意念、念虑的反思与点检成为工夫修炼的重要场域，并很早就发展出一种课程化、仪式化的省思法。赵概（字叔平，南京虞城人，《宋史》有传）为澄治念虑，"于坐处置两器，每起一善念，则投白豆一粒于器中。每起一恶念，则投黑豆一粒于器中。""至夜，则倒虚器中之豆。观其黑白，以验善恶之多少。初间黑多而白少，久之，渐一般。又久之，则白多而黑少。又久，则和豆也无了"。① 这种课程化、仪式化的省思意念法逐渐在理学家工夫践履中流行开来。王阳明著名弟子黄绾，在其修身册子上题刻天理人欲四字，分两行。发一善念，则以红笔点之；发一恶念则以黑笔点之。至十日则一一清点，以视红黑点多寡为修身工程。② 清代著名地理学家张穆（1805—1849）的父亲张敦颐（1772—1818）晚年究心于理学，几上置黑白豆，分记念之善恶。③ 需要指出的是，这种仪式化、课程化的意念反思法有其弊端，朱子已经讥讽赵概的黑白豆制念法"只是个死法"，湛若水高足唐枢认定这种制念法华而不实。问："古已有黑白荳起善恶念者，此人必是欲去恶迁善，故如此。人欲寡过而未能者，只是坐于不知。彼既知是恶念，此处便能迁而为善，便是善念了，如何又要纪得黑荳？这样人恐是打哄说话，不是实做的。"曰："说得好！"④ 曾一度师从湛若水的王道亦指出："盖趋向既正，其

① 黎靖德编：《朱子语类》卷129，朱杰人等主编：《朱子全书》（第18册），第4030—4031页。

② 黄绾：《久庵日录》卷2，张宏敏编校：《黄绾集》，上海：上海古籍出版社，2014年，第669页。

③ 张穆：《例授奉政大夫翰林院编修记名御史显考晓沂府君暨显妣王宜人李宜人行述》，《殷斋诗文集》卷5，《续修四库全书》（第1532册），上海：上海古籍出版社，2002年，第312页。

④ 唐枢：《一庵杂问录》，《四库全书存目丛书·子部》（第84册），第385页。

念虑之纯杂系于所养何如耳。涵养工熟，则忽焉而不自知其化矣。若黑豆白地之说，不惟理不应如是助长，抑恐束心太急，因而成病。"①

对意念的省察无疑伴随着意念产生而发生的现象，但这种"伴随"究竟是与意念同时而起的，抑或是随着意念而后起的，在理学意念省察的工夫论述之中罕有明确辨析者。朱子虽有"人皆有明处，其体虚灵不昧，其用鉴照不遗"之说，并屡屡强调，"虽其昏蔽之极，而其善端之发，终不可绝""其德本是至明物事，终是遮不得，必有时而发""便是物欲昏蔽之极，也无时不醒之觉""几既动，则已必知之"，②乃至说："一念悚然，自觉其非，便是明之端。"③这些说法似乎在逻辑上可以推出对"意念"（"几"）的省察是与意念（几）并起的现象，但朱子在表述慎独工夫时又明确指出省察是"随其念之方萌而致察"的工夫，随而致察似乎又不是同起之义。陆九渊在指点门人工夫时指出："念虑之正不正，在顷刻之间。念虑之不正者，顷刻而知之，即可以正。念虑之正者，顷刻而失之，即是不正。此事皆在其心。"④"顷刻"，即片刻，时间极短义。这跟朱子随其念之方萌而致察的说法是一致的。

需要指出的是，课程化、仪式化的意念省察法与功过格有别：功过格反思与记载的通常是已经发生过的行动（恶行与善行），而以赵概为代表的澄治念虑工夫则完全是一种单纯的"意念管理术"，它并未涉及实际的行动。而朱子"随其念之方萌而致察"、陆九渊念虑之"正"与"不正"顷刻而知之的工夫与赵概的澄治念虑工夫亦有重要的区别，前者察之念虑之微是广义上的，它既包含着单纯的念虑、无事时的闲思虑，也包含着应事时、实际事为过程之中所发的念虑，后者则严格限制在无事时

---

① 王道：《王文定公文录》卷5，《明别集丛刊》（第2辑，第26册），合肥：黄山书社，2016年，第103页。

② 黎靖德编：《朱子语类》卷14，卷17，朱杰人等主编：《朱子全书》（第14册），分别出自第434、437、578页，并参见黎靖德编：《朱子语类》卷62，《朱子全书》（第16册），第2033页。

③ 黎靖德编：《朱子语类》卷14，朱杰人等主编：《朱子全书》（第14册），第433页。

④ 陆九渊：《陆象山全集》卷22，北京：中国书店，1992年，第171页。

的意念省察上面。为示二者之区别，不妨将赵概的澄治念虑法称为意念管理术，将朱子的慎独省察法称为随念致察法。而无论是课程化、仪式化的意念管理术抑或随念致察法皆是将发生的意念作为反思的对象，在这个意念尚未外化为实际的行动之时，即察觉之，并判定其善（正）与不善（不正）。

四、与意念同起的反省

对意念的反省实则涉及两个不同的心灵层面：一是意念活动本身（所思），一是对意念活动本身的反省（能思）。而儒家的反省之道从来不是一种中性的观察（内观），而是一种是非善恶的道德审查，这也意味着对意念活动本身的反省的"能思"者一定是能够分别是非善恶的良知（本心）。用王阳明的话说："'意'与'良知'当分别明白。凡应物起念处皆谓之'意'。'意'则有是有非，能知得是非者则谓之'良知'。"① 而良知之体犹如"明镜"，是一"恒照"者，随物见形，意念之善恶是非，良知无有不自知者。现象学家耿宁（Iso Kern）由此推定：既然良知是如明镜一般始终照察着吾人心灵生活（意念活动）的，此必意味着在意念活动的同时良知即意识到这一意念活动，也就是说对意念的反省是与意念活动同时发生的，而不是在意念活动产生之后、将意念作为对象加以反思。后者是一种专题化、对象化的反思活动，前者则是一种非对象化的"自证自知"，耿宁认为这与现象学意义上的"自身意识""内意识""内知觉"是同一种意识现象，其区别只在于良知是对意向的善与恶的"道德自身意识"。

显然，上述陆九渊"念虑之不正者，顷刻而知之"就不属于这样一种道德自身意识，念虑的发生与对之的省察在陆九渊的表述中存在着一个"时间差"（顷刻）。赵概的意念管理术，发一善（恶）念则以白（黑）豆记

---

① 王守仁：《答魏师说》，吴光等编校：《王阳明全集》卷6，上海：上海古籍出版社，1992年，第217页。

之，从发念到投豆也有一时间差。朱子慎独工夫中的随念致察法，其"随念"之"随"究竟是与"念"同起抑或是"随念"而"后起"，朱子并无明确的问题意识。实际上王阳明也未曾明确强调良知对意念性质的省察是与意念活动本身同时而起的，故我认为耿宁以"自身意识"解读王阳明的良知概念乃是出于其敏锐的现象学问题意识。[①]

实际上，将意念活动与对意念活动的反省挑明为一种"同起"关系的学者是关学的重要代表人物冯从吾（1557—1627）：

> 心一也。自心之发动处谓之"意"，自心之灵明处谓之"知"。意与知同念并起，无等待，无先后。人一念发动方有善念，方有恶念，而自家就知道孰是善念，孰是恶念，一毫不爽。可见"意"有善恶，而"知"纯是善。何也？知善固是善，知恶亦是善也。惟此良知一毫不爽，所以有善念，便自有好善之念；有恶念便自有恶恶之念。
>
> 人心一念发动处有善念、有恶念，有善念亦自有好善之念，有恶念亦自有恶恶之念。善念与好善之念一时并起，恶念与恶恶之念亦一时并起。[②]

"同念并起""无等待，无先后""一时并起"这一连串的表达式，直接明快而又准确无误地点出意念活动（意）、良知的反省（知"意之善恶"）与抉择（好善、恶恶）同时并起的关系。这跟陆九渊拖泥带水式的"顷刻而知之"的说法形成了鲜明对照！

---

① 笔者撰有两文讨论良知与自身意识的关系问题，见陈立胜：《如何在现象学意义上理解良知——对耿宁之王阳明良知"三义说"的方法论反思》，《哲学分析》2014年第4期；《"以心求心""自身意识"与"反身的逆觉体证"——对宋明理学通向"真己"之路的哲学反思》，《哲学研究》2019年第1期。需要指出的是，良知对当下一念的同时的反思是不是就是现象学意义的自身现象以及唯识学的自证分，仍有进一步讨论的空间。姚治华《分析的亚洲哲学》所撰写的"意识"一章对佛教的自证分与现象学及分析哲学中的自身意识、第二序意识等疑难有深入的分析。见 Yao Zhihua, "Consciousness", *Analytic Asian Philosophy*, edited by Mark Siderits（Forthcoming）。

② 冯从吾：《少墟集》卷9，《景印文渊阁四库全书》（第1293册），台北：台湾商务印书馆，1983年，第169—170页。

五、结论

反省是第二序的，它必须建立在一个第一序的意识行为上面，这个意识行为是已经或正在发生的行为，在此意义上反省在根本上是一种"向后看"，是一种"回头意识"。然而，这种向后看不是为了回忆、回顾，它不是一种留恋，不是对发生过的意识生活的反刍、倒嚼，而是旨在改变自身因而是面向未来的意识，它在根本上是由一种"向前看"心态定调下的"向后看"意识。无疑这个"向前看"也是一种"向上看"，即对人之未来、人之可能性、人之希望，对人性所能达到的"高度"的展望与期盼。要之，基于对未来生命进程的展望、规划而展开的对人生的反省式的回溯意识，与当下生命状况的调整、改变层层缠绕在一起，这是儒家反省意识的基本结构。

需要指出的是，对一生、一日、一念的反省跟"与意念同起的反省"确有其层次之别。前三者反省之对象为已经发生的行为（此处行为为广义的行为，即包括意念在内的意识行为），后者则是对正在发生的意识行为（意念）的当下觉察，故在严格意义上是一种牟宗三先生所称的"逆觉体证""反身软圆的自知"。将这四种反省意识通称为第二序的意识行为，只是在四者均是依着已经或正在发生的意识行为而产生的行为这一面向而言的。倘依王阳明良知"无起无不起"义，实则"即存有即活动"之良知才是吾人心灵生活真正第一序之活动。熊十力指出："任何人如肯返己体会，便见得人生本有仁心在。仁心常为吾人内部生活之监督者，吾人每动一念、行一事，仁心之判断恒予小己之私欲以适当的对治。"[1]熊十力强调要注意"恒"之一字。因此，对一生、一日、一念的反省跟"与意念同起的反省"一样最终都是出自良知之自反、自省、自察。[2]

从一生、一日到一念、念念，儒家修身活动将生命的整体与当下全部

---

① 熊十力：《体用论》，北京：中华书局，1994 年，第 216 页。

② 两名匿名审稿人不约而同地指出：如将"与意念同起的反省"说成是良知对意念的第二序反省，这仍然会构成刘宗周所批评的"知为意奴"的情况。为了避免误解，笔者对"第二序"一词的使用做了以上之限定，感谢审稿人的宝贵提示。

纳入反省的范围，这充分体现了儒家修身的"自反性"与"切己性"。在反省成为一种基本的人生态度下，不仅人的生命经历、白昼之言行举止、当下之意念活动成为省察的对象，人之情绪领域（喜怒哀乐）与下意识、无意识的领域（梦）都成为工夫修炼的对象。这是接下来两章分别要讨论的主题。

第五章 "治怒之道"与两种"不动心"：
儒学与斯多亚学派修身学的一个比较研究

一、引言

儒家哲学是生命的学问，体证、实现生命之道乃儒家修身学、工夫论之终极旨趣。现代儒学研究一向重在形上建构与名相分析，而疏于修身工夫之阐述。长期以来，西方哲学重自然、中国哲学重精神，西方哲学重理论、中国哲学重伦理，西方哲学重理性分析、中国哲学重亲证体验，诸如此类的说法几成为共识。"中国哲学"的重建大致也折射出这种"共识"的深刻影响，毕竟客观性、系统性乃是现代学科建制下"知识"之基本要求，"扬长避短"亦本是传统民族精神"跟上时代"的路径，于是传统思想之中那些关乎修道体验的论述，往往被视为"神秘体验"而归于"私人领域""主观性领域"，因此很难进入中国哲学体系建构者的法眼。哲学越来越知识化、专业化、学院化，因而亦越来越远离日常生活，远离实际的人生领域。追求人生之道本是人生第一等事，但哲学越来越远离人生，遑论第一等事。

近三十年来西方哲学界对哲学自身的"异化"现象渐起反思。福柯、阿多以及纳斯鲍姆（Martha C. Nussbaum, 1947— ）对作为一种"生命之道""生活方式"的古典哲学精神气质的重新认识，[①]已生"攻玉"之效应。儒学之修身学、工夫论面向渐次由学术之边缘而进入关注之焦点，学界认

---

① 福柯：《主体解释学》，佘碧平译，上海：上海人民出版社，2010年；P. Hadot, *Philosophy as a Way of Life*：*Spiritual Exercises from Socrates to Foucault*, Oxford and Cambridge: Wiley-Blackwell, 1995；*What is Ancient Philosophy?* Cambridge, Massachusetts: The Belknap Press, 2002; Martha C. Nussbaum, *The Therapy of Desire: Theory and Practice in Hellenistic Ethics*, Princeton and London: Princeton University Press, 1994。

识到围绕人情事变、喜怒哀乐进行修身活动乃是中西古典哲学的共同做法。对待喜怒哀乐的态度不仅关涉德性人格之培养，而且亦与价值认同、尊严意识、生存认知与感受紧密相关，是时候系统而深入地探讨儒家修身思想之中的"七情"问题了。

在"七情"之中，喜怒哀乐尤为重要，[①]而"治怒"（"制怒"）"惩忿"[②]则一直是儒家修身学的重中之重。早在《论语》中，面对弟子"克伐怨欲不行焉，可以为仁矣"之问，孔子答曰："可以为难矣，仁则吾不知也。"怨（怨恨、忿恨），在夫子那里即被看作难以克制之对象。而《大戴礼记》载武王曾在其杖上刻铭曰："恶乎危？于忿疐；恶乎失道？于嗜欲。"[③]忿怒乃"危之道"，故须铭记之。在理学家那里，"怒"与"欲"更是被公认为"七情"之中最难以对治的现象，朱子就《易》之损卦阐发说："惩忿如摧山，窒欲如填壑。"又说："惩忿如救火，窒欲如防水。"朱子学的忠实追随者、明代大儒薛瑄感叹道：治怒工夫之难，惟用力者知之。他是真实用力过的："余克治用力久矣，而忽有暴发者，可不勉哉！二十年治一怒字，尚未消磨得

---

① 在中国古典文献之中，有"八情""七情""六情""四情""二情"之种种情感分类法，详见史华罗（Paolo Santangelo）：*Sentimental Education in Chinese History: An Interdiscip-linary Textual Research on Ming and Qing Sources*, Leiden: Koninklijke Brill NV, 2003. pp104-246. 史华罗：《中国历史中的情感文化》，林舒俐等译，北京：商务印书馆，2009年，第103—248页。

② 先秦文献中与"怒"相关的字甚多，"忿""愤""愠""怨""懥""恚""嗔""悁""懑""怼"，这些多系心字旁或心字底的字，均有心中不满的意思，其程度或高或低，或只是心中怨尤，或怒形于色，或怒发于声，治怒之"怒"字当涵括以上与"怒"相关诸字。惟"愤"字值得区别对待，"愤"，《说文》释为"懑"，亦是不满、怒之意思，但"愤"之为"怒"，往往有正面的意义，如义愤、公愤，而"愤"之为"不满"，则含有对己之现状的不满而立意改变的意思，《述而》篇孔子"发愤忘食，乐以忘忧"，以及"不愤不启"，两处"愤"字皆有因愤懑而求通之意，朱子是如此解，王畿撰《愤乐说》亦是如此解。发愤之愤，即是奋发之奋，成为立志的工夫，而有"天然之勇"的含义。见《王龙溪语录》卷8，台北：广文书局，1977年再版，第317—319页。

③ 王聘珍撰：《大戴礼记解诂》卷6，王文锦点校，北京：中华书局，1983年，第105页。

尽，以是知克己最难。"①儒家的修身体验是完全围绕着喜怒哀乐而展开的，这一点无论朱子抑或王阳明均有致意。朱子云："世间何事不系在喜怒哀乐上？如人君喜一人而赏之，而千万人劝；怒一人而罚之，而千万人惧。"②王阳明亦云："居常无所见，惟当利害，经变故，遭屈辱，平时愤怒者到此能不愤怒，忧惶失措者到此能不忧惶失措，始是能有得力处，亦便是用力处。天下事虽万变，吾所以应之不出乎喜怒哀乐四者。此为学之要，而为政亦在其中矣。"③又说："除了人情事变，则无事矣。喜怒哀乐非人情乎？自视听言动以至富贵贫贱患难死生，皆事变也。事变亦只在人情里。"(《传习录》37:73）

作为修身西学的重镇，斯多亚学派一直注重治怒对修炼之重要性，④斯多亚学派视哲学为"激情的治疗术"，即在诸激情之中，首先需要克制的是愤怒，治怒成为斯多亚派精神修炼的日课。奥勒留《沉思录》开篇就说："从我的祖父维勒思，我学习到弘德和制怒。"⑤由此亦可管窥斯多亚学派对治怒之重视。

----

① 薛瑄：《读书录》卷1，孙玄常等点校，《薛瑄全集》，太原：山西人民出版社，1990年，第1022页。

② 黎靖德编：《朱子语类》卷62，朱杰人等主编：《朱子全书》，第16册，第2050页。

③ 王守仁：《王阳明全集》卷4，吴光等编校，上海：上海古籍出版社，1992年，第154—155页。

④ 古希腊关于愤怒的著述甚多，据库柏（Cooper）的介绍，犬儒派Bion（约公元前325年—前255年）、斯多亚派的Chrysippus、Antipater与Posidonius、塞涅卡的老师Sotion，伊壁鸠鲁学派的Philodemus of Gadara，还有普鲁塔克（Plutarch）均有讨论愤怒的著述。见库柏为塞涅卡《道德和政治论文集》所写的导读部分，塞涅卡：《道德和政治论文集》，袁瑜琤译，北京：北京大学出版社，2010年，第42—43页。依照William Harris系统而又细致的古希腊罗马制怒史研究，在整个希腊罗马时期，谈论愤怒不仅是哲学、治疗术的一个主题，而且从荷马开始，"忿怒话语"就开始弥漫于作家的语言之中，而制怒思想则由四个阶段构成，依次为：(1)控制怒言、怒行；(2)克服怒言、怒行；(3)控制怒情；(4)克服怒情（无怒）。斯多亚派无疑是这一些制怒思想发展的高峰。见William Harris, *Restraining Rage: the Ideology of Anger Control in Classical Antiquity*, Cambridge, MA: Harvard University Press, 2002, pp. 4—15。

⑤ 奥勒留：《沉思录》，何怀宏译，北京：中国社会科学出版社，1989年，第1页。

本章拟将中西两种修身之学的怒观与治怒之道加以对照，揭示其异同，进而彰显背后两种不同的理想修身主体（不动心）及其各自特色。

二、儒家治怒之道的谱系

《论语·学而》开篇孔子就说"人不知而不愠，不亦君子乎"，"愠"有怒、闷之义。孔子与门人在陈绝粮，孔子淡然自如，而从者病莫能兴，子路愠见曰："君子亦穷乎？"夫子之境界自是子路辈所不能知的，而面对子路之"愠"，夫子淡然说道："君子固穷，小人穷斯滥矣。"（《论语·卫灵公》）此正是人不知而不愠之绝佳示范。君子人格不会因外在的处境而变化，其行道之初衷亦不会因一时困顿而稍改。《论语·公冶长》篇记载"令尹子文三仕为令尹，无喜色，三已之，无愠色"，孔子许以"忠"。在常人表现出怒色的时候，能够表现无怒（"无愠色"），这是君子的一个重要德行。孔子还说"不怨天，不尤人"（《论语·宪问》），人事之厄，亦是天之所命，人之遭际不外吉凶祸福、顺逆得丧，既是时命，坦然受之，而不生怨尤。[1]在论及对待父母之过时，孔子的要求是，"事父母几谏，见志不从，又敬不违，劳而不怨"。（《论语·里仁》）"不怨"即是要求不可有怨怒之心，《礼记·坊记》曰："子云：'从命不忿，微谏不倦，劳而不怨，可谓孝矣。'"即是申明此义。

---

[1] 《孔子家语》尚载有孔子表扬弟子冉雍、子夏的"不怒"的话语，如表彰子夏"贵之不喜，贱之不怒"。见陈士珂辑：《孔子家语疏证·弟子行第十二》卷3，上海：上海书店，1987年，第75、76页。而在《困誓篇第二十二》孔子被围于匡之记载中，子路对夫子被围颇为愤怒，"奋戟将与战"，孔子止之曰："恶有修仁义而不免世俗之恶者乎？夫《诗》《书》之不讲，礼乐之不习，是丘之过也。若以述先王，好古法而为咎者，则非丘之罪也，命之夫。歌，予和汝。""子路弹琴而歌，孔子和之，曲三终，匡人解甲而罢。"依据濮茅左的观点，上海博物馆所藏竹简《子路初见》篇，内容与今本《孔子家语》"子路初见篇"相若，则《孔子家语》的原型材料当已见于先秦。见濮茅左：《关于上海战国竹简中"孔子"的认定》，《中华文史论丛》第67辑第3期，上海：上海古籍出版社，2001年，第11—35页。

孔子还对具体如何治怒给出了建议，即以理性的慎思对待之，孔子曰："君子有九思。视思明，听思聪，色思温，貌思恭，言思忠，事思敬，疑思问，忿思难，见得思义。"（《论语·季氏》）忿思难者，当谓遭遇他人无理对待，己心虽有忿怒，但应思考发怒之后果，不能逞一时之忿，而危及家庭。思难，则忿即消矣。《论语·颜渊》篇"一朝之忿，忘其身，以及其亲，非惑与？""惑"源于不思，忿时而思难，自不会忘身而及亲。而《论语·卫灵公》篇"巧言乱德。小不忍，则乱大谋"，依朱子解释，"忍"在此兼有"不决忍于爱、不容忍于怒"两义，则孔子亦提倡以"忍"治怒。[①]后来理学家之忍怒工夫或可溯源至此。同篇"躬自厚而薄责于人，则远怨矣"，远怨虽是说避免招致他人的怨恨，而实际上亦是治怒之方、惩忿之道。明儒陈确对此章有精辟的阐述："所不胜忿怒者，只有二病：一自是，一自卑。是己则非人，故易怒；自卑则尊人，以庸众自居而以无过之君子望他人，天下安得皆无过之君子耶！则不胜其怒矣。故学者直须自尊自贵，时时以圣贤之道自责，既不敢自卑，必不敢自是。天下岂有自是之圣贤耶！故曰'躬自厚而

---

① 《春秋左传》已有"今天子不忍小忿以弃郑亲"的说法。见杨伯峻编著：《春秋左传注·僖公二十四年》，北京：中华书局，1990年第2版，第424页。忍怒后来成为中国修身文化的主题之一，《史记·留侯世家第二十五》所载张良圯桥进履成为忍怒之经典故事：有一老父，衣褐，至良所，直堕其履圯下，顾谓良曰："孺子，下取履！"良愕然，欲殴之。为其老，强忍，下取履。父曰："履我！"良业为取履，因长跪履之。父以足受，笑而去。良殊大惊，随之。父去里所，复还，曰："孺子可教矣。后五日平明，与我会此。"良因怪之，跪曰："诺。"五日平明，良往，父已先在，怒曰："与老人期，后，何也？"去，曰："后五日早会。"五日鸡鸣，良往。父又先在，复怒曰："后，何也？"去，曰："后五日复早来。"五日，良夜未半往。有顷，父亦来，喜曰："当如是。"出一编书，曰："读此则为王者师矣。后十年兴。十三年孺子见我济北，谷城山下黄石即我矣。"遂去，无他言，不复见。旦日视其书，乃《太公兵法》也。见司马迁：《史记》卷55，北京：中华书局，1997年，第2035页。这一故事在元代被李文蔚改编为杂剧（《张子房圯桥进履》），在民间广为流传。忍怒之另一个经典故事则出自一代名臣娄师德，其弟除代州刺史，将行，师德谓曰："吾备位宰相，汝复为州牧，荣宠过盛，人所疾也，将何以自免？"弟长跪曰："自今虽有人唾某面，某拭之而已，庶不为兄忧。"师德怃然曰："此所以为吾忧也！人唾汝面，怒汝也；汝拭之，乃逆其意，所以重其怒。夫唾，不拭自干，当笑而受之。"见司马光编著：《资治通鉴》卷205，上海：上海古籍出版社，1987年，第1382页。

薄责于人'，固远怨之道，即惩忿之道也。"① 可以说，孔子"躬自厚而薄责于人"之说，已开孟、荀"行有不得，反求诸己"之治怒法之先河。

但是在孔子这里，"怒"从不完全是一种需要回避的负面情绪，在《论语》之中，关乎"怒"最为著名的文本自然是颜子"不迁怒""不贰过"的说法，《左传》中有"谚所谓'室于怒市于色'者"② 之说，怒于室市于色者在当时已成风行的谚语，可见"迁怒"是常见的情绪之表现，故孔子对颜子"不迁怒"予以高度称赞。想必颜子对可怒之人、可怒之事亦有怒色，《论语·八佾》载孔子"是可忍也，孰不可忍也"之斥责，其语气背后自透露出夫子的义愤之情。③ 经孔子之手所整理的《诗经》中，对王之怒（"王赫斯怒"[《大雅·皇矣》]）、君子之怒（"君子如怒，乱庶遄沮"[《小雅·巧言》]）均持正面的态度。

这样，我们可在孔子那里见出两种"怒"：一是君子面对他人的不解乃至误解、面对个人遭际的困顿，并不介意，不会产生任何怒意，更不会表现出怒色；一是对于当怒之人事，君子自会怒，但不会迁怒于其他人事上面。

这两种态度在孟、荀那里都有进一步之阐发。对待个人的困顿遭际（横逆），孟子不仅没有表现出怨尤、忿恨之态，而且提出反求诸己的要求："有人于此，其待我以横逆，则君子必自反也：我必不仁也，必无礼也，此物奚宜至哉？其自反而仁矣，自反而有礼矣，其横逆由是也，君子必自反也：我必不忠。自反而忠矣，其横逆由是也，君子曰：此亦妄人也已矣！如此则与禽兽奚择哉？于禽兽又何难焉？"④ 孟子又说："爱人不亲反其仁，治人不治反其智，礼人不答反其敬，行有不得者，皆反求诸己。其身正而天下归之。"⑤ 在这里孟子对君子的要求比孔子"人不知而不愠"更

---

① 陈确：《治怒》，《陈确集》，北京：中华书局，1979年，第417页。

② 杨伯峻编著：《春秋左传注·昭公十九年》，第1405页。

③ 我的学生孙占卿博士向我指出了这一点。在著名的"曾子耘瓜"故事中，知道曾参受大杖而不避后，"孔子闻之而怒，告门弟子曰：'参来，勿内'"。见陈士珂辑：《孔子家语疏证·六本第十五》，第101页。

④ 《孟子·离娄下》，焦循撰，沈文倬点校：《孟子正义》卷17，北京：中华书局，1987年，第595—596页。

⑤ 《孟子·离娄上》，焦循撰，沈文倬点校：《孟子正义》卷14，第492页。

加严格，人不知，不仅不愠，而且要进一步反思，是不是自己的德行尚有所欠缺，在常人（小人）可怒、可愠，指向他人之际（抱怨他人），君子则不仅无怒、不愠，而且指向他自己（自我修省）。孟子的这种态度亦见于《荀子·荣辱》："自知者不怨人，知命者不怨天，怨人者穷，怨天者无志。失之己，反之人，岂不迂乎哉？"对"失之己，反之人"之痛斥，正体现了孟子"行有不得者，皆反求诸己"之精神。值得指出的是，《荀子·法行》引曾子云："同游而不见爱者，吾必不仁也；交而不见敬者，吾必不长也；临财而不见信者，吾必不信也。三者在身，曷怨人？怨人者穷，怨天者无识。失之己而反诸人，岂不亦迂哉。"这样看来，孟、荀的自反治怒法均源自曾子。

另外，孟子尚有"不藏怒"之说："仁人之于弟也，不藏怒焉，不宿怨焉，亲爱之而已矣。"[1]怒"气是流动性的，可以"藏"与"积"，因其可藏、可积，故亦可俟机而泄，是为"迁怒"，此处"不藏怒"之说可视为对孔子"不迁怒"说之引申。"怒"过而不留，自无"迁"可言，迁怒端因藏怒。《荀子·荣辱》则对孔子之"忿思难"义发挥颇详："快快而亡者，怒也。""斗者，忘其身者也，忘其亲者也，忘其君者也。行其少顷之怒而丧终身之躯，然且为之，是忘其身也；室家立残，亲戚不免乎刑戮，然且为之，是忘其亲也；君上之所恶也，刑法之所大禁也，然且为之，是忘其君也。"斗怒系为血气所主宰而"忘"其血气之身躯本不是私己之个体，如能思及其身、其亲、其君，则自能抑制其怒气。"思"与"忘"对，"思"乃是身处常人易怒的情境之际的某种高度自觉、小心谨慎的态度。"谨慎而无斗怒"，是君子的重要品德。常人难免会因受辱而生气忿，荀子明确区别义辱与埶辱，[2]君子以身不修为耻，而不以"见污"为耻，与小人相斗，君子

---

① 《孟子·万章上》，焦循撰，沈文倬点校：《孟子正义》卷18，第631页。

② "有义荣者，有埶荣者；有义辱者，有埶辱者。志意修，德行厚，知虑明，是荣之由中出者也，夫是之谓义荣。爵列尊，贡禄厚，形埶胜，上为天子诸侯，下为卿相士大夫，是荣之从外至者也，夫是之谓埶荣。流淫、污僈，犯分、乱理，骄暴、贪利，是辱之由中出者也，夫是之谓义辱。詈侮、捽搏，捶笞、膑脚，斩、断、枯、磔，藉、靡、舌举，是辱之由外至者也，夫是之谓埶辱。是荣辱之两端也。故君子可以有埶辱，而不可以有义辱；小人可以有埶荣，而不可以有义荣。有埶辱无害为尧，有埶荣无害为桀。义荣、埶荣，唯君子然后兼有之；义辱、埶辱，唯小人然后兼有之。是荣辱之分也。"见《荀子·正论》，王先谦撰，沈啸寰、王星贤点校：《荀子集解》卷12，北京：中华书局，1988年，第342—343页。

不屑。温温恭人，敦厚合群，宽弱容众，乃是君子与他人相处的基本德性："故君子之度己则以绳，接人则用抴。度己以绳，故足以为天下法则矣；接人用抴，故能宽容，因求以成天下之大事矣。故君子贤而能容罢，知而能容愚，博而能容浅，粹而能容杂，夫是之谓兼术。"① 荀子甚重"兼术"（相容之法）之培育，认为"兼服天下之心"："高上尊贵不以骄人，聪明圣知不以穷人，齐给速通不争先人，刚毅勇敢不以伤人；不知则问，不能则学，虽能必让，然后为德。遇君则修臣下之义，遇乡则修长幼之义，遇长则修子弟之义，遇友则修礼节辞让之义，遇贱而少者则修告导宽容之义。无不爱也，无不敬也，无与人争也，恢然如天地之苞万物。"②

孟子从未否定"怒"本身，相反，他对文王、武王之怒大加赞赏："《诗》云：'王赫斯怒，爰整其旅，以遏徂莒，以笃周祜，以对于天下。'此文王之勇也。文王一怒而安天下之民。《书》曰：'天降下民，作之君，作之师，惟曰其助上帝宠之，四方有罪无罪惟我在，天下曷敢有越厥志？'一人衡行于天下，武王耻之，此武王之勇也。而武王亦一怒而安天下之民。"③

与孟子一样，荀子亦未否定怒本身的合理性，"生之所以然者谓之性。性之和所生，精合感应，不事而自然谓之性。性之好、恶、喜、怒、哀、乐谓之情。"④ "怒"作为六情之一，是人性的自然表现，怒之为情，既出于自然之性，则亦可称为"天情"："天职既立，天功既成，形具而神生，好恶、喜怒、哀乐臧焉，夫是之谓天情。"⑤ "怒"为"天情"说，在根本上确立了"怒"情绪的存在论地位。"背其天情"则谓"大凶"，"养其大情"，方谓"知天"。在荀子那里养情即是以"礼义文理"养情、节制情，使得"怒不过夺，喜不过予"，"好恶以节，喜怒以当"。⑥ 与孟子称赞文王、武王之怒相似，荀子对先王之怒亦有称颂："且乐者，先王之所以饰喜也；军

---

① 《荀子·非相》，王先谦撰，沈啸寰、王星贤点校：《荀子集解》卷3，第85—86页。

② 《荀子·非十二子》，王先谦撰，沈啸寰、王星贤点校：《荀子集解》卷3，第99—100页。

③ 《孟子·梁惠王下》，焦循撰，沈文倬点校：《孟子正义》卷4，第114—117页。

④ 《荀子·正名》，王先谦撰，沈啸寰、王星贤点校：《荀子集解》卷16，第412页。

⑤ 《荀子·天论》，王先谦撰，沈啸寰、王星贤点校：《荀子集解》卷11，第309页。

⑥ 《荀子·礼论》，王先谦撰，沈啸寰、王星贤点校：《荀子集解》卷13，第355页。

旅铁钺者，先王之所以饰怒也。先王喜怒皆得其齐焉。是故喜而天下和之，怒而暴乱畏之。"①显然先王之喜怒跟其赏赐刑罚一类政治举措紧密联系在一起，喜怒不仅在存在论上有其正当性，在政教秩序的安顿上亦是不可或缺的。

孔、孟、荀奠定了儒家对待怒之基调。对于个人之遭际，君子不会产生怒意，表现出怒色，他只追求己的德行的圆满，而不计较他人之"知"与"不知"，所谓"古之学者为己"；而对于人间价值被践踏，对于触犯众怒之现象，君子自是会怒、敢怒，并且敢言、敢行。后来在理学家之中通行的血气之怒与义理之怒之别，即是在这两种怒的态度上做出的。

至汉儒，怒之理解进一步上升到宇宙论层面上，当然这很难说从宇宙论层面说怒是汉儒之发明，《论语》记载孔子"迅雷风烈必变"，郑玄解释为"敬天之怒，风疾雷为烈也"，可谓的当。《诗经·大雅·板》亦有"敬天之怒，无敢戏豫"之说，而《左传》"民有好恶、喜怒、哀乐，生于六气"②的说法，则明确显示出当时之人已经把人之情绪与阴阳风雨晦明之气（所谓"六气"）联系在一起了。当然系统地从宇宙论论述怒气还是汉儒。

> 夫喜怒哀乐之发，与清暖寒暑，其实一贯也。喜气为暖而当春，怒气为清而当秋，乐气为太阳而当夏，哀气为太阴而当冬。四气者，天与人所同有也，非人所能蓄也，故可节而不可止也。节之而顺，止之而乱。人生于天，而取化于天。喜气取诸春，乐气取诸夏，怒气取诸秋，哀气取诸冬……然则人主之好恶喜怒，乃天之暖清寒暑也，不可不审其处而出也。当暑而寒，当寒而暑，必为恶岁矣。人主当喜而怒，当怒而喜，必为乱世矣。是故人主之大守，在于谨藏而禁内，使好恶喜怒必当义乃出，若暖清寒暑之必当其时乃发也。人主掌此而无失，使乃好恶喜怒未尝差也，如春秋冬夏之未尝过也，可谓参天矣。③
>
> 喜怒当寒暑，威德当冬夏。冬夏者，威德之合也；寒暑者，喜怒之偶也。喜怒之有时而当发，寒暑亦有时而当出，其理一也。当喜而不

---

① 《荀子·乐论》，王先谦撰，沈啸寰、王星贤点校：《荀子集解》卷14，第380页。

② 杨伯峻：《春秋左传注·昭公二十五年》，第1458页。

③ 董仲舒：《春秋繁露·王道通三》，苏舆撰，钟哲点校：《春秋繁露义证》卷11，北京：中华书局，1992年，第330—333页。

喜，犹当暑而不暑；当怒而不怒，犹当寒而不寒也；当德而不德，犹当夏而不夏也；当威而不威，犹当冬而不冬也。喜怒威德之不可以不直处而发也，如寒暑冬夏之不可不当其时而出也。[1]

在董仲舒这里，天亦有喜怒之气、哀乐之心，人之好恶喜怒之气，与天之暖清寒暑之运行、春夏秋冬之节气是完全同节律的，这种节律并不是人为安排的，而是自然而然的，是理当如此的，违背之，则会招致政治灾难。这里董仲舒并不否定怒，只是让怒止于所当怒者，当怒而不怒，当喜而怒，当怒而喜，均违背自然之节律。"好恶喜怒必当义乃出"，怒必与"义"联系在一起。人间的喜怒哀乐遂具备了天道的正当性。需要指出的是，董仲舒从天人一致、人副天数的角度论证喜怒哀乐，其着眼点始终扣紧在"人主""王者"之修身施政上面，君主的喜（"德"、赏赐）怒（"威"、刑罚）必须系于"义"，而不是一己之私情。惟《循天之道》篇，从养身、养生、爱气、贵气论治怒，认为人之喜怒忧惧情绪均会对人之气造成伤害（"怒则气高，喜则气散，忧则气狂，惧则气慑"），故须反"中和"以治之。苏舆谓此篇"多养生家言"，诚不刊之论。

宋明儒学对怒不仅有一套系统的看法，而且在治怒上亦有一套有效的方法。首先，理学家并不提倡无怒，忿懥、恐惧、好乐、忧患，人所不能无者，它们作为"情"，皆出自人之"性"，是"感于外而发于中"，性情关系恰如水波关系："湛然平静如镜者，水之性也。及遇沙石，或地势不平，便有湍急；或风行其上，便为波涛汹涌。"[2]朱子则明确指出："喜怒忧惧，都是人合有底。只是喜所当喜，怒所当怒，便得其正。若欲无这喜怒忧惧，而后可以为道，则无是理。"[3]可以说，宋儒在人性论上奠定了"怒"情绪

---

[1] 董仲舒：《春秋繁露·威德所生》，苏舆撰，钟哲点校：《春秋繁露义证》卷17，第462页。

[2] 程颢、程颐：《河南程氏遗书》卷18，王孝鱼点校：《二程集》，第204页。

[3] 黎靖德编：《朱子语类》卷16，朱杰人等主编：《朱子全书》（第14册），第539页。另参："问人心、道心。"曰："如喜怒，人心也，然无故而喜，喜至于过而不能禁；无故而怒，怒至于甚而不能遏，是皆为人心所使也。须是喜其所当喜，怒其所当怒，乃是道心。"黎靖德编：《朱子语类》卷78，朱杰人等主编：《朱子全书》（第16册），第2665页。

之合理性。人非草木，孰能无情？怒作为人情之一自有其存在的合理性。没有任何一个理学家曾完全否定怒，即便写《无怒轩记》的清儒李绂亦坚称"怒为七情之一，人所不能无。事固有宜怒者"，"怒不可无而曰无怒者，矫枉者必过其正，无怒犹恐其过怒也"。[①]

"事固有宜怒者"，"怒"是对"宜怒之事"的情绪反应，因此"怒"一定与何者宜怒以及如何对怒之"处境"的理解联系在一起。无名怒火则是需要完全克制的。"喜怒在事，则理之当喜怒也。"[②]离开宜怒之事，人心是不当有怒的。

> 问："'不迁怒，不贰过'，何也？《语录》有怒甲不迁乙之说，是否？"曰："是。"曰："若此，则甚易，何待颜氏而后能？"曰："只被说得粗了，诸君便道易，此莫是最难。须是理会得因何不迁怒，如舜之诛四凶，怒在四凶，舜何与焉？盖因是人有可怒之事而怒之，圣人之心本无怒也。譬如明镜，好物来时，便见是好，恶物来时，便见是恶，镜何尝有好恶也？世之人固有怒于室而色于市，且如怒一人，对那人说话，能无怒色否？有能怒一人而不怒别人者，能忍得如此，已是煞知义理。若圣人，因物而未尝有怒，此莫是甚难。君子役物，小人役于物。今人见有可喜可怒之事，自家着一分陪奉他，此亦劳矣。圣人心如止水。"[③]

"圣人之心本无怒"，在这里无非有三义：其一，圣人之心在未遇到可怒之事前，是完全无怒的，怒完全因遇到当怒之事而发，而不是先带怨尤之心，看任何事情都不顺眼，用程颢《定性书》的话说："圣人之喜以物之当喜，圣人之怒以物之当怒，是圣人之喜怒不系于心，而系于物也，是则圣人岂不应于物哉！"其二，圣人当怒则怒，但绝不会将此当怒之心转移到其他人物上面，"有能怒一人而不怒别人者，能忍得如此"，即此之谓也。其三，圣人之怒并不碍其心体之洒脱无累。"今人见有可喜可怒之事，自家着一分

---

① 李绂：《穆堂初稿》卷30，《续修四库全书》（第1421册），上海：上海古籍出版社，2002年，第561页。

② 程颢、程颐：《河南程氏外书》卷3，王孝鱼点校：《二程集》，第369页。

③ 程颢、程颐：《河南程氏遗书》卷18，王孝鱼点校：《二程集》，第210—211页。

陪奉他，此亦劳矣"，系指常人之喜怒，不免拖泥带水，留滞于心中，而为怒所劳累。所以二程讲圣人之怒时都会突出不为怒所累，不以怒"动其心"这一面向。

"怒"本是"心动"之表现，何以二程又说不以怒而动其心？此委实不好理解。朱子门人曾就此求教："伊川云：'忿懥、恐惧、好乐、忧患，人所不能无者，但不以动其心。'既谓之忿懥、忧患，如何不牵动他心？"朱子的回答是："事有当怒当忧者，但过了则休，不可常留在心。颜子未尝不怒，但不迁耳。"[1] 按朱子的理解，"不动心"并不是漠然无情，心没有感受到怒，而是指当怒则怒，怒而中节，当怒之事过后，心之怒亦随之戛然而止，心中不留下任何余绪。倘做不到，即是为"怒气"所动，即为"血气"所动而迁于他人。[2] 不为血气所动，即是孟子所谓"持其志"；为血气所动，即孟子所说的"暴其气"。[3] 依此标准，所谓不迁怒，不单是指怒甲而不迁于乙，虽怒所当怒，但或过或不及，于怒之节有毫发偏差，皆是迁怒之表现。朱子的这种理解即便在王阳明这里也是得到认可的："问'有所忿懥'一条。先生曰："忿懥几件，人心怎能无得？只是不可有所耳。凡人忿懥，着了一分意思，便怒得过当。非廓然大公之体了。故有所忿懥，便不

---

[1] 黎靖德编：《朱子语类》卷16，朱杰人等主编：《朱子全书》（第14册），第535—536页。

[2] 《朱子语类》关于"不为怒所动"的个别记载易致误解，如问："《集注》'怒不在血气则不迁'，只是不为血气所动否？"曰："固是。"因举公厅断人，而自家元不动。又曰："只是心平。"见黎靖德编：《朱子语类》卷30，朱杰人等主编：《朱子全书》（第15册），第1098页。此处"自家元不动"应当理解为"未尝为血气所动"，而"只是心平"并不是说公厅断人之际，心气不动不生怒意，而只能理解为怒中节、怒后不留余绪。此意观另一条目则显见："喜怒哀乐固欲得其正，然过后须平了。且如人有喜心，若以此应物，便是不得其正。"见黎靖德编：《朱子语类》卷16，朱杰人等主编：《朱子全书》（第14册），第536页。

[3] 问："志与气如何分别？"曰："且以喜怒言之：有一件事，这里便合当审处，是当喜，是当怒？若当喜也，须喜；若当怒也，须怒：这便是'持其志'。若喜得过分，一向喜；怒得过分，一向怒：则气便粗暴了，便是'暴其气'，志却反为所动。"见黎靖德编：《朱子语类》卷52，朱杰人等主编：《朱子全书》（第15册），第1705页；另参同书第1703—1706页诸条目。

得其正也。如今于凡忿懥等件，只是个物来顺应。不要着一分意思。便心体廓然大公，得其本体之正了。且如出外见人相斗，其不是的，我心亦怒。然虽怒，却此心廓然不曾动些子气。如今怒人亦得如此，方才是正。"(《传习录》235:308—309)

值得留意的是，在对待颜子不迁怒的问题上，朱子的解释与二程的说法是有微妙区别的，后者"圣人之心本无怒也"，以及"此亦劳矣"的说法，更多凸显了圣人之心在当怒而怒的时刻依然空灵、洒脱的一面，而朱子则更多强调了圣人之怒的一面。我们看两则师徒对话：

> 陈后之问："颜子'不迁怒'，伊川说得太高，浑沦是个无怒了。'不贰过'又却低。"曰："'喜怒哀乐发而皆中节'，'天下之达道'，那里有无怒底圣人！只圣人分上着'不迁'字不得。颜子'不迁怒'便尚在夹界处，如曰'不改其乐'然。"[1]
>
> 问："圣人恐无怒容否？"曰："怎生无怒容？合当怒时，必亦形于色。如要去治那人之罪，自为笑容，则不可。"曰："如此则恐涉忿怒之气否？"曰："天之怒，雷霆亦震。舜诛四凶，当其时亦须怒。但当怒而怒，便中节；事过便消了，更不积。"[2]

无疑，这里"那里有无怒底圣人！"以及圣人"怎生无怒容？"说法，均是针对程颐"圣人之心本无怒也"而发的。

另外，尽管朱子亦说"心不可有一物"，但朱子并非强调"无累""无劳"的面向，而是从凸显心怒则无法应物的面向立论的：如事先存个怒心，当有怒事来时，"便成两分怒了"，而喜事来时，又"减成了半分喜"，何来物来顺应？"'心有所忿懥，则不得其正。'忿懥已自粗了。有事当怒，如何不怒。只是事过，便当豁然，便得其正。若只管忿怒滞留在这里，如何得心正。'心有所好乐，则不得其正。'如一个好物色到面前，真个是好，也须道是好，或留在这里。若将去了，或是不当得他底，或偶然不得他底，便休，不可只管念念着他。"[3]

---

[1]　黎靖德编：《朱子语类》卷30，朱杰人等主编：《朱子全书》(第15册)，第1099页。

[2]　黎靖德编：《朱子语类》卷95，朱杰人等主编：《朱子全书》(第17册)，第3214页。

[3]　黎靖德编：《朱子语类》卷16，朱杰人等主编：《朱子全书》(第14册)，第535页。

那么，如何治怒呢？二程子给出了简明扼要的说法："忿懥，怒也。治怒为难，治惧亦难。克己可以治怒，明理可以治惧。"[1]就治怒而论，"克己"工夫即是让"怒"之发系于事上，事当怒则怒，而不系于个人一己的偏私与好恶，个人的偏私与好恶正是"克己"的对象。通过克己而确保怒一定与"义理"联系在一起。对于血气之怒，则应极力克制，克制血气之怒被称为"忍怒"。"然人情易发而难制者惟怒为甚。克己然后可以治怒，顺理然后可以忘怒。《书》曰'必有忍乃其有济'，此治怒不迁之法也。忍者，隐忍不发之称。迁者，自此迁彼之谓。能隐忍而不迁，则事必济矣。"[2]"忍怒"成为很多理学家治怒的主要工夫，陈白沙之《忍字赞》曰："七情之发，惟怒为遽；众逆之加，惟忍为是；绝情实难，处逆非易。当怒火炎，以忍水制。忍之又忍，愈忍愈励。"[3]"忍怒"亦有一个由"强忍"渐到"自然而然"的过程："问'某多怒，然一过辄悔，当何如以治之？'曰：'与其既怒而悔，何如未怒而防，当怒而制，着意克治，初犹强忍，忍之既久，渐觉自然。至于当怒而怒，便是性情中事，此岂可少？'"[4]

关乎治怒工夫，朱子则更重视"明理"，制怒者须"见得道理透"，[5]"看

---

① 程颢、程颐：《河南程氏遗书》卷1，王孝鱼点校：《二程集》，第12页。

② 胡寅：《先公行状》，《斐然集》卷25，容肇祖点校：《崇正辩 斐然集》，北京：中华书局，1993年，第548页。

③ 陈献章：《陈献章集》，孙通海点校，北京：中华书局，1987年，第81—82页。

④ 孙奇逢：《夏峰先生集》，王惠敏点校：《孙奇逢集》，郑州：中州古籍出版社，2003年，第1040页。

⑤ 敬之问："颜子'不迁怒，不贰过'，莫只是静后能如此否？"曰："圣贤之意不如此。如今卒然有个可怒底事在眼前，不成说且教我去静？盖颜子只是见得个道理透，故怒于甲时虽欲迁于乙，亦不可得而迁也。见得道理透，则既知有过自不复然。如人错吃乌喙，才觉了，自不复吃。若专守虚静，此乃释老之谬学，将来和怒也无了，此成甚道理！圣贤当怒自怒，但不迁耳。见得道理透，自不迁不贰，所以伊川谓'颜子之学必先明诸心，知所往，然后力行以求至'，盖欲见得此道理透也。"立之因问："明道云：'能于怒时遽忘其怒，而观理之是非。'又是怎生？"曰："此是明道为学者理未甚明底说，言于怒时且权停阁这怒，而观理之是非，少间自然见得当怒不当怒。盖怒气易发难制，如水之澎涨，能权停阁这怒，则如水渐渐归港。若颜子分上，不消恁地说，只见得理明，自不迁不贰矣。"见黎靖德编：《朱子语类》卷30，朱杰人等主编：《朱子全书》（第15册），第1096页。

得道理分明。① 确实，"忍怒"只能初步解决怒动于"血气"之问题，对于当怒则怒之"当"（怒之时机）、怒而中节（怒之程度），如无"明理"的工夫夹持，则总是有含混之嫌疑。门人陈淳曾问："君子于其所当怒者，正其盛怒之时，忽有当喜事来，则如何应？将应怒了而后应喜耶？抑中间且辍怒而应喜耶，喜了，又结断所怒之事耶？抑当权其轻重也？"朱子答曰："喜怒迭至，固有轻重，然皆自然而应，不暇权也。但有所养，则其所应之分数缓急不失轻重之宜耳。"②"分数缓急不失轻重之宜"，自是平素长期明理（所谓"有所养"）才能拿捏得准。

　　王阳明对于制怒工夫同样有丰富的论述。颜子何以能做到"不迁怒，不贰过"，阳明的回答是颜子"有未发之中始能"（《传习录》114:135）。显然，阳明治怒更注重从心体上立根（所谓"心髓入微处"）这一心学工夫的基本立场。门人陆澄问有人夜怕鬼，阳明曰："岂有邪鬼能迷正人乎？只此一怕即是心邪。故有迷之者。非鬼迷也，心自迷耳。如人好色，即是色鬼迷。好货，即是货鬼迷。怒所不当怒，是怒鬼迷。惧所不当惧，是惧鬼迷也。"（《传习录》40:77）制怒的力量源自良知的自觉，"忿心"与"怠心""忽心""懆心""妒心""贪心""傲心""吝心"一样，皆是"客气""浮云"，良知的"太阳"一出，则魍魉自消。在致弟子黄绾的信中，阳明叮嘱在京的门人黄绾与黄宗明说："二君必须预先相约定，彼此但见微有动气处，即须提起致良知话头，互相规切。凡人言语正到快意时，便截然能忍默得；意气正到发扬时，便翕然能收敛得；愤怒嗜欲正到沸腾时，便廓然能消化得，此非天下之大勇不能。然见得良知亲切，工夫亦自不难。"③ 针对怒之发多与个人是非毁誉相关，故在不同场合，王阳明均强调通过"止辩""自修平物"的途径对待人之是非毁誉："人之是非毁誉，如水之湿、火之热，久之必见，岂能终掩其是？故有其事不可辩也，无其事不必辩也。无其事而辩之，是自谤也；

　　① "颜子此处无他，只是看得道理分明。且如当怒而怒，到不当怒处，要迁自不得。不是处便见得，自是不会贰。"见黎靖德编：《朱子语类》卷30，朱杰人等主编：《朱子全书》（第15册），第1097页。

　　② 朱熹：《答陈安卿》，《晦庵先生朱文公文集》卷57，朱杰人等主编：《朱子全书》（第23册），第2714页。

　　③ 吴光等编校：《王阳明全集》卷6，第219页。

有其事而辩之，是益增己之恶而甚人之怒，皆非所以自修而平物也。惟宜安静自处，以听其来。"① 学界将阳明学称为孟子学，王阳明亦反复强调"良知"不过是孟子的"是非之心"，但对于孟子自反治怒说，阳明却仍有微词："孟子三自反后比妄人为禽兽，此处似尚欠细。盖横逆之来，自谤讪怒骂以至于不道之甚，无非是我实受用得力处，初不见其可憎。所谓'山河大地尽是黄金，满世界皆药物'者也。"② "初不见其可憎"，这一要求显示出理学家对于制怒的态度要比先秦儒家更加严苛了。王阳明本人制怒的佳话即是例证。据其亲炙弟子朱得之所记，王阳明在南都（南京）时曾见到诋毁自己的疏草，看时颇怒，遂自省曰："此不得放过。"掩卷自反自抑，俟心平气和，再展看，又怒，又掩卷自反自抑，直到"心平气和如常时，视彼诋诬真如飘风浮霭，略无芥蒂怨尤，方作罢"。③ 良知为心之本体，原自大中至正（所谓"定者心之本体"），只因"昏昧蔽塞"而后有所偏，故一动于怒气，良知当下即按下"暂停键"，自反自抑，如此反复操练，自会养得"笃实光辉"，纵偶有私欲之萌，亦如洪炉点雪，当下化为无矣。

治怒，宜从怒意未起时用功，因俟忿怒爆发，则肆横而不可收拾，故须早觉，才觉即制之。"未怒而防"，治怒工夫转趋细密与深入，刘宗周说："七情之动不胜穷，而约之为累心之物，则嗜欲忿懥居其大者。损之象曰：'君子以惩忿窒欲。'惩忿之功，正就动念时一加提醒，不使复流于过而为不善。才有不善，未尝不知之而止之，止之而复其初矣。过此以往，便有蔓不及图者。昔人云：'惩忿如推山，窒欲如填壑。'直如此难，亦为图之于其蔓故耳。学不本之慎独，则心无所主，滋为物化。虽终日惩忿，只是以忿惩忿；终日窒欲，只是以欲窒欲。以忿惩忿，忿愈增；以欲窒欲，欲

---

① 吴光等编校：《王阳明全集》（新编本，第5册），第1850页；另参同书第1617页，第1826页。

② 同上书，第1600页。

③ 刘宗周亦有类似的"自反"说："忽有告我者曰：'或谤汝。'则将应之曰：'某未之闻也。果有之，吾反吾罪焉。'又有告我者曰：'或欲聚众而辱汝。'则将应之曰：'夫夫也，亦何至于是？果有之，吾反吾罪焉。'忽遇谤且辱我者于前，则何如？'曰：'敢请某之罪。不得，则回车而避。'既解仇焉，则何如？'曰：'择其善者而与之，其不善者而去之。''然则唾面而干者是乎？'刘子怃然曰：'非谓此也，吾将励人以进吾学也。'"刘宗周：《学言上》，吴光主编：《刘宗周全集》（第2册），第368—369页。

愈溃。宜其有取于推山填壑之象。"①宗周深知治怒当从根处入手，即从怒念动时当下治之，这个关节口抓不住，则怒难治矣。这个怒念动时，并不是说怒已经发动、表现的动时，而是"动而无动"的几微时刻。在《纪过格》中，刘宗周以"微过"名之，此时只是"独而离其天者"，是"妄"，它"藏在未起念以前"，善于形容的刘宗周亦只好说此时"仿佛不可名状"，是"从无过中看出过来"。此微乎其微之"过"，"无病痛可指"，"妄无面目，只一点浮气所中"，但是"迁怒"之"隐过"即是由此"微过"而来，"微过"之真面目于此斯见。刘宗周从慎独入手论治怒可谓拔本塞源之论。

理学家关乎治怒之道以刘宗周弟子陈确论述最为亲切。其《治怒》七条于"怒"与"治怒"，沿流溯源，发潜阐幽，系统而不失精细。他首先指出日常之怒因所在，怒实系"小小不平之气所干"，自古以来即是不平世界，其实"本无所谓不平"。之所以产生不平之气，或是言语未齐，或是礼数不周，或是财物未清，而此三者乃人间常情，"皆极平极常"，不足介意。而于治怒，陈确给出两种对治方式。一种是应急良方："急治良方，莫若一'忍'字。凡遇事有可怒，切莫轻发，姑忍着。小者忍一二时，大者忍一二日，其气自平。虽曰强制一时，但持之既久，当渐自然。"另一种是"正治之道"："正治莫若一'敬'字。"陈确虽于"敬"字无发明，但以"敬"作为治怒之正道，则无疑是其治怒之道之殊胜处。士人虽读书明理，亦知不当有不平之气，但仍"时不免忿怒者"，显然只是知性上的"明理"，并不足以治怒，究其缘由，"只是失之于易也"，上对下，主人对妻子、仆婢，因其位卑，又习于我，"卑则势易相加，习则心不及察，虽贤者常不免怒詈"。而我之所以不敢对父母、师长加怒，亦只是我一直尊敬有加之缘故。因此，只有"敬"才能根治怒，对任何人都持敬，如《论语》所说"出门如见大宾，使民如承大祭"，如王阳明所说见满街都是圣人，"用心若此，更从何处说起'怒'字！"②

大致而言，理学家治怒注重"克己"与"明理"，尤其是"隐忍"，强调治怒应"早觉"，遏之于未萌、未发之际；对于当怒之人事，则当怒则怒，怒而中节，怒后不留。与先秦、两汉儒学相比，理学家制怒的工夫呈现出多

---

① 刘宗周：《人谱续编一·证人要旨》，吴光主编：《刘宗周全集》（第2册），第6页。

② 陈确：《陈确集》，第416—418页。

样性,制怒的技艺更加丰富与细致了,而对待怒的态度也更加严苛了。

以上我简要地勾勒出儒家源远流长的治怒之思想谱系。概言之,儒家对怒取血气之怒(私怒)与义理之怒(公怒)两分法。前者需要克治,后者需要培育。而治怒之道从大处论计有:忍怒法、忿思难法、自反治怒法、明理治怒法、克己治怒法、以敬治怒法。此种种治怒之道又可分为消极与积极两面。忍怒、忿思难均是消极、被动的治怒法,二者均是在怒意已起时用功克治。这种消极的治怒法在学理上无非将"怒"对象化,给"怒"按暂停键,一旦发怒的人意识到自己在发怒,其"怒"成为自己意识关注的"对象",怒气、怒意就会减弱、延宕,渐消渐散。血气之怒、私忿之所以会酝酿、起动,只能说明修身主体尚为习气、浮气、客气所动,其独立、自由与宽容、涵容的君子人格、大丈夫人格尚未养就,故积极的治怒之道在于克己、体仁、明理、以敬待人,在于"自反"而成就君子德性。

三、斯多亚的"怒"观与治怒五法

斯多亚哲学[①]本质上是一种"精神修炼"术,其哲学话语的主要功能在于成长、教育、心理开导、治疗以及自我转化,[②]哲学家就是慈悲为怀的医

---

① 学界通常把斯多亚学派划分为早、中、晚三期。早期代表人物有 Zeno of Citium(公元前 335 年—前 263 年)、Cleanthes of Assus(公元前 331 年—前 232 年)、Chrysippus of Soli(约公元前 280 年—前 207 年),Diogenes of Babylon(约公元前 240 年—前 152 年)及其继承者 Antipater of Tarsus(?—约前 129 年);中期有 Panaetius of Rhodes(约公元前 185 年—前 109 年)及其门人 Posido-nius of Apamea(约公元前 135 年—前 51/50 年)与 Hecato of Rhodes(约公元前 100 年);后期则有 Lucius Annaeus Seneca(约公元前 4 年—公元 65 年)、Musonius Rufus(30—100 年)、Epictetus(约 55—135 年)、Marcus Aurelius(121—180 年)。这里斯多亚派思想家的生卒年系根据以下资料综合而成:Keith Seddon: *Epictetus' Handbook and the Tablet of Cebes: Guides to Stoic Living*, London and New York: Rouledge, 2005, pp. 211—212;石敏敏、章雪富:《斯多亚主义(Ⅱ)》,北京:中国社会科学出版社,2009 年,第 367—370 页;以及库珀为塞涅卡《道德和政治论文集》所撰写的"全书导读"。

② Pierre Hadot: *What is Ancient Philosophy*, translated by Micheal Chase, Cambridge, Massachusetts: The Harvard University Press, 2002, p.176, 180.

生，"他的手艺能够治疗各种各样的人类痛苦。他们所从事的哲学并不是一门专门为了卖弄小聪明而高高挂起的智力技巧，而是一门处理人生悲痛的世间技艺。因此，他们专注于日常与紧迫的人生意义问题——畏死、爱与性、忿怒与攻击——这些问题往往被那些高高挂起的哲学当作烦人的私人问题避而不谈"。① 故哲学在根本上并非什么抽象的理论，更不是章句训诂之学，而是一门"生活的艺术"："它是一种具体的态度与确定的生活风格，这要涉及整个生存。哲学行为并不单单是立足于认知的层面，而是在自我与存在的层面。它是通向成全我们存在、让我们变得更好的一种路径……哲学首先是一种激情的治疗。"② 医学研究与医生负责治疗人类的身体疾病，哲学研究与哲人则负责治疗人类的心灵疾病。

激情（pathos）原意即为一个人所发生的事情，即人所遭遇的事情，因而，激情在斯多亚派看来总是针对个人遭遇而发作的情绪。它是心智处于偏执、欠缺状态下一种不正当的反应。故在斯多亚派那里，激情是需要完全加以克制的对象，③ 而愤怒又是所有激情中"最为可怕、最为疯狂者"，因为其他激情或许还包含"些许的平静和隐忍"，还可以加以"掩藏"，而愤怒则是"十足的冲动和发作"，它毫无掩饰，"眼睛要冒出火光来，脸色紫红，血脉偾张，嘴唇颤抖，牙关咬紧，毛发根根直立，呼吸嘶嘶作响，语不成句，或沉吟或咆哮，四肢僵硬，又击掌又顿足，整个身体都随时暴起，'恐怖有力仇恨的模样'，那是一张自甘堕落的、扭曲变形而狰狞骇人的脸，你简直就不知道该说它可憎呢，还是说它丑陋"。它是"一股出离人性的狂乱欲望"，它要晓以颜色，它要血债血偿，它无所顾忌但求加害，愤怒有如利刃，叫那快意复仇的人也毁灭自己。④ 愤怒附体，人就疯癫。即

---

① Martha C. Nussbaum, *The Therapy of Desire: Theory and Practice in Hellenistic Ethics*, Princeton and London: Princeton University Press, 1994, p.3.

② Pierre Hadot: *Philosophy as a Way of Life: Spiritual Exercises from Socrates to Foucault*, translated by Micheal Chase, Oxford & Cambridge: Blackwell Publishers, 1995, p. 83.

③ 有关"激情"在斯多亚派中的含义，请参见库珀为塞涅卡《道德和政治论文集》所写的导读部分，塞涅卡:《道德和政治论文集》，袁瑜琤译，第33—38页；以及 *The Emotions in Hellenistic Philosophy*, edited by Juha Sihvola and Troels Engberg-Pedersen, Dordrecht/Boston/London: Kluwer Academic Publishers, 1998, pp. 30-39。

④ 塞涅卡:《道德和政治论文集》，袁瑜琤译，第46、47页。

便是日常小小的怒气，莫名而起，莫名而散，看似无关紧要，但殊不知人之每一个习惯、每一种能力，都会因为相对应的行动而得到维持和加强。你生气了，你的坏脾气又发作了一次，而且你又一次强化了你的这个恶习，心灵的疾病由此而生，你不去有效抑制自己的心头欲火，你的心灵就会因为这种相应的表象的刺激而比以前更快地激发出这种欲火，反复出现后，心中就会有"老茧"，进一步发展为"恶习"。[1]

　　激情治疗的首要任务即是治怒。制怒得首先了解愤怒发作的机制，依斯多亚派看来，激情的产生大致由三个阶段构成。第一个阶段是不由自主的，这是激情的酝酿阶段，这个阶段大致是发怒者被他人触动了最初感受（"心智上的震动"），第二个阶段即是一自愿的阶段，我感受到自己被冒犯与伤害了，并立意要报复，第三个阶段则是报复冲动的完全爆发。[2] 由此可见，愤怒固然始于被冒犯的感觉，但倘若没有心智的参与与认可，就很难形成愤怒。愤怒的爆发，"只能是基于心智的同意。先是有一个自己被冒犯的印象，继而出现报复的欲望"，在此意义上不应把愤怒理解为本能性的身不由己的活动，身不由己的活动乃是出自本能，例如打冷战，站在悬崖绝壁的边缘而感到眩晕，这些感受、反应是无法抑制的，但是愤怒是"基于授意而发作的"，是"心智自愿的过失"。[3] 显然，如何克服被冒犯的印象才是治怒的关键，在斯多亚学派看来，酝酿激情的印象、表象往往是有问题的，它有四种表现形式：第一，事物实际如此而且也如此表现；第二，事物实际并非如此而且也并非如此表现；第三，事物实际如此，却并非如

---

　　① 爱比克泰德：《爱比克泰德论说集》，王文华译，北京：商务印书馆，2009 年，第 250 页。

　　② 有关激情三阶段的描述，请参见塞涅卡：《道德和政治论文集》，袁瑜琤译，第 78—79 页；有关对激情产生的三阶段的分析，请参见 Margaret R. Graver, *Stoicism and Emotion*, Chicago and London: The University of Chicago Press, 2007, pp. 125—132；有关塞涅卡治怒思想的系统讨论，请参见 William B. Irvine, *A Guide to the Good Life: the Ancient Art of Stoic Joy*, Oxford and New York: Oxford University Press, 2009, pp. 159-165；对斯多亚派的愤怒观的另类分析，可参见 Nancy Sherman, *Stoic Warriors: the Ancient Philosophy behind the Military Mind*, Oxford and New York: Oxford University Press, 2005, pp. 65-100。

　　③ 塞涅卡：《道德和政治论文集》，袁瑜琤译，第 75—76 页。

此表现；第四，事物实际并非如此却如此表现。[1] 哲人的职责就是要严格审查这些表象。认清表象是哲人最高的职责，"未经检验的表象绝不采用"。问题当然在于，在自己被冒犯的印象之中，事物并非如此，因为那个"自己"并非真正的自己，这就涉及爱比克泰德所说的真正的自己之所在："通过学习我明白了，如果发生的一切都是意愿之外的东西，那么，这一切对我来说就什么都不是。"[2]

　　这种看法之实质即是将"怒"视为个人权能之内的东西，将个人的遭际视为个人权能之外的东西，并对两者严加区别。爱比克泰德曾举例说，华丽的衣服、美貌的妻子均不是你个人权能之内的东西："你要认识到，你自己的东西小偷和奸夫是抢不走的，他们抢走的东西都不属于你，不在你的权能范围之内。如果你能漠视这些东西，而且认为它们一文不值，你还会跟谁生气呢？可是，只要你还珍视这些东西，那么，你应该生气的是你自己，而不是小偷和奸夫。"[3] 个人只能也只应将意愿对象限制在自己权能以内的范围，超出这个范围只会给人带来痛苦："只要你把自己想要得到东西的意愿和想要回避东西的意愿放在贫穷和财富上，你就永远不会得到自己想得到的东西，永远不会回避开自己想要回避的东西。只要你把自己的这些意愿放在身体健康上，你就会悲惨不幸。只要你把自己这些意愿放在官位、荣誉、国家、朋友、子女上，一句话，放在一切自己权能之外的东西上，你就同样会悲惨不幸。"[4] 只有那些真正认清自己权能之所在，并严格将自己的意愿限制在这个权能范围之内的人才是生活中真正的强者："什么样的人才是不可战胜的呢？那些不受意愿之外的事情侵扰的人。"[5] 善就是"正确的意愿以及对表象的正确运用"。"只有接受了教育的人才是自由的"，[6] 因为他拥有按照我们的愿望生活的能力。"接受教育就是学习如何合乎自然地将天然认知应用到具体实践中。接受教育就是学习分清什么

---

[1]　爱比克泰德：《爱比克泰德论说集》，王文华译，第136—137页。

[2]　同上书，第151页。

[3]　同上书，第100页。

[4]　同上书，第245—246页。

[5]　同上书，第101页。

[6]　同上书，第166页。

是在我们权能之内的，什么是不在我们权能之内的。在我们权能之内的东西是意愿和所有意愿的行为。不在我们权能之内的东西有身体、器官、财产、父母、兄弟、子女、国家。"① 既然身体、器官、财产、父母、兄弟、子女、国家都是身外之物，不，严格说都是"心"外之物——身也是心外之物，则哲人就不应该受到这些本不属于自己的东西的影响，他只需牢记"神的律法"，即"自己的东西，我们要永远保持；不是自己的东西，我们绝不索求"，"财富，健康，名誉，等等，总之一句话，除了正确运用表象以外，所有其他一切都不是我们权能之内的事。而我们正确运用表象的这种能力，它在本性上是完全自由，不受任何约束和限制的"。② 不要把财富、健康、配偶、孩子等当作上天所赐的礼物，这一切都应该视为所借之物，都是你从上天那儿借来的，且没有固定的借期，债务人有权随时收回它们。

爱比克泰德还提议人们应该将这种对表象的审查态度看作一种生活态度。他说，人们对待钱币慎之又慎，看着，摸着，嗅着，掷在地上听着，唯恐它是一枚假币，为何对待自我、灵魂生活就不采取这种"钱币检查员"一丝不苟的态度呢？ 自我检查、灵魂检查就是要确认个人权能的范围，诚如福柯所归纳的那样，斯多亚学派的审查在本质上是"一种权能的考验和一种自由的保证"："当心灵中出现了一种表象时，识别、诊断（diakrisis）的工作就在于运用著名的斯多亚学规区别出不取决于我们的部分与取决于我们的部分。前者因为超出我们的权能，我们就不会接纳它们；并把它们当作'欲望'或'厌恶'、'爱慕'或'反感'不恰当的对象而加以拒斥。审查是一种权能的考验和自由的保证：一种永久确保不依附于我们无法控制的对象的方式。"③ 个人权能范围就是个人自由的范围，这种自由是任何人都无法剥夺的，舍此，则非个人意愿所能主宰，则应听之、任之："是什

---

① 爱比克泰德：《爱比克泰德论说集》，王文华译，第 118 页。

② 同上书，第 236、263 页。

③ 福柯：《性经验史》（增订版），佘碧平译，上海：上海人民出版社，2005 年，第 354 页。引文个别术语依英译本而有改动。英译本见 *The Care of the Self, Volume 3 of The History of Sexuality*, Michel Foucault, translated from French by Robert Hurley, New York: A Division of Random House, 1988, p.64。

么使那么多人迷惘不堪、混乱不堪的呢？是暴君和他的卫兵吗？不，当然不是。本性自由的东西除了它自己以外是不会为任何其他东西所干扰和妨碍的。干扰他的只能是他自己的认识和看法。因为，如果暴君威胁他说，'我要用镣铐把你的腿锁起来。'珍惜自己双腿的人会说，'不，饶了我吧。'而珍惜自己意愿的人会说，'如果你觉得这样对你更有利，那么就锁起来吧。'"[①]要之，平静地接受我权能范围以外的一切，努力改变我权能范围以内的一切，而学习哲学就是要分辨何者归属于我权能的范围。

在儒家的制怒思想之中，义理之怒与血气之怒是有着严格区别的，制怒仅限于血气之怒，义理之怒不可无乃是儒家的共识，但斯多亚学派则全盘否定了"怒"本身，对于所谓的义理之怒（义愤），塞涅卡曾花了大量篇幅予以贬斥。常人认为愤怒可以带来勇气，义愤填膺，才能行动果敢，没有义愤，人们面临强敌或暴徒，就会畏首畏尾而丧失行动的能力。塞涅卡则坚持认为理性无需激情的辅助，"美德不需要邪恶来帮衬；美德本身自我完满。每当需要奋勇斗志的时候，这个斗志不是在愤怒中爆发，而是要审时度势地投入作战中，就如石弩射出了飞石，飞石的射程要由弓弩手掌控"。[②]况且，以愤怒对治罪恶，实在是以恶制恶、以暴易暴："美德不会被允许它自己在遏制邪恶的同时，反而模仿邪恶。在它看来，愤怒本身是要接受惩治的。不端行为引发了愤怒，但愤怒一点儿也不比那不端行为更好，而是常常比它更糟。"[③]更何况，愤怒根本帮助不了理性，因为理性"只有在远离激情时才具有力量"。一旦诉诸激情（愤怒），激情就会喧宾夺主，因为愤怒一旦形成，它就会胜过试图控制它的力量，把理性席卷而去。理性一旦沾上激情，它就"可能已经丢失了自身"，"理性永远不会求助于那些盲目而不受拘束的冲动，它本身不能驾驭那样的冲动"。[④]在塞涅卡看来，愤怒在根本上就无法带来勇气，而不过是"给那也许会懒散或者懦弱的人一点儿刺激而已"，"没有谁会由于愤怒而勇敢，除非他缺少了愤怒压

----

① 爱比克泰德：《爱比克泰德论说集》，王文华译，第 104 页。

② 塞涅卡：《道德和政治论文集》，袁瑜琤译，第 57 页。

③ 同上书，第 80—81 页。

④ 同上书，第 57 页。

根儿就不能勇敢起来。愤怒从来就不是勇气的救助，而是代替了勇气"。①
针对适度愤怒可以激励心智等说法，塞涅卡斩钉截铁地说，所谓"适度的
激情"，不过是"适度的邪恶"而已。

塞涅卡甚至设想这样一种情形：一个好人看到他的父亲被杀死、他的
母亲被侮辱，他应不应发怒呢？"不，他不应当发作愤怒；他应当惩罚和
保护。难道儿子的孝心没有愤怒就不足以投身行动吗？""好人要做好他
的分内，但却不忧不惧；他要做一个好人值得做的事，而不做不应当做的
事。'我的父亲就要被杀死了——我要保护他；他已经被谋害了——我要复
仇；这样做不是出于我的痛苦，而是因为我应当。'"② 因此，即便在"惹起
众怒"的情形下，在"天怒神怨"的处境中，理性之人亦不应有丝毫之愤
怒。所谓的义愤，不过是"心智脆弱的表现"。"真正得体而有尊严的做法"，
不是非理性地喧闹，而是想办法努力保护亲人与邻居，这是出自义务的召
唤，是坚强的意志、冷静的判断与远见的体现。显然，在斯多亚派看来，
一切愤怒都有失君子之尊严。受斯多亚影响的西塞罗提出了一条适合生活
各个方面的行为准则，即不要陷入不受理性支配的心灵亢奋状态，尤其不
要表现出愤怒的情绪，即便需要对无理取闹的人加以责备，乃至与最难缠
的敌人争辩，这些场合可能需要我们"面带怒色"，但也不能在内心发怒。
因为在此时发怒不仅有可能做出不公正、不明智之举，而且也有失自己的
尊严。③

因此，对罪恶的惩戒应当与愤怒划清界限。惩戒是基于理性，而不是
基于愤怒。好的法官在谴责罪恶的行为之时，他是心平气和的，而不应有
丝毫的愤怒。毕竟，基于憎恨、愤怒去惩戒，对受惩戒者来说很难做到公
正，对惩戒人来说，他本身即陷入需要惩戒的激情之中，因而亦即陷入邪
恶之中："任何负有权衡、裁量此等事务责任的人，在掌握了这个需要十分
审慎的事物——生杀予夺的权力——时，都必须远离激情的干扰。这是一

---

① 塞涅卡：《道德和政治论文集》，袁瑜琤译，第 62 页。

② 同上书，第 60 页。

③ 西塞罗：《论老年 论友谊 论责任》，徐奕春译，北京：商务印书馆，1998 年，
第 152—153 页。

柄剑，愤怒是一个邪恶的受托人。"①

有智慧者之最高德性乃是"不动心"，冷眼看世界，他对任何行为不端的人都不会感到愤怒，"面对荒谬和错误，那有智慧的人应当平静而公正：他是那些行为不端者的矫治者，而不是他们的敌人，每一天的开始他都要想一想'我就要见到许多酗酒、淫荡、忘恩负义和贪婪成性的人，还有许多因为野心而狂躁不已的人'。他将用医生看待病人的温和眼光来看待所有这一切"。②在斯多亚学派的修身学中，修行的终极阶段就是成就一种不为个人任何遭际所动的坚忍不拔的人格。修身有三阶段说：第一，立志成为自由的人，放弃一切权能之外的东西，纵身大化中，不忧亦不惧。第二，不受任何欲望、烦扰的影响，一心敬神，热爱智慧，勤于思考，明白自己对神、父母、兄弟、国家以及素不相识的人的责任。第三，坚定，永不动摇。③有了这种人格，虽不会逢凶化吉，却总能做到逢凶而不乱。假如我在乘船的过程中，突然遭遇暴风雨，船要下沉了，我该如何应对呢？"我只做自己有能力做的事情。我绝不会心怀恐惧地被淹死，我绝不会痛哭流涕、怨天尤人地死去。因为我知道，万物有生必有灭。"④

斯多亚学派不仅在理论上对愤怒进行了彻底的否定，而且在工夫上还给出了一套行之有效的制怒之道。观塞涅卡、爱比克泰德、奥勒留相关制怒工夫论述，其要大致有以下数端。

第一，克服"冒犯意识"。愤怒往往出于被他人冒犯的表象，然而这是一种错误的"表象"："假如有人激怒了你，你要意识到这么一点，那就是，是你自己的认识和看法激怒了你。所以，首先，你应该努力不要让表象把你卷跑；因为只要你有时间缓一缓，你就比较容易地控制住自己

---

① 塞涅卡：《道德和政治论文集》，袁瑜琤译，第70页。

② 同上书，第85页。

③ 同上书，第246—247页。

④ 同上书，第179页。这让我们想起程颐被贬涪州，渡汉江，中遇大风浪，船几乎就要翻了，舟中人人都吓得惊慌失措，号哭不已，唯独程颐先生正襟安坐如平常一样。等到安全到达江岸后，大家问他为什么那么镇定，程颐答曰："心存诚敬耳。"事见《河南程氏外书》卷12，程颢、程颐：《二程集》，王孝鱼点校，第423页。

了。"[①] 要知道，石头不会冒犯你，植物不会冒犯你，动物也不会冒犯你，毕竟它们没有思想，对没有生命的东西、没有思想的生命发作愤怒是愚蠢的。同样，"对小孩子以及那些并不比小孩子更明智的人发作愤怒，也是愚蠢的"。[②] 斯多亚派还提醒那些容易被"冒犯"的人说，冒犯意识是弱者的象征，自信的人与明智的人是不会产生冒犯意识的，高贵者、强大者，宛如大自然之中的百兽之王，"面对小狗儿的吠叫无动于衷"，他根本就不会产生被冒犯的意识，遑论睚眦必报了，谨记"一个因为冒犯而扭曲的心智，不是强大的心智。不论是谁伤害了你，他要么比你强大，要么比你弱小。如果他比较弱小，放过他；如果他比你强大，放过你自己"。[③] 这多少有点"忿思难"的意味，只是这里所思之难是个人力量的强弱，而非家人之安危。

第二，斯多亚派还建议人们要具备"早知如此"的心理准备与"人无完人"的"容忍意识"。比如，每早开始，先在心中念叨一番，今日会遇到种种忘恩负义的人、傲慢无礼的人、欺诈的人、嫉妒的人，这些人都是"病人"，医生在医院中见到病人是再正常不过的事情，何况自己就是一位病人，在心里打预防针，你就有准备，这样一天下来，你遇到任何人都不会发作愤怒。[④] 正如同我们会同情那些在生理上有缺陷的人，那些无缘无故

---

① 爱比克泰德：《爱比克泰德论说集》，王文华译，第589页。另参："丢开你的意见，那么你就丢开了这种抱怨：'我受到了伤害。'而丢开'我受到了伤害'的抱怨，这伤害也就消失了。"见奥勒留：《沉思录》，何怀宏译，第23、75页。早在第一代的斯多亚派克律西波斯那里，就已经有治怒术的论述，他已经意识到怒之所以产生乃是因为构成情绪的判断出了问题，而治怒就是要形成正确的判断，这种制怒术在现代心理学家那里被称为认知疗法，见 William Harris, *Restraining Rage: the Ideology of Anger Control in Classical Antiquity*, pp. 370—371。

② 塞涅卡：《道德和政治论文集》，袁瑜琤译，第101页。

③ 塞涅卡：《道德和政治论文集》，袁瑜琤译，第122页。另参："和旗鼓相当的人发生冲突将是一场灾难，和那强过你的人发生冲突就是在发疯，而和那不如你的人有冲突，你就显得猥琐呢。"（塞涅卡：《道德和政治论文集》，第110页。）

④ 奥勒留：《沉思录》，何怀宏译，第8页。这种"事先想象"的"早知如此"制怒法源自于 Philodemus，见 William Harris, *Restraining Rage: the Ideology of Anger Control in Classical Antiquity*, p. 372。

侮辱我们的人实际上都是一些心智上有残缺的人，这已经是上天给他们的严厉惩罚了，他们不值得我们发怒，只值得我们同情。

第三，对于别人的恶意中伤，斯多亚派建议以一种"庆幸意识"与"幽默感"来化解之，比如有人说你两句坏话，你就可以这样安慰自己，幸好他还没有说我三句坏话。[①] 此种治怒法与子路"闻过则喜"可谓大相径庭。你还可以抱着"同情"谗言者的态度坦然受之，他对我说坏话，这是他弄错了，受到伤害的人是他，因为他是错误看法的受害者。所以，"从这一点原则出发，你就要温和地对待那个辱骂你的人，因为，每当这个时候，你都要对自己说'他认为是这个样子的'"。[②] 至于面对行政官员、父母、老师和法官的斥责，我们不仅不应该有被冒犯的感觉，而且应该持欢迎的态度，就像病人欢迎医生一样。

第四，还有一种对治愤怒的方法："且慢法"与"反思法"。愤怒的爆发虽然会突如其来，如恶魔附体，但总有端倪可察。因此，一旦体会到困扰来临之际，就赶紧沉默不语，让愤怒消散。让愤怒慢慢消失有很多具体的举措，比如，在自己行将愤怒的时候，马上将之"对象化"，设想眼前有一面镜子，看看镜子之中那张因愤怒而被扭曲的丑陋、狰狞的面目吧，那是多么可怕的一个我啊，那扭曲变形的样子，会让你震惊。或者，在你因愤怒而举手要打孩子的那一瞬间，这时来一个动作"定格"，想象一下自己龇牙咧嘴、气呼呼举手的丑态吧，当你反思、留意到自己愤怒的时候，愤

---

① 假如有人跟你说，某某人说你的坏话呢，你不要为自己辩解，你应该这样回答："我还有许多别的毛病他还不知道呢，要不的话，他就不会只提这些了。"见爱比克泰德：《爱比克泰德论说集》，王文华译，第601—602页。利玛窦最早摘编爱比克泰德《道德手册》，并以《二十五言》为题传播中土，该段落利玛窦译为："有传于尔曰：'某尝尔指尔某过失。'尔曰：'我犹有别大罪恶，某人所未及知，使知之，何尝我止此欤？'"见朱维铮主编：《利玛窦中文著译集》，上海：复旦大学出版社，2001年，第129页。

② 爱比克泰德：《爱比克泰德论说集》，王文华译，第606—607页。利玛窦译为："有毁谤尔，尔想彼以是意为其自所当为也。人各有意，孰能皆与尔翕欤？然其状惟自误自妄耳，于尔无关矣……则方遇忤逆者，尔则曰'彼以是意为其自所当为'，则无诧异，而不加嗔于人也。"见朱维铮主编：《利玛窦中文著译集》，第133页。

怒就开始消失了。① 镜子息怒法、"且慢法"其实就是分散注意力，即在愤怒发生之际，通过转移注意力而息怒。据普鲁塔克记载，塔苏斯的阿忒诺多罗（Athenodorus of Tarsus）还有通过不停地唠叨字母表而息怒的方法，这个方法也是属于同一类型的息怒法。② 林则徐曾悬写有"制怒"二字的匾于厅堂，每当怒气发作时，举头望之，则怒火消矣。看来，反思"怒"成为中外制怒的公法。"且慢法"与"反思法"实际上即是让理性做主宰，让表象退位为客体："不要因为表象的强大而被击倒；面对表象，我们要说一声，'等一等，表象，让我看看你是谁，你要干什么，我要先审查你。'"其次，"用另一个表象，一个美好的表象来对付它，把这个卑鄙的表象赶走"。③

第五，与早上出门之前的"心理准备法"对应的是，每晚则须做"省身课"，检讨自己一天的制怒工夫如何。在塞涅卡时代，晚间的自我省察和检点一天所作所为已经是一门流行的功课："我们所有的感官都必须在忍耐中接受训练。只要心智停止对它们腐蚀，它们原本是能够忍耐的。这个心智，每天都应当召唤来为它自己述职。"④ 福柯指出：早上的省察是为了想一想一天的任务和职责，以便做好充分的准备。晚上的省察则是把白天发生的事理出一个头绪。塞涅卡《论愤怒》（De ira）讨论到罗马斯多亚学派的塞克斯蒂乌斯（Sextius）的晚课省察法：晚上就寝之前问一下自己的灵魂，"你已经改正了哪些恶习？你抵制了哪些错误？你在哪些方面有所进步？"而塞涅卡本人每晚也从事同样的省察：夜幕降临，万籁俱寂，塞涅卡就开

---

① 塞涅卡讲了一个柏拉图的逸事，是"且慢法"的绝佳例子：有一次柏拉图对他的奴隶生了气，要亲自鞭打那个奴隶。当他举起手臂要教训那个奴隶的时候，当下意识到自己是叫愤怒附体了，于是他就高高举着手臂，保持要打人的样子，一直定格在那里。一个朋友恰巧走过来，就问高举手臂的柏拉图在干什么，柏拉图回答说："在惩罚一个叫愤怒附体的人。"见塞涅卡：《道德和政治论文集》，袁瑜琤译，第130页。

② William Harris, *Restraining Rage: the Ideology of Anger Control in Classical Antiquity*, p.376.

③ 爱比克泰德：《爱比克泰德论说集》，王文华译，第253页。

④ 塞涅卡：《道德和政治论文集》，袁瑜琤译，第158页。爱比克泰德在其《爱比克泰德论说集》卷2第18章《如何与表象作斗争》中，对每日反思自己在制怒方面提出了详细的建议，见爱比克泰德：《爱比克泰德论说集》，王文华译，第250—251页。

始睡前的心灵操练活动。"有什么比这种省察白天行动的习惯更好的呢？有什么睡眠比这种省察之后安然入睡更好呢？因为灵魂已经检点了自身，人就可以睡一个安详、酣畅与无拘无束的觉。"晚课省察乍看起来犹如一场小型的法庭诉讼，如"传唤到庭""预审品行""为我辩护"等说法就说明了这一点，不过整个过程更像是一种"行政干预"，它要求评估已经完成的行动，以便恢复各种行为原则，并确保将来得到正确的实施。[1]

四、中西治怒之道的异同与两种"不动心"

中西修身学不约而同对治怒情有独钟，围绕对怒的态度以及相应的治怒之道，儒家与斯多亚派存在很多共识。

对于血气之怒，双方都认为血气之怒会干扰修身主体的理性判断。理想的修身主体乃是一明镜、止水，它对事物的判断与响应，不会添加任何个人的愿望、欲望，而血气之怒不仅会干扰理性的判断，而且会给人带来心理负担，束缚人之心灵，让人不得自由。二程子强调圣人之心本无怒，又说"今人见有可喜可怒之事，自家着一分陪奉他，此亦劳矣"，诸如此类的说法均洋溢着追求心灵洒脱与自由的治怒旨趣。塞涅卡在论述智慧之人无怒时曾着意指出，如果有智慧的人，如司法官员天天面对罪犯，倘面对罪恶而不能自制，任凭怒火中烧，则智慧者之心灵何以堪？"如果有智慧的人有义务对那不道德的行为感到愤怒，有义务对犯罪感到震惊或者沮丧，那么，还有什么比做智慧的人更麻烦吗？他整个生命都要花在坏脾气和悲伤上。"[2] 这种见解与"自家着一分陪奉他，此亦劳矣"说毫无二致。

不只如此，血气之怒会干扰修身主体以恰当方式待人接物，其后果轻则迁怒于无辜，重则"伏尸百万，流血千里"（所谓"天子之怒"）。儒家与斯多亚派对血气之怒之政治后果均有深刻的洞察，在治怒上均表现出强烈

---

① 福柯：《性经验史》（增订版），佘碧平译，上海人民出版社，2005 年，第 343 页。引文个别术语依英译本而有改动。英译本见 *The Care of the Self, Volume 3 of The History of Sexuality*, Michel Foucault, translated from French by Robert Hurley。

② 塞涅卡：《道德和政治论文集》，袁瑜琤译，第 81 页。

的政治关怀。① "在执行处罚时,最要紧的是不能有丝毫的怒意。因为在愤怒的情况下执行处罚,决不能遵守那种恰如其分的中庸原则——施罚既不过重也不过轻。"② 西塞罗的这一说法道出了斯多亚派治怒的政治意义。而在儒家的治怒论说之中,政治内涵更是昭然若揭,汉儒已指出孔子"不迁怒"之赞乃是针砭鲁哀公之"滥怒",董仲舒论治怒均立足于阐发"为政之理",国君之"喜怒哀乐"与"庆赏刑罚"密切相关:"我虽有所愉而喜,必先和心以求其当,然后发庆赏以立其德。虽有所忿而怒,必先平心以求其政,然后发刑罚以立其威。"③ 在朱子治怒的论述之中,更屡见此种政治内涵:

> 忿懥、好乐、恐惧、忧患,这四者皆人之所有,不能无。然有不得其正者,只是应物之时不可夹带私心。如有一项事可喜,自家正喜,蓦见一可怒底事来,是当怒底事,却以这喜心处之,和那怒底事也喜了,便是不得其正。可怒事亦然。惟诚其意,真个如鉴之空,如衡之平,妍媸高下,随物定形,而我无与焉,这便是正心。因说:"前在漳州,见属官议一事,数日不决,却是有所挟。后忽然看破了,道:'这个事不可如此。'一向判一二百字,尽皆得这意思。此是因事上见这心亲切。"④

而王阳明在论及格物工夫时,亦曾结合"簿书讼狱"说道:"问一词讼,不可因其应对无状,起个怒心。不可因他言语圆转,生个喜心。不可恶其嘱托,加意治之。不可因其请求,屈意从之。不可因自己事务冗杂繁复,随

---

① 库珀认为,斯多亚派乃至古希腊罗马时代众多哲人讨论治怒的问题,并不是因为古人的脾气比我们要坏,而是因为在古代某些人滥施淫威的可能性远远超出现代社会的人,那些掌握权力的人一旦雷霆震怒,便是灾难无边。见塞涅卡《论愤怒》"导读"部分,塞涅卡:《道德与政治论文集》,袁瑜琤译,第 15 页。关于塞涅卡公共生活之中的忿怒之阐述,可参 Martha C. Nussbaum, *The Therapy of Desire: Theory and Practice in Hellenistic Ethics*, pp. 402—438。

② 西塞罗:《论责任》,《西塞罗三论》,徐奕春译,北京:商务印书馆,1998 年,第 131 页。

③ 董仲舒:《春秋繁露·威德所生》,苏舆撰,钟哲点校:《春秋繁露义证》,第 462 页。

④ 黎靖德编:《朱子语类》卷 16,朱杰人等主编:《朱子全书》(第 14 册),第 537 页。

意苟且断之。不可因旁之潜毁罗织，随人意思处之。这许多意思皆私。只尔自知。须精细省察克治。惟恐此心有一毫偏倚，枉人是非。这便是格物致知。"（《传习录》218:297）

怒不仅仅是一种情绪，一种内在的心理状态，也是一种意向性行为（intentional act），它牵涉到对当下处境与事情的理解，它体现了一定的认知因素。在根本上说，怒也是一种人生在世的情绪，是在与他人、天地万物互动过程之中产生的一种生存体验。故怒往往是涉他的情绪，是对他人行为的不满而指向他人的一种态度。但无论在儒家抑或在斯多亚学派的治怒体验之中，都明确要求将这种涉他的情绪指向性加以反转且做一种自我关涉，于是本来是要改变他人的一种策略之怒，现在变成了一种自我警戒、自我省察、自我转化的办法，由对他人之不满，转成对自己之不满，而对自己的不满，就不再是"怒"，而是发愤的"愤"，奋起的"奋"，治怒之道遂成为自我提升、自我精进之道。治怒在根本上是为了成就一伟大人格。因此"怒"虽往往涉及他人与社会面向，但"治怒"最终却是为己之学。成就这种伟大人格者自亦拥有其伟大的精神境，是为"不动心"之境界。

无论是儒家还是斯多亚学派均推崇理想的修身之境是"鉴空衡平"的"不动心"之境。彻底摆脱血气之怒的贤哲，动心忍性，他唯一拥有的就是自由、神圣、不移不易的美德，它不可伤害，不可侮辱。[①] 他坚韧不拔，不忧不惧，真正的强大的标志就是面对打击而无动于衷，就像是威猛的野兽，在一群猎犬的吠叫声中，懒洋洋地环顾四周；就像是巨大的岩石，岿然接受浪涛的冲击。不叫愤怒附体，就是从容承受外在的冒犯，而发作愤怒却是被打倒在地的表现。[②] 此与孟子"富贵

---

① "幸福生活就是拥有一颗自由、高尚、无所畏惧和前后一贯的心灵——这样的心灵是恐惧和欲望所无法触及的，它把美德看作惟一的善（好），把卑鄙看作惟一的恶（坏）；至于其他一切，就全部视为一堆无价值的东西，它们的得失丝毫也不能增减最高之'好'，也不能从幸福生活中抽去任何部分，或添上半分半厘。"塞涅卡：《论幸福生活》，《强者的温柔：塞涅卡伦理文选》，包利民等译，北京：中国社会科学出版社，2005年，第348—349页。

② 塞涅卡：《道德和政治论文集》，袁瑜琤译，第147页；关乎贤哲之强大与不动心，可参塞涅卡：《论心灵的宁静》，《哲学的治疗：塞涅卡伦理文选》，吴欲波译，北京：中国社会科学出版社，2007年，第31—66页；以及塞涅卡：《论贤哲的坚强》，《强者的温柔：塞涅卡伦理文选》，包利民等译，第301—322页。

不能淫，贫贱不能移，威武不能屈"的大丈夫人格自可相互辉映。"猝然临之而不惊，无故加之而不怒"，可谓是中西修身智慧对强者的共同理解。

在中西修身之学治怒的背后，更是拥有相似的"当下时间"意识。诚如阿多指出，常惺惺之精神（the vigilance of the spirit）、"关注当下"的时间取向乃是斯多亚学派的一个"基本精神态度"，亦是其精神修炼的"关键"所在。它让我们从激情之中摆脱出来，毕竟激情或是由留滞于心的过往情结，或是由萦绕于怀的未来算计而造成的，正是因此系于过往或未来的激情，心灵才不得自由，亦不能合理（appropriately）应物。通过这种基本时间取向意识的不断训练，最终我们会与宇宙意识合一，接纳每一个生存的当下。[①] 小人长戚戚，端在其心灵纠缠于过去与未来，而未能将自己置于"当下"："人们却要用未来和过去的危险，一起来折磨自己。我们的很多福气都给我们带来了祸害，就像是我们用记忆去唤醒恐惧的折磨，用远见去盼望这些折磨。专注于当下，就没有人会是不幸的。"[②] 这种时间意识同样见于理学家之对颜子"不迁怒"的理解之中：事未来之期待心，事已过之存留心，均是对当下之心的一种束缚、干扰，颜子之不迁怒，端在于其心无期必将迎，而做到物来顺应，应而中节，过后不留。实际上，从张载"圣人则直是无意"、二程子"圣人之心本无怒"、朱子"心不可有一物"直到

---

　　① 对当下意识的关注，见爱比克泰德：《爱比克泰德论说集》卷 4 之第 12 章"论全神贯注坚持不懈"，王文华译，第 565—569 页；奥勒留：《沉思录》，何怀宏译，第 19、62、73 页。有关斯多亚派常惺惺修炼法之阐发，请参见 Pierre Hadot, *Philosophy as a Way of Life: Spiritual Exercises from Socrates to Foucault*, pp. 82-85. 关于斯多亚学派的时间意识，参见章雪富：《斯多亚主义（Ⅰ）》，北京：中国社会科学出版社，2007 年，第 129—134 页。

　　② 塞涅卡：《道德书简：致鲁基里乌斯书信集》，刘晴译，北京：中国社会科学出版社，2021 年，第 13 页。斯多亚学派的观点也见于耶稣及其门徒。"你们看那天上的飞鸟，也不种，也不收，也不积蓄在仓里，你们的天父尚且养活它。你们不比飞鸟贵重得多吗？不要为明天忧虑，因为明天自有明天的忧虑。一天的难处一天当就够了。"（《马太福音》6:34）耶稣还讲到了天空中的飞鸟和田野里的百合，他说天空中的飞鸟，不种也不收，可它们总能找到食物；田野里的百合，没有人为它们灌溉，但它们也在那儿静静地生长。保罗也要求信徒们"应当一无挂虑"（《腓立比书》4:6）。使徒彼得则说"你们要将一切的忧虑卸给神"（《彼得前书》5:7）。

王阳明所谓"无善无恶心之体"，均是对本心之当下性之时间意识的某种刻画。这种聚焦于当下时间意识的精神旨趣，朱子曾有精细的阐发：

> 敬之问"心有所好乐则不得其正"章，云："心不可有一毫偏倚。才有一毫偏倚，便是私意，便浸淫不已，私意反大似身己，所以'视而不见，听而不闻，食而不知其味'。"曰："这下是说心不正不可以修身，与下章'身不修不可以齐家'意同，故云：'莫知其子之恶，莫知其苗之硕。'视听是就身上说。心不可有一物，外面酬酢万变，都只是随其分限应去，都不关自家心事。才系于物，心便为其所动。其所以系于物者有三：或是事未来，而自家先有这个期待底心；或事已应了，又却长留在胸中不能忘；或正应事之时，意有偏重，便只见那边重，这都是为物所系缚。既为物所系缚，便是有这个物事，到别事来到面前，应之便差了，这如何会得其正。圣人之心，莹然虚明，无纤豪形迹。一看事物之来，若小若大，四方八面，莫不随物随应，此心元不曾有这个物事。"①

儒家之强调当下时间意识，其旨趣亦不外是物来顺应，让心体与天地同流。

然而，斯多亚派的治怒观在根本上是一种"无怒"观，而儒家对"义理之怒"则持正面的肯定态度，儒家只主张治怒，而不主张"无怒"。血气之怒不可有，此是儒家与斯多亚派之共同主张；义理之怒不可无，当怒则怒、怒而中节则是儒家异于后者之处。在儒家看来，在根本上，义理之

---

① 黎靖德编：《朱子语类》卷16，朱杰人等主编：《朱子全书》（第14册），第540页。谢良佐对此有更精练之描述："事之未来，不须预忧；事之方至，不须忙迫；事之过去，不须追悔。终之以一毫不立，唯觉而已。"见《上蔡语录》卷下，朱杰人主编：《朱子全书外编》（第3册），上海：华东师范大学出版社，2010年，第36页。应当指出，儒家这种当下时间意识的取向，须善会，它并不是截然要否定时间之过去与未来的向度："问：'过去不能不粘滞，未来不能不将迎，此病应如何？'曰：'不必然之粘滞，不必然之将迎，当须立断。然亦有过去未来与当下相关者，则过去未来皆当下也。孔子忘食忘寝以思周公，仰而思之，夜以继日，岂其粘滞于过去、将迎于未来者乎？惩前日之非，坚后来之是，皆从当下做起。'"见孙奇逢：《夏峰先生集》卷14，北京：中华书局，2004年，第571—572页。

怒应是一种道德情感，它是对"负价值"的厌恶与憎恨之情，儒家对价值的理解从不是单面的认知之把握，更不曾是悬空的抽象理则，而必涉及"知—情—意"三位一体的当下认肯与取舍。好即"好"之，恶即"恶"之，每一种价值在认知的同时都会伴随相应的情感、意志。义理之怒就是对负性价值与恶的一种负面感受（疾恶如仇、义愤填膺、如恶恶臭）。

值得深思的是，斯多亚派之所以要否定义愤、义理之怒，其理由不外是，即便是所谓义愤、义理之怒，亦会对理性形成干扰，那么，儒家所谓怒而当理、怒而中节，在斯多亚派那里会不会听起来有些扞格不入呢？"激情"怎么能与"理性"紧扣在一起呢？儒家讲义理之怒难道就不怕"怒"最终会把"义理"席卷而走，就像塞涅卡担心的那样？"怒之适度"（中节）究竟是依照一"理"的标准判断呢，还是怒之适度即是"理"呢？如果"怒"与"理"完全是"异质"的，则"怒"是否仍然需要，或者说儒家为何不取斯多亚学派无怒之主张呢？儒家肯定义理之怒仅仅是因为"怒"提供了行动的勇气、热情与活力？

这一系列的问题，在我看来，实关涉中西修身之学对情理关系之理解。倘若说斯多亚派是严格的情理二元论者，那么，儒家之理则是与"情"浑融在一起的，儒家之"理"总是会发于"情"，顺理，则情喜而不自禁，悖理，则情怒而不可遏。舍此喜怒哀乐之情，则"理"总无安顿处。此是儒家与斯多亚派的主要分歧。然而，因悖理而生怒情，所谓"义愤填膺""怒发冲冠"，此只是对"恶"的不满之情、抗议之情，在具体如何制止、惩罚恶行时，则又需要平心静气，称理而行，在此意义上斯多亚学派的无怒说仍有其深刻的意义。

有此方面的差异，儒家与斯多亚派在对修身所能达到的"不动心"之最高境界的理解，实际上也存在着微妙而又重要的差异。康德曾对斯多亚派的"不动心"赞赏有加，他说："激情是使心灵失去自制的那种感觉的突袭，所以它是冲动的，也就是说，它使感情迅速膨胀到不可能进行思考的程度（它是不审慎的）。……头脑清醒的人所具有的这种质量是让自己冷静思考不被那种强烈的冲动所打扰"，而"不动心原则，即哲人必须永远也不激动，甚至对他最好的朋友的不幸也无动于衷，这是斯多亚派的一个极其崇高的道德原则。因为激情（或多或少）使人盲目"。① 这是一种冷心肠的不动心，冷静、理性、果断是这种不动心的基本特征。②而儒家之不动心是一种热心肠的不动心，热情、平和、敏感是这种不动心的基本特征。清儒李光地在辨析佛氏以镜喻性与二程子以谷种喻性之区别时指出：

> 程子以谷种喻性，便是，谷种里面是有的。释氏以镜喻性，便非，明镜里面是无的。谷种是热的，明镜是冷的。以善言性，便尽天下人物，皆视为一体，痛痒相关，公其所有而己不劳，一团和乐之象。以知觉言性，便以己为明，视人为暗，自智而愚人，尊己而卑人，私其所有而欲分以度人，必有隔阂之象。……总之，圣贤仁爱是热的，佛家慈悲是冷的。如告子之"不动心"是死的，孟子之"不动心"是活的。活的便是热的，死的便是冷的。③

---

① 康德：《实用人类学》，邓晓芒译，上海：上海人民出版社，2002 年，第 160—161 页。为了证成道德意向的纯粹性，康德将一切自然情感剥离于实践理性之外，尽管他并不是全然要否认自然情感的作用，但这种作用仅限于人之理性未成熟之前："大自然仍然把这种素质植入我们心中，这是大自然的智慧，要在理性还没有达到足够坚强之前，暂时地施以约束，即在内心向善的道德冲动之上，再加上活生生的生理（感性）刺激的冲动，以作为理性临时代用品。"（同上书，第 161 页）而一旦理性得以挺立，则激情在道德实践中不再有任何用处，毕竟激情只能使人"盲目"。值得指出的是，远在康德之前，斯多亚学派就小心翼翼地努力坚守道德意识的意向纯粹性。见 Pierre Hadot, *Philosophy as a Way of Life: Spiritual Exercises from Socrates to Foucault*, translated by Micheal Chase, p. 207. 有关康德本人对道德情感的看法，请参见李明辉：《四端与七情：关于道德情感的比较哲学探讨》，台北：台大出版中心，2008 年，第 13—26 页。

② 为了避免误解，需要指出的是，斯多亚所说的"不动心"（apatheia 或译"不动情"），其本质并不是推崇"冷漠"（apathy），更不是教人麻木不仁，而是说在为善去恶的过程中，应克服情绪的干扰。常人因周遭环境触动而愤怒、兴奋、恐惧、紧张的时候，往往会丧失理智，而斯多亚学派则坚持在任何情况下都需要保持冷静，冷静地承受发生的一切，并依照理性作出恰如其分的应对。

③ 李光地：《榕村语录》卷 25，陈祖武点校，北京：中华书局，1995 年，第 445—446 页。对宋明儒以明镜喻心之得失，笔者曾撰《宋明儒学中的"镜喻"》加以详细考察，收入陈立胜：《宋明理学中的"身体"与"诠释"之维》，北京：商务印书馆，2019 年，第 149—180 页。

儒家之修身主体是能怒、能喜的主体，是能感动、会感动的主体，所谓"人身八万四千毫窍，在在灵通"。[①] 此怒、喜之情并不妨碍其心灵之自由与洒脱，此应感而动亦能中节而不偏。此未感寂然、偶感偶应、万感万应之主体自是融情感与理性于一身之主体。

与此相关，儒家绝不会把己封闭于个人自由意志的范围，作为气化的己身，它与天地万物之身一气贯通。它扎根于血缘网络之中：根于父母、连着兄弟、带着妻子，"联属家国天下"，"统会上下古今"。这是一种纵向的世代生成性（时间）与横向的绵延扩展性（空间）所交织而成的身体，[②] 喜怒哀乐正是对这种一气贯通的生机之生存体验：此生机畅遂则为喜乐，此生机阻塞则为怒哀。在天脉—地脉—人脉一脉相承的生存域中，温情脉脉是儒者的"生存基调"。此与斯多亚派之生存体验迥不相侔，后者将家人乃至自家身体都视为"身外之物"——严格意义上说是"心"外之物，其理想之自我所最终呈现者乃是一去脉络化的、无偏无倚的实践理性之主体，一种惟义务是从的"不动心"之主体，一种惟理而无情之主体。

---

① 黄宗羲：《孟子师说》卷2，沈善洪主编：《黄宗羲全集》（第1册），杭州：浙江古籍出版社，2005年，第68页。

② 笔者曾通过罗汝芳的身体观分析和展示了这种身体的生存谱系学，见陈立胜：《"身不自身"：罗近溪身体论发微》，《西北大学学报》2012年第1期。

第六章 "梦"如何成为工夫修炼的场域：以程颐说梦为中心

一、引言

梦是人类意识生活的重要组成部分。《荀子·解蔽》云："心，卧则梦，偷则自行，使之则谋。"梦跟任意之想象、主动之运思一并构成"心"之现象。

在先民的意识生活之中，梦世界与现实世界往往不分畛域，梦的意义深深扎根于个人、社会与国家的现实活动之中。出土的甲骨文之中不乏商王卜梦、占梦之记载。《周礼·春官》则赫然设有占梦之官，其职在"掌其岁时，观天地之会，辨阴阳之气，以日月星辰占六梦之吉凶。六梦者，一曰正梦，二曰噩梦，三曰思梦，四曰寤梦，五曰喜梦，六曰惧梦"。占梦官还要负责"献吉梦"与"赠恶梦"之仪式活动——两者显然是一种类似于巫术的法术活动。《周礼》于诸经中虽晚出，但占梦与卜梦的现象在《诗经》与《左传》中已屡见不鲜。《左传》中记梦现象近三十则，常见于战争与疾患场合，且具有吉凶征验之兆。史书之中不吝笔墨记载梦境，足以说明占梦、卜梦不仅反映了殷周先人的忧患意识，它本身就是政治行动的一部分。套用当今意识形态之术语，"梦"在三代既是"个人之梦"，又是"民族之梦"。三代之"梦"多具有吉凶祸福的"征兆"意义，这也是卜梦者、占梦者这一职业生存所系焉。

随着儒家人文精神与实用理性的勃兴，梦文化之中的巫术一面在"大传统"中渐趋淡化，梦作为精神世界的独特表达，其象征意义不再仅仅局限于吉凶祸福的预兆，而是更多承载了个人情怀的寄托——梦想与现实之紧张（孔子之梦周公）、梦幻与觉悟之对峙（庄周之梦蝶）。而随着阴阳五行理论之成熟，对梦之成因的自然主义之解释（"五脏感梦"）已成为医典释梦的基调。

早期儒家虽有"君子无终食之间违仁，造次必于是，颠沛必于是"以及"吾日三省吾身"一类的说法，修省工夫虽说在原则上是涵盖着整个生命历程的，但明确将工夫实践充实于梦世界之中则实罕见。《吕氏春秋》曾记载孔子以"梦见先君"来试探颜回的故事，[①]"梦见先君"虽是杜撰的梦境，但梦见先君须祭祀一番之说法，则折射出儒家对祭祀的重视，换言之，见先君之梦是"有意义的"意识行为。贾谊《新书·谕诚》载文王昼梦，见到一人自称是城东北角一枯骨，要求以人君之礼葬之，文王梦中称诺，醒后遣吏察城东北隅，果得枯骨一副，遂令以人君礼葬之，这叫"梦中许人，觉且不背其信"。这是借梦建立诚信神道设教之举（士闻之曰："我君不以梦之故而倍枯骨，况于生人乎？"于是，下信其上。）梦枯骨本身并没有什么道德意义。《新书·春秋》篇记晋文公出畋，见大蛇横道而处，曰："还车而归。"其御曰："臣闻祥则迎之，见妖则凌之。今前有妖，请以从吾者攻之。"文公曰："不可。吾闻之曰：'天子梦恶则修道，诸侯梦恶则修政，大夫梦恶则修官，庶人梦恶则修身。'若是，则祸不至，今我有失行，而天招以妖，我若攻之，是逆天命也。"乃归。[②]不过，即便在这里，梦与修身之关联也仍是一外在的联系：梦本身仍是一吉凶祸福之征兆梦，而不具有道德意义。换言之，梦者本人亦未因为梦恶行为本身感到内疚与自责，而只是因为梦境被视为"恶"才产生修道、修政、修官、修身之联想。

梦为心声的观念早见于《韩非子·外储说右上》："（韩昭侯）欲发天下之大事，未尝不独寝，恐梦言而使人知其谋也。"显然，古人认为梦中之言会透露人心中真实的想法。将梦跟心灵境界之修行直接联系在一起应该溯源至《庄子》《淮南子》《文子》《列子》等道家经典。"古之真人，其寝不梦，其觉无忧"一语说明，在修道者的眼中，梦生活乃是心灵混乱之表现，惟"真人""至人""圣人"等体道者能够心无所系，恬澹虚无，故能"不以物滑和，不以欲乱情"，"与阴阳俯仰，与天同心，与道同体，无所乐，无所

---

① 《吕氏春秋·审分览·任数》载：孔子穷乎陈、蔡之间，藜羹不斟，七日不尝粒，昼寝。颜回索米，得而爨之，几熟。孔子望见颜回攫其甑中而食之。选间，食熟，谒孔子而进食。孔子佯为不见之。孔子起曰："今者梦见先君，食洁而后馈。"颜回对曰："不可。向者煤炱入甑中，弃食不祥，回攫而饭之。"孔子叹曰："所信者目也，而目犹不可信；所恃者心也，而心犹不足恃。弟子记之，知人固不易矣。"另可参见《孔子家语·在厄》。

② 贾谊：《新书》，《贾谊集》，上海：上海人民出版社，1976年，第114页。

苦，无所喜，无所怒"，白日与以往发生的一切皆过而不藏、化而不留，此种精神境界反映于睡眠生活之中就可做到"无梦"。[1]庄子还用明镜比拟这种寝不梦、觉无忧的心灵境界："至人之用心若镜，不将不逆，应而不藏，故能胜物而不伤。"显然程颢《定性书》中所说的物来顺应、廓然大公的心境即远契于此。几乎在同一时期，邵雍有诗曰："至人无梦，圣人无忧。梦为多想，忧为多求。忧既不作，梦来何由。能知此说，此外何修。"这种将圣人的心境理解为无梦无忧的明镜之心在二程时代已经是普遍的现象。[2]这也可以理解为何程颐的弟子反复纠缠于孔子梦周公这一文本。

程颐说梦的特色有二：一是彻底斩断习俗以吉凶祸福论梦这一思维定式，将光怪陆离的"梦世界"收纳于井然有序的"理世界"之中，体现出唯理主义的思维取向。二是将梦世界跟心性修炼联系在一起，开启了"睡时用功"这一理学工夫论之新向度。

二、以理照梦

程颐善观物理，并明确提出"天下物皆可理照"的为学主张。这个"理"即是感应之理："天地之间，只有一个感与应而已，更有甚事？"[3]以"感应之理""感通之理"解梦，是程颐梦的解释学之通义。具体而言，"梦感"又可分为两种：一种是五脏感梦类型，此可称为"内感梦"；另一种是富有神奇色彩的人际间、人天间的感应类型，此可称为"外感梦"。

梦为五脏所感，这是传统中医对梦的看法。《灵枢·淫邪发梦》对脏腑感梦已有成说，孙思邈对五脏病梦乃至对治方法则有系统的论述："凡百病不离五脏。五脏各有八十一种疾，冷热风气计成四百四病，事须识其相类，善以知之。心脏病者，体冷热。相法：心色赤，患者梦中见人，着赤衣，持赤刀杖火来怖人。疗法：用呼吹二气，呼疗冷吹治热。肺脏病者，胸背

---

① 关于"圣人无梦"说之由来，可参见刘文英、曹田玉：《梦与中国文化》，北京：人民出版社，2003年，第315—321页。

② 陈立胜：《宋明儒学中的"镜喻"》，《宋明理学中的"身体"与"诠释"之维》，北京：商务印书馆，2019年，第149—180页。

③ 程颢、程颐：《河南程氏遗书》卷15，第152页。

满胀，四肢烦闷。相法：肺色白，患者喜梦见美女美男，诈亲附人，共相抱持，或作父母、兄弟、妻子。疗法：用嘘气出。肝脏病者，忧愁不乐，悲思喜，头眼疼痛。相法：肝色青。梦见人着青衣，捉青刀杖，或狮子、虎狼来恐怖人。疗法：用呵气出。脾脏病者，体上游风习习，遍身痛烦闷。相法：脾色黄，通土色。梦或作小儿击历人邪犹人，或如旋风团栾转。治法：用唏气出。肾脏病者，体冷阴衰，面目恶瘘。相法：肾色黑，梦见黑衣及兽物，捉刀杖相怖。用呬气出。"① 自唐王勃提出"为人子不可不知医"说之后，重医的思想渐泛起于儒门。"非儒则医""不为良相则为良医"的观念则因范仲淹之倡导而闻名于世。② 程颢以把脉论识仁、以医家四体不仁言体仁之名，这些能近取譬的识仁、体仁之话头实折射出理学家谙于医术的知识背景。以下两则语录则显示二程兄弟识医、知医之动力：

> 病卧于床，委之庸医，比于不慈不孝。事亲者，亦不可不知医。③
> 问："人子事亲学医，如何？"伊川曰："最是大事。今有璞玉于此，必使玉人雕琢之。盖百工之事，不可使一人兼之，故使玉人雕琢之也。若更有珍宝物，须是自看，却必不肯任其自为也。今人视父母疾，乃一任医者之手，岂不害事？必须识医药之道理，别病是如何？药当如何？故可任医者也。"或曰："己未能尽医者之术，或偏见不到，适足害事，奈何？"曰："且如识图画人，未必画得如画工，然他却识别得工拙。如

---

① 《养性·调气法》，孙思邈撰，刘清国等校注：《千金方》卷27，北京：中国中医药出版社，1998年，第447页。

② 范文正公微时，尝诣灵祠求祷，曰："他时得位相乎？"不许。复祷之曰："不然，愿为良医。"亦不许。既而叹曰："夫不能利泽生民，非大丈夫平生之志。"他日，有人谓公曰："大丈夫之志于相，理则当然。良医之技，君何愿焉？无乃失于卑耶？"公曰："嗟乎，岂为是哉。古人有云：'常善救人，故无弃人；常善救物，故无弃物。'且大丈夫之于学也，固欲遇神圣之君，得行其道。思天下匹夫匹妇有不被其泽者，若己推而内之沟中。能及小大生民者，固惟相为然。既不可得矣，夫能行救人利物之心者，莫如良医。果能为良医也，上以疗君亲之疾，下以救贫民之厄，中以保身长年。在下而能及小大生民者，舍夫良医，则未之有也。"事见吴曾：《文正公愿为良医》，《能改斋漫录》卷13，上海：上海古籍出版社，1979年新1版，第381页。

③ 程颢、程颐：《河南程氏外书》卷12，第428页。

自己曾学，令医者说道理，便自见得。或已有所见，亦可说与他商量。"①

前一语出自程颢，"不慈不孝"这一严厉的说法清楚表明事亲者必须学医、知医，后一则语录中，程颐将人子事亲学医称作"最是大事"，只有学医、识医药之道理，才能真正对父母疾之治疗负责，不然，一任医者，则往往受制于庸医而害事。②二程兄弟还指出，人须晓"身上有几条骨头，血脉如何行动，腹中有多少藏府"，若冥然莫晓，则为"不智"，对人脉之起旋周流更应了如指掌。③"人梦不惟闻见思想，亦有五藏所感者。"④这则未曾注明言者身份的语录应该是二程兄弟共同的看法。

对于世间流传的神异之事（"外感梦"），二程兄弟则一律以人心感通之理明之：

> 杨定鬼神之说，只是道人心有感通。如有人平生不识一字，一日病作，却念得一部杜甫诗，却有此理。天地间事，只是一个有，一个无，既有即有，无即无。如杜甫诗者，是世界上实有杜甫诗，故人之心病及至精一有个道理，自相感通。以至人心在此，托梦在彼，亦有是理，只是心之感通也。死者托梦，亦容有此理。有人过江，其妻堕水，意其为必死矣，故过金山寺为作佛事。方追荐次，忽其婢子通传堕水之妻，意度在某处作甚事，是诚死也。及三二日，有渔人撑舟，以其妻还之，乃未尝死也，盖旋于急流中救活之。然则其婢子之通传是何也？亦是心相感通。既说心有感通，更说甚生死古今之别？⑤

---

① 程颢、程颐：《河南程氏遗书》卷18，第245页。

② 当时庸医害人的现象应该比较普遍。程颐说："凡人之疾病，误医者多矣"，"庸医辈恣其盲妄，无所忌惮，杀人如麻"。他为此专门上书谢景温，请求对不如本方合药、用药而致人死者之庸医，依法从严从重惩罚，以警惧庸医，"使不敢轻妄，致害人命"。见程颐：《上谢帅师直》，《河南程氏文集》卷9，《二程集》，第611—612页。

③ "人有寿考者，其气血脉息自深，便有一般深根固蒂底道理。一作气象。人脉起于阳明，周旋而下，至于两气口，自然匀长，故于此视脉。又一道自头而下，至足大冲，亦如气口。此等事最切于身，然而人安然恬于不知。"见程颢、程颐：《河南程氏遗书》卷2下，《二程集》，王孝鱼点校，第54页。

④ 程颢、程颐：《河南程氏遗书》卷2下，二先生语，第53页。

⑤ 程颢、程颐：《河南程氏遗书》卷2上，第46—47页。

心所感通者，只是理也。知天下事有即有，无即无，无古今前后。至如梦寐皆无形，只是有此理。若言涉于形声之类，则是气也。物生则气聚，死则散而归尽。有声则须是口，既触则须是身。其质既坏，又安得有此？乃知无此理，便不可信。①

这两段系于"二先生语"之文字，均用感应原理解释外感梦：（1）感通是建立在现实存在的基础上的，"有即有，无即无"，"有方可感通"，无则无可感通。世上实有杜甫诗，故才能有所感通。（2）感通须使"心"处于某种特殊的状态，不识一字之人因为染病而斩断世情，心无杂念，以至"精一"（虚明、专一），故能对实有之物（杜甫诗）有所感。（3）所感通者只是"理"，而不是形声之实有存在物。要之，从人心的感通来看日常之不可思议的"超自然"的现象，则所谓的超自然现象也是再"自然"不过了，都是感应之理的表现。

针对传统经典之中"高宗梦说"一类神奇之梦，程颐一如既往诉诸心之感通原理。如所周知，《史记》载商王武丁曾夜梦得圣人，名曰"说"，后在傅岩之地得之，举为相，殷国大治。伊川对"梦说"的解释有三处：

"梦是何物？高宗梦得说，如何？"曰："此是诚意所感，故形于梦。"

梦说之事，是傅说之感高宗，高宗感傅说。高宗只思得圣贤之人，须是圣贤之人，方始应其感。若傅说非圣贤，自不相感。如今人卜筮，著在手，事在未来，吉凶在书策，其卒三者必合矣。使书策之言不合于理，则自不验。

问："高宗得傅说于梦，文王得太公于卜。古之圣贤相遇多矣，何不尽形于梦卜乎？"曰："此是得贤之一事，岂必尽然？盖高宗至诚，思得贤相，寤寐不忘，故联兆先见于梦。如常人梦寐间事有先见者多矣，亦不足怪。至于卜筮亦然。今有人怀诚心求卜，有祷辄应，此理之常然。"又问："高宗梦往求傅说耶？傅说来入高宗梦耶？"曰："高宗只是思得贤人，如有贤人，自然应他感。亦非此往，亦非彼来。譬如悬镜于此，有物必照，非镜往照物，亦非物来入镜也。大抵人心虚明，善

---

① 程颢、程颐：《河南程氏遗书》卷 2 下，《二程集》，第 56 页。

则必先知之，不善必先知之。有所感必有所应，自然之理也。"又问："或言高宗于傅说，文王于太公，盖已素知之矣，恐群臣未信，故托梦卜以神之。"曰："此伪也，圣人岂伪乎？"①

段落一是说"梦说"是高宗诚意所感之结果。段落二则揭示了感应的两个条件：一是武丁求贤之心（精诚所感，如此才会有"感"），二是傅说本人真是圣贤（如此才会有"应"）。这两个因素缺一不可。有了这两个因素，"梦说"之事便属于感应之理之表现。段落三先是强调"梦说"乃是感应之理使然（"理之常然""自然之理"），接着指出"虚明之心"拥有"先知"之能力，② 最后对神道设教般解释"梦说"加以批驳。③

---

① 上述三处引文分别出自：程颢、程颐：《河南程氏遗书》卷 22 上，第 289 页；《河南程氏遗书》卷 18，第 227—228 页；《河南程氏粹言》卷 2，第 1232 页。

② 儒家对"先知"特异功能的说法源自《中庸》"至诚之道，可以前知。国家将兴，必有祯祥；国家将亡，必有妖孽"。程颐据此指出，心只要处在虚明专一的状态（"至诚"）就会具备"预感""前知"之能力，《二程集》有两处描述程颐遭遇"前知"事件。问："方外之士有人来看他，能先知者，有诸？"因问王子真事。陈本注云："伊川一日入嵩山，王佺已候于松下。问：何以知之？曰：去年已有消息来矣。盖先生前一年尝欲往，以事而止。"曰："有之。向见嵩山董五经能如此。"问："何以能尔？"曰："只是心静，静而后能照。"又问："圣人肯为否？"曰："何必圣贤？使释氏稍近道理者，便不肯为。释氏尝言庵中坐，却见庵外事，莫是野狐精。释子犹不肯为，况圣人乎？"见程颢、程颐：《河南程氏遗书》卷 18，第 194 页。又：嵩山前亦有董五经，隐者也。伊川闻其名，谓其为穷经之士，特往造焉。董平日未尝出庵，是日不值。还至中途，遇一老人负茶果以归，且曰："君非程先生乎？"伊川异之。曰："先生欲来，信息甚大，某特入城置少茶果，将以奉待也。"伊川以其诚意，复与之同至其舍，语甚款，亦无大过人者，但久不与物接，心静而明也。先生问伊川，伊川曰："静则自明也。"见程颢、程颐：《河南程氏外书》卷 12，第 436 页。程颐对此种心通之事既不以为奇："蜀山人不起念，十年便能前知"；更不以为然："人固可以前知，然其理须是用则知，不用则不知。知不如不知之愈，盖用便近二，所以释子谓又不是野狐精也"。见程颢、程颐：《河南程氏遗书》卷 6，第 83 页。董五经前知事跟王阳明习静阳明洞而获得"前知"能力高度相似，阳明以"簸弄精神"而屏之，跟程颐对待"前知"的态度也是高度一致的。

③ 杨慎就持此见：武丁尝遁于荒野，而后即位。彼在民间已知说之贤矣，一旦欲举而加之臣民之上，人未必帖然以听也，故征之于梦焉。且神道设教也，是所谓民可使由而不可使知也。是又商之俗质而信鬼，因民之所信而导之，是圣人之所以成务之几也。（见《丹铅总录》卷 10《傅说》）

另外，《礼记》之中还有"两楹梦"与"与龄梦"之记载，前者系夫子事，见于《礼记·檀弓》："予畴昔之夜梦坐奠于两楹之间。夫明王不兴，而天下其孰能宗予？予殆将死也。盖寝疾七日而没。"后者系文、武王事，见于《礼记·文王世子》："文王谓武王曰：'女何梦矣？'武王对曰：'梦帝与我九龄。'文王曰：'女以为何也？'武王曰：'西方有九国焉，君王其终抚诸？'文王曰：'非也。古者谓年龄，齿亦龄也。我百，尔九十。吾与尔三焉。'文王九十七乃终，武王九十三而终。"针对"两楹梦"，程颐的回答是"于理有之"，而对于"与龄梦"则说"不可信"。[1] 为何两梦有如此不同之判？程颐还是着眼于以理照之。依程颐，人在临终之际，心无念虑，百无牵挂，故能"预知"自己的死期，[2] 故夫子在梦中预先感应到自己的大限之临，是于理有之；"与龄梦"中文王自减寿命而转让给武王，"安有寿数而与人移易之理？"故不可信。

程颐其学确有唯理主义取向，"无物无理"，一事一物之如此然者，必有其"所以然者"，"所以然"即是决定某一事物具有如此这般性质、性能之根据者，此即"理"："物物皆有理"，如火之所以热，水之所以寒，"穷物理者，穷其所以然也。天之高，地之厚，鬼神之幽显，必有所以然者。苟曰天惟高耳，地惟厚耳，鬼神惟幽显耳，是则辞而已，尚何有哉？"[3] 梦

---

[1] 程颢、程颐：《河南程氏遗书》卷22上，《二程集》，第291页。

[2] "心风人力倍平常。将死者识能预知，只是他不着别事杂乱，兼无昏气。人须致一如此。"程颢、程颐：《河南程氏遗书》卷6，二先生语，第87页。程颐还举好友邵雍以及释迦牟尼临终之例证实此"将死者"之特殊的感知能力：邵雍临终时，只是谐谑，须臾而去。以圣人观之，此亦未是，盖犹有意也。比之常人，甚悬绝矣。他疾甚革，某往视之，因謦之曰："尧夫平日所学，今日无事否？"他气微不能答。次日见之，却有声如丝发来大，答云："你道生姜树上生，我亦只得依你说。"是时，诸公都在厅上议后事，各欲迁葬城中。佗在房间便闻得，令人唤大郎来云："不得迁葬。"众议始定。又诸公恐喧他，尽出外说话，佗皆闻得。以他人观之，便以为怪，此只是心虚而明，故听得。问曰："尧夫未病时不如此，何也？"曰："此只是病后气将绝，心无念虑，不昏，便如此。"又问："释氏临终，亦先知死，何也？"曰："只是一个不动心。释氏平生只学这一事，将这个做一件大事。学者不必学他，但烛理明，自能之。……"程颢、程颐：《河南程氏遗书》卷18，《二程集》，第197页。

[3] 程颢、程颐：《河南程氏粹言》卷2，第1272页。

之为物必有其所以然之理，感应、感通、感动亦必有其相应之理路，"不合于理，则自不验"。程颐还说："匹夫至诚感天地，固有此理。如邹衍之说太甚，只是盛夏感而寒栗则有之，理外之事则无，如变夏为冬，降霜雪，则无此理。"[1] "理外之事则无"，他还说汉儒言灾异"牵合附会"，不可信。二程兄弟更是斥世间好谈鬼神者，皆是道听途说，"烛理未明"，即便亲眼所见，也未足信，"或是心病"（一时幻觉），"或是目病"（一时眼花），[2] 程颐以理照梦可谓充分体现了这一原则。

三、睡时功夫

"只有所向便是欲"，这是程颐乃至宋明理学心性修炼的议题。但人心缘境，出入无时，《参同契》云心猿不定，意马四驰。程颐则把人心比拟为"翻车"，流转动摇，无须臾停，又状之为"悬镜空中"，无物不入其中，常人不觉，"及有所学，便觉察得是为害"，他还批评张戬将心寄寓在一个形象与司马光只管念个中字之类定心之法"不自然"、过于执着，还不如"数珠之愈"[3]——由此亦可管窥追求心定为士大夫修身的一个共同精神旨趣。一方面既要避免常人不学而流于心猿意马不自知这一昏昧状态，另一方面又要避免为"求自宁而失于执着甚或染"心疾——伊川乃至说"要息思虑，便是不息思虑，这是伊川"主一无适之持敬工夫的重要考虑。这种"心不

---

① 程颢、程颐：《河南程氏遗书》卷 15，《二程集》，第 161 页。

② 程颢、程颐：《河南程氏遗书》卷 2 下，第 52 页。这段话很可能出自程颐，《河南程氏外书》卷 12，有言鬼神于伊川者，伊川曰："君曾亲见邪？"伊川以为若是人传，必不可信；若是亲见，容是眼病。见程颢、程颐：《二程集》，第 444 页。

③ 程颢、程颐：《河南程氏遗书》卷 15，第 52—53 页；《河南程氏遗书》卷 2 上，《二程集》，第 25 页（此条系二先生语）。二程兄弟对司马光"中夜不寐""常以中为念"之修炼法颇不以为然，认为是"为中所乱"："中又何形？如何念得佗？……与其为中所乱，却不如与一串数珠。"张天祺（张戬——张载之胞弟）晚上亦有修炼心定之法："自上着床，便不得思量事，不思量事后，须强把佗这心来制缚，亦须寄寓在一个形象，皆非自然。"

可有一物"的心性图像使得程颐对孔子梦周公一事颇费思量。这也体现在他对《论语·述而》第十三章的解释上面：子在齐闻韶三月不知肉味。曰："不图为乐之至于斯也。"曰："圣人不凝滞于物，安有闻韶虽美，直至三月不知肉味者乎？'三月'字误，当作'音'字。此圣人闻韶音之美，当食不知肉味，乃叹曰：'不图为乐之至于斯也。'门人因以记之。"①

有的弟子记录说程颐认为梦周公说不可靠：问："夫子曰'吾不复梦见周公'，圣人固尝梦见周公乎？"曰："不曾。孔子昔尝寤寐间思周公，后不复思尔。若谓梦见周公，大段害事，即不是圣人也。"②"思"周公，而不是"梦"周公，一字之差，精神境界则迥然有别："思"是心之真诚、主动态，是孔子欲行周公之道孜孜不倦之表现，"梦"则是心有所系态。孔子"及晚年不遇"，"哲人将萎之时"，③故"后不复思尔"。

其他弟子所记虽无"大段害事"的说法，但依然围绕着"人心所系"做文章：问："人心所系着之事，则夜见于梦。所著事善，夜梦见之者，莫不害否？"曰："虽是善事，心亦是动。凡事有朕兆入梦者，却无害，舍此，皆是妄动。"或曰："孔子尝梦见周公，当如何？"曰："此圣人存诚处也，圣人欲行周公之道，故虽一梦寐，不忘周公。及既衰，知道之不可行，故不复梦见。然所谓梦见周公，岂是夜夜与周公语也？人心须要定，使佗思时方思乃是。今人都由心。"曰："心谁使之？"曰："以心使心则可，人

① 程颢、程颐：《河南程氏遗书》卷9，《二程集》，第107页。

② 程颢、程颐：《河南程氏遗书》卷23，第307页。朱子对程颐解"梦周公"重在梦寐常存周公之道说并不满意，认为梦周公就是梦见周公，只有"清净者"与佛老爱说"无梦底话"。他对梦周公"恐涉于心动"之疑问明确答曰："心本是个动物，怎教它不动？夜之梦犹寤之思也，思亦是心之动处。但无邪思可矣。梦得其正，何害心？"见黎靖德编：《朱子语类》卷34，朱杰人等主编：《朱子全书》（第15册），第1211页。尽管在工夫路数上朱子跟程颐相近，但与程颐相比，朱子更加平实、质朴，对儒与二氏之界限更加敏感。学宗朱子的黄震则指出，鲍若雨所录此条乃"惑于异端真人无梦之说"，并质疑"大段害事"说"不近人情"："梦见周公，何害事之有！"（《黄氏日钞》卷33）

③ 程颢、程颐：《河南程氏遗书》卷二十二上，第289页。后来，明儒王艮在此基础上又有新说："'梦周公'，不忘天下之仁也。'不复梦见'，则叹其衰之甚，此自警之辞耳。"王艮：《王心斋全集》，陈祝生点校，南京：江苏教育出版社，2001年，第10页。

心自由便放去也。"① 日有所思，夜有所梦，此本是人之心灵生活之常态，但在程颐看来，即便在夜中梦到自己白日所行之善事，也是"心之妄动"之表现，惟孔子之梦周公不属于心之妄动，因为所谓梦周公实是孔子不忘周公、欲行周公之道之"存诚处"而已。

舍此夫子"存诚处"及上述"朕兆入梦"之外，所梦皆为心动之表现。尤在白日、平时清醒的意识状态下，纵有一些不良念头偶有泛起，吾人亦会知其不当为而当下克制之，但至夜梦之中则往往大胆妄为，而在程颐看来，梦中之妄为正是吾人平时心性不定之反映：

> 问："日中所不欲为之事，夜多见于梦，此何故也？"曰："只是心不定。今人所梦见事，岂特一日之间所有之事，亦有数十年前之事。梦见之者，只为心中旧有此事，平日忽有事与此事相感，或气相感，然后发出来。故虽白日所憎恶者，亦有时见于梦也。譬如水为风激而成浪，风既息，浪犹汹涌未已也。若存养久底人，自不如此，圣贤则无这个梦。只有朕兆，便形于梦也。人有气清无梦者，亦有气昏无梦者。圣人无梦，气清也。若人困甚时，更无梦，只是昏气蔽隔，梦不得也。若孔子梦周公之事，与常人梦别。人于梦寐间，亦可以卜自家所学之浅深，如梦寐颠倒，即是心志不定，操存不固。"

> 圣人无梦，气清也；愚人多梦，气昏也。孔子梦周公，诚也，盖诚为夜梦之影也。学者于此，亦可验其心志之定否，操术之邪正否。②

这里，程颐已洞察到人性之中的幽暗意识部分，"数十年前之事""白日所憎恶者"虽沉淀于潜意识之中，或平日被吾人理性所憎恶而被抑制，但在夜梦之中便会折射出来，以风浪拟此潜意识生活颇有弗洛伊德精神分析以

---

① 程颢、程颐：《河南程氏遗书》卷十八，《二程集》，第202—203页。另参《粹言》卷2："刘安节问曰：'志笃于善而梦其事者，正乎？不正？'子曰：'是亦心动也。'曰：'孔子梦周公，何也？'子曰：'圣人无非诚，梦亦诚，不梦亦诚。梦则有矣，梦见周公则有矣，亦岂寝而必梦，梦而必见周公软？'"程颢、程颐：《二程集》，第1230页。

② 程颢、程颐：《河南程氏遗书》卷18，《二程集》，第202页。《粹言》卷二，《二程集》，第1234页。

海上冰山比拟意识与无意识关系之意味。孙奇逢亦有类似的观察："予尝言梦寐难对，盖谓有是心，因有是梦，亦有绝无是心而忽有是梦者，甚讶之，随于鸡鸣平旦时，简点生平，今无是心矣，或壮年有之，或少年有之，其根犹在，故不觉其伺隙而窃发也。无盗贼之梦者，原无盗贼之心。种种情缘物欲，毕竟有恋而难割者在，是在当人自搜剔耳。"① 要之，常人之梦只是因为有私欲，因为心气浑浊、心志不定。程颐此处所发于梦寐间验卜自家所学之深浅、验心志之定否之论，开启了宋明理学睡时用功之先河。而其圣人无梦说也深刻影响了人们对圣人心境的理解，如阳明高足薛侃即云："圣人夜睡着时亦尝昭昭明明。如白日一般，故至人无梦。虽有梦亦自知是梦，此即是通昼夜之道。"②

四、"梦工夫"的四种类型

从理学工夫论历程看，"梦"与理学家修身之联系，大致有以下四种类型：

一是借梦卜学型。此即伊川所谓于梦寐间验自家平日心性修炼之果位。据载，程颐弟子游酢之族父游复"学以中庸为宗，以诚意为主，以闲邪寡欲为入德之途，常以昼验之妻子，以观其行之笃与否也，夜考之梦寐，以卜其志之定与未也"。③ 明州四先生之一沈焕也说："昼观诸妻子，夜卜诸梦寐，两者无愧，始可言学。"④ 陆游《孤学》一诗曰："家

---

① 孙奇逢：《日谱》卷14，张显清主编：《孙奇逢集》，郑州：中州古籍出版社，2003年，第568页。无盗贼之梦早见于邹德涵（字汝悔，号聚所，隆庆五年进士，邹守益之孙，邹善之子）。友人问："日间无不好的念头，却夜间有不好的梦，何如？"邹德涵答曰："汝曾梦见做强盗否？"其友愕然。见邹德涵：《邹聚所先生语录上》，《四库全书存目丛书·集部一五七》，济南：齐鲁书社，1997年，第495页。

② 薛侃：《薛侃集》，陈椰编校，上海：上海古籍出版社，2014年，第13页。

③ 杨时：《游执中墓志铭》，林海权校理：《杨时集》卷30，北京：中华书局，2018年，第778页。

④ 黄宗羲：《宋元学案》卷76，沈善洪主编：《黄宗羲全集》（第6册），杭州：浙江古籍出版社，2005年，第17页。

贫占力量，夜梦验工夫"，其《勉学》诗则曰："学力艰危见，精诚梦寐知。众人虽莫察，吾道岂容欺。"可见"昼观夜卜"的工夫说在宋代已广为流传。阳明心学一系之中借梦卜学更不乏其人。如黄绾云："凡百嗜欲之念，才有一丝之微，萌动于心，不痛搜抉澄去，近则数日，远则旬日及数月，虽无所为，必于梦寐见之；既形梦寐，则精神意气可知矣，更说何学？可惧，可惧！"[①]又如阳明再传弟子尤时熙云："人梦寐果如白昼所为，此心方是真实，方为廓清，若白昼如此说，如此行，梦寐却不如此，还未真实，犹有世情意。"[②]罗汝芳亦善于通过夜梦反省其日间工夫，其《癸酉日记》曾记"夜觉梦不清，深省，深省"之自警语。他还记载了通过晚间梦寐分析留恋光景之案例。有一老者于讲会中每坐便闭目观心，以心中炯炯而自以为"得力"。罗汝芳仔细询问方知其人垂念先人，恨弃去不早，故每每沉滞襟膈，留恋景光。罗汝芳点破其中玄机：老丈方谓得力，岂知此炯炯一念，"翻为鬼种，其中藏乃鬼窟也哉？"老者恍然大悟，遽然起曰："怪得近来用工，若日中放过处多，则夜卧梦魂自在；若其日中光显太盛，则梦魂纷乱颠倒，令人不堪也。非遇先生，几枉此生矣。"[③]

晚明省过已成潮流，而以梦验心灵生活之正邪更是理学工夫中不可或缺的一环。吕坤说："善人无邪梦，梦是心上有底。男不梦生子，女不

①　黄绾：《久庵日录》卷6，张宏敏编校：《黄绾集》，上海：上海古籍出版社，2014年，第711页。

②　孟化鲤：《孟云浦先生集》卷1，《四库全书存目丛书·集部》（第167册），济南：齐鲁书社，1997年，第504—505页。

③　方祖猷等编校整理：《罗汝芳集》，南京：凤凰出版社，2007年，第268页。对于门人沉溺于静中调摄，而留恋于心之精明朗照之工夫，罗汝芳认定是"向鬼窟里作活计"，并一律喝破："天地生人原是一团灵物，万感万应而莫究根原，浑浑沦沦而初无名色，只一'心'字，亦是强立。后人不省，缘此起个念头，就会生个识见，因识露个光景，便谓吾心实有如是本体，本体实有如是朗照，实有如是澄湛，实有如是自在宽舒。不知此段光景原是从妄起，必随妄灭。及来应事接物，还是用着天生灵妙浑沦的心，此尽为他作主干事，他却嫌其不见光景形色，回头只去想念前段心体，甚至欲把捉终身，以为纯亦不已，望显发灵通，以为宇太天光。用力愈劳，违心愈远。"同上书，第270—271页。另参第294页。

梦娶妻，念不及也。只到梦境，都是道理上做，这便是许大工夫，许大造诣。"[1] 清初三大名儒之一李颙则说："梦里散乱，还是醒不凝一；醒果凝一，自然无梦，即梦亦不至散乱。"李颙还称寐是小死："寐时漫无主张，死时又将何如？寐为小死，死为大死，不能了小死，何以了大死。故必醒如此，寐亦如此；生如此，自然死亦如此矣。"[2] 孙奇逢曰："夜来梦寐，甚觉不慊。乃知学问之事，对广众易，对妻、子难。对妻、子犹易，对梦寐更难。古人夜梦验工夫，是真实用力处。不从此着力，终苟道也。"又说："尝闻夜之所梦，必平日有此事、有此念，故有此梦。亦有从不经思、从不涉想，而忽有此梦者，总因志气之不清、戒慎之不密，到不能把持之时，本相自尔呈露。不能慊，梦寐终自欺也。学者用功，首当验之。"[3] 陆桴亭在其修身日记《志学录》中，以敬胜、怠胜总结每天灵性生活之进退，并不厌其烦地记录每晚梦之正邪、清杂与否。与陆世仪及江士韶、盛敬合称"太仓四先生"的陈瑚，力主"梦寐之中，持敬不懈"，其《圣学入门》"妇德"一条曰："梦行善事为一善，梦行不善事为一过。"

二是梦后自责型。程颐再传弟子张九成即有夙兴省梦之说："夙兴而朝，则当三省曰：夜之所为，梦之所适，其是耶？非耶？夜分而寐，则当三省曰：昼之所为，心之所思，其是耶？非耶？三省既久，天理自明。"[4] 杨简的父亲杨庭显内讼甚严，每每及于梦寐，"怨艾深切，或至感泣"。[5] 尤时熙弟子孟化鲤在其《初学每日用功法》中，更是明确规定早饭后须将昨夜工夫举出商量："其睡时果安定否？抑纵情放胆否？曾有梦景否？梦中有

① 吕坤：《呻吟语》卷2，《吕坤全集》，王国轩、王秀梅整理，北京：中华书局，2008年，第719页。

② 李颙：《二曲集》卷2，陈俊民点校，北京：中华书局，1996年，第21页。

③ 孙奇逢：《日谱》卷7，卷20，张显清主编：《孙奇逢集》，第262页，第871页。

④ 张九成：《迩英春秋进讲·齐人归公孙敖之丧》，《横浦先生文集》卷13，《景印文渊阁四库全书·集部》（第1138册），台北：台湾商务印书馆，1983年，第383页。

⑤ 陆九渊：《杨承奉墓碣》，钟哲点校：《陆九渊集》卷28，北京：中华书局，1980年，第326页。

旧习否？有情欲否？有警醒否？……——省察，举出商量，毋得自欺。"①
刘宗周三十六岁时本欲谢病去官，却做梦升卫经历，这让他颇感不安：昼
无妄营，夜梦亦清。遂自省曰："不知此梦从何处来。看来终不忘荣进念
头在。夜之所梦，未有不根于昼者。……乃知我辈一腔子都为声色货利贮
满。"②对于梦中发生的行为，理学家检之甚严，盛起东曾夜梦有人寄椒于
家，久矣，忽欲得椒，遂私发而用。既觉，深自咎曰："得无平日义心不
明，以致此耶！遂不能寐，坐以达旦。"③杨公翥尝夜梦误入林园，私食人
二李，既寤，深自咎曰："吾必旦昼义心不明，以致此也。羞涩无地，而三
日不餐焉。"④"梦后自责型"与"借梦卜学型"紧密相关，只是后者更着重
于通过梦而验证修学、修身工夫之成果，而前者之着眼点在于将梦的行为
当作真实发生的行为，并为之负责。梦后自责型的种种个案说明，一方面
理学家不会轻易放过梦的行为，他们往往把梦的行为当作反映心灵深处的
存在状态——这些存在状态在白日、平素生活之中并不浮现于意识生活之
中；另一方面理学家把梦当作真实发生的行为而担责，这不是因为他们像
初民一样分不清梦与清醒意识之界限，也不是因为像文王那样借对梦负责
（对骷髅许下诺言）建立一种取信于民的效果，他们的自我遣责乃是因为他
们相信自己是全幅心灵生活的主体，他们要为这全幅的心灵生活之澄明、
澄澈负责，用《小窗幽记》的作者陈继儒的话说就是："世人白昼寐语，苟
能寐中作白昼语，可谓常惺惺矣。"

三是梦中用功型。实际上，孔子梦周公一事已反映出孔子平素行周
公之志之恒定之心，故在梦寐中仍念念不忘。刘勰在《文心雕龙·序志第
五十》中曾自述其生平之梦曰："予生七龄，乃梦彩云若锦，则攀而采之。
齿在逾立，则尝夜梦执丹漆之礼器，随仲尼而南行。旦而寤，乃怡然而喜。

---

① 孟化鲤：《孟云浦先生集》卷6，第586页。孟化鲤《初学每日用功法》从早饭、
午后到晚上，从日间工作到夜睡，从静坐、吃饭到待人接物、讲论均给出细致的"时时
刻刻省察"之方法，充分体现了作为一种生活态度的格物学之精神。

② 姚名达：《刘宗周年谱》，吴光主编：《刘宗周全集》，第253页。

③ 张怡：《玉光剑气集》卷13，魏连科点校，北京：中华书局，2006年，第511页。

④ 张萱：《西园闻见录》卷9，《明代传记丛刊》（第117册），台北：明文书局，
1991年，第31页。

大哉！圣人之难见也，乃小子之垂梦欤！"刘矑此梦只是显明其心志之凝结，梦中用功的意味尚不明确。杨简回顾自己一生求道的历程，认为"梦中获古圣面训"是一重要节点。（《慈湖先生遗书》卷15）梦中用功的情形在明儒吴与弼的日记之中颇多记载，他常常梦到孔子、朱子造访而兴自我励志之情，更有在中夜梦中，痛恨平生不曾进学，蹉跎岁月，痛哭而寤的经历，其学问端的如刘宗周所说是"从五更枕上汗流泪下得来"。[1]理学家——尤其是明儒中梦见圣人、梦见与人论学、梦中用功的记录，举不胜举，阳明龙场悟道之梦，王艮宇宙在我、万物一体之托天梦则是最著名的例子。湛若水也有冬至夜梦中大悟《周易》之旨的经历。[2]王艮拜师阳明途中之梦则兼感应与用功两种色彩。[3]阳明再传弟子刘元卿赴青原会，舟中梦与朋友论学，并将论学内容书于朋友扇子上面。醒后论学内容历历在目，不遗一字，遂将梦中所写全文记于其所著的《大学新编》末尾。[4]梦中用功的例子说明，白昼之意识生活在睡梦意识之中并未完全停止，平日用功专一，在梦中或有继续，或有突破，这不仅见于理学家之修身工夫，文学创作、科学发现亦有类似之现象。在文学中有著名的梦笔生花之典故，苏东坡更是常在梦中赋诗填词，甚至梦见杜甫向他抱怨世人误解其《八阵图》诗。实际上，陈白沙常在梦中作诗，其自述曰梦中往往"觉精力倍平

---

[1] 黄宗羲：《明儒学案·师说》，沈善洪主编：《黄宗羲全集》，第7册，第11页。

[2] 其《纪梦诗》序云：十一月二十二日冬至后三更，梦语大悟损益之义，一部大易六十四卦尽在是矣。盖损、益之至，究极于乾、坤。梦中沛然自得，以为平生未及此者。见湛若水：《甘泉先生续编大全·补编》，游腾达、王文娟点校，台北："中央研究院"中国文哲研究所，2018年，第209页。

[3] 王艮拜师之途颇为传奇，先是父亲（守庵公）不允，王艮跪在榻前至半夜，继母在旁说情，方肯。登舟，夜梦阳明（后亲见阳明，竟发现阳明模样宛如梦中一样），舟行江中，又遇江寇，王艮以礼相待，悉听取其所有，江寇大受感动，空手而去。舟至鄱阳湖，遭风阻，不得行，王艮"祷之"，风遂起。王艮穿着奇装异服进入豫章城，观者环绕市道。他手持海滨生名片，被看门者拒之门外。当场赋诗两首。诗中有云："归仁不惮三千里，立志惟希一等人。"阳明闻诗后，邀入门内，遂有所引对话。见《年谱》，陈祝生点校：《王心斋全集》卷3，江苏教育出版社，2001年，第69—70页。

[4] 《大学新编》，刘元卿撰，彭树欣编校：《刘元卿集》，上海：上海古籍出版社，2014年，第686页。

时，昂昂增气"，所作《梦作洗心诗》即是典型的理学功夫诗："一洗天地长，政教还先王。再洗日月光，长令照四方。洗之又日新，百世终堂堂。"就理学家梦中用功而论，梦中见圣、梦中悟道、梦中自责都反映了用功之切，甚至折射出某种成圣、悟道的迫切感乃至焦虑的心态。现代大儒熊十力亦曾以"精诚所注"论梦中见圣现象：孔子梦见周公即是"精诚所注"而"形诸梦寐"之现象，此等梦"非凡夫染心所有"。"虔修之僧徒梦见佛，亦同此理。清人姚配中治《易》精专，梦吞乾爻初九至九五，意乃豁如。"熊十力又称："学者有此精神，无有不成。"[1]

"梦中"与"梦后"用功往往是分不开的。阳明再传弟子胡直撰有《梦记》一文：

> 予以甲子孟冬某日之夜，梦人署余考曰："小醇大疵。"梦中惕曰："余不及荀、扬，尚何言哉？"既觉，忆余少驰宕，壮虽学，常兴仆不一，每自考曰："难乎有恒。"既强，颇自饬，然未可以言仁，复自考曰："色取行违。"今稍知所求，而习心未瘳。谅哉！所谓小醇而大疵也。即使余醒而自验，亦何以易此？以是益自惕。已而，至今年孟夏之望日，方就假寐，梦腰系三带：其一小者，或指曰："此出扬子云也。"其差大者，曰："此出董仲舒也。"又最大者，忘其名。既觉，又自惕。予其为子云、仲舒所系乎？然又有系之大者，其可不察？此予之神智所为，自启发者也。盖学不出于自性，即古圣与稽，皆为系耳。梦之警予深矣！嗟乎！是果梦耶，抑非梦耶？若本无系而自系也。梦乎何醒？[2]

这篇《梦记》记了两个不同时期的梦。前一个梦做于嘉靖甲子年，是年胡直47岁。韩愈曾评定孟子为"醇乎醇"，荀子与扬雄为"大醇小疵"，今胡直梦中被考核，考语为"小醇大疵"，这一考核结果让他在梦中戒惧不已（梦中自惕），梦醒后，他开始反省自己的德性生命的成长历程：少年放荡，

---

① 熊十力：《佛家名相通释》，北京：中国大百科全书出版社，1985年，第47页。熊十力还在此书中记载了一则他本人所做的感应梦：其胞弟熊继刚在江西病故，一向疏于与家人联系的熊十力在广东忽梦其五弟陈尸于床，痛哭而醒。

② 《衡庐精舍藏稿》卷11，胡直：《胡直集》，张昭炜编校，上海：上海古籍出版社，2015年，第238—239页。

壮年游学，却又"难乎有恒"，40岁以后，虽自行整肃，但往往流于"色取行违"。[1] 经过这一番反省，胡直竟然发现梦中考核结果（小醇大疵）完全是如实的、准确的，想到此而愈发"自惕"。如所周知，弗洛伊德将梦视为潜意识，在梦中本我（Id）通过伪装而突破自我的审查机制（censorship）而达成其愿望。方以智《药地炮庄》卷3："梦者，人智所现，醒时所制，如既络之马，卧则逸去。然经络过，即脱亦驯，其神不昧，反来告形。"钱钟书指出，方以智"醒制而卧逸之说"与近世释梦显学所言"监察检查制"眠时稍懈若合符节。他又说，柏拉图早窥斯理，正取譬于马之缰络，马络，即心门也，守关隶也，监察检查制也。[2] 然而在胡直自己记载的梦中，自我的审查却异常清醒，梦中的自考与梦后的自验竟若合符节。后一个梦做于何年，不得而知，梦中腰系三带，梦后自省其学如不"出于自性"，纵使自己与古圣贤相合（"古圣与稽"），也只是一种凑泊（"皆为系耳"）。要之，在两个梦境中，梦中自省、自惕与梦后自考、自验全然交织在一起，宜乎梦者本人称之为"神智所为"、自启自发者也！[3]

四是随顺昼夜之道型。夜以安身，睡则合眼，程颐尚有窹寐工夫说："人之有窹寐，犹天之有昼夜。阴阳动静，开阖之理也。如窹寐，须顺阴阳始得。"问："人之寐何也？"曰："人寐时，血气皆聚于内，如血归肝之类。今人不睡者多损肝。"[4] 程颐以昼夜、阴阳、动静之辟阖之理论睡眠，同样在理学工夫论中产生了广泛的影响。据载，蔡元定有睡诀云："睡侧

---

[1] 依耿定向所记，胡直少年负才不羁，倡阳明学于里中的欧阳德知其为可造之才，屡招之而不往，是即"少骃宕"之表现，及嘉靖壬寅（胡直25岁），被朋友所逼，一起拜访欧阳德，始执弟子礼，甲辰下第，多忿多欲，"勉自克制而不能恒"，是谓"难乎有恒"。……见耿定向：《明福建提刑按察司使胡公墓志铭》，胡直撰：《胡直集》，第976—980页。

[2] 钱锺书：《管锥编》（第2册），北京：中华书局，1986年，第492页。

[3] 胡直一生重视梦中的经历，其临终前，夜梦至人引以至道中，有"无欲濯濯，秋风回首"之语。遂生预感"余于人间世尽矣"。翌日即翛然而逝矣。耿定向：《明福建提刑按察司使胡公墓志铭》，胡直撰：《胡直集》，第982页。

[4] 程颢、程颐：《河南程氏遗书》卷18，《二程集》，第198页。

而屈，觉正而伸。早晚以时，先睡心，后睡眼。"①王阳明对"睡时功夫如何用"则有进一步之阐发（《传习录》267:326—327）：问："通乎昼夜之道而知。"先生曰："良知原是知昼知夜的。"又问："人睡熟时，良知亦不知了。"曰："不知，何以一叫便应？"曰："良知常知。如何有睡熟时？"曰："向晦宴息，此亦造化常理。夜来天地混沌，形色俱泯。人亦耳目无所睹闻，众窍俱翕。此即良知收敛凝一时。天地既开，庶物露生。人亦耳目有所睹闻，众窍俱辟。此即良知妙用发生时。可见人心与天地一体。故'上下与天地同流'。今人不会宴息。夜来不是昏睡，即是妄思魔寐。"曰："睡时功夫如何用？"先生曰："知昼即知夜矣。日间良知是顺应无滞的。夜间良知即是收敛凝一的。有梦即先兆。"王阳明这里所讲良知知昼知夜、一叫便应说依然可在二程处找到端倪："人虽睡着，其识知自完，只是人与唤觉，便是他自然理会得。"②王阳明的睡时工夫到其弟子王畿那里得到进一步的发展。耿定向曾问王畿："吾人工夫日间应酬，良知时时照察，觉做得主。临睡时应酬已往，神倦思沉，不觉瞑目，一些做主不得。此时如何用力，方可以通昼夜而知？"王畿答曰："吾人日间做得主，未免气魄承当。临睡时神思慌慌，气魄全靠不着，故无可用力处。古人云'德修罔觉，乐则生矣'。不知手舞足蹈，此是不犯手入微公案。罔觉之觉始为真觉，不知之知始为真知，是岂气魄所能支撑？此中须得个悟入处，始能通乎昼夜。日间神思清明，夜间梦亦安静；日间神思昏倦，夜间梦亦劳扰。知昼则知夜矣。易云：'君子以向晦入宴息。'古之至人，有息无睡。凡有所梦即是先兆，非睡魔也。"③王畿明确区分"睡"与"息"（显然，这一区分出自王阳明"宴息"与"昏睡"说）："常人"白天劳扰，精神疲倦，夜间只有靠睡眠才能恢复精力，"一点灵光，尽为后天浊气所掩"，"如死人一般"，此为"阳陷于阴"，是"坎之象"；而"至人"则"有息无睡"，"息"指耳无

①　据说，朱子以为门人蔡元定的睡诀为"古今未发之妙"，不过周密已指出，蔡氏睡心、睡眼之语，本出《千金方》，然而"睡诀"成为理学家议论的话题，无疑表明了儒家修身工夫之转进。见周密：《齐东野语》卷16，张茂鹏点校，北京：中华书局，1983年，第303页。

②　程颢、程颐：《河南程氏遗书》卷六，《二程集》，第87页。

③　王畿：《龙溪会语》，吴震编校整理：《王畿集》，第721—722页。

所闻，目无所见，鼻无所臭，口止无言，四体无动，魂魄藏伏，精神翕凝，如潜如蛰，如叶落归根，"无睡"指良知始终清清明明，"浊气弗侵，元神不动"，"一念炯然，自由自在"，"一点元神，与先天清气相依相息"。故至人之寤寐只是一任天机之自开、自收："寤以形接"，是"辟为出机"，非是"神驰之寤"；"寐以神交"，是"阖为入机"，非是"形疲之寐"。如是，则"终日酬应万变，而此念寂然，不为缘转，是谓通乎昼夜之道而知"。[①]后来泰州学派传人邓豁渠亦有"无睡说"，他将夜间梦幻与日间情念等同，称是游魂勾引识神，为"同一妄机之辗转"，故都是"幻"。又一度称"睡着不作梦，便是无善无恶的景界，禅家谓之大寂灭海。学者学此而已"。有人问"睡着不做梦时候，既无一物，何以鹘鹘突突不明彻？"邓豁渠答曰："血气障蔽，所以鹘鹘突突不明彻。一切放下，嗜欲渐渐消，血气渐渐清。血气清，所谓无一物的，才得明彻。睡着的是浊气，做梦的是幻情。气清情尽，不打瞌睡，亦无梦幻。"[②]

五、两个结论

结论一，程颐说梦以理照物，表现出强烈的理本论倾向。

（1）观程颐格物多端论，近则叩诸身，远则涉诸"天"——上自天文（星辰、陨石、历法），下至地理、物候、生物无不一一穷究，即近即远，即内即外，才明彼则晓此。民间文化传统之中最为光怪陆离的鬼神与梦之领域，伊川亦不会放过，一概以理照之。梦作为一物，自有其所以然之理，梦世界也是理世界的一个表现，存有大全之形上学由此而立。

（2）孔子之周公梦与两楹梦。依余英时的看法，这两梦均属于神圣梦境（divine dream）、萨满式的梦境，带有"当时巫文化的痕迹"，反映了某

---

① 有关王龙溪睡功之讨论，可参见钟彩钧：《王龙溪的本体论与工夫论》，《东海中文学报》2010年第22期。又可参陈椰：《梦论与睡功：睡梦的理学义蕴》，《周易研究》2013年第2期。

② 邓豁渠：《南询录校注》，邓红校注，武汉：武汉理工大学出版社，2008年，第49—50、56页。

种宗教情感。所谓萨满式的梦境，就是在梦中接受神意的指示，余先生引用宗教现象学家伊利亚德（Eliade）的话说，在梦中"纯然的神圣生活进来了，与神氏、精灵和祖先灵魂的直接关系也重建了"。[1]余英时还指出，孔子之梦周公跟苏格拉底在梦中得到神的指示（《斐多篇》）是高度相似的，不仅如此，两楹梦跟苏格拉底预示自己死亡的梦（《克里托篇》）亦具有惊人的相似性，孔子是作为一位"感到深沉失望的先知"离开人世的。与余英时所描述的萨满、先知的梦境氛围不同，程颐对周公梦与两楹梦之解释则更加强调道德修炼的意味：因为孔子为圣人，其心境自是明镜一般，故梦周公重在"思"而非"见"，而两楹梦亦只是圣人心静，故可预感大限之临——这是长期修行的结果。实际上，在宋明理学中，如何面对自己的死亡是修身、格物的一个重要内容，如罗汝芳不仅可以预感自己的死期，而且还能自主推迟自己的死期。

（3）程颐对"托梦现象""梦说现象"等所做的感通、感应之解释带有浓厚的道德情感因素，但"有即有，无即无"的说法则表明，"真诚所感"亦是有限制的（无中不能生有），而"盛夏感而寒栗则有之，理外之事则无"则更是说明天道运行之理是无可改移的（"变夏为冬，降霜雪，则无此理"）。要之，程颐以理照梦之"理"兼具情与理两个面向：一方面他破除秦汉感应说之中牵强附会的一面，对世俗的鬼神说亦多有批判；[2]另一方面他又适度保留了道德感动的效应。[3]

结论二，睡梦验功、睡时功夫说则反映了儒家修身传统的转进。程颐梦论是"梦"进入儒家工夫修炼传统的一个重要历史时刻。

（1）在先秦儒学中，曾子"吾日三省吾身"，已开启夜间对白日生活之省思的工夫，逮及程颐，夜梦、睡眠成为省思之对象，儒家内省工夫之范

---

① 余英时：《论天人之际：中国古代思想起源试探》，第156页。

② 程颐之鬼神观，可参见庞万里：《二程哲学体系》，北京：北京航空航天大学出版社，1992年，第109—121页。

③ 匿名审稿人指出：理学家论梦，似乎未曾反驳过"正梦"的存在，程朱也认为有些梦是有征兆的内涵的。梦的征兆义在程朱或许没有构成工夫问题，然而在王学中，重视梦的征兆之义者，似不乏其人，王阳明本人即是一例。梦的征兆和占卜的征兆，都建立在感应论基础上，虽然其事之性质似乎不足以"理"断之，却未必没有传达正确的讯息。

围遂涵括了吾人全幅的心灵生活。这不仅意味着反思的广度之扩展，而且同时也表明省察的深度之加深，省思的目光已经深入人性之幽深晦暗之领域。由程颐睡梦验功而开出的为梦中发生的行为担责的态度不是出于梦与清醒意识不分的巫术心态，而是将心灵澄明工夫贯彻到底之体现。

（2）梦作为修行的法门实则是宗教修炼的共法。道教视"睡"为修行之害中"三害"之一（三害者：食、睡、色），为防睡梦中走丹漏炉现象而视梦如魔，故有"战睡魔"之说："战魔须战睡魔先，此是修行第一鞭。"[①]战睡魔成为早期全真教重要的修炼法门，最早的倡导者是丘处机，他本人"夜历五更，强而不眠"。[②] 其后乃至出现了学道之人终夜不睡的现象。[③] 朱子曾记载张载有"夜间自不合睡"的主张，又称张载做《正蒙》时，常夜里默坐彻晓。[④] 张载本人也称自己曾"终夕不寐"。[⑤] 朱子接受了乃师李侗"道理须是日中理会，夜里却去静处坐地思量，方始有得"的教训，勤于夜间用功，乃至有"穷就到明""终夜不寝"的工夫经历。佛教视梦是"无明业识漂流"，是意识的昏沉，故譬梦为"睡蛇"。[⑥]《达摩血脉论》已记载类

---

① 张三丰：《鹧鸪天》，方春阳点校：《张三丰先生全集》卷3，杭州：浙江古籍出版社，1990年，第65页。

② 张广宝：《金元全真教史新研究》，香港：香港青松出版社，2008年，第250页。

③ 王志谨指出，"不睡"是为了"炼心"，"修行之人，为此顽心，自从无始以来轮回，贩骨如山之积，万生万死，以至今日方省前非，欲求解脱，是以昼不敢食，夜不敢眠，炼此顽心，要般般与俗头倒，方可中用"。否则，"不炼心，见人不睡，也如此造作，心念如毛，及至触着，便发烟火，至如百年不睡，济甚事？顽心不尽，依旧轮回"。又说："学人不寐，本以炼心为事。若不收心，济甚事？至如赌博弈棋、织纺罗磨之人夜夜不睡，则尽是见得道底人耶！"赵卫东、王光福：《盘山栖云王真人语录》，《王志谨学案》，第300、313页。

④ 黎靖德编：《朱子语类》卷99，朱杰人等主编：《朱子全书》（第17册），第3329页。

⑤ 张载：《经学理窟·自道》，《张载集》，张锡琛点校，北京：中华书局，1978年，第289页。

⑥ 廖肇亨：《僧人说梦：晚明丛林梦论试析》，《中边·诗禅·梦戏——明末清初佛教文化论述的呈现与开展》，台北：允晨文化，2008年。徐圣心：《梦即佛法——彻庸周理〈云山梦语摘要〉研究》，《台大佛学研究》2009年第18期。

似于程颐以梦卜学的说法：梦见光明过于日轮，说明余习顿尽，法界性见。梦见星月分明，说明自心诸缘欲息。梦若昏昏，则说明自心烦恼障重。"睡梦中做得主"也是禅师讨论的议题，紫柏真可甚至要求门人睡梦中"念佛不断"。佛教《遗教经》告诫修行人："昼则勤心修习善法，无令失时。初夜后夜，亦勿有废。中夜诵经，以自消息。无以睡眠因缘，令一生空过，无所得也。当念无常之火，烧诸世间，早求自度，勿睡眠也。诸烦恼贼常伺杀人，甚于怨家，安可睡眠，不自警寤。烦恼毒蛇睡在汝心，譬如黑蚖在汝室睡，当以持戒之钩，早摒除之。"[1]有趣的是，夜晚防贼的心态也见于保罗的书信中："因为你们自己明明晓得，主的日子来到，好像夜间的贼一样。人正说平安稳妥的时候，灾祸忽然临到他们，如同产难临到怀胎的妇人一样，他们绝不能逃脱。弟兄们，你们却不在黑暗里，叫那日子临到你们像贼一样。你们都是光明之子，都是白昼之子；我们不是属黑夜的，也不是属幽暗的。所以，我们不要睡觉，像别人一样，总要警醒谨守。因为睡了的人是在夜间睡，醉了的人是在夜间醉。但我们既然属乎白昼，就应当谨守。"（《帖撒罗尼迦前书》5:2—8）[2]奥古斯丁《忏悔录》谈到如何制服心猿意马而使之凝神于一的工夫，他向上帝忏悔，"淫欲、声色、荣华富贵"一类前尘影事在清醒的时候，隐隐约约现于心目，但至夜间一入梦境，"它

---

① 《佛遗教三经》，上海：上海佛学书局，1991年，第3—4页。

② 在西方文化中，公元前2世纪前后的阿特米多鲁斯（Artemidorus）即著有《释梦》一书，该书反映了古希腊占梦文化的一些特色，福柯《性经验史》第三卷首章即专门考察此书与希腊"关注自我"思想的关系。阿特米多鲁斯区分出两种梦：一种是表达内心状态、欲望的梦，一种是预示或预测将来事件的梦。无疑前一种具有修行的意义，有德性的人是不会做前一种梦的，因为他们知道怎样控制非理性的活动、激情、欲望与恐惧，他们也知道如何在不及与过度之间保持身体的平衡，因而他们也不会有这些困惑，这些被视为表达心态的梦——这颇有庄子至人无梦的意味。有德之人就是在睡眠中驱除身心不自觉的欲望之梦。塞涅卡说，入睡人所做的梦如他白天一样嘈杂。芝诺提醒人注意，那些不再做梦偷欢才是进步的表现。因为很多人在清醒的时候有足够的力量与激情作斗争，但一到夜间他们就摆脱了法律与舆论的束缚，恬不知耻，一切不道德、下流的念头就涌现在梦境之中了。可见，在古希腊哲学中就已经出现类似儒家借梦卜学的思想。关于阿特米多鲁斯的梦思想，详见 *The Care of the Self, Volume 3 of The History of Sexuality*, Michel Foucault, pp.4-25。

们不仅赢得我的欢悦，甚至博得我的同意，仿佛使我躬行实践。幻象对我的灵魂和肉体，还起着如此作用：我醒时所不为的事情，在梦中却被幻象所颠倒。主、我的天主，是否这时的我是另一个我？为何在我入梦到醒觉的须臾之间，使我判若两人？我醒时抵拒这一类的想象，甚至在事物真身进攻前所持坚定的理智，梦时到哪里去了？是否和双目一起紧闭了？是否和肉体的感觉一起沉睡了？又为何往往在梦中也会抵抗，也能记起我们的决心而坚持不释，对这一类的诱惑绝不顺从呢？"他向天主祈祷："请你不断增加你的恩赐，使我的灵魂摆脱情欲的沾染，随我到你身边，不再自相矛盾，即使在梦寐之中，非但不感溺于秽影的沾惹，造成肉体的冲动，而且能拒而远之。……要使我不但在此一生，而且在血气方刚的年龄，不受这一类的诱惑，甚至清心寡欲者梦寐之中有丝毫意志即能予以压制的微弱诱惑也不再感受，在你并非什么难事。"[1]心畏睡魔如畏虎可谓是修行者共同的心态，用元儒吴澄的诗说就是："战退睡魔成佛道，常惺惺惺有主人公。"[2]

（3）在程颐说梦之前，梦跟儒家省思工夫几无直接之关联，在其后，"梦"越来越成为儒家修身省思之对象，及至明儒，梦中用功如火如荼，梦后自责愈演愈烈。高攀龙说得好："梦中作得主张者，方是真学问。"[3]

毫无疑问，从儒家修身工夫论看，程颐说梦乃是一个重要的转折点，其历史意义不容低估。

---

①　奥古斯丁：《忏悔录》，周士良译，北京：商务印书馆，2017年，第225—226页。

②　吴澄：《答跣山长老茶之觊》，《吴文正集》卷92，《景印文渊阁四库全书》（第1197册），台北：台湾商务印书馆，1983年，第862页。需要指出的是，严守三教界限的湛若水对战睡魔之法颇不以为然：有弟子问"炼魔无睡之法有得否？"湛若水答曰："昏昏然，其所炼何魔耶？而亦何得也？求镜于砖。惟知之而养之为正。"针对王龙溪至人有息无睡说，湛若水提出"以能睡为息"说："夫安乐者，常理也，有息无睡，不若以能睡为息。故君子言有息法，有睡法，而不言无睡法。"见湛若水撰，钟彩钧、游腾达点校：《甘泉先生续编大全·补编》，台北："中央研究院"中国文哲研究所，2017年，第13、56页。

③　高攀龙：《高子遗书》，《景印文渊阁四库全书》（第1292册），台北：台湾商务印书馆，1983年，第423页。

第七章　宋明理学中的静坐类型及其效用

一、引言

儒学乃为己之学，体证、实现生命之道乃儒家修身学、工夫论之终极旨趣。现代儒学研究一向重在形上建构与名相分析，而疏于修身工夫之阐述。[①] 与此相应，哲学越来越专业化、学院化，因而亦越来越远离日常生活。追求人生之道本是人生第一等事，哲学本亦是因此"一大事因缘"而生，但哲学越来越远离人生，遑论第一等事。

近三十年来，西方哲学界对哲学自身的"异化"现象渐起反思。福柯、阿多以及纳斯鲍姆对作为一种"生命之道""生活方式"的古典哲学精神气质之重新认识，已生"攻玉"之效应。儒学之修身学、工夫论面向渐次由学术之边缘进入关注之焦点。[②] 其中，儒家静坐研究虽起步甚晚，但近年来成果颇为可观，有非常细致的个案研究，如对朱子、陈献章、高攀龙、刘宗周等静坐思想与实践之研究，有断代的脉络考察，如对宋明两代儒家静坐思想之演变线索之研究，亦有将儒家静坐置于东亚乃至整个世界静坐文化之中所

---

① 现代儒者中习静坐工夫者当推唐君毅与钱穆二先生。唐君毅每天静坐二十分钟，钱穆不仅年轻时锐意静坐，且有类似静坐悟道的体验。有关唐君毅静坐事，参见：廖俊毅、王雪卿：《唐君毅先生的工夫论》，《鹅湖月刊》第 35 卷第 5 期。有关钱穆静坐事，参见其《八十忆双亲师友杂忆合刊》，《钱宾四先生全集》(第 51 册)，台北：联经出版公司，1998 年，第 95—97 页。

② 福柯：《主体解释学》，佘碧平译，上海：上海人民出版社，2010 年。P. Hadot, *Philosophy as a Way of Life: Spiritual Exercises from Socrates to Foucault*, Oxford & Cambridge: Wiley-Blackwell, 1995. *What is Ancient Philosophy?* Cambridge, Massachusetts: The Harvard University Press, 2002. M. C. Nussbaum, *The Therapy of Desire: Theory and Practice in Hellenistic Ethics*, Princeton and London: Princeton University Press, 1994。

进行的比较研究。[①]

　　"静坐"二字最早见于《韩非子·十过》"静坐抚琴"一语，此处静坐只是一身体的姿势，并无修身的意义。但倘若我们不受静坐二字限囿，而是将静坐视为"一种自我操纵的，用来达到内心转变的心理技巧"，则诚如论者所言，先秦儒家已有一套系统的修身理论，甚至出现了类似我们现代称之为静坐的心理技巧，这一技巧在公元前 500 年间已经出现于中国，如孟子浩然之气，老子抱一、守静，庄子心斋、守一、坐忘、缘督、导引、吐纳、听气、踵息等。[②]

　　但通过自我操纵而达到内心转变这一技巧，在儒家文化之中实则有更古老的渊源。庄子通过孔子与颜回的对话所表达的"心斋"当然已是一种身心的修炼术，而心斋的起源恐怕得追溯到巫文化与祭祀文化。余英时先生在《论天人之际》中认为，儒家的心学修炼乃由上古的"巫以降神"传

---

　　①　（1）个案研究方面，有关朱子静坐法之研究，请参见陈荣捷：《朱子与静坐》《半日静坐半日读书》，收入《朱子新探索》，台北：台湾学生书局，1988 年，第 299—308、309—313 页。吴震：《身心技法：静坐——试释朱子学的修养论》，《朱子学刊》总第 11 辑（2000 年）。杨雅妃：《朱熹静坐法》，《兴大中文学报》2006 年第 18 期。杨儒宾：《主敬与主静》，收入杨儒宾等编：《东亚的静坐传统》，台北：台大出版中心，2012 年，第 129—160 页。有关陈献章静坐研究，可参见李孟儒：《从"静坐"衡定陈白沙之心学》，《鹅湖月刊》2007 年第 3 期。对聂豹、罗念洪先之静坐研究，可参见林月惠：《论聂双江"忽见心体"与罗念庵"彻悟仁休"之体验》，林月惠：《良知学的转折：聂双江与罗念庵思想之研究》，台北：台大出版中心，2005 年，附录一，第 605—630 页。张卫红：《罗念庵的生命历程与思想世界》，北京：生活·读书·新知三联书店，2009 年，第 406—424、459—462 页。有关高攀龙静坐研究，请参见杨菁：《高攀龙的静坐实践及其体悟》，《彰化师大国文学志》2011 年第 22 期。有关刘宗周静坐研究，请参见潘振泰：《刘宗周（1578—1645）对"主静"与"静坐"的反省》，《新史学》2007 年第 1 期。（2）有关断代的研究，见杨儒宾三文：《宋儒静坐说》，《台湾哲学研究》2004 年第 4 期；《论"观喜怒哀乐未发前气象"》，《中国文哲研究通讯》2005 年第 15 卷第 3 期；《明儒与静坐》，钱明主编：《阳明学派研究——阳明学派国际学术研讨会论文集》，杭州：杭州出版社，2011 年，第 1—35 页。马渊昌也：《宋明时期儒学对静坐的看法以及三教合一思想的兴起》，杨儒宾等编：《东亚的静坐传统》，第 63—102 页。（3）关于儒家静坐的比较研究，请参见艾皓德：《东亚静坐传统的特点》，杨儒宾等编：《东亚的静坐传统》，第 1—26 页。

　　②　艾皓德：《东亚静坐传统的特点》，杨儒宾等编：《东亚的静坐传统》，第 4 页。

统转出：负责沟通天人的巫须具备"智慧""圣""明""聪"等心性品质。[1]
而在巫文化向礼乐文化的突破之中，哲学家不再求助于巫，而是依靠个人的"自力"即可与天相通，最终乞援于一己之心，"中国的'心学'即滥觞于此"。[2] 实际上，在先秦儒家的祭祀礼制之中，就设有"斋宫""斋室""净室"等宗教设施，《礼记·祭统》云："致斋于内，散斋于外。"致斋即是在专门的斋宫中进行的，"身致其诚信，诚信之谓尽，尽之谓敬，敬尽然后可以事神明，此祭之道也。及时将祭，君子乃齐。齐之为言齐也。齐不齐以致齐者也。是以君子非有大事也，非有恭敬也，则不齐。不齐则于物无防也，嗜欲无止也。及其将齐也，防其邪物，讫其嗜欲，耳不听乐。故记曰：齐者不乐，言不敢散其志也。心不苟虑，必依于道；手足不苟动，必依于礼。是故君子之齐也，专致其精明之德也。故散齐七日以定之，致齐三日以齐之。定之之谓齐。齐者精明之至也，然后可以交于神明也"。显然这种在斋室之中的身心状态（止声色，毋进御，薄滋味，毋违和，节嗜欲，定心气）均有别于日常生活，这是一种通过隔断俗世的时空，将身心调整至精思、冥想的状态，以期进入鬼神的时空之中。在致斋期间，"思其居处，思其笑语，思其志意，思其所乐，思其所嗜好"，最终，"入室，僾然必有见乎其位。周还出户，肃然必有闻乎其容声。出户而听，忾然必有闻乎其叹息之声"。《说苑·修文》对此"洁斋精思"的心理状态亦有详细的描述。要之，祭祀过程之中在斋宫之中的这种身心操纵的技术乃是庄子心斋的源头所在。有学者指出，早期道教在净室之中的"守一""守气"等修炼方式与儒家斋戒传统之中的这种守静、节欲、存想、精思工夫有着不可分割的联系。[3]

儒家静坐的传统通常被认为始于宋儒。不过在唐朝，静坐已成气候。

---

① 《国语·楚语》："民之精爽不携贰者，而又能齐肃忠正，其智能上下比义，其圣能广远宣朗，其明能光照之，其聪能听彻之，如是则明神降之，在男曰觋，在女曰巫。"

② 余英时：《论天人之际：中国古代思想起源试探》，台北：联经出版公司，2014年，第61页。

③ 详见王承文：《汉晋道教仪式与古灵宝经研究》，北京：中国社会科学出版社，2017年，第4、76、100页。毫无疑问，在祭祀的斋戒之中，炼养身形旨在与祖先的神灵沟通，而在道教的斋室修炼之中则旨在精思身体各部位之中的"人格化的神灵"。

禅家习静坐自不必说，[①] 唐太宗有静坐内省说，[②] 李白亦有"静坐观众妙"佳句，[③] 在孙思邈所撰的《千金要方·养性·居处法第三》中甚至出现了静坐疗法："凡在家及外行，卒逢大飘风、暴雨、震电、昏暗大雾，此皆是诸龙、鬼神行动经过所致，宜入室闭户，烧香静坐，安心以避之，待过后乃出，不尔损人。或当时虽未苦，于后不佳矣。"

宋儒喜静坐，自有其时代的背景。宋初三先生胡瑗与孙复、石介同学于泰山，《宋元学案·安定学案》记曰："一坐十年不归，得家书，见上有'平安'二字，即投之涧中，不复展，恐扰心也。"其门人辈中多有习静坐者，如徐积"终日面壁坐，不与人接"，又如徐中行"茸小室，竟日危坐，所造诣，人莫测也"。程颢、程颐之父程珦即酷爱静坐：居常默坐，人问："静坐既久，宁无闷乎？"公笑曰："吾无闷也。"家人欲其怡悦，每劝之出游……尝从二子游寿安山，为诗曰："藏拙归来已十年，身心世事不相关。洛阳山水寻须遍，更有何人似我闲。"顾谓二子曰："游山之乐，犹不如静坐。"[④] 北宋五子之一邵雍颇雅爱静坐，"将养精神便静坐，调停意思善清吟"。"闲行观止水，静坐观归云。""静坐澄思虑，闲吟乐性情。"康节《击壤集》中的这些诗句颇能见出一种静坐之生活情调。苏轼亦有诗云："无事此静坐，一日似两日。若活七十年，便是百四十。"这差不多把静坐看作最富有意义的生活方式了。南宋士人倪思则曰："何者最乐？静坐最乐。"其人生"五事"，静坐被列为第一：静坐第一，观书

---

① 六祖惠能虽有"道由心悟，岂在坐耶？若言如来若坐若卧，是行邪道之说"（《六祖坛经·护法品》），但此说本身就是针对当时已经流行的"欲得会道，必须坐禅习定"而发。实际上，在汉传佛典之中，高僧"胁不至席""长坐不卧"的传统源远流长，详见释惠敏：《佛教禅修之对治"睡眠盖"传统》，杨儒宾等编：《东亚的静坐传统》，第181—212 页。

② 贞观八年，太宗谓侍臣曰："朕每闲居静坐，则自内省，恒恐上不称天心，下为百姓所怨。但思正人匡谏，欲令耳目外通，下无怨滞。……"参见吴兢撰：《贞观政要集校》卷2，谢保成集校，北京：中华书局，2003 年，第87 页。

③ "何处闻秋声，翛翛北窗竹。回薄万古心，揽之不盈掬。静坐观众妙，浩然媚幽独。"李白：《寻阳紫极宫感秋作》，《李白文集》，北京：中国戏剧出版社，2009 年，第172—173 页。

④ 程颐：《先公太中家传》，《河南程氏文集》卷12，程颢、程颐：《二程集》，第652 页。

第二，看山水花木第三，与朋友讲论第四，教子弟第五。①邵氏、苏氏与倪氏对静坐之看法可反映出两宋士人对静坐之雅好，可以说，静坐乃是一种有格调、有韵味的生活方式。程珦之静坐并不彰显其儒家性格，大致属于兼顾养生与生活情调的静坐类型。

本章拟在时贤已有研究成果的基础上，尝试依照以下四种静坐类型阐述静坐在儒家修身学之中的地位与作用：（1）作为默识仁体、观未发气象、见性、养出端倪、悟道之静坐；（2）作为收敛身心之静坐；（3）作为观天地生物气象之静坐；（4）作为省过仪式之静坐。在此基础上，本章还对此四种静坐方式之关系加以厘清。不过，要加以说明的是，这四种静坐方式并不是严格的类型学的划分，四者之间虽无论从形式上抑或效用上各有异同，但也多有交叠之处，故最后一节会专题处理四者之间的关系。

二、作为默识仁体的静坐

学界论宋儒静坐多自二程兄弟入手，不过周敦颐在儒家静坐文化之中所占的位置恐怕不应被忽视。《宋元学案》引《性学指要》云，周敦颐初"与东林总游，久之无所入，总教之静坐，月余忽有得"，以诗呈曰："书堂兀坐万机休，日暖风和草自幽。谁道二千年远事，而今只在眼睛头。"②或出于避讳之考虑，传统大儒在追溯儒家静坐工夫时，往往不提周敦颐在禅师指导下修习静坐的经历。③但其"主静立人极"之说，则屡屡被讲静坐法门之儒者援

①　倪思：《经鉏堂杂志》卷 2、卷 6，《四库全书存目丛书·子部》（第 83 册），济南：齐鲁书社，1995 年，第 277、316 页。

②　黄宗羲：《宋元学案》卷 12，沈善洪主编：《黄宗羲全集》（第 3 册），杭州：浙江古籍出版社，2005 年，第 637—638 页。今《周敦颐集》所载此诗，"日暖风和草自幽"句为"日暖风和草色幽"，"而今只在眼睛头"句为"而今只在眼前头"。

③　周敦颐生前与高僧道人交往频繁而亲密，此见于周敦颐妻舅蒲宗孟为周敦颐所撰的《墓碣铭》，他还与黄庭坚讨论佛理，黄庭坚建议他向黄龙传人真净克文禅师（1025—1102）（时在庐山归宗寺）求教。周敦颐两子周焘与周寿都是信奉佛教的文士，与苏轼兄弟及黄庭坚等人关系密切。见万里：《周敦颐与佛教关系再考证》，《船山学刊》2018 年第 1 期。

以为理论依据。实际上，"无所入"是指工夫不知从何入手，"立人极"是指确立人之为人的根本，如此，静坐在周敦颐那里便拥有入手工夫与体证本体（人极）两种意义。通过静坐寻找入处，洞见本体，周敦颐可谓开风气之先。其后，明道（程颢）—龟山（杨时）—豫章（罗从彦）—延平（李侗）一系以观喜怒哀乐未发前气象作为工夫指诀，就其工夫之旨趣论，实不逸出周敦颐由静坐而入、而"有得"这一路数。这一默识仁体、观未发前气象的工夫路径在明儒湛若水那里被明确地归为周敦颐"主静立人极"一脉。

程颢喜静坐，弟子说他闲时"坐如泥塑人"，其《识仁篇》云"学者须先识仁……识得此理，以诚敬存之而已，不须防检，不须穷索"，背后当有其静坐体验为依据。程颢亦喜以静坐接引弟子，他曾对前来受学的谢良佐说："尔辈在此相从，只是学某言语，故其学心口不相应。盍若行之？"上蔡请问行之方。明道曰："且静坐。"[1] 程颢静坐默识仁体之工夫被门人杨时发扬光大："夫至道之归，固非笔舌能尽也，要以身体之，心验之，雍容自尽，于燕闲静一之中，默而识之……"[2] 杨时视《中庸》为"圣学之渊源，入道之大方"[3]，故每每以观未发前气象接人："学者当于喜怒哀乐未发之际，以心体之，则中之义自见……"[4] 龟山以后，弟子罗从彦接此话头深参之，一度筑室罗浮山中静坐。罗从彦复又以此话头接引李侗："曩时某从罗先生学问，终日相对静坐，只说文字，未尝及一杂语。先生极好静坐。某时未有知，退入室中亦只静坐而已。先生令静中看喜怒哀乐未发之谓中未发时作何气象。"[5] 黄宗羲对此观未发前气象之"道南一脉"颇为器重："罗豫章静坐看未发气象，此是明道以来，下及延

① 程颢、程颐：《河南程氏外书》卷12，《二程集》，第432页。

② 杨时：《寄翁好德其一》，《龟山集》卷17，《景印文渊阁四库全书》（第1125册），台北：台湾商务印书馆，1983年，第277页。

③ 杨时：《中庸义序》，《龟山集》卷25，第348页。

④ 杨时：《答学者其一》，《龟山集》卷21，第310页。

⑤ 《延平答问》，《景印文渊阁四库全书》（第698册），台北：台湾商务印书馆，1983年，第654页。

平，一条血路也。"①

　　道南一脉这一静坐法门在形式上类似于禅宗之参话头，"未发前气象"这一话头其作用在于截住众念，起疑情而直参到底，从而洞达心源深处，体认天理、默识仁体，静以养之。《中庸》之已发未发文本只不过是一种媒介而已，故亦不必参此话头而仍可得门而入者，如象山一系静坐即是如此。象山指示弟子曰："即今自立，正坐拱手，收拾精神，自作主宰。"正坐乃是"收得精神在内""完养精神"的一种途径。他曾告其门人詹阜民说，"学者能常闭目亦佳"。②另一陆门弟子杨简亦以静坐反观，时时有得而闻名，在其文集之中不乏静坐悟道之文字，他更喜夜坐，乃至有通宵不寐而突然得悟之经历。

　　明代心学一系诸大儒几乎均有静坐求入处之共同修道历程。当初陈献章虽拜吴与弼为师，且用功至苦，但总觉未有入处，遂返江门故里，杜门独扫一室，日静坐其中，人罕见其面："坐小庐山十余年间，履迹不逾于户阈。"③显然，陈献章把静坐当成取得最终突破的一种方式。对于陈献章来说，静坐从"负的方面"说，能有助于超脱世俗，"坐来白日心能静，看到浮云世亦轻"。④从"正的方面"说，可以洞见万物一体之意思："窗外竹青青，窗间人独坐。究竟竹与人，元来无两个。"⑤静坐更可直接呈现真吾之本体："舍彼之繁，求吾之约，惟在静坐，久之，然后见吾此心之体隐然呈露，常若有物。日用间种种应酬，随吾所欲，如马之御衔勒也。体认物理，稽诸圣训，各有头绪来历，如水之有源委也。于是涣然自信曰：'作圣之功，其在兹乎！'有学于仆者，辄教之静坐，盖以吾所经历粗有实效者

---

　　① 黄宗羲：《宋元学案》卷39，沈善洪主编：《黄宗羲全集》（第4册），第567页。关于"观喜怒哀乐未发前气象"工夫之讨论，请参见杨儒宾：《论"观喜怒哀乐未发前气象"》，《中国文哲研究通讯》2005年第15卷第3期。

　　② 詹遂无事则安坐瞑目，用力操存，夜以继日，如此者半月。"一日下楼，忽觉此心已复，澄莹中立，窃异之，遂见先生。先生目逆而视之，曰：'此理已显也。'某问先生何以知之，曰：'占之眸子而已'。"王畿曾就此静坐悟道事件评论曰："识此便是仁体，此是圣学之胚胎……白沙所谓'静中养出端倪'亦此意。"见王畿：《抚州拟岘台会语》，吴震编校：《王畿集》卷1，南京：凤凰出版社，2007年，第25页。

　　③ 陈献章：《龙岗书院记》，孙通海点校：《陈献章集》卷1，第34页。

　　④ 陈献章：《游心楼，为丁县尹作》，孙通海点校：《陈献章集》卷5，第414页。

　　⑤ 陈献章：《对竹》，孙通海点校：《陈献章集》卷5，第516页。

告之，非务为高虚以误人也。"① 静坐→得心之本体（端倪）→后稽诸圣训，皆有印证→遂自信作圣之功在此，陈献章此处所自述的这一悟道历程，实已昭示出后来的王阳明龙场悟道之套路。②

王阳明龙场悟道与其长期的静坐体验是分不开的，笔者曾有专文论之，此处不赘。③ 不过与陈献章微有不同的是，陈献章之静坐多有几分闲来无

---

① 陈献章：《复赵提学佥宪 一》，孙通海点校：《陈献章集》卷2，第145页。"有学于仆者，辄教之静坐"，表明陈献章不惟自己视静坐为入手之不二法门，亦屡劝弟子静坐，这方面文字甚多，如："为学须从静中坐养出个端倪来，方有商量处。……若未有入处，但只依此下工，不至相误，未可便靠书策也。"陈献章：《与贺克恭黄门 二》，孙通海点校：《陈献章集》卷2，第133页。《明儒学案》"为学须从静中坐养出个端倪来"一句为"为学须从静坐中养出个端倪来"。

② 《王阳明年谱》对其悟道经过有详细记载：（正德）三年戊辰，先生三十七岁，在贵阳。春，至龙场……龙场在贵州西北万山丛棘中，蛇虺魍魉，蛊毒瘴疠，与居夷人鴂舌难语，可通语者，皆中土亡命……时瑾憾未已，自计得失荣辱皆能超脱，惟生死一念尚觉未化，乃为石墩自誓曰："吾惟俟命而已！"日夜端居澄默，以求静一；久之，胸中洒洒。而从者皆病，自析薪取水作糜饲之；又恐其怀抑郁，则与歌诗；又不悦，复调越曲，杂以诙笑，始能忘其为疾病夷狄患难也。因念："圣人处此，更有何道？"忽中夜大悟格物致知之旨，寤寐中若有人语之者，不觉呼跃，从者皆惊。始知圣人之道，吾性自足，向之求理于事物者误也。乃以默记五经之言证之，莫不吻合……《年谱一》，吴光等编校：《王阳明全集》卷33，上海：上海古籍出版社，1992年，第1228页。这里，龙场静坐—得格物之旨在心—后以五经印证，一一相合—遂自信成圣之道在此，并以静坐工夫接人，与陈献章的静坐养出端倪的路数何其相似乃尔！

③ 陈立胜：《王阳明龙场悟道新诠》，《中山大学学报》2014年第4期。关乎阳明对静坐的态度，钱德洪的描述最为精到。何迁问曰："闻师门禁学者静坐，虑学者偏静沦枯槁也，似也。今学者初入门，此心久濡俗习，沦浃肤髓，若不使求密室，耳目与物无所睹闻，澄思绝虑，深入玄漠，何时得见真面目乎？师门亦尝言之，假此一段以补小学之功。又云：'心雁疾痼，如镜面斑垢，必先磨去，明体乃见，然后可使一尘不容。'今禁此一法，恐令人终无所入。"洪对曰："师门未尝禁学者静坐，亦未尝立静坐法以入人。"曰："舍此有何法可入？"曰："只教致良知。良知即是真面目。良知明，自能辨是与非，自能时静时动，不偏于静。"曰："何言师门不禁静坐？"曰："程门叹学者静坐为善学，师门亦然。但见得良知头脑明白，更求静处精炼，使全体着察，一滓不留；又于事上精炼，使全体着察，一念不欺。此正见吾体动而无动，静而无静，时动时静，不见其端，为阴为阳，莫知其始：斯之谓动静皆定之学……"见《年谱附录一》，吴光等编校：《王阳明全集》卷36，第1340—1341页。

事、从容淡定的意味，而王阳明之龙场悟道乃是发生于"百死千难"之中，在此雅斯贝尔斯意义上的边缘处境（Grenzsituation）之中，王阳明把静坐视为终极突破（化生死一念）的一种决定性手段。这种现象在阳明门人中并不罕见，如钱德洪、聂豹均有在狱中静坐"忽见此心真体"之经历。这种在边缘处境获得的悟道体验，实际上是一种融"事上磨练"与"静坐体证"两种法门于一体的修炼方式。还有比边缘处境更能磨练人的事情吗？在人生最为困顿之际，需要多大愿力方能安心静坐，需要多大悟力方能让深蕴于心底的道体、性体冲关而出，此非亲身经历者难言其中滋味，吾辈只能以同情之理解而略得仿佛而已。所谓置之死地而后生，"重生"的体验一定是刻骨铭心的，阳明对致良知教的自信、聂豹在舌战同门时所表现出的从容，不能不说与这种悟道而得的强大"底气"支撑有关。

阳明弟子辈习静坐者多不胜举。江右弟子刘文敏年八十，犹陟三峰之巅，静坐百余日，一时被传为佳话。其中，聂豹、罗洪先更是力主静坐乃收摄保聚、归寂立体之不二法门。他们从乃师"良知即是未发之中""不可谓未发之中常人俱有"一类说法获得理论支持，就此而论，其静坐工夫仍可归属为观未发气象这一脉络。持异议的王畿对二人就"必待闭关静坐，养成无欲之体始为了手"反复劝诫并指出：专以闭关静坐为致良知唯一可信赖之路径，"不惟蹉却见在功夫"，且未免"喜静厌动"之弊。对周敦颐、程颢主静、默识之工夫，王畿总是强调其中"动静双兼"之义，是"权法"，"非可专以静坐而律之也"。[1]对陈献章静中养出端倪说，王畿也申明说"此理不必专在瞑坐始显"，[2]但王畿本人并不否定静坐之作用，其接引弟子亦时用静坐法，他本人对静坐调息之术更有独到的心得，并著有《调息法》专文，描述自家静坐之一己风光。

静坐法在阳明心学一系日趋课程化乃至仪式化、可操作化，《云门录》载，薛侃每至夜，"常彻烛焚香默坐"，且曰："静坐最好。"同书又载："每日五更睡觉时就榻起坐，唤醒良知做主，凡一切已往、未来事，皆不思量，看此气象何如？"[3]显然，这里静坐已是日常固定之课程，而泰州学派颜钧七日闭关开心孔昭法，可称静坐仪式化、操作化之典范。颜钧对该闭关默

---

[1]　王畿：《竹堂会语》，吴震编校整理：《王畿集》卷5，第111页。

[2]　王畿：《抚州拟岘台会语》，吴震编校整理：《王畿集》卷1，第25页。

[3]　薛侃：《薛侃集》卷1，陈椰编校，上海：上海古籍出版社，2014年，第11页。

坐之法描述甚详：

> 收拾各人身子，以绢缚两目，昼夜不开；绵塞两耳，不纵外听；紧闭唇齿，不出一言；擎拳两手，不动一指；跌咖（"咖"当为"跏"之误——引者）两足，不纵伸缩；直耸肩背，不肆惰慢；垂头若寻，回光内照。如此各各自加严束，此之谓闭关。夫然后又从而引发各各内照之功，将鼻中吸收满口阳气，津液漱噗，咽吞直送，下灌丹田，自运旋滚几转，即又吸噗津液，如样吞灌，百千轮转不停，二日三日，不自巳巳（"巳巳"当为"已已"之误——引者）。如此自竭辛力作为，虽有汗流如洗，不许吩咐展拭，或至骨节疼痛，不许欠伸喘息。各各如此，忍捱咽吞，不能堪用，方许告知，解此缠缚，倒身鼾睡，任意自醒，或至沉睡，竟日夜尤好。醒后不许开口言笑，任意长卧七日，听我时到各人耳边密语安置，曰：各人此时此段精神，正叫清明在躬，形爽气顺，皆尔连日苦辛中得来，即是道体黜聪，脱胎换骨景象。须自辗转，一意内顾深用，滋味精神，默识天性，造次不违不乱，必尽七日之静卧，无思无虑，如不识，如不知，如三月之运用，不忍轻自散涣。如此安恬周保，七日后方许起身，梳洗衣冠，礼拜天地、皇上、父母、孔孟、师尊之生育传教，直犹再造此生。[1]

这种近乎自虐的静坐法在通过一种强制的方式（缚塞目耳）屏蔽日常视听言动的同时，还要将心思"内照"，伴以道教式的调息与吞咽之功，并课足日期（七日），最终获得脱胎换骨式的"再生"体验。

静坐工夫发展至东林学派高攀龙处，可谓集大成者。[2] 他本人为后人留下了丰富的静坐思想资源，所著《复七规》、《山居课程》、《静坐说》、《书静坐说后》、《静坐吟》（五言古诗四首、七言律诗三首）、《未发说》等均是儒家静坐文化中的经典之作。他本人酷爱静坐，"长夏此静坐，终日无

---

① 颜钧：《颜钧集》，黄宣民点校，北京：中国社会科学出版社，1996年，第38、54页。

② 近人丁福保云："儒家所讲静坐之法，以何家为最详？答曰：宋之程子、朱子，明之王阳明、陈白沙，皆讲静坐法。惟论静坐最详细者，莫如吾乡高忠宪公。"丁福保：《静坐法精义》，上海：上海古籍出版社，1990年，第4页。

一言"①。其一悟再悟的静坐经历，在儒门中可谓迥迈千古，惟杨简可与之媲美。他将先前儒家的静坐之法熔于一炉。一方面，他深取于朱子"半日静坐、半日读书"之说，认为两者不可偏废，"吾辈每日用功，当以半日静坐，半日读书。静坐以思所读之书，读书以考所思之要，朴实头下数年之功"。②"如此三年，无不进者"，"学者不作此工夫，虚过一生，殊可惜！"③他又采纳程颐"节嗜欲，定心气"之说，认定静坐可收摄浮荡精神，是定心气之法："诸友若肯相信，今日回去便扫一室，闭门静坐，看自己身心如何，初间必是恍惚飘荡，坐亦不定，须要勉强坐定，令浮气稍宁，只收敛此心向腔子里来。"④另一方面，他又冥契于道南一脉"静坐中观喜怒哀乐未发前作何气象"法门，谓其是"静中见性之法"，"未发一语，实圣门指示见性之诀。静坐观未发气象，又程门指示初学者摄情归性之诀"。⑤"静坐只以见性为主。人性万物皆备，原不落空。人性本无一物，不容执着……观未发气象，即默识其体也。"⑥未发气象，即是真头面："一朝忽显真头面，方信诚明本自然。"⑦"真头面"一语让人联想起王阳明吟良知诗句"个个人心有仲尼，自将闻见苦遮迷；而今指与真头面，只是良知更莫疑"。可以说，程颢默识仁体、道南一脉之观未发前气象、陈献章静中养出端倪、王阳明认取真面目与真头面，这些心学一系的体证性体、心体、道体、独体之方法在高攀龙处融摄于一起。他又取《易》"七日来复"之义发明"复七静坐法"，尝试将这些经验仪式化、课程化：

> 复七者，取大易七日来复之义也。凡应物稍疲，即当静定七日以济之，所以休养气体，精明志意，使原本不匮者也。先一日，放意缓形，欲睡即睡，务令畅悦，昏倦刷濯。然后入室，炷香趺坐。凡静坐之法，

---

① 高攀龙：《夏日闲居》，《高子遗书》卷6，《四库明人文集丛刊》，上海：上海古籍出版社，1993年，第425页。

② 高攀龙：《与逯确斋》，《高子遗书》卷8上，第478页。

③ 高攀龙：《高子遗书》卷1，第336页。

④ 高攀龙：《读书法示揭阳诸友》，《高子遗书》卷3，第361页。

⑤ 高攀龙：《未发说》，《高子遗书》卷3，第364页。

⑥ 高攀龙：《答吕钤潭大行》，《高子遗书》卷8上，第498—499页。

⑦ 高攀龙：《静坐吟三首》，《高子遗书》卷6，第435页。

唤醒此心，卓然常明，志无所适而已。志无所适，精神自然凝复，不待安排。勿着方所，勿思效验。初入静者，不知摄持之法，惟体贴圣贤切要之言，自有入处。静至三日，必臻妙境。四五日后，尤宜警策，勿令懒散。饭后必徐行百步，不可多食酒肉，致滋昏浊。卧不得解衣，欲睡则卧，乍醒即起。至七日，则精神充溢，诸疾不作矣。[1]

复七法与颜山农之七日闭关开心孔昭法相比，多了几分宽松自然（既无耳目之塞缚，除趺坐外亦无具体坐姿之要求），少了几分道教吞咽之功，而儒家的底色更为彰显（惟体贴圣贤切要之言，自有入处）。所撰《山居课程》更能体现出自然、闲适、恬淡之风格："五鼓拥衾起坐，叩齿凝神，澹然自摄。天甫明，小憩即起。盥漱毕，活火焚香，默坐玩易。晨食后，徐行百步。课儿童，灌花木。即入室，静意读书。午食后，散步舒啸。觉有昏气，瞑目少憩。啜茗焚香，令意思爽畅，然后读书。至日昃而止，趺坐，尽线香一炷。落日衔山，出望云物，课园丁艺植。晚食淡素，酒取陶然。篝灯随意涉猎，兴尽而止。就榻趺坐，俟睡思欲酣，乃寝。"[2] 这里静坐完全成了日常生活之中的一种节奏、一种闲来无事的生活格调、一种不用一毫安排，只是平平常常之中，一种默然静谧、闲适，彰显出一种写意、闲适的人生风格。这种自然、闲适、恬淡之静坐，固于涵养心性有从容、无助长之功，但亦会流于散漫之弊，高攀龙后来觉察到此种问题，特撰《书静坐说后》，力主收敛身心之"主一之功"方为"成始成终"者。另外，高攀龙之静坐工夫也往往与治疴联系在一起，其《复七规》结尾清楚表明复七静坐法有"精神充溢，诸疾不作"之功效，我想这是他个人用功之体会，他本人平时腹痛、牙痛往往以静坐愈。[3]

---

① 高攀龙：《复七规》，《高子遗书》卷 3，第 358 页。

② 高攀龙：《山居课程》，《高子遗书》卷 3，第 358 页。

③ "尝夜半腹痛，痛不可支。起来觉此心精明，痛亦随止。寻偃息，痛复如初。仍起坐达旦，不药而愈。又一日在镇江，齿痛，亦以静坐愈。"见魏大中录：《高桥别语》，高攀龙：《高子遗书》卷 5，第 423 页。又："龙去年得胸膈之疾，殆矣。急勇猛摆脱，一切世事尽情弃舍，终日怡怡，观大化流行。久之，身心内外，莹然朗彻，病亦自愈。"高攀龙：《上赵师二》，《高子遗书》卷 8，第 484 页。实际上以静坐疗疾由来已久，据载欧阳修晚年有小疾，从不服药，而是靠"孤坐习忘以却之"。事见郭良翰辑：《问奇类林》卷 9，《四库未收书辑刊》（第 7 辑，第 15 册），北京：北京出版社，2000 年，第 240 页。

　　至明末清初三大儒之一李颙，静坐完全成为他日常生活之一部分。他本人三十一岁因患病静摄，觉"默坐澄心于返观默识、涵养本源"大有帮助。坐久，"觉灵机天趣，流盍满前，彻首彻尾，本自光明"。[1] 其《学髓》撰有静坐规程图，示图如下：

斋戒

此神明其德之要务也。

静坐

昧爽香　　中午香　　戌亥香

鸡鸣平旦，与此相近。起而应事，易于散乱。先坐一炷以凝之。

自朝至午，未免纷于感应。急坐一炷，以续夜气。

日间语默动静，或清浊相乘。须坐一炷以验之，果内外莹彻脱洒不扰否？

---

① 李颙:《二曲集》卷45，陈俊民点校，北京：中华书局，1996年，第562页。

在此静坐规程中，除斋戒的地位得以突出外，李颙还特别强调了香的作用："然则程必以香，何也？曰：'鄙怀俗度，对香便别，限之一炷，以维坐性，亦犹猢狲之树，狂牛之栓耳。'"一日三坐亦有其特殊的考虑："吾人自少至长，全副精神俱用在外，每日动多于静。今欲追复元始，须且矫偏救弊，静多于动，庶有入机。三度之坐，盖为有事不得坐，及无坐性者立。"要之，"水澄则珠自现，心澄则性自朗。故必以静坐为基，三炷为程，斋戒为功夫，虚明寂定为本面。静而虚明寂定，是谓'未发之中'；动而虚明寂定，是谓'中节之和'。时时返观，时时体验。一时如此，便是一时的圣人；一日如此，便是一日的圣人；一月如此，便是一月的圣人；终其身常常如此，缉熙不断，则全是圣人，与天为一矣"。[①] 这里一时、一日、一月、终身圣人说显然是承继王阳明此心一刻纯乎天理便是一刻的圣人，终身纯乎天理便是终身的圣人的说法而来，只是李颙以一种课程化、仪式化的方式展现了王阳明的这种"成圣之路"。

三、作为收敛身心的静坐

静坐的第二条线索由程颐、谢良佐开启，后来成为朱子学一脉统一的立场。程颐每见人静坐便叹其善学。他本人的静坐工夫则给世人留下了程门立雪的佳话："游、杨初见程颐，程颐正瞑目而坐，二子侍立。既觉，顾谓曰：'贤辈尚在此乎？日既晚，且休矣。'及出门，门外之雪深一尺。"[②] 但静坐在程颐的修身学之中的位置只是一辅助的手段，他对之一直持慎之又慎的态度。静坐不是工夫之唯一方式与入处，更不是见道、见性之途径。程颐、谢良佐师徒都曾指出静坐独处不难，难在应事、应天下，又认为专于静之一边不免堕入"忘"，且最终与佛老习静泯然无别。这亦成为朱子对静坐之弊的看法：门人问："初学精神易散，静坐如何？"朱子答曰："此亦好，但不专在静处做工夫，动作亦当体验。圣贤教人，岂专在打坐上？

---

① 李颙：《二曲集》卷 2，陈俊民点校，第 20—21 页。

② 程颢、程颐：《河南程氏外书》卷 12，《二程集》，第 429 页。

要是随处着力，如读书，如待人处事，若动若静，若语若默，皆当存此。"①
观朱子对明道、延平静坐之评论，可见出朱子之静坐工夫与道南一系的静
坐法门并不相契。② 朱子对胡五峰（宏）"欲为仁，必先识仁之体"提出批
评，称"此语大可疑"，③ 对周濂溪之主静、游酢守静一类说法亦一律保持
高度的警惕。④ 在朱子看来，专要去静处求、在无事时求乃是佛老之学。
存心、养心倘不与读书明理、分别是非活动联系在一起，就有堕入浮屠氏
之嫌疑。门人刘淳叟闭目静坐，被朱子撞见，遭到一顿挖苦："淳叟待要遗
物，物本不可遗。"⑤ 这与陆象山"学者常闭目亦佳"之教训形成鲜明的对
照。质言之，朱子对默识仁体、观喜怒哀乐未发气象一路之戒心，在根本
上乃是由其不取逆觉体证（牟宗三语）、直达心体的工夫模式决定的，他强
烈批判陆象山一系静坐悟道一类的说法也是出于同样的立场，在他的心目
之中，会禅者多悟道。其得意弟子陈淳云："象山学全用禅家宗旨，本自佛
照传来，教人惟终日静坐，以求本心。而其所以为心者，却错认形体之灵
者以为天理之妙。谓此物光辉灿烂，万善皆吾固有，都只是此一物。只名

---

① 黎靖德编：《朱子语类》卷 115，朱杰人等主编：《朱子全书》，第 18 册，第
3639 页。

② 朱子评明道："因举明道教上蔡且静坐，彼时却在扶沟县学中……若是在家
有父母合当奉养，有事务合当应接，不成只管静坐休！"见黎靖德编：《朱子语类》卷
26，朱杰人等主编：《朱子全书》，第 14 册，第 947 页。朱子评延平："或问：'延平先
生何故验于喜怒哀乐未发之前而求所谓中？'曰：'只是要见气象。'陈后之曰：'持
守良久，亦可见未发气象。'曰：'延平即是此意。若一向这里，又差从释氏去。'"见
黎靖德编：《朱子语类》卷 103，朱杰人等主编：《朱子全书》，第 17 册，第 3417—
3418 页。

③ 朱熹：《胡子知言疑义》，《晦庵先生朱文公文集》卷 73，朱杰人等主编：《朱子
全书》，第 24 册，第 3561 页。

④ "濂溪言'主静'，'静'字只好作'敬'字看，故又言'无欲故静'。若以为虚
静，则恐入释、老去。"黎靖德编：《朱子语类》卷 94，朱杰人等主编：《朱子全书》，第
17 册，第 3139 页。"游氏（游酢）守静以复其本此语有病，守静之说近于佛、老，吾圣
人却无此说。"黎靖德编：《朱子语类》卷 60，朱杰人等主编：《朱子全书》，第 16 册，
第 1945 页。

⑤ 黎靖德编：《朱子语类》卷 120，朱杰人等主编：《朱子全书》，第 18 册，第
3803 页。

号不同，但静坐求得之，便为悟道，便安然行将去，更不复作格物一段工夫，去穷究其理。恐辨说愈纷而愈惑，此正告子生之谓性，佛氏作用是性、蠢动含灵皆有佛性之说。乃即舜之所谓人心者而非道心之谓也，是乃指气为理，指人心为道心，都混杂无别了。"① 确实，静坐本是佛道二家修炼之方式，儒者之习静坐究竟如何跟二氏区隔，这在严辨三教界限的程朱理学那里构成一严肃的课题。早在程伊川就不屑谈论静坐悟道，《二程外书》卷11 记载，弟子冯理（字圣先，自号东皋居士）"夜间燕坐，室中有光"，并将此"一奇特事"向老师汇报，伊川说：我也有一奇特事。冯理请问，伊川答曰："每食必饱。"陈淳在《答西蜀史杜诸友序文》之中径直指出，静坐法与吾儒极相似而绝不同处，依陈淳，佛道二家皆于坐中做工夫，而小有不同："道家以人之睡卧则精神，莽董行动则劳形摇精，故终日夜专以打坐为功，只是欲醒定其精神魂魄，游心于冲漠，以通仙灵，而为长生计尔；佛家以睡卧则心灵颠倒，行动则心灵走失，故终日夜专以坐禅为功，只是欲空百念，绝万想，以常存其千万亿劫不死不灭底心灵神识，使不至于迷错个轮回，超生路头尔。因此，佛道两家静坐所主，皆未免意欲为利之私，且违阴阳之经，咈人理之常，非所谓大中至正之道也。而儒家所谓静坐者，盖持敬之道，所以敛容体，息思虑，收放心，涵养本原，而为酬酢之地尔。固不终日役役与事物相追逐，前辈所以喜人静坐，必叹其善学者以此。然亦未尝终日偏靠于此，……若江西之学，不读书，不穷理，只终日默坐澄心，正用佛家坐禅之说，非吾儒所宜言。在程朱一系，终日静坐以求大本、本心，以见道体，非圣门之学。静坐只是起到收敛身心、澄息思虑、凝定精神之作用，故不当与佛家坐禅入定混同。"或问："不拘静坐与应事，皆要专一否？"曰："静坐非是要坐禅入定，断绝思虑。只收敛此心，莫令走

① 陈淳：《答黄先之》，《北溪大全集》卷二十四，《景印文渊阁四库全书》（台北：台湾商务印书馆，1983 年），第 1168 册，第 9 页。在《答郭子从》一书中，更是将"不穷理不读书，专静坐澄心，自以为涵养本源，真有得尧舜周孔千载不传之秘旨"的象山之学斥为"诐淫邪遁，与周孔背驰，无一相合"。见《北溪大全集》卷二十五。另参《与黄寅仲》中对詹文道悟道一段之批评："今都扫去格物一段工夫，不复辨别，如无星之秤，无寸之尺，只默坐存想，在此稍得仿佛，便云悟道。"《北溪大全集》卷三十一，第 5—8 页。《答西蜀史杜诸友序文》，《北溪大全集》卷三十三，第 7 页。

作闲思虑，则此心湛然无事，自然专一。"①

朱子读书甚勤，几乎无日、无夜不读，以致视力受损，为此他借助静坐调养身心："熹以目昏，不敢着力读书。闲中静坐，收敛身心，颇觉得力。"②"近觉读书损耗心目，不如静坐省察自己为有功。幸试为之，当觉其效也。"③"某今年顿觉衰惫异于常时，百病交攻，支吾不暇，服药更不见效。只得一两日静坐……"④其论静坐亦往往与身体状况联系在一起："病中不宜思虑，凡百可且一切放下，专以存心养气为务。但加跌静坐，目视鼻端，注心脐腹之下。久自温暖，即渐见功效矣。"⑤朱子本人曾撰有《调息箴》，揣其用意，虽可说是为助养浩然之气，但亦不排斥其兼有养生、治病之意。在跟林井伯的通信之中，朱子曾说："录示《气诀》，极荷留念，不知曾试如此行持否？效验果如其说否？然尚有一二处未尽晓，异时须面扣也。"⑥朱子与林井伯书信来往十余封，多涉自己病患，此处所云《气诀》当指嘘、呵、呼、呬、吹、嘻之类吐纳养生延年之术，由此推测，所撰《调息箴》或亦有类似用意。

朱子之修身工夫乃本伊川涵养用敬、进学致知之进路，故其论静坐亦始终紧扣在涵养与致知两端。静坐作为涵养工夫，当应于闲时、无事时进行。问学朱子的陈宓曾记载朱子三段工夫说："朱先生尝谓一日当分三段功夫，一段读书，一段静坐持敬，一段应事接物。若能处此有常，足矣。"⑦而对于心思不定、杂念丛生的初学者，静坐亦不失为安顿身心的一种修炼方式："始学工夫，须是静坐。静坐则本原定，虽不免逐

---

① 黎靖德编：《朱子语类》卷12，朱杰人等主编：《朱子全书》，第14册，第379页。

② 《答潘叔昌》，《晦庵先生朱文公文集》卷46，朱杰人等主编：《朱子全书》，第22册，第2143页。

③ 《答蔡季通 八》，《晦庵先生朱文公续集》卷2，朱杰人等主编：《朱子全书》，第25册，第4686—4687页。

④ 《与林井伯》，《晦庵先生朱文公别集》卷4，朱杰人等主编：《朱子全书》，第25册，第4914页。

⑤ 《答黄子耕》，《晦庵先生朱文公文集》卷51，朱杰人等主编：《朱子全书》，第22册，第2381页。

⑥ 《晦庵先生朱文公别集》卷4，朱杰人等主编：《朱子全书》，第25册，第4912页。

⑦ 陈宓撰：《与李如晦书》，《复斋先生龙图陈公文集》卷13，第437页。

物，及收归来，也有个安顿处。譬如人居家熟了，便是出外到家便安，如茫茫在外，不曾下工夫，便要收敛向里面也，无个着落处。此种静坐有澄心静虑之功用，静坐无闲杂思虑，则养得来便条畅。"①有学者问："程子常教人静坐，如何？"朱子答曰："亦是他见人要多虑，且教人收拾此心耳，初学亦当如此。"②静坐作为进学、致知之辅助手段，可以为读书明理做好心理准备，只有收敛身心，道理方有"凑泊处，毕竟惟有平心静气"，道理方看得出，书方看得明。静坐与观理要两不相妨，乃为约当。③

　　要之，静坐于朱子只是权法，不可执定。究极而论，朱子不喜以静标榜工夫宗旨，他明确表示孔孟并无静坐法门，弟子曾问存养用静否，朱子答曰："不必然。孔子却都就用处教人做工夫。今虽说主静，然亦非弃事物以求静。既为人，自然用事君亲，交朋友，抚妻子，御僮仆。不成捐弃了，只闭门静坐，事物之来，且曰：'候我存养？'又不可只茫茫随他事物中走。二者须有个思量倒断始得。顷之，复曰：'动时，静便在这里。动时也有静，顺理而应，则虽动亦静也。'故曰'知止，而后有定；定，而后能静'。事物之来，若不顺理而应，则虽块然不交于物以求静，心亦不能得静。惟动时能顺理，则无事时能静；静时能存，则动时得力。须是动时也做工夫，静时也做工夫，两莫相靠，使工夫无间断始得。若无间断，静时固静，动时心亦不动，动亦静也。若无工夫，则动时固动，静时虽欲求静，亦不可得而静，静亦动也。动、静如船之在水，潮至则动，潮退则止；有事则动，无事则静。虽然，'动静无端'，亦无截然为动为静之理。如人之

---

①　黎靖德编：《朱子语类》卷12，朱杰人等主编：《朱子全书》，第14册，第379页。

②　黎靖德编：《朱子语类》卷115，朱杰人等主编：《朱子全书》，第18册，第3640页。又："明道教人静坐，李先生亦教人静坐。盖精神不定，则道理无凑泊处。"又云："须是静坐，方能收敛。"黎靖德编：《朱子语类》卷12，朱杰人等主编：《朱子全书》，第14册，第379页。

③　"学者读书，须要敛身正坐，缓视微吟，虚心涵泳，切己省察。"黎靖德编：《朱子语类》卷11，朱杰人等主编：《朱子全书》，第14册，第334页。"当静坐涵养时，正要体察思绎道理，只此便是涵养。不是说唤醒提撕，将道理去却那邪思妄念。只自家思量道理时，自然邪念不作。"黎靖德编：《朱子语类》卷12，朱杰人等主编：《朱子全书》，第14册，第380页。

气，吸则静，嘘则动。又问答之际，答则动也，止则静矣。凡事皆然。且如涵养、致知，亦何所始？但学者须自截从一处做去。程子谓：'学莫先于致知。'是知在先。又曰：'未有致知而不在敬者。'则敬也在先。从此推去只管怎地。"[①] 显然，在此长文中，动时、静时之动、静不过是有事、无事之谓，而"能静""得静"之静则指动时能顺理，静时心之专一、不走作这样一种能力。此种"能静""得静"之工夫，朱子以敬字命之。揣其缘由，一是"主静"之静容易与动静无端之对待意义上的"静"字混同，二是"主静"之静亦容易让人误解为弃事物以主静而与禅家之静坐混同，所谓"此正异端与吾儒极相似而绝不同处，朱子称伊川谓只用敬不用静便说得平，其理由当亦不外于此"。敬乃"圣门第一义"、真圣门之纲领，故静坐工夫只是其"主敬"工夫的一个环节，而不是全部。[②] 敬贯动静、贯有事无事、贯表里，敬功让身心一直处于"唤醒"、"常惺惺"、"湛然"、整齐严肃之状态上，杨儒宾说"静坐"一词远远不足以涵盖"主敬"的内容，诚为谛当之论。[③]

---

① 《朱子语类》卷12，朱杰人等主编：《朱子全书》，第14册，第380—381页。这段话几乎原封不动地出现于朱子对《论语》"子贡问有一言可以终身行之"章的解释上面，见黎靖德编：《朱子语类》卷45，朱杰人等主编：《朱子全书》，第15册，第1599—1600页。

② "淳叟问：'方读书时，觉得无静底工夫。须有读书之时，有虚静之时。'曰：'某旧见李先生，尝教令静坐。后来看得不然，只是一个敬字好。方无事时，敬于自持。（凡心不可放入无何有之乡，须收敛在此。）及应事时，敬于应事，读书时，敬于读书，便自然该贯动静，心无时不存。'"《朱子语类》卷120，朱杰人等主编：《朱子全书》，第18册，第3803页。"静坐而不能遣思虑，便是静坐时不曾敬。"黎靖德编：《朱子语类》卷12，朱杰人等主编：《朱子全书》，第14册，第376页。"有学者问：'敬莫是静否？'答曰：'敬则自然静，不可将静来唤做敬。'"黎靖德编：《朱子语类》卷96，朱杰人等主编：《朱子全书》，第17册，第3247页。"无事时敬在里面，有事时敬在事上。有事无事，吾之敬未尝间断也。且如应接宾客，敬便是应接上；宾客去后，敬又在这里。若厌苦宾客，而为之心烦，此却是自挠乱，非所谓敬也。"黎靖德编：《朱子语类》卷12，朱杰人等主编：《朱子全书》，第14册，第374页。

③ 见杨儒宾：《主敬与主静》，《东亚的静坐传统》，第129页。

四、作为观天地生物气象的静坐

观天地生物气象是宋明理学之重要工夫话头，但往往不被研究者所重视。这种工夫亦始自周敦颐。当初程颢、程颐遵父命从周敦颐学习，周敦颐即令二程兄弟观天地生物气象。[1]程颢"万物静观皆自得，四时佳兴与人同"可谓此工夫之绝佳写照。"观天地生物气象"看似与"静坐"工夫无关，但它与"观未发前气象"正形成一对子，皆属于"静观"范畴，前者属于"外观"，后者属于"内观"。[2]

禅宗谓"行亦禅，坐亦禅"，全真教王重阳《重阳立教十五论·第九论炼性》云："凡打坐者，非言形体端然，瞑目合眼，此是假坐也。真坐者，须要十二时辰，住行坐卧，一切动静，中间心如泰山，不动不摇，把断四门，眼耳口鼻不令外景入内，但有丝毫动静思念，即不名静坐。"程颢谓"动亦定，静亦定"，刘宗周《静坐说》亦云："有时倦则起，有时感则应，行住坐卧都作坐观，食息起居都作静会。"行住坐卧、食息起居皆作静坐观，坐观、卧观抑或游观，并不要紧，要紧的是"静"中以"观"，故观天地生物气象，没有理由不作静坐法门观。要之，静坐虽以身体的静态（某种坐姿）为原型，但静坐的本质在于身心之转化，故凡起于某种身心操作、修炼而引发的人格转化均可视为广义的静坐范畴。用阳明再传弟子尤时熙的话说就是："心之所安曰义，即乎心之所安是曰集义。集义之功无分行住坐卧，此真静坐也。跏趺而坐，特一法耳。"[3]

---

[1]　牟宗三先生指出：观天地生物气象，乃根据《中庸》"天地之道，可一言而尽也，其为物不贰，则其生物不测。""生物"不是有生之物，不是天地间有生命的东西，"生"字是个动词，天地创生万物，如此才有气象可观。《研究中国哲学之文献途径》，《牟宗三先生晚期文集》，第342页。另见《实践的智慧学》，卢雪昆整理：《牟宗三讲演录五》，台北：鹅湖出版社，2019年，第138页。

[2]　杨儒宾称"观喜怒哀乐未发气象""观圣人气象""观天地生物气象"之"三观"各有不同的作用，一种内在于心性，一种体现于人格，一种彰著于天地。三种气象虽各不同，但是同本而发，一气三态。见杨儒宾：《论"观喜怒哀乐未发前气象"》，《中国文哲研究通讯》2005年第15卷第3期。

[3]　孟化鲤：《孟云浦先生集》卷1，《四库全书存目丛书·集部》（第167册），济南：齐鲁书社，1997年，第505页。薛侃亦有类似的说法，其《云门录》云："教人静坐自是初学入门时事，既知入门，则讲论应酬，无往不是静坐工夫。不须更言静坐。"见陈椰编校：《薛侃集》，上海：上海古籍出版社，2014年，第17页。

"静"即私意未起之"无欲状态"，"静观"万物即是"以物观物"，让天地生意如如而显。理学家讲天地生意大多从花草、鸟兽虫鱼讲起，周敦颐不除窗前草（云"与自家意思一般"）、程颢观鸡雏体仁、邵雍"和气四时均，何时不是春"，张载听驴鸣，朱子"等闲识得东风面，万紫千红总是春"，王阳明"天地生意花草一般"，均是观造物生意之佳话。高攀龙《戊午吟》"天在人身春在木，人居天内木涵春"，[①] 更将天人无间、生意贯通之义和盘托出。其《静坐吟》（五言古诗四首）分别描述山中静坐、水边静坐、花间静坐、树下静坐胸中廓然、物我同春之体验：

> 其一：我爱山中坐，恍若羲皇时。青松影寂寂，白云出迟迟。兽窟有浚谷，鸟栖无卑枝。万物得所止，人岂不如之。岩居饮谷水，常得中心怡。
>
> 其二：我爱水边坐，一洗尘俗情。见斯逝者意，得我幽人贞。漠漠苍苔合，寂寂野花荣。潜鱼时一出，浴鸥亦不惊。我如水中石，悠悠两含清。
>
> 其三：我爱花间坐，于兹见天心。旭日照生采，皎月移来阴。栩栩有舞蝶，喈喈来鸣禽。百感此时息，至乐不待寻。有酒且须饮，把盏情何深。
>
> 其四：我爱树下坐，终日自翩跹。据梧有深意，抚松岂徒然。亮哉君子心，不为一物牵。绿叶青天下，翠幄苍崖前。抚已足自悦，此味无言传。[②]

四首静坐诗歌中第一首描述了通过"山中"这一特殊空间完成"时间"的超越，一下子让人回想起羲皇时代人与鸟兽共栖于山光云影的上古景观。第二首描述了"水边"一洗尘俗，而融身于鸢飞鱼跃、人物交融的道体流行的化境之中。第三首描述了"花间"见日月交替，蝶舞禽鸣而体认"天心"寂然、至乐无待的愉悦。第四首则描述了树下抚琴、人我两忘的心境。

论及观天地生物气象，不能不提罗汝芳与刘宗周两人。先看罗汝芳，

---

① 《高子遗书》卷六，第 436 页。

② 《高子遗书》卷六，第 424 页。

其自述曰：知学时，"即泛观虫鱼，爱其群队恋如，以及禽鸟之上下，牛羊之出入，形影相依，悲鸣相应，浑融无少间隔"。这种在群体之中流动的宇宙生意之最切近的体现，莫过于家庭这一"孝弟慈"发生之场域："生生面目，最好轻快指点者，再无如母之养子、子之慕亲，而姊妹兄弟之和顺敬让也。"①"孩提恋恋之知能"即是"乾坤生生之造化"之表现，从赤子之心（身）指点天地生意是罗汝芳思想的一大风光："诸君知红紫之皆春，则知赤子之皆知能矣。盖天之春，见于花草之间，而人之性，见于视听之际。今试抱赤子而弄之，人从左呼则目即眄左，人从右呼则目即眄右。其耳盖无时无处而不听，其目盖无时无处而不眄。其听其眄，盖无时无处而不展转，则岂非无时无处，而无所不知能也哉！"②确实，宇宙之生机（花草之油然生意，鸡雏、游鱼之活泼，驴鸣之生趣盎然）实是通过吾身之视听言动而呈现，吾身本与花草之生意，鸡雏、游鱼之活泼，驴鸣之盎然是一片生机，一种没有身体的纯粹的观赏意识在原则上是不可设想的！而吾身之生机之最初显露岂不就在这赤子下胎之处那"哑啼一声"？宋明儒"观天地生物气象"之传统，在罗汝芳这里最终发展为"观赤子之身"，赤子之生机即是"天机"，赤子之身体即是"天体"："故生人之初，如赤子时，与天甚是相近……吾人与天，原初是一体，天则与我的性情，原初亦相贯通。验之赤子乍生之时，一念知觉未萌，然爱好骨肉，熙熙恬恬，无有感而不应，无有应而不妙，是何等景象，何等快活！""看着虽是个人身，其实都是天体；看着虽是个寻常，其实都是神化。"③

　　理学家另一善观天地生物气象者则是刘宗周，"自此而静观造物之妙、化育流行，傍花随柳，惟我适意而已"。④"造物之妙"与"人心之妙"二而实一，前者表现为天地大德生生不已、春夏秋冬之节律，后者表现为喜怒哀乐之气机流动之韵律。人心原本于天地生物之心，原即是天地生意之

---

①　方祖猷等编校整理：《罗汝芳集》，南京：凤凰出版社，2007年，第236—237页。

②　同上书，第116页。

③　同上书，第124、134页。

④　刘宗周：《答开美四》，吴光主编：《刘宗周全集》（第3册），杭州：浙江古籍出版社，2007年，第382页。

"动底""醒底"之所在。生意之初机如木之萌，如草之青，在天为"春底气象"，在人则如"喜底气象"（是谓"恻隐之心"）。喜之畅属乐（是谓"恭敬之心"），喜之敛属怒（是谓"羞恶之心"），喜之藏属哀（是谓"是非之心"），一如春之畅属夏，春之敛属秋，春之藏属冬。于是，自道南一脉苦苦相参的"未发之喜怒哀乐气象"即是"天地生物气象"，此实是儒家天道性命一贯之学，在历史之中流衍至此，而必有之一关、必进之一境。[①]

观天地生物气象，在理论上包涵一个观者 - 所观之结构。维特根斯坦、海德格尔告诉我们任何"观"（see）实际上都是一种"观作"（see as）。人类认知结构中的这种解释性因素（海德格尔所谓的"先行拥有""先行见到""先行把握"、伽达默尔所谓的"前理解状态"）并不是消极性的、有待克服的东西，恰恰相反，它构成任何理解与认识的必要条件。假如一只蝙蝠也有世界观，它对世界的"观法"肯定有别于我们对"世界"的观法。这种解释性因素表明人类认知具有某种自由性。当然在"自然层面"，这种自由性表现程度最低，作为有机体，每个人"被迫"镶嵌在生物系统中，他必须以恰当的方式体验周围环境，不然就会被大自然淘汰（想想一个不把悬崖峭壁"看作"悬崖峭壁，而看作平坦大道的人，其结果会如何）；在"伦理层面""审美层面"，人类无疑拥有更大的认知自由；在"宗教层面"，这种认知自由达到了最高限度。[②]

在宋明儒观天地生物气象之工夫中，观者与所观皆嵌入一种一气贯通的存有连续体（熊十力先生称之为"乾元性海""大生力"）之中，究极而论，"观"乃是这一存有连续体（乾元性海）透过"人"这一"观者"而进行的"自观"。作为观者的人感受到这乾元性海所展现的生机、力量、活趣，必将自家身心敞开（是谓"静"），将自家身心之"波段"调整为与"乾元性海"同一"频道"，全身心成为一高度灵敏的传感器，于是"吾身心生生之理气"与"宇宙生生之理气"浑然同一生生之理气，流动于腔子，

————————

① 陈立胜：《刘蕺山"喜怒哀乐"与"春夏秋冬"比配说申辩》，《中国现象学与哲学评论》（第 16 辑），上海：上海译文出版社，2015 年，第 37—73 页。

② 希克：《宗教之解释：人类对超越者的回应》，成都：四川人民出版社，第 151—199 页。另参希克：《理性与信仰：宗教多元论诸问题》，陈志平、王志成译，成都：四川人民出版社，2003 年，第 17—30 页。

形见于四体，被及于人物。[①] 用刘宗周的话说，"满腔子皆恻隐之心，以人身八万四千毫窍，在在灵通，知痛痒也"，惟有此种心灵准备，"观者"方可真实感受到大造生意，方可有万紫千红总是春，方可有见满街人都是圣人之观物、观人之"实感"，方可起万物一体之"存有论的觉情"。熊十力尝云："感触大者为大人，感触小者为小人。毫无感触禽兽也。"旨哉斯言！[②] 故观天地生物气象就工夫而论在于自觉地将观者的"解释性因素"调整为与所观者相应的状态上面，这个相应的状态就是"静"，即彻底克服与天地万物对峙的二元化、客体化的主宰心态，因"静"而"可观"，因可观而"可感"。

五、作为省过法的静坐

在理学家中，静坐尚有一种特殊的作用，即用来忏悔、省过。明儒朱子学重要代表人物薛瑄每夜就枕必思一日所行之事，如所行合理则恬然安寝，如有不合，即"展转不能寐，思有以更其失"。这种夜间卧思己过或静坐检点日间言行的工夫在理学家中并非罕见。王畿 80 岁时犹"中夜默坐"："反观眼前有动心处、有放不下处，便是修行无力，便是生死关头打迭不了

---

① 　湛若水：《新泉问辨录》，钟彩钧、游腾达点校：《泉翁大全集》卷 67，台北："中央研究院"中国文哲研究所，2017 年，第 1638 页。

② 　熊十力先生本人颇喜观草木而见"大造生意"："余谓草木皆有生生之真机、是其内在的生命力、充实不可已、绿色油然，可见其内在的生命力、常自创自造、新新续生、其色绿绿。草木如是，何况于人？"其少时，好于春日游竹园。常于清晨忽见新笋破土而出。"昨夕月下、此处尚无笋。余推想此新笋出土时，当是活泼泼地动跃而出。因此而识任何生物通有生几。"见熊十力：《存斋随笔》，上海：上海远东出版社，1996 年，第 203、176 页。抗战时期，熊十力流浪于巴蜀，见当地农民于山石上种植豆类、麦类，略以灰掩之，未几，豆麦种发芽，根茎长大，果实饱满。熊十力俯视其根系，穿石深入，且广布周围，石皆裂碎为土壤，遂顿悟生命之强大，能战胜坚硬闭塞之顽石，洋洋乎发育！伟哉生命！大生！广生！参见熊十力：《乾坤衍》，《熊十力全集》（第 7 卷），武汉：湖北教育出版社，2001 年，第 503 页。

勾当。常以此自盟于心，颇有深省。"① 与阳明弟子颇有交游的一代诤臣杨爵亦有夜间静坐省过之自述："夜间静坐思此身过恶，真不自堪，真难自容，可谓虚负此生矣。"②

罗汝芳在读到薛瑄"万起万灭之私乱吾心久矣，今当悉扫去以全吾湛然之性"之后，决志行之。闭关临田寺，置水镜几上，对之默坐，使心与水镜无二。尽管罗汝芳这种扫除私欲的方式最后以失败而告终，但无疑这种方式已具有仪式化色彩。

真正把这种方式塑造为一种具有可操作性的省过法乃是刘宗周，此种方法可称为作为省过仪式的静坐法：

> 一炷香，一盂水，置之净几，布一蒲团座子于下，方会平旦以后，一躬就坐，交跌齐手，屏息正容。正俨威间，鉴临有赫，呈我宿疾，炳如也。乃进而敕之，曰："尔固偃然人耳，一朝跌足，乃兽乃禽，种种堕落，嗟何及矣。"应曰："唯唯。"复出十目十手，共指共视，皆作如是言，应曰："唯唯。"于是方寸兀兀，痛汗微星，赤光发颊，若身亲三木者。已乃跃然而奋曰："是予之罪也夫。"则又敕之曰："莫得姑且供认。"又应曰："否否。"顷之，一线清明之气徐徐来，若向太虚然，此心便与太虚同体。乃知从前都是妄缘，妄则非真。一真自若，湛湛澄澄，迎之无来，随之无去，却是本来真面目也。此时正好与之葆任，忽有一尘起，辄吹落。又葆任一回，忽有一尘起，辄吹落。如此数番，勿忘勿助，勿问效验如何。一霍间，整身而起，闭阁终日。③

戴山作为省过仪式的静坐法反映了晚明省过潮流的高涨，④ 里面出现的悔

---

① 王畿：《答李渐庵》，吴震编校整理：《王畿集》卷 11，第 273 页。

② 黄宗羲：《明儒学案》卷 9，第 172 页。

③ 刘宗周：《讼过法》，吴光主编：《刘宗周全集》（第 2 册），第 15—16 页。

④ 参见王汛森：《明末清初的人谱与省过会》，《"中央研究院"历史语言研究所集刊》1993 年第 63 本。

过方式值得重视，已有学者指出它与西方式灵魂审判有相近之处，[1] 亦有论者认为这种静坐省过法内容上虽是儒家的内省，但形式上却与基督教信徒在虔诚祷告时得到上帝的启示有极大相似处。[2] 不过，牟宗三、王汎森认为这个仪式更多类似于佛教的《法华忏仪》的主张。其实在任何省过过程之中，里面总有一个隐藏的诉讼与应讼之主客结构：诉讼者乃反思的自我，应诉者乃被反思的客我。所谓双方当庭，抵死雠对，这个反思的自我，被认为是主人翁、良知、性体、道心，而被反思的客我则是奴婢、私欲、客气。王阳明曾以猫之捕鼠比拟这一结构。王阳明曰："教人为学不可执一偏。初学时心猿意马，拴缚不定。其所思虑多是人欲一边。故且教之静坐息思虑。久之，俟其心意稍定。只悬空静守，如槁木死灰，亦无用。须教他省察克治。省察克治之功，则无时而可间。如去盗贼，须有个扫除廓清之意。无事时，将好色好货好名等私，逐一追究搜寻出来。定要拔去病根，永不复起，方始为快。常如猫之捕鼠。一眼看着，一耳听着。才有一念萌动，即与克去。斩钉截铁，不可姑容与他方便。不可窝藏。不可放他出路。方是真实用功。方能扫除廓清。"（《传习录》39:75）儒也罢，释也罢，耶也罢，对私欲之省察与克制自有其共法与共同的结构。

六、四种静坐的效用与关系

四种静坐，作用各有侧重。程朱一系之静坐注重收敛身心，澄心静虑，定心气，这应是儒家各类静坐之共识或者说是共同要求。明代黄佐在社学课程设计之中，洒扫应对、读书、歌诗乃平日之课程，惟每月朔望二日，教诸生静坐，以求放心。[3] 而湛若水为大科书院撰写的《大科

---

[1]　Pei-yi Wu, *The Confucian's Progress: Autobiographical Writing in Traditional China*, Princeton: Princeton University Press, 1990, p. 224.

[2]　何俊：《西学与晚明思想的裂变》，第 345—346 页。

[3]　黄佐：《乡校》，《泰泉乡礼》卷 3，《景印文渊阁四库全书》（第 142 册），台北：台湾商务印书馆，1983 年，第 618 页。

书堂训》则将默坐设为日课："诸生进德修业，须分定程限，日以为常。每日鸡鸣而起，以寅卯辰三时诵书，以巳午时看书，以未时作文，申酉二时默坐思索，戌亥二时温书。然此等大抵皆不可失了本领，通是涵养体认之意，如此持循，当月异而岁不同矣。"① 显然，无论在黄佐抑或在湛若水这里，静坐均是"小学工夫"的一部分。王阳明亦视此静坐为补小学收放心一段工夫："门人郭庆嗜读书，阳明戒之曰：'子姑静坐。'善甫静坐月余，无所事，阳明复告之曰：'子姑读书。'"② 这种静坐与读书交替用功法，颇有一种互转的韵律，③ 这跟朱子半日静坐、半日读书之功法并无二致。当然，即便这种类型的静坐在不同的理学家那里亦有不同的着眼点，程朱一系以此工夫作为涵养、明理之辅助手段，王阳明则往往强调通过这种静坐让弟子从纠缠于名相、执着于知解一路之中解脱出来。④

就道南一脉观未发前气象之静坐一路，牟宗三先生曾以"本体论的体证"称之，并说此种体证乃是一种"隔离的、超越的体证"，即"暂时隔离一下（默坐、危坐）去作超越的体证"。而其所体即是中体、性体、天命流行之体，"在默坐危坐之隔离的、超越的体证中，此体从私欲、气质、喜怒哀乐情变之激发（感性）之混杂中澄然凸现以自持其自己，成为其纯粹自己之自存自在，此即是其'莫见乎隐，莫显乎微'之澄然、森然之气象"。默坐、危坐，故不只是朱子所谓"收敛在此，胜如奔驰"之谓，"乃根本是一种本体论的体证，藉此以见体或立体（'立'是体证的立），以期澄澈吾

---

① 湛若水：《湛甘泉先生文集》卷6，《四库全书存目丛书·集部》（第56册），济南：齐鲁书社，1997年，第554页。

② 黄宗羲：《明儒学案》卷30，第665页。

③ 另参："日间工夫觉纷扰，则静坐。觉懒看书，则且看书。是亦因病而药。"（《传习录》17:58）"互转的韵律"乃杨儒宾《主敬与主静》概括朱子主敬工夫之中动静无端、阴阳对转现象所用语，见杨儒宾编：《东亚的静坐传统》，第151页。

④ "吾昔居滁时，见诸生多务知解口耳异同，无益于得。姑教之静坐。"（《传习录》262:324）

人之生命"。① 严格说来，牟宗三先生所描述的隔离的、超越的体证分为两个步骤：（1）暂时的隔离。这个隔离不仅是指从公共空间之中抽身而出，从繁忙于世的生存活动中"停下来"，默坐、危坐，而且也指从血气荡漾的感性生活、意念纷杂的心灵世界中摆脱出来（"默坐澄心"），显然这一步跟程朱收敛身心的静坐是高度一致的。但这暂时的隔离不只是起着"收敛湛一，习气净尽"的作用，它还要由此再进一步。（2）由前一步之"隔离"而进一步到极默处而"豁然有悟"，洞见心之本体（"睹体""默识仁体"）。职是之故，此种静坐体验内在地实含有一临界点。所谓静坐悟道，无非对中体、性体、端倪、良知本体、真头面穿透这个临界点盎然而出之感受，这显然是一种高峰体验，斩获者自是心气同流，睟面盎背，故有重生、新生之感，此亦是顺理成章之事。

作为省过仪式的静坐法，就克治私欲、妄念一面而言亦可被视为是某种收敛身心、澄心静虑之变样，但两者实有重要之区别：程朱一系的静坐更多的是一种收敛性、心之虚灵在此而不走作的身心姿态；作为省过仪式之静坐法则是一种主动性、倒巢搜贼式的净化心灵之行动，静坐者主动地将潜伏在心的各种私欲逐一搜寻，加以克制。前引阳明"猫之捕鼠"之比喻就活画出了这种省过工夫之主动性、紧张性。刘宗周之静坐省过法更是颇有硝烟弥漫、毕其功于一役的决战意味，这是良知独体对潜藏在意识乃

---

①　牟宗三：《心体与性体》（三），《牟宗三先生全集》（第 7 册），第 7—8 页。今人多认为跟道南一脉（当然亦跟阳明）通过涵养（静坐）去体证"中体"不同，朱子之涵养工夫只是"空头的涵养"，只是"保持一常惺惺的态度"，"并没有确定的实质内容"。见刘述先：《朱子哲学思想的发展与完成》，台北：台湾学生书局，1995 年增订三版，第114、128 页。的确，朱子之涵养、静坐虽可说是起到收摄保任之功能，但在根本上，所涵养、保任之"心之本"乃是一"虚灵明觉"之心，而具体的性理内涵则须由"致知格物"的穷理、明理工夫提供。王畿在论及涵养工夫时曾指出，"涵养工夫贵在精专接续，如鸡抱卵，先正尝有是言。然必卵中原有一点真阳种子方抱得成，若是无阳之卵，抱之虽勤，终成假卵。学者须识得真种子，方不枉费工夫。明道云'学者须先识仁'，吾人心中一点灵明便是真种子，原是生生不息之机。种子全在卵上，全体精神只是保护得，非能以其精神帮助之也"。见王畿：《留都会纪》，吴震编校整理：《王畿集》卷 4，第98—99 页。"如鸡抱卵"，语出养生家，朱子曾用于描述涵养工夫，"先正尝有是言"，当指朱子。显然，在王畿看来，朱子之涵养乃是无真阳种子之空头的涵养。

至无意识各个层面的虚妄、杂念、私欲之全面的征讨之战，而几个回合下来，良知独体以凯旋告终："一线清明之气徐徐来，若向太虚然，此心便与太虚同体……一真自若，湛湛澄澄，迎之无来，随之无去，却是本来真面目也。"又："延平教人看喜怒哀乐未发时作何气象，此学问第一义工夫。未发时有何气象可观？只是查检自己病痛到极微密处，方知时虽未发，而倚着之私，隐隐已伏；才有倚着，便来横决。若于此处查考分明，如贯虱车轮，更无躲闪，则中体恍然在此。而已发之后，不待言矣。此之谓善观气象者。"① 于是原本充满紧张的作为省过仪式的静坐法，最终与作为见性、养出端倪、睹真面目的道南一脉、陆王心学一系的静坐合二为一。清儒潘德舆云："《人谱·纪过格》末曰——证以讼法，立登圣域，此语太轻快，不似禅家立地成佛之言邪？讼过之法，蒲团一个，香一炷，水一盂，此不真如老禅和法相邪？所云'妄则非真，一真自若，湛湛澄澄，迎之无来，随之无去，却是本来真面'，'忽有一尘起，辄吹落'等语，不真似老禅和偈子邪？"② 潘氏的看法虽折射出程朱一系的立场，但将刘宗周作为省过仪式的静坐法归为顿门一路，诚颇中肯綮之见。不过，这里把它归为顿门，倒不单是基于潘德舆所讥讽的"立登圣域"，而是由前述牟宗三先生见体或立体，以期澄澈吾人之生命之说推演而来：蕺山之省过乃是先有一"独体"而立（鉴临有赫、明镜高悬），③ 惟先此"体"之"立"，种种"宿疢"方会"炳如也"，至于后面之"唯唯""否否"不过是由此"体"而生发的真诚无妄的改过之意罢了。此中机括，颜钧当初以体仁、制欲之辨指点罗汝芳已显豁无遗。

　　以上三种静坐方式时有交织，甚或难以区隔，这集中体现在李颙为关

---

　　① 刘宗周：《学言上》，吴光主编：《刘宗周全集》（第2册），第373页。

　　② 潘德舆：《刘子辨》，《养一斋札记》卷15（清同治十一年刊本），第16页。

　　③ 罗汝芳的一段静坐体验颇可说明此中情形：诸友静坐，寂然无哗，良久有将欲为问难者。罗子乃止令复坐，徐徐语之曰："诸君当此静默之境，能澄虑反求，如平时燥动，今觉凝定；平时昏昧，今觉虚朗；平时怠散，今觉整肃。使此心良知，炯炯光彻，则人人坐间，各各抱一明镜在于怀中，却请诸君将自己头面，对镜观照，若心事端庄，则如冠裳济楚，意态自然精明；若念头不免尘俗，则蓬头垢面，不特旁观者耻笑，而自心惶恐，又何能顷刻安耶？"见方祖猷等编校整理：《罗汝芳集》，第192—193页。

中书院所制订的每日必三静坐之"学程"中：黎明早起，整襟危坐少顷，以定夜气。屏缘息虑，以心观心，令昭昭灵灵之体，湛寂清明，了无一物，养未发之中，作应事之本。坐起，无事则读经书；中午，焚香默坐，屏缘息虑，以续夜气。饭后读《大学衍义》及《大学衍义补》；每晚初更，灯下阅理学家语录，阅毕，静坐，默检此日意念之邪正，言行之得失。苟一念稍差，一言一行之稍失，即焚香长跽，痛自责罚。[①] 定夜气、养夜气，观心、养未发之中，省过、自责，上述三种静坐方式在李颙"一日三静坐"之中得以完整体现。

　　观天地生物气象与以上三种静坐工夫表面看来差异甚大，前三种工夫都是围绕"心"做功夫，就此而言，都可以说是静坐"澄心""观心"的工夫，而观天地生物气象却侧重"观物"。但一者观物亦是在"静中"观（所谓静观），故已预设收敛身心之工夫，一者观物与察己密不可分，罗侨云："每见青天白日，便看吾心光明何如；每见云影蔽日，便看吾心昏蔽何如；每见草木生意，便看吾心生意何如；每见禽兽自适，便看吾心自适何如。"[②] 更为重要的是，观天地生物气象乃是观"天地之心"（一个物里有一个天地之心），观"乾坤造化心"，人物同此天地之心，故观物者总会起"物我皆春"之感，说到底，观未发前气象是观心，观天地生物气象亦是观心，皆是要观"天心""天地之心"。邹守益云："当其心志和平，怡然自适，则天高地下，山峙水流，鸟飞鱼泳，草蕃菊茂，无往而不可观。及夫情意所郁，则宇宙若隘，山川若因，花若以溅泪，而鸟若以惊心。是岂物之变哉？静不静之间也。"[③] 可见"观心"与观"乾坤造化心"实乃一体两面，心之"可观"（心志和平，怡然自适），天地万物之造化生生之意趣则"无往而不可观"。王阳明弟子周冲（字道通，号静庵，常州宜兴人）曾云："闲居中静观时物生息流行之意，以融会吾志趣，最有益于良知。"阳明批阅："静

---

　　① 李颙：《二曲集》卷 13，陈俊民点校，第 116—117 页。

　　② 罗侨：《东川罗先生潜心语录》卷 2，《续修四库全书》（第 938 册），上海：上海古籍出版社，2002 年，第 8 页。

　　③ 邹守益：《静观说》，董平编校整理：《邹守益集》卷 9，南京：凤凰出版社，2007 年，第 466 页。

观物理，岂非良知发现流行处？不可又作两事看。"①显见观物、观心一也。要之，天地万物一体之仁在根本上是彻内外、彻身心、彻物我、彻人己的生机流动。

七、结语

哲学的本义在于思考与实践美好生活之道（生命之道），此是中西古典哲学之通义。无论在中国还是在西方，学院哲学日趋精专，辨析不可谓不细，论述不可谓不巧。然而，辨愈繁而失愈甚，技愈精而离道愈远。南辕北辙，背驰日甚，可谓"为学日益，为道日损"。

美好生活问题不应成为学院建制、技术世界的牺牲品。汉学家西蒙·莱伊斯（Simon Leys）说过这样一个故事，一位犹太传教士要到邻村参加婚礼，他雇了一辆马车前往，车夫爽快地答应了。可是刚一动身，车夫就请传教士下车帮忙推车，因为拉车的老马已经年迈体弱，实在无法拉动车子。热心肠的传教士一路推着车子，终于到达了婚礼现场，不过婚礼早就结束了。他对雇用的车夫说："我明白您为何会在这儿，您需要挣钱；我也知道我为何来这儿，因为要参加婚礼，可我不明白我们为什么要带一匹马过来。"②重温与反思儒家静坐文化，不只是要理解儒家修身工夫之特质，更重要的意义或在于激发我们进一步思考，这种作为静坐的修身工夫如何在现代人对幸福生活的追求之中重新发挥其作用，并唤起我们注意，不要让哲学成为这匹老马，或者准确地说，不再成为这匹老马。

---

① 王守仁：《王阳明全集》（新编本，第 5 册），吴光等编校，第 1858 页。

② 我在费希（Luc Ferry）的书中读到了这个故事，见费希：《什么是好生活》，黄迪娜等译，长春：吉林出版集团，2010 年，第 3—4 页。

第八章　宋明理学如何谈论"因果报应"？

一、引言

　　"报应"观念是中西文明中的"大观念"。它是我们理解人生、社会、世界所不可或缺的观念。"善有善报，恶有恶报。不是不报，时辰未到"这一说法反映了世人对社会正义朴素、直白的要求。宗教性的救赎，虽形式上有种种不同，但其中最重要的一点，是与一种得到公道报应的要求联系在一起，即酬报善行，惩罚不义。[①]

　　然而在近代，宗教的报应观往往因其光怪陆离的色彩而被视为迷信，遭到了前所未有的抨击与清算。带有文化保守主义情怀的佛教中人，面对所谓废经、废伦、废孝、免耻、杀父、杀母等种种乱象，竟认定宋儒应对此负主要责任。近代高僧净土宗十三祖印光就反复指出，宋儒窃取佛经心性奥义（最深理谛），以宏阐儒道，但恐后人学佛，故斥佛因果轮回、天堂、地狱诸说为诳人之法，而"徒以尽义尽分，诚意正心为教"，结果导致"尧桀同归于尽，善恶一死皆空"，"善无以劝，恶无以惩"，"一般有眼无珠者"皆不敢言因果，也不敢教人为善。殊不知"格、致、诚、正、修"惟适用于上根人，而中人以下则"无法可治"。惟三世因果，人纵愚顽，亦有趋吉避凶、冀善报惧恶报之心念，故必勉力尽义尽分。"今日之灭儒教、灭伦理"，"其祸根皆从宋儒破斥因果之学说所伏"，"鸣呼哀哉，灭儒教者，非欧人也，乃宋儒也"。[②]

　　儒家究竟是如何谈论善恶有报的？宋儒又为何要破因果报应？理学

---

　　① 韦伯：《宗教社会学》，康乐、简惠敏译，桂林：广西师范大学出版社，2005年，第138页。

　　② 印光：《复谢慧霖居士书》（第十二、十三、十五、二十通）、《佛学救劫编序》，《印光法师文抄三编》（上），台北：三重净宗学会，2002年，第292—312、505—511页。

对因果报应是否只破而无立？如何正确认识因果报应在修身、教化中的作用？此是本章要解决的问题。

二、儒家德福一致问题之缘起

"福"字的本义为灌祭（祭祀祖先神）的祭法（"从两手奉尊于示前"），后演化为在天上的祖先神降福于孝子贤孙的意思。[1]《诗经》中"降福"一词也强烈暗示出"福"是由上天而下降于人的。所以，严格意义上说，"福"即"福报"。《尚书·盘庚》更是明确无误指出上天的祖先神能够作福作灾。祸、灾即是神"不福"，而与"福"形成对反。《逸周书·命训解》则说"天道三"（天有命、有祸、有福），"天生民而成大命，命司德正之以祸福"：有德义，则"赐之福禄"；不德不义，则"降之祸"。要之，福祸均是由左右人之命运的上天降下的。[2]

何谓吉凶祸福？《尚书·洪范》给出了"五福六极"的明确说法。五福：一曰寿，二曰富，三曰康宁，四曰攸好德，五曰考终命；六极：一曰凶短折，二曰疾，三曰忧，四曰贫，五曰恶，六曰弱。《周易》中"积善之家必有余庆，积不善之家必有余殃"的说法更是广为流传。福报说不仅是用来解释世界的，也是用来改造世界的。《洪范》讲得很清楚：五福飨人（"向用五福"），即用之使人向善；六极畏罚（"威用六极"），用之使人畏不善。

这些"祸福无门，唯人所召"之类的格言在《左传》中变成了一个个

---

① 刘翔：《中国传统价值观诠释学》，上海：华东师范大学出版社，2010 年，第74—77 页。

② 在后出的《伪古文尚书》中，天道福善祸淫的思想被追溯到大禹那里。禹曰："惠迪吉，从逆凶，惟影响。"（《尚书·大禹谟》）迪，道也，顺道则吉，从逆则凶。"善恶"与"福祸"如影随形，如响应声。商汤与伊尹明确地将施报的主体视为"天""天道"。"天道福善祸淫。"（《尚书·汤诰》）"为善，天降之百祥；为恶，天降之百殃。""德惟一，动罔不吉，德二三，动罔不凶。惟吉凶不僭，在人，惟天降灾祥，在德。"（《尚书·咸有一德》）

生动的故事。最著名的当是魏颗结草的典故。魏武子魏犨有嬖妾没有生过儿子，魏犨得病的时候嘱咐魏颗要让她嫁人，但等到临终的时候又叮咛要让她殉葬。魏犨死后，魏颗就把女子嫁出去了，并说父亲病重的时候心思已经错乱了，故只服从他清醒时候的命令（"疾病则乱，我从其治也"）。等到他与秦国的大力士杜回打仗的时候，只见一位老人用草绳绊倒了杜回，于是，魏颗趁机擒住了杜回。夜间魏颗做梦，梦见白天用草绳绊倒杜回的老人对他说："余，尔所嫁妇人之父也。尔用先人之治命，余是以报。"《左传·昭公七年》记载孟僖子说孔子的祖先弗父何曾将宋让给了厉公，到了正考父更是兢兢业业辅佐戴、武、宣三位君主。臧孙纥有言曰："圣人有明德者，若不当世，其后必有达人。今其将在孔丘乎？"

　　显然，先秦文献中虽未出现"报应"一词，但已出现了明确的德行与祸福相应的思想。有德必有福的观念已深入人心。[1] 反过来，德不纯或无德而福皆不是真正的福。《国语·晋语》称："唯厚德者能受多福，无德而服者众，必自伤也。"其又将"幸"与"福"加以辨析："德不纯而福禄并至，谓之幸，夫幸非福。"幸，侥幸，属于偶然性范畴。福则与德相配，有德必有福。《左传·闵公二年》则说无德而禄，"殃将至矣"。《左传·襄公二十八年》径直称"淫人富谓之殃"。恶人得福乃是"天之假助不善，非祚之也，厚其凶恶而降之罚也"。用老子的话说，此乃"天欲取之，必先予

---

　　[1]　"报应"一词出现在汉代文献之中，《汉书》《白虎通》等典籍中已出现"上天报应""皇天报应""天地报应"等说法，此类说法中，"报应"与"感应"几近同义，大致均可归类于董仲舒"以类相招"（美事招美类、恶事招恶类、马鸣马应、牛鸣牛应）、"天人感应"的范畴。现代学者如杨联陞、文崇一、翟学伟等均指出，与"报"相关的报恩、报仇、报应、报酬、报效等术语实则是"人情社会"中"人情交换"的范畴。见杨联陞：《中国文化中的"报""保""包"的意义：钱宾四先生学术文化讲座》，香港：香港中文大学出版社，1987年。文崇一：《报的迭替流变》，收入顾瑜君主编：《中国人的世间游戏》，台北：张老师文化事业股份有限公司，1980年。文崇一：《报恩与复仇：交换行为的分析》，收入杨国枢主编：《中国人的心理》，台北：桂冠图书，1988年。翟学伟：《报的运作方位》，《社会学研究》2007年第1期。不过，善恶有报的"报应"应当与报恩等人情交换的"回报"范畴区别开来。前者是行动者本人的行动因其善恶之性质而应受到相应的赏罚，它遵循的是公正原则；后者则是人际间的互动、交往的应答与回馈活动，它遵循的是投桃报李、礼尚往来原则。

之"，而非真的赐福于其人。福与德相配，无德而福，福只是"侥幸之福"，非真福。《论语·雍也》："人之生也直，罔之生也幸而免。"邪曲诬罔者之所以能生存于世，只是一种"幸而免"，此是"侥幸"。用《中庸》的话说："君子居易以俟命，小人行险以侥幸。"至于德纯而福禄不至，则属于"不幸"而非"不福"。哀公问孔子弟子辈孰为好学，孔子就称："有颜回者好学，不迁怒，不贰过，不幸短命死矣。"皇侃《论语义疏》曰："凡应死而生曰幸，应生而死曰不幸。若颜子之德非应死而今死，故曰不幸也。命者，禀天所得以生，如受天教，命也。天何言哉，设言之耳。但命有短长，颜生所得短者也，不幸而死，由于短命，故曰不幸短命死矣。"①

在上述善恶有报的观念中，施报主体是上天、天道，其品性是公正无私的，报的承担者（受报者）为行动者本人及其家族，报的标准、依据是行动之善恶。德行（此处德行也含功德义）是福祸的根基。"夫德，福之基也。无德而福隆，犹无基而厚墉也，其坏也无日矣。"（《国语·晋语六》）上天、天道会严格依德行秉公施报。用史嚚的话说："神，聪明正直而壹者也，依人而行。"（《左传·庄公三十二年》）《管子·枢言》则概之曰："天下无私爱也，无私憎也。为善者有福，为不善者有祸，祸福在为。"这些观念均立足于当下的生活经验，受报者严格限制在当事者及其家族共同体，既没有来世的观念，也没有地狱与天堂的观念，更没有转世的观念，凡此种种，都充分体现了中国古典思想"一个世界"的特征。

这里有两个问题值得深究。

第一，善恶有报，报的是当事人的行为，理应限制在当事者本人，为何要延续到其子孙后代？利玛窦在《天主实义》中就对此提出质疑：

夫世之仁者不仁者，皆屡有无嗣者，其善恶何如报也？我自为我，子孙自为子孙。夫我所亲行善恶，尽以还之子孙，其可为公乎？且问天主既能报人善恶，何有能报其子孙，而不能报及其躬？苟能报及其躬，

① 王充在《论衡·幸遇》中指出，由短命称"不幸"，则知长命者为"幸"也。"服圣贤之道，讲仁义之业，宜蒙福佑。伯牛有疾，亦复颜回之类，俱不幸也。"他又将命分为"正命"、"随命"与"遭命"三种（《论衡·命义》），颜子行善于内而遭凶于外，是"遭命"。要之，"命"范畴属于"吉凶祸福"，而与操行善恶的"性"范畴有别。

何以舍此而远俟其子孙乎？且其子孙又有子孙之善恶，何以为报？亦将俟其子孙之子孙以酬之欤？尔为善，子孙为恶，则将举尔所当享之赏，而尽加诸其为恶之身乎？可谓义乎？尔为恶，子孙为善，则将举尔所当受之刑而尽置诸其为善之躬乎？可为仁乎？非但王者，即霸者之法，罪不及胄。天主舍其本身，而惟胄是报耶？更善恶于他人之身，紊宇内之恒理，而俾民疑上帝之仁义，无所益于为政，不如各任其报耳。[①]

利玛窦指出：世上有许多人并无子孙，其善恶如何报？如有子孙者，将我所行的善恶之效应转移到子孙上面是不公正的，天主既然能够报人善恶，为何不直接就报在当事人身上？子孙本身的善恶又如何报？我行善，子孙行恶，将我所当享的善报却加在行恶的子孙上面，这是正义的吗？我行恶，子孙行善，将我所当受的惩罚加到行善的子孙上面，这还是仁爱吗？利玛窦的质疑层层递进，逻辑严密。实际上，提倡"自作自受"的佛教徒也很早提出了类似的质疑，如东晋郗超曾引《泥洹经》云："父作不善，子不代受。子作不善，父不代受。"[②]

这一质疑基于"归责"与"报应"的一致性，坚持将报应严格限定在某一行为的真正责任人上面。但倘若我们回到先秦那个以追求"永存的血族"为最高愿望的宗法社会，则不难理解，彼时所谓的"身"并不是一件私器，而是从父母那里承接过来，必须延续至子孙的"人神共同体"的一个环节，是"世代生成与延续"的身体。"世"与"枼""叶"本为一字，原意为草木之叶重累百迭，引申为世代之"世"，即生命连续的过程。与这个"世"字联系在一起的词有身世、世家、世禄、世功等，这个"世"的终止则是"绝世"。[③] 在当时，"盛德必百世祀"（《左传·昭公八年》）的观念已深入人心。《中庸》称舜为大孝，"宗庙飨之，子孙保之。故大德，必

---

①　利玛窦：《天主实义》，朱维铮主编：《利玛窦中文著译集》，上海：复旦大学出版社，2001年，第66页。

②　郗超：《奉法要》，李小荣校笺，释僧祐：《弘明集校笺》卷13，上海：上海古籍出版社，2013年，第718页。

③　对"永存的血族"观念的系统阐述，见高木智见：《先秦社会与思想》，何晓毅译，上海：上海古籍出版社，2011年，第70—142页。

得其位，必得其禄，必得其名，必得其寿"。司马迁《史记·陈杞世家》也赞扬舜之德，称其"后世血食者历三代"，"及楚灭陈，而田常得政于齐，卒为建国，百世不绝"。要之，身是"亲之枝"，即从先世、父母大本那里长出的枝叶，不能敬身，就是伤其本。善恶有报延续至子孙的观念无疑是在这种"敬身文化"的土壤中滋生的。

第二，既然说德是福之基，为何有德如孔子而无位？有德如颜子而早夭？这是司马迁提出的质疑。《史记·伯夷列传》曰："或曰天道无亲，常与善人。若伯夷叔齐，可谓善人者非耶，积仁絜行如此而饿死。且七十子之徒，仲尼独荐颜渊为好学，然回也屡空，糟糠不厌，而卒蚤夭，天之报施善人其何如哉？盗跖日杀不辜，肝人之肉，暴戾恣睢，聚党数千人，横行天下，竟以寿终。是遵何德哉？"如何解释德福不一、德位不一、善恶无报的现象？实际上，这也是孔子门人切身感受到的问题。[1] 孔子厄于陈蔡，七日不火食，跟随的弟子饿得不行，子路就当面质问孔子："昔者闻诸夫子'为善者天报之以福，为不善者天报之以祸'，今夫子积德怀义，行之久矣，奚居之穷也？"（事见《荀子·宥坐》《孔子家语·在厄》等文献）由子路之口，可知孔子亦主张善恶有报的观念。[2] 孔子回答："君子博学深谋而不遇时者众矣，何独丘哉？且芝兰生于深林，不以无人而不芳。君子修道立德，不为穷困而改节。为之者，人也；生死者，命也。"孔子弟子冉耕（字伯牛），为"德行科"代表人物之一，未获长寿，临终时，夫子亲往探望，握住其手而叹曰："命矣夫！斯人也而有斯疾也，斯人也而有斯疾也。"（《论语·雍也》）冉子行善却染恶疾，夫子只能归之于命，"斯人也而有斯疾也"，痛惜之情，溢于言表。《庄子·大宗师》记隐士子桑户穷居

---

① 《墨子·公孟》记载了类似的故事：墨子有疾。跌鼻进而问曰："先生以鬼神为明，能为祸福。善者赏之，为不善者罚之。今先生圣人也，何故有疾？意者先生之言有不善乎？鬼神不明知乎？"子墨子曰："虽使我有病，何遽不明？人之所得于病者多方。有得之寒暑，有得之劳苦，百门而闭一门焉，则盗何遽无从入？"显然，同样的问题，却有不同的回答。在墨子这儿，"鬼神"具有赏善罚恶的能力。

② 《论语·雍也》"仁者寿"以及《礼记·中庸》"大德必受命"（大德必得其位、必得其禄、必得其名、必得其寿）均出自夫子之口，《孔子家语》还记载孔子引《诗》曰："皇皇上天，其命不忒。天之以善，必报其德。"

无食，歌而叹曰："吾思夫使我至此极者而弗得也。父母岂欲吾贫哉？天无私覆，地无私载，天地岂私贫我哉？求其为之者而不得也，然而至此极者，命也夫。"显然，此处所谓"命"均是不由人作主的"气命""时命"，带有偶然性。而在《庄子·让王》中，面对子路"如此者可谓穷矣"之质问，孔子直接否认了自己处于"穷"的境地："是何言也？君子通于道之谓通，穷于道之谓穷。今丘抱仁义之道以遭乱世之患，其何穷之为？故内省而不穷于道，临难而不失其德。天寒既至，霜雪既降，吾是以知松柏之茂也。陈、蔡之隘，于丘其幸乎？"孔子本人虽赞成善恶有报这一古老信念（这对于教化众生是不可或缺的），但落实于个人境遇上而论，孔子认为：（1）"德"只是"福"（"位"）的必要条件，而非充分条件。大德必得其位还需要"时""世道"的成全，倘"不遇时"，"遭乱世之患"，有德者只能安之若命。（2）君子修道立德乃在于证成其独立的人格，这一人格不会因吉凶祸福而有所改变。郭店竹简《穷达以时》即有"穷达以时，德行一也"的说法。（3）"为之者，人也；生死者，命也"这一说法明确将"求则得之、舍则失之"的德性世界、价值世界与"求之有道、得之有命"的现实世界判开，君子始终追求的是德性。（4）"君子通于道之谓通，穷于道之谓穷"，孔子将世俗的价值予以颠倒，认为唯有通于道才是最高价值，世俗所谓"穷"并不是真正的穷，相反在世俗所谓的"穷"之中始终"通于道"而"不失德"则是一种"幸"。"松柏之茂"的说法跟《论语·子罕》"岁寒然后知松柏之后雕"之说如出一辙。此后，君子将一己的苦难视为磨炼强大心灵的砥砺切磋之地，这也成为儒家君子苦难论的基调。苦难遂成了君子"动心忍性""天将降大任于斯人"之境遇（《孟子·告子下》），是检验君子人格成立的必要事件，[1] 是锤炼圣贤心性的良机。[2] 儒家教义中并不存在一个严格的全善、全知、全能的位格化神的观念，故也并不存在基督宗教中的神义论问题。关于如何对待加于自己身上的苦难（横逆），儒家的

---

[1] 《荀子·大略》："岁不寒无以知松柏，事不难无以知君子。"

[2] "譬之金之在冶，经烈焰，受钳锤，当此之时，为金者甚苦；然自他人视之，方喜金之益精炼，而惟恐火力锤煅之不至。既其出冶，金亦自喜其挫折煅炼之有成矣。"王守仁：《寄希渊四》，吴光等编校：《王阳明全集》卷4，上海：上海古籍出版社，1992年，第159页。

立场近似于约翰·希克（John Hick）灵魂塑造论的看法：苦难与恶的存在是为了人之自我提升与自身完善，唯有经受一番磨练，人才能塑造更高尚的灵魂。要之，逆境、困厄也是培育君子人格的"增上缘"。

无疑，德福不一、善恶无报的现象对天道福善祸淫这一古老的信念构成了严峻的挑战。无形之中，这也促进了儒家对德性与祸福关系的进一步思考。以孟子为例，孟子明确地将天爵、良贵与世俗的人爵、人贵区别开来。"仁义忠信，乐善不倦，是天爵；公卿大夫，则是人爵。古之人修其天爵，而人爵从之。今之人修其天爵，以要人爵。"又说："欲贵者，人之同心也。人人有贵于己者，弗思耳。人之所贵者，非良贵也。"（《孟子·告子上》）天爵人人固有，是良贵，是德性，但人不自知（"弗思"），人爵（社会地位以及相应的福禄）是贵于人，是福气。"求则得之，舍则失之。是求有益于得也，求在我者也。求之有道，得之有命，是求无益于得也，求在外者也。"（《孟子·尽心上》）此即意味着天爵、良贵才是最高价值，故应成为君子追求的目标，而任何应当追求的价值在本质上也是人能够追求到的，用康德的话说，"应当蕴含着能够"。古罗马哲学家爱比克泰德也说过类似的话：接受教育就是学习分清什么是在我们权能之内的，什么是不在我们权能之内的。孟子还进一步指出，口、目、耳、鼻与四肢对美味、美色、美声、安逸的追求和人对权力与社会地位的追求，固是人的本性，但此是感性欲望之本性，有贫富贵贱之别，故有其"命限"，此是有条件的，有待于外的，此是"气命"，不可妄求，它属于"求之有道，得之有命"的领域，故君子不以此作为"性"。人对仁义礼智圣之追求虽说亦受到"气命"的限制而不能无憾，但它是人之性分所当尽之事，故君子不以此为"命"。君子所认定的"性"一定是无条件的、由人之为人的本分所内在规定的"德性"："君子所性，虽大行不加焉，虽穷居不损焉，分定故也。君子所性，仁义礼智根于心，其生色也睟然，见于面，盎于背，施于四体，四体不言而喻。"（《孟子·尽心上》）[1]《荀子·儒效》亦云："君子无爵而贵，无禄而富，不言而信，不怒而威，穷处而荣，独居而乐，

---

① 关于《孟子》"天爵、人爵""君子所性"等文本的释读，请参见牟宗三《圆善论》二、三两章（"心、性与天与命""所欲、所乐与所性"），《牟宗三先生全集》（第22册），第129—172页。

岂不至尊、至富、至重、至严之情举积此哉。"可见，人爵与天爵的区别是先秦儒家的共识。

三、先秦儒学"德"与"福"的剥离及其问题

先秦儒家对善恶有报与德福一致这一古老信念的反思最终确立了德性的纯粹性、无条件性与崇高性。它将善恶无报与德福不一的问题归咎于时命、气命等存在的偶然性，而将"德"视为人之为人的内在本性。它让人不必纠缠于德行的后果，君子情之所系惟在德性："君子谋道，不谋食。"（《论语·卫灵公》）"德之不修，学之不讲，闻义不能徙，不善不能改，是吾忧也！"（《论语·述而》）一言以蔽之，"正其谊不谋其利，明其道不计其功"是儒家道义主义的基本精神。

在孔孟那里，"天道"尽管仍然被赋予福善祸淫的能力，但天道从不被视为个人功德的算计师，而君子所从事的道德行动也不是在功德银行进行长线投资，人之行善去恶更不是跟"天道"做交易。另外，"天道"也从未如西方的上帝那样被视为全善、全能与全知的位格化的神。故儒者罕有伊壁鸠鲁悖论式的困惑：如果上帝愿意阻止邪恶，却不能阻止，那他就不是全能的；如果他能阻止邪恶，却不愿意阻止，那他就是邪恶的；如果他既能阻止又愿意阻止邪恶，那么邪恶是从哪里来的呢？如果他既不能阻止又不愿意阻止邪恶，那为什么要称他为上帝呢？面对德福不一、善恶无报乃至天灾等现象，儒者会感慨"天地之大也，人犹有所憾"，却不会进一步追究神义论的问题，他们更多地将神义论的问题转换为人义论：一方面是把"天灾"视为"人祸"，以警示世间的统治者，另一方面则又强调个人的苦难乃是成就人格必须经历的处境，在这一点上，儒家的人义论类似于基督教传统中的伊利奈乌-希克（Ireaneus—John Hick）"塑造灵魂"的神义论。

因其自身之故，我们应该追求德性本身，这本是中西古典哲学的一个重要议题。《理想国》第二卷苏格拉底的对话者格劳孔区分了三种类型的"善"：（1）因其自身而不是因其后果而被追求者；（2）既因其自身又

因其后果而被追求者；（3）不是因其自身而是因其后果被追求者。针对苏格拉底德性（正义）是因其自身又因其后果而被追求的观点，格劳孔提出古格斯戒指（Gyges' ring）的故事，这枚戒指能让戴者隐身，假定让正义的人与不正义的人各自戴上一枚这样的戒指，情形会如何？可以想象：没有一个人能坚定不移，继续做正义的事，也不会有一个人能克制住不拿别人的财物，如果他能在市场里不用害怕，要什么就随便拿什么，能随意穿门越户，能随意调戏妇女，能随意杀人劫狱，总之能像全能的神一样，随心所欲行动的话，到这时候，两个人的行为就会一模一样。[①] 这个著名的思想实验是要证明：如果善恶无报，无人会行善去恶，道德本身是不值得追求的，人追求道德乃是因为其后果。换言之，人性是不可靠的，没有人会心甘情愿地行正义，或者说人们并不是因为正义本身是善的而去追求正义，行正义总是勉强的（图的是回报或怕受到惩罚），而不是自然的。古格斯戒指的故事跟孟子"见孺子入井"的"思想实验"形成了鲜明的对照。儒家将德性的追求跟福报、功利加以剥离，由此而证成一自足、无待的德性世界。这如放到比较宗教与比较哲学的背景中看，普遍存在这种剥离现象。孔子、耶稣、苏格拉底一生栖栖惶惶，席不暇暖，跟世间富贵沾不上边，甚至连生命都搭上了，从世俗祸福的立场看，三人的一生无疑是失败或倒霉的一生。然而，心灵的秩序与感受自有其内在理路（inner logic），从感性价值（舒适—不舒适）到生命价值（高尚—庸俗），再由此而上升到精神价值（善—恶、美—丑、真—假），直至神圣价值（神圣—凡俗），"价值的高度"与"感受的深度"具有相应性。价值越高，越是难以制作，而对它的感受就越深；价值越低，越是容易制作，对它的感受就越浅。只有福乐之人（即与道、上帝、智慧同在之人）才能正确地承受世间的苦难。[②] 就此而论，谁也无法否定孔子、耶稣、苏格拉底的一生是真正成功和幸福的一生。

这是问题的一面。这一面只是针对以德性追求为"天职"的君子、先

---

① 柏拉图：《理想国》，郭斌和、张竹明译，北京：商务印书馆，1986 年，第 47—48 页。

② 舍勒：《伦理学中的形式主义与质料的价值伦理学》，倪梁康译，北京：商务印书馆，2011 年；舍勒：《爱的秩序》，林克译，北京：生活·读书·新知三联书店，1995 年。

知先觉者而言的。问题的另一面，从社会公义而论，杀生者无恶报、为善者无善应，绝对是不正义的。然而，窃钩者诛，窃国者侯，在现实世界之中，正义总是有限的，而且常常是缺位的。现实无法解决的问题，而人们又普遍认为应当解决或者准确地说希望解决的问题，最终会诉诸一种终极的解决方式，即宗教式解决。在元杂剧《窦娥冤》中，投诉无门、无路可走的弱女子最终只能向"天道"控诉：有日月朝暮悬，有鬼神掌着生死权。天地也只合把清浊分辨，可怎生糊突了盗跖颜渊？为善的受贫穷更命短，造恶的享富贵又寿延。天地也做得个怕硬欺软，却元来也这般顺水推船。地也，你不分好歹何为地？天也，你错勘贤愚枉做天！而血溅白练、六月飞雪、大旱三年，感天动地的故事折射出的仍然是人们对天道福善祸淫的根深蒂固的宗教性信念。

　　国人耳熟能详的则是佛教提出的"业报说"。它把个人生命存在的时段拉长为过去世、现在世与未来世三世，于是而有三报说："一曰现报。二曰生报。三曰后报。现报者，善恶始于此身，即此身受；生报者，来生便受；后报者，或经二生、三生、百生、千生，然后乃受。受之无主，必由于心。心无定司，感事而应。应有迟速，故报有先后。""世或有积善而殃集，或有凶邪而致庆，……此皆现业未就，而前行始应。"[1] 报应并无主宰者，只是一己的业力（Karma），即身、口、意所造之业力。业力是因，报应是果。自己作业，自己受报。"欲知前世因，今生受者是，欲知后世果，今生作者是。"恶人有善报，端乃前世善根培植深厚；反之，善人受恶报，则因前世罪业深重。《百业经》中说："众生之诸业，百劫不毁灭，因缘聚合时，其果定成熟。"同时，佛教又提出"三界"（欲界、色界、无色界）、"六道轮回"（天、人、阿修罗、畜生、饿鬼、地狱；前三者为三善道，后三者为三恶道）说，"报的形态"依所造的业力表出多样性。业力犹如命运银行的信用卡，我们的"作业"都存进去，有时有结余，有时是透支，到死的时候进行结算，但不是清零，这个存折的户主变了，但信用卡依然有效。可以说，六道轮回、因果报应说一劳永逸地解决了善恶无报、德福不一这

---

① 慧远：《三报论》，释僧祐撰，李小荣校笺：《弘明集校笺》，第288—293页。

一难题。[1]

四、宋儒：以"感应"代"报应"

宋儒营造了一个"理世界"，万事万物莫不有其理。"天下物皆可理照"，这个理就是感应之理："天地之间，只有一个感与应而已，更有甚事？"[2]于是，先秦思想中的福善祸淫的天道论被转变为一种"理当如此"的感应论：

> 有人问："人有不善，霹雳震死，莫是人怀不善之心，闻霹雳震惧而死否？"程颐回答说："不然，是雷震之也。"曰："如是雷震之，还有使之者否？"曰："不然。人之作恶，有恶气，与天地之恶气相击搏，遂以震死。霹雳，天地之怒气也。如人之怒，固自有正，然怒时必为之作恶，是怒亦恶气也。怒气与恶气相感故尔。"又唐棣问："福善祸淫如何？"曰："此自然之理，善则有福，淫则有祸。"又问："天道如何？"曰："只是理，理便是天道也。且如说'皇天震怒'，终不是有人在上震怒，只是理如此。"又问："今人善恶之报如何？"曰："幸、不幸也。"[3]

---

① 《颜氏家训·归心第十六》云："项橐、颜回之短折，伯夷、原宪之冻馁，盗跖、庄蹻之福寿，齐景、桓魋之富强，若引之先业，冀以后生，更为通耳。"马克斯·韦伯认为，佛教的业报观在宗教的神义论中是一种最彻底的解决方案。不过，需要指出的是，这一解释方案并非一蹴而就的，也并非无懈可击。其中，有无一个永恒不变的业力载体成为一个棘手的问题。如肯定有一个不变的"我"承载业力，则显然与诸法无我、缘起性空等基本教义相抵牾。如否认有一个不变的我，则又不免启人"若无我者，作无我业，于未来世，谁当受报"之疑窦。论者或以"补特伽罗"（pudgala 意为"数取趣"）作为多番出入生死、往来诸道的主体，或径直称"无有造业者，亦无受果人。唯蕴自轮转，此乃正知见"。关于佛教的业力与轮回观，请参见《佛教根本问题研究》（二），张曼涛主编：《现代佛教学术丛刊》（第 54 册），台北：大乘文化出版社，1978 年。

② 程颢、程颐：《河南程氏遗书》卷 15，《二程集》，第 152 页。

③ 程颢、程颐：《河南程氏遗书》卷 18、卷 22 上，《二程集》，第 237、290 页。这直接影响了朱子对天道福善祸淫的认识："苍苍之谓天。运转周流不已，便是那个。而今说天有个人在那里批判罪恶，固不可；说道全无主之者，又不可。这里要人见得。"黎靖德编：《朱子语类》卷 1，朱杰人等主编：《朱子全书》（第 14 册），第 118 页。

显然，在程颐这里，先秦天道（皇天）的人格化色彩被彻底清除。他明确否认了善恶有报乃是由人格神（"使之者"）安排的，但他又不接受恶人心怀不善闻到霹雳声因震惧而死这一完全单向度的自然主义的解释，[①] 他依然坚信善恶之报是天道，是气类相感之理、自然之理。必须指出，这绝不意味着对天之敬畏感的消减。程颐对妄议天道批判甚厉，他斥责司马迁对天道的质疑是"妄意窥测"，[②] 又斥责秦观"天若知也和天瘦"一词是"侮天"。[③]

但对于佛教六道轮回说，宋儒则又绝不接受。元儒郑玉曾指出，自孟子没后，虽有董仲舒、韩愈之徒或知理之当然，但终莫知道之所以然。"二氏之学得以乘隙出入，其间以似是而实非之言，饰空虚无为之说诱吾民。上焉者落明心见性之场，下焉者落祸福报应之末。"[④] 而宋儒之使命即在重建儒家心性学之同时，力破佛教六道轮回之祸福报应论。

宋儒对六道轮回的破斥计有五端：

第一，斥责佛学只是以生死恐动人。常人一则恐死后入阴司受苦，

① 对于民间鬼魅之信仰，程颐则是采取自然主义的态度：有言鬼物于伊川先生者。先生云："君曾亲见邪？"伊川以为若是人传，若是亲见，容是眼病。程颢、程颐：《河南程氏外书》卷12，《二程集》，第444页。另有人患心疾，见物皆狮子。伊川教之见之即直前捕执之，久之，疑疾遂愈。程颢、程颐：《河南程氏外书》卷11，第415页。

② "司马迁以私意妄窥天道，而论伯夷曰：天道无亲，常与善人。若伯夷者，可谓善人非邪？天道甚大，安可以一人之故，妄意窥测？如曰颜何为而夭？跖何为而寿？皆指一人计较天理，非知天也。"程颢、程颐：《河南程氏遗书》卷18，第215页。

③ 程颐一日偶遇秦观，问："'天若知也和天瘦'是公词否？"少游意伊川称赏之，拱手逊谢。伊川云："上穹尊严，安得易而侮之？"少游面色骍然。程颢、程颐：《河南程氏外书》卷12，《二程集》，第442页。

④ 参见《宋元学案·师山学案》，朱子弟子陈淳已指出：佛氏之害有两般："一般是说死生罪福，以欺罔愚民。一般是高谈性命道德，以眩惑士类。死生罪福之说，只是化得世上一种不读书、不明理、无见识等人。性命道德之说，又较玄妙，虽高明之士，皆为所误。"陈淳：《北溪字义》，熊国桢、高流水点校，北京：中华书局，1983年，第68页。

一则又盼来生有个好去处，于是"做功德""做因果"变成了一门投资未来世的"交易"，堕入功利算计、贪婪执着而不自知。而"圣贤以生死为本分事，无可惧，故不论死生"。程颐与韩维（字持国）相聚，韩公曰："今日又暮矣。"程子曰："此常理，从来如是，何叹为？"韩公曰："老者行去矣。"程子曰："公勿去可也。"韩："如何能勿去？"程子曰："不能，则去可也。"昼夜、生死是从来如此之"常理"，顺之，安之，这是理学的态度。

第二，斥因果之说全为"狂思妄想"。天堂、地狱若是实物，则何处取木植？是何处取砖瓦？天只是"积气"所成，地只是悬空在天之中央，天堂、地狱究在何处安顿？天堂地狱之说不过是诱人为善、惧人为恶之"杜撰"耳。[①]

第三，天堂地狱说既为杜撰，则以此立教便是"伪教"。"至诚贯天地，人尚有不化，岂有立伪教而人可化乎？"[②]

第四，轮回之说颠倒人伦关系。龙树《十住毗婆沙论·知家过患品》有"更互为父子说"："一切众生曾为我子，我亦为彼子。有为法中，无有决定，此时我子，彼时他子。何以故？众生于六道中轮转，互为父子。"针对"众生无始终生死轮转，无非父母兄弟姊妹。自肉他肉，则是一肉"之说法，胡寅指出："万物之生，一受其成形，则以形相禅而不可变。人必生人，马必生马，自古至今，其理一也。佛之言，乃以一切禽兽为先世眷属。信斯言也，则凡为僧者当谨遵佛敕，于一切禽兽中求其父母，求其兄弟，

---

① 坚守"一个世界"信念的中国士大夫无法理解亦不接受天堂、地狱一类实体化的概念，乃至后来有儒者程敏政（1446—1499）尝试将天堂、地狱、阎罗、夜叉、金刚等说法一一"在地化"："予尝考之佛之国在极西之境，其所居谓之天堂，犹后世天朝天阙之云。其犯罪者皆掘地为居室而处之，谓之地狱。……阎罗则后世之刑官，金刚则后世之卫士也，皆其番国处生人之制，而学佛者不察，谓皆施于已死者，则转相流传而非佛教之也。所谓夜叉罗刹鬼国者，皆其地之土名。其地去中国既远，风化不及，故其所生亦多异状，无复人类。如史所载狗国，及罗施鬼国者可考也，而世之人乃欲以耳目可及者，悬断其有无，多见其不智矣。"见程敏政：《篁墩集》卷59，《景印文渊阁四库全书》（第1253册），台北：台湾商务印书馆，1983年，第354—356页。

② 程颢、程颐：《河南程氏遗书》卷13，第139页。

求其妻子，自无始以来，其数众矣。"[①]轮回之说不免斩断了己身与世代生成的血族身体的一体性，将父母之身视为"寄寓"，此更是儒家所不能接受的。黄蘗一僧有偈子与其母曰："先曾寄宿此婆家。"朱子读后痛斥说："止以父母之身为寄宿处，其无情义、绝灭天理可知。当时有司见渠此说，便当明正典刑。"[②]

第五，立生生不息的天道宇宙论系统，破佛教之轮回观。自周敦颐始，宋儒就着手建立天道性命一贯的"本体宇宙论"，天道创生，一气屈伸，化生万物，无有穷已。程颐将天地生物比拟为无物不销铄的"洪炉"，"不可以既返之气复为方伸之气"，故无轮回。面对弟子"大钧播物，还是一去便休，也还有去而复来之理"之问，朱子的回答干脆利落："一去便休耳。岂有散而复聚之气？"[③]而佛氏不明乎此造化之理，错认已往之气复轮回来而

---

① 胡寅：《崇正辩》卷3，北京：中华书局，1993年，第151—152页。胡寅的这一批评并未受到足够的重视，以至于明儒刘宗周说："自佛氏轮回之说兴，人物浑然一途，人转为物，物转为人，一人之身，其过去、现在、未来，不知多少父母！或前生之父母，为吾今世之犬马；今世之妻孥，或是前生之父母，故其视现在之父母，不过适然之相值，飒然来去。此多生百千之父母，何者为亲？孝亲一念，从此斩绝。古来辟佛者，于此等伤害天理处，反置之不道，何也？"见吴光主编：《刘宗周全集》（第5册），第656页。其实，后来耶稣会援儒排佛，其中对六道轮回的批评一个重要的火力点也是"大乱人伦"。利玛窦说佛教轮回"逆理处不胜数"，其中一大端即是大乱人伦："谓人魂能化禽兽，信其说则畜用废。谓人魂能化他人身，信其说将使夫婚姻之礼，与夫使令之役，皆有窒碍难行者焉。何者？尔所娶女子，谁知其非尔先化之母，或后身作异姓之女者乎？谁知尔所役仆、所署责小人，非或兄弟、亲戚、君师、朋友后身乎？此又非大乱人伦者乎？"利玛窦：《天主实义》，朱维铮主编：《利玛窦中文著译集》，第52页。

② 黎靖德编：《朱子语类》卷126，朱杰人等主编：《朱子全书》（第18册），第3931页。视父母之身为"寄寓"的说法并非佛教专有，中西文化之中皆有此说。王充《论衡·物势》："夫妇合气，非当时欲得生子，情欲动而合，合而生子矣。"孔融则有"寄物瓶中"之说："父之于子，当有何亲？论其本意，实为情欲发耳！子之于母，亦复奚为？譬如寄物瓶中，出则离矣。"古希腊诗人 Palladas 亦谓："汝曷不思汝父何以得汝乎！汝身不过来自情欲一饷、不净一滴耳。"见钱锺书：《管锥编》，北京：中华书局，1979年，第1026—1027页。

③ 黎靖德编：《朱子语类》卷1，朱杰人等主编：《朱子全书》（第14册），第121页。

生人生物，故有轮回之说。"若果有轮回之说，则是天地间人物皆有定数，当只是许多气翻来覆去，如此则大造都无功了。须是晓得天地生生之理，方看得他破。"①

陈寅恪对宋儒辟佛有细致的观察："宋儒若程若朱，皆深通佛法者。既喜其义理之高明详尽，足以救中国之缺失，而又忧其用夷变夏也。及求得两全之法，避其名以居其实，取其珠而还其椟。采佛理之精粹以之注解四书五经，名为阐明古学，实则吸收异教。声言尊孔辟佛，实则佛之义理，已浸渍濡染。与佛教之宗传合而为一。"② 就六道轮回与因果报应而论：

第一，宋儒将先秦儒学的善恶有报的观念彻底"理性化""感应化"，以此彰显佛教之因果报应、六道轮回论之功利性。儒者之德行均是依理而感应，理有能然、必然、当然、自然四义。如见孺子入井而起恻隐，人之所以能恻隐乃其性中有此能处，此理之能然；见者无不起恻隐，理不容已，此理之必然；人不如此则非人，是人即当如此起恻隐，是理之当然；起恻隐为人天性如此，而无一毫人伪，是理之自然。③ 君子行其能然、自然，尽其当然、必然，而不惑于偶然、或然。张载称善恶有报，理所当然，其不然者，亦恐迟晚，然而"君子则不恤，唯知有义理"。④ 他还指出："至诚则顺理而利，伪则不循理而害。顺性命之理，则所谓吉凶，莫非正也；逆理则凶为自取，吉其险幸也"，要之，"至当之谓德，百顺之谓福。德者福之基，福者德之致，无入而非百顺，故君子乐得其道"。⑤ 明儒吕坤进一

---

① 陈淳：《北溪字义》，熊国桢、高流水点校，第68页。张载以气化宇宙论（"太虚聚而为气，气聚而为万物，万物散而为太虚"）破佛教免于生死之"寂灭"观，但其说聚之气与散之气乃是一气，则被朱子认定有堕入"大轮回"之嫌疑："盖释氏是个个各自轮回，横渠是一发和了，依旧一大轮回。"黎靖德编：《朱子语类》卷99，朱杰人等主编：《朱子全书》（第17册），第3335页。

② 吴学昭：《吴宓与陈寅恪》，北京：生活·读书·新知三联书店，2004年，第13页。

③ 陈淳：《理有能然、必然、当然、自然》，《北溪大全集》卷6，《景印文渊阁四库全书》（第1168册），台北：台湾商务印书馆，1983年，第550页。

④ 张载：《横渠易说》，张锡琛点校：《张载集》，北京：中华书局，1978年，第82页。

⑤ 张载：《正蒙》，张锡琛点校：《张载集》，第24、32页。

步引申说："善者不必福，恶者不必祸，君子稔知之也，宁祸而不肯为恶。忠直者穷，谀佞者通，君子稔知之也，宁穷而不肯为佞。非但知理有当然，亦其心有所不容已耳。"①针对"夷、齐贱，桀、纣贵，曾、原贫，季氏富，颜渊殀，盗跖寿，造化有谬乎"之问，顾宪成否定造化有谬说，相反，他断定此皆造化"提醒人处"："夷、齐贱，适成其高，以示贱不足丑也；桀、纣贵，益彰其秽，以示贵不足荣也；曾、原贫，流芳至今，以示贫不足鄙也；季氏富，遗臭至今，以示富不足奢也；颜渊殀，凡语及者，无不欣然，愿为执鞭，以示殀不足憾也；盗跖寿，凡语及者，无不唾而骂之，以示寿不足歆也。"②显然，吕坤与顾宪成皆将义理与世俗的福报严加区别，唯有义理方是真福，故值得歆求。

第二，宋儒将佛教的因果报应与轮回观充分"现世化""人间化"。司马光说："忿怒如烈火，利欲如铦锋。终朝长戚戚，是名阿鼻狱。颜回甘陋巷，孟轲安自然，富贵如浮云，是名极乐国。孝悌通神明，忠信行蛮貊，积善来百祥，是名作因果。仁人之安宅，义人之正路，行之诚且久，是名不坏身。道德修一身，功德被万物，为贤为大圣，是名菩萨佛。言为百世师，行为天下法，久久不可掩，是名光明藏。"③佛教中的超验世界（彼岸世界）的果报被牢牢安立在现实的生活世界中。倪思《十或问》更有生动的描述："或问生死，曰昼夜；或问今生来生，曰今日来日；或问佛土，曰清净慈悲；或问地狱，曰贪浊忿怒；或问快乐，曰知足；或问尊荣，曰无求；或问报应，曰形影；或问久长，曰如常；或问享福，曰无祸；或问寿考，曰不朽。"④

第三，佛教之三业（身业、口业、意业），意业最重，它是身业、口业的源头。心乃造业之本，《正法念处经》卷二十偈云："心能造作一切业，由心故有一切果。"《华严经·夜摩宫中偈赞品》谓"诸蕴业为本，诸业心为本"。郗超说："经云：心作天，心作人，心作地狱，心作畜生，乃至得

---

①　吕坤：《呻吟语》卷2，王国轩、王秀梅整理：《吕坤全集》，北京：中华书局，2008年，第672页。

②　顾宪成：《小心斋札记八》，王学伟编校：《顾宪成全集》卷8，第103页。

③　王辟之：《渑水燕谈录》卷3，北京：中华书局，1981年，第31—32页。

④　倪思：《经鉏堂杂志》卷8，《四库全书存目丛书·子部》（第83册），济南：齐鲁书社，1995年，第333页。

道者，亦心也。凡虑发乎心，皆念念受报，虽事未及形，而幽对冥构。……
罪福形道，靡不由之；吉凶悔吝，定于俄顷。是以行道之人，每慎独于心。
防微虑始，以至理为城池，常领本以御末，不以事形未着而轻起心念。岂
唯'言出乎室千里应之''莫见乎隐'所慎在形哉？"[1]针对《礼记·中庸》
中的"慎其独"，汉唐大儒均解为"慎其闲居之所为"，郗超在此则明确将
"慎其独"解释为"慎其心"，学界讨论慎独释义史时罕有人留意到此。实
际上，这可被视为开朱子慎独新解之先河。朱子称《大学》"诚意"功夫是
"人鬼关"，亦折射出其受佛教心作人、作畜生这一"念念受报"观念的影
响。[2]整个理学功夫之内转乃至在"腔子中用功"，很难说跟佛教的影响无
关。至于陆象山心学一系，则明确将心上用功视为根本功夫，其论"五福"
更是表现出彻底心学化的取向：

> 身或不寿，此心实寿。家或不富，此心实富。纵有患难，心实康
> 宁。或为国死事，杀身成仁，亦为考终命。实论五福，但当论人一心。
> 此心若正，无不是福；此心若邪，无不是祸。……但自考其心，则知福
> 祥殃咎之至，如影随形，如响应声，必然之理也。[3]

显而易见，象山对《尚书》五福、六极的善恶报应说完全收摄于人之当下
一心：福祸不再是善恶行动之后的一个果报、效应，而是心灵活动"正"
与"不正"的当下之状态。这里根本不再存在所谓德福不一、善恶无报的
现象，因为心之"正"即是福，心灵"不正"即是祸。这一论述吸收了
业由心造的观念，但同时又清除了其中彼岸世界的果报因素以及引人趋向
功利的嫌疑。俞成则进一步将业报轮回当下化："人言天堂高而在上，地狱
幽而在下。疑其势之相辽绝也。据某所见，大有不同。盖与人说好事，一
切依本分，眼前便是天堂，不必更求之于天上。欺算人物色，教唆人反事，
眼前便是地狱，不必更求之于地下。为善即天堂，为恶即地狱。天堂地狱

---

①　郗超：《奉法要》，释僧祐撰，李小荣校笺：《弘明集校笺》，第 716 页。

②　陈立胜：《作为修身学范畴内的"独知"概念之形成——朱子慎独工夫新论》，
《复旦学报》2016 年第 4 期。

③　陆九渊：《荆门军上元设厅讲义》，《陆象山全集》卷 23，第 181 页。

不在乎他，而在乎一念之间，不可有毫发差。"①

明代阳明心学兴起，三教同源、三教合一思潮大盛，王阳明与其后学沿着陆九渊开辟的方向，将佛教业报轮回说心学化取向推向了一个新阶段。

五、心学德福一致化思潮

王阳明一方面继承了陆九渊"德即是福"的思想："凡祸福利害之说，某亦尝讲之。君子以忠信为利，礼义为福，苟忠信礼义之不存，虽禄之万钟，爵以侯王之贵，君子犹谓之祸与害。如其忠信礼义之所在，虽剖心碎首，君子利而行之，自以为福也。"②另一方面则因倡导知行合一、"一念发动处便即是行"的工夫，王阳明将佛教的业报轮回说彻底人间化、心学化、当下化、德福一致化：

> 释氏轮回变现之论，亦不必求之窈冥。今人不能常见自己良知，一日之间，此心倏焉而夷狄，倏焉而禽兽，倏焉而趋入悖逆之途，倏焉而流入贪淫之海，不知几番轮回，多少变幻。但人不自觉耳。释氏言语，多有欺弄精神者。大概当求之方之外，得其意而已矣。

> 座间有言："今人动曰生西天。"先生曰："如此岂不堕落在苦海了？尝闻西域人皆欲生中华，今中华却欲生西天，不知何见？且佛言西天有极乐园，亦非以地言也。西天只在眼前，人不善礼，往往以生西大为福，不知人行好便是极乐，便是生西天。如一家之中，父慈子孝，兄友弟恭，夫和妇顺，雍雍熙熙，有多少自在处，即此便是极乐园。若父子、兄弟、夫妇之间乖戾不和，细粒必争，睚眦必报，终日忧愁烦恼，就是兹地狱。然则天堂地狱，俱在乎我，又何事于他求哉！"③

---

① 俞成：《萤雪丛说》卷 2，北京：中华书局，1985 年，第 20 页。

② 王守仁：《与毛宪副》，吴光等编校：《王阳明全集》卷 21，第 801—802 页。毛宪副即毛伯温，时任都察院左副都御史，都察院旧称宪台，故称毛伯温为宪副。王阳明因反对刘瑾专权而被贬为龙场驿丞。时太守派人至驿侮阳明，诸夷不平，群殴之。守怒而诉诸毛宪副。毛遂致书阳明，喻以祸福，令其谢罪。王阳明遂有此答书。

③ 吴光等编校：《王阳明全集》（新编本）卷 40，第 1616、1642 页。

　　六道轮回的彼岸世界背景被彻底剥离，心灵生活过程之中的良知或显（作主）或隐（沉沦）即是轮回。天堂与地狱被解释为一种人世间的生存论概念：我之克尽人伦、心安理得便是“生西天”，我之败坏人伦、伤天害理便是“堕地狱”。德与福在人间当下即呈现其一致性。六祖惠能“西方只在目前”的思想被王阳明完全安立在儒家日用伦常的生活世界中了。

　　王阳明这一说法在弟子辈中得到了广泛的回响。薛侃说：“佛氏说：‘一念善即登天堂，一念恶即入地狱。’盖一念善则嬉嬉乐乐，便是天堂；一念恶，则烦恼忧苦，便是地狱。轮回之说，亦是如此。发一善念是托生于冠裳，发一恶念是托生于犬马，此是佛书本意，后人谓果有天堂地狱在某处，却是傅会。”[1] 在薛侃的天堂与地狱说之中，心之“一念”成了主宰性的力量，善恶之“报”即在此“一念发动”的同时呈现出来：这发动处是善，便是天堂；这发动处是恶，便是地狱。至此，善恶之报真可谓如影随形，一毫不爽。北方王门赵维新说：“普物无心，天安有试也？为善，天福之，福以善耳，天无心也；为恶，天祸之，祸以不善耳，天无心也。况善即福，谓吾心有充然者在也；不善即祸，谓吾心有暗然者在也。不然，善人而处贫贱，便是清吉之福，况自有安平之乐；不善人而处富贵，便是秽浊之祸，况自有倾危之虞？”又说：“福莫大于心平，祸莫大于心险。心平，则中境坦然，百顺在我；心险，则崎岖百端，匪言可尽。……害人即自害，非受人之害己也，即此害人之心，将原来的本心着此恶念亏损，岂不是自害？爱人即自爱，非必人之爱己也，即此爱人之心，将原来本心着此善念培植，岂不是自爱？”[2] 为善，心充然、坦然，此即是福；为恶，心

　　① 薛侃撰：《薛侃集》卷 1，陈椰编校，上海：上海古籍出版社，2014 年，《薛侃集》，第 14 页。

　　② 赵维新：《感述续录》卷 1，《四库全书存目丛书》（第 91 册），济南：齐鲁书社，1997 年，第 228、231—232 页。穆孔晖、尤时熙等：《北方王门集》，邹建锋、李旭等编校，上海：上海古籍出版社，2017 年，第 746、751—752 页。尤时熙亦反复申明“德福一也”：“修德即修福，德福一也。若为福修德，是认福德为二，失修德之意，亦非所以修福矣。”“善则心安，心安，福之源也；不善则心必不安，心不安，祸之源也。天下事皆起于心，善恶祸福之理宜于此求之。”见尤时熙：《拟学小记》卷 2，穆孔晖、尤时熙等撰，邹建锋、李旭等编校：《北方王门集》，第 147 页。

黯然、忐忑然，此即是祸。爱人，则己之本心日生日成，此即是自爱；害人，则己之本心日亏日损，此即是自害。善恶之报当即体现在当事人心灵活动的当下。李贽曾与罗汝芳讨论西方净土说，罗汝芳笑曰："南方，北方，东方，独无净土耶？"李贽默默，一众人亦皆默然，久之寂无哗者。罗汝芳遂曰："即此便是净土，诸君信得及否？"①净土不拘于方所，心之安静处即是净土。

对天堂、地狱、轮回的心学化言说发挥精详与生动者莫过于泰州学派传人耿定向与江右王门刘元卿：

> 顾彼所云地狱、轮回云者，即吾人当下见在所受，非直待死去后有之也。夫人当下忽缘违忤，愤怒暴发、裂眦焦中时，便堕火坑汤镬狱矣；忽缘声色，嗜欲萌起，波荡横流时，便堕沉渊幽阱狱矣；失荣割爱，蒙毁被谗，丧气销魂时，便堕剑树刀山狱矣。即牵绊世情、拘挛俗礼、卷韛鞠䐡时，亦便堕枷杻桎梏狱矣。狱而不省，则为禽为兽不远也。如使天良不泯，倏然易虑改行，是故复登天堂轮回为人矣。夫倏而地狱，倏而天堂，倏而人天，倏而禽兽，一日之间，众生不知轮回几道，而不自觉者，着念故也。念无常，故轮回亦无常耳。惟知道者，通极于性，不倚于念，故虽物感纷交，情境异态，而自有真常者在，是以时驻天堂，不堕地狱而得免于轮回也。若众生虽时堕地狱，不免轮回，然人虽下愚，不无几希之间见，间见时即天人也。惟彼一种偏执傲戾之俦，凭其意见，任其习气，悍然不顾，冥然自信，以道为虚谈，而且敏辨饰过、坚行遂非、终身贸贸，不可与议矣，此真永堕深狱，更无轮转期也。吁！可哀也哉！
>
> 子尹氏谓予曰："不佞深信净业，将率众生创极乐刹，念非子之言，无以起信也。"予曰："嘻！吾斯之未能信，而能使人信也乎哉？虽然，予之不信，盖不信西方之在西方，而信西方之在东土也；不信西方之在身后，而信西方之在常生也。夫人一念迷，则黑风吹入鬼国；一念悟，则天堂在目前。然则所谓极乐国者，直隔迷悟之间耳。且子之创刹，不创于西方而创于吾土，则既谓吾土之即西方矣。夫独奈何使人悬想于无

---

① 方祖猷等编校整理：《罗汝芳集》，南京：凤凰出版社，2007 年，第 401 页。

何有之乡，而取证于不可知之日乎？嗟夫！吾与子度世之心一耳。子失之缓，吾失之急。子求诸远，吾以为道在迩；子求诸难，吾以为事在易。人人亲其亲，长其长，日用常行，步步莲花，户诵家弦，方方净土。其为径之捷，孰有甚于此矣？"①

两人的论述显然均承王阳明而来，两人均将异时（来世）、异地（彼岸）的天堂与地狱以及轮回观现世化（人间化）、当下化、见在化（"目前化"），轮回即是当下的人性波动，人之良知之或隐或现、时存时失，即是轮回。耿定向更是将轮回的原因追溯到"念无常"与"着念"上面，并指出只有"通极于性，不倚于念"方可跳出轮回。就王阳明心学而论，这一观点显然出自王畿。龙溪一方面认为三世因果轮回乃是神怪之事，属于"子不语"范围，语之，则徒增群惑。另一方面，龙溪又指出，"人之有生死轮回，念与识为之祟也。念有往来，念者二心之用，或之善，或之恶，往来不常，便是轮回种子。识有分别，识者发智之神，倏而起，倏而灭，起灭不停，便是生死根因。此是古今之通理，亦便是见在之实事。儒者以为异端之学，讳而不言，亦见其惑也已。夫念根于心，至人无心则念息，自无轮回。识变为知，至人无知则识空，自无生死。为凡夫言，谓之有，可也；为至人言，谓之无，可也。道有便有，道无便无，有无相生，以应于无穷，非知道者何足以语此？"王畿所论念善念恶，往来不常，即相当于王阳明所说人之不能守住自家良知而倏焉趋、流于几番轮回之中而不自觉。龙溪又补充一句，倘常见自家良知（王畿谓"无心而念息"），则自无轮回。耿定向进一步将人心被愤怒、嗜欲、得失、世情所缚称为火坑汤镬狱、沉渊幽阱狱、剑树刀山狱、枷杻桎梏狱，生动逼真地刻画了地狱"当下见在所受"的特征。刘元卿则自觉将心学一系的天堂地狱说与佛教"彼岸""来世"的观念区别开来，称二者有缓与急、求诸远与道在迩、求诸难与事在易之分别。

需要指出的是，宋代程朱理学由于排佛立场坚定而鲜明，故罕有正

---

① 耿定向：《六道译》，《耿天台先生文集》卷10，《四库全书存目丛书》（第131册），济南：齐鲁书社，1997年，第273页。刘元卿：《题极乐刹募籍》，彭树欣编校：《刘元卿集》卷12，上海：上海古籍出版社，2014年，第489—490页。另参刘元卿：《重刊龙舒净土文序》，彭树欣编校：《刘元卿集》卷4，第124页。

面言及轮回、生死一念等议题。程子圣人不论死生、佛教怕死生故喋喋不休之说法宛若紧箍咒，让醇儒对佛氏生死一念议题避之唯恐不及。胡寅云："《藏经》五千四十余卷、《传灯》一千七百余人，皆皇皇然以死为一大事。彼三代之民直道而行，顺受其正，夭寿不贰，修身以俟之，不闻有轮回之说。岂非简易明白之道，何至惴恐经营若彼其切哉？自佛教入中国，说天堂可慕，说地狱可怖，说轮回可脱，于是人皆以死为一大事，而舍生取义、杀身成仁之道晦矣。夫既不以死为常事，必至于贪生失理，惧死怛化，而不能顺受其正也。"胡寅还指出："佛教中有术使人预知死期。僧人得之，往往以为神异。或曰：'吾某日当去。'或曰：'明年某月吾去矣。'此精于卜相者亦或能之，何足贵哉？人死犹其生，其来不可御，其去不可止。若可留一年，则十年、百年皆可引伸而常存，此理之所必无也。近世儒者如师鲁尹公（尹洙）、子厚张公（张载）、康节邵公（邵雍）皆闲于死生之际，辞气不乱，安静而逝，君子犹以为未及曾子易箦之正也。"[①]朱子也有类似的说法："六经记载圣贤之行事备矣，而于死生之际无述焉，盖以是为常事也。独《论语》《檀弓》记曾子寝疾时事为详，而其言不过保身谨礼，与语学者以持守之方而已。于是足以见圣贤之学，其所贵重乃在于此，非若浮屠氏之不察于理，而徒以坐亡立脱为奇也。"[②]这皆说明，在宋儒看来，对死亡的恐惧（现象学家舒茨所谓的"基本焦虑"［fundamental anxiety］）是儒佛之判的一个重要标准。儒者认定佛教是针对人这种基本焦虑而衍生的宗教，而儒家只教人顺乎死生之自然。儒学之说高矣、美矣，然终究无法根除人对死亡的焦虑与畏惧，所以信儒的人便不断流入佛教旗下。龚鹏程曾在一文中指出相关论点，其观察十分精准。[③]王时槐就明确指出："世儒之必趋释氏者，无他，彼以为释氏能超生死而孔子不能也。"[④]杨

---

① 胡寅：《崇正辩》卷2，第57页。另参同书卷3，第157页。

② 朱熹：《跋郑景元简》，《晦庵朱文公文集》卷81，朱杰人等主编：《朱子全书》（第24册），第3854页。

③ 龚鹏程：《摄道归佛的儒者：焦竑》，《晚明思潮》，北京：商务印书馆，2005年，第110页。

④ 王时槐：《友庆堂合稿》卷6，钱明、程海霞编校：《王时槐集》，上海：上海古籍出版社，2015年，第589页。

起元针对宋儒圣贤不怕死之说，就称"死者，人人所共怕也。圣人亦人耳，谓其不怕死，可乎？"[①]针对王阳明批评佛氏以出离生死为念是在"无上加了些子意思在"，焦竑则辩曰："儒者或谓出离为利心，岂其绝无生死之念耶？抑未隐诸心而漫言此以相欺耶？使果毫无悦生恶死之念，则释氏之书政可束之高阁。第恐未悟生死，终不能不为死生所动。虽曰不动，直强言耳，岂其情乎！"[②]实际上，王阳明本人龙场悟道之动机，依照门人所撰《年谱》即是要破生死一念。王畿则直接深入佛教生死一念义理内部，将"念""识"视为轮回的种子，而视惟"念息""识空"为跳出轮回之根本途径，此实已超越以往理学论生死之纲维而骎骎乎与佛教不分轩轾了。王畿还自述其勘得生死轮回一关之心得，谓皆从一念妄想所生，为此撰诗曰："一念轮回一度身，或投鬼物或儒绅。世人欲断轮回劫，当念无生即返真。"[③]即便严辨儒佛的刘宗周亦认为"怕死不怕死俱不得"殆为是，又称动念憧憧，"只是生死心打不破"。[④]至于心学年谱之中"坐亡立脱""豫知

---

① 杨起元：《答友人不怕死说》，谢群洋点校：《证学编》卷2，上海：上海古籍出版社，2016年，第106—107页。他与门人渡河，中流遇风作，面有惧色，门人曰："吾闻君子不惧，子惧何也？"杨子曰："子不闻乎如临深渊，今临深且不惧，况如临哉！"杨起元：《冬日记》，《证学编》卷3，第137页。这跟程颐形成了鲜明对比。《河南程氏外书》卷12载，伊川先生贬涪州，渡汉江，中流，船几覆。舟中人皆号哭，伊川独正襟安坐如常。已而，及岸。同舟有老父问曰："当船危时，君正坐色甚compute，何也？"伊川："心存诚敬耳。"老父曰："心存诚敬固善，然不若无心。"伊川欲与之言，而老父径去。程颢、程颐：《二程集》，王孝鱼点校，第423页。杨起元老师罗汝芳即注重从"世教伦理"角度为天宫地府说辩护，他认定灵魂游于天宫地府之间必有其实事，并称："后世只因认此良知面目不真，便谓形既毁坏，灵亦消灭。遂决言人死，不复有知。将谓天地神祇，亦只此理，而无复有所谓主宰于其间者。呜呼！若如此言，则今之祭天享地、奉先祀神，皆只叩拜一个空理。虽人之贤者，诚敬亦无自生；至于愚者，则怠慢欺侮，肆然而无忌矣。其关于世教人伦甚非小小，故不敢不冒昧详说也。"见方祖猷等编校整理：《罗汝芳集》，第70页。

② 焦竑：《答友人问》，《澹园集》卷12，北京：中华书局，1999年，第90页。

③ 吴震编校整理：《王畿集》，第741页。关于王畿善恶祸福说、因果报应与生死轮回的心学论述，请参见彭国翔：《良知学的展开：王龙溪与中晚明的阳明学》（增订版），北京：生活·读书·新知三联书店，2015年，第299—314页。

④ 刘宗周：《与开美十六、二十二》，吴光主编：《刘宗周全集》（第3册），第506、511页。

死期"乃至"推迟死期"的描述更是蔚然成风。死亡遂成为一种清醒意识，一种自主的事件。[1]

跟程朱理学相比，对于佛教的业报轮回说，阳明心学一系已不再避讳，他们在坚守"一个世界"观的同时，将宋儒所开辟的善恶有报的理性化、感应化立场推进于佛教的业报轮回论域，对天堂、地狱、六道轮回、生死一念进行了一番解神话化（Demythologizing）的工作，即透过佛教业报轮回光怪陆离的神话式的表达，揭示其背后所隐藏的深刻的生存论与心性学意义。其结果即是把佛教的业报轮回的宗教性论说理性化、人间化、心学化、当下化与德福一致化。而与破生死一念相关，心学一系对"念"之流转、"识"之分别与对待之性质认识日趋深刻，用王阳明本人的话说，"只于根本求生死，莫向支流辨清浊"，由此亦加深了对良知、独体、性体、心体之真常性、主宰性、恒定性的认识。[2]

随着晚明劝善运动之开展，阳明后学不乏越出儒门而径言因果者。如岭南王学传人、罗汝芳高足杨起元称"感应者，三才之至理。祸福者，群生之定业。后世学者讳言，即言之，止归之幸不幸而已。……今夫田夫、野妇日不知书，然一闻祸福报应之际，即凛然畏惮者，其真性未漓也。而聪明识道理者，反指之为庸愚。嗟夫！彼又焉知圣人吉凶与民同患之理哉！"讳言及"止归之幸不幸而已"显系针对宋儒（特别是程朱理学一系）而发。在宋儒眼中，田夫野妇因庸愚而惧于祸福报应并为其所诳诱，在杨起元那里却被视为"真性未漓"之表现。杨起元还为佛教的出家进行了辩

---

[1]　有关中晚明心学一系生死关切议题之考察，请参见彭国翔：《良知学的展开：王龙溪与中晚明的阳明学》（增订版），第466—483页。

[2]　需要补充的是，此类看法不限于王阳明心学一系，如与阳明有书信往来但对阳明心学立场持批判态度的方鹏亦指出："世所谓吕洞宾者，方外之士也。然其言曰：'人能忠于国，孝于家，信于交友，仁于及物，不慢本心，不欺暗室，人爱之，鬼神敬之。存此一念，即是仙矣。'盖人念于善，则属阳明，而入于轻清，此天堂之路；念于恶，则属阴晦，而入于重浊，此地狱之阶。天堂地狱，非果有主之者也，特由人心一念而化成耳。此言足破世俗之惑。今士大夫喜谈神仙，自谓得术，然好货财、固权宠、贪色欲，心已踏入地狱之中，而身欲超乎天堂之上，万无是理也。"方鹏：《矫亭存稿》卷12，《四库存目丛书·集部》（第61册），济南：齐鲁书社，1997年，第639—640页。

护："人之性，在家固非减，出家亦非增也。然而贪着之累，非见性不脱；见性之地，非出家不诣。吾中国之圣人，虽无出家之名，而有出家之实。尧舜之有天下也，其心不与焉，传授之际，不私其子。孔孟终身席不暇暖，则其名在家，其实出家也。岂若后世贪恋情爱，缠绵不解，而借口于伦理者哉！"①深受耿定向与罗汝芳影响的泰州学派传人管志道更是著文称如无三世因果，儒家的郊社、禘尝之礼皆成虚文，颜子夭、盗跖寿、邓伯道有后、张汤无后等皆不可得而解，而《周易》余庆、余殃之说亦不通矣。管志道将《周易》的"庆"分为"余庆"与"本庆"：余庆不在一身而在子孙，"本然之庆"则是一身之庆。只讲"余庆"而不及"本庆"，则比干、颜子之仁皆延其后遗其身，故需佛道二氏因果之说参合方得其解：比干、颜子"本身"用道教的话说已"升诸仙籍"，以至于"入无极大道"，用佛家的话说已"往生上界"，以至于"成无上正觉"，此即是"身之本庆"。而宋儒不识此"本庆义"，"廓然尽扫天堂地狱之说以及三世修因证果之说"，"此大谬也"。管志道进一步指出，宋儒之所以要扫除因果乃是基于"君子有所为而为善则其为善也不真"之考虑，殊不知世间君子与小人未有无所为者也，君子为善多为"名"，如"不彻于十方三世之因，必不足以涤其名根"，小人作恶多为"利"，"苟不惕于罪福报应之果，必不足以夺其利根"。②

无疑，王阳明心学一系中这种盛言生死、因果与轮回的现象与当时如火如荼的劝善运动形成了相互配合的态势。如东林领袖高攀龙在其《重刻感应篇序》中就径称"佛氏因果之说即吾儒应感之理"，又说圣人言义理与鬼神告吉凶乃是一体互摄之关系："圣贤言义理而吉凶在其中矣，鬼神告吉

---

① 杨起元：《陈居士茹素序》，谢群洋点校：《证学编》卷4，第211页。吴震指出，阳明将目光投注在下层秩序重建、在民间展开谕俗与劝善运动之际，就已经开启了心学与因果报应、道德与宗教关系之议题日程。而在阳明后学中，罗汝芳在乡间推广《乡约》与《太祖圣谕》运动即已经将因果报应的观念带进来，以致引起王龙溪的批评。吴震还指出罗汝芳的做法源于颜山农。见吴震：《明末清初劝善运动思想研究》，台北：台大出版中心，2009年，第60、73页。

② 管志道：《从先维俗议》卷5，第452、456页。感谢清华大学王硕博士向我指出并提供管志道的相关论说材料。

凶而义理在其中矣。"惟世人只知吉凶祸福，而难以"从不善而入于善"，以祸凶惧之，则"惧而入焉，入而安焉，夫然后知向之为不善且自投于水火"，"嗟乎！人知鬼神之能为吉凶，而不知感应之为鬼神。感应者何？义理也，名之曰义理，人以为迂，名之曰神，人以为灵。吾故曰且示之以鬼神"。[①] 至于颜茂猷《迪吉录》、袁黄的《了凡四训》更是将报应、功过量化为固定的程序（"功过格"），善恶有报被严格的量化、程序化乃至成为功过记账本，此的确呈现出儒学与宗教合流、宗教向儒学渗透之势，[②] 但其消泯儒佛界限、将德行与福报精打细算化、计度化实与原儒"由仁义行""惟德是忧"的道义精神愈行愈远。刘宗周斥责功过格是"率天下而归于嗜利邀福之所"，"百善五十善等格，书之无消煞处，不如已之。……今善恶并书，但准多少以为销折，则过终无改时；而善之所列，亦与过同归而已。有过，非过也；过而不改，是谓过矣。有善，非善也；有意为善，亦过也。此处头路不清，未有不入于邪者。至于过之分数亦属穿凿，理无大小多寡故也"。[③] 他对袁了凡设功过格尤为反感："今世奉行之者，以虫螺蠢动之生，准折其忤亲陷人之事，于是肆然为恶，以为吾有某功可抵也，又与于不仁之甚者矣！"[④] 刘宗周力主功过不两立，并倡导"善无可纪，只纪过可矣"。

值得补充的是，利玛窦一度在南昌逗留三年之久，与江右王门互动频繁，利玛窦在书信中多次提到"江右四君子"之一的章潢。章潢并不反对基督宗教的天堂地狱之说，他对利玛窦说：假如真有天堂，那一定是好人的归宿，真有地狱，那一定是坏人的去处，世人只需当下行善去恶。[⑤]

① 高攀龙：《高子遗书》卷9上，《景印文渊阁四库全书》（第1292册），台北：台湾商务印书馆，1983年，第561页。

② 吴震：《颜茂猷思想研究：17世纪晚明劝善运动的一项个案考察》，北京：东方出版社，2015年，第368—369页。

③ 刘宗周：《与秦履思九》，吴光主编：《刘宗周全集》（第3册），第521页。另参同书第319页。

④ 黄宗羲：《孟子师说》，吴光主编：《刘宗周全集》（第5册），第656页。

⑤ 利玛窦：《利玛窦书信集》，罗渔译，台北：光启社，1986年，第211页。

六、儒家"修身"与"教化"的两套话语系统

德福一致、善恶有报的观念实则牵涉两个不同范畴之关系。善有善报、恶有恶报，前一个善、恶为道德意义上的善恶之德行，后一个（"善报""恶报"）的善、恶并非道德意义上的善恶，而是非道德的（non-moral）好与坏，此即是说善行应该配得好处、利益（福），恶行则应配得坏处、不幸。作为幸福在此意义上包含着不属于德性范畴的内容，如健康（长寿）、财富、社会地位等好处。古人说的五福也侧重于此意义上的幸福：寿是长寿，富是财富，康宁与考终命是健康、平安。

在儒学发展史中，古老的德福一致、善恶有报的观念曾分化为两套话语系统。一套是"修己之学话语系统"。从孔子开始就奠定惟道是忧、惟德是忧的君子之修身模式，而对于寿夭、贵贱、贫富等人间祸福则归之于气命、时命。究其实质，君子实则是以天爵为良贵，以贫贱不移、富贵不淫、威武不屈的人格为精神追求之依归。另一套则是"安人之学话语系统"。君子德风、小人德草这一说法往往被论者视为儒家之教化重视以身作则，此固然不错，但对民众之教化，儒者也有更现实主义的一面，先秦儒者对修己与安人之分际始终有其严格的分界意识，[①]《吕氏春秋·先识览·察微》所记载子贡赎人与子路拯溺两则故事就足以说明问题。[②] 君子行善自不为报，然以此作为一种普遍规则推广于民众，则不可行。《说苑·辨物》记载，面对子贡"死人有知、无知"之问题，夫子回答道："吾欲言死者有知也，恐孝子顺孙妨生以送死也；欲言无知，恐不肖子孙弃不葬也。"显然，孔子立教、立言既有因人而异的一面，也有考虑现实后果的一面。《了凡四训·积善之方》有一精彩评论："子贡不受金为优，子路之受牛为劣；孔子则取由

---

① 参见徐复观：《儒家在修己与治人上的区别与意义》《释〈论语〉民无信不立》，载徐复观：《儒家政治思想与民主自由人权》，萧欣义编，台北：八十年代出版社，1979年。

② 鲁国之法，鲁人为人臣妾于诸侯，有能赎者，取其金于府。子贡赎鲁人于诸侯，来而让，不取其金。孔子曰："赐失之矣。自今以往，鲁人不赎人矣。取其金则无损于行，不取其金则不复赎人矣。"子路拯溺者，其人拜之以牛，子路受之。孔子曰："鲁人必拯溺者矣。"

（子路）而黜赐（子贡）焉。乃知人之为善，不论现行，而论流弊；不论一时，而论久远；不论一身，而论天下。现行虽善，而其流足以害人，则似善而实非也；现行虽不善，而其流足以济人，则非善而实是也。"此处"现行""一时""一身"是出于道德信念，是出于君子由仁义行之"道义感"；"流弊""久远""天下"则是出于现实与后果之考虑。套用韦伯"信念伦理"与"责任伦理"的术语来说，孔子之立教、立言实则兼顾两者而取一中道立场。其实《论语·里仁》"君子喻于义，小人喻于利"一章即已蕴含着两种不同的教化路径。

在宋明理学的修己之学话语系统（功夫论话语）中，德福一致、善恶有报的天道话语被转换为一种"天理""理当如此"之话语。理具有能然、必然、当然、自然四义，行善去恶之德行乃"天德良能""理不容已""情不自禁"，"有意为善""有心为善"亦被视为有私意、私心在，"无意""无心""无知"而"一循天理"一类"无的智能"成为德性生命的基本特征。广为流传的佛教之业报轮回说则被理学家尤其是阳明心学一系完全理性化、人间化、心学化、当下化与德福一致化。另外，"德业相劝、过失相规、礼俗相交、患难相恤"的乡约教化之路与民间劝善运动则构成了教化民众的基本机制。

可以说，在儒家的修身传统之中，始终保持着修身与安人的双轨制。吕坤说得好："君子之为善也，以为理所当为，非要福，非干禄；其不为不善也，以为理所不当为，非惧祸，非远罪。至于垂世教则谆谆以祸福刑赏为言，此天地圣王劝惩之大权，君子不敢不奉若而与众共守也。"[1]前面提到刘元卿均将来世、彼岸的天堂与地狱以及轮回观现世化、当下化、见在化，但在教化百姓时，他又自觉肯定了果报不可或缺的意义。他指出，佛教的

---

① 吕坤：《呻吟语》卷2，王国轩、王秀梅整理：《吕坤全集》，第690页。又："祸福是气运，善恶是人事，理常相应，类亦相求。若执福善祸淫之说，而使之不爽，则为善之心衰矣。大段气运，只是偶然，故善获福、淫获祸者半，善获祸、淫获福者亦半，不善不淫而祸获福者亦半，人事只是个当然，善者获福，吾非为福而修善；淫者获祸，吾非为祸而改淫。善获祸而淫获福，吾宁善而处祸，不肯淫而要福。是故君子论天道不言祸福，论人事不言利害。自吾性分当为之外，皆不庸心，其言祸福利害，为世教发也。"同上书，第698页。

果报类似于儒家二帝、三王的"刑赏"，佛陀居西方，西土之人难以化诱，佛陀本人无权柄，故只好以果报来"欣惧"其人，使其人"日迁善远罪"，其功能正如二帝、三王以行赏为刑赏，孔子以《春秋》为刑赏一样。而明代帝王著为《大明律令》、尊崇孔子与《春秋》，又不废佛氏果报之说，"其为刑赏，殆近于集大成已"。"上智循性，中才守礼，下至顽钝无耻者，明者刑驱之，幽则鬼怵之。虽欲为不善，不可得也。予故喜果报之说，有助夫刑赏之所不及者。"显然，在刘元卿看来，佛氏因果报应说对教化顽冥之辈具有其他刑赏方式所不具有的特殊效果。他还特别结合自己的家乡（安成）实情说：家乡之人若"无怀、葛天世者"，跟他们讲论名教，闻者如耳边风，一言因果报应，则"欣然喜，耸然惧"，所以，"佛氏之所以为说，诚亦因其俗利导之，有不容不然者也"。①

　　将儒家善恶有报的观念分为修己、安人两种教化路径，是不是意味着作为善恶有报的宗教信念与为善去恶的道德信念是两个全然不同的领域？因善恶有报而为善去恶是否只是一种"幼稚道德"（infantile morality）？一个小男孩不去扯妹妹的头发，不是因为他知道扯妹妹的头发会让妹妹疼痛，这是不好的行为，而是因为妈妈不许他这样做。他之所以要听妈妈的话，则是因为不听话会受到妈妈的惩罚。与此相似，宗教徒之所以不去作恶，不是因为他知道恶会伤害人，这是不好的行为，而是因为他害怕上帝的惩罚。换言之，宗教善恶有报论固然鼓励行善去恶，然而它追求的是上帝、神明或来世的赏报，而不是善自身的价值，它要躲避的也是上帝、神明或来世的惩罚，而不是厌恶恶本身的丑陋。是这样吗？② 不可否认，宗教利己主义（religious egoism）是相当普遍的宗教现象。这种利己主义跟损人利己的利己主义有着根本的区别，一方面在行为上，它行善去恶，跟道义论没有差别，另一方面，它所图的"利"不是现实的、当下的个人利益，而是未来的乃至来世的利益，如在《马可福音》（10:28—30）中，彼得问耶稣："看哪，我们已经撇下所有的跟从你了。"耶稣说："我实在告诉

---

　　① 刘元卿：《积余闲语》，《刘元卿集》卷4，彭树欣编校，上海：上海古籍出版社，2014年，第90页。

　　② 孙效智：《宗教、道德与幸福的吊诡》，台北：立绪文化事业有限公司，2002年，第100页。本段论述多有取于该书。

你们：人为我和福音撇下房屋，或是弟兄、姐妹、父母、儿女、田地，没有不在今世得百倍的；就是房屋、弟兄、姐妹、母亲、儿女、田地，并且要受逼迫，在来世必得永生。"不过，宗教的赏报更多的是灵魂、精神上的福祉："人若赚得全世界，赔上自己的生命，有什么益处呢？"（《马太福音》16:26；《马可福音》8:36）如此，宗教的赏报是否在本质上与利己主义难脱干系？

以下两则在观音寺中发生的理学家之间的对话颇能说明问题：

> 一日游观音寺，见男女载于道，往过来续，绳绳不已。余谓季时曰："即此可以辨儒佛已。"季时曰："何？"曰："凡所以为此，一片祸福心耳。未见有为祸福而求诸吾圣人者也。佛氏何尝邀之而使来？吾圣人何尝拒之而使去？佛氏何尝专言祸福？吾圣人何尝讳言祸福？就中体勘，其间必有一段真精神，迥然不同处。"曰："此特愚夫愚妇之所为耳，有识者必不其然。"曰："感至于愚夫愚妇，而后其为感也真；应至于愚夫愚妇，而后其为应也真。真之为言也，纯乎天而人不与焉者也，研究到此，一丝莫遁矣。"①

> 俗以二月十九为观音诞日，群男妇赴寺烧香。先生与之语曰："汝众以为贺生日，死观音不当贺；以为行忌日，礼观音不生不灭，元无忌；以为一无所为，何不别日举行？"众以不知答。先生曰："既茫然不知而作，何以谓之修行？所谓修行乃旧造恶业，令修而补之。"众愿请教。先生曰："大慈大悲观世音，汝众起崇奉心，是人心中观音始生。因平生虚礼崇奉大慈大悲上欠缺，忽感二月十九观音肉身生日，于是忏悔，执香往拜，借他塑像，坚我心中的大慈悲。盖大慈悲正合天地生生之意，救度民物，不为私己纵欲。这是天地生人的命根，故起一善念，鬼神皆知，增获福佑。"②

前一则对话发生在顾宪成、顾允成兄弟二人之间。顾宪成认定观音信仰乃出于祸福心，顾允成则认为此只是接引愚夫愚妇的方便，有识者之礼观音

---

① 顾宪成：《小心斋札记五》，王学伟编校，《顾宪成全集》卷5，第57—58页。

② 唐枢：《一庵语录》，《木钟台集》页卷，第545页。

必超越此功利主义的"祸福心"。后一则对话的主角是湛若水高足同时又私淑王阳明的唐枢，唐枢的论点为顾允成的说法提供了绝佳的例证：众生礼大慈大悲观音实则是坚定自家心中的"大慈悲"，而此大慈悲心正出于天地生生之意，故礼拜观音绝不是出于祸福心（"不为私己纵欲"），而是出于人之为人的觉性（"天地生人的命根"）。可见，善恶有报的宗教信念在本质上可以通往为善去恶的超功利境界。

其实任何一个伟大的普世宗教，除了接引众生的报应观念以外，亦都具有超越善恶有报的观念而引人向上的一面。佛教中提倡"一阐提也能成佛"的竺道生即主张"善不受报"。梁武帝造寺、写经、度僧不可胜数，他自信功德无量，菩提达摩却对他说"并无功德"。因为真正的功德是内心的开悟，"净智妙圆，体自空寂"。"自心常生智慧，不离自性，即是福田"（《坛经·行由品第一》），布施设斋，只是"求福"，不是功德，"功德在法身中，不在修福"。"见性是功，平等是德。念念无滞，常见本性，真实妙用，名为功德。……功德须自性内见，不是布施供养之所求也，是以福德与功德别。"（《坛经·疑问品第三》）念念不忘善恶有报仍然处在我执、有漏的未开悟的心境中，真正的慈悲唯有在无我、无执中才能存在。类似的思想在基督教中也可以找到。《约翰一书》（4:18）说："爱里没有惧怕，爱既完全，就把惧怕除去，因为惧怕里含着刑罚，惧怕的人在爱里未得完全。"耶稣基督的说法很容易让人误会为利益的交易："凡为我的名撇下房屋或是弟兄、姐妹、父亲、母亲、儿女、田地的，必要得着百倍，并且承受永生。"（《马太福音》19:29）现代著名的存在主义神学家麦奎利指出，基督教的天堂观念是末世论中最棘手的问题之一，因为它很容易与"自我中心的渴望"纠缠在一起，即把"天堂"当作一种"酬报"来谈论。在根本上，"天堂不是加于信、望、爱的生命的一种酬报"，它不是对于信仰生活的一种"外部补偿"，"更不是被以为要为了信仰而放弃的东西之补偿"，这样一种天堂的观念是"很卑鄙的"，天堂是信、望、爱生命的"结局"与"完成"，是"存在的完满"，它是"存在的圆满和人类实存的上限"而已。[①] 埃克哈特大师也曾就基督的

<hr />

① 麦奎利：《基督教神学原理》，何光沪译，香港：香港汉语基督教文化研究所，1998年，第478—479页。

"百倍的补偿"这一说法解释道："但是，如果你是为了这百倍的补偿和为了这永生的缘故才去撇下的，那么，你其实什么也没有撇下；确实如果你是为了成千倍的报酬才去撇下的，那么，你其实什么也没有撇下。你应该把自己撇下，也就是完完全全地撇下，那你才是真正地撇下了。"真正爱上帝的，"应当只是为了上帝本性的仁慈"，"谁是居于他的本性的仁慈之中，那谁也就居于上帝的爱之中；可是爱是没有什么为什么的"。[1] 埃克哈特还指出，真正的美德必须通过以下方法加以检验："如果我们倾心于美德胜过所有别的事物，如果我们无须作出准备即能履行德行，在履行德行时并不特别考虑到要以此成就什么了不起的大事，而是为德行而行德行，是出于对美德的爱心，说不上有什么缘故，如果是这样，那么，我们就完全具备了美德，否则就还谈不上具有美德。"[2]

《约翰福音》（3:17—19）称信基督的人，不被定罪。"不信的人，罪已经定了。"因为信的人生活在光明之中，不信的人不爱光明却爱黑暗，"定他们的罪就是在此"。与使徒保罗生活在同一时代的斯多亚哲学家塞涅卡也有类似的观念："对于罪行最为严厉的惩罚，是罪行本身。……罪犯在犯罪之后，立刻就已经被惩罚了。确切地说，罪犯是在从事犯罪那一刻就已经开始接受惩罚了。"[3] 这让我们想到斯宾诺莎在其《伦理学》结尾的一句话："幸福不是德性的报偿，而是德性自身。"确实，拥有高贵的德性本身就是最大的幸福，而心灵卑鄙本身就是最大的不幸。美好生活与美好心性是分不开的。富贵福泽，于有德者，皆将厚其生，于无德者，则难免荡其性；贫贱忧戚，于有德者，皆可玉其成，于无德者，则难免堕其命。

一个好的社会，一定是善恶有报的社会，"卑鄙就是卑鄙者的墓志铭，高尚就是高尚者的通行证"。这当然需要一套公正的社会制度的保障。伊格尔顿说："高尚的美德是植根于体制之中的，而并非将正义的希望寄托于五

---

①　埃克哈特：《埃克哈特大师文集》，荣震华译，北京：商务印书馆，2003 年，第 328—329 页。

②　同上书，第 44 页。

③　塞涅卡：《道德书简：致鲁基里乌斯书信集》，刘晴译，北京：社会科学文献出版社，2021 年，第 380 页。

花八门的人性之中。"[1] 就其强调社会整体的美德的实现需要一套制度的保障而论，这一观点无疑是正确的。当人们普遍将正义的实现寄托于超越的力量，或者正义总是姗姗来迟（且不论迟到的正义是不是正义），这一定是个不道德的社会。一个好的人，一定是行其能然、自然，尽其当然、必然，而不惑于偶然、或然。超越一己的小我，走向大我，而臻于无我。做一个好的人，建设一个好的社会，这是最大的福报，于己于人都是如此。

---

① 伊格尔顿：《马克思为什么是对的》，李扬等译，北京：新星出版社，2011年，第 94 页。

第三部　儒家"内圣学"的转进：心灵操练的时代

第九章　作为工夫范畴"独知"
的提出：儒家慎独传统中的"朱子时刻"

一、朱子之前的"独知"一词

　　在先秦与两汉文献之中，"独知"通常为动词，且有两义：一是只知道，或仅限于知道，而对其他方面则不知；一是独自知道，其他人则不知。

　　先看前者。如《墨子·兼爱中》："今诸侯独知爱其国，不爱人之国，是以不惮举其国以攻人之国；今家主独知爱其家，而不爱人之家，是以不惮举其家以篡人之家；今人独知爱其身，不爱人之身，是以不惮举其身以贼人之身。"又如《韩非子·解老》："民独知兕虎之有爪角也，而莫知万物之尽有爪角也，不免于万物之害。"在两处文字中，"独知"的意思非常明显，即是仅仅知道。

　　再看后者。如《墨子·非儒下》："……若将有大寇乱盗贼将作，若机辟将发也，他人不知，己独知之……"《韩非子·说林》"箕子谓其徒曰．'为天下主而一国皆失日，天下其危矣，一国皆不知，而我独知之。'"又如《淮南鸿烈·兵略训》云："夫将者，必独见、独知。独见者，见人所不见也；独知者，知人所不知也。见人所不见谓之明，知人所不知谓之神。"再如《尸子》："夫骥惟伯乐独知之，不害其为良马也；行亦然，惟贤者独知之，不害其为善士也。"另如《论衡·讲瑞》："颜渊独知孔子圣也。"这种种"独知"话语，皆是说某人拥有某种常人所不具备的见识、能力。

　　前者在严格意义上并不是一个术语，它只是描述常人因其心智之限制而导致认知上之偏颇，所谓"只知其一，不知其二"，故有贬义。后者作为一种特殊能力（所谓"独知之明""独知之虑"），非常人所拥有。形势发展之某种隐秘态势、苗头，人、物所拥有的某种特殊的地方，常人无从了解，只有拥有"独知"能力的智者能见人所不见，知人所不知。此种"独知"

能力属于一种特殊的德性，拥有此德性者自是卓越不凡之人。

无论如何，在两种情形下，独知的对象都是外在的人物、事物，而不及于个己之内心生活领域。

一个有争议的文本是《法言·修身》。"由于情欲，入自禽门；由于礼仪，入自人门；由于独智，入自圣门。"陶氏鸿庆《读法言札记》云："'由于独智，入自圣门'。'智'当读为'知'，即君子慎独之义。"①《法言·问道》虽亦有"智也者，知也"之语，但将"独智"解为"慎独"之"独知"，显然不妥。汪荣宝引荀子"积善成德，而神明自得，圣心备焉"而将"独智"解为"神明之域"，亦难说是确解。依笔者，此处独智不过是上述"独知者"之谓。

二、朱子以"独知"解"慎其独"

"独知"之"新意"源自朱子对《大学》与《中庸》"慎独"之解释。在两处慎独的文字中，均未提到"知"字，但朱子均从"知"的角度对"独"字加以阐述。

"所谓诚其意者，毋自欺也。如恶恶臭，如好好色，此之谓自谦。故君子必慎其独也。"朱子对此《大学》慎独文本注曰："独者，人所不知而己所独知之地也"，言"欲自修者，知为善以去其恶，则当实用其力而禁止其自欺，使其恶恶则如恶恶臭，好善则如好好色，皆务决去，而求必得之，以自快足于己，不可徒苟且以徇外而为人也。然其实与不实，盖有他人所不及知而己独知之者，故必谨之于此，以审其几焉"。而对《中庸》"莫见乎隐，莫显乎微，故君子慎其独也"，朱子则注曰："隐，暗处也，微，细事也。独者，人所不知而己所独知之地也。言幽暗之中，细微之事，迹虽未形，而几则已动，人虽不知而己独知之，则是天下之事无有著见明显而过于此者，是以君子既常戒惧，而于此尤加谨焉，所以遏人欲于将萌，而

---

① 汪荣宝：《法言义疏》，陈仲夫点校，北京：中华书局，1987年，第104—106页。

不使其滋长于隐微之中，以至离道之远也。"这两处注释文字是高度一致的，其中有两个要点：一是将"独"与"知"联系在一起，将"独"训为人虽不知己所独知之地，一是以"几"进一步界定独知之对象，"迹虽未形，几则已动"，独知之所知在此。朱子曾谓前一义为游酢首发，后一义出自程子，朱子本人则将程门对慎独的理解综合为一，合而论之。①

自郑玄至孔颖达，汉、唐诸儒对《中庸》《大学》慎独之"独"的理解与解释，均从闲居、独处着眼。郑玄注曰："慎独者，慎其闲居之所为。小人于隐者动作言语，自以为不见睹，不见闻，则必肆尽其情也。"孔颖达进一步疏通曰："故君子慎其独也者，以其隐微之处，恐其罪恶彰显，故君子之人恒慎其独居。"慎独实际上就是"谨慎其独处（之所为）"，这一理解自有其文本上的依据：《大学》"小人闲居为不善，无所不至"，《中庸》引《诗》"潜虽伏矣，亦孔之昭"及"相在尔室，尚不愧于屋漏"，均有此意。

刘安《淮南子·缪称训》："夫察所夜行，周公（不）惭乎景，故君子慎其独也。"徐干《中论·法象》："人性之所简也，存乎幽微；人情之所忽也，存乎孤独。……是故君子敬孤独而慎幽微。"这些说法大致均未逸出郑玄、孔颖达闲居注疏之矩矱。《刘子·慎独》："居室如见宾，入虚如有人……暗昧之事，未有幽而不显；昏惑之行，无有隐而不彰。修操于明，行悖于幽，以人不知。若人不知，则鬼神知之；鬼神不知，则己知之。而云不知，是盗钟掩耳之智也。"人不知，鬼神知；鬼神不知，己知。这一说法似对郑玄注有所突破。通常慎独的意思是，你在无人的暗处做了不善的事情（闲居之所为），以为无人知晓，可以瞒天过海，但群众的眼睛是雪亮的，"人之视己也，如见其肺肝焉"，然而，是不是真的如此？白居易有诗

①　黎靖德编：《朱子语类》卷62，朱杰人等主编：《朱子全书》（第16册），第2033页。朱子将"独知"之训首创权归于游酢，今观《中庸义》"莫见乎隐"一节："人所不睹，可谓隐矣，而心独知之，不亦见乎？人所不闻，可谓微矣，而心独闻之，不亦显乎？知莫见乎隐，莫显乎微，而不能慎独，是自欺也，其离道远矣。"见游酢：《游廌山集》卷1，《景印文渊阁四库全书》（第1121册），台北：台湾商务印书馆，1983年，第650页。游酢虽将隐微解释为人所不睹闻、己所独知闻，却并未点出独知之对象即是"人欲之将萌"处。邵雍《伊川击壤集》卷13有《意未萌于心》一文："意未萌于心，言未出诸口，神莫得而窥，人莫得而咎。君子贵慎独，上不愧屋漏，人神亦吾心，口自处其后。"此中慎独的对象似指"意未萌于心"之状态。

云："周公恐惧流言日，王莽谦恭未篡时。向使当时身便死，一生真伪复谁知？"而依刘昼，即便他人不知，还有鬼神知之（举头三尺有神明），即便鬼神不知，毕竟自己还知之，说"不知"显然是自欺，是掩耳盗铃。但这里"知"的对象恐怕很难说是隐秘的心灵生活，"修操于明，行悖于幽"的说法暗示着"知"之对象还是郑注"闲居之所为"（动作言语）。

朱子"人所不知而己所独知之地"说，乍看起来，仍是以他人不在场而唯有自己在场的地方训"独"，并无新意。这跟郑玄以闲居训"独"貌似区别不大，以至于学界不乏将朱子对"独"的解释归为郑玄一系的见解。由于马王堆帛书《五行》与郭店竹简《五行》陆续出土，学界意识到郑玄将"独"训为闲居、独居之不妥，"独"当指"心君"或内心的专一，朱子"人所不知而己所独知之地"说亦因被想当然地认为与郑注无分别——即把"诚其意"的内在精神理解为"慎其闲居的外在行为"，把精神专一理解为独居、独处——而受人诟病。

究竟是朱子解错了，还是朱子被解错了？这是一个问题。

绎味朱子文字，不难发现，朱子之"独知"虽是仅限于自己知道的意思，但"独知"的对象则有其专指，即指内心生活中"一念萌动"却又未及发露之隐秘状态（"几"）。在《中庸或问》中，朱子更加明确地指出，独知乃是"随其念之方萌而致察焉，以谨其善恶之几也"，而对"方萌之念"的省察又聚焦于念之"正"与"不正"上面。

依朱子，心为虚灵明觉之心，但或生于"形气之私"，或原于"性命之正"，故致危殆不安的人心与微妙难见的道心"杂于方寸之间"。因道心，故知好善恶恶之为是，但又因人心于隐微之际，苟且自瞒，常有"一念在内阻隔住"，常有个"不肯底意思"，"有个为恶底意思在里面牵系"，"夹带这不当做底意在"。此情形即是意之"虚伪不实"、意之"亏欠"，朱子称此现象为"自欺"（"只几微之间少有不实，便为自欺"，"自欺，只是自欠了分数"），而他人所不及知、己独知者正是这种自欺，所谓慎独、毋自欺亦不过是"正当于几微豪厘处"做工夫而已。[1]

职是之故，朱子以"人所不知而己所独知之地"训"独"，跟以往的郑

---

[1]　黎靖德编：《朱子语类》卷 16，朱杰人等主编：《朱子全书》（第 14 册），第 526 页。

玄、孔颖达之注疏实根本有别，不应混为一谈。在朱子那里，闲居与否不是"独"之重点，重点在于对一念萌动之觉察、审查。独处、独知之地不是一"物理空间"概念，而是一私己、隐秘的"心理空间"概念，这个对私己、隐秘的心理活动之知并不限于一人之独处或私密场合的闲居，即便是在大庭广众之下、在与他人共处之际，仍是独知之范畴：问："谨独"莫只是"十目所视，十手所指"处，也与那暗室不欺时一般否？先生是之。又云："这独也又不是恁地独时，如与众人对坐，自心中发一念，或正或不正，此亦是独处。"[1] 可见独处乃是一心理空间之概念，且其意涵又相当明晰，即收紧在意念萌发之际，而"独知"则专指对此萌发意念之实与不实、正与不正的觉察。这一觉察乃是一种切己、当下的意识行为，在这个意义上，它也具有"独自知道、其他人则不知"的意思，这倒不是说唯有自己才拥有这种独一无二的先见之明的能力，而是每个人都有这种能力，认知对象的特殊性质（本己的、第一人称领域）决定了这种能力仅限于当事者本人，所谓如人饮水，冷暖自知，他人无能与焉。心中发一念，倘有所愧歉于中，必会见于颜色，或表情不自然，或言不由衷，或动作做作，故他人总会觉察，所谓诚不可掩。这是流俗对"莫见乎隐，莫显乎微"之理解，而在朱子"独知"的诠释下，这个莫见、莫显乃是指自家对心中一念之觉察，念之正与不正、意之诚与不诚、事之是与不是，正是在此隐微之际成为最易见、易显者。[2]

三、朱子独知新解之"佛缘"

思想家的灵光一现，犹平地起惊雷，无疑是思想史演进的一个契机，但任何思想的创新总是因缘和合而成。"国之将兴，必有祯祥。国之将亡，必有妖孽。现乎蓍龟，动乎四体。祸福必先知之，善必先知之，不善必先

---

① 黎靖德编：《朱子语类》卷 62，朱杰人等主编：《朱子全书》（第 16 册），第 2033 页。

② "事之是与非，众人皆未见得，自家自是先见得分明。"见黎靖德编：《朱子语类》卷 62，朱杰人等主编：《朱子全书》（第 16 册），第 2029 页。

知之"，吉之兆、凶之萌，唯有至诚者方能察之、知之，能独察、独知此"兆萌者"方能及时修明，未雨绸缪。人之所以贵此独知之明，端因知此兆萌，方能逢凶化吉，遇难呈祥。同样，"一念之萌"之所以成为"独知"之对象和哲学思考的显题（thematic），亦必是因为此"一念"事大。

《尚书·周书·多方》有语："惟圣罔念作狂，惟狂克念作圣。"论者通常认为此处的"罔念"与"克念"是说圣人如无念于善，则成为狂人；狂人如能念于善，则为圣人。善恶之端、吉凶之判，皆系于此一念之微、一念之几。《逸周书·小开武解第二十八》有四察之说："目察维极，耳察维声，口察维言，心察维念。"《逸周书·宝典解第二十九》中还出现了修"四位"的说法："呜呼，敬哉！朕闻曰：何修与躬，躬有四位、九德。"四位者："一曰定，二曰正，三曰静，四曰敬。敬位丕哉，静乃时非。正位不废，定得安宅。"此处定、正、静、敬之论可谓开《大学》知止、得止之先，依潘振：定，谓志有定向。敬位丕哉，言敬则心广也。时非，言心待时不妄动也。废，怠也，正心不骄泰也。定则有天理自然之安，无人欲陷溺之危，常在其中，而须臾不离也，故曰安宅。这里的四位都是"心之位"，是君子心灵生活当处的四种心态。唐大沛云："四位皆以心体言之。定，谓心有定向。正，谓心无偏私。静（按原文误为'定'——引者），谓心不妄动。敬者，小心翼翼之谓。"[1] 此种种看法都说明古先哲对心灵生活之重视，潘振与唐大沛的说法皆有以宋明理学之心性学解先秦文献的嫌疑，徐复观就认定，无论是《周书》抑或《逸周书》中的"念"跟心灵反思意义上的"一念之微"并不是一回事。[2]

佛教传入东土，"念念受报"的观念渐为流传。晋人郗超《奉法要》云：

---

[1] 黄怀信等：《逸周书汇校集注》，上海：上海古籍出版社，2007年，第275、280—282页。

[2] 徐复观先生指出："人的或圣或狂，只决定于自己一念之间"这一"通常解释"，虽与孔子"我欲仁，斯仁至矣"的话，同其内容，因而具有"很深的人性论的意义"，"但就周初一般的思想大势看，是不可能出现此一思想的。所以此处的'念'，固然离不开心；但并不是在心的自身上转动，而系向外在的天命上转动。所谓'罔念''克念'，只是'不想到天命'，及'能想到天命的意思'"。见徐复观：《中国人性论史》，上海：上海三联书店，2001年，第29页。

"凡虑发乎心，皆念念受报。虽事未及形，而幽对冥构。夫情念圆速，倏忽无间，机动毫端，遂充宇宙。罪福形道，靡不由之。吉凶悔吝，定于俄顷。是以行道之人，每慎独于心，防微虑始，以至理为城池，常领本以御末，不以事形未着，而轻起心念，岂唯言出乎室，千里应之，莫见乎隐，所慎在形哉？"[①] 这里，慎独之对象显系"心念"，而之所以要慎此心念，乃是因为"凡虑发乎心，皆念念受报"。此文虽不是专门征引《中庸》，却明确援引《中庸》隐微之说，足以说明郗超对《中庸》"慎独"之理解乃是扣紧在对"心念"之谨慎上面的，此与汉唐诸儒以慎其闲居之所为释"慎独"明显不同。《梁皇忏法·解怨释结第三》则有"一念之间开八万四千尘劳门"之说："一念之间，起六十二见。一念之顷，行四十种恶。况复一日所起众罪，一月、一年、终身历劫所起众罪。如是罪恶无量无边，怨对相寻无有穷已，而诸众生与愚痴俱无明覆慧，烦恼覆心，不自觉知。心想颠倒，不信经说，不依佛语，不知解怨，不望解脱，怨怨相报，何时解脱？自投恶道，如蛾赴火，历劫长夜，受无量苦。"一念定生死的说法更是屡屡见于六祖《坛经》："一念愚即般若绝，一念智即般若生。"(《坛经·般若第二》)"自性起一念恶，灭万劫善因；自性起一念善，得恒沙恶尽。"(《坛经·忏悔第六》)"汝当一念自知非，自己灵光常显现。"(《坛经·机缘第七》)法眼宗三祖延寿亦说："若起一念善，如将甜种子下于肥田内；或生一念恶，似植苦种子下向瘦田中。"(《宗镜录》卷71)延寿又说："起一念善，受人天身；起一念恶，受三途身。"(《宗镜录》卷73)这些思想对于出于佛老的理学家来说，当属老生常谈。故至李衡（字彦平，"平日剧谈道学，尤服膺明道之学"，朱子书信中曾提及此人）而有"一念善处，便是天堂；一念恶处，便是地狱"之说。[②] 另外潘植（一作殖，字子淳，号浩然子，建宁府浦城人。宋高宗建炎二年进士）于其《忘筌集》卷上《思无疆说》云："盖一念不离乎本心，则优入圣域；一念或失乎本心，则遂堕机宛。起念之端，可不谨乎？"《忘筌集》卷上《克念》一条引"惟圣罔念作狂，惟狂克念作圣"而发挥说："圣与狂，正相反，在念之得其道不得其道耳。则克念罔念不可

---

①　释僧祐：《弘明集》卷13，第88页。

②　龚昱编：《乐庵语录》卷5，《景印文渊阁四库全书》（第849册），台北：台湾商务印书馆，1983年，第311页。

不察也。"①潘植称对"念"要"谨"、要"察"，实则即是凸显"慎独"之"慎"义。江望（字民表，宋神宗熙宁六年进士）《心性说》之《心说》一文非常重视"此心之一念"与性命生活之间的联系："'惟狂克念作圣'，一念圣则全体是圣；'惟圣罔念作狂'，一念狂则全体是狂。狂与圣，只一念间尔。"②张九成《横浦日新下》之《慎独》条曰："一念之善，则天神地示，祥风和气，皆在于此；一念之恶，则妖星厉鬼，凶荒札瘥，皆在于此。是以君子慎其独也。"③可见，在朱子慎独说提出之前，儒门中人已经将佛教的"一念天堂一念地狱"说转化为"一念作圣一念作狂"的论述，且援之以解儒学"慎独"工夫。一念事如此之大，可不慎欤？后朱子称诚意是"转关处"，是"人鬼关"，过此一关，方是人，否则即是鬼，即是贼，④亦反映出某种类似于此种佛教防心摄行的修行观。

四、朱子独知新解的工夫论背景

　　无疑，朱子独知之训乃是出于对《大学》《中庸》文本字字称量、反复

①　潘植：《安正忘筌集》，《续修四库全书·九三四·子部·儒家类》，第289、303页。潘植的《忘筌集》收入《诸儒鸣道》，可见其在当时对儒学影响之大。朱子的老师"武夷三先生"刘勉之、刘子翚、胡宪皆喜其书，惟朱子因其书杂佛老之言，而诫门人"不必观"。

②　《诸儒鸣道》卷54，宋刻本，第1页。

③　张九成：《横浦日新下》，《诸儒鸣道》卷72，第2页。

④　黎靖德编：《朱子语类》卷15，朱杰人等主编：《朱子全书》（第14册），第481页。后来，藕益智旭大师解《中庸》"慎其独"章即明确说："道犹路也。世间之道六：曰天，曰人，曰神，三善道也；曰畜生，曰饿鬼，曰地狱，三恶道也。凡起一念，必落一道。一念而善则上品为天，中品为人，下品为神；一念而恶则上品为地狱，中品为饿鬼，下品为畜生。人不能须臾无念，故不能须臾离道。生死轮回之报所从来也，可不戒慎恐惧乎？一念因也，天、人、神、畜、鬼、狱果也。因必果，无果非因，故众生畏果，菩萨畏因。在因之果，凡夫视之不睹，听之不闻，若佛则悉睹悉闻，故曰莫见乎隐，莫显乎微。君子之所以必慎其独也。"见释智旭撰：《禅解周易四书》，释延佛整理，北京：九州岛出版社，2011年，第236页。

推敲之结果，但更与他个人艰辛的修身历程分不开。

如所周知，朱子早年跟李侗习静坐，以验夫喜怒哀乐未发之前气象，但卒无所入。后闻张栻得胡宏学，而往问焉，沉潜数年而有所谓"丙戌之悟"，遂有"中和旧说"。旧说之要点在于未发、已发非以"时"言之认识：因为心灵生活一直处在发用之中（"人自婴儿以至老死，虽语默动静之不同，然其大体莫非已发"，"莫非心体流行"），所以未发不应是指"心"而言的某个心理生活阶段，而是指寂然不动之"性"。[①] 未发与已发不是时间范畴，而是体（性）用（心）范畴。在严格意义上，未发之前（程颐）、未发之际（杨时）、未发之时（李侗）这些将未发时间化的说法都是不谛当的。心既然始终处在已发（发用流行）阶段，于是，工夫便只能在"已发处"用，朱子这一工夫取向在程颐"凡言心者皆指已发而言"与胡宏"未发只可言性，已发乃可言心"那里找到了理论根据。然而朱子这条"察识端倪"的路子走得极为不顺，从"已发处"入手，随事察识，看似容易，然实际动手，却又"浩浩茫茫，无下手处"，不啻如此，依其自叙，这一路数在心灵与举止上面均有弊端，前者表现为"胸中扰扰，无深潜纯一之味"，后者表现为"发之言语事为之间，亦常急迫浮露，无复雍容深厚之风"。

在察识端倪之路上的碰壁，让朱子意识到"急迫浮露之病象"乃是工夫"偏动"，少却"平日涵养一段工夫"所致。正是这一修身教训，使得朱子蓦然回首，原来程颐"存养于喜怒哀乐未发之前则可，求中于喜怒哀乐未发之前则不可"之说已经指明"动工夫"与"静工夫"之分际：存养、涵养是未发的工夫，而不是察识的工夫（"求之则不可"，"求"即主动地思索、寻求）。于是，他将早年随李侗习静之学（静工夫）与丙戌所悟的察识端倪之学（动工夫）加以折中，遂成就一静养动察工夫：静时涵养，动时察识（"静之不能无养，犹动之不可不察"），是谓"中和新说"。在工夫论上，中和新说的意义在于动静两端都可以下工夫："大抵心体通有无、该动静，故工夫亦通有无、该动静，方无渗漏。若必待其发而后察，察而后存，

---

① 有学者认为后来王阳明"无未发之时"与早期朱子"大体莫非已发"说者合符节，但两者实有重要区别，在朱子，丙戌之悟心无未发时乃着眼于人之心灵生活情识流转无有停机，而王阳明心无未发时则着眼于心体之生机流行不息这一面向。

则工夫之所不至多矣。"① 这就克服了"有得于静而无得于动"（此陷于涵养之一偏）与"有得于动而无得于静"（此陷于察识之一偏）工夫落入一偏之。

　　这种新的修身工夫之切己体验，让朱子对中和旧说之中的已发、未发范畴感到"命名"未当（"顿放得未甚稳当"），他通过重新检读二程（尤其是程颐）关于已发、未发之文本，对已发、未发范畴进行了重新厘定：已发、未发是心灵生活的两个时段，他以思虑、念虑之"起"与"不起"作为划分两类范畴的指标。② "未发"乃指思虑未起之状态，此时为静时、未接物时、无事时、无行迹时；"已发"乃指思虑已起之状态，此为动时、已接物时、有事时、有行迹时。问："'谨独'是念虑初萌处否？"曰："此是通说，不止念虑初萌，只自家自知处。如小可没紧要处，只胡乱去，便是不谨。谨独是已思虑，已有些小事，已接物了。'戒谨乎其所不睹，恐惧乎其

---

① 朱熹：《答林择之书》，《晦庵先生朱文公文集》卷 43，朱杰人等主编：《朱子全书》（第 22 册），第 1981—1982 页。朱子由中和旧说到新说之改宗之过程颇为曲折，可参刘述先：《朱子哲学思想的发展与完成》，台北：台湾学生书局，1995 年增订三版，第 71—118 页；陈来：《朱子哲学研究》，上海：华东师范大学出版社，2000 年，第 157—193 页。

② 朱子《答吕子约书》称程子《遗书》"才思即是已发"语"能发明子思言外之意"："盖言不待喜怒哀乐之发，但有所思即为已发，此意已极精微，说到未发界至十分尽头，不复可以有加矣。……盖心之有知，与耳之有闻，目之有见，为一等时节，虽未发而未尝无；心之有思，与耳之有听，目之有视，为一等时节，一有此则不得为未发。"见《晦庵先生朱文公文集》卷 48，朱杰人等主编：《朱子全书》（第 22 册），第 2222—2223 页。此处心之有知、耳之有闻、目之有见跟心之有思、耳之有听、目之有视并置而比照（此处"知""闻""见"只是一未涉意向对象时的意识行为，"思""听""视"则是"知""闻""见"与意向对象发生关联时之意识行为），前者是未发状态，后者是已发状态。未发状态湛然渊静、聪明洞彻，所谓"至静之时，但有能知能觉者，而无所知所觉之事"，所谓"静中有物"即指此知觉不昧。故未发并不是无知、无闻、无见，否则，未发便成"眠然不省"，未发工夫便成"瞌睡"，那只是"神识昏昧底人，睡未足时被人警觉，顷刻之间，不识四到时节，有此气象"，"圣贤之心，湛然渊静、聪明洞彻，决不如此。若必如此，则《洪范》五事当云貌曰僵，言曰哑，视曰盲，听曰聋，思曰塞乃为得其性，而致知居敬费尽工夫，却只养得成一枚痴呆闶两汉矣"。是故朱子将吕祖俭（字子约，号大愚，金华人）引程子未有闻、未有见为未发，所谓冲漠无朕万象森然已具一说径直斥为"程门记录者之罪"。朱熹：《答吕子约书》，《晦庵先生朱文公文集》卷 48，朱杰人等主编：《朱子全书》（第 22 册），第 2235 页。

所不闻'，是未有事时。在'相在尔室，尚不愧于屋漏''不动而敬，不言而信'之时，'谨独'便已有形迹了。"[①]此处"不止念虑初萌"的说法表明，朱子"独知"的范围并不仅仅限于念虑初萌之时的心理状态，"小可没紧要处""已思虑""已有些小事""已接物了"，亦属于"独知"之领域。两者区别何在？朱子并未给出进一步之阐述，前者或是指平常无事时吾人憧憧之念的萌发状态，后者则指应物之际念虑之萌发状态或无事时萌发的念头进一步转化为思虑（即要诉诸行动之念头）的状态。无论如何，"独知工夫"更具体地限定在隐微之际的意念省察上面。

　　在朱子看来，"独知"所知之心理状态既有别于喜怒哀乐之未发时的状态，又有别于喜怒哀乐已发后的状态，它是介于未发与已发之间动而未形、萌而未彰、有无之间的状态（"几""几微"——由于《系辞》中有知几、研几之说，周敦颐《通书》云"诚无为，几善恶"，故朱子亦经常将欲动未动、欲发未发之间称为"几"，这是善恶分判之最初的环节）。毫无疑问，独知之对象为"意"（实与不实），意为心之所发，故"独知"亦属于泛泛的已发范畴，只是朱子讲慎独工夫总是紧扣在意念之萌发之际。（1）对于万事皆未萌芽（事之未形、静时）之"未发"，则须戒慎恐惧之（提起此心，常在这里，此存养、涵养之谓也），此为"防之于未然，以全其体"，此为"存天理之本然"。（2）对于人虽不知而己独知之"几"，则须慎之、谨之，此是"察之于将然，以审其几"，"遏人欲于将萌"。慎独即是慎此独知之地。故在朱子那里独知的准确意义不仅是对一念萌动的心理欲望的觉知，[②]而且这种对自家心理活动的觉察并不是一般意义上的反思意识，而是对"意"之实（天理）与不实（人欲／自欺）的一种警觉，带有

──────────

①　黎靖德编：《朱子语类》卷62，朱杰人等主编：《朱子全书》（第16册），第2032页。

②　《中庸或问》对此有明确的阐述："又言莫见乎隐，莫显乎微，而君子必谨其独者，所以言隐微之间，人所不见，而己独知之，则其事之纤悉，无不显著，又有甚于他人之知者，学者尤当随其念之方萌而致察焉，以谨其善恶之几也。……而细微之事，乃他人之所不闻，而己所独闻。是皆常情所忽，以为可以欺天罔人，而不必谨者，而不知吾心之灵，皎如日月，既已知之，则其毫发之间，无所潜遁，又有甚于他人之知矣……必使其几微之际，无一毫人欲之萌……"见朱熹：《四书或问》，朱杰人等主编：《朱子全书》（第6册），第554—555页。

强烈的道德审查意味。于此独知环节用功，即是能为善去恶，漫忽而过，
则流于恶而不自知。

五、两个工夫抑或一个工夫？

这一将心灵活动区别为未发与已发两个时段的做法，易招致两方面的
质疑：一者是范畴界定上的质疑，一者是工夫论说上的质疑。

就范畴界定而言，人心非瓦石，故无时无刻不在活动（心体流行，无
一息之或停），戒慎恐惧岂不亦是心已动了，心何来静时、无事时、未发
时之说？对此质疑，可做两点申辩：（1）倘若把心灵活动本身亦当作一
事，则确实无静时、无无事时、无未发时，但朱子区别未发、已发乃是
基于修身工夫之考虑，即吾人待人接物之际，总会"起念"做一具体的事
情，此时存在念之"正"与"不正"的问题，此"正"与"不正"惟自家
先知之（所谓独知），故此时须谨慎，此为独知与慎独的工夫。此待人接物
即是动时、有事时、已发时之谓，而在格物、读书等致知工夫之中，吾人
更是处在一专题化的上下求索的心理活动之中，此更是习常所谓"有事"
之所谓。在此两种情形之外，吾人总是有闲来无事之时，此即是静时、未
接物时，此时亦有工夫可用，此即涵养、戒慎恐惧、持敬的。[1]（2）戒慎
恐惧跟血气层面的恐惧不同，血气层面的恐惧乃是一对象化活动，它因某
个对象（即便是想象的对象）而生惧心，或感惊悚，或感不安，故是一种
负面、强烈的情绪活动，伴随着这种恐惧乃是一种强烈的逃避倾向，从暗
处逃到明处，从危险处逃到安全处，从陌生处逃到熟悉处。与此对照，戒
慎恐惧并不是一种对象化活动，更不是一种负面、强烈的情绪活动，故
亦不会伴随产生逃避的冲动（恰恰相反，它镇定自如，所谓勇者不惧是
也）。有弟子问："致中是未动之前，然谓之戒惧，却是动了。"朱子谓：

---

[1]　或问："恐惧是已思否？"曰："思又别。思是思索了，戒慎恐惧正是防闲其未
发。"或问："即是持敬否？"曰："亦是。"黎靖德编：《朱子语类》卷62，朱杰人等主
编：《朱子全书》（第16册），第2028页。

"公莫看得戒慎恐惧太重了，此只是略省一省，不是怎惊惶震惧，略是个敬模样如此。然道着'敬'字已是重了。只略略收拾来，便在这里。伊川所谓'道个敬字，也不大段用得力'。孟子曰：'操则存。'操亦不是着力把持，只是操一操，便在这里。如人之气才呼便出，吸便入。"[1] 可见，戒慎恐惧乃是一种精致细微的精神活动，朱子说"道着'敬'已是重了"，甚至说子思说"戒惧不睹，恐惧不闻"已是剩语，"已自是多了"，朱子还强调，"敬莫把做一件事看，只是收拾自家精神，专一在此"。[2] 这些说法表明戒慎恐惧的工夫并不容易拿捏，下手重了，便成把捉，便不复是静的工夫，且有助长之嫌疑；下手轻了，却又难免流于"忘"。为免"助"病，朱子反复强调戒慎恐惧的工夫"大段着脚手不得"，它"只是略略地约在这里而已"；[3] 为避"忘"嫌，朱子又说戒慎恐惧只是一种警醒，一种"耸然提起在这里"的心态，一种"常惺惺"的精神状态，其工夫"只是常要提撕，令胸次湛然分明"。[4] 要之，它是一种心灵生活贞定其自身而不走作的精神活动，所谓"敬，心之贞是也"。

就工夫论上的质疑而言，戒慎恐惧与慎独究竟是两节工夫和两件事，还是一节工夫和一件事？如果说心理活动存在未发、已发两个时段，修身工夫因此而区分为"致中"（涵养于未发之前）与"致和"（省察于已发之际），则工夫明显是两节、两事，但在程门那里并未见到如此区分，故弟子对此区分颇有质疑：

> 曰："诸家之说，皆以戒谨不睹，恐惧不闻，即为谨独之意，子乃分之以为两事，无乃破碎支离之甚邪？"曰："既言道不可离，则是无适而不在矣，而又言'莫见乎隐，莫显乎微'，则是要切之处，尤在于

---

[1] 黎靖德编：《朱子语类》卷62，朱杰人等主编：《朱子全书》（第16册），第2031—2032页。

[2] 黎靖德编：《朱子语类》卷12，朱杰人等主编：《朱子全书》（第14册），第378页。

[3] 黎靖德编：《朱子语类》卷62，朱杰人等主编：《朱子全书》（第16册），第2047—2048页。

[4] 黎靖德编：《朱子语类》卷114，朱杰人等主编：《朱子全书》（第18册），第3625页。

隐微也。既言戒谨不睹，恐惧不闻，则是无处而不谨矣；又言谨独，则是其所谨者，尤在于独也。是固不容于不异矣，若其同为一事，则其为言，又何必若是之重复耶？且此书卒章'潜虽伏矣''不愧屋漏'，亦两言之，正与此相首尾。但诸家皆不之察，独程子尝有不愧屋漏与谨独是持养气象之言，其于二者之间，特加与字，是固已分为两事，而当时听者有未察耳。"①

　　问："'不睹不闻'与'谨独'何别？"曰："上一节说存天理之本然，下一节说遏人欲于将萌。"又问："能存天理了，则下面谨独似多了一截。"曰："虽是存得天理，临发时也须点检，这便是他密处。若只说存天理了，更不谨独，却是只用致中，不用致和了。"②

　　"戒慎一节当分为两事，"戒慎不睹，恐惧不闻，如言"听于无声，视于无形"，是防之于未然，以全其体。"谨独"是察之于将然，以审其几。③

朱子在这里给出三点理由：（1）戒慎恐惧与慎独之间是有差异的，戒惧是统贯的工夫（"无处不谨"），慎独则是隐微之处的工夫，前者是存天理之本然，是致中的工夫，后者是遏人欲于将萌，是致和的工夫，两者非一事，否则，不仅经文便为重复，而且致和便成多余。（2）经文卒章之引《诗》"潜虽伏矣"与"不愧屋漏"分别对应于"慎独"与"戒惧"，两事自是首尾照应。（3）程子已将"不愧屋漏"与"慎独"并提，说明两者原是二事，诸家之说（程门）以戒惧即是慎独分明是未能领会乃师之精义（"听者有未察"）。更为重要的是，朱子之所以要区别出两节工夫，乃是因为单纯的静存、涵养工夫是不充足的，必须辅之以点检（慎独），方为妥当。故在朱子那里慎独与戒慎恐惧乃是两节工夫，戒惧在先，慎独在后，戒惧是保守天

---

　　① 朱熹：《中庸或问》，朱杰人等主编：《朱子全书》，第6册，第555—556页。又参《答胡季随》："作两事说，则不害于相通；作一事说，则重复矣。不可分中，却要见得不可不分处，若是全不可分，《中庸》何故重复作两节？"《晦庵先生朱文公文集》卷五十三，朱杰人等主编：《朱子全书》，第22册，第2510页。
　　② 黎靖德编：《朱子语类》卷六十二，朱杰人等主编：《朱子全书》，第16册，第2031页。
　　③ 同上。

理，慎独是检防人欲。①前者是"静工夫"，后者是"动工夫"。②

戒慎恐惧与慎独两节、两事说后来受到阳明的强烈批评，然而通观朱子全书，却又不乏"一事""一节"说：

> "敬"字通贯动静，但未发时则浑然是敬之体，非是知其未发，方下敬底工夫也。既发则随事省察，而敬之用行焉，然非其体素立，则省察之功亦无自而施也，故敬义非两截事。③

> 已发未发，只是说心有已发时，有未发时。方其未有事时，便是未发；才有所感，便是已发，却不要泥着。谨独是从戒慎恐惧处，无时无处不用力，到此处又须谨独。只是一体事，不是两节。④

两段话均明确指出戒惧与慎独并非两事、两节，问题是，既然戒惧是涵养、致中、静的工夫，慎独是省察、致和、动的工夫，为何又说是"一体事"？一体之"体"以何为体？引文中"敬之体"与"敬之用"并置，"体立而后用以行"，以及"谨独"是从戒慎恐惧处，无时无处不用力等说法，已经说明"一体事"之所谓：戒惧、持敬乃是体，省察、慎独工夫是"敬之用行"，是从戒慎恐惧中而来。⑤敬、戒慎恐惧乃是贯彻动静、有事

---

① 黎靖德编：《朱子语类》卷 62，朱杰人等主编：《朱子全书》（第 16 册），第 2035 页。又参："未发有工夫，既发亦用工夫。既发若不照管，也不得，也会错了。但未发已发，其工夫有个先后，有个重轻。"黎靖德编：《朱子语类》卷 94，朱杰人等主编：《朱子全书》（第 17 册），第 3151 页。

② "存养是静工夫，静时是中，以其无过不及，无所偏倚也；省察是动工夫，动时是和，才有思为，便是动，发而中节无所乖戾，乃和也。"黎靖德编：《朱子语类》卷 62，朱杰人等主编：《朱子全书》（第 16 册），第 2049 页。标点略有改动。

③ 朱熹：《答林择之》，《晦庵先生朱文公文集》卷 43，朱杰人等主编：《朱子全书》（第 22 册），第 1980 页。

④ 黎靖德编：《朱子语类》卷 62，朱杰人等主编：《朱子全书》（第 16 册），第 2039 页。

⑤ 朱子还用"大本""达道"阐明"戒慎恐惧"与"慎独"之工夫论上的体用关联："惟君子自其不睹不闻之前，而所以戒谨恐惧者，愈严愈敬，以至于无一毫之偏倚，而守之常不失焉，则为有以致其中，而大本之立日以益固矣；尤于隐微幽独之际，而所以谨其善恶之几者，愈精愈密，以至于无一毫之差谬，而行之每不违焉，则为有以致其和，而达道之行，日以益广矣。"朱熹：《中庸或问》，朱杰人等主编：《朱子全书》（第 6 册），第 559 页。

无事之一元工夫（无时无处不用力），只是到了应物、有事之时，到了"念之将萌之隐微之际"，原"只是略略地约在这里"的戒慎恐惧的工夫遂猛然一提，这如同狩猎者在狩猎途中只是常惺惺（戒慎恐惧），但走近猎物可能藏身的灌木丛之际，任何风吹草动，心中都不免悚然一提一样。念之将萌之于修身者一如"风吹草动之于狩猎者"。朱子本人则有流水与骑马之喻："未发已发，只是一件工夫，无时不涵养，无时不省察耳。谓如水长长地流，到高处又略起伏则个。如恐惧戒谨是长长地做，到谨独是又提起一起。如水然，只是要不辍地做。又如骑马，自家常常提掇，及至遇险处，便加些提控。不成谓是大路，便更都不管他，任他自去之理？"[①] 显然，戒惧工夫在朱子那里乃是一切工夫之底色，故朱子又称戒惧工夫乃是"统同说"，[②]是"普说"。[③]

那么，朱子时而说"戒惧"与"慎独"是"两事"，时而又说是"一事"，因记者不审，故两说必有一错，抑或是记者并无误，两说各有侧重？

① 黎靖德编：《朱子语类》卷62，朱杰人等主编：《朱子全书》（第16册），第2045—2046页。

② "戒慎不睹，恐惧不闻"，非谓于睹闻之时不戒惧也。言虽不睹不闻之际，亦致其谨，则睹闻之际，其谨可知。此乃统同说，承上"道不可须臾离"，则是无时不戒惧也。然下文"谨独"既专就已发上说，则此段正是未发时工夫，只得说"不睹不闻"也。"莫见乎隐，莫显乎微，故君子必谨其独。"上既统同说了，此又就中有一念萌动处，虽至隐微，人所不知而己所独知，尤当致谨。如一片止水，中间忽有一点动处，此最紧要着工夫处。黎靖德编：《朱子语类》卷62，朱杰人等主编：《朱子全书》（第16册），第2034页。

③ "戒慎恐惧是普说，言道理逼塞都是，无时而不戒慎恐惧。到得隐微之间，人所易忽，又更用谨，这个却是唤起说。戒惧无个起头处，只是普遍都用。如卓子有四角头，一齐用着工夫，更无空缺处。若说是起头，又遗了尾头；说是尾头，又遗了起头；若说属中间，又遗了两头。不用如此说，只是无时而不戒慎恐惧，只自做工夫，便自见得。曾子曰：'战战兢兢，如临深渊，如履薄冰。'不成到临死之时，方如此战战兢兢？他是一生战战兢兢，到那死时方了。"黎靖德编：《朱子语类》卷62，朱杰人等主编：《朱子全书》（第16册），第2029页。又参黄灏谓："戒惧是统体做工夫，谨独是又于其中紧切处加工夫，犹一经一纬而成帛。"先生以为然。问"谨独"。曰："是从见闻处至不睹不闻处皆戒谨了，又就其中于独处更加谨也。是无所不谨，而谨上更加谨也。"同上书，第2030页。

谛观两说，并无实质之异同。"两事说"中亦点出戒惧工夫即"大纲无处无时不在"，[①] "一事说"亦不否认慎独有别于戒惧。前者强调同中之异，后者突出异中之同。善观者自不会因其言异而将两者固化为不相干之两截，亦不会因其言同而泯灭两者之分际。实际上朱子尚有许多更加圆活浑化的说法："已发未发，不必太泥。只是既涵养，又省察，无时不涵养省察。若戒惧不睹不闻，便是通贯动静，只此便是功夫。至于谨独，又是或恐私意有萌处，又加紧切。若谓已发了，更不须省察，则亦不可。如曾子三省，亦是已发后省察。"[②] "大抵未发已发，只是一项工夫，未发固要存养，已发亦要审察。遇事时，时复提起，不可自怠，生放过底心，无时不存养，无事不省察。"[③] 无疑，朱子此类通透之点拨语乃是针对将两节工夫固化而致工夫蹉跎之弊端而发："有涵养者固要省察，不曾涵养者亦当省察。不可道我无涵养工夫，后于已发处更不管他。若于发处能点检，亦可知得是与不是。今言涵养，则曰不先知理义底，涵养不得。言省察，则曰无涵养省察不得。二者相挨，却成檐阁。……要知二者可以交相助，不可交相待。"[④]

六、"戒惧"与"慎独"之异同

"戒慎恐惧"跟"慎独"作为工夫究竟区别何在？在朱子这里，戒惧工

[①] "不睹不闻"是提其大纲说，"谨独"乃审其微细。方不闻不睹之时，不惟人所不知，自家亦未有所知。若所谓"独"，即人所不知而己所独知，极是要戒惧。自来人说"不睹不闻"与"谨独"只是一意，无分别，便不是。黎靖德编：《朱子语类》卷62，朱杰人等主编：《朱子全书》（第16册），第2035页。

[②] 黎靖德编：《朱子语类》卷62，朱杰人等主编：《朱子全书》（第16册），第2045页。另一弟子录此段云："存养省察，是通贯乎已发未发功夫。未发时固要存养，已发时亦要存养。未发时固要省察，已发时亦要省察。只是要无时不做功夫。"

[③] 黎靖德编：《朱子语类》卷62，朱杰人等主编：《朱子全书》（第16册），第2041页。

[④] 黎靖德编：《朱子语类》卷62，朱杰人等主编：《朱子全书》（第16册），第2045—2046页，标点略有改动。

夫有"专言"与"偏言"之别：作为通乎未发已发而言的戒惧工夫（朱子往往又称为"敬"①）可以说是"专言"（"'敬'之一字，真圣学始终之要"；"圣门之学别无要妙，彻头彻尾只是个'敬'字而已"），而作为特指未发前的戒惧工夫（朱子往往又称为"涵养"）则可以说是"偏言"（特为未发而设之工夫）。

（1）就其发生作用的时段来说，戒慎恐惧是彻头彻尾与无时、无处不下工夫，而慎独则通常限定在念之将萌这一独知时段上。

（2）尽管戒慎恐惧的工夫无处、无时不在，但在独知一环这种原本"只是操一操""不大段用力"的戒慎恐惧猛然加力，故变成"慎上加慎"的慎独工夫。

（3）戒慎恐惧并不是一具体的指向某意向对象的心灵活动，而是心灵贞定其自身、保持其湛然、澄澈自体之力量，这不是一种反思性的力量，而是一种第一序的、主宰心灵活动的力量，故朱子才说"未发时浑然是敬之体"，而"非是知其未发，方下敬底工夫"。与此不同，省察、慎独则既有明确的时间点，又有明确的对象，即在"念之将萌"之时间点上对念之是非、正与不正加以判定。只是这个省察、慎独的力量并非另有源头，它恰恰就是戒慎恐惧、敬这一全体工夫进一步之展现（故并不存在王阳明所认定的"换手"之弊）："见得此处是一念起处、万事根原，又更紧切，故当于此加意省察，欲其自隐而见，自微而显，皆无人欲之私也。……然亦非必待其思虑已萌而后别以一心察之，盖全体工夫既无间断，即就此处略加提撕，便自无透漏也。"②职是之故，省察心即是戒惧心，在念之将萌之际，此戒惧心只是更开阔眼耳。明儒顾宪成对朱子戒惧慎独之异同颇有发明："问：'戒惧慎独有作一项说者，有作二项说者，未审孰是？'先生曰：'两说皆是。要而言之，一固一也，二亦一也。今只要理会他立言本指，盖戒慎不睹，恐惧不闻，是全体功夫。"慎独"二字则就中抽出一个关键而言也。如《易》言"极深"，又言"研几"，《书》言"安止"，又言"惟几"。

---

① 钱穆说，朱子"专用一敬字，似较分用涵养省察字更浑然"。钱穆：《朱子新学案》（第2册），北京：九州出版社，2011年，第285页。

② 朱熹：《答胡季随》，《晦庵先生朱文公文集》卷53，朱杰人等主编：《朱子全书》（第22册），第2507—2508、2510页。

又如《论语》言"君子无终食之间违仁"，更没渗漏了，却又言"造次必于是，颠沛必于是"，乃是把人最易堕落处提破，须到这里一切拏得定，方才果无渗漏也。譬如人家儿子出路，父母分付他一路小心便完了事，却又絮絮切切，早晚要如何，寒暖饥饱要如何，陆行遇着险阻，水行遇着风波，要如何，就旁人看来，何不惮烦，非但旁人，便是那儿子不经过利害的，亦安知不疑老人家这等过虑，不知此正父母的心肠也。圣贤为人的心肠，真不减父母之于子，所以有许多堤防，有许多转折，吾侪只要说笼统话，遇此等处便谓支离，出于孔子以上，犹代为之分疏，出于朱子以下，即公然直斥其谬，此亦无异骄子之笑田舍翁矣。岂不可痛！'"[1] 戒慎恐惧是全体功夫，而慎独只是在此全体功夫之中，针对关键环节（"几""人最易堕落处"）而论，一如人家儿子出门，父母在叮咛一路小心之外，还特别嘱咐路遇险阻如何。要之，戒惧（静存）与慎独（动察）乃是两轮一体之工夫。

七、"独知"新解的历史效应

能够紧扣在意念萌发这一心理空间讲独处与独知，在朱子学阵营中不乏其人。如朱子学重镇北山四先生之一金履祥在解慎独之"独"时，就强调："独者，人所不知而己所独知者。盖独者，非特幽隐无人之地谓之独，凡昭明有人之地，而己心一念之发皆独也。是则自知而已，而岂人之所能知哉！"[2] 未与物接时固是独，与物接时才萌一念也是独，"独"跟一人之

---

① 顾宪成：《虞山商语》卷上，《顾端文公遗书》，第217—218页。另《小心斋札记十三》对戒慎恐惧与慎独是一事抑或两事亦有专门讨论："谓之'戒慎不睹'，则无所不戒慎；谓之'恐惧不闻'，则无所不恐惧。已包却'慎独'在其中矣，而又言'慎独'者，乃就中点出一个动静关也；如《论语》言'君子无终食之间违仁'，已包却'造次颠沛'在其中矣，而又言'造次颠沛必于是'者，乃就中点出一个闲忙关、顺逆关也。若曰须透过这动静关，然后成得个'戒慎不睹，恐惧不闻'；须透过这闲忙关、顺逆关，然后成得个'无终食之间违仁'也，于此看作两段事，固缪；于此看作一段事，恐亦未能识圣贤吃紧提撕之意也。"

② 金履祥：《大学疏义》，北京：中华书局，1985年，第19页。

闲居与大众之共处无关，独之为"独"在于"己心一念"。

又如朱子再传弟子饶鲁，顺着朱子将"独知"限定在念虑初萌之思路进一步阐发说："独字不是专指暗室屋漏处，故程子于'出门如见大宾，使民如承大祭'言慎独。慎独亦不是专指念虑初萌时，故程子于洒扫应对时言慎独。盖出门使民，洒扫应对，事也；所以主此者，意也。事形于外，固众人之所共见，意存其中，则己之所独知，故谓之独。意与事，相为终始：意之萌，事之始也；意之尽，事之终也。自始至终，皆当致谨，岂特慎于念虑初萌之时而已哉？《中庸》云'诚者终始，不诚无物'，正此之谓也。"① 依饶鲁，"独"字乃是指"意"，念虑初萌固是"意"，事为言动亦是"意"之"形于外"者，无论身处暗室屋漏之中还是大庭广众之下，这个内心生活中的"意"字则只为自己所切己体验到，故慎独涵盖了心中一念以及由此一念而形成的整个行为过程。

元代学以朱子为宗的胡炳文则径直把"独"字训为"意"字。在《大学通》中，胡炳文说"毋自欺"三字是释诚意二字，"自"字与"意"字相应，"欺"字与"诚"字相反。而对朱子"独者，人所不知而己所独知之地也"之说，胡炳文明确指出：此"独"字，便是"自"字，便是"意"字。②

综上所述，"独知"自朱子始成为一个重要的修身学范畴。独知是对一念萌动的心理欲望的觉知，这种对自家心理活动的觉察并不是一般意义上的反思意识，而是对"意"之"实"（天理）与"不实"（人欲／自欺）的警觉，带有强烈的道德审查意味。一念萌动时，意之实与不实，他人不及见、不及闻，故往往为常情所忽，自以为可以欺天罔人——此处自以为之"自"乃是经验／知觉之自我，"自以为"是经验自我想当然之"以为"，殊不知"吾心之灵，皎如日月，既已知之，则其毫发之间，无所潜遁，又有甚于他人之知矣"，③ 此处吾心之灵则实与王阳明之良知无异，王阳明亦屡

① 王朝榘辑：《饶双峰讲义》卷2，《四库未收书辑刊》（第2辑，第15册），北京：北京出版社，1997年，第356页。

② 胡炳文：《四书通·大学通》，《景印文渊阁四库全书》（第203册），台北：台湾商务印书馆，1983年，第24页。

③ 朱熹：《中庸或问》，朱杰人等主编：《朱子全书》（第6册），第555页。

屡说"本心之明，皎如白日，无有有过而不自知者"。观朱子论自欺文字，多是讲"意"本要为善，或本要去恶，但常有私念随之而在内阻隔，致使为善去恶的"意"有所掺杂而不实，经验／知觉自我以为出于私欲的念头无人知晓，其实"吾心之灵"当下清清楚楚。故任何"意"之伪装与不实皆逃不过吾心之灵这一火眼金睛，欺天罔人于此明明白白之独知而言只是一种自欺，吾心之灵实不可欺。由此不可欺之"独知"入手，"必使几微之际，无一毫人欲之萌"即是慎独工夫，即是密证自修的工夫。这跟汉儒将"独"训为"独处"、独居根本不是一个套路。可以说，端因朱子以"知"解"独"，将"独知"之对象由外在的闲居、独处之行为转化为个己的心灵生活，并进一步紧扣在"意"之诚与伪、念之正与不正之觉察上面，郑注长期垄断慎独解释史的格局才在根本上得以改变。

不宁如此，朱子讲"独知"其旨趣一直紧扣在意之实与不实、诚与伪这一善恶关之觉察上面，吾心之灵对此善恶关洞若观火之精察明觉之能力实际上已预设了此独知乃是良知之自知。朱子甚至说"几既动，则己必知之"，[①] 此亦即说，在吾心（此处之吾心乃是人心道心杂于方寸之间的吾心）萌发一念之际，吾心（此处之吾心乃是阳明意义上良知之心）则必有所觉察。问题来了，在吾人心灵生活之隐秘处，谁能省察念之正与不正，谁能辨别意之实与不实，此一念独知处非良知而何？

职是之故，后来王阳明标举此独知处便是诚的萌芽，是诚身立命的工夫所在，正可以说是承继朱子独知之路线而水到渠成之结果，故王阳明心学一系对朱子以知解独推崇备至，阳明后学胡直云："'独知'一语，乃千古圣学真脉，更无可拟议者。……晦翁独知之训，已得千古圣学真脉。……阳明先生虽忧传注之蔽，所云'良知即独知也'，又岂能舍此而别为异说哉？"[②] 关中理学大家冯从吾亦指出："独字，文公解曰'人所不知而己独

————————

①　黎靖德编：《朱子语类》卷62，朱杰人等主编：《朱子全书》（第16册），第2033页。

②　胡直：《答程太守问学》，《衡庐精舍藏稿》卷20，《四库明人文集丛刊》，上海：上海古籍出版社，1993年，第477页。

知之地也'，以'知'字解'独'字，真得孔、曾之髓。"[①] 心学殿军刘宗周则说，"朱子于'独'字下补一'知'字，可谓扩前圣所未发"，又说，"《中庸》疏独，曰'隐'，曰'微'，曰'不睹不闻'，并无'知'字。《大学》疏独，曰'意'，曰'自'，曰'中'，曰'肺肝'，亦并无'知'字。朱子特与他次个'知'字，盖为独中表出用神，庶令学者有所持循"。[②] 凡此种种说法，一方面可证朱子以"独知"训"独"与汉唐以"闲居之所为"训"独"乃属全然不同之进路，另一方面亦可见朱子独知说在儒学工夫论之中的历史地位。要之，朱子独知说可谓开辟了儒家修身哲学的新的向度，是儒家修身学发展历程之中的一个重要"时刻"。

在这个历史时刻中已经蕴含着向王阳明心学一系"良知"概念转进的契机，"'人虽不知而己所独知'者，此正是吾心良知处"，王阳明一句点睛之笔遂挑明了这条千古圣学真脉之所在。王阳明心学固是孟子学，然而朱子思想的潜移默化才是阳明学秘密的诞生机缘。

---

① 冯从吾：《少墟集》卷 9，《景印文渊阁四库全书》（第 1293 册），台北：台湾商务印书馆，1983 年，第 170 页。

② 刘宗周：《学言》，吴光主编：《刘宗周全集》（第 2 册），第 419、457 页。

第十章　从"独知"到"良知"：
王阳明论慎独

一、"独知"：从朱子到阳明

"独知"成为一个修身学的概念始于朱子慎独说，朱子训《中庸》与《大学》慎独之"独"为"人所不知而己所独知之地"，此"己所独知之地"乃是一心理空间概念，专指人心中一念萌发状态。

依朱子，吾人心理活动可划分为两个时段：一者为念虑未起时，此为"未发"；一者为念虑已起时，此为"已发"。于念之"未发"，吾人当持敬以存养之，此为"戒慎恐惧的工夫""致中的工夫""静工夫"，其目标是"防之于未然，以全其体"；于"已发"（念虑之将萌），吾人当省察，此为"慎独的工夫""致和的工夫""动工夫"，其目标是"察之于将然，以审其几"。

"慎独"即慎此"独知之地"，即对唯吾人独知之意念"正"与"不正"、"实"与"不实"保持高度的警觉。工夫由此入手，切己理会，方鞭辟入里，且不落后手。慎独其宗旨即是始终让吾人之心纯粹不杂（"一于理而无所杂"），"杂"即"自欺"，何以言之？吾人之"意"诚，则"如恶恶臭，如好好色"，纯一于善，但由于习染与物欲之蔽，则"意"作为"心之所发"总有所"掺杂不实"，毕竟一念萌发之隐微之际，他人不及见、不及闻，故往往会为"常情所忽"：吾人自以为可以欺天罔人——此处自以为之"自"乃是经验／知觉之"自我"，故此"以为"亦是经验自我想当然之"以为"，殊不知"吾心之灵，皎如日月，既已知之，则其毫发之间，无所潜遁，又有甚于他人之知矣"。① 故任何"意"之伪装与不实皆逃不过"吾

---

① 朱熹：《中庸或问》，朱杰人等主编：《朱子全书》（第6册），第555页。

心之灵"这一火眼金睛，"欺天罔人"于此明明白白之"独知"而言只是一种"自欺"，"吾心之灵"实不可欺。由此不可欺之"独知"入手，"必使几微之际，无一毫人欲之萌"，即是慎独工夫。

朱子讲"独知"，其旨趣一直紧扣在"意之实与不实、诚与伪"这一"善恶关"（"圣凡关""人鬼关"）之觉察上面，"吾心之灵"对此"善恶关"洞若观火之精察明觉的能力实际上已预设了此"独知"乃是良知之自知。朱子甚至说"几既动，则己必知之"，[①] 朱子还特别强调"皎如日月"的吾心之灵乃是无时不觉的，针对弟子"自非物欲昏蔽之极，未有不醒觉者"之说法，朱子明确说："便是物欲昏蔽之极，也无时不醒觉。只是醒觉了，自放过去，不曾存得耳。"[②] 此即是说，在吾心（此处之"吾心"乃是人心、道心杂于方寸之间的"吾心"）萌发一念之际，吾心（此处之"吾心"乃是阳明意义上"良知之心"）则必有所觉察。问题来了，在吾人心灵生活之隐秘处，谁能省察念之"正"与"不正"，谁能辨别"意"之"实"与"不实"，此"一念独知处"，若非"良知"又能是何物呢？[③] 在朱子"独知

---

① 黎靖德编：《朱子语类》卷62，朱杰人等主编：《朱子全书》，第16册，第2033页。

② 黎靖德编：《朱子语类》卷17，朱杰人等主编：《朱子全书》，第14册，第578页。

③ 唐君毅先生在比较朱陆之学圣之道及王阳明之致良知之道时指出，朱子诚意章注所言"知为善去恶"之知，"实其心之所发"之"意"以及正心工夫中所存得之心体之明，如合为一义，即是阳明所谓心体之良知，换言之，在朱子诚意工夫中，原自始有"知"在。唐君毅：《中国哲学原论·原教篇》，北京：中国社会科学出版社，2006年，第197页。陈来先生更是明确指出，《大学》把诚意解释为不自欺，显然预设了两个自我。要求不欺自我，这个自我是指人的德性的自我，而"诚意"又是对治意之不诚而发，不诚之意是指人的经验的自我。……既然"不自欺"是诚意的具体含义，它作为一个德目，就预设了一个先验的是非之心，要人不要欺瞒这个本有的善良意志……由此可见，阳明的诚意说后来发展为致良知说，也反映了体系内部的要求。陈来：《有无之境：王阳明哲学的精神》，北京：人民出版社，1991年，第129—130页。

处"，阳明"良知"之概念已呼之欲出了。[①]

二、"独知处"即是"吾心之良知处"

王阳明明确将独知称为良知，弟子欧阳德回忆道："先师阳明公阐慎独之训，而为之言曰：'独知也者，良知也。戒慎恐惧，毋自欺而求自慊，所以致之也。'"[②] 另一江右弟子黄直记载说："……工夫到诚意始有着落处。然诚意之本又在于致知也。所谓'人虽不知而己所独知'者。此正是吾心良知

---

① 传统论王阳明心学的渊源，每每落实于孟子与象山，此从学派属性与风格而论自无问题，但就阳明思想本身引发机缘而论，朱子思想是阳明思想形成过程之中不可回避的环节，对此，现代学者多有注意，尤刘述先先生论之甚详。刘述先指出："阳明之学虽与朱学格格不入，其学始于格物新解，即以朱子为批评之对象。晚年写《大学问》，对其本身的体验自有其更透彻的发挥。然其理论之规模却仍需要借朱学之对反而益显。在此义下，也可谓朱学为王学之一重要渊源。"后来他又撰专文《论阳明哲学之朱子思想渊源》系统阐述阳明思想形成过程之中的朱子学因素，并认定"朱子的思想对于阳明哲学最大的影响，在于它对前人学说提出一种解悟与体证，却引起了阳明的疑惑与思索，从而悟出不同的看法，因此在同一问题上与朱子思想形成对比"。刘述先从格物、知行关系与中和问题几个方面展示了这一"对比"。最后刘先生对阳明学之朱子思想渊源作出了以下判定：第一，朱子学，阳明童而习之，故潜移默化。第二，朱学中心是圣人之学，阳明学亦不例外，他追随朱子指引而未达，但其入学进路所用文献如《大学》、所提问题如"格致"，莫不由朱学转手而来。第三，阳明发展完成的思想恰与当时流行的朱学格局对反，其意义必通过此对反而益显。第四，阳明深信自己的思想与朱子晚年所得完全契合，可以说在阳明一生思想的发展过程中处处有朱学背景与痕迹。以上见刘述先：《朱子哲学思想的发展与完成》，台北：台湾学生书局，1995 年增订三版，第517、566—598 页。本章由朱子"独知"进至阳明"良知"，进一步揭示阳明良知学中的朱子渊源。

② 欧阳德：《答彭云根》，陈永革编校整理：《欧阳德集》（南京：凤凰出版社，2007 年，卷三，第 112 页）。据徐阶所记，邹东廓当初就格致、戒惧、慎独之说向阳明请教，阳明直接说："独即所谓良知也。慎独者，所以致其良知也；戒谨恐惧，所以慎其独也。"见徐阶：《明故南京国子监祭酒礼部右侍郎谥文庄邹公神道碑铭》，邹守益：《邹守益集》卷二十七，第 1379 页。

处。然知得善，却不依这个良知便做去。知得不善，却不依这个良知便不去做。则这个良知便遮蔽了。是不能致知也。……"(《传习录》317:368—369)

"人虽不知而己独知者"乃朱子对慎独之"独"的理解，今阳明视之为"吾心良知处"，独知处即是良知处。"独知"成了良知之别名，独知工夫（慎独、谨独①）即是致良知工夫，独知遂成为一重要的哲学术语，而其范围与性质均于朱子之原意有所滑转。

这集中反映于他跟弟子黄弘纲与陈九川的两则对话之中：

> 正之问："戒惧是己所不知时工夫。慎独是己所独知时工夫。此说如何？"先生曰："只是一个工夫。无事时固是独知。有事时亦是独知。人若不知于此独知之地用力，只在人所共知处用功，便是作伪，便是'见君子而后厌然'。此独知处便是诚的萌芽。此处不论善念恶念，更无虚假。一是百是，一错百错。正是王霸义利诚伪善恶界头。于此一立立定，便是端本澄源，便是立诚。古人许多诚身的工夫，精神命脉，全体只在此处。真是莫见莫显，无时无处，无终无始。只是此个工夫。今若又分戒惧为己所不知。即工夫便支离，亦有间断。既戒惧，即是知。己若不知，是谁戒惧？如此见解，便要流入断灭禅定。"曰："不论善念恶念，更无虚假。则独知之地，更无无念时邪？"曰："戒惧亦是念。戒惧之念，无时可息。若戒惧之心稍有不存，不是昏聩，便已流入恶念。自朝至暮，自少至老，若要无念，即是己不知。此除是昏睡，除是槁木死灰。"(《传习录》120:142)

> 九川问："近年因厌泛滥之学，每要静坐，求屏息念虑。非惟不能，愈觉扰扰。如何？"先生曰："念如何可息？只是要正。"曰："当自有无念时否？"先生曰："实无无念时。"曰："如此，却如何言静？"曰："静未尝不动。动未尝不静。戒慎恐惧即是念。何分动静？"曰："周子何以言'定之以中正仁义而主静'？"曰："'无欲故静。'是'静亦定，动亦定'的'定'字，主其本体也。戒惧之念是活泼泼地。此是天机不息处。所谓'维天之命，於穆不已'。一息便是死。非本体之念即是私

---

① "谨独"，即"慎独"，朱子因避宋孝宗赵昚（"昚"即古"慎"字）之讳，而称"慎独"为"谨独"，后儒亦往往沿用之。

念。"(《传习录》202:286）

黄弘纲的戒惧慎独两节、两时工夫说，系指朱子，不睹不闻，是指己所不知处，即喜怒哀乐之未发时的心理状态，此时须用戒惧之功；"己所独知"是他人之不睹不闻处，此处、此时须用慎守之功。这是两个节次的工夫：戒惧是无事的工夫、静时的工夫，慎独是细微之事、微动时（迹未形而几已动）的工夫。阳明的看法是，只有一个工夫，即独知的工夫，戒慎恐惧也是独知的工夫。在做如此断定的时候，王阳明实际上并未改变朱子关于独知乃是己所独知、他人不知这一含义，他跟朱子一样，把独知的对象理解为只限于自己真切体验到的心理状态，只是朱子往往强调这种心理状态特指动而未形、萌而未彰、有无之间一念萌动，而王阳明则认为朱子所谓的已发与未发时的心理状态也同样是只限于自己知道的范围，故亦是独知。喜怒哀乐之已发，又何尝不是独知？他人固可察言观色知我之喜怒哀乐，然唯有我自己方真切经历、体验此喜怒哀乐。更为重要的是，在王阳明看来，戒惧也是已发，也是一念萌动，戒惧亦是念，故亦是独知工夫。这样，独知的工夫（慎独／戒惧、诚意）成了贯彻始终（已发／未发、有事／无事、动／静、寂／感）的一元工夫，此工夫便成了致良知工夫之同义词。在跟陈九川的对话中，阳明再次申明心灵生活并无"无念"的状态，戒慎恐惧也是"念"，并将戒慎恐惧之念视为天机不息之表现。

戒慎恐惧之为"念"，实应进一步界定。陈九川所问之"念"乃是具体的"念头"（善念或恶念），依阳明高足王畿，念有二义："今心"为念，是"见在心"，是正念；"二心"为念，是"将迎心"，是邪念。"正与邪，本体之明，未尝不知，所谓良知也。"[①]"戒惧之念"则是让此良知（亦即独知）始终贞定住心灵生活之力量，因有此戒惧之念（实即慎此独知之别称），心体方能时时贞定其自身，方能物来顺应（是谓"正念"），应而中节，过而不留（是谓"念而无念"）。倘吾人心灵稍偏离此"见在心"而有所"将迎期必"，吾人良知当下即知之（是谓"独知"之），戒惧之念即让此独知不滑落，不稍纵即逝，而当下消弭之。故在严格意义上，戒惧之念不应与有善有恶、念起念灭的意念混同，它不是具体的念头："心体上着不得一念留

---

① 王畿：《念堂说》，吴震编校整理：《王畿集》卷17，第501—502页。

滞，就如眼着不得些子尘沙。些子能得几多，满眼便昏天黑地了。"又曰："这一念不但是私念。便好的念头亦着不得些子。如眼中放些金玉屑，眼亦开不得了。"（《传习录》335:380）可以说，戒惧之念就是这样一种让"心灵之眼"始终维持虚灵不昧、明莹不滞的能力。王阳明后学胡直颇善发独知范畴涵括吾人心灵生活之整体义，有学者致书请教"中在仁前，仁在独知前"，胡直答曰：

> 此似未尝证验于心，而犹为文义与旧说牵绕故也。来书曰"独知是仁"，不识未知时作如何看？此乃专泥于先儒以意念动时为独知，即谓有"有知时"，又泥于先儒未发前气象一语，而谓有"无知时"，此大误也。夫心虚而灵者也，即独知是也，此独知者不论动与静、有念与无念、有事与无事，总之一虚而灵而已，决无有冥顽不知之候，即睡时人固谓冥也，然触而觉，呼而醒，不可得而冥。今之学元默者，每自谓冥心坐忘，然知冥者又为谁？可知其不可冥者以虚而灵故也。是故当人心静时，纵无一念一事，此虚而灵者，昭乎不昧，未尝遗物。其与应事接物者无减，故曰"未应不是先"。当人心动时，纵有万几、万应，此虚而灵者，昭乎不昧，未尝倚物，其与未应事接物者无增，故曰"已应不是后"。殆如镜之明体，不拘有物无物，总只一明，岂有专属知一边之说？此知即是天之明命，人之明德，亦即是源头，更何别有源头可寻？亦如镜之明，即是源头，又岂另有镜源头耶？若如吾子言有未知前一段，则人心必有冥然不觉，槁木死灰时矣，此安得为源头？亦犹镜子以不明为源头，可乎？今之语静与寂者适近乎此，此在二氏尚斥为静缚顽空，若吾儒宁有此哉？[①]

即便在睡时，人亦有觉醒之能力，故能一呼而醒，一叫便应；即便习坐忘之人，每谓冥心坐忘，然既自谓冥、忘，则对其冥、忘已有所自知。心灵即心虚而灵者（虚灵），一如明镜，昭乎不昧，不拘有物无物，总只一明。明镜照物（"动""感"）与未照物（"静""寂"）其"明"不变，"独知"亦

---

① 胡直：《答人问独知》，《衡庐精舍藏稿》卷 20，《景印文渊阁四库全书》（第1287 册），台北：台湾商务印书馆，1986 年，第 488—489 页。

如此，不拘念虑动与不动，总只一知，如此，独知与心灵之"灵昭不昧"的能力实异名而同指。

在朱子处，不睹不闻属于"静"，为未动念时；"独知"属于"动"，为初动念时。独知之范围通常仅限于对此初动之念或行迹未彰状态的觉察。在王阳明这里，戒慎恐惧也属于"念"，于是独知之范围遂涵括了整个心灵生活。在《答汪石潭内翰书》中，王阳明对此有自觉之辨析："朱子于未发之说，其始亦尝疑之，今其集中所与南轩论难辩析者，盖往复数十而后决，其说则今之《中庸注疏》是也。其于此亦非苟矣。独其所谓'自戒惧而约之，以至于至静之中；自谨独而精之，以至于应物之处'者，亦若过于剖析。而后之读者遂以分为两节，而疑其别有寂然不动、静而存养之时，不知常存戒慎恐惧之心，则其工夫未始有一息之间，非必自其不睹不闻而存养也。吾兄且于动处加工，勿使间断。动无不和，即静无不中。而所谓寂然不动之体，当自知之矣。未至而揣度之，终不免于对答（"答"当为"塔"之误——引者）说相轮耳。"[1]阳明在此所引朱子《中庸注疏》并不完整，原文为："自戒惧而约之，以至于至静之中无少偏倚，而其守不失，则极其中而天地位矣。自谨独而精之，以至于应物之处无少差谬，而无适不然，则极其和而万物育矣。盖天地万物，本吾一体，吾之心正，则天地之心亦正矣，吾之气顺，则天地之气亦顺矣，故其效验至于如此。此学问之极功、圣人之能事，初非有待于外，而修道之教亦在其中矣。是其一体一用虽有动静之殊，然必其体立而后用有以行，则其实亦非有两事也。"[2]朱

---

① 吴光等编校：《王阳明全集》卷4，第147页。是年王阳明40岁，可以说阳明很早就对朱子以思虑之起（"动"）与未起（"静"）这一时间先后分"未发"与"已发"不以为然。他还引程子"心，一也。有指体而言者，寂然不动是也；有指用而言者，感而遂通是也"，指出汪俊"自朝至暮，未尝有寂然不动之时"说，只是见其用而不见其体，而未能"因用而求其体"，并劝汪俊"且于动处加工，勿使间断"。汪俊尽管与王阳明有立场之分歧，但他似乎接受了阳明对朱子的批评，其《中庸说》指出，朱子"以动静之时分体用，而以静存为致中，动察为致和"，虽"自无渗漏"，但"非程子之本旨"，又说："自朱子始自立说，以未发、已发分属动静之时，学者但当因其时，而各致其力，是与《中庸》之本旨未知其合与否，然非程子之说矣。"见汪俊：《濯旧稿》卷1，《四库全书存目丛书·子部》（第83册），济南：齐鲁书社，1995年，第785、786页。

② 朱熹：《中庸章句》，朱杰人等主编：《朱子全书》（第6册），第33页。

子之原文已明确指出，"戒惧之约"与"谨独之精"并非两事，明此，则可体会王阳明信函中"后之读者遂分为两节"表述之谨慎。朱子《中庸注疏》并未明确将戒惧与慎独分为两节工夫，"非有两事"，言之凿凿，但朱子以"戒惧"为"致中工夫"，以"慎独"为"致和工夫"，则又不免给人两节工夫之印象，况《中庸或问》与《朱子语类》中亦不乏两事、两节说，故阳明认为这种表述"过于剖析"。这种剖析太过之病源自朱子以时间先后之"未发""已发"范畴刻画心灵生活。与此不同，王阳明强调戒惧亦是"念"，实际上就是要颠覆朱子未发、已发范畴之使用方式，在王阳明这里，未发、已发不再是心灵生活的两个时段（静时与动时），"心，无动静者也。其静也者，以言其体也；其动也者，以言其用也"。[1] 未发、已发乃是体用一源、显微无间之关系：未发之中即是良知，而良知乃无分于有事无事、无分于寂感、无分于动静、无分于先后内外而浑然一体者："未发之中，即良知也。无前后内外，而浑然一体者也。有事无事，可以言动静。而良知无分于有事无事也。寂然感通，可以言动静。而良知无分于寂然感通也。动静者所遇之时。心之本体，固无分于动静也。理无动者也，动即为欲。循理则虽酬酢万变，而未尝动也。从欲则虽槁心一念，而未尝静也。动中有静，静中有动，又何疑乎？有事而感通，固可以言动。然而寂然者未尝有增也。无事而寂然，固可以言静。然而感通者未尝有减也。动而无动，静而无静，又何疑乎？无前后内外，而浑然一体，则至诚有息之疑，不待解矣。未发在已发之中。而已发之中，未尝别有未发者在。已发在未发之中。而未发之中未尝别有已发者存。是未尝无动静。而不可以动静分者也。"（《传习录》157:220）其实，有事、无事也是顺着朱子的说法而来的，[2] 倘站在阳明心学

---

① 王守仁：《答伦彦式》，吴光等编校：《王阳明全集》卷5，第182页。

② 需要指出的是，朱子未尝不明"必有事焉"之精神，但其工夫论述极喜欢两边之辩证地说而期收到不落于一边之效果，其有事、无事说亦是如此。问："敬通贯动静而言。然静时少，动时多，恐易得挠乱。"曰："如何都静得？有事须着应。人在世间，未有无事时节；要无事，除是死也。自早至暮，有许多事。不成说事多挠乱，我且去静坐？敬不是如此。若事至前，而自家却要主静，顽然不应，便是心都死了。无事时敬在里面，有事时敬在事上。有事无事，吾之敬未尝间断也。"黎靖德编：《朱子语类》卷12，朱杰人等主编：《朱子全书》（第14册），第374页。标点略有改动。

之立场，事由心发，而心又必发为事，无心外之事，亦无事外之心，故曰"必有事焉"。用阳明的话说，"戒惧克治，即是常提不放之功，即是必有事焉，岂有两事邪？"(《传习录》163:231)[1]

王阳明每每强调戒慎恐惧是贯彻动静的工夫("无间于动静")，在《答舒国用》中明确区分出了两种恐惧，一是《大学》之"恐惧忧患"，一是《中庸》之"戒慎恐惧"，"程子常言：'人言无心，只可言无私心，不可言无心。'戒慎不睹，恐惧不闻，是心不可无也。有所恐惧，有所忧患，是私心不可有也。尧舜之兢兢业业，文王之小心翼翼，皆敬畏之谓也，皆出乎其心体之自然也。出乎心体，非有所为而为之者，自然之谓也。敬畏之功无间于动静，是所谓'敬以直内，义以方外'也。敬义立而天道达，则不疑其所行矣。"[2] 敬贯动静本是朱子工夫论中浓墨重彩之一笔，阳明今日"敬畏之功无间于动静"，朱子之敬功何尝不是如此？阳明强调敬畏、戒惧乃出乎"心体之自然"，甚至还说戒惧就是本体，[3] 朱子以人之气呼便出、吸便入喻敬功，亦未尝忽视此敬之"自然"一面。可以说，戒慎恐惧无间于动静乃两人工夫论之共识。二人之异同在于，王阳明将在朱子那里本只是心之已发的"独知"一节工夫提升为全体工夫。独知工夫不仅与朱子未发前之涵养工夫（即"偏言"之"戒惧工夫"）合并，而且也与朱子格物穷理工夫会同：以方问曰："先生之说格物，凡《中庸》之慎独，及集义博约等说，皆为格物之事。先生曰：'非也。格物即慎独，即戒惧。至于集义博约，工夫只一般。不是以那数件都做格物底事。'"(《传习录》323:374)

倘若我们站在朱子的立场上，当如何看王阳明格物即慎独，即戒惧说？朱子作为"专言"之戒惧工夫（即敬的工夫）自贯通于动静、寂感、

---

① 对王阳明心外无事命题的相关阐述，可参见陈立胜：《作为生活态度的格物之学——王阳明之"心外无事"解》，收入金泽、赵广明主编：《宗教与哲学》（第4辑），北京：社会科学文献出版社，2015年，第246—269页。

② 吴光等编校：《王阳明全集》卷5，第190—191页。

③ 问："'不睹不闻'，是说本体，'戒慎恐惧'，是说功夫否？"先生曰："此处须信得本体原是不睹不闻的，亦原是戒慎恐惧的。戒慎恐惧，不曾在不睹不闻上加得些子。见得真时，便谓戒慎恐惧是本体，不睹不闻是功夫。"(《传习录》266:326)"不睹不闻是本体，戒慎恐惧是工夫；戒慎恐惧是本体，不睹不闻是工夫。"见吴光等编校：《王阳明全集》（新编），第5册，第1691页。

有事无事，故有格物时敬以格之，诚意时敬以诚之之说，[①] 对阳明格物即戒惧说，朱子自会首肯。而对格物即慎独说，倘"即"字作"不离"解，则格物离不开慎独，朱子亦不会对此持有异议。只是朱子强调就工夫之架构而论，格物是"明此心之工夫"，慎独是"诚此心之工夫"，前者是明白义理，后者是纯化动机，两者之间自有分际。王阳明则注重诚、明一如，两者之间不容区隔。于是，独知工夫最终与朱子那里作为"专言"的戒惧工夫泯而为一，[②] 成了贯彻始终的一元工夫，未发、已发遂只是一个工夫：或问未发已发。先生曰："只缘后儒将未发已发分说了。只得劈头说个无未发已发，使人自思得之。若说有个已发未发，听者依旧落在后儒见解。若真见得无未发已发，说个有未发已发，原不妨。原有个未发已发在。"问曰："未发未尝不和。已发未尝不中。譬如钟声，未扣不可谓无，既扣不可谓有。毕竟有个扣与不扣，何如？"先生曰："未扣时原是惊天动地。既扣时也只寂天寞地。"（《传习录》307：352）这些看似吊诡之言无非要让弟子体认"即体而言用在体"（"未发未尝不和"）与"即用而言体在用"（"已发未尝不中"）体用不二之真谛，从而彻底超越动静、寂感、有无、先后、内外、有事无事之二见，摆脱朱子戒惧与慎独工夫之分际说（所谓"后儒见解"）。对此，王畿曾有精确之观察："晦翁既分存养省察，故以不睹不闻为己所不知，独为人所不知，而以中和分位育。夫既己所不知矣，戒慎恐惧孰从而知之？既分中和位育矣，天地万物孰从而二之？此不待知者而辨也。先师则以不睹不闻为道体，戒慎恐惧为修道之功。不睹不闻即是隐微，即所谓独。存省一事，中和一道，位育一原，皆非有二也。晦翁随处分而为二，先师随处合而为一，此其大较也。"[③]

就独知之性质论，朱子将独知工夫通常限定在一念初动时的警觉上

---

① 黎靖德编：《朱子语类》卷13，朱杰人等主编：《朱子全书》（第14册），第392页。王阳明认为，朱子将格物致知与正心诚意区隔为两节，格物遂有逐外忘反之弊："纵格得草木来，如何反来诚得自家意？"（《传习录》317：368）

② 笔者曾指出，在朱子那里"戒惧"（戒慎恐惧）工夫有"专言"与"偏言"之别：作为专言的戒惧工夫（敬的工夫）普适于整体心灵生活，作为偏言的戒惧工夫则专指"念"之未起时的涵养工夫。陈立胜：《作为修身学范畴的"独知"概念之形成：朱子慎独工夫新论》，《复旦学报》2016年第4期。

③ 王畿：《书婺源同志会约》，吴震编校整理：《王畿集》卷2，第39页。

面，而这种警觉在朱子的文字中更多的是提防性、防御性的（所谓"检防人欲"、所谓"禁止其苟且自欺之萌"、所谓"遏人欲之将萌"、所谓"防意如城"），它有点类似于弗洛伊德意义上的"超我"，在潜意识与意识之间起到审查官（censor）的作用。而在王阳明这里，由于戒慎恐惧也被纳入了独知的范畴，于是在朱子那里本是静存与涵养本原的工夫（"全其体工夫"）也成了独知的工夫。质言之，朱子那里"全其体"与"审其几"两节工夫统摄于王阳明之独知工夫（致良知工夫）之中。这就意味着在王阳明的"独知"工夫之中除了继续具有朱子的提防性、防御性的消极功能之外，还具有体认、默识、涵养心之本体（良知）的积极功能。①

---

① 今人多认为跟李侗（当然亦跟王阳明）通过涵养去体证"中体"工夫不同，朱子之涵养工夫只是"空头的涵养"，只是"保持一常惺惺的态度"，"并没有确定的实质内容"。见刘述先：《朱子哲学思想的发展与完成》，第114、128页。实际上，这也不只是今人的看法，王畿在论及涵养工夫时曾指出，"涵养工夫贵在精专接续，如鸡抱卵，先正尝有是言。然必卵中原有一点真阳种子方抱得成，若是无阳之卵，抱之虽勤，终成假卵。学者须识得真种子，方不枉费工夫。明道云'学者须先识仁'，吾人心中一点灵明便是真种子，原是生生不息之机。种子全在卵上，全体精神只是保护得，非能以其精神帮助之也"。见王畿：《留都会纪》，吴震编校整理：《王畿集》卷4，第98—99页。"如鸡抱卵"，语出养生家，朱子曾用于描述涵养工夫，"先正尝有是言"，当指朱子。显然，在王畿看来，朱子之涵养乃是无真阳种子之空头的涵养。明末清初三大儒之一李颙在门人请示涵养省察工夫时，亦指出："也须先识头脑。否则，'涵养'是涵养个甚么？'省察'，是省察个甚么？若识头脑，'涵养'，涵养乎此也；'省察'，省察乎此也。时时操存，时时提撕，忙时自不至于逐物，闲时自不至于着空。"而头脑即是"良知"。见李颙撰、陈俊民点校：《二曲集》卷3，北京：中华书局，1996年，第26页。朱子之涵养、主敬是否真如论者所谓只是一"空头的涵养"？鄙人认为此须再做检讨。概言之，朱子之涵养持敬固起到收摄保任之功能，所涵养、保任之"心之本"固亦只是一"虚灵知觉"之心，而具体的性理内涵则须由"致知格物"的穷理、明理工夫提供，但此只是一静态性、结构性之说法，倘吾人将朱子之"明明德"说、"顾諟天之明命"说、涵养与省察、居敬与致知穷理关系说类聚而观，亦不难发现涵养之中自有"端倪"（义理）可体、可养。涵养与省察实是一层累递进、交互渗透的动态、发生的关系。限于本章之主题与篇幅，本文无法深入讨论朱子戒慎恐惧工夫（涵养、敬）与格物致知工夫之关系，亦无法就此议题而畅论阳明与朱子工夫之异同。

要之，朱子之"独知"概念已经蕴含着向阳明"良知"概念过渡之契机，就二人使用独知一词，其异同可从独知范畴之外延（范围）与内涵（性质）两方面见出。（1）就外延论，朱子之独知范畴乃用于刻画心灵生活"念之将萌"乃至"已起"时段，故慎独的工夫亦特指诚意一节，阳明将戒惧亦视为"念"，于是独知成为普适于整体心灵生活之范畴，独知范畴涵盖了全副的心灵生活之自知、自证领域。阳明之所以要做出如此改动，与世人不善会朱子戒惧、独知工夫之两轮一体性，而误为不相干之两截，致使工夫有换手间断之虞有关，故有纠偏之用意。（2）由于独知外延之扩大（即涵括了朱子所谓的未发时段的戒惧、涵养本原与静存的工夫），故在阳明那里独知的性质与朱子相比亦有所不同，朱子之独知工夫侧重于提防性、防御性的一面，阳明之独知工夫则兼静存、动察于一身，立体端本与省察克治乃独知工夫之一体两面。

两人在独知上的理解之异同还集中体现在"几"之观念的阐释上面。朱子之"几"乃是有善有恶的意念之几，阳明之"几"乃天理流行、良知萌动之几。在朱子看来，几微之间，因人心道心杂然共在于方寸之间，故极易使人陷溺而不自知，故于此"发而未发之际"须慎上加慎，免得落入后着，一发而不可收拾。在阳明那里，"几"乃良知之萌动，吾人心体（良知、天理、明德、性体）实乃一生生不息之体，在待人接物之生存活动之中，此生生不息之体当机而发，是为"几"，知此"几"、体此"几"则自有端本澄源之功。这一区别尤其体现在二人对《系辞》"几者，动之微，吉之先见者也"之不同理解上面：朱子常常将独知与几微之际并提，并反复强调"几"乃已发之端，乃善恶萌生之端，故"几"严格意义上乃是一经验性、善恶混杂的意念初生态，并坚持说《系辞》中"吉之先见者"吉字下面漏一"凶"字（《汉书》引《系辞》即云"几者，动之微，吉凶之先见者也"），"几自是有善有恶"，[1]"几者，动之微。微，动之初，是非善恶于此可见；一念之生，不是善，便是恶"。[2]"'几者动之微'，是欲动未动

---

①　黎靖德编：《朱子语类》卷76，朱杰人等主编：《朱子全书》（第16册），第2589页。

②　黎靖德编：《朱子语类》卷94，朱杰人等主编：《朱子全书》（第17册），第3149页。

之间便有善恶，便须就这处理会。若到发出处，更怎生奈何得？所以圣贤说'谨独'，便是要就几微处理会。"[1] "几是动之微，是欲动未动之间，便有善恶，便须就这处理会。若至于发着之甚，则亦不济事矣，更怎生理会？所以圣贤说'戒慎乎其所不睹，恐惧乎其所不闻'。盖几微之际，大是要切。"[2] 这些关于几（几微）的说法，均着重指出几之凶之一面，故须惺觉、审察、理会，一毫不谨，便会流于恶或自欺。与此相对，王阳明则明确视"几"为良知之萌动处：或问至诚前知。先生曰："诚是实理。只是一个良知。实理之妙用流行就是神。其萌动处就是几。诚神几曰圣人。圣人不贵前知。祸福之来，虽圣人有所不免。圣人只是知几遇变而通耳。良知无前后。只知得见在的几，便是一了百了。"（《传习录》281:335—336）良知、实理之萌动曰几，则"几"自是吉而无凶，其积极的意涵甚为昭明。

三、"独知处"究竟如何用功？

就作为工夫入手处的独知而论，朱子论独知工夫时，尤其注重对"意"之亏欠现象（亦即自欺现象）的察觉，独知也因此构成了诚意关口至为关键的一环，意之实（实即诚）与不实（不实即欠，即自欺），无有不自知者，故独知亦是自知。如所周知，朱子《大学》八目之中，尤重格物（致知）与诚意（正心），前者是"知之始"，后者是"行之始"。而就正心诚意一环，朱子更是明确点出诚意是"紧要工夫"：

> 问："心，本也。意，特心之所发耳。今欲正其心，先诚其意，似倒说了。"曰："心无形影，教人如何撑拄。须是从心之所发处下手，先须去了许多恶根。如人家里有贼，先去了贼，方得家中宁。如人种田，

---

[1] 黎靖德编：《朱子语类》卷76，朱杰人等主编：《朱子全书》（第16册），第2588页。

[2] 黎靖德编：《朱子语类》卷94，朱杰人等主编：《朱子全书》（第17册），第3150页。

不先去了草，如何下种。须去了自欺之意，意诚则心正。诚意最是一段中紧要工夫。下面一节轻一节。"

　　问："心者，身之主；意者，心之发。意发于心，则意当听命于心。今日'意诚而后心正'，则是意反为心之管束矣。何也？曰："心之本体何尝不正。所以不得其正者，盖由邪恶之念勃勃而兴，有以动其心也。譬之水焉，本自莹净宁息，盖因波涛汹涌，水遂为其所激而动也。更是《大学》次序，诚意最要。学者苟于此一节分别得善恶、是非、取舍分明，则自此以后，凡有忿懥、好乐、亲爱、畏敬等类，皆是好事。大学之道，始不可胜用矣。"①

段落一所言工夫须从心之所发处下手，而下手方式即是类似于去贼、去草之"拔去恶根"法，这个方法也就是阳明所说的"省察克治法"。② 段落二中"心之本体何尝不正"则是阳明"必就心之发动处方可着力"所诉诸之根据（详下）。两段话的问题意识都很明确：正心与诚意工夫孰为根本？问者认为"意"既然是心之所发，则"心"才是大本所在，因此诚意工夫必须以"正心"工夫为先决条件，否则则有颠倒本末关系之嫌疑。朱子则认定工夫只能从"心之发处"（亦即"意"）入手，第二段中更是指出诚意一节真能做到"分别得善恶、是非、取舍分明"，则自此以后忿懥、好

---

　　①　黎靖德编：《朱子语类》卷 15，朱杰人等主编：《朱子全书》（第 14 册），第 488、490 页。

　　②　一日论为学工夫。先生曰："教人为学不可执一偏。初学时心猿意马，拴缚不定。其所思虑多是人欲一边。故且教之静坐息思虑。久之，俟其心意稍定。只悬空静守，如槁木死灰，亦无用。须教他省察克治。省察克治之功，则无时而可间。如去盗贼，须有个扫除廓清之意。无事时，将好色好货好名等私，逐一追究搜寻出来。定要拔去病根，永不复起，方始为快。常如猫之捕鼠。一眼看着，一耳听着。才有一念萌动，即与克去。斩钉截铁，不可姑容与他方便。不可窝藏。不可放他出路。方是真实用功。方能扫除廓清。到得无私可克，自有端拱时在。虽曰'何思何虑'，非初学时事。初学必须思省察克治。即是思诚。只思一个天理。到得天理纯全，便是何思何虑矣。"（《传习录》39:75—76）王阳明这里以"去盗贼""捕鼠"之喻来阐明省察克治之功，与朱子诚意说如出一辙。另外，阳明亦用"伐树拔根"之喻摹状省察克治法（见《传习录》19:58—59）。

乐、亲爱、畏敬一类情绪皆无问题，"皆是好事"，此即意味着情绪与心态的偏颇其根子在于价值认知，价值认知正确，其心态自然亦"正"。诚意工夫紧要在此！阳明就正心与诚意关系所发之议论大致皆未越出朱子之矩矱：

> 工夫难处，全在格物致知上。此即诚意之事。意既诚，大段心亦自正，身亦自修。(《传习录》88:111)
>
> 守衡问，"《大学》工夫只是诚意。诚意工夫只是格物修齐治平。只诚意尽矣。又有正心之功。有所忿懥好乐，则不得其正。何也？"先生曰，"此要自思得之。知此则知未发之中矣"。守衡再三请。曰，"为学工夫有浅深。初时若不着实用意去好善恶恶，如何能为善去恶？这着实用意，便是诚意。然不知心之本体原无一物，一向着意去好善恶恶，便又多了这分意思，便不是廓然大公。《书》所谓'无有作好作恶'，方是本体。所以说有所忿懥好乐，则不得其正。正心只是诚意工夫里面，体当自家心体，常要鉴空衡平，这便是未发之中"。(《传习录》119:140—141，标点略有改动)

这两段《传习录》上卷的文字皆清楚表明正心工夫亦由诚意入手。其要均扣在就诚意中体当自己心体这一向度上，具体而言，段落一强调工夫难处在诚意，"至善者心之本体也，心之本体哪有不善？故如要正心，本体上却又无可用工"，必就心之发动处才可着力也，而就心之发动处着力，则恰是诚意工夫之所在，意诚，心亦大段自正，此意味着诚意是正心之前提。段落二则更加凸显诚意与正心之间的微妙区别，诚意是着实好善恶恶，正心则是常令自家心体廓然大公，无有些子不正处，不可滞于有，有不可堕于无（所谓"鉴空衡平"），要之，诚意是"着实用意"，而正心则是"不着意"。由诚意至正心是一个由浅入深，由初时着力用功至终时"何思何虑"而渐趋于"忘"的过程。

不过，在朱子那里，诚意工夫固然关键，但必与格物致知工夫对举而成两轮一体工夫方平正无弊，无格物致知之功，则义理无由明，"此心愦愦，何事于操存也"。[①] 阳明之异于朱子处在于：

其一，将"格物"工夫归结为"诚意"。观龙场悟道后至致良知教提出之前，"诚意"无疑是阳明工夫论之中心。

> 蔡宗兖问："文公《大学》新本，先格致而后诚意工夫。似与首章次第相合。若如先生从旧本之说，即诚意反在格致之前。于此尚未释然。"先生曰："《大学》工夫即是明明德。明明德只是个诚意。诚意的工夫只是格物致知。若以诚意为主，去用格物致知工夫，即工夫始有下落。即为善去恶，无非是诚意的事。如新本先去穷格事物之理。即茫茫荡荡，都无着落处。须用添个敬字，方才牵扯得向身心上来。然终是没根源。若须用添个敬字，缘何孔门倒将一个最紧要的字落了，直待千余年后要人来补出？正谓以诚意为主，即不须添敬字。所以举出个诚意来说。正是学问的大头脑处。于此不察，真所谓毫厘之差，千里之谬。大抵《中庸》工夫只是诚身。诚身之极便是至诚。《大学》工夫只是诚意。诚意之极便是至善。工夫总是一般。今说这里补个敬字，那里补个诚字，未免画蛇添足。"（《传习录》129:154—155）

在朱子格致工夫的主题即是即物穷理，诚意工夫则是"体此理"，即体会、体现由格致所得之理，保证吾心好善恶恶而无一毫人欲夹杂。而在阳明看来将格致工夫与诚意工夫二元化，则格致工夫不免与自家心性生命隔了一层，为了避免此种隔阂，朱子只好提出一个"敬"字，称敬贯动静，并称敬字是为学第一义。敬字如此重要，为何孔门却如此疏忽而不加以表

---

① 黎靖德编：《朱子语类》卷15，朱杰人等主编：《朱子全书》（第14册），第481页。在朱子那里，《大学》修身八目有两大关口：一是"致知关"，二是"诚意关"。致知是梦觉关，诚意是恶善关。透得致知关则觉，不然则梦。透得诚意之关则善，不然则恶。透得致知关所觉之义理，诚意则不会陷入盲目，两者是知行之关系：知之愈明，则意愈诚，行愈力。然两关工夫不可固化为两个不相干的阶段：舜功问："致知、诚意是如何先后？"曰："此是当初一发同时做底工夫，及到成时，知至而后意诚耳。不是方其致知，则脱空妄语，倡狂妄行，及到诚意方始旋收拾也。"见黎靖德编：《朱子语类》卷15，朱杰人等主编：《朱子全书》（第14册），第485页。故鄙人以"两轮一体工夫"概括朱子工夫论之特色。

彰，直待朱子点出加以补充？此只能表明诚意工夫才是头脑工夫、根本工夫，以诚意为主，格致工夫即始终紧扣身心、鞭辟向里，而无须再点缀一个"敬"字。《大学》工夫只是诚意，《中庸》工夫只是诚身。蔡宗兖之问反映了站在朱子学立场对王阳明标举诚意工夫的质疑，这也见于同期向阳明问学的徐爱处。徐爱自叙云："爱因旧说汩没，始闻先生之教，实是骇愕不定，无入头处。其后闻之既久，渐知反身实践。然后始信先生之学，为孔门嫡传。舍是皆傍蹊小径，断港绝河矣。如说格物是诚意的工夫。明善是诚身的工夫。穷理是尽性的工夫。道问学是尊德性的工夫。博文是约礼的工夫。惟精是惟一的工夫。诸如此类，始皆落落难合。其后思之既久，不觉手舞足蹈。"（《传习录》14:54 徐爱跋）正德八年癸酉，王阳明（42 岁）正式标举"立诚"二字接引弟子："仆近时与朋友论学，惟说'立诚'二字。杀人须就咽喉上着刀，吾人为学当从心髓入微处用力，自然笃实光辉。虽私欲之萌，真是洪炉点雪，天下之大本立矣。若就标末妆缀比拟，凡平日所谓学问思辩者，适足以为长傲遂非之资，自以为进于高明光大，而不知陷于狠戾险嫉，亦诚可哀也已！"①正德九年甲戌，王阳明（43 岁）提出"诚是心之本体"的说法（《传习录》121:144），②同年在《答王天宇》的信中，王阳明再次强调："君子之学以诚意为主，格物致知者，诚意之功也。"即便在滁州教门人习静坐，阳明亦是从省察与诚意一环指点：孟源问静坐中思虑纷杂，不能强禁绝。阳明答曰："纷杂思虑，亦强禁绝不得；只就思虑萌动处省察克治，到天理精明后，有个物各付物的意思，自然精专无纷杂之念；《大学》所谓'知止而后有定'也。"可以说，"诚意是《大学》之要"，"工夫到诚意始有着落处"。这是致良知工夫提出之前王阳明最重要的为学主张。即便在提出致良知工夫论之后，王阳明也未忽视"立诚"的重

---

① 王守仁：《与黄宗贤》，吴光等编校：《王阳明全集》卷 4，第 152 页。王阳明以"立诚"二字接引弟子，亦见《赠林典卿归省序》（乙亥，阳明 44 岁），吴光等编校：《王阳明全集》卷 7，第 235 页。《赠周以善归省序》（乙亥），《王阳明全集》卷 7，第 237 页。

② 《传习录》此条对话者是林达，记录者是薛侃。《王阳明全集》卷 27《与顾惟贤》一书以及钱德洪《阳明先生年谱》均记载正德九年徐爱、薛侃、林达等人皆来南都问学一事。

要性，仍不时强调"圣人之学只是一诚而已"。[①] 此与朱子诚意、格致对举之做法自然不同。

其二，进一步由"诚意"而溯至"致知"。因对朱子致知与诚意两关说颇为熟稔，故弟子每每就阳明单举"诚意"一元工夫而生疑惑，"天理人欲知之未尽，如何可用诚意工夫？"（《传习录》65:95—96）"专一涵养而不务讲求义理，如何可避免认欲作理？"（《传习录》96:116—117）"无穷理之工夫，何由居敬？"（《传习录》117:137—138）……诸如此类的疑惑其问题意识是高度一致的，即如不先遵从朱子格致之明理、穷理工夫，如何知得自家的"意"之虚实、真妄。这一疑惑显然源自上引朱子"此心愦愦，何事于操存也"之问题意识。这一类疑问应该是王阳明由"诚意为本"转向"致知为本"的一个重要因缘。何以见得？吾人对比两个《大学古本序》与《大学问》对工夫次第之阐述（见表10-1），稍加辨析，便一目了然。

原序（正德十三年）工夫之中心在于诚意："……不本于诚意，而徒以格物者，谓之支；不事于格物，而徒以诚意者，谓之虚。"修身工夫以诚意为本，离此本而格物，则为"支离"；舍格物而徒空头诚意，则既缺乏事上磨练之功，又流于枯槁虚寂之偏，是谓"虚"。嘉靖二年[②]的新序最重要的改动是在"诚意"外又特别标出"诚意之本又在于致知"："诚意之极，止

---

① "先生尝谓人但得好善如好好色，恶恶如恶恶臭，便是圣人。直初时闻之，觉甚易。后体验得来此个功夫着实是难。如一念虽知好善恶恶，然不知不觉又夹杂去了。才有夹杂，便不是好善如好色，恶恶如恶恶臭的心。善能实实的好，是无念不善矣。恶能实实的恶，是无念及恶矣。如何不是圣人？故圣人之学，只是一诚而已。"（《传习录》229:305）先生曰："人但一念善，便实实是好。一念恶，便实实是恶。如此才是学。不然，便是作伪。"尝问门人圣人说"知之为知之"二句，是何意思。二友不能答。先生曰："要晓得圣人之学，只是一诚。"（《传习录》拾遗23:402）作于嘉靖丙戌年（阳明55岁）的《南冈说》一文有语："夫天地之道，诚焉而已耳；圣人之学，诚焉而已耳。"吴光等编校：《王阳明全集》卷24，第908页。

② 《王阳明全集》将新序系为嘉靖二年，亦有学者认为是正德十六年，见束景南：《阳明佚文辑考编年》，上海：上海古籍出版社，2012年，第678—679页。但王阳明本人短序三易其稿的说法，让学界怀疑束景南说有武断之嫌，见邓国元：《王阳明〈大学古本旁释〉献疑与辨证——以"初本"和"定本"为中心的考察》，《中国哲学史》2014第1期。今之系年仍从《王阳明全集》。

表10-1 《大学古本序》与《大学问》对工夫次第之阐述

《大学古本序》（正德十三年）	《大学古本序》（嘉靖二年）	《大学问》（嘉靖六年）
《大学》之要，诚意而已矣。诚意之功，格物而已矣。诚意之极，止至善而已矣。止至善之则，致知而已矣。正心，复其体也；修身，着其用也。以言乎己，谓之明德；以言乎人，谓之亲民。以言乎天地之间，则备矣。是故至善也者，心之本体也。动而后有不善，而本无不善也。意者，其动也；物者，其事也。格物以诚意，复其不善之动而已矣。不善复而体正，体正而无不善之动矣，是之谓止至善。 圣人惧人之求之于外也，而反复其辞。旧本析，而圣人之意亡矣！是故不务于诚意，而徒以格物者，谓之支；不事于格物，而徒以诚意者，谓之虚；支与虚，其于至善也远矣！合之以敬而益缀，补之以传而益离。吾惧学之日远于至善也，去分章而复旧本，傍为之什以引其义，庶几复见圣人之心，而求之者有其要矣。噫！罪我者，其亦以是矣夫。	大学之要，诚意而已矣。诚意之功，格物而已矣。诚意之极，止至善而已矣。止至善之则，致知而已矣。正心，复其体也；修身，着其用也。以言乎己，谓之明德；以言乎人，谓之亲民。以言乎天地之间，则备矣。是故至善也者，心之本体也。动而后有不善，而本体之知，未尝不知也。意者，其动也；物者，其事也。致其本体之知，而动无不善。然非即其事而格之，则亦无以致其知。故致知者，诚意之本也；格物者，致知之实也。物格则知致意诚，而有以复其本体，是之谓止至善。 圣人惧人之求之于外也，而反复其辞。旧本析，而圣人之学亡矣！是故不务于诚意，而徒以格物者，谓之支；不事于格物，而徒以诚意者，谓之虚；不本于致知，而徒以格物诚意者，谓之妄；支与虚与妄，其于至善也远矣！合之以敬而益缀，补之以传而益离。吾惧学之日远于至善也，去分章而复旧本，傍为之什以引其义，庶几复见圣人之心，而求之者有其要。乃若致知，则存乎心悟。致知焉，尽矣。	盖身、心、意、知、物者，是其工夫所用之条理，虽亦各有其所，而其实只是一物。格、致、诚、正、修者，是其条理所用之工夫，虽亦皆有其名，而其实只是一事......心之本体无不正者，必在于先正其心也。故欲修其身者，必在于先正其心也，而心之本体则性也......正，自其意念发动，而后有不正，故欲正其心者，必就其意念之所发而正之......然就其意念之所发者有善有恶，不有以明其善恶之分，亦将真妄错杂，虽欲诚之，不可得而诚矣。故欲诚其意者，必在于致知焉......今欲别善恶以诚其意，惟在致其良知之所发而为尔。何谓？意念之发，吾心之良知既知其为善矣，使其不能诚有以好之，而复背而去之，则是以善为恶，而自昧其知善之良知矣；意念之所发，吾之良知既知其为不善矣，使其不能诚有以恶之，而复蹈而为之，则是以恶为善，而自昧其恶恶之良知矣。然则虽曰知之，犹不知也，意其可得而诚乎？是必实有其事矣。故致知必在于格物......然后物无不格，而吾良知之所知者，无有亏缺障蔽，而得以极其至矣......然后物无不格，而吾良知之所知者，无有亏缺障蔽，而得以极其至矣？是必实有其事矣。

至善而已矣"句后补以"止至善之则，致知而已矣"，"心之本体也，动而后有不善"句后补以"而本体之知，未尝不知也"，而原来较为笼统的"格物以诚意，复其不善之动而已矣"被修订为"致其本体之知，而动无不善。然非即其事而格之，则亦无以致其知。故致知者，诚意之本也；格物者，致知之实也……"，"本于诚意"则被易为"务于诚意"，并补以"本于致知"这一关键环节，"……不务于诚意，而徒以格物者，谓之支；不事于格物而徒以诚意者，谓之虚；不本于致知而徒以格物诚意者，谓之妄。……噫！乃若致知，则存乎心悟。致知焉，尽矣"。由此数语之改，可观阳明工夫论之转进。毫无疑问，这些改动的核心在于加入了"致知"一环，并因此重新调整了诚意、致知、格物之关系。前此之"诚意为本"与今之"致知为本"有何异同？前文所引"工夫到诚意始有着落处。然诚意之本又在于致知也"，诚意与致知之关系究竟如何理解？"不本于致知而徒以格物诚意者，谓之妄"又作何解？这在新序之中只是点到为止，而在傍释之正文亦未有正面之阐述，[①] 以致当今学者有"未及深究"之感慨。其实，新序在"动而后有不善"，所补"而本体之知，未尝不知也"一句是问题之关键：动后有善念、有恶念，而作为本体之良知对此善念、恶念当下即有觉察，没有这种良知"未尝不知之觉察"，诚意便会陷入盲目，故阳明才会说"不本于致知而徒以格物诚意者，谓之妄"，这也正是朱子"此心愦愦，何事于操存也"之意思。

到了《大学问》一文，新序中"事于格物""务于诚意""本于致知"的说法不见了，代之而来的是"身、心、意、知、物"只是"一物"，"格（物）、致（知）、诚（意）、正（心）、修（身）"也只是"一事"，这就从根本上杜绝了工夫多歧之误解！而"致知"与"诚意"关系则有进一步之论述：性无不善，心之本体本无不正，故本体上无可用功，而意为心之"所发"，其正与不正只有在"一念发动处"表现出来，故诚意只能在"发处"

---

① 改定的《大学古本傍释》也只有稍许变动，即在"古之明明德于天下……致知在格物"论工夫次第一章，增加了一段致知与诚意、正心关系之文字："如意用于事亲，即事亲之事格之，必尽夫天理，则吾事亲之良知无私欲之间而得以致其极。知致，则意无所欺而可诚矣；意可诚，则心无所放而可正矣。"

用功，^① 正心工夫也必就此心之发动处，方可着力。一念而善，则好之如好好色；一念而恶，则恶之如恶恶臭。此亦即是诚意工夫，然而诚意之所以可能，心之发动处之所以能够成为工夫之"着落处"，必有一预设，即吾人对此一念发动处当下即有觉察而能"明其善恶之分"，如茫然无察，事后方觉，则着力、用功均成为空谈："真妄错杂，虽欲诚之，不可得而诚矣。"此显系以《中庸》"不明乎善，不诚乎身"阐释《大学》致知（明乎善）与诚意（诚乎身）之关系。诚意工夫只能由"明此善恶之分"的"明处"入手，知其为善，则诚善之，知其为恶，则诚恶之，而丝毫不昧其知善知恶之良知，此即是"致知"。于是，《大学》之格物、诚意、正心工夫最终都收摄为"致知工夫"："随时就事上致其良知，便是格物。着实去致良知，便是诚意。着实致其良知，而无一毫意必固我，便是正心。"（《传习录》187:268）这一说法跟他早年讲正心修身工夫各有用力处，"修身是已发边""正心是未发边"（《传习录》88:111）相比，王阳明一元化工夫论述更加彻底与光莹！这一说法出自王阳明临终前给聂豹的信，可谓晚年定论！

《大学问》与新序相比，还有另一个重大变化，即新序中的"乃若致知，则存乎心悟"一语不再出现，这确实耐人寻味。罗洪先曾对新序出现这句"心悟"之语颇感诧异，谓"似与初本结语若两人然"，^② 然而此语究作何解？为何到《大学问》阳明又不复提出？阳明后学之中不乏将此语理解为"一悟本体即是功夫"之人，倘如此解，则"诚意"成为"以功夫合本体"，这难免启人"诚意非究竟功夫"之返思，此钱德洪观察最为细致，他曾指出阳明立教揭诚意为《大学》之要，致知格物是诚意之功，门弟子闻此言"皆得入门用力之地"，但阳明没后，门弟子于"本体提揭过重"，

---

① 另参："然至善者心之本体也。心之本体那有不善？如今要正心，本体上何处用得工？必就心之发动处才可着力也。心之发动不能无善。故须就此处着力，便是在诚意。如一念发在好善上，便实实落落去好善。一念发在恶恶上，便实实落落去恶恶。意之所发既无不诚，则其本体如何有不正的？故欲正其心在诚意，工夫到诚意始有着落处。然诚意之本又在于致知也。所谓'人虽不知而已所独知'者，此正是吾心良知处。然知得善，却不依这个良知便做去。知得不善，却不依这个良知便不去做。则这个良知便遮蔽了。是不能致知也。"（《传习录》317:368—369）

② 钱德洪编次、罗洪先考订：《阳明先生年谱》（明嘉靖四十三年毛汝麒刻本）中卷。

"闻者遂谓诚意不足以尽道，必先有悟而意自不生"，又谓"格物非所以言功，必先归寂而物自化"，德洪对这种"不事诚意而求寂与悟"之功法斥为"不入门而思见宗庙百官"。① 钱德洪之告诫并未得到广泛认同，阳明后学多认为阳明此处"引而不发，待人自悟"之"致知存乎心悟"说乃是其见解高明处，是"尽泄底蕴以俟后学"之语。撇开钱德洪此处暗中所批评的同门王畿（王畿"先天正心"与"后天诚意"之区别，即钱德洪所谓不事诚意而求悟之典型）与聂豹（聂豹"致虚守寂""格物无工夫"即钱德洪所谓"不事诚意而求寂"之代表）不论，刘邦采的悟性修命、立体致用之性命兼修说实亦有将此"悟"专门视为一种修身法门之倾向，至其弟子王时槐则明确援引阳明"存乎心悟说"来证成其"性贵悟而后天贵修"之立论，并声称"致知主悟，诚意主修"，王阳明致知诚意的一元工夫遂被分为先天与后天两种工夫。凡此种种议论已说明王阳明新序之中"致知存乎心悟"一语的确可称"险语"。鄙人以为王阳明对"一悟透体"一门始终持谨慎的态度，故面临王畿所谓"四无"之请，阳明答曰："汝中所见，我久欲发，恐人信不及，徒增躐等之病，故含蓄到今。此是传心秘藏，颜子、明道所不敢言者。今既已说破，亦是天机该发泄时，岂容复秘？"这里王阳明明确说"一悟本体即是功夫之教"虽"久欲发"，但"含蓄到今"，天泉证道发生于嘉靖丁亥九月，而《大学古本序》以及作为"师门教典"的《大学问》在时间上都要早于天泉证道，这就意味着"致知存乎心悟"一语不应被理解为"尽泄底蕴以俟后学"之语，不然何来"久欲发"却"含蓄到今"之言？在鄙人看来，"致知存乎心悟"只不过是说"格、致、诚、正、修"之一元工夫最终必由人而得之，别无他途，此同于《孟子》"梓匠轮舆，能与人规矩，不能使人巧"一语之所谓，朱子《孟子章句》说规矩法度可告可传，巧则在其人之自悟，"盖下学可以言传，上达必由心悟"。在此意义上，可以说钱德洪对此语的解读还是平实可信的："灵通妙觉，不离于人伦事物之中，在人实体而得之耳，是之为心悟。世之学者，谓斯道神奇秘密，藏机隐窍，使人渺茫恍惚，无入头处，固非真性之悟。若一闻良知，遂影响承受，不思极深研几，以究透真体，是又得为心悟乎？"②

---

① 钱明编校整理：《徐爱 钱德洪 董澐集》，南京：凤凰出版社，2007年，第123页。

② 同上书，第121—122页。

　　王阳明因不善会朱子格物说而致格竹子失败，[①] 这一惨痛教训使得其工夫论之问题意识始终紧扣在心髓入微这一向度（所谓"工夫只在一念入微处"），而朱子"独知"说恰恰彰显了修身工夫最为隐秘、切己的一面。王阳明标举"此独知处便是诚的萌芽"，是诚身立命的工夫所在，并将独知范畴之外延与内涵均加以改变，其工夫之一元性、切己性由此而得以显豁，要之，"格致"与"诚正"收摄为明诚一如、知行合一之工夫。阳明再传弟子查铎云："戒惧原是本体：觉悟而不戒惧，则所悟者犹是虚见；戒惧而非觉悟，则戒惧者犹是强制。殊不知戒惧即觉悟，觉悟不息则戒惧自不息矣。非觉悟之后，复有戒惧。亦非觉悟之后无复有所谓戒惧也。不知戒惧即本性自然之不息，则所谓觉悟者亦非本性自然之觉悟矣。"[②] 觉是觉非（知是知非），同时即是"是是非非"（是者，是之；非者，非之），明诚一如、知行合一之工夫就是此种即觉悟即戒惧的本体工夫。

四、由"独知"而知"独"

　　在发时、发处用功，绝不是在经验意念层面上打转，亦不仅仅是提防

---

　　① 　王阳明格亭前竹子七日劳思致疾而无所得，其后遂认定朱子格物说有忘内逐外之支离之弊。其实，朱子虽有上而无极、太极，下而至于一草、一木、一昆虫之微，亦各有理，故须要格，一物不格，则阙了一物道理之说，但他亦反复强调格物先从身上格去，又说一物格而万理通，虽颜子不能。在《答陈齐仲书》中，朱子则云："格物之论，伊川意虽谓眼前无非是物，然其格之也，亦须有缓急先后之序，岂遽以为存心于一草木器用之间而忽然悬悟也哉？且如今为此学而不穷天理、明人伦、讲圣言、通世故，乃兀然存心于一草木、一器用之间，此是何学问？如此而望有所得，是炊沙而欲其成饭也。"见朱熹：《晦庵朱先生文公文集》卷39，朱杰人等主编：《朱子全书》（第22册），第1756页。阳明格竹子可谓存心于一草一木也，亦诚宜为朱子所嗤矣。故王阳明格竹子失败非为朱子格物说误，实为误会朱子格物说所误。

　　② 　查铎：《会语》，《毅斋查先生阐道集》卷4，《四库未收书辑刊》（第7辑，第16册），北京：北京出版社，1997年，第482页。

性、防御性地审查意念初发时之真伪性质，而是由此发时、发处体证、体认、涵养、默识良知之本体、心之本体，悟得良知真头面。故王阳明在强调发时、发处用功的同时，亦往往指出为学要有"本原"、须得个"头脑工夫"（《传习录》102:126）；要养"喜怒哀乐未发之中"（《传习录》30:68；《传习录》67:97）；只要在"性上"用功（《传习录》38:74），"但要识得心体""只要成就自家心体"（《传习录》44:82；《传习录》67:97）；"要此心纯是天理，须就理之发见处用功。……随他发见处，即就那上面学个存天理"（《传习录》9:41），要"在自心上体当"（《传习录》31:69），"就己心之动处，辨别出天理来"（《传习录》拾遗26:404），"只在此心纯天理上用功""就自己心地良知良能上体认扩充"（《传习录》107:129）；要做"立命的功夫"，① 要存养、凝聚，"结圣胎"，而此存养、凝聚之功亦不外是"念念存天理"，亦"只从此一念存养扩充去耳"（《传习录》16:57）；"须常常保守着这个真己的本体"（《传习录》122:146）；要"在良知上体认"，"只要在良知上用功"（《传习录》169:241；《传习录》238:310），"透得这个真机"（《传习录》264:325），在动处"真见得良知本体"（《传习录》拾遗38:411），"体认得自己良知明白"（《传习录》146:205）。这些贯彻王阳明不同时段的工夫指点语，固出于不同的语脉，亦各有其不同的侧重，却有同一不变的基调，即"发见处"用功既是省察的工夫（诚意的工夫），同时又是涵养的工夫（体认、涵养、默识本体的工夫），"省察是有事时涵养，涵养是无事时省察"（《传习录》36:72），即此之谓也。

在发时、发处用功，在根本上是要体认、挺立"未发者"。未发与已发只是一体用关系，而非先后关系，故工夫不再具有朱子意义上的时间性上的差异（用王阳明本人的话说"无先后内外"）。也正基于此，王阳明甚至明确否定了朱子所谓的戒慎恐惧是针对未发而言的致中工夫，而持"因用以求其体""致和正所以致中"之立场：

直问："戒慎恐惧是致和：还是致中？"先生曰："是和上用功。"

① "一友自叹私意萌时，分明自心知得，只是不能使他即去。先生曰：'你萌时这一知处便是你的命根。当下即去消磨，便是立命功夫。'"（《传习录》333:379）

曰："《中庸》言致中和。如何不致中？却来和上用功？"先生曰："中
和一也。内无所偏倚。少间发出，便自无乖戾。本体上如何用功？必
就他发处，才着得力。致和便是致中。万物育，便是天地位。"直未能
释然。先生曰："不消去文义上泥。中和是离不得底。如面前火之本体
是中。火之照物处便是和。举着火，其光便自照物。火与照如何离得？
故中和一也。近儒亦有以戒惧即是慎独非两事者。然不知此以致和即便
以致中也。"他日崇一谓直曰："未发是本体。本体自是不发底。如人可
怒。我虽怒他，然怒不过当，却也是此本体未发。"后以崇一之说问先
生。先生曰："如此却是说成功。子思说发与未发，正要在发时用功。"
（《传习录》拾遗 24:403 ）

在发时、发处用功，正是"未发工夫"之所在，被朱子系于未发时的戒慎
恐惧工夫，在阳明这里被明确系于已发时工夫（可谓"未发工夫已发上
用"），于是，在朱子那里因时间（未发时／静时、已发时／动时）而有分
际的致中、致和工夫遂被合并为一个工夫（可谓"致和即是致中"）。王畿
对乃师"中和一也"之工夫说有进一步之阐述："吾儒喜怒哀乐未发之中一
言，乃是千圣之的，范围三教之宗，非用戒惧慎独切实功夫，则不可得而
有。有未发之中，而后有发而中节之和，工夫只在喜怒哀乐发处体当，致
和正所以致中也。内外合一，动静无端，原是千圣学脉。世之学者口谈未
发之中，而未尝实用戒惧慎独之功，故放心无从收，而使夜气无所养。若
是实用其功，不从见解言说抹过，由戒惧慎独以出中和，正是养夜气、收
放心实际理地，正是动静合一真脉路。"[1] 只有在事上、已发上不断省察而
获得对良知本体主宰力量之积极的体认、体证与默识，所谓的"未发之中"
才能得到有效之存养。故对于弟子单纯靠静坐存心之工夫，王阳明往往不
予认可，并屡屡指出，宁静存心只是定得气，私心杂念仍潜伏在心灵深处，
遇事必会依旧滋长（《传习录》28：66—67），故不能"徒知养静"，而不用
克己工夫，须在事上磨方有益（《传习录》23:62；《传习录》39:75），"随事

---

① 王畿：《书陈中阁卷》，吴震编校整理：《王畿集》卷 16，第 478 页。

事物物精察此心之天理"（《传习录》137:176）。①

在王阳明体用一元论思维架构下，②并不存在一个寡头的本体，任何针对本体的工夫必在发用上面入手。本体作为天理、良知、性体本身即是一生生不息的力量，无时无刻不处在发用流行之中，"天地气机，元无一息之停"，"人心自是不息。虽在睡梦，此心亦是流动。如天地之化，本无一息之停"（《传习录》拾遗23:402）。王阳明标举一元的独知工夫自是基于此心体流行不息之事实（用"见在的几"描述良知正是彰显其生生不息的性质），同时又是出于工夫动静一如之考虑。王阳明认为，朱子将独知仅限于一念萌动之觉察上面，并将戒惧区隔为"己所不知"之做法，势必造成工夫上的"支离"与"间断"。此处所谓支离，即歧出为二，本是一元工夫而人为区隔成两节；既为两节，则两节之间必有"换手"一环、必有"歇手"之时，有换手一环、歇手之时，则必致工夫有"间断"之弊，便非"致一之道"。如非要就朱子所区隔的戒惧与独知二节而论不可，阳明则会说未

---

① "动静只是一个。那三更时分空空静静的，只是存天理。即是如今应事接物的心。如今应事接物的心，亦是循此天理。便是那三更时分空空静静的心。故动静只是一个，分别不得。"（《传习录》231:307）显然，在王阳明看来，人之心灵生活虽因所处境遇而流动不居，但作为心灵生活的主宰（未发之中、良知）却并不因境遇而变迁。宁静存心也罢，事上磨练也罢，均是要培养此心之"主宰"能力。倘弟子明于此理，王阳明亦不反对静坐存心之工夫：刘君亮要在山中静坐。先生曰："汝若以厌外物之心去求之静，是反养成一个骄惰之气了。汝若不厌外物，复于静处涵养，却好。"（《传习录》256:320）一友静坐有见。驰问先生。答曰："吾昔居滁时，见诸生多务知解口耳异同，无益于得。姑教之静坐。一时窥见光景，颇收近效。久之，渐有喜静厌动，流入枯槁之病。或务为玄解妙觉，动人听闻。故迩来只说致良知。良知明白。随你去静处体悟也好。随你去事上磨炼也好。良知本体，原是无动无静的。此便是学问头脑。"（《传习录》262:324）。另参《传习录》307:352。

② 就思维方式论，由于朱子中和新说将未发、已发视为心灵生活先后相续的两个时段，而王阳明则全然视未发、已发是一体用范畴，由此，朱子认为"致中"（专言之"戒惧"）乃是未发之工夫（静工夫），"致和"（独知）乃已发之工夫（动工夫），两者不应漫然无别待之。王阳明则坚持存省一事，中和一道，动静一如。关于王阳明之思维方式，可参见林月惠：《王阳明的体用观》，《诠释与工夫：宋明理学的超越蕲向与内在辩证》，台北："中央研究院"中国文哲研究所，2008年，第147—180页。

起经验性意念之前的戒惧之念与跟经验性意念同时升起的省察之念皆是独知工夫之所在，在发时、发处用功，即在独知处用功。说到底，戒惧之念与省察之念均是紧扣独知不让之滑落、不让之堕入泯然无觉状态之努力。在阳明处，独知在本质上乃是心灵生活之中一直为而不有、潜行默运的自身贞定之向度。因为心之所发有善有不善，而吾心之良知无有不自知者，这种对"善"与"不善"之"知"即是"独知"，此种独知人人本具，但惟因常人受私欲遮蔽，往往让这种独知漫忽而过，遂流于自欺，而戒慎恐惧无非慎此独知之工夫，亦即是致良知工夫："独知之知，至静而神，无不良者。吾人顺其自然之知，知善知恶为良知，因其所知，而为善去恶为致良知。"①

五、结论

综上所述，我们可将阳明的独知概念疏通如下：

第一，独知之"独"具有独立无待的绝对义、超越义、独一无二义。独知之为知，乃在于这种知跟意念、见闻之知不同，后者随境而有起灭，杂而无统，故属于情识流转之范畴，《易》之憧憧往来是也，独知则始终如一，此"一"乃是统摄"杂多"（意念、见闻之知）之"一"（"良知即是独知时，此知之外更无知"），此"一"即是良知在意识流中始终贞定其自身的力量。良知作为心灵生活之主宰者一定是一"独体"（"良知无有不独，独知无有不良"，"独即所谓良知也"），一独立无待、独一无二的主宰力量，正因为它是一种超然独存，与物无对的独立力量，故能不为情迁，不为境异，而在意识的大海之中始终起到定海神针的作用（"人人自有定盘针，万化根原总在心"）。

第二，这种绝对无待、超然独立的力量又普遍而恒常存在于吾人意识生活之中，故又可说独知具有内在义。"普遍"系指吾人一念之发之同时，其善恶与否，吾人之良知无有不自知者，这种对意念的实时的省察能力乃

---

① 吴光等编校：《王阳明全集》（新编本，第 5 册），第 1691 页。

是人人本具的，^① 阳明说："良知者心之本体。即前所谓恒照者也。心之本体无起无不起。虽妄念之发，而良知未尝不在。但人不知存，则有时而或放耳。虽昏塞之极，而良知未尝不明。但人不知察，则有时而或蔽耳。"(《传习录》152:214) 又说："良知在人。随你如何，不能泯灭。虽盗贼亦自知不当为盗。唤他做贼，他还忸怩。"(《传习录》207:293) 可见，这种自知、省察的能力乃内在于所有人（即便是昏塞之极之人与盗贼亦不例外）之心灵生活中。"恒常存在"系指这种独知的力量乃统摄整个心灵生活之始终，"亘万古，塞宇宙，而无不周"，可以说，哪里有意念，那里就有省察／独知的力量。故独知之内在义不外是说，独知乃普遍地存在于所有人的、整体的心灵生活之中。

第三，"独知"之"独"实是一既超越又内在之独。"无声无臭独知时，此是乾坤万有基"，独知作为超越之独体，一寂寞中的独体（无声无臭）恰亦是"乾坤万有基"，故是一种即寂即感、超越而内在（所谓"无而未尝无"）的力量；"不离日用常行内，直造先天未画前"，独知在日用常行之中，为而不有，故亦是一即感即寂、内在而超越（所谓"有而未尝有"）的力量。

第四，"独知"之"独"亦意味着独为己所知的"唯独义"，即现象学意义上的本己意识。以独知指点良知更能显豁良知之心髓入微的切己性、不可让渡性（"知得良知却是谁，自家痛痒自家知"），故工夫只能在此隐微向度上用，否则，在共知、共见处用功，只能流于肤浅、装点与作伪。

一言以蔽之，在王阳明的思想中，独知概念就是指这样一种先天的、人人本具的（普遍的）、自知自证的贞定吾人心灵生活之寂而常感、感而常寂的力量。

为避免误解，这里须补充一点。阳明体用不二的致良知一元工夫论虽然在义理上蕴含着独知的工夫即是要知"独"，他也给出了独知之为"独"的种种说法，但他从未明确提出"独体"的观念。他的心学盟友湛若水首次提出了独体一词，而在阳明后学围绕"独"与"独知"、良知与

---

① 耿宁称之为内意识，见耿宁：《人生第一等事》，倪梁康译，北京：商务印书馆，2014 年。该书第二章"王阳明的第二个良知概念：对本己意向中的伦理价值的直接意识（本原意识、良心）"对此一问题有系统而深入的阐述。

"知是知非"的争辩进程中，"独体"意识方日趋显题化。这是第十三章"'独'—'几'—'意'：阳明心学一系工夫演进中的三个'关键词'"讨论的主题。在转向这一主题之前，还有另一个跟"独体"意识紧密相关的术语"念"字亟待澄清，因为阳明心学中"独"与"独知"之辩实则跟对致良知工夫入手处的理解有关。质言之，王阳明一贯主张在发时、发处用功，究竟是在意念上用功，还是在戒惧之念上用功，这无疑牵涉对"一念"这一观念的理解，而在阳明的论说中"一念"一词恰恰又兼有"意念"与"戒惧"两义。厘清王阳明"一念"话语的内在理路，有助于我们更准确地理解王阳明致良知工夫的精义，更对我们真正切入阳明心学中的"独"之"实事"不无裨益。

第十一章　王阳明思想中的"一念"两义说

　　阳明心学工夫一方面向"内"收摄，确保工夫始终聚焦在"心"上面，而避免迷本、逐末、骛外之歧出，另一方面重"事上磨练"，而避免遗世、耽空、嗜寂之弊端。"意念"恰恰是沟通内外的枢纽所在，"诚意"遂成为阳明工夫修炼的重要环节，乃至有"一念发动处便即是行"这一著名工夫论主张。然而"一念"与"意念""念念"这些描述心灵活动的"念"话语，其内涵在阳明思想中并未得到清楚的厘定，阳明心学一系内部对"一念"等术语意义的不同理解在一定程度上也决定了各自不同的工夫路径与取向。本章拟对阳明思想中"念"话语（"一念""意念""念念"）进行分析，澄清其不同的层次与内涵，进而揭示"念"话语在阳明工夫论中的意义。

一、作为"意念"之"一念"

　　在王阳明之前，"意念"在理学话语体系之中已有固定用法，属于心之发动之范畴："意者，心之所发也。有思量运用之义，大抵情者性之动，意者心之发。情是就心里面自然发动，改头换面出来底，正与性相对。意是心上发起一念，思量运用要恁地底。情动是全体上论，意是就起一念处论。"①"心之所发"成了"意念"的一个根本性质，阳明说"有善有恶意之动"，也是将意念作为心之发动的范畴使用。作为常人，心之所发难免善恶混杂，遇到孺子入井，固会有怵惕恻隐之心，遇到货色名利则又难免起追逐之念。故"意念"在阳明处通常是指随境迁移、善恶混杂的心理状态。

　　阳明早期教门人习静坐，一方面固然有扭转"求理于外"这一旁骛倾

---

　　①　陈淳：《北溪字义》，熊国祯、高流水点校，北京：中华书局，2009 年，第 17 页。

向之考虑，另一方面亦有鉴于弟子初学时"心猿意马"、心思多是"人欲"一边、意念之发多是私意之发这一现象。静坐之目标也是"息思虑"，"刊落声华"，"补小学收放心一段工夫"，① 然而此种"息"只是暂息、一时之息，遇事时，思虑泛起如旧。故静坐虽可得一时心态之宁静，但宁静不过是"只定得气"："当其宁静时，亦只是气宁静。"（《传习录》28:66）意念之私只是因无事而潜而未发，其根子仍盘结于腔子之中："譬之病疟之人，虽有时不发，而病根原不曾除，则亦不得谓之无病之人矣。"（《传习录》76:104；167:237）"问：'静时亦觉意思好。才遇事，便不同。如何？'先生曰：'是徒知养静，而不用克己工夫也。如此临事便要倾倒。人须在事上磨，方立得住，方能静亦定，动亦定。'"（《传习录》23:62）故阳明又着意强调"事上磨练"，"在人情事变上做工夫"："除了人情事变，则无事矣。"（《传习录》37:73）同时，阳明又说"无事时"当有"省察克治之功"："将好色好货好名等私，逐一追究搜寻出来。定要拔去病根，永不复起，方始为快。常如猫之捕鼠。一眼看着，一耳听着。才有一念萌动，即与克去。斩钉截铁，不可姑容与他方便。不可窝藏。不可放他出路。方是真实用功。方能扫除廓清。"（《传习录》39:75；326:376）在此倒巢搜贼式的省察克治法之中，"一念萌动"之"一念"是均私欲意义上的意念之发。

在阳明思想之中，私欲之"一念"大致可区分为以下几种类型：

（1）与个人的食色方面的生理欲望之膨胀、无节相关的欲念，如"好色""好货""好利"等欲念。

（2）与个人社会声誉相关的虚荣心、求胜心、傲心，如"闻誉而喜""闻毁而闷"之"好名"之念。阳明屡屡指出："为学大病在好名"，"好名是一生的大病根"，"务实之心重一分，则务名之心轻一分。全是务实之心，即全无务名之心。若务实之心，如饥之求食，渴之求饮，安得更有工夫好名？"（《传习录》105:127—128）弟子孟源有"自是好名"之病，阳明屡责之。"一日，警责方已。一友自陈日来工夫请正。源从旁曰，'此方是寻着源旧时家当'。先生曰，'尔病又发'。源色变。议拟欲有所辨。先生曰，'尔病又发'。"（《传习录》19:58—59。另参《传习录》245:315）

① 王守仁：《与辰中诸生》，吴光等编校：《王阳明全集》，上海：上海古籍出版社，1992年，第144页。

（3）个人之"闲思杂虑"。依阳明，此类意念毕竟从好色、好利、好名等根上起，自寻其根，便可见到。"如汝心中决知是无有做劫盗的思虑。何也？以汝元无是心也。汝若于货色名利等心，一切皆如不做劫盗之心一般，都消灭了。光光只是心之本体。看有甚闲思虑？"（《传习录》72:101）

（4）"生死一念。"表面上看，此念很难说是恶念，因为严格意义上的恶念总会涉及他者的向度，诸如跟人争名争利之念，而生死一念完全是一自我关涉的向度。本来人作为生命体，好生恶死是天性，也是天理所在，天地之大德曰生，儒学在本质上就是尊生、重生、广生、大生、养生的学问。但倘对一己的生死看得太重，乃至"拔一毛利天下而不为"，则已是将一己的生命完全安顿在血气的层面。大节面前，难免苟延残喘，沦入禽兽而不自知："只为世上人都把生身命子看得来太重。不问当死不当死。定要宛转委曲保全。以此把天理却丢去了。忍心害理，何者不为？"（《传习录》254:319）此是问题之一面。另一方面，"生死一念"于真实不妄的心体流行之境亦有所阻碍。这一念不破，心灵最终不得自由。众所周知，阳明龙场日夜端居于石墎之中即是要克此生死一念，他还说："学问功夫，于一切声利嗜好，俱能脱落殆尽。尚有一种生死念头，毫发挂带，便于全体有未融释处。人于生死念头，本从生身命根上带来。故不易去。若于此处见得破，透得过，此心全体方是流行无碍，方是尽性知命之学。"（《传习录》278:334）

（5）"将迎期必"之念。这类意念，其目标看似合理，但其求之心态则陷入自私，故亦是妄念、私念。针对门人陆澄"欲求宁静，愈不宁静。欲念无生，则念愈生"之困惑，阳明点拨说："欲求宁静欲念无生，此正是自私自利，将迎意必之病。是以念愈生而愈不宁静。"（《传习录》162:228）

（6）"有着"之念。以上五种念皆是恶念、私念、妄念，还有一种"念"，虽是"好"的念头，但不是当境而发，或者境过仍藏留于心之中，对"心体"造成不良影响，这就是所谓的"有着"之念。好的念头对"心体"有害，这一点在今人看来似不好理解，但传统儒、释、道三教普遍认为心之本体应如明镜、秤杆一样（"鉴空衡平"），不应有一物留在其上。宋明儒自二程起就有"心中不可有一物""心有所向便是欲"之说。阳明将良知（心之本体）称为"太虚"，又以"鉴空衡平"

喻心之本体，皆是要强调心体之虚明、无滞的性质："黄勉叔问：'心无恶念时，此心空空荡荡的。不知亦须存个善念否？'先生曰：'既去恶念，便是善念，便复心之本体矣。譬如日光被云来遮蔽。云去光已复矣。若恶念既去，又要存个善念，即是日光之中添燃一灯。'"（《传习录》237:310）王阳明又说："心体上着不得一念留滞，就如眼着不得些子尘沙。些子尘沙能得几多，满眼便昏天黑地了。""这一念不但是私念。便好的念头亦着不得些子。如眼中放些金玉屑，眼亦开不得了。"（《传习录》335:380）

"一念"萌动之念多是稍纵即逝、漂浮无根的"念头"、闲思杂虑与浮念，当然"一念"尚有行动之意向性、意欲的意味，上述"将迎期必"之念即属此。阳明常说"意在于事亲"，"意在于事民"，"意在于仁民爱物"，"意在于视听言动"，"意欲温清"，"意欲奉养"，等等，此种种"意在于""意欲"说法中，"意"是行动的意欲，也被王阳明称为"一念"，如"吾心发一念孝亲，即孝亲便是物"。这种带有强烈行动倾向的"欲念"同样有善念恶念之分："尔等父老子弟毋念新民之旧恶而不与其善，彼一念而善，即善人矣；毋自恃为良民而不修其身，尔一念而恶，即恶人矣。人之善恶，由于一念之间，尔等慎思吾言，毋忽！"①

对于私念、妄念之缘起，王阳明跟理学家的通行看法大致相同。依王阳明，吾人心体本是至善，所发本无不良，然"本体上才过当些子，便是恶了，便于本性上有'过'与'不及'之间耳"（《传习录》228:304—305），"非本体之念，即是私念"（《传习录》202:286）。心之本体何以会"过当些子？"究其实，则无非私欲之蔽、习气缠绕所造成："心之本体，无所不该。原是一个天。只为私欲障碍，则天之本体失了。心之理无穷尽。原是一个渊。只为私欲窒塞，则渊之本体失了。"（《传习录》222:300）私欲在根本上则源于人之"生身命根"，源于人之血气生命，故阳明又说"妄念"乃是"躯壳上起念"，是"动于气"之结果。（《传习录》101:123）这一看法跟老子"吾有大患，为我有身"意思颇为相近。

---

① 王守仁：《南赣乡约》，吴光等编校：《王阳明全集》卷17，第600页。

二、"意念"之发与良知之"自知"

然而，哪里有意念之发动，良知之力量即在哪里呈现，所以王阳明四句教之中与"有善有恶意之动"相伴而来的，便是"知善知恶是良知"一句："凡意念之发，吾心之良知无有不自知者。其善欤，惟吾心之良知自知之；其不善欤，亦惟吾心之良知自知之。是皆无所与他人者也。"[1] 王阳明把良知这种人人先天本具的主宰与明察的能力称为"独知"。这种对"意念"之发的当下的明察，阳明又称之为"自知之明"。阳明屡屡称"能知得意之是与非者，则谓之良知"，[2] 如"思之是非邪正，良知无有不自知者"（《传习录》169:242），"尔意念着处，他是便知是，非便知非"（《传习录》206:291），"……这许多意思皆私。只尔自知。须精细省察克治。惟恐此心有一毫偏倚，枉人是非，这便是格物致知"（《传习录》218:297）。现象学家耿宁把这种对"意""思""意念"当下的明察（"自知"）认定为现象学意义上的"自身意识"，这个自身意识不是一种反思意识，它不是对已经或刚刚发生的本己意向活动加以道德的省察——这是事后的、对象化的反思意识，它是这样一种"本原知识"，即在一个本己意向出现时直接现存的，而且是与它同时现存的意识。

这种对"意念之发"的当下（现时）、直接的明察能力恒常存在于每个人的意识生活之中。"恒在"即是说无时不在，王阳明称此无时不在的明察能力为"恒照"："良知者，心之本体，即前所谓恒照者也。心之本体无起无不起。虽妄念之发，而良知未尝不在。但人不知存，则有时而或放耳。虽昏塞之极，而良知未尝不明。但人不知察，则有时而或蔽耳。虽有时而或放，其体实未尝不在也。存之而已耳。虽有时而或蔽，其体实未尝不明也。察之而已耳。"（《传习录》152:214）这种明察能力不存在已发（"起"）与未发（"不起"）之别，它一直在吾人心灵生活之中发挥作用。这种"恒照"的能力无人不具，上至圣人，下至贩夫走卒，个个心中有仲尼，"众人自孩提之童，莫不完具此知。只是障蔽多。然本体之知，自难泯息。虽问学克治，也是凭他"（《传习录》221:299）。纵使昏塞之极乃至大奸大恶之

---

① 王守仁：《大学问》，吴光等编校：《王阳明全集》卷26，第971页。

② 王守仁：《答魏师说》，吴光等编校：《王阳明全集》卷6，第217页。

人，此种自知之明亦未尝不在："'良知在人。随你如何不能泯灭。虽盗贼亦自知不当为盗。唤他做贼，他还忸怩。'于中曰：'只是物欲遮蔽。良心在内，自不会失。如云自蔽日。日何尝失了？'先生曰：'于中如此聪明。他人见不及此。'"（《传习录》207：293）王阳明又说："凡人之为不善者，虽至于逆理乱常之极，其本心之良知，亦未有不自知者。但不能致其本然之良知，是以物有不格，意有不诚，而卒入于小人之归。故凡致知者，致其本然之良知而已。"[1]良知"未尝不存""未尝不在""未尝不明""未有不自知"这类术语即点出，良知这种恒常的明察能力在任何人之心中均有体现。即便是"盗贼亦自知不当为盗"，被人称为贼，他亦表现出羞恶之心（忸怩）。既然这个恒在的良知之体"实未尝不明"，故盗贼总有觉悟、觉醒之可能，这是人之天性未泯之所在。要之，作为对意念当下与直接的明照、明察能力之"自知""独知"，是就良知本体作用层面而论的，它是普遍、永恒的，这是儒家修身、省思工夫之根据，也是"涂之人皆可成禹"之机杼所在。

当然，这个"自知""独知"因常人"不知存""不知察"，故往往沦为微弱、短暂的知乃至"不知"，而透不过气拘物蔽之重重障碍，成为生命的主宰。故这个"自知""独知"虽是人人本具，却极易滑落乃至被遮蔽："今为吾所谓格物之学者，尚多流于口耳。况为口耳之学者，能反于此乎？天理人欲，其精微必时时用力省察克治，方日渐有见。如今一说话之间，虽只讲天理。不知心中倏忽之间，已有多少私欲。盖有窃发而不知者。虽用力察之，尚不易见。况徒口讲而可得尽知乎？今只管讲天理来顿放着不循，讲人欲来顿放着不去，岂格物致知之学？后世之学，其极至，只做得个义袭而取的工夫。"（《传习录》84：110）这里说"有窃发而不知者"跟上面所说"未有不自知者"貌似抵牾，实可通融。"有窃发而不自知者"，是就现实的人性立论，是警发之语，以唤起吾人对私欲盘根错节之隐匿性保持足够之警惕心；"未有不自知者"是就良知本体之发用而论，是励志语，以激发吾人对成圣之当下性拥有足够之勇气与信心。

对本己心灵生活之中"意念"之自知、独知是一回事，此自知、此独知能否转化为实际的行动则是另一回事：

---

[1] 王守仁：《与陆清伯书》，吴光等编校：《王阳明全集》卷27，第1011页。

> 是非之心，知也，人皆有之。子无患其无知，惟患不肯知耳；无患其知之未至，惟患不致其知耳。①

> 心之良知是谓圣。圣人之学，惟是致此良知而已。自然而致之者，圣人也；勉然而致之者，贤人也；自蔽自昧而不肯致之者，愚不肖者也。愚不肖者，虽其蔽昧之极，良知又未尝不存也。苟能致之，即与圣人无异矣。此良知所以为圣愚之同具，而人皆可以为尧舜者，以此也。是故致良知之外无学矣。②

转化的能力人人本具（"人皆有之"），这个无须担心（"无患其无知"），这一能力能否实现则全然在于当事人的"肯"与"不肯"这一道德意志之决断。即便是"蔽昧之极"的人，其良知犹存，其不致其良知，只是"不为"、"不肯"与"自欺"（意本诚，其不诚者，自知而自欺之耳），而非"不能"。这跟孟子"不为"与"不能"的区分、康德的"应该蕴含着能够"原则是完全一致的。就良知人人本具（"个个心中有仲尼"）而言，则妄念之发，吾人"未有不自知者"，此是成圣之根据与可能性之所在；就人人皆现实中人，皆受到其历史时代性之限制、受到其气拘物蔽之个体性之限制而言，则亦难免有私欲窃发而不知者，此正是成圣之曲折性、修身功夫之艰难性之所在。无视前者而只强调后者，人生便没有希望，人遂陷入血气荡越之中无力自拔而与禽兽同伍；忽视后者而只注重前者，人便成了一架自动行善的天使，只需事前设定好一个预定的程序，无须努力，无须奋斗，便能立跻圣域。有鉴于此，儒学自孔子始就坚持人之无限性与有限性之间存在一张力，夫子一方面说"为仁由己""我欲仁斯仁至矣"，仿佛"为仁"乃轻而易举之事，另一方面又说"若圣与仁，则吾岂敢"，其最得意的弟子颜回亦不过"其心三月不违仁"而已，其余则"日月至焉而已矣"，行仁又何其难耶？

如何确保此"自知""独知"转化为吾人实际的行动，则是阳明工夫论说之焦点，阳明之"戒惧之念""一念""念念"话语均与此问题纠结在一起。

---

①　王守仁：《书朱守谐卷》，吴光等编校：《王阳明全集》卷8，第276页。

②　王守仁：《书魏师孟卷》，吴光等编校：《王阳明全集》卷8，第280页。

三、作为"戒惧之念"之"一念""念念"

"戒惧"一词出自先秦儒家文献。如《国语·周语上》:"夫晋侯非嗣也,而得其位,罩罩怵惕,保任戒惧,犹曰未也。"《国语·楚语上》:"教之《故志》,使知废兴者而戒惧焉。"又如《左传·宣公十六年》:"楚自克庸以来,其君无日不讨国人而训之于民生之不易、祸至之无日、戒惧之不可以怠。"不过理学家用"戒惧"一词乃是由《中庸》"戒慎乎其所不睹,恐惧乎其所不闻"而来。朱子解《中庸》将"戒惧"(戒慎恐惧)与"慎独"加以区别,戒惧属于"念虑未发时工夫""致中工夫""静工夫",慎独属于"念虑萌发之际工夫""致和工夫""动工夫",从而形成"静存动察两轮一体"之工夫论。王阳明认为朱子两轮工夫说易致工夫固化为两截,从而滋生"支离"与"换手"之弊,故立意打破朱子"心有未发时"之定说,明确肯定人心"实无无念时",戒谨恐惧也是念:"戒惧之念是活泼地。此是天机不息处。"(《传习录》202:286)因此,阳明倡导一个工夫说:"只是一个工夫。无事时固是独知。有事时亦是独知。"(《传习录》120:142)致良知工夫超越了动静、寂感、有无、先后、内外、有事无事之二见,遂具有"即体而言用在体"("未发未尝不和")与"即用而言体在用"("已发未尝不中")之圆融活泼之格调。

"戒惧"被称为"念",这是阳明有别于朱子的特殊用法。如上所述,意念为心之所发,这是阳明与朱子共同的看法。但朱子不认为戒惧是心之已发的范畴,"心之已发"在朱子思想成熟(以中和新说提出为标志)之后,是与"心之未发"形成一对子:思虑未起(意念未生)是心之未发,思虑已起(念虑已生)即是心之已发,而"戒惧"正是针对心之未发时的工夫。既然此时,心未有任何思虑与意念,则与之相应的"戒惧"工夫也不属于思虑、意念之范畴(朱子又标此工夫为"存养""涵养"),故戒惧不是"念"。

然则阳明称"戒惧"亦是"念",它跟一般所谓的"意念"区别究竟在何处?两种"念"在对象与性质两方面均迥然有别:"意念"具有确定的意向性特征(它总是指向某物),而且往往具有见异思迁、随境流转的情境化性质("生死一念"因从"生身命根"上带来而具有持久的顽固性,故亦最难对治），而戒惧之念根本就不是念起念灭的"念头"，它实际上是一种心灵生活之中明察警醒之能力。《说文》释"念"曰"永思"，永思即始终牢记、念念不忘的意思。《尚书》中频频出现的"帝念哉"一类话语（如《大禹谟》："于! 帝念哉，德惟善政，政在养民。"）即是此意。这里的"念"无非意味着刻骨铭心，说到底即是让吾人心灵生活始终有一定向，不偏离，不歧出。无疑，要保持这一始终不渝的心灵定向须保持一定的精神状态（明察警醒），用《诗经》的话说须"战战兢兢，如临深渊，如履薄冰"，用《尚书》的话说须"若陷虎尾，涉于春冰"，用《周易》的话说须"终日乾乾，夕惕若"。此种敬畏、畏惧、谨慎的精神状态即是"戒惧之念"。这种明察警醒意识并不是固着在某个外在对象上面（"若陷虎尾，涉于春冰"一类说法只是一隐喻）。不妨看一下阳明对这种戒惧之念的描述：

> 学以存其心者，何求哉？求诸其心而已矣。求诸其心何为哉？谨守其心而已矣。博学也，审问也，慎思也，明辨也，笃行也，皆谨守其心之功也。谨守其心者，无声之中而常若闻焉，无形之中而常若睹焉。故倾耳而听之，惟恐其或缪也；注目而视之，惟恐其或逸也。是故至微而显，至隐而见，善恶之萌而纤毫莫遁，由其能谨也。谨则存，存则明；明则其察之也精，其存之也一。昧焉而弗知，过焉而弗觉，弗之谨也已。故谨守其心，于其善之萌焉，若食之充饱也；若抱赤子而履春冰，惟恐其或陷也；若捧万金之璧而临千仞之崖，惟恐其或坠也。其不善之萌焉，若鸩毒之投于羹也，若虎蛇横集而思所以避之也，若盗贼之侵陵而思所以胜之也。古之君子所以凝至道而成盛德，未有不由于斯者。虽尧、舜、文王之圣，然且兢兢业业，而况于学者乎! 后之言学者，舍心而外求，是以支离决裂，愈难而愈远，吾甚悲焉! [①]

文中的"倾耳""注目"以及一系列的"惟恐"之表述都着意描述"谨守其心"，即是让心灵保持一高度注意力、明察力、警醒力之工夫。持有这种工夫，善恶之萌之际，"善"念发时自会倍加珍惜而不使之坠陷，"恶"念发时自会惕然觉之，克而胜之。阳明有"良知原是知昼知夜"之

---

① 王守仁：《谨斋说》，吴光等编校：《王阳明全集》卷7，第263—264 页。

说，面对人睡熟时良知亦不知了之疑问，阳明答曰："不知，何以一叫便应？"（《传习录》267:326）这些说法都表明"戒惧之念"并非一暂时的意向性行为，而是吾人心灵生活始终保持在明察警醒状态的一种持久能力与力量。

不过，"谨守其心"也好，"戒惧之念"也好，还都牵涉一个"谁"在谨守、"谁"在戒惧的问题。阳明有时说："能戒慎恐惧者是良知也。"（《传习录》159:224）面对弟子"'不睹不闻'，是说本体，'戒慎恐惧'，是说功夫否"之问，阳明还说："此处须信得本体原是不睹不闻的，亦原是戒慎恐惧的，不曾在不睹不闻上加得些子。见得真时，便谓戒慎恐惧是本体，不睹不闻是功夫。"（《传习录》266:326）可见，戒慎恐惧本身就是良知的一种能力，然而阳明又说："戒慎恐惧便是修道的工夫。"（《传习录》127:151）"夫心之本体，即天理也。天理之昭明灵觉，所谓良知也。君子戒惧之功，无时或间，则天理常存……天理常存，生于戒慎恐惧之无间。"（《传习录》拾遗48:417）"盖不睹不闻，是良知本体。戒慎恐惧，是致良知的工夫。学者时时刻刻常睹其所不睹，常闻其所不闻，工夫方有个实落处，久久成熟后，则不须着力，不待防检，而真性自不息矣。"（《传习录》329:377）"常睹其所不睹""常闻其所不闻"，都是隐喻，跟《礼记·孔子闲居》中"正明目而视之，不可得而见也；倾耳而听之，不可得而闻也"所说的正明目而视、倾耳而听一样，不过是说全神贯注的意思，所谓"听于无声，视于无形"是也。问题来了，阳明一方面说戒慎恐惧是良知的能力、良知本体原即是戒慎恐惧的，另一方面又说，戒慎恐惧是良知呈现的一个条件，是致良知的工夫。如此，说致良知岂不是一叠床架屋的概念？因为既然说良知能戒慎恐惧，那么说致良知岂不是意味着说良知自己致良知（所以阳明后学中有人就讲"致良知"原是"良知致"）？"致良知"之"致"字岂不是一剩语？

问题在于如何理解作为工夫的"戒慎恐惧"与作为本体的"戒慎恐惧"之关系。当阳明说戒慎恐惧是本体时，此是工夫成熟后，良知在任何情况下皆能戒慎恐惧（真性自不息），此时，不须着力、不待防检，戒慎恐惧乃"自然之用"，乃"率性而行"，用王阳明弟子王畿《答季彭山龙镜书》的话说："文王'小心翼翼，昭示上帝'乃是真自然；'不识不知，顺帝之则'乃是真警惕。"①当阳明说不睹不闻是本体时，乃是要强调本体是超越"睹"与"闻"的，故在任何情况下都要"常存戒慎恐惧之心"，②都要"常知，常存，常主于理"，此即"不睹不闻，无思无为之谓也"(《传习录》156:219)。知此，则可理解王阳明说戒慎恐惧是本体，不睹不闻是功夫，乃是指工夫之自然，是率性的工夫，或无工夫之工夫；阳明说不睹不闻是本体，戒慎恐惧是功夫，乃是指工夫之勉强，是修道的工夫。康有为曾说：不睹不闻是本体，戒慎恐惧是工夫，所谓时时勤拂拭，莫使惹尘埃；戒慎恐惧是本体，不睹不闻是功夫，所谓本来无一物，何处惹尘埃也。③康有为以禅宗之渐、顿二宗解王阳明不睹不闻、戒慎恐惧互为本体、工夫说，不为无见。不过，阳明一生功夫论之重点始终在于"千思万虑只是要致良知"(存天理)，对于"一悟本体，即是功夫"一路，阳明曾告诫说纵使"颜子、明道所不敢承当"。或基于此，偶有学者怀疑"戒慎恐惧是本体""不睹不闻是功夫"的说法出自阳明本人，如项乔(1493—1552，字子迁，号瓯东)曾致书罗洪先说："王龙溪《水西冲玄会言》凡十段，其一段最碍人耳目者，如以'戒慎恐惧是本体，不睹不闻是工夫'为阳明先生之言。夫截去'戒惧'四字，而以不睹不闻为工夫，决非阳明先生之言无疑矣。阳明曰：'定者，心之本体，天理也。'亦未尝以戒慎恐惧为本体也。若戒慎恐惧自是定心工夫，如何谓之本体？"④其实，王阳明曾反复说："功夫不离本体"(《传习录》204:288)，"合着本体的，是工夫。做得功夫的，方识本体"(《传习录》拾遗3:390)。说到底，本体是吾人先天本具的道德能力、道德力量(良知)，由于受到气拘物蔽乃至身心发育等因素的影响，这种能力、力量无法如如地实现出来，故需要工夫亦即相应的修身活动来证成之、培养之、恢复之，而这个相应的修身活动本身(工夫本身)就已经是道德能力、道德力量的一种表现，这如同说一只小鸟学会飞翔这一学习活动本身

① 吴震编校整理：《王畿集》卷9，南京：凤凰出版社，2007年，第211页。

② 王守仁：《答汪石潭内翰》，吴光等编校：《王阳明全集》卷4，第147页。

③ 康有为：《南海康先生口说》，吴熙钊、邓中好校点，广州：中山大学出版社，1985年，第39页。

④ 项乔：《与罗念庵论学》，方长山、魏得良点校：《项乔集》卷3，上海：上海社会科学院出版社，2006年，第185页。

就是它有飞翔能力的一种表现一样。欧阳德《答聂双江》说得好:"本体是功夫样子,效验是功夫证应。良知本戒慎不睹、恐惧不闻,无自欺而恒自慊。功夫亦须戒慎恐惧,无自欺而恒自慊。果能戒慎恐惧,无自欺而恒自慊,即是效验矣。"[1] 在这种意义上亦可说:"工夫所至,即是本体。"戒惧为本体,则工夫亦应是戒惧。阳明虽偶发不睹不闻是功夫之论,但其前提是"见得真时"。何谓见得真?见得真是否就是"一悟本体"?阳明反复强调圣人亦用朝乾夕惕、亹亹翼翼的工夫,又说"不可以少有所得,而遂谓止此也。再言之十年,二十年,五十年,未有止也","何言之易也?再用功半年看如何。又用功一年看如何。功夫愈久,愈觉不同","只体到深处,日见不同,是无穷尽的"(《传习录》22:61;210:294;211:294)。答案已是昭然若揭了。

这种"戒惧之念"在经验性的、善恶混杂的"意念"萌发之际即表现出"一念好善恶恶"之工夫,这个"一念"不再是作为"意念"的一念,而是作为"戒惧之念"之一念。这涉及阳明思想之中的"一念"之第二种用法:

> 人但一念善,便实实是好。一念恶,便实实是恶。如此才是学。不然,便是作伪。(《传习录》拾遗 23:402)

> 然至善者心之本体也。心之本体那有不善?如今要正心,本体上何处用得功?必就心之发动处才可着力也。心之发动不能无(不——引者补)善。故须就此处着力,便是在诚意。如一念发在好善上,便实实落落去好善。一念发在恶恶上,便实实落落去恶恶。意之所发既无不诚,则其本体如何有不正的?故欲正其心在诚意。工夫到诚意始有着落处。然诚意之本又在于致知也。所谓"人虽不知而己所独知"者。此正是吾心良知处。然知得善,却不依这个良知便做去。知得不善,却不依这个良知便不去做。则这个良知便遮蔽了,是不能致知也。(《传习录》317:368—369)

> 本心之明,皎如白日,无有有过而不自知者,但患不能改耳。一念改过,当时即得本心。人孰无过,改之为贵。[2]

---

[1] 陈永革编校整理:《欧阳德集》卷 5,南京:凤凰出版社,2007 年,第 186 页。

[2] 王守仁:《寄诸弟》,《王阳明全集》卷四,第 172 页。

引文段落一中的"一念善""一念恶"，均不是指第一序、原发的经验之念头，而是在经验性的念头萌动之际，由良知之本体当下明察之为善、为恶而生的善则善之、恶则恶之的克念工夫。心灵生活中起一善念，良知自知其为善，吾人当下由此"知"处（"独知处"）入手，充分将此善念实现出来；心灵生活中起一恶念，良知自知其为"恶"，吾人当下由此"知"处（"独知处"）入手，彻底厌恶此恶念而遏之。显然这种"一念"的工夫即是"诚意"的工夫。质言之，"诚意"不是"诚"有善有恶意之动的"意"，而是诚知善知恶、好善恶恶之"好恶"之意。段落二尤值得注意，工夫必就心之发动处着力，此心之发动处是指意念抑或是指对意念之抉择取舍（意志上的肯定与否定）？"心之发动不能无不善"则明示"心之发动处"会有"不善处"，但紧接着具体工夫之论说则是"一念发在好善""一念发在恶恶"上，显然"心之发动不能无不善"，是指"意念"，而任何善与不善的念头萌动，良知无有不自知者，由此自知处入手对善念、恶念进行当下的抉择取舍：倘是善念则实实在在去好善，倘是恶念则实实在在去恶恶。能够让这种"善善恶恶"的意志如如地呈现出来即是"依这个良知做去"之所谓，亦即是"致良知"工夫，所以说"心之发动处"也是良知自知处。段落三中，"一念改过"，亦是针对"无有过而不自知者"这一现象而论的，故此"一念"同样是对良知之"自知""独知"之过错的当下改正。要之，这三段话中的"一念"都是针对第一序的意念之发实时而起的知善知恶、好善恶恶之念，"一念"之第二种用法就是指这种由对意念之善恶的自知处、独知处入手当下而起的好善恶恶的工夫。

那么，"戒惧之念"跟"一念好善恶恶"（以下简称"一念好恶"）之"一念"异同何在？"一念好恶"之"一念"就是"戒惧之念"之表现！它是"戒惧之念"在遇到作为"意念"的"一念"萌发之际的一种表现，此时，作为明察警醒能力的"戒惧之念"是心之本然状态，无论有事、无事，无论念起念灭（此处念乃指"意念"），吾人在工夫上理应让"戒惧之念"保持在如如而在、自证自知的状态（所谓"通乎昼夜之道而知"，所谓"敬畏之功无间于动静"，所谓"戒惧克治是'常提不放之功'"），而一旦感物而动，则生"有善有恶意之动"，原本常惺惺的戒惧之念遂表现为"一念好恶"之"一念"，而有省察克治、好善恶恶之功。职是之故，一念好恶并不是在戒惧之念的工夫之外另有一种工夫，它自始至终就是戒惧之念的工夫。

阳明又以"无时无处而不以立志为事"阐述这种戒惧之念工夫之不应间断性：

> 夫志，气之帅也，人之命也，木之根也，水之源也。源不浚则流息，根不植则木枯，命不续则人死，志不立则气昏。是以君子之学，无时无处而不以立志为事。正目而视之，无他见也；倾耳而听之，无他闻也。如猫捕鼠，如鸡覆卵，精神心思凝聚融结，而不复知有其他，然后此志常立，神气精明，义理昭著。一有私欲，即便知觉，自然容住不得矣。故凡一毫私欲之萌，只责此志不立，即私欲便退；听一毫客气之动，只责此志不立，即客气便消除。或怠心生，责此志，即不怠；忽心生，责此志，即不忽；懆心生，责此志，即不懆；妒心生，责此志，即不妒；忿心生，责此志，即不忿；贪心生，责此志，即不贪；傲心生，责此志，即不傲；吝心生，责此志，即不吝。盖无一息而非立志责志之时，无一事而非立志责志之地。故责志之功，其于去人欲，有如烈火之燎毛，太阳一出，而魑魅潜消也。[①]

"心之所之为志"，这是理学对志之普遍的看法，故志主"决定"，它特指人自觉确定其人生定向，并在实践活动之中贯彻自身、始终保持此定向之努力。故责志、立志与其说是一具体的行为意向之确立，还不如说是指人之精神的全幅定向，即让全体意识生活始终处在"精明"状态之努力，"精"，不杂之谓；"明"，不昏之谓。精明，则义理昭著，心之所发，皆为本体之念（正念），或有疏忽而有私欲、妄念之萌，良知之本体当下即明察之，私欲便退，妄念便消。"无一息而非立志责志之时，无一事而非立志责志之地"，这一立志工夫，实际上就是"念念去人欲，存天理的工夫"："弟子问立志，阳明曰：'只念念要存天理，即是立志。……驯至于美大圣神，亦只从此一念存养扩充去耳。'"（《传习录》16:57；28:66）及至阳明揭橥致良知为学宗旨，此念念存天理之工夫遂又被表述为"念念在良知上体认"之工夫、"念念致良知"工夫："人心是天渊。心之本体，无所不该。原是一个

---

① 王守仁：《示弟立志说》，吴光等编校：《王阳明全集》卷7，第260页。

天。只为私欲障碍，则天之本体失了。心之理无穷尽。原是一个渊。只为私欲窒塞，则渊之本体失了。如今念念致良知。将此障碍窒塞，一齐去尽。则本体已复，便是天渊了。"（《传习录》222:300）阳明还说："千思万虑，只是要致良知。"（《传习录》284:337）可见"念念"并无深意，只不过是说始终让心灵生活保持在戒慎恐惧的状态之中。

好善恶恶之"一念"，"念念"存天理之立志，"念念致良知"，三种表述各异，实质则一。阳明在论述戒慎恐惧工夫时，亦反复强调其"时时"之面向："古之君子，戒慎不睹，恐惧不闻，致其良知而不敢须臾或离者，斯所以深造乎是矣。"[①]"古之圣贤时时自见己过而改之，是以能无过，非其心果与人异也。戒慎不睹，恐惧不闻者，时时自见己过之功。"[②]这种时时而在的"戒惧之念"，跟"念念在良知上体认"亦毫无二致，一言以蔽之曰："戒慎恐惧，是致良知的工夫。"（《传习录》329:377）

四、总结、引申与问题

（1）"意念"属于"心之发动"范畴，是经验性的、善恶混杂的心理状态。

（2）意念发动处，良知独知时。意念之善恶，良知无有不自知者（是谓"独知"）。作为独知的良知与感物而动的善念、恶念有别：具体的善念、恶念乃是情境性的，故有念生念灭现象，而良知（独知）不随念有，不随念迁（王阳明有诗曰："无声无臭独知时，此是乾坤万有基。"），它既恒常存在于心灵生活之中，又对心灵生活产生的任何具体的意念之善恶而有当下、实时之明察：善念当下自知其为善，恶念当下自知其为恶。这是成圣的根据所在。这个"独知"在意念未起时，自是一无善无恶、无是无非的虚灵明觉、一纯粹的至善之道德意志当体自身，而当意念起时，此"独知"则能知善知恶、知是知非。

---

① 王守仁：《自得斋说》，吴光等编校：《王阳明全集》卷7，第266页。
② 王守仁：《寄诸弟》，吴光等编校：《王阳明全集》卷4，第172页。

（3）"戒惧"之念即是让良知对"意念"之善恶当下、实时的明察不致遮蔽、滑落，而转化为善则善之、恶则恶之的意志力、行动力。

（4）"一念"有两义：作为"意念"之"一念"，它是经验性的，或是善念，或是妄念、私念，相较于泛泛而论的人之经验性的善恶混杂的心理状态（意念），此种"一念"则是具体的心理活动（某个具体的念虑、念头、欲念）；作为"戒惧之念"的"一念"，它是一种与"知善知恶"一体而在的"好善恶恶"的道德意志（按："一体而在"即"知行合一"），相较于心灵整体上论人之戒慎恐惧之能力，此种"一念"更能体现"戒惧之念"之当下义、处境义。

（5）作为戒惧之念的"一念"工夫，跟阳明所说的"念念存天理"的立志工夫以及"念念致良知"的工夫异名而同指。

（6）作为"意念"之"一念"、良知之独知与作为"戒惧之念"之"一念"三者之间的关系可表述为：意念之发（一念之善恶）—良知独知之—戒惧之念（慎此独知，即由此独知其为善则"一念"发在好善而实实在在去好善，由此独知其为恶则"一念"发在恶恶而实实在在去恶恶），由此而引申出阳明之知行合一论。

（7）"善念发而知之，而充之。恶念发而知之，而遏之。知与充与遏者，志也。天聪明也。"（《传习录》71:100）意念（一念）之发，其善恶本心（良知）自知之（独知），而此"知"与"充"（知其为善念则充之）与"遏"（知其为恶则遏之），本即一条鞭地连带而来，"天聪明"即天然本具之聪明："'惟天下之至圣为能聪明睿知'，旧看何等玄妙！今看来原是人人自有的。耳原是聪。目原是明。心思原是睿知。圣人只是一能之尔。能处正是良知。众人不能，只是个不致知。何等明白简易！"（《传习录》283:336—337）"是非只是个好恶。只好恶，就尽了是非。"（《传习录》288:341）"好字原是好字，恶字原是恶字。"[①] 显然，知是非（善恶）在本原上即与好是（好善、充善）、恶非（恶恶、遏恶）一体而在的。阳明说"知行本体原不可分"，又说"一念发动处便即是行了"（《传习录》226:302—303），其都与此"天聪明"相关。实际上，陆九渊之知非、知过之说已发此义："不知其

---

① 董澐：《从吾道人语录》，钱明编校整理：《徐爱 钱德洪 董澐集》，南京：凤凰出版社，2007年，第279页。

非，安能去非？不知其过，安能改过？自谓知非，而不能去非，是不知非也；自谓知过，而不能改过，是不知过也。真知非，则无不能去；真知过，则无不能改。"①

（8）问题。阳明论工夫往往从"一念"（意念）萌动而良知无有不自知处入手，他说："才有一毫非礼萌动，便如刀割，如针刺。忍耐不过。必须去了刀，拔了针。这才是有为己之心，方能克己。"（《传习录》122:146）"一友自叹私意萌时，分明自心知得。只是不能使他即去。先生曰：'你萌时这一知处便是你的命根。当下即去消磨，便是立命功夫。'"（《传习录》333:379）"私意萌时""一毫非礼萌动"，都是指私念、妄念，在这不好的"一念"萌动之当下，其"私"、其"非礼"，吾之良知无有不自知者。这个"自知"（独知）总是在"一念"萌发之当下、实时而在焉，能够贞定住此自知、独知即是慎独、戒慎恐惧与致良知的工夫。故阳明屡屡强调诚意与致良知的工夫是从"发处""发时"用功，此"发动处"一定是指"知"与"充""遏"、知善知恶与好善恶恶一体而在的"一念之好恶"，而非意念、私意本身。"你萌时这一知处"一语至为吃紧，"萌时"系指意念萌发之际，"知处"系指对此意念萌发之际的当下之"察知"，这一察知才是德性生命之大根大本之处（"命根"）。从此入手而体认吾心活泼不息的戒慎恐惧之念，在动处"真见得良知本体"（《传习录》拾遗38:411），此种"因用以求其体"之工夫亦可称为"一念入微工夫"："致知在于格物，正是对境应感，实用力处。平时执持怠缓，无甚查考，及其军旅酬酢，呼吸存亡，宗社安危，所系全体精神，只在一念入微处，自照自察，一些着不得防检，一毫容不得放纵，勿欺勿忘，触机神应，乃是良知妙用。"②显然，此处一念入微之"一念"自是作为"戒惧之念"之一念，"入微处"即入于隐微处，阳明尚有"道只在一微字"之论，③此微处即是灵昭不昧之独知当体自身，即是戒惧恐惧之当体自身，即是纯粹的知善知恶、好善恶恶的意志之当体自身。

---

① 陆九渊：《陆象山全集》，北京：中国书店，1992年，第118页。

② 王畿：《读先师再报海日翁吉安起兵书序》，吴震编校整理：《王畿集》卷13，第343页。

③ 季本：《四书私存》，朱湘钰点校，台北："中央研究院"中国文哲研究所，2013年，第54页。

但阳明后学中人对此进路并不契合，戒惧于事为、戒惧于念虑、戒惧于本体之纠缠（邹守益），从念虑上长善消恶而起沦注支流，轮回善恶之担忧（陈九川），发上用功是追风逐电、发狂风之批评（聂豹），意先动而知随之邪？抑知先主而意继之邪之质疑（刘宗周），这些问题都跟对阳明作为"戒惧之念"的"一念"不同理解有关。

　　质言之，阳明四句教之中"有善有恶意之动"与"知善知恶是良知"两句之表述，给后来者造成一种误解，即"致良知"的工夫是跟在"有善有恶"的意念后面起舞。黄宗羲对此的质疑最具有代表性："……若必守此四句为教法，则是以知觉为良知，推行为致知，从其心之所发，验其孰为善、孰为恶，而后善者从而达之，恶者从而塞之，则方寸之间，已不胜其憧憧之往来矣。夫良知之体，刚健中正纯粹精者也，今所发之意，不能有善而无恶，则此知尚未光明，不可谓良也。何所借以为为善去恶之本乎？岂动者一心，知者又一心，不妨并行乎？"[1] 依此质疑，（1）阳明之"意"为"有善有恶"之"意念"，则"意"之所由发出处、源头处尚未光明，故不是"刚健中正纯粹精者"，不然，何来"恶"意念之发？（2）四句教中以检验意念之善恶论良知（知善知恶是良知），则是以"知觉"为良知，于是意念发动为"一心"，对此意念加以检验则为"又一心"，两者可并行乎？（3）"尚未光明"之"知"何以作为"为善去恶"之本？或者说，心之所发不能有善而无恶，则此心又如何同时能知善知恶与为善去恶？

---

[1]　黄宗羲：《答董吴仲论学书》，沈善洪编校：《黄宗羲全集》（第10册），杭州：浙江古籍出版社，2005年，第148页。梨洲此书信息量大，其中心是要为蕺山"意"为心之所存说进行辩护。为此，其辩护之关键在于认定阳明于发处用功乃不得要领之说，为此他援引朱子"以察识端倪为格物致知下手处，以故阙却平日涵养一段工夫"这一"晚年自悔"语（按：此说有误，朱子中和新说恰值其不惑之年，实是壮年而非晚年），并指责阳明在"发上用功""意之动处"是"竞蹈考亭之所已悔"。慎独之"独"一定是未发之中，是独根，而阳明执定在"发上"用功，"有善有恶"，则已不是"独"，即便做得再完美，也只是"枝叶一边"。而王门后学或只从日用伦物之感应致以明察（如王畿、欧阳德），则是致和而不致中；或是归寂守静（如聂豹、罗洪先），则是致中而不致和。双方虽均声称"前后内外，浑然一体"，但终究是"或摄感以归寂，或缘寂以起感，终是有所偏倚，则以'意者心之所发'一言为祟"。归根结底，阳明学工夫论之症候在于错认了"意"字。

（4）如将有善有恶之心判为习心，知善知恶、为善去恶之心判为本心、良知，则致良知之工夫只能跟在这有善有恶的意念后面，验其善则善之、充之、达之，验其恶则恶之、遏之、塞之。从而陷入憧憧往来、念起念灭之困境。正是这一类疑惑使得陈九川、聂豹、刘宗周纷纷质疑阳明"发上用功"之修身路径。①

的确，王阳明未曾直接跟刘宗周一样将"好善恶恶"这一纯粹的道德意志直接命名为"意"，他将此"意"视为"心之所存"而非经验层面的心之所发的"意念"。但如上所述，王阳明屡屡强调好善恶恶是良知的本质规定（"只好恶就尽了是非"），以"好恶"言心体是阳明良知论的一个重要内容，刘宗周"意为心之所存而非所发"这一革命性主张实可溯源于此。②职是之故，阳明四句教之"知善知恶是良知"只是承前一句"有善有恶意之动"而来，并非良知的全部内涵。依阳明知行的本体不可分，可知"知善知恶"与"好善恶恶"在本质上是不可割裂的。冯从吾对此有一精辟之描述：

> 心一也。自心之发动处谓之意，自心之灵明处谓之知。意与知同念并起，无等待，无先后。人一念发动方有善念，方有恶念，而自家就知道孰是善念，孰是恶念，一毫不爽。可见意有善恶，而知纯是善。何也？知善固是善，知恶亦是善也。惟此良知一毫不爽，所以有善念，便自有好善之念；有恶念便自有恶恶之念，彼不诚其恶恶好善之意者，自家良知岂能瞒昧得？只是明知而故为之，不肯致知耳。小人揜其不善以著其善，其于善不善之介，其于诚不诚之介，岂不分明？所谓有恶念亦自有恶恶之念，只是小人不肯诚于恶恶耳。
>
> 问此心一念发动处谓之意，但发动处有善念有恶念，如是善念诚可

---

① 魏良弼在《答东廓邹司成等书》中描述当时阳明弟子对致良知工夫理解"多无定见着实处"："近论多于触处、动念处体认良知，不于一定处下着，故不免支离之病。"见魏良弼：《太常少卿魏水洲先生文集》卷3，《四库全书存目丛书·集部》（第85册），济南：齐鲁书社，1997年，第44页。

② 陈立胜：《入圣之机：王阳明致良知工夫论研究》，北京：生活·读书·新知三联书店，2019年，第228—234页。

也，如是恶念，亦诚可乎？《大学》何以云诚意？曰：人心一念发动处，有善念有恶念。有善念，亦自有好善之念；有恶念，亦自有恶恶之念。善念与好善之念一时并起，恶念与恶恶之念亦一时并起。善念与恶念对言，好善之念与恶恶之念不对言。何也？好善之念固善念，恶恶之念亦善念也。如起一善念，即当为善，却又不肯为，是初念是而转念非也；如起一恶念，复起一恶不当为之念遂不为，是初念非，而转念是也。此就平常论意者言也。若诚意章却置过善念恶念两念对言的，只专以好善之念、恶恶之念，就好念头一边说，所以意都是该诚的，都该说初念是而转念非，又说不得初念非而转念是矣。[①]

这一描述准确而细致地刻画了阳明四句教之中"有善有恶意之动""知善知恶是良知"与"为善去恶是格物"之间的关系。意与知同念并起，在严格意义上说，良知作为心之本体始终恒在，故应说"无起无不起"，但当意念发动之际，良知对此意念当下既起一警觉，知其为善、为恶，同时又对善则善之，恶则恶之，是谓"善念与好善之念一时并起，恶念与恶恶之念亦一时并起"。黄宗羲所谓的"动者一心""知者又一心"的说法给人以"二心"之嫌，实则"动者一心"只是经验与意念层面的活动，而"知者一心"则是先天与本体层面对经验意念活动恒照恒察之活动。"知者一心"就当下、现时地体现在经验意念活动之际。这里既不存在"憧憧往来、念起念灭"之弊，也不存在"二心并行"现象。在意念未起之前，良知作为知善知恶、好善恶恶之"知体"即表现为"戒惧之念"，而在意念萌发之际，此戒惧之念即当下表现为"一念好善恶恶"。阳明所谓的"发处""发时"用功始终旨在挺立与贞定"一念好善恶恶"这一"知体"。牟宗三先生曾对阳明"知善知恶是良知"一语有精辟之阐释："此语即示良知超越而驾临乎经验的善恶念以上。……而良知之知善恶，其超越而驾临乎经验的善恶念之上，是形上学地、道体地超越，因而是主宰地、转化地、创造地超越。惟因是此种超越，故良知之知之，始能超化而治之，因而始能由之开出一'先天之

---

① 冯从吾：《少墟集》卷9，《景印文渊阁四库全书》(第1293册)，台北：台湾商务印书馆，1983年，第169、170页。

工夫'。"①

综上所述，在阳明心学字典中，"念"实有两义：一者是经验层面的意念，一者是先天层面的戒惧之念（道德意志）。唐君毅先生指出，阳明四句教之中，"有善有恶意之动"之"意"有别于"好善恶恶"之"意"："好善恶恶之意，只能为善，而不能为恶；良知中之此意，亦自必为一善而非恶；而有善有恶之意，则一般之意念。此乃不同义之二'意'。然阳明于此未析，乃更由心体之无此有善有恶之意，以言心之无善无恶。王畿更见此善恶相对之意之可厌，遂专欣慕此'无善恶之意之相对'一境。……而其原，则在阳明于此二'意'之义，原未分别：亦即见阳明于此'好善恶恶之意'，尚或认识不真。"②唐君毅先生这一看法真有拨云见日、炬火入冥室之力道，围绕阳明发处、发时用功之误解与节外生枝之指责自此可以休矣！

刘宗周的洞见在于他能够看出阳明心学一系未能在根本上将好善恶恶之"意"与有善有恶之"意念"判开，故会带来种种误解，也正有鉴于此，刘宗周另立四句教云："有善有恶者心之动，好善恶恶者意之静。知善知恶者是良知，有善无恶者是物则。"其中"好善恶恶者意之静"一句中的"意"不再是阳明"有善有恶意之动"意义上的"意"，不再是经验层上的"意"。"它是超越的、先天的、道德判断所自出的绝对自肯、纯一无二、恒自渊然贞定的自肯，所以它是绝对地'善的意'，绝对地'善的自肯'。顺这自肯而直接推出的或最原始的道德态度或道德判断便就是这'好善恶恶'所表示的。……这里没有善恶的对待，所以是至善、绝对的善。"又，此"好恶"不是经验层面上心理现象的喜欢或不喜欢，它所好恶的内容也不是顺生理需要所喜欢或不喜欢的对象，而是对善念、恶念当下的好恶，所以"这好善恶恶之意只是这去肯定善排拒恶，而反显其自身为绝对的、纯一无二的、至善的自肯，而它本身不是具有某一特殊内容之念。是以它总是超越的、恒自贞定如如的。它虽不是经验层上的'念'，但它却也是现象学地呈现的，它不是一个抽象，也不是一个假定。它是一个具体的绝对的

① 牟宗三：《陆王一系之心性之学》，《牟宗三先生全集》（第30册），台北：联经出版公司，2003年，第25—26页。

② 唐君毅：《中国哲学原论·原教篇》，北京：中国社会科学出版社，2008年，第305—307页。

真实"。①牟宗三在论及刘宗周意论时还指出："蕺山把'意'上提于这个好恶处讲，把'知'即藏于这个好恶处，这皆无不可，这亦为阳明说之所函或所许，只是阳明未先点出这超越意义的'意'而已，汝今点出之，自是佳事。"②实际上，这不仅为阳明说之"所函"或"所许"，而且亦为阳明学所需。阳明后学中往往错会乃师"发处""发时"用功之本义，而陷入念起念灭、山穷水尽的困局，"意"与"念"未能判脱恐惧是一个重要的原因吧。在由"独知"向"独体"的演进过程中，"独""几""意"三字无疑构成了阳明之后心学一系辗转、摸索，而终至柳暗花明、云开见月工夫跋涉中的三个路标。

---

① 　牟宗三：《陆王一系之心性之学》，《牟宗三先生全集》（第30册），第83—84页。

② 　牟宗三：《从陆象山到刘蕺山》，《牟宗三先生全集》（第8册），第377页。在《陆王一系之心性之学》中，牟宗山对刘宗周"知藏于意"如此阐述：此藏于意之知即意自身之莹彻明觉，如是，凡阳明所说皆可承受吸纳而无遗。然而摄知于意，则良知之用顿有收煞，此即归显于密，而无浅露之惑，而虚玄之荡与情识之肆亦可堵绝而无由混似成真。见牟宗三：《牟宗三先生全集》（第30册），第85页。

第十二章　湛若水"独体"意识的
形成及其历史效应

一、"岭学"与"越学"的互动

陈献章（1428—1500，字公甫，号石斋，人称白沙先生）的"岭学"与王阳明的"越学"是明代心学两大学脉。黄宗羲云："有明之学，至白沙始入精微。其吃紧工夫，全在涵养，喜怒未发而非空，万感交集而不动。至阳明而后大，两先生之学最为相近。"[1]两大学脉不仅在为学进路上最为接近，在学术传承上亦有共同的源头：白沙师事吴与弼（1391—1469，字子傅，号康斋），王阳明早年曾问学于娄谅（1422—1491，字克贞，号一斋），娄谅亦师承吴与弼。作为阳明心学盟友，白沙弟子湛若水在王阳明摆脱"五溺"（初溺于任侠之习，再溺于骑射之习，三溺于辞章之习，四溺于神仙之习，五溺于佛氏之习）的过程中发挥了重要的作用。顾应祥（1483—1565，字惟贤，号箬溪）、黄省曾（1490—1540，字勉之，号五岳山人）、程文德（1497—1559，字舜敷，号松溪）以及杨鸾（1492—1526，字仕明，号复斋）、杨骥（1484—1520，字仕德，号毅斋）兄弟等，先从湛若水游，后卒业于阳明；王道（1487—1547，字纯甫，号顺渠）、周冲（1485—1532，字道通，号静庵）等则先师事阳明，后转为师事湛若水；[2]蒋信（字卿实，号道林）、周坦（生卒年不详，嘉靖二十五年举人，字仲履，号谦

---

① 黄宗羲：《明儒学案·白沙学案》卷5，沈善洪主编：《黄宗羲全集》（第7册），杭州：浙江古籍出版社，2005年，第78页。

② 陈椰：《岭南心学与阳明学的互动交融》，《学术研究》2017年第9期。需要指出的是，王道虽被黄宗羲列入甘泉学案，但最终不为阳明与湛若水所喜，观《王文定公文录》，王道对阳明与湛若水均有批评，故严格意义上说，王道曾一度是二人的弟子。

斋）是湛若水后学（师事庞嵩），但在《明儒学案》中却被归为楚中王门、粤闽王门。《明儒学案·甘泉学案》指出："王、湛两家，各立宗旨。湛氏门人，虽不及王氏之盛，然当时学于湛者，或卒业于王，学于王者或卒业于湛，亦犹朱、陆之门下，递相出入也。"①"递相出入"当然不仅是指人员的流动，更是思想的交融、会通与工夫践履的切磋。即便一些未曾拜阳明为师的湛若水弟子如蔡汝楠（字子木，号白石）、洪垣（字峻之，号觉山）、唐枢（字惟中，号一庵）不仅与阳明弟子辈多有交游，而且更善于调停两家之学。蔡汝楠在总结湛若水后学与阳明后学关系时指出："师越学者则曰致良知而已矣，师岭学者则曰随处体认天理而已矣。'致知'本《大学》之格言，而'体认天理'则明道、延平之心法也。奈何以学树标者越中讥岭学谓其义袭而取，岭南讥越学乃谓孩提之童，其知识良与不良，杂然出发，不免认贼作子。呜呼！岂知江门、阳明二先生之本指乎！"②而王阳明的几大弟子如欧阳德（字崇一，号南野）、钱德洪（字洪甫，号绪山）、王畿（字汝中，号龙溪）等曾问学于湛若水，邹守益晚年更以弟子礼侍奉之。

在为学宗旨标举、"勿助勿忘"解、"格物"解、三教异同乃至对杨简（字敬仲，号慈湖）的态度上面，湛若水与阳明均有分歧，学界对之已有深入讨论。③在慎独工夫的理解上，湛若水与阳明亦表现出微妙的差异，学界

---

① 黄宗羲：《明儒学案·甘泉学案》卷37，沈善洪主编：《黄宗羲全集》（第8册），杭州：浙江古籍出版社，2005年，第138页。

② 蔡汝楠：《养中书院题辞》，《自知堂集》，《四库全书存目丛书·集部》（第97册），济南：齐鲁书社，1997年，第643页。湛若水门下对待阳明学的态度并非铁板一块，既有善调停者如李石麓，亦有尖锐的批评者如王道。前者称"舍天理，非良知；舍随处体认，非致良知。盖道一言一，而教亦一也"。见李春芳：《甘泉湛先生文集叙》，湛若水：《甘泉先生续编大全·补编》，游腾达、王文娟点校，台北："中央研究院"中国文哲研究所，2018年，第490页。后者斥阳明论格致诚正统体功夫为"牵绕颠倒，漫无端绪"，斥阳明无善无恶是谓至善说为"亿度之言"，斥阳明格物说为"戏剧之谈"，斥阳明"必是行了方可称知"说为"知德者厌而无德者惑"，等等。（王道：《林学士讲余答问复书》，《王文定公文录》卷6，沈乃文主编：《明别集丛刊·第二辑》，第26册，合肥：黄山书社，2013年，第125—140页。）

③ 黎业明：《湛若水生平学行考实》，上海：上海古籍出版社，2021年，第127—174页。

对此尚未见重视。实际上，湛若水不仅指出"独"是指"独知之理"，以此校正阳明后学以"常知常觉、灵灵明明"论良知之偏，更进一步认定朱子与阳明在"独"字下面加一"知"是赘笔。他将独体拟之为"北辰"，并明确提出"独体"的概念，批判的锋芒直接指向了阳明本人良知概念本身之不究竟处，其历史效应不应低估。

二、湛若水：由"独知"到"独体"

在儒家修身传统中，朱子慎独新说的提出是一个重要的思想史时刻。与郑玄将"独"释为"闲居之所为"不同，朱子将"独"理解为他人不知惟己知之的个人心灵生活，"独"与"知"勾连在一起："独"是"人所不知而己所独知者"，它不限于幽隐无人之地，大庭广众之下己心一念之发也是"独"，一念之善恶惟己自知而已。"独知"遂成为工夫修炼的一个核心范畴。王阳明则画龙点睛，由朱子之"独知"而点出：此人虽不知而己所独知者，"正是吾心良知处"，"独知"与"良知"乃同一实事。

然而无论朱子抑或阳明，当将《大学》与《中庸》中的"慎其独"之"独"转化为"独知"话语时，"独"便成了一个用来限定"知"的"副词"并丧失了其原本的"独立"义。在宋明理学话语中，"独"自身成为一个具有重要哲学意义的"名词"，当始于湛若水。他也是首位提出"独体"术语的理学家。

当然这有一个发展过程，在《格物通》（嘉靖七年）一书中，湛若水对慎独的理解大致与朱子、阳明保持一致的态度：

> "惠迪吉，从逆凶"，人之吉凶生于动也。心之本体未有不善，动而后有善恶吉凶也。然而祸福无不自己求之者，人君于独知之地，察其几微，而分别之。扩充其善念，遏绝其恶念，则治平之本于是乎立，而丰亨豫大之福于是臻矣。（卷二）

> 皇祖所谓微与小，即独也，一念之方萌也。于此而虑，则察之精矣；于此而防，则守之密矣；虑且防，则遏其欲而存其理矣。（卷六）

这两段话对慎独的理解完全沿袭朱子的口吻，湛若水将"独知之地"理解为人所不知而己所独知的意念领域，慎独即是在此己所独知的意念生活中始终保持警醒与分判的能力。不过与朱子"戒慎恐惧""慎独"两节次说不同，湛若水与阳明一样，坚持两者是一体的工夫：

> 隐微者，即其不可见闻而可自知之者也。君子有以察识其几，而戒谨恐惧敬慎以存之……于人之所不见而己独知之者而致谨焉。（卷一）
>
> 然万事皆起于念虑之微，善善恶恶皆有定理，所谓止也。敬乎吾心之所止，必戒慎恐惧，使念虑之发不失其本体，故能廓然大公，物来顺应。（卷一）

在朱子这里，戒慎恐惧是静时涵养的工夫，慎独是动时省察的工夫。而在湛若水那里，"戒谨恐惧敬慎"不加区别地用于"察识其几""念虑之微"上面。他在《知新后语》中更是明确指出："《中庸》戒慎恐惧与慎独皆只是敬，皆一段工夫，无分动静，二之即非敬矣。后一节即是解前节，隐微即不睹不闻，慎独即戒慎恐惧，是故君子必慎其独，即结上文意。后儒便以分动静，故头绪多了。原来只有一段涵养工夫，及至未发之中，已发之和，其动静浑是天理。及致中和亦是一段工夫，何曾分如此是致中，如此是致和，致则皆致。又后儒以慎独一节是省察，亦非也。谓之慎独，非涵养而何？"[1]此处"后儒"显系指朱子，尽管朱子有"敬贯动静"说，在此意义上，朱子对"戒慎恐惧与慎独皆只是敬"之说亦未必会反对，实际上

---

[1] 湛若水：《泉翁大全集》卷3，钟彩钧、游腾达点校，台北："中央研究院"中国文哲研究所，2017年，第63页。他在《答太常博士陈惟濬》与《答聂文蔚侍御》两书中也明确指出：程朱一系所谓"涵养须用敬，进学在致知"两轮工夫乃同一车之两轮，"行则俱行，岂容有二？"又称"此道体用一原者也，故只是一段工夫，更无两事，谨独即是戒惧，所以养其体，直扩充至位育之大用，亦不离于谨独。克己格致皆知行，此也。至天下平，皆一贯。然致中和、平天下皆工夫，亦是谨独充之"。"'不睹不闻即是隐微字，戒谨恐惧即所谓慎独。'区区之见正如此。《中庸》慎独一节，即申上节，所以下一个'故'字。圣贤之学元无静存动察相对，只是一段工夫。凡所用功皆是动处，《中庸》《大学》《艮卦》《通书》无不皆然。盖动以养其静，静处不可着力，才着力便是动矣。"见湛若水：《泉翁大全集》卷8，卷9，钟彩钧、游腾达点校，第230—231、261页。

朱子还有未发、已发只是一个工夫的说法，但无论如何，朱子仍然将戒惧与慎独作为两节工夫区别开来。

在工夫路径的一元化方面，湛若水与阳明是保持高度一致的，不过与阳明强调"独知"是"吾心良知处"略有不同的是，湛若水屡屡强调独知是"独知之理""天理""天德"。据《新泉问辩录》（戊子，嘉靖七年）记载，门人问"慎独"与"体认天理"之"异同"，湛若水答曰："体认天理与谨独，其功夫俱同。独者，独知之理，若以为独知之地，则或有时而非中正矣。故独者，天理也，此理惟己自知之，不但暗室屋漏，日用酬应皆然；慎者，所以体认乎此而已。若如是有得，便是天德，便即有王道，体用一原也。"其《进天德王道第二疏》（辛卯，嘉靖十年）云："所谓独者，固所独知之理也，即天理也，即天德也。"《修复四书古本测序》（丁酉，嘉靖十六年）称："其慎独也者，三千三百之原也。物其理也，独其所独知者，亦理也。"[1]基于同样的问题意识，湛若水很重视张载"合性与知觉有心之名"的命题，《与吉安二守潘黄门》一书（戊戌，嘉靖十七年）云："曾忆向十年前时，有言良知必用天理，天理莫非良知，……故尝曰'空知，禅也。'又曰：'学至常知天理焉，至矣。'张子《正蒙》有曰：'合性与知觉有心之名'盖有明此矣。夫性即理也，心非独知觉而已也，知觉而察知天理焉，乃为心之全体。"[2]

最迟自嘉靖十九年起，[3]湛若水于广州天关书院讲学时就开始质疑朱子与阳明的"独知"一词，并明确提出"独体"的概念。

> 慎独，独字即"极"字，乃未发之中，其中一点真精，万劫不灭，无可对的物事，犹北辰也。知行由此，而亦所以存此。言"独"不必加

① 湛若水：《泉翁大全集》卷 67，卷 36，卷 24，钟彩钧、游腾达点校，第 1636、954、666 页。

② 湛若水：《泉翁大全集》卷 10，钟彩钧、游腾达点校，第 315 页。

③ 是年，洪垣为湛若水开天关诸讲堂于穗城。《赠广州府学掌教信庵高君致政归维扬序》云："嘉靖十有九年，婺源洪觉山侍御来按吾广，毅然以兴起斯文为己任。时甘泉叟适归罗浮，觉山侍御为开天关讲堂于穗城，躬步入山，以请莅教焉。"见湛若水：《泉翁大全集》卷 24，钟彩钧、游腾达点校，第 674 页。又参黎业明：《湛若水年谱》，上海：上海古籍出版社，2009 年，第 268 页。

一"知"字亦可，乃所不睹闻者，天理是也。

罗一中问："如何是慎独功夫？"曰："独即性命，有何形容？慎则此心之真知真行以体之，与性命合一，亦有何形容？阳明于'独'下添一'知'字，予初欲捄之，添以'独知之理'字，今皆觉是赘了。此可默识，少有路头蹊径，与中和位育便不相似。"

"戒慎所不睹闻是全体无畦畛、无知觉，而知觉之理在；慎独是感应有畦畛、有知觉而知觉之理著。"先生曰："如以畦畛言，则'独'与'不睹闻'二矣。感应处又安得入微？子思不言'独知'，而止下一'独'字，极有意思，譬人以一全体之身，有事持行是此身，及其息也依旧是此身。在所不睹闻，对人与事言谓之独耳。夫子言'一贯'，曾、思言'独'乃尔。"

汪子烈问："人所不见是独否？"洪子曰："此非独也。先生常云：慎独之功，须于人所不见致之，乃是自慊、无自欺，与所不睹闻之体。无起灭间断，对人言，言不见，是感应时事。"①

在这四段文字中，湛若水明确抛弃了朱子与阳明的"独知"一词，认为"独"字后面加一"知"字是画蛇添足之举。在湛若水这里，"独"成为与"天理""天德""极""未发之中""性命"异名同指的最高范畴，并将"独"拟之为"北辰"，凸显儒家终极实在之主宰、无待、独立自主。湛若水论涵养工夫喜援用道教"鼎内若无真种子，如将水火煮空铛"比喻涵养不是空头的涵养，而"独"作为心中"一点生理"即是"真种子"，这亦是工夫的"头脑"所在。②更为重要的是，湛若水明确将"独"与"独知"加以分别，这实质上是将对王阳明良知说的批判提升到了一个新的高度。

王阳明与湛若水二子虽为心学盟友，湛若水主随处体认天理，即随心、随意、随身、随家、随国、随天下体认天理，阳明主致良知，即身意知物、家国天下皆是一体致良知的工夫，两者一元、一段工夫的旨趣与性质并无

---

① 湛若水：《甘泉先生续编大全·补编》，游腾达、王文娟点校，上处四处引文，分别引自第23—24页，第74、77、81—82页。

② 湛若水：《甘泉先生续编大全·补编》，游腾达、王文娟点校，第34页。

本质之异同，所谓千蹊万径，皆可适国，[①]然却又相互指责对方工夫有"支离"之弊。阳明认定湛若水随处体认天理是"逐外忘内"，是"义袭"，湛若水反唇相讥阳明为"是内而非外"，亦是支离。阳明殁后，湛若水对阳明后学以"常知常觉、灵灵明明"论良知更是持强烈的批判态度，称是"大坏阳明公之教"。他与阳明门人论学一直强调"天理"与"良知"浑一不二性："良知必用天理，天理莫非良知。"[②]为此湛若水正式提出必须将"独"与"独知"分开，强调"独"就是"天理""天德""极""未发之中""性命"，要之，独是"独体"，而非"独知"。由此区别，湛若水进一步质疑阳明良知之为未发之中的命题："所不睹不闻是未发之中，良知其神机之显见者耳。虽云天然妙用，还是照处。'神发知矣'，'日月有明，容光必照'，是平实语。"[③]这里湛若水实则判阳明的良知概念是"用"的范畴（"神机之显见"），而"未发之中"是"体"，两者不能混同不分。湛若水还将未发之中比拟为"根"，已发之和比拟为"干枝花实"，虽然后者亦离不开"中"，但笼统说"已发有未发在"，"斯亦岐矣"。[④]这种严辨体用的主张也是纠正阳明"未发在已发之中，而已发之中未尝另有未发者在；已发在未发之中，而未发之中未尝别有已发者存"这一体用圆融说之流弊。针对弟子"无过去、无将来、无见在心是三昧否"之问，湛若水答曰："犹吾儒退藏于密也，密则实，昧则空矣。近时又以无是无非、无善无恶为密，亦昧也。"[⑤]这显然是在批评阳明学中以"无"为密体的倾向。在湛若水看来，惟有体认天理之学才是真正从天根（"神体"）上入手之学，是"根本之学"："须从独体透露乃真悟也，此博文知几实学，悟中存养次之，以意诚意远

---

① 有关阳明与湛若水工夫之异同，可参见唐君毅：《中国哲学原论·原教篇》，北京：中国社会科学出版社，2006 年，第 230—233 页。

② 《赠掌教钱君之姑苏序》，湛若水：《泉翁大全集》卷 22，钟彩钧、游腾达点校，第 633 页。《与邹东廓司成》《答魏水洲黄门》，湛若水：《甘泉先生续编大全》卷 9，钟彩钧、游腾达点校，"中央研究院"中国文哲研究所，2017 年，第 212、213 页。

③ 《天关语通录》，《湛甘泉先生文集》卷 23，《四库全书存目丛书·集部》（第 57 册），第 131 页。《甘泉先生续编大全·补编》本与此段文字多有出入。

④ 同上书，第 13 页。

⑤ 同上书，第 74 页。

矣。"① "博文知几"是颜子之学,"以意诚意"意谓在意念后面用功,湛若水称此工夫是"从躯壳意念半截上起",无法抵达真正的本体("独体"),故不得为"达德","达德者,独体也"。②

　　根本之学也是"先天之学":"善体本一,成于性而起于意,则二矣。故'择善''止至善''几善恶',俱从'继善之初'得来,至后天便难为功。"由"继善之初"入手则尚未落入"起于意"的二分、对待阶段,此是先天工夫,就此而言"以意诚意"则属于后天工夫。这一工夫的分判隐约中透露出王畿"先天正心工夫"与"后天诚意工夫"对置的影子。③

　　更值得注意的是,湛若水还明确指出:"戒慎所不睹不闻,乃诚意功夫不落意处,即致知格物之谓,非浑沦无入手者,故下文以慎独言。无论内外始终,此心收摄自在,不着丝毫,与'上天之载,无声无臭',首尾只还一个天命二字。"④ 本来戒慎恐惧在朱子那里是涵养本原的工夫,"所不睹不闻"也本是"未发之中""独体",戒慎所不睹不闻实则是戒慎于独体,今湛若水直接将戒慎工夫与诚意工夫等同。于是诚意便是戒慎本体的工夫,即立于独体的根本工夫,而非落入意念上的"正念头"。此处"不落意处"实则也有针对阳明格物说而发的意味,如所周知,湛若水对阳明格物"正念头"说不以为然,而力主格物是"造道"之功,并坚持《大学》之诚意、正心、修身、齐家、治国、平天下皆是一元全体的工夫("一段工夫")。诚

---

　　①　湛若水:《甘泉先生续编大全·补编》,游腾达、王文娟点校,第66页。原句读(此博文知几实学,悟中存养,次之以意,诚意远矣)似不妥,今不从。

　　②　湛若水:《甘泉先生续编大全·补编》,游腾达、王文娟点校,第43页。

　　③　不过,与王畿不同,湛若水在点出先天工夫的同时,更进一步强调此先天工夫是出自"善体",是从"继善之初"而来,故不是"一无到底"的"四无"工夫:"或云:'有善有恶为二,无善无恶为不二法门,如何?'曰:'谓不着有善恶之见则可,既云继之者善,无善无恶终是寂相。吾儒自有不二法门,正以其能善善而恶恶耳。'"见湛若水:《湛甘泉先生文集》卷23,《四库全书存目丛书·集部》(第57册),第128页。

　　④　湛若水:《甘泉先生续编大全·补编》,游腾达、王文娟点校,第80页。句读有改动。《觉山先生绪言》卷2记曰:"戒慎恐惧所不睹闻,是诚意之功不落意处。但在喜怒哀乐中和上识取,博学审问慎思明辨笃行,皆其功也。许大学问功业只在此四字。……"《续修四库全书·一一二四·子部·杂家类》,上海:上海古籍出版社,2002年,第97页。

意即诚"修、正、齐、治、平"之"意"，皆在"格物"上用。格物实则即是格"天之理"，慎独实则是慎"天之理"。故在湛若水处，"诚意"之"意"绝不是有善有恶的"意念""念头"，而是由独体而来的好善恶恶的意志，此好善恶恶的意志贯通于修、正、齐、治、平而无间断。[①] 显然湛若水这里的慎独、诚意都是在独体上立定脚跟，这跟后来刘宗周的思路是完全一致的。唯一不同的地方是，湛若水尚拘泥于传统理学字典中"意"为"心之所发"这一释义，而未能像刘宗周那样将"意"视为先天、纯粹的好善恶恶的道德意志，故只好以一种吊诡的言辞点出诚意工夫实则"不落意处"。[②]

另外，湛若水亦自觉把颜子之学称为"研几先天之学"，称誉颜子是"飞走的精神"。与此相对，仲弓只是"扶墙摸壁工夫"，"四勿功夫非人人可用得，中人以下，无颜子这至明至健，如何做得？只精吾中军，体认涵养出这至明至健的精神，才能知太始。非礼之萌，已炳几先而勿之"。[③] "心浑全无初，感处即初，寂与感皆心之全体也。故颜子之学只于几上、念头上用功，平时只于有事而勿忘勿助，及感发时亦只如此，是谓随处体认，

---

① 《天关语通录》多处论及诚意与慎独工夫之贯通与一元全体义："'慎独'二字无论远近、终始、知行、博约、身心家国天下都是滚作一段，更无可间断离析处，不可须臾离，总在此一处下落，乃《中庸》一书总括也。""诚意即诚修、正、齐、治、平之意，而意非小，心非大，必如此言者，见《大学》全体耳；先言正、修、诚意，而归之以格物，则诚意即诚修、正、齐、治、平之意之理，而意非虚几，物非粗迹，必如此言者，见《大学》有实功耳。……诚无不善，无间隔亦无出入。""会中讲诚意一章。先生曰：'此亦知个头脑。何谓头脑？下文所谓独，即至善之物，本是也。子张之色取仁、原宪之不行，皆不知头脑之故。故虽与厌然异，而好恶不由中出，非由仁义行之学也。故格物而后知至、意诚。'"见湛若水：《湛甘泉先生文集》卷23，《四库全书存目丛书·集部》(第57册)，第114、126、139页。

② 湛若水又强调诚意工夫即是"明心"工夫，不以"起灭"而论："无起无灭，心体也。离心起意，即为妄。有起而后有灭，然否？"泉翁曰："心为活物，常静而常动。意欲其机窍耳，常寂常感，夫又何起何灭、离心起意？诚意未尝离心也，诚意即明心矣。"湛若水：《湛甘泉先生文集》卷23，《四库全书存目丛书·集部》(第57册)，第69—70页。

③ 湛若水：《与冼少芬》，钟彩钧、游腾达点校：《甘泉先生续编大全》卷8，第180页。

非待初心发乃用功也。"① "颜氏之子，有不善未尝不知，知之未尝复行，其知几乎！知几其神乎！学而至于几焉，至矣。几者，初念之功，力之最先者也，乾道也。乾知大始，先天之学也。"② 在其晚年《岳游纪行录》（嘉靖二十三年）中湛若水将孟子"可欲之谓善"称为"一本""真种子"，"此是善念初动，动而未形有无之间，所谓几也。……此乃孟子指示人于几上用功处，与颜子知几其神功夫一般"。③

实际上，甘泉对颜子学的称呼变化与其独体意识的形成也是密不可分的。《论语·颜渊》《仲弓问仁》章记载：仲弓问仁。子曰："出门如见大宾，使民如承大祭。己所不欲，勿施于人。"夫子以"敬恕"指点仲弓，湛若水由此认定仲弓之学为"贤人之学"而与颜子"大贤之学"各有分限。此评判始见于正德年间西樵讲学语录《知后新语》（《泉翁大全集》卷三），后复见于《新泉问辩录》与《问疑续录》。《金台答问录》则称颜子工夫是"先天工夫"："四勿不可容易看。谓非礼声色，士人稍知义理者能之，何待颜子，则太容易了也。此义在孔门最精，圣人以告颜子，不以告门弟仲弓诸人，何也？此于几上用功，先天之学也，曰：'颜氏之子，其庶几乎！'非礼勿视、听、言、动，何分内外？感应疾于影响，若非礼之感，不知不觉，视听已过，如疾风迅雷之过耳，岂能安排得？惟此心常存，则感应几微，自明决矣。"（《泉翁大全集》卷77）而在晚年《书问》（黎业明由语录中有"师尊九十一"语，断定该书语录成于嘉靖三十五年）中，湛若水明确称颜子"四勿"功夫是"圣人之学""乾道""进德功夫"，且有别于仲弓的"贤人之学""坤道""修身功夫"："吾契谓'止者，吾心至善之本体。安之，所以立本'，又谓'惟几惟康，谨之于动以安厥止'，又谓'动以养静'等语，皆得之。只是这'安'字、'几'字要体认得亲切。惟几者，于念头上做功夫。能惟几，乃能惟康。康者，于事上做功夫。惟几，便是颜子圣人之学，所谓乾道，所谓进德功夫，所谓乾知大始也；惟康，便是仲弓贤人

---

① 湛若水：《答洪峻之侍御》，钟彩钧、游腾达点校：《泉翁大全集》卷10，第306页。

② 湛若水：《四勿总箴》，《泉翁大全集》卷32，钟彩钧、游腾达点校，第842页。

③ 湛若水：《甘泉先生续编大全》卷33，钟彩钧、游腾达点校，第1097页。

之学，所谓坤道，所谓修身功夫，所谓坤作成物也。及其至，一也。"①在其九十四岁所撰的《默识堂记》中，湛若水曰："孔子后，道在颜子。故明道程氏曰惟颜子便默识。默识不待启，启不待语，故曰：'颜子没而圣人之学不传。'"

另外，湛若水还以"好恶"论"几"："'好恶'二字，最紧要。圣人之学全在几上，好恶者，此心发动之端，乃所谓几也。故孟子欲人于四端上扩充，大善大恶莫不于此分路头。……好恶不作者，天理之本体；好好恶恶者，天理流行之大用。"②"几是乾道"，是"力之最先者"、几是好恶之几，这种对"几"至明至健的性质之描述，跟阳明后学直到刘宗周对"几"的理解是若合符节的。

三、湛若水后学的"独"学与"研几"学

受湛若水"独体"意识与"研几先天之学"的影响，湛门高足（蒋信、王道、吕怀、唐枢、何迁、洪垣）几无不言"独""几"。③

以唐枢与洪垣为例。唐枢最喜言"几"，"几"是乾乾不息之体，是一纯善无恶的力量。他明确否定了"恶几"的说法："恶岂有几？如弩然，机发便其直如矢，旁行不得。"门人追问如何看待周濂溪"几善恶"一语，唐枢答曰："此对'诚无为'而言，谓几分善恶，盖有善而无恶也。"又说："精神提掇则灵，灵是几；收敛则凝，凝是诚；真几、真诚则通，通是神；心之精神是谓圣。""诚、圣、几一齐到，有则俱有，无则俱无。"④于是"研

---

① 湛若水：《湛甘泉先生文集》卷14，《四库全书存目丛书·集部》（第57册），第658—659页。

② 湛若水：《新泉问辩续录》，钟彩钧、游腾达点校：《泉翁大全集》卷71，第1757页。

③ 黄宗羲说："湛门多讲研几。"见黄宗羲：《明儒学案·甘泉学案》卷38，《黄宗羲全集》（第8册），第193页。

④ 唐枢：《积承录》，《木钟台再集》元卷，《四库全书存目丛书·子部》（第162册），济南：齐鲁书社，1995年，第580页。

几"便成了"立人极"之"把柄":"几者,命之流行而不已,无动无静,乃太极之本然也。得此把柄,是为人极立。……自其理之真实而言谓诚,自其理之发动而言谓几,自其理之运行而言谓神,自其理之存主而言谓德……自其行此理而自然谓圣。"[①]要之,"几是千古学脉""圣学,一'研几'尽之"。[②]

洪垣一方面称几是"生几",是"寂体之流行不已者",是"动之微",是"天行",[③]另一方面则着重强调慎独之"独"是"性命",慎独之"慎"是"心之真":"独即性命,有何形容?慎则此心之真,知真行以体之,与性命合一,亦有何形容可言?"[④]他还特别指出《庄子·大宗师》篇中的"朝彻而后能见独"的"独"字,其义是"此性无对","俗儒亦未易说到此"。[⑤]慎独工夫才是儒学的根本工夫:"慎独甚微,此处无容声臭,惟有善根一路体察消融。不是到此,容有善恶交胜之病。"[⑥]"善恶交胜之病"系指意念分判之事,"意有不善,而独无不善也"。[⑦]"工夫不难于有事无事,而难于有无接续之交,于中盖有诀窍焉。志在几先,功在几时,言志则不分有事无事,而真几自贯。如《大学》所为'如好好色,如恶恶臭',皆真几也。善几著察,'有不善未尝不知,知之未尝复行',此颜子知几先天之学。

---

① 唐枢:《宋学商求·附录》,《木钟台集》亨卷,第456页。

② 唐枢:《一庵语录》,《木钟台集》贞卷,第549页。

③ 洪垣:《觉山先生绪言》卷1、卷2,《续修四库全书·一二四·子部·杂家类》,上海:上海古籍出版社,2002年,第66、87页。微是天行的说法当出自乃师湛若水《天关通语录》:"几者,动之微,吉之先见。寂而感未着于迹,故微是大行(引者按:'大行'当为'天行')。"湛若水:《甘泉先生续编大全·补编》,游腾达、王文娟点校,第70页。实际上《觉山先生绪言》中所记多条语录均系乃师湛若水语,本文所引洪垣语亦不例外,恕不一一标出。

④ 洪垣:《觉山先生绪言》卷1,《续修四库全书·一一二四·子部·杂家类》,第67页。

⑤ 洪垣:《觉山先生绪言》卷2,《续修四库全书·一一二四·子部·杂家类》,第103页。

⑥ 同上书,第79页。

⑦ 洪垣:《觉山先生绪言》卷1,《续修四库全书·一一二四·子部·杂家类》,第74页。

今之学者，止于意气作为上论志，不于天行乾乾主宰上论志。非志则几不神，非志非几，而欲立未发之中于未应之先以为应事主，而应之者无心焉，非影响即虚见。所谓体天理者，岂是事物上推求？岂是意念上辗转？只从生几上时时照察。几是则通体皆是，几非则通体皆非。盖几者，性情之流行，通乎知行而无息者也。"① 显然这里"志在几先，功在几时"的工夫仍然是为了避免"善恶交胜之病"（所谓"意念上辗转"）。

洪垣又明确将"未形方形"之"天然自有之几"之学称为"根本之学""继善接根通志之学"，舍此则是"离根之学""脱善离根成意之学"。而"几"皆善，几而后有善恶。善恶属于"意"的范畴："赤子之欲，未成于意。成意故恶，未成意故善，犹之天道风雨然。夫子之所谓习者，习于意，成于意耳。所谓不移者，其亦意之不肯移者耳。故予断以为恶起于意，起于外，而非起于心、起于智也。"② 而"格物"的工夫就在感应之际抵达此"知根性根"（实即良知良能），"惟顺理感应自然"，③ 而免于"意"之干扰。洪垣还进一步指出，倘能由格物工夫抵达知根性根，则"物感而意发焉，各得其正，无所著于念而率乎纯粹之原者，道也，盖格于物而诚焉者也"。如虽各得其正，但"犹不免有所著焉，不可以化于物者，意也。盖诚在意，而未格于物者也，是所谓以意诚意，其意小者也"。倘若不仅有所著，且"着极而转念焉，乘之以贪戾骄泰、不恕不仁，而不可解者，意之蔽也，盖塞于意而无物者也，是所谓以意起意者也"。④ 这种对"以意诚意""以意起意"的批判显然是承接湛若水"以意诚意远矣"的说法而来。

在湛若水众弟子中，洪垣可谓善于调停"岭学"与"越学"者。如所周知，邹守益的工夫历程有三戒惧之说：其初戒惧于事为，而事为有众有寡、有大有小，对众则庄重，对寡则懈怠，对大事则谨慎，对小事则疏忽。境迁而情异难免受制于外境，"用力劳而收功寡"。后转向戒惧于念虑，但

---

① 黄宗羲：《明儒学案》卷 39，《黄宗羲全集》（第 8 册），第 211—212 页。

② 同上书，第 223 页。

③ 有门人问何思何虑是圣人地步，非初学者"初入路头"，洪垣答曰："《系辞》本旨只要除去闲思杂虑，惟顺理感应自然，此正切要功夫。圣人与学者原自一样。"洪垣：《觉山先生绪言》卷 2，《续修四库全书·一一二四·子部·杂家类》，第 87 页。

④ 黄宗羲：《明儒学案·甘泉学案》卷 39，《黄宗羲全集》（第 8 册），第 222—224 页。

憧憧起伏，念起念灭，“未免灭东生西”，在与同门（王艮、薛侃、钱德洪、王畿）的切磋中，最终觉悟到真正戒惧的工夫必须“戒惧于本体”“从心体上点检”。①这一“三戒惧”说也得到了洪垣的呼应：“垣窃以为戒惧事迹之功易，而戒惧念虑之功难，戒惧念虑之功易，而戒惧本体之功难。夫戒惧乎本体者，非志之主宰不能也。此处果无隐处，亦无懈时，顾在人自作之耳。”②洪垣对阳明与湛若水的慎独心法异同及其弊端更有精准的评论：阳明与湛若水均以“所不睹不闻性之体”阐发慎独之旨，“学者晓然知天德、王道，真从此心神化，相生相感，不复落于事功形迹之末，其有功于后学不浅，此非其所同乎？”但阳明言“独知之知”，“至静而神，无不良者”，故其“独知”之知实是“先天不杂于欲时”之“知”，此自无问题。问题在于阳明又称“不识不知”以及杨简之不起意为“得圣学无声臭命脉”，于是，“一时学者，喜于径便，遂概以无心之知为真知，不原先天，不问顺帝之则”，此阳明后学“似倚于微而无上天之载，失之倚，非良矣”。而乃师湛若水“窃为此惧”，乃标举“尧、舜授受执中心法”，特别点出“独者，本体也，全体也，非但独知之知为知，乃独知之理也”。但后学者因有执中之说，往往“惑于感应之际”，“舍初念而逐善恶是非之端，以求所谓中正者，恐未免涉于安排，而非性体之自然”。此湛若水后学“似又倚于显，而有失之倚，非中矣”。阳明后学之失是“微之失”，湛若水后学之失是“显之失”。“显之失尚有规矩可循，微之失则渐入于放而荡矣。”最后，洪垣提出“心”乃“天理良知之管摄”的主张，并指出，只要我们“求之心”，则“二公之异同亦可得其一二矣，其可并以支离病哉？”③

另外，值得一提的是王道对阳明良知概念的批评。《次阳明咏良知三首》其一曰：“若把良知当仲尼，太清却被片云迷。良知止是情之动，未动前头尚属疑。”王道更于此诗下自注曰：“孟子良知即四端，乃情之发动处，其以孩提言，正赤子之心，而程子以为已发而未远于中者也。阳明指此以为

---

① 邹守益：《简君亮伯光诸友》，董平编校整理：《邹守益集》卷10，南京：凤凰出版社，2007年，第492—493页。

② 黄宗羲：《明儒学案·甘泉学案》卷39，《黄宗羲全集》（第8册），第213页。

③ 洪垣：《答徐存斋阁老》，黄宗羲：《明儒学案·甘泉学案》卷39，《黄宗羲全集》（第8册），第217—218页。

圣人之本体，落第二义矣。"其二曰："独知还是有知时，莫认独知即正知。寻到无知无物时，本来面目却为谁。"①良知只是"情之动"，是"情之发动处"，"独知还是有知时"，这分明是直接怀疑阳明的良知概念只是"发用"，而不是"正知"，不是"未发之中"，不是"本体"。这一怀疑跟上述湛若水的说法是高度一致的。

四、湛若水"独体"观念的历史效应

湛若水将朱子与阳明的"独知"之"知"字剥脱，而彻底证立一"独"字，并称从"独体透露"才是"真悟"，阳明良知的概念只是"神机显见"，是发用（"照处"），此种种批评与阳明后学先天正心工夫与后天诚意之判（王畿）、"知是知非"是"良知发用"而非"良知之体"之辨（王畿、聂豹、吴时来、邓以赞、邹元标）形成遥相呼应之势。

王畿在嘉靖三十六年《书婺源同志会约》中说道："夫良知即是未发之中，譬如北辰之奠垣，七政由之以效灵，四时由之以成岁。运乎周天，无一息之停而实未尝一息离乎本垣，故谓之未发也。千圣舍此，更无脉路可循。"②理学殿军刘宗周称"独"为"心极"，又称"无极而太极"为"独之体"，③而于其晚年则称"一敛一发，自是造化流行不息之气机，而必有所以枢纽乎是，运旋乎是，则所谓天枢也，即所谓独体也"。④刘宗周还认为，慎独须从"声臭外立根基"，"所谓北辰居所而众星拱也。天一气周流，无时不运旋，独有北辰一点不动……故曰'天枢'"。⑤湛若水将"独"称为

---

① 王道：《王文定公文录》卷6，沈乃文主编：《明别集丛刊 第二辑》（第26册），第139—140页。

② 吴震编校整理：《王畿集》卷2，南京：凤凰出版社，2007年，第39页。

③ 刘宗周：《学言上》，吴光主编：《刘宗周全集》（第2册），392、395页。

④ 刘汋：《蕺山刘子年谱》下卷，吴光主编：《刘宗周全集》（第6册），第120页。

⑤ 有关刘宗周提出"独体"说的具体过程，请参见雷静：《刘宗周悟体独体的功夫历程》，《现代哲学》2022年第6期。高海波：《慎独与诚意：刘蕺山哲学思想研究》，北京：生活·读书·新知三联书店，2016年，第231—318页。

"极""未发之中""北辰",可谓孤明先发矣。刘宗周批评阳明的良知概念是"非究竟义"("落第二义"),是"从有善有恶而言者也","因有善有恶,而后知善知恶,是知为意奴也,良在何处?"[①]刘宗周又斥阳明致良知工夫"专以念头起灭处求知善知恶之实地,无乃粗视良知乎?"[②]此种批判与湛若水斥"以意诚意"工夫是"从躯壳意念半截上起"更是同一论调。湛若水又将诚意工夫与戒慎于独体工夫等同,强调其诚意工夫不落意处,此与刘宗周的诚意、慎独工夫亦无二致。湛若水称"独"后添一"知"字已是"赘"了,刘宗周也一度说独知之"知"是一"赘"字。湛若水坚持"良知必用天理,天理莫非良知",刘宗周晚年所编辑的《阳明传信录》也屡屡强调良知即天理。刘宗周作为湛若水三传弟子(湛若水—唐枢—许孚远—刘宗周),其慎独工夫与湛若水独体说之间确实存在着明确的承继关系。

---

①　刘宗周:《良知说》,吴光主编:《刘宗周全集》(第 2 册),第 317—318 页。

②　刘宗周:《学言中》,吴光主编:《刘宗周全集》(第 2 册),第 423 页。

第十三章 "独"—"几"—"意"： 阳明心学一系工夫演进中的三个"关键词"

如所周知，阳明往往论学于戎马倥偬之隙，其最富争议的"四句教"即是在两广之行的前夕正式提出的。王阳明本人一直对葛藤缠绕、言语知解的做法非常反感，对弟子的问题往往强调"自思得之"。"含蓄"与"不说破"也是修行话语的一大特点。阳明殁后，后学虽于"良知宗说不敢有违"，但围绕良知内涵与致良知工夫，则"未免各以其性之所近拟议揍和，纷成意见"。魏良弼曾致书邹守益抱怨说："年来谈师说者满天下，然于'良知'二字绝无定见着实处。老师吃紧示人良知二字，可谓圣门之传。第二三知己于师说有所发明，见信于天下。其他滔滔皆是日就支离，反为此道障碍，奈何奈何！"①实际上就在王阳明生前，钱德洪与王畿围绕四句教即争执不下，阳明给出了"相资为用"的"定说"：王畿的"四无"是接上根人的，直从本体上悟入，一悟本体即是工夫，德洪所见是接中下根人，在良知上实用为善去恶的工夫，工夫熟后，本体亦明尽了。于是四句教实暗含着两种"教法"，上根人直由首句而悟入，中下根人则依第二句以下而行，而最终会明了首句的实义。②这暗含着两种教法的说法最终在阳明后学那里显题化为先天正心之学、悟本体即工夫与后天诚意之学、由工夫以悟本体之争，这是阳明后学的问题意识，就此而论，阳明后学的问题意识确与阳明本人的问题意识不

---

① 魏良弼：《太常少卿魏水洲先生文集》卷3，《四库全书存目丛书·集部》（第85册），济南：齐鲁书社，1997年，第44页。

② "两种教法"说出自唐君毅《中国哲学原论·原教篇》，北京：中国社会科学出版社，2006年，第234—236页。撇开四句教的各种版本的可信性问题不论（笔者套用王畿本人的术语说，钱德洪、王畿、邹守益等记录者"未免各以其性之所近"而记之），"本体上如何用功""因用以求其体""致和即是致中"这些阳明平素的说法表明，阳明显然不会把先天正心与后天诚意作二元工夫对峙来谈。

同：阳明本人的问题意识是扭转朱子学骛外、支离之弊，而阳明后学则是在致良知的统一旗帜下追问"究竟工夫""第一义工夫""本体工夫"。[①]

因此，尽管学界通常将阳明后学划分为种种名称各异的流派——最著名的当然是冈田武彦的现成、修证、归寂三派，但各个学派在第一义工夫的追求上面是高度一致的。在第一义工夫的争论中，阳明工夫论之中的"独知"向度成为一个"焦点"。由"独知"之辩而有"独体"的自觉，由知"独"而知"几"，进而有"意"与"念"的分判，一条血路，求之愈艰，得之愈真，最终形成了"独—几—意"三位一体的归显于密的蕺山学。观念史的研究固然应该将文本置于能够使其变得可以理解的语境中，乃至要警惕"学说神话"（mythology of doctrines）、"连贯性神话"（mythology of coherence）和"预期神话"（mythology of prolepsis）对正确理解文本语境的干扰，[②]但哲学观念尤其是理学观念的演变确有其内在的理路，语境化解读与义理化理解是无法截然切割的。就"独知"一脉的演化而论，不同学派之间的互动、同门之间的切磋、理学家本人的修身历程等各种不同的因素最终演奏出由"独知"向"独""几""意"演进的主旋律。[③]林月惠非常准确地指出："追求'第一义工夫'是阳明学的主要问题意识，它意谓：道德实践的本质工夫，必以本体的呈露觉悟与保任护持为优先，而非意念杂思的克除。"[④]换言之，良知作为心之本体的本质规定何在，以何种方式抵达这种本体，成为阳明学致思的焦点，而长期困扰阳明弟子的"念起念灭"困境是形成此问题意识的一个重要机缘。

---

① 彭国翔：《良知学的展开：王龙溪与中晚明的阳明学》，北京：生活·读书·新知三联书店，2005年，第320—436页。林月惠：《良知学的转折：聂双江与罗念庵思想之研究》，台北：台大出版中心，2005年，第664—666页。

② 三个神话说出自斯金纳著名的论文《观念史的意涵与理解》（"Meaning and Understanding in the History of Ideas"），见 *History and Theory*, Vol. 8, No. 1. 1969, pp. 3—53。

③ 有关阳明后学的研究，可参见以下著述：冈田武彦：《王阳明与明末儒学》，吴光等译，上海：上海古籍出版社，2000年。钱明：《阳明学的形成与发展》，南京：江苏古籍出版社，2002年。吴震：《阳明后学研究》，上海：上海人民出版社，2003年。彭国翔：《良知学的展开：王龙溪与中晚明的阳明学》，北京：生活·读书·新知三联书店，2005年。林月惠：《良知学的转折：聂双江与罗念庵思想之研究》，台北：台大出版中心，2005年。张卫红：《由凡至圣：阳明心学工夫散论》，北京：生活·读书·新知三联书店，2016年。

④ 林月惠：《良知学的转折：聂双江与罗念庵思想之研究》，第667页。

一、"念起念灭"困境、对"发处"用功的质疑与"本体工夫"意识的觉醒

阳明弟子对阳明即涵养即省察之根本与本原工夫，对王阳明"因用以求其体"之为学进路，往往有一曲折的认识过程。

邹守益、陈九川在回顾自己的修身工夫历程之中，均对自己早期的省察工夫所遭遇的困境有所检讨。邹守益以能持守阳明"独知"一脉而闻名，[①] 但在其早期的独知工夫之中，一直在"事为"与"念虑"上点检（"吾始也戒惧于事为，已而戒惧于念虑"），而致弊端丛生："戒惧于事为"，事为"有众寡，有大小；大事则慎，小则忽；对众则庄，寡则怠"，"境迁而情异"，故难免"受制于境"，"修饰支持"，"用力劳而收功寡"；"戒惧于念虑"，则憧憧起伏，相寻于无穷，"未免灭东生西"。后乃始悟"从心体上点检""戒惧于本体"：[②]"使精明呈露""完此常照之体"。[③] 而陈九川在其修身工夫初期，亦有类似的经历："初从念虑上长善消恶，以为视别诸事为首要矣"，这引发了他对生灭变化的忧愁："沦注支流，轮回善恶。"[④]

---

① 黄宗羲《师说》曰："东廓以独知为良知，以戒惧慎独为致良知之功。此是师门本旨，而学焉者失之，浸流入猖狂一路。惟东廓斤斤以身体之，便将此意做实落工夫，卓然守圣矩，无少畔援。诸所论著，皆不落他人训诂良知窠臼，先生之教，率赖以不敞，可谓有功师门矣。"黄宗羲：《明儒学案》，《黄宗羲全集》（第 7 册），第 8 页。

② 邹守益工夫转向得力于与同门之切磋，其《简君亮伯光诸友》云："近汝止、尚谦、德洪、汝中诸兄枉教，扶疾而卧听之，乃知向来起灭之意，尚是就事上体认，非本体流行。吾心本体，精明灵觉，浩浩乎日月之常照，而渊渊乎江河之常流，其有所障蔽，有所滞碍，扫而决之，复见本体。古人所以造次于是，颠沛于是，正欲完此常照常明之体耳。"见董平编校整理：《邹守益集》卷 10，南京：凤凰出版社，2007 年，第 492—493 页。邹守益工夫转向在得力于同门切磋之外，跟湛若水高足洪垣的交流亦不无关系，观洪垣致邹守益书简可见："垣窃以为戒惧事迹之功易，而戒惧念虑之功难，戒惧念虑之功易，而戒惧本体之功难。夫戒惧乎本体者，非志之主宰不能也。此处无隐，亦无懈时，顾在人自作之耳。"见《明儒学案》卷 39，洪垣"三戒惧"说显然点出了邹守益戒惧于事为、念虑之弊。在王门弟子中，湛若水最欣赏的是邹守益，屡屡称其为"王门首科"。

③ 邹守益：《简周顺之二》，董平编校整理：《邹守益集》卷 12，第 619 页。

④ 陈九川：《答聂双江》，《明水陈先生文集》卷 1，《四库全书存目丛书·集部》（第 72 册），济南：齐鲁书社，1997 年，第 35 页。

王阳明尚在世的时候，有弟子就"发上用功"之问题提出质疑："盖欲使此心纯乎天理，而无一毫人欲之私耳。今欲为此之功，而随人欲生而克之，则病根常在。未免灭于东而生于西。若欲刊剥洗荡于众欲未萌之先，则又无所用其力。徒使此心之不清。且欲未萌而搜剔以求去之。是犹引犬上堂而逐之也。愈不可矣。"（《传习录》161:226—227）这里"众欲未萌之先"即是朱子所说的"未发"时，然此时陆澄认为无法用力，倘若采取阳明所推荐的"倒巢搜贼式"的省察之功，[①] 则又难免引犬上堂、割肉补疮之嫌——心本一时宁静（所谓宁静只是"气宁静"），今主动"搅局"，掀起波浪，是谓引犬上堂；众欲本潜伏而未萌，今主动"启动"之，是谓割肉补疮。[②] 与王畿论学的王杏（字世文，号鲤湖，嘉靖二年进士，浙江奉化人）亦曾抱怨在用独知工夫时遭遇到"一念之发，知其所不安而勉强制之，而

---

① 一日论为学工夫。先生曰："教人为学，不可执一偏。初学时心猿意马，拴缚不定。其所思虑多是人欲一边。故且教之静坐息思虑。久之，俟其心意稍定。只悬空静守，如槁木死灰，亦无用。须教他省察克治。省察克治之功，则无时而可间。如去盗贼，须有个扫除廓清之意。无事时将好色好货好名等私，逐一追究搜寻出来。定要拔去病根，永不复起，方始为快。常如猫之捕鼠。一眼看着，一耳听着，才有一念萌动，即与克去。斩钉截铁，不可姑容与他方便。不可窝藏。不可放他出路。方是真实用功。方能扫除廓清。到得无私可克，自有端拱时在。虽曰'何思何虑'，非初学时事。初学必须思省察克治。即是思诚。只思一个天理。到得天理纯全，便是何思何虑矣。"（《传习录》39:75—76）"无事时将好色好货好名等私，逐一追究搜寻出来"，这一说法看似清楚明白，却并不容易理解。这种意识活动究竟如何进行？"搜寻"一词，说明"好色好货好名等私"乃是如贼一样潜伏在暗处，处在隐而未发状态，如此良知"知是知非"之照察并不限于对已发意念的当下判断，它亦可以对一种处在隐而未发的"私欲"进行主动搜寻，逼迫那些潜藏的私欲暴露目标（"一念萌动"），自投罗网。如此，良知就如探照灯，本是阴暗之领域，因探照灯之光照，藏在阴暗角落之中的盗贼（好色好货好名等私）遂无处躲藏，只好束手就擒。显然，这种意识生活之反省不是那种对"应物时"（"有事时"）所起之"念"的照察，而是"无事时"良知主动地将其光线聚焦于内心的深处，或者说是无意识领域。因良知的明照，本是无意识的隐藏之私，现在成了关注的对象。

② 对阳明工夫"割肉补疮"的质疑不乏其人，遇此质疑，阳明均严厉喝破："一友问：'欲于静坐时，将名好色好货等根，逐一搜寻扫除廓清。恐是剜肉做疮否？'先生正色曰：'这是我医人的方子。真是去得人病根。更有大本事人，过了十数年亦还用得着。你如不用，且放起。不要作坏我的方子。'是友愧谢。"《传习录》（279:334—335）

后念又复萌"之问题。诸如此类在事为、念虑上省察的工夫之弊端，理学家通常称之为念起念灭、灭东生西之病、逐念之病。

实际上，早在北宋五子那里，"念起念灭"之病理就已得到察认：吕大临曾就此病向程子请教，程子答曰："此正如破屋中御寇，东面一人来未遂得，西面又一人至矣，左右前后，驱逐不暇。盖其四面空疏，盗固易入，无缘作得主定。……盖中有主则实，实则外患不能入，自然无事。"[①]程颢在《定性书》中更是明确指出："苟规规于外诱之除，将见灭于东而生于西也，非惟日之不足，顾其端无穷，不可得而除也。"显然病根在"中无主"，用王阳明的话说，即是不识良知真头面。王畿对此有一精辟之解："夫独知者，非念动而后知也，乃是先天灵窍，不因念有，不随念迁，不与万物作对。譬之清净本地，不待洒扫而自然无尘者也。慎之云者，非是强制之谓，只是兢业保护此灵窍，还他本来清净而已。在明道所谓明觉自然，慎独即是廓然顺应之学。悟得及时，虽日酬万变，可以澄然无一事矣！"[②]独知不因念有、不随念迁之说，在王阳明那里已有阐述："良知者心之本体，……心之本体，无起无不起。"（《传习录》152:214）独知之为省察不是在事为、念头上轮转，省察一定是端本澄源之功，王畿常称独知为"一念独知之微"。[③]此独知之微乃良知之自证自悟，本在心体上立根，而不从境上生心，此一念独知之微实即阳明所说的戒慎恐惧之念，此念无时可息，则天君泰然，自不会有邪思妄念；倘因习气干扰而偶发妄念，此一念独知之微亦会当下觉之，觉之即销之，如洪炉点雪，此亦正是邹守益从心体上点检、戒惧于本体之所谓。

可以说，这种"念起念灭"之病乃是阳明心学一系修行过程中经常

---

① 程颢、程颐：《河南程氏遗书》卷1，王孝鱼点校：《二程集》，第8页。

② 王畿：《答王鲤湖》，吴震编校整理：《王畿集》卷10，南京：凤凰出版社，2007年，第264页。对邹守益之三易工夫，王畿亦有类似之评论："夫戒惧于事为者，点检形迹，所志未矣。戒惧于念虑者（原文误为"著"——引者），虽防于发端，尚未免于生灭之忧。若夫戒惧于本体，则时时见性，以致于一。念虑者，本体之流行，事为者，本体之发用。圆融照察，日以改过为务，无复本末内外之可言矣。"王畿：《寿邹东廓翁七十序》，吴震编校整理：《王畿集》卷14，第389页。另参：王畿：《漫语赠韩天叙分教安成》，吴震编校整理：《王畿集》卷16，第468页。

③ 对王畿"一念工夫"的专题讨论，见彭国翔：《良知学的展开：王龙溪与中晚明的阳明学》，第126—146页。

遭遇到的问题，王栋曾自述，自己用功"数十年后"方真正摆脱此病的困扰。[①] 后来，王栋对朱子一系提防性、防御性的省察工夫颇多微词，自与其个人修行之所得紧密相关："察私防欲，圣门从来无此教法。而先儒莫不从此进修，只缘解克己为克去己私，遂漫衍分疏，而去人欲、遏邪念、绝私意、审恶几，以及审察防检纷纷之说，而学者用功，始不胜其繁，且难矣。然而夫子所谓'克己'，本即'为仁由己'之己，即谓身也，非身之私欲也。"[②] 克己，即是"自胜"，是"戒慎修治不懈怠之义"，犹《周易》所说的"自强不息"，克己就是"修己以敬"，而敬就是"不懈怠"，就是精神"凝聚"，程颢说"心懈则有防"，"不懈怠"，则"何防之有"？ "曾子三省是临时、临事觉省自己之良知，良知一省，便即皎然莹彻，绝无不忠、不信、不习之事矣。非省察于既事之后、视其有无而改勉之也。世有投豆用功，吾犹以为当下放过，而况一日三点检者，何以语圣学哉！"[③]

把这种念起念灭、灭东生西之"逐念"现象称为"病"有时并不是一种隐喻。罗汝芳年轻时曾诵薛瑄语录，内中有语云"万起万灭之私，乱吾心久矣。当一切决去，以全吾澄然湛然之体"。遂闭关临田寺，几上置镜与

---

① 王栋初见阳明弟子王臣（字公弼，号瑶湖，嘉靖二年进士，江西南昌人），即问："闲思杂虑，灭东生西，如何可去？"王臣答曰："只在何思何虑上用功。"王栋一直领悟不得，再见再问，又见又问，反复只此数言，终未有得，直到数十年后，方了然于心。见王栋：《一庵王先生遗集》卷2，《四库存目丛书·子部》（第10册），济南：齐鲁书社，1997年，第98页。

② 王栋：《一庵王先生遗集》卷2，第56页。对《论语》"克己复礼"之克己的解释，阳明心学一系，尤泰州学派（如罗汝芳、王栋）多不采朱子之训，均与其本人修身过程的实际经验有关。

③ 王栋：《一庵王先生遗集》卷2，第70页。"投豆用功"，出自北宋学者赵概，朱子记曰："赵叔平乐易厚善人也，平生做工夫，欲验心善恶之多少，以一器盛黑豆，一器盛白豆，中间置一虚器。才一善念动，则取白豆投其中；恶念动，则取黑豆投其中。至夜，则倒虚器中之豆，观其黑白，以验善恶之多少。初间黑多而白少，久之渐一般，又久之则白多而黑少，又久则和豆也无了，便是心纯一于善矣。"黎靖德编：《朱子语类》卷129，朱杰人等主编：《朱子全书》（第18册），第4030—4031页。"三点检"说出自程门，邢七（邢恕）云："一日三点检。"明道斥曰："可哀也哉！其余时多会甚事？盖仿三省之说错了，可见不曾用功。"见程颢、程颐：《河南程氏外书》卷12，王孝鱼点校：《二程集》，第427页。

盂水，对之，令心与水镜无二。久之，成疾。后偶遇颜钧，颜钧棒喝曰："是制欲，非体仁也。"罗汝芳不服，辩曰："非制欲，安能体仁？"颜钧曰："子不观孟子之论四端乎？知皆扩而充之，如火之始然，泉之始达，如此体仁，何等直截！"罗汝芳听后如大梦得省，病遂愈。医经折肱，方能察人病理。罗汝芳后来对门人省察工夫之中遭遇到此病，均能对症下药：

> 问："近时用工，殊觉思虑起灭，不得宁妥，谓之奈何？"罗子曰："天下事理，当先本根，本根既正，则末节无难矣。今度所论工夫，原非思虑之不宁，实由心体之未透也。盖吾人日用，思虑虽有万端，而心神止是一个。遇万念以滞思虑，则满腔浑是起灭，其功似属烦苦。就一心以宰运化，则众动更无分别，又何起灭之可言也欤哉？……《易》曰：'天下何思何虑，天下殊途而同归，一致而百虑。'夫虑以百言，此心非果无思无虑也，惟一致以统之，则返殊而为同，化感而为寂，浑是妙心，更无他物，欲求纤毫之思虑，亦了不可得也已。"①

> 问："平日在慎独上用工，颇为专笃，然杂念纷扰，终难止息，如何乃可？"罗子曰："学问之功，先须辨别源头分晓，方有次第，且言如何为独？"曰："独者，吾心独知之地也。""又如何为慎独？"曰："吾心中念虑纷杂，或有时而明，或有时而昏，或有时而定，或有时而乱，须详察而严治之，则慎也。"曰："即子之言，则慎杂，非慎独也。盖独以自知者，心之体也，一而弗二者也。杂其所知者，心之照也，二而弗一者也。君子于此，因其悟得心体在我，至隐至微，莫见莫显，精神归一，无须臾之散离，故谓之慎独也。"曰："所谓慎者，盖如治其昏而后独可得而明也，治其乱而后独可得而定也。若非慎其杂，又安能慎其独也耶？"曰："明之可昏，定之可乱，皆二而非一也。二而非一，则皆杂念，而非所谓独知也。独知也者，吾心之良知、天之明命而於穆不已者也。明固知明，昏亦知昏，昏明二而其知则一也。定固知定，而乱亦知乱，定乱二而其知则一也。古今圣贤，惓惓切切，只为这些子费却精神，珍之重之，存之养之，为天地立心，为生民立命，总在此一处致慎也。"曰："然则杂念，俱置之而不问耶？"曰："隶胥之在于官府，

---

① 方祖猷等编校整理：《罗汝芳集》，南京：凤凰出版社，2007年，第269页。

兵卒之在于营伍，杂念之类也。宪使升堂而吏胥自肃，大将登坛而兵卒自严，则慎独之与杂念之类也。今不思自作宪使、主将，而惟隶胥、兵卒之求焉，不亦悖且难也哉？"①

问："吾侪为学，此心常有茫荡之时，须是有个工夫，作得主张方好？"罗子曰："据汝所云，是要心中常常用一工夫，自早至晚，更不忘记也耶？"曰："正是如此……"曰："圣贤言学，必有个头脑。头脑者，乃吾心性命而得之天者也。若初先不明头脑，而只任汝我潦草之见，或书本肤浅之言，胡乱便去做工夫，此亦尽为有志。但头脑未明，则所谓工夫，只是汝我一念意思尔，既为妄（意）念，则有时而起，便有时而灭；有时而聚，便有时而散；有时而明，便有时而昏，纵使专心记想，着力守住，毕竟难以长久。况汝心原是活物且神物也！持之愈急，则失愈速矣。"曰："弟子所用工夫，也是要如《大学》《中庸》所谓慎独。难说慎独，不是学问一大头脑也？"子曰："圣人原日教人慎独，本自有头脑，而汝辈实未见得。盖独是灵明之知，而此心本体也。此心彻首彻尾、彻内彻外，更无他有，只一灵知，故谓之独也。《中庸》形容谓：其至隐而至见，至微而至显，即天之明命，而日监在兹者也。慎则敬畏周旋，而常目在之顾误天之明命者也。如此用工，则独便是为慎的头脑，慎亦便以独为主张。慎或有时勤怠，独则长知而无勤怠也；慎或有时作辍，独则长知而无作辍也。何则？人无所不至，惟天不容伪。慎独之功，原起自人，而独之知，原命自天也。况汝辈工夫，当其茫荡之时，虽说已是怠而忘勤，已是辍而废作，然反思从前怠时辍时，或应事，或动念，一一可以指数，则汝故说心为茫荡，而独之所知，何尝丝毫茫荡耶？是则汝辈孤负此心，而此心却未孤负汝辈。天果明严，须当敬畏！敬畏！"②

这三个病例各有侧重。病例一表明，省察、戒惧之功并不是在经验层面上打转，而必须在端本澄源上用功，要"透心体"，心体一透，则主宰长定，自无念起念灭之扰。"心神"是"一"，是主宰，而思虑则是"万"，是"众

---

① 方祖猷等编校整理：《罗汝芳集》，南京：凤凰出版社，2007年，第99—100页。

② 同上书，第85页。

动"。何思何虑不是无思无虑，而是以良知统摄所有思虑，一切思虑皆为当机应感，过后不留，故是即感即寂，而无思虑起灭之扰。病例二表明，"独"就是良知、天命，是"一而弗二"的心之体，是起统领、主宰作用的"宪使""大将"，"念虑"则是"二而弗一"的"心之照"，是俯首听命的"胥吏""兵卒"。病例三表明"独知"是"灵知"，是"头脑"，是此心本体，原命自天，恒在恒察，意念则有起有灭，有聚有散，有明有昏。要之，独知之为"独"要在"一"（"心神止是一个"，"心之体也，一而弗二者也"，此心彻首彻尾、彻内彻外，更无他有，只一灵知），此"一"无起灭（"无须臾之散离"），故能无所不统，无所不知，无所不行。戒慎者，戒慎此"一"也，舍此，在念头上轮转，则是"戒杂"。戒杂则"杂"愈多，此即"逐念之病"。

无论如何，阳明的再传弟子，虽未明确反对"因用以求其体""即省察即涵养"的路数，有时亦会为这种路径自觉辩护，但工夫强调的重点却是扣紧在"本体"上面，即对"未发之中"的直接体认上面。王畿门人查铎（1516—1589，字子警，号毅斋。嘉靖四十五年进士，明代宁国府泾县人）的"用逆之学"即颇能说明问题：

> 吾人日用只知顺去，不知逆反，故多离根。若良知作得主宰，时时用不离体，此用逆之学，即主静意也。但今之认良知者多从神发知上认，不知更有未发真体，知本无知，致良知者原从无知上用力，此方是返还真机。……吾人知得此意，日用应感以收敛为主，乾之初九，潜龙勿用。阳在下也。正是收敛之意，吾人初入此门，正是微阳初复，全在收敛，屏息诸缘，时时归根，方是主静之意，是千古学脉只在一念之微，入微只在无欲，从此处下手，**一切世情俗态，习心习气，自渐消除。**[1]

"今之认良知者多从神发知上认"无疑是说以"知是知非"论良知是从"已发"处认体良知，而未能在"未发真体"上立根。第一义致良知工

---

① 查铎：《与学博夏西园书》，《毅斋查先生阐道集》卷3，《四库未收书辑刊》（第7辑，第16册），北京：北京出版社，2000年，第459页。

夫是从"无知"上用力，是"时时归根"的工夫。① 又如王时槐，一方面，他将舍已发而别求未发之工夫斥为"无是理"，是将"发"字看得粗了，不知"戒惧""澄然无念"也是"发"，另一方面他又反复强调离本逐末，只能流入憧憧往来，念起念灭而用无了期："若舍心体而求抑妄念，则是弃本逐末，宜其愈抑而愈纷扰也。"故"所谓本体者，念虑事为之体也；念虑事为者，本体之用也。体外无用，用外无体。一而二，二而一者也。夫能于念虑事为着力者，果为谁之着力乎？能着力者，本体也。故学者以本体为主，而照察于念虑事为，不少缺欠，则即念虑事为之致力，而本体于是乎全矣。若谓只存本体而念虑事为任其遗漏，则岂有悬空之本体？若只于念虑事为着力而本体可缓，则所谓念虑事为者，又从何处流出？是皆自作二见，而不知体用一原，显微无间之理矣。且本体存乎悟者也，念虑事为存乎修者也。故本体上着用工二字不得，舍念虑事为亦无用工处矣"。② 王时槐这种本体存乎悟（此为"透性"）、念虑事为存乎修（此为"研几"）亦同样反映出其"以良知之知是知非、知善知恶为已发，为逐于意念而无主，故不足恃"这一问题意识。③

---

① 为避免门人从"神发知上"认取良知，查铎还着重强调良知是"知体""明体"，它是心灵生活的主宰："善医者必先察脉，不先察脉，纵欲祛邪，从何处下手？千古学脉载在《大学》《中庸》，此曾子、子思亲传圣脉也。《大学》只是'致知'，《中庸》只是'慎独'。'独'即'独知'，虽未说出'知'字，然谓'莫见乎隐，莫显乎微'，已将'知'字本体描写殆尽。故学脉总不外一'知'字。此知不是知识，乃吾人本来明体，即易之乾知……惟知则万有皆从此出，故曰'乾知太始'吾人本来明体，皎如白日，即是纯阳，即是良知。惟加以气习，此知始蔽。然其明体未尝增减。欲销气习，须以明体作主。若只从欲上祛除，灭东生西，何有了时？其论知善知恶是良知，为善去恶是格物，文成公四句是孔门教法，然须以知字作主，不是此知，何以能知善知恶？又何以能为善去恶？此知在人如弩之机，一拨便发；如船之柁，一提便转。"查铎：《与萧思学书十四》，《毅斋查先生阐道集》卷3。

② 王时槐：《答钱启新邑侯八条其一》，《塘南王先生友庆堂合稿》卷1，《四库全书存目丛书·集部》（第114册），济南：齐鲁书社，1997年，第171页。另参：《答郭以济》《答郭子予》，同卷，第167、173页。

③ 牟宗三：《从陆象山到刘蕺山》，《牟宗三先生全集》（第8册），台北：联经出版公司，2003年，第343页。

这一问题意识一直贯彻于刘宗周慎独工夫论之中。刘宗周直截了当地评价阳明对《大学》工夫的解说，"只教人在念起念灭时，用个'为善去恶'之力，终非究竟一着"。① 有时刘宗周干脆就说念起念灭处、发处根本无法用功："'意之所在为物'，既以意为心之所发矣，则致知之功全在发处用矣。仆则以为致知之功全在存处，不在发处。如在发处，则箭已离弦，如何控持？若箭未离弦时作控持，依旧在存处也。"② 有弟子问如慎独工夫全属于"静存"，则动时工夫何用？刘宗周回答说："如树木有根，方有枝叶，栽培灌溉工夫都在根上用，枝叶上如何着得一毫？如静存不得力，才喜才怒时便会走作，此时如何用工夫？苟能一如其未发之体而发，此时一毫私意着不得，又如何用工夫？若走作后便觉得，便与他痛改，此时喜怒已过了，仍是静存工夫也。"③ 这实际上根本否定了动时工夫的可能性。显然动时无法用工的说法不仅与王阳明事上磨练的致良知工夫不合，也与宋儒的工夫论相抵牾。程颢在著名的《定性书》中就明确说："第能于怒时，遽忘其怒，而观理之是非，亦可见外诱之不足恶，而于道亦思过半矣。"此不正指示出怒时用功的法门吗？不过刘宗周认定怒时能遽忘其怒，已是"静存"工夫了。拘于字词，死于句下。倘我们透过名相而观，以往所谓的动时工夫、发处用功，在刘宗周那里统统成了"静存工夫"。这种对动时、发时用功的警惕乃至否定确实是阳明殁后一种普遍的潮流。刘宗周还说惩忿窒欲倘不本之端本澄源之慎独工夫，则"虽终日惩忿，只是以忿惩忿；终日窒

---

① 刘宗周：《答韩参夫》，吴光主编：《刘宗周全集》（第3册），第359页。刘宗周多次批评王阳明致良知工夫是在念起念灭上用功，见刘宗周：《学言中》《学言下》，吴光主编：《刘宗周全集》（第2册），第422—423、447页。

② 刘宗周：《答史子复二》，吴光主编：《刘宗周全集》（第3册），第538页。在《答史子虚》中，刘宗周亦明白指示："古人学问全幅向静存处用，更无一点在所发处用，并无一点在将发处用。盖用在将发处，便落在后着也。且将发又如何用功？则必为将为迎为憧憧而后可耳。若云慎于所发，依旧是存处工夫。"同上书，第378—379页。

③ 刘宗周：《学言上》，吴光主编：《刘宗周全集》（第2册），第372页。

欲，只是以欲窒欲。以忿惩忿，忿愈增；以欲窒欲，欲愈溃"。[①] 此与罗汝芳所描述的"戒杂则杂愈多"乃是同一现象。[②] 所以一切工夫均应不离"独位"，要在神明有主，"使一元生意周流而不息"："此心一真无妄之体，不可端倪，乃从觉地指之。觉者，心之主也。心有主则实，无主则虚，实则百邪不能入，无主焉反是。有主之心，如家督在堂，群奴为之奔走；有主之觉，如明镜当空，妍媸于焉立献。"[③] 改过、点检、惩忿窒欲，此种种侧重负面的内省活动，必须立足于一正面的"独体"自觉上面，这是学问的"大头脑"，是用力之"根源之地"，舍此，只会流而为"正助之病"。[④]

要之，"独知"在朱子那里因仅限于初动念时之觉察，故此种省察工夫有别于念虑未起之前的涵养工夫。阳明将整个心灵生活纳入独知之范围，故其出于独知的省察工夫同时即是一涵养本原的工夫。严格说来，在阳明学那里省察与涵养本即不可分，所谓"省察是有事时存养，存养是无事时省察"（《传习录》36:72）是也。于是"独知工夫"成了超越有事与无事、未发与已发、动与静之一元工夫，在根本上说，省察乃是"独知做主"之精神修炼活动，而非在经验层面的念虑之河上随波逐流，用阳明后学胡直的话说，"世之言独知者，类皆以念虑之始动者当之，是亦未致夫知者也，……夫独知者，宰夫念虑而不以念虑着，贯乎动静而不以动静殊也"。[⑤]

---

① 刘宗周：《人谱》，吴光主编：《刘宗周全集》（第2册），第6页。实际上，早在陆象山那里，即已指出无头脑"惩窒"工夫之不可取。江泰之问："某每惩然窒欲，求其放心，然能暂而不能久，请教。"答曰："但惩忿窒欲未是学问事。便惩窒得全无后，也未是学。学者，须是明理，须是知学，然后说得惩窒。知学后惩窒，与常人惩窒不同。常人惩窒，只是就事就末。"见陆九渊：《陆象山全集》卷35，北京：中国书店，1992年，第301页。

② 实际上，刘宗周在论及省察之说可废时就将在意念上用功之弊称为"杂"：于"方动未动之际，求其所为几者而谨之，安得不流而为杂？"刘宗周：《答叶润山四》，吴光主编：《刘宗周全集》（第3册），第375页。这跟罗汝芳说的"慎杂"现象是完全一致的。

③ 刘宗周：《证学杂解》，吴光主编：《刘宗周全集》（第2册），第267页。

④ 刘宗周：《问答下》，吴光主编：《刘宗周全集》（第2册），第352页。

⑤ 胡直：《胡子衡齐》卷7，《续修四库全书》（第939册），上海：上海古籍出版社，2002年，第474页。

王阳明的盟友湛若水也强调戒惧工夫（朱子所谓的存养、涵养工夫）与慎独（朱子所谓的省察工夫）"只是一段工夫，更无两事，谨独即是戒惧，所以养其体，直扩充至位育之大用，亦不离于谨独"。[①] 然而后之学者由于长期饱受"念起念灭"的困扰，乃至产生了对"诚意"工夫的怀疑，甚至出现了"意上用不得工"的看法。阳明后学的工夫论普遍重视"归根意识"，他们不再满足于在良知上用功这种一般性的工夫表述，而是要进一步追问在良知的哪个面向上用功，哪个面向才是良知的根本属性。一系列与"体"相关的词如"独体""诚体""知体""性体""心体"变得空前流行。"体"话语的流行反映了"立体工夫"意识的觉醒：立体工夫才是根本、第一义工夫。这种工夫论发展的新动向显然是与"念起念灭困境"以及对"发处"用功的质疑紧密联系在一起的，这首先表现在聂豹的"格物无工夫说"（"已发无工夫"说）上面。

二、由"独知"到"独"

聂豹指出，"意"在根本上是"随感出见，因应变迁，万起万灭，其端无穷"。欲一一制之，不仅劳而无功，[②] 而且与"义袭"无别。[③] 他断然拒绝

---

① 湛若水：《答太常博士陈惟濬》，钟彩钧、游腾达点校：《泉翁大全集》卷8，第231页。

② 聂豹：《答钱绪山》，吴可为编校整理：《聂豹集》卷9，南京：凤凰出版社，2007年，第302页。

③ "若于念虑事为之著而所谓善恶者，而致吾之知，纵使知之为知之，不知为不知，与义袭何异？"见聂豹：《答东廓邹司成四首 三》，吴可为编校整理：《聂豹集》卷8，第264页。"知之为知之，不知为不知"，底本原作"知之为知去之力不知"，点校本据日本明德出版社《阳明学大系》第5卷《阳明门下》所录而校改（参吴可为编校整理：《聂豹集》，第266页校勘记）。《明儒学案》亦选录此信，其中此处作"知为之，知去之，亦不知"，可从。"知为之，知去之"之"之"，分别指前文所言"善恶"，意即"知为善、知去恶"。若改作"知之为知之，不知为不知"，联系上下文，似稍欠通。——故此数句当作："若于念虑事为之著于所谓善恶者，而致吾之知，纵使知为之，知去之，亦不知其于义袭何异？"——感谢赖区平博士向我指出这一点。

阳明发时、发处用功说，认定已发无工夫、格物无工夫，[①] 又讥发后用功是"发狂风"，[②] 是揠苗助长，[③] 是"追风逐电，瞬息万变，茫然无所措手，徒以乱吾之衷也"。[④] 聂豹对王阳明的"独知"概念不以为然，认为独知不是究竟与本体："独知是良知的萌芽处，与良知似隔一尘。此处着功，虽与半路修行不同，要亦是半路的路头也。致虚守寂方是不睹不闻之学、归根复命之要。"[⑤] 独知之为"知"已经属于"已发"，"独"才是本体："独即是未发之中，不闻之隐，不睹之微，天下之大本也。人生只有此件学问，只有此处自我有之，自我尊之，他人些子与不得，故谓之独。而谓独为独知，已是交于物引而出之于外，不免杂于堂下众人之中，岂能为万象之主乎？"[⑥] 以独知为头脑，跟子思未发之中"微有不协"，况《大学》《中庸》论独本无"知"字，"'知'字乃传注释文也。以独为知，以知为知觉，遂使圣人洗心藏密一段反本工夫潜引而袭之于外。纵令良知念念精明，亦只于发处理会得一个善恶而去取之，其于未发之中，纯粹至善之体，更无归复之期"。[⑦] 聂豹甚至对阳明以"知是知非"论良知都持保留的态度："必以知是知非者，心之用也；感物而动，莫显莫见者也。心体贞静隐欲，所谓未

---

① "《大学古本序》中谓动而后有不善，而本体之知，未尝不知也。致其体之知，然非即其事而格之，则亦无以致其知矣。"——针对欧阳德以上说法，聂豹辩曰："若是，则本体之知，仅足以知吾不善之动而已，而不能使吾之动无不善也。盖不善之动，妄也，已非吾本体之动也。非吾本体之动，而后有不善，惟复吾本体之妄而已，若乃即其事而格之，不几于隔靴爬痒乎？"聂豹：《答欧阳南野太史 三》，吴可为编校整理：《聂豹集》卷8，第242页。

② "良知一语竟成空，谁识良知未发中？发后有知俱是去，尽多拈弄发狂风。"见聂豹：《论学六首和复湛泉王稽勋》，吴可为编校整理：《聂豹集》卷12，第506页。

③ "后世所谓随事精察，而不知其密陷于憧憧卜度之私，宜其芒芒然归病，而苗已日就槁矣。"聂豹：《答东廓邹司成四首》，吴可为编校整理：《聂豹集》卷8，第262页。

④ 聂豹：《答欧阳南野太史 三》，吴可为编校整理：《聂豹集》卷8，第247页。

⑤ 王畿：《致知议略》，吴震编校整理：《王畿集》卷6，第135页。

⑥ 聂豹：《答陈明水》，吴可为编校整理：《聂豹集》卷11，第412页。

⑦ 聂豹：《答欧阳南野太史 三》，吴可为编校整理：《聂豹集》卷8，第243、246页。

发之中，不可以知是知非言者也。"要之，独知一脉乃"不得其体而从事于用，非根本之学"。[①]

这一看法并非聂豹所独有。由于在省察工夫上不得力，且屡屡陷入憧憧往来、念起念灭之困境，致使一部分门人将工夫进一步前移，移到意念发动之前，如陈九川在遭遇到"逐念"的困境后，遂认定到"意上无法用功"："圣人之学，全在知几，不落善恶，故曰：'知几其神乎！''与鬼神合其吉凶'。所谓'诚其意'，乃诚之于意念之前，直须炳于几先，使百虑万几皆从此出。若待意之不善，然后倚一念之觉，从而正之，即已非诚意，落第二义矣，即与正心、止至善，作两层矣。故来意上用不得工，在先致其知，必使全体洞彻，无纤毫意必将迎之累，乃能普照旁烛，直炳几先，故先师云'致知者，诚意之本也'，若为诚意之功，则非矣。"[②]这确实跟聂豹在未发之中上着力的归寂说已很接近。[③]吴时来（1527—1590，字惟修，号悟斋，嘉靖三十二年进士，浙江台州仙居人）亦坚持良知属于用、发的范畴，是灵机、天机，不是灵根、天根。（"良知则是此点灵气微显之机、寂感之通，乃人之生机。故曰良知良能皆属用，非灵根也。"）[④]邓以赞（1542—1599，字汝德，号定宇，隆庆五年进士，南昌新建人）亦认定阳明以知是知非说良知只是"权论"，"夫良知何是何非，知者其照也。今不直接指人以月与镜，而使观其光，愈求愈远矣。且及其是非并出而后致，是

---

① 匿名审稿人指出：聂豹之所以有此疑问，乃因在儒学传统中，"知"通常指向心的机能或活动。然阳明视良知为本体，此当是"知"之新说，其源头或与禅宗有关，前儒没用过，唯此义不为罗钦顺等人所接受，聂豹亦然。唯如依阳明义，独知纵有发用之义在，因体用一如，体在用中显，先天即见于后天中，所以"知"总是先天的，常在本体中。

② 陈九川：《简聂双江先生》，《明水陈先生文集》卷1，《四库全书存目丛书·集部》（第72册），济南：齐鲁书社，1997年，第22页。

③ 朱湘钰：《平实道中启新局——江右三子良知学研究》，台北：台湾师范大学博士论文，1995年，第186页。

④ 此语引自王畿书简，查今之《横槎集》与《寤斋先生遗稿》，均不见吴时来原书，或已佚。

大不致也"。又说："今人但向意根卜度，转增机障，不知圣学只在一复。"①
李材则抛弃了阳明作为本体的良知概念，其理由亦很明确：《大学》虽未尝
废知，但不以为体，"知只是发用"，"不可为宗"。这种种对阳明"独知"
工夫已落入第二义的质疑，一方面反映了二元论的体用思维，②另一方面亦
折射出湛若水标榜的明道、延平、白沙"默识仁体""观未发气象""静中
养出端倪"一类工夫路径取向的深刻影响。湛若水后学冯从吾指出："古人
惟诚此念于未始有念之先，所以一日之间，善念多而恶念少，久之，纯是
善念，并此恶念之少者亦无矣。其于诚意也，岂不尤易易哉！此子思子有
戒慎不睹恐惧不闻之说也。养未发之中，正是诚意的源头学问。"③

　　对此舍"发"而另求"未发"之进路，王门后学多持否定的立场。王
畿径直斥之为"后儒之余唾"，而"特异其名耳"："夫心无动静，故学无
动静。后儒以不见不闻为己所不知，属静；以独知为人所不知，属动。或
又以不见不闻为天根，独知为天机，是即动静之说也。若先师之意，则以
为不见不闻正指独知而言，微之显，诚之不可掩也。所谓未发在已发之
中，而已发之前，未尝别有未发者在，无前后内外而浑然一体者也。……
天根如树之根，天机如根之生意，名虽异而实则一，不可以动静分疏。若
以天根为已发之体，天机为已发之用，分动分静，存养省察，二用其功，
二则支而离矣。"④季本更明确地说："……致中工夫即是致和，致和之外
无致中，则谨独者所以省察所感之留滞也，谨独之外，岂别有一存养静

---

① 邓以赞：《秋游记》，《邓定宇先生文集》卷3，《四库全书存目丛书·集部》（第
156 册），济南：齐鲁书社，1997 年，第 358、359 页。对以知是知非论良知的质疑一
直延续至清代阳明学者，如杨甲仁（字乃所，号愧庵，四川射洪人）针对朋友"此心
之灵，处处昭昭明明，便是良知"之问，即明确回答道："此只说得良知之用，说不得
良知之体。良知之体是个浑浑沦沦、混混沌沌底。惟其浑沦混沌，方能昭昭明明。及至
昭昭明明，仍是浑沦混沌。所以无知而无不知，无不知而无知。"杨甲仁：《愧庵遗著集
要·北游录要》卷1，民国十年刻本，第1—2页。

② 详见彭国翔：《良知学的展开：王龙溪与中晚明的阳明学》，第 354—361 页。

③ 冯从吾：《少墟集》卷9，《景印文渊阁四库全书》（第 1293 册），台北：台湾商
务印书馆，1983 年，第 172 页。

④ 王畿：《答吴悟斋》，吴震编校整理：《王畿集》卷 10，第 251 页。

功求中哉？"① 王时槐亦指出："独居静坐，目必有视，视即物也；耳必有闻，闻即物也；心必有思，思即物也。一瞬一息，皆不离物，岂有不接物之时乎？……故事之体强名曰心，心之用强名曰事，其实只是一件，无彼此内外之分也。故未有有心而无事者，未有有事而无心者，故曰'必有事焉'。"② "若知前求体则着空，知后求用则逐物。知前更无未发，知后更无已发。合下一齐俱了，更无二功，故曰'独'。""独"跟"知"密不可分："离独而言寂，则为偏空；离独而言感，则为着相。故学惟在慎独。'慎'之一字，则'戒慎恐惧'四字也。独者，用之原而体之呈露处也。惟此为可致力，于此时时入微，是谓慎独，是谓摄末归本，摄用归体。"③ 黄宗羲对此一段公案总结说："当时同门之言良知者，虽有浅深详略之不同，而钱绪山、王畿、邹守益、黄弘纲、陈九川皆守已发未发非有二候，致和即所谓致中。独聂豹以归寂为宗，工夫在于致中，而和即应之。故同门环起难端，聂豹往复良苦，后遇洪先，则聂豹不自伤其孤子矣。"④

需要指出的是，在王畿的批评下，陈九川最终意识到"意上用不得工"说乃与阳明独知之说相背：

> 吾辈学问，大要在自识本心，庶工夫有下落，不致枉用精神，自生起灭耳。夫收视反听，于中有个出头，此对精神浮动、务外逐末者言，良为对病之药，然于大道却恐有妨，正为不识心体故耳。夫心无定体，感无停机。凡可以致思着力者，俱谓之感，其所以出思发知者，不可得而指也。故欲于感前求寂，是谓画蛇安足；欲于感中求寂，是谓骑驴觅驴。⑤

---

① 季本：《四书私存》，朱湘钰点校，台北："中央研究院"中国文哲研究所，2013 年，第 55 页。

② 王时槐：《答郭墨池》，《塘南王先生友庆堂合稿》卷 1，第 173 页。另参《答曾德卿》，同卷，第 184 页。

③ 王时槐：《答萧勿庵》，《塘南王先生友庆堂合稿》卷 1，第 188 页；《答王徵所》，同书卷 2，第 201 页。

④ 黄宗羲：《明儒学案》卷 17,《黄宗羲全集》（第 7 册），杭州：浙江古籍出版社，2005 年，第 413 页。

⑤ 陈九州：《简罗近溪先生》，《明水陈先生文集》卷 1，第 31 页。

及后入越，就正龙溪，始觉见悟成象，恍然自失。归而求之，毕竟差谬。却将诚意看作效验，与格物分作两截，反若欲诚其意者，在先正其心，与师训圣经矛盾倒乱。应酬知解，两不凑泊。始自愧心汗背，尽扫平日一种精思妙解之见。从独知几微处严谨缉熙，工夫才得实落。于应感处若得个真机，即迁善改过，俱入精微，方见得良知体物而不遗。格物是致知之实，日用之间，都是此体充塞通贯，无有间碍。致字工夫，尽无穷尽，即无善无恶非虚也，迁善改过非粗也。始信致知二字，即此立本，即此达道，即此川流，即此敦化，即此成务，即此入神，更无本末精粗，内外先后之间。证之《古本序》中，句句吻合，而今而后，庶几可以弗畔矣！微龙溪，吾岂特同门而异户哉？[①]

前一段落中，陈九川认定所谓的归寂工夫（"收视反听"）只是对骛外者的一种方便法门，但以之为究竟，则不能与"本体"（"大道"）相契。因为未发之中（本体）一直就处在生生不息的发用中（"无定体""无停机"），撇开"感发之机"而做所谓的"归寂工夫"，必定意味着误会了本体的性质。后一段落中，陈九川指出诚意效验说（实则格物效验说）与王阳明的宗旨以及经典古训相矛盾，工夫只有落实在"应感处"，方才能获得"真机"。毫无疑问，后一书信是陈九川重新回归主流王门立场上而与聂豹归寂思路分道扬镳的告别书。

聂豹坚持已发无工夫，王门主流虽坚持人有此心，便无未发时，虽寐亦未尝不发，[②] 故与聂豹反复辩难，然而，随着讨论之深入，对念起念灭之"发"与作为心之生机之"发"的区别意识渐趋清楚，毕竟念起念灭之"念"跟戒慎恐惧之"念"在其存有性质上乃是"异质的"，前者是后天的、习染层面上的"已发"，后者则是先天的、本体层面的"发用流行"。严格意义上说，在阳明心学字典中，本体层面根本就不存在已发、未发问题，

---

① 陈九川：《答聂双江》，《明水陈先生文集》卷 1，第 36 页。

② 孟化鲤（1545—1598，字叔龙，号云浦，进士，河南新安人）甚至说："虽阒然睡熟，亦谓之发也，即无梦亦不得不谓之发，以此心活心也，活则常发。"见孟化鲤：《答冯少墟》，《孟云浦集》卷 3，《四库全书存目丛书·集部》（第 167 册），济南：齐鲁书社，1997 年，第 540 页。

本体作为心灵生活之主宰一直处于妙用流行之中（陈九川所谓的"心无定体，感无停机"），所以王阳明说良知"无起无不起"。这就意味着，即便在后天的、习染层面的意念活动中，这个"无起无不起"的良知亦未尝不在，一念发动处——或是善念或是恶念（"有善有恶意之动"），有善念，此"无起无不起之良知"同时即知之而并起好善之念（"善念发而知之，而充之"）；有恶念，此"无起无不起之良知"同时知之而并起恶恶之念（"恶念发而知之，而遏之"）。这个"无起无不起之良知"，惟自家知之，他人不与焉，故属于"独知"。在一念发动处，总是恒常存有一"知善知恶""善善恶恶"之明察与抉择的力量，[1] 致良知即是透此一机，"功夫不是透得这个真机，如何得他充实光辉？若能透得时，不由你聪明知解接得来。须胸中渣滓浑化，不使有毫发沾带始得"（《传习录》264:325）。故无论是在起念之际的省察工夫抑或在未起念之前（此只是朱子之说法，阳明实际上否定了人有无念之时）的涵养工夫均成了独知与致良知的工夫。然而，纵然我们承认王阳明戒慎恐惧也是"念"这一说法，戒慎恐惧之念毕竟与一般经验意义上的意念（善念、恶念）有别，善于调停、折中阳明与朱子二人思想的唐君毅就明确指出，"此中自意念之已发未发言，毕竟不同，则说其中之工夫为二，又何不可？"[2] 质言之，即便站在王阳明独知与致良知工夫之角度，在一般经验意义上的意念未起之前与已起之际、之后，工夫是否有区别？在一般经验意义上的意念未起之前，此时是否仍有一入手之工夫？而且此时入手之工夫是否不仅有别于意念已起之际、之后的工夫，而且要比后者更根本、更究竟？这种问法本身倘若站在王阳明本人的立场，自会被

---

① 良知对吾一念发动之善恶当下即有一明察，王阳明《大学问》指出："良知者，孟子所谓'是非之心，人皆有之'者也。是非之心，不待虑而知，不待学而能，是故谓之良知。是乃天命之性，吾心之本体，自然灵昭明觉者也。凡意念之发，吾心之良知无有不自知者：其善欤，惟吾心之良知自知之；其不善欤，亦惟吾心之良知自知之。是皆无所与于他人者也。"吴光等编校：《王阳明全集》卷26，第971页。良知在明察善恶的同时，也是一种道德意志的抉择与自我肯定："良知只是个是非之心。是非只是个好恶。只好恶，就尽了是非。只是非，就尽了万事万变。"又曰："是非两字是个大规矩，巧处则存乎其人。"（《传习录》288:341）

② 唐君毅：《中国哲学原论·原教篇》，北京：中国社会科学出版社，2006年，第205页。

视为囿于朱子之成说所致（用阳明的话说是"缠于旧闻"），但当工夫讨论的焦点由经验性的意念之省察转向本体自身的"感发"，此确实存在着主次之别。前者强调对经验性意念保持警觉，一念萌动时即分别其善恶并好善恶恶，后者则强调良知本身即是生生不息的力量，第一义工夫旨在自觉并贞定住这一力量（"复""存养"）。所谓不怕念起，惟恐觉迟，第一义工夫在于始终让正面的能觉、能照的心体之主宰力量呈现其自身。前者强调的是致和以致中，后者强调的是致中即致和。

值得注意的是，阳明早年的盟友黄绾在阳明殁后也渐持格物无工夫说，而与聂豹的立场遥相呼应。其《与人论学书》称格物工夫旧说"俱有未当"："凡工夫只在一处，无有两处之理。夫独知者，人心本体也。致知则是格物工夫，格物则是致知功效。""戒慎恐惧"于"喜怒哀乐未发谓之中"就是致知工夫，"发而皆中节谓之和"就是致知的功效，也就是格物之谓。因此，格之为格，其义不外是"停当而不可易"，"事至于格则至善矣"，"故上文云'在止于至善'，即下文云'致知在格物'也。""故知'格'字之义，实为至善之名，灼然知其为功效而非工夫也。然紧要只在一'独'字。知于此致力，则心体归一，乱虑不生，故曰'知止'。'知止'二字，实千古作圣、心学之秘诀也。夫人之心必有所止，若非其所自止而强欲止之，思虑稍动即'憧憧往来，朋从尔思'，而不可遏矣。"显然，黄绾的问题意识仍然是由"念起念灭"而来，[①] 其所谓致知工夫则紧扣在一"独"字上面，止于此"独"则心体贞定而自然不生念起念灭问题。儒者之所以长期受困于此念起念灭问题，"只缘不知'致知'二字故也。不知此诀则致知之工无所措，故以格物为工夫而不知其为功效也"。[②]

---

① 早在正德十三年《寄阳明先生书》中，黄绾就质疑所谓静坐、主静、静中看喜怒哀乐未发前气象皆非"古人极则工夫"，极则工夫"但知本心元具至善，与道吻合，不假外求，只要笃志于道，反求诸己而已"，舍此，"若徒知静坐、主敬、观玩光景，而不先之以立志，不免动静交逐、灭东而生西也。夫才说静便有不静者在，才说敬便有不敬者在，才说和乐便有不和乐者在，如此用工，虽至没世，无所税驾，乃知'笃志'一语，真万世为学之要诀也"。张宏敏编校：《黄绾集》卷18，上海：上海古籍出版社，2014年，第339页。

② 张宏敏编校：《黄绾集》卷21，第394页。另参《复王汝中书》，《黄绾集》卷21，第401—403页。

第一义工夫之意识，使得阳明后学对“独知”作为一念入微处工夫之本原性、根本性品质得到深化，对阳明“发处”“发时”用工之“发”字更能紧扣在本体、天理、独体之发用面向上抉发其精微。这个“发”不再是经验意念层面上的“发”，而是先天层面的发用流行之发，是“先天之发窍”之发。王畿即称“独知”是“先天灵窍”，由独知入，便是“未发先天之学”（“先天正心之学”），且有别于“已发后天之学”（“后天诚意之学”）。先天之学乃在先天心体上立根，后天之学则在后天动意上立根，这一说法确实跟王阳明正心只是虚说，工夫实处在诚意有所出入，[①]亦跟上述王畿本人曾批评过的陈九川“意上用不得工”的观点趋向同调。王畿的表述或有不谛之处，因为阳明诚意的工夫虽是由“一念发动处”入手，然其实质却是透过经验性的“意念之发”而挺立良知本体的“戒惧之念”，诚意工夫当然不是“后天地展转对治”，实际上，观《传习录》全书论诚意与立诚功夫均一致强调，诚意之诚是诚“好善恶恶”之“意”而非经验性意念之“意”（《传习录》，119:140—141，138:180，229:305，317:368，333:379）。对此，牟宗三先生曾反复着意强调。早在《陆王一系之心性之学》中，牟宗三就指王畿所谓“在后天动意上立根”为“不妥”：“依阳明四有句，是在良知上立根，致良知以对治后天的意。而不是直在后天的意上立根。若不是如此，而直在后天的意上立根，则成以经验对治经验，此自然是繁难，不但繁难，且成内圣践履上不可能者。”[②]在《从陆象山到刘蕺山》一书中，牟宗三进一步指出：“说诚意是工夫底着落处，这只是说意之动是问题底所

---

① 阳明教人《大学》工夫中最重“诚意”与“致知”：《大学》工夫只是“诚意”（《传习录》129:154），“诚意之说自是圣门教人第一义”（《传习录》130:164）。“随时就事上致其良知，便是格物。着实去致良知，便是诚意。着实致其良知，而无一毫意必固我，便是正心。”（《传习录》187:268）当然王阳明并不否定“正心”工夫有其自身的正当性、用力处（《传习录》88:111），正心是未发保持心体廓然大公的工夫，只是这一工夫必须落实于“诚意”之基础上，是诚意工夫的深化：初时着实用意去好善恶恶，此是诚意工夫，但心之本体原无一物，一向着意去好善恶恶，则又多了这分意思，便不是廓然大公，因此，“正心只是诚意工夫里面体当自家心体，常要鉴空衡平，这便是未发之中”（《传习录 119:141》）。“意之所发既无不诚，则其本体如何有不正？故欲正其心在诚意，工夫到诚意始有着落处。”（《传习录》317:368）

② 牟宗三：《牟宗三先生全集》（第 30 册），第 54 页。

在处，而解决问题底根据，即诚意所以可能底超越根据，却在良知。意之动是后天的，而良知却是先天的。是则虽是对治，而对治底根据却是先天的。……若从对治底工夫说，则此对治底工夫是立根于良知的。"①牟先生还指出，透悟先天心体属于"形上的证悟"，而虽有此证悟，但仍免不了经验意念的牵缠。欲不退转，欲让此证悟始终贯彻于吾人心灵生活之中，让良知本体浸润于全体生命之无穷复杂之事中，如罗汝芳所谓"抬头举目，浑全只是知体著见；启口容声，纤悉尽是知体发挥"，则此形上的证悟必函有并最终结穴于一"超越的证悟"，即以良知的超越力量而驾临乎经验的善恶念以上而诚之，否则此形上的体悟不过只是一"观解"。毕竟"悟得是一事，在生活中表现又是一事。悟得其是如此并不函其表现是如此"。由形上的证悟并不函有"在现实生活中心意与物便都是无心之心、无意之意、无物之物之纯然天理流行"。要之，"四有四无是熟不熟问题，不能由熟不熟决定出两种教法、两种工夫。只有一个'致良知'之'先天工夫'。不能说正心是先天之学，诚意是后天之学。因为诚后天之意正要本着先天而超越之良知以诚之。依此而言，仍是在良知上立根基，不是在有善有恶上立根基"。②

综上所述，王阳明的诚意工夫在其本质上即是一先天的工夫，但王门后学先天心体上立根这一工夫意识渐成共识，却是一不容置疑的现象。针对门人"善念动则充之，恶念动则去之"工夫之请问（此工夫本阳明而来），王艮答曰："善念不动，恶念不动，又如何？……此却是'中'，却是'性'，'戒慎恐惧'，此而已矣。是谓'顾是天之明命'立则见其参于前，在舆则见其倚于衡'。常是此'中'，则善念动自知，恶念动自知，善念自充，恶念自去。如此慎独，便可知立'大本'。知立'大本'，然后'内不

---

①　牟宗三：《牟宗三先生全集》（第8册），第227—231页。

②　牟宗三：《陆王一系之心性之学》，《牟宗三先生全集》（第30册），第51—55、57—59页。针对王龙溪的"心意知物只是一事""知与物一齐皆有"的说法，牟先生辨析说："在四有句中，因意之有善有恶而心与知物一齐皆有，此'有'在心意知物上不是同一意义。心意物之为有是同一意义，而'知'之为有则特殊。若一例看，则悖矣。盖意是经验的，有善恶两在。心之发意而待正，则心亦是经验的。物是意念之内容，当然亦是经验的，惟'知'是超越的。……故能保持其纯粹至善性，此其为良，所以为绝对之准则，因而可以由之开出'先天之工夫'，以成立'超越之证悟'。"同书，第56页。

失己，外不失人'，更无渗漏。使人人皆如此用功，便是'致中和'，便是'位天地、育万物'事业。"① 显然，在王艮看来，"常是此'中'"才是根本工夫。承王畿"知是知非者，应用之迹；无是无非者，良知之体"的说法，邹元标进一步指出：知是知非是"知识"，是"对待之知"，是"生灭根"，故以知是知非论良知已流入情识而不自知。② 王门后学协力弘扬的"几学"精神集中体现了先天心体立根这一共同工夫取向。

三、由"独"到"几"与"意"

如上所说，阳明已经将良知之萌动称为"几"，但对"几"之含义并未给出专题阐述。阳明后学之中如王畿、邹守益、薛侃、陈明水、罗洪先、孙应奎、王时槐、查铎等均对"几"有专题之探讨，"几"即是"独"，"独知"即是"几知"，就是"知几"，良知、独知之体作为"几"，其常寂常感、常虚常灵、常微常显、动而无动、有无之间之性状更能彰显天根、道心、良知、独知之动静一如、即体即用的活泼性、灵动性。这有助于人们摆脱实体化的思维方式，天根、道心、良知、独知之本体并不是一封闭于自身的实体，而是一直处在妙用流行之中、生生不息之力量。"几"便成了良知萌动最初之端倪、生机，这不是朱子意义上善恶混杂的意念初生态，而是善恶未判之前、无善无恶（或者说"至善"）之心体之最为精妙的活动，而这种源自心之本体的最初的心理活动只有静心屏气、深入至隐微的向度，方能体证到（所谓"极深研几"），这种对"几"之把握的工夫即是独知与一念入微的工夫，即是"千圣从入之中道"。在严格意义上，说把握即不确，把握总是一对象化思维之用语，对"几"之"独知"实是一种非对象化的自证自知。独知的工夫便成了研几的工夫，圣学只在几上用功，"几学"遂成为一种"显学"。

---

① 王艮：《王心斋全集》，陈祝生点校，南京：江苏教育出版社，2001 年，第 39 页。另参《王心斋全集》中的《答刘子中》，第 49—50 页。

② 详见邹元标《答田竹山太守》《正子书院记》《明新书院记》三文。邹元标：《愿学集》卷 2，卷 5 上，上海：上海古籍出版社，1993 年。

王畿在将独知之体刻画为无声无臭、彻上彻下的天理的同时，明确称"独即几也"，[①]"几"乃是表示良知通乎体用、寂感一贯、显微无间之范畴：良知之实体是"诚"（寂然不动），良知之妙用是"神"（感而遂通），"几"则是介于"诚"（有）、"神"（无）之间，故有"有无之间，几也"之说法。这个说法跟前引阳明"诚是实理，只是一个良知。实理之妙用流行就是神，其萌动处就是几"是高度一致的。王门后学几乎普遍地将"独"与"几"联系在一起，对"几"的体认多从"心几""生几"着眼，认为这是心体、性体发露、活动之"机"，占此"先机"，工夫即是根本工夫，就不会落入后手，就会免于念后用功、追风逐电、疲于奔命之困扰。聂豹与罗洪先力主归寂、主静、知止之学，湛若水门人何迁（1501—1574，字益之，号吉阳，嘉靖辛丑进士，江西德安人）更明确将"止"等同于"几"，此固然出于对现成良知之怀疑以及对轻易自恃良知之明的警惕，但同时亦基于工夫不落入后着这一强烈的问题意识。对"几"的共同要求，实际上反映了王阳明之后省察、对治工夫进一步前推，推到善恶意念未判之前性体呈露这一共同修身取向。[②]

王畿弟子查铎指出，阳明"不离日用常行外，直造先天未画前"，其"几"直从"慎独"中来，"几"即是"道心惟微处"，修身工夫当先立于此"几"："'先立其大者'，使吾之真主常在，不为耳目所役而已。真主常在，则百感纷纷而天则自见，是非好恶毫发莫爽，此即《中庸》之慎独也。但今之言慎独者，多自善恶既分之后，善求必为，恶求必去，不知功夫已晚，得力稍难。须自善恶未分之先，虚体上保任，此休原不离应感，自有炯然不昧处，此即所谓良知也。若是道心，自然安妥，不落声色；若是人心，

---

① 王畿：《致知议辩》，吴震编校整理：《王畿集》卷6，第137页。

② 彭国翔已指出，王畿对"几"的理解在当时学者中并非个别现象，并引罗洪先、王时槐对"几"的解释作为王畿之"几"的注脚。彭国翔还就牟宗三先生对王畿之"几"观念的批评进行了辨析。实际上，牟宗三先生对"几"的理解一直是受朱子乃至汉儒的影响，故有"几属事，不属体"之断语。他不仅批评王畿对"几"的理解"颠顶而不妥"，对王时槐生几、先天之发窍等观念亦有类似之驳正。对王龙溪"几"观念之考察，见彭国翔：《良知学的展开：王龙溪与中晚明的阳明学》，第136—141页。对罗洪先"几"观念之考察，见张卫红：《罗念庵的生命历程与思想世界》，第452—459页。牟宗三先生对王畿、王时槐"几"观念之批评，见牟宗三：《从陆象山到刘蕺山》，《牟宗三先生全集》（第8册），第296—302、356—357页。

虽有贪着，此心终是不安。然其微、其危，此知之良自能辨之。吾惟时时保任此知，不令受蔽，则善念自会为、恶念自会去，此即慎独之功，盖自几上转，不是既分之后始用力也。"①"独即是不睹不闻，慎即是戒慎恐惧。原无静存动察之分，慎独不在名色格套上用，亦不在念虑既起、善恶既分上用，功夫全在未发之中上用。性原是于穆吾心之主宰，亦是常静，无一念之起。性原是不已，吾心之流行亦是常应，无一息之间。此心空空洞洞，原不着事。然此意绵绵续续，常若有事。如此久久习熟，旧染气习渐忘，真性渐露，自然独见本来面目。"②工夫不在念虑既起、善恶既分上用，而是在"几"上转、在"未发之中"上用功，在"虚体"上保任，这些说法与乃师先天心体上立根的说法是完全一致的，其"抢得先机"的问题意识也非常明确，而与王阳明以知是知非论良知显然有别。

孙应奎直接把"几"视为流行不息之本体，是"性体呈露"："几者，性之灵，人之生道，无时不然者也。此几一昧，而人欲始横流矣。故几者，吉之先见，此是性体呈露，从此慎之，宁复有恶？恶是乘其几之昧，非真几所本有也。以其始动之微，亦曰几耳。"③于是体认"真几"，在修身工夫上就抢得先机，并避免了"后发被私欲所制"之困境，发而后禁，扞格难胜，"非豫之道"。豫者，预先，"几"作为"吉之先见"者，即是此当立之"预先"，而此"预先"在本质上即是性体、良知本体在吾人心灵深处之隐然呈露，只要吾人善于自反，即可体认而得之，此谓"自得"，此谓"独知"："独知"乃天然不容昧之真几。于是第一义工夫即是"几"上立诚之工夫："千古圣贤，只是这几上明的；千古学术，只是这几上不放过。"④"千圣心诀，只是一几字。……由是而学焉，则功夫有欛柄、有实地，庶乎其不差矣。"⑤

---

①　查铎：《与王霁宇主政书》，《毅斋查先生阐道集》卷2，第453页。另参《极深研几》《几微故幽》两文，《毅斋查先生阐道集》卷5，第489、493页。

②　查铎：《再答邵纯甫书》，《毅斋查先生阐道集》卷3，第458页。

③　孙应奎：《忆言上》，《燕诒录》卷1，《四库全书存目丛书·集部》（第90册），济南：齐鲁书社，1995年，第541页。

④　孙应奎：《忆言下》，《燕诒录》卷3，《四库全书存目丛书·集部》（第90册），第552、553、554页。

⑤　孙应奎：《答友人》，《燕诒录》卷4，《四库全书存目丛书·集部》（第90册），第566页。另参孙应奎：《复冲宇颜督学》，《燕诒录》卷5，第573页。

值得留意的是王时槐对"几"的描述：一方面，他跟工门第一代学人一样把"几"跟"独"等同，称"吾心之真几，圣门所谓独也"。[①] 这个"真几"乃"生生之真几"，盎然顺流，"更无一息之停，正所谓发也"。[②] 另一方面，他别出心裁地将此"真几""本然之几"刻画为"意"："意者，此心之真几，动而未形，所谓独也。"[③] 这在某种意义上可以说改变了王门乃至以往宋明理学"有善有恶意之动"的说法，是对"意"范畴的实质性改动。意从"性"而出，乃"生生之密机"，故"亦不可以动静言也，动静者，念也，非意也"。[④]"意"跟"念"得以区别开来：念有起灭，意无起灭。"意"从善恶混杂的经验层面上提升为"性理""生理之呈露"的先天活动层面，"独"跟"几"之内涵亦随之变得更加清晰：

> 惟生几者，天地万物之所从出，不属有无，不分体用。此几以前，更无未发。此几以后，更无已发。若谓生几以前，更有无生之本体，便落二见。又以知属体，意属用，皆自生分别。……阳明先生曰："《大学》之要，诚意而已矣。格物致知者，诚意之功也。"知者，意之体，非意之外有知也。物者，意之用，非意之外有物也。但举意之一字，则寂感体用悉具矣。意非念虑起灭之谓也，是生几之动而未形、有无之间也。独即意之入微，非有二也。以其无对故谓之独，故程子云'其要只在慎独'。意本生生，惟造化之机不克则不能生，故学贵从收敛入，收敛即为慎独，此凝道之枢要也。……孟子言'不学不虑'，乃指孩提爱敬而言，今人以孩提爱敬便属后天，而扩充四端皆为下乘，只欲人直悟未有天地之先，言语道断心行处灭，乃为不学不虑之体，此正邪说淫辞。……[⑤]

———————————

① 王时槐：《答曾德卿》，《塘南王先生友庆堂合稿》卷2，《四库全书存目丛书·集部》（第114册），济南：齐鲁书社，1997年，第197页。

② 王时槐：《钱启新邑侯》，《塘南王先生友庆堂合稿》卷1，同上书，第172页。另参《答祝士广》《答周时卿》《答曾德卿》等，同卷第174、180、184页。

③ 王时槐：《答蔡肖谦》，《塘南王先生友庆堂合稿》卷2，同上书，第218页。

④ 王时槐：《答杨晋山》，《塘南王先生友庆堂合稿》卷2，同上书，第203页。

⑤ 王时槐：《与贺汝定》，《塘南王先生友庆堂合稿》卷1，同上书，第176—177页。另参《答祝士广》，同书，第174页。

王时槐以"意"来刻画生几之动而未形、有无之间即体即用之性状，则"几之微""独之微"即是"意之微"，那么，"几""独"作为心之本体的最初的、最精微的活动，即是"性之生生"之原初之态势。王时槐又称"以知属体，以意属用"是自生分别之"二见"，这显然是对王阳明"意"为"心之所发"说的严厉批评，"意"由"用""末"的地位一跃而成为"体""根"之存有。"独是先天之子，后天之母，出无入有之枢机，莫要于此。"[1]"学不归根，离道远矣。"根即此"意根"也。这跟后来刘宗周所描述的"意根之微"现象已很接近了。[2]

需要补充的是，即便在王阳明的亲炙弟子中，亦有人对"意"的理解逸出了"有善有恶意之动"这一师门定法，季本《大学私存》明确称"意"是"明德"之"警惕之几，流行莫遏者"，是"不已之诚"而非"别为一物"。而对"诚意"之"诚"，朱子以"实"训之，季本则颇不以为然："盖实者有物在中之名，而诚则不倚于物者也。诚者，天之道也，实理流行，无所勉强，乃天命之本体，惕然不能自已，所谓微之显而不可掩者也。"此警惕之几如恶恶臭、好好色，乃真情不能已者。如此，"意"在根本上是出自"天道"之"诚"，是"天命流行之几，即其惕而不能已者"。[3]显然，刘宗周的"意"论在阳明的第一代弟子中已经早有暗合者。

对"几"字不持生几、心几解者，在阳明后学中非常罕见，王栋即是

---

① 王时槐：《答郭存甫》，《塘南王先生友庆堂合稿》卷2，《四库全书存目丛书·集部》（第114册），第219页。

② 钱明曾留心到王时槐跟东林学派的关系，并明确指出王时槐的本体工夫论跟刘宗周对本体与工夫关系之阐释"几乎完全一致"。见《王阳明及其学派论考》，北京：人民出版社，2009年，第505页。不过，王时槐虽反复强调"意与念当有辨"，但其"有意则渐着为念""未有意而不念者"（见《答杨晋山》）之说法，确实表明在意、念之别问题上，王时槐"斩截得不分明"，而刘宗周之言意，则又有更进乎此者也。见唐君毅：《中国哲学原论·原教篇》，第308页。牟宗三先生对王时槐的"意念之判"亦有类似的批评，见牟宗三：《从陆象山到刘蕺山》，《牟宗三先生全集》（第8册），第350—351页。

③ 季本：《四书私存》，朱湘钰点校，第9、16页。有关季本诚意思想之阐述，请参见陈春芳：《理学转向心学的诚意叙事——以季本的"诚意"思想为中心》，《朱子学刊》（2024年第2辑）。

其中一例。^① 然而，王栋的问题意识仍然聚焦于"不落后着"这一工夫论的核心考量。

> 慎独注云："谨之于此，以审其几。"后儒因欲审察心中几动，辨其善恶，而克遏之。如此用功，真难凑泊。《易大传》曰："君子上交不谄，下交不渎，其知几乎！几者，动之微，吉之先见者也。"则"几"字是交际事几上见，非心体上有几动也。心体上有几动，则是动于念。杨慈湖所以谓之"起念"，即非《大学》《中庸》所谓"独"也。《大传》又曰："夫易，圣人所以极深而研几者也。"朱子解云："所以极深者，至精也；所以研几者，至变也。"以变释几，非事几乎？后儒因又谓于心几动处省检，而精察之，以是为研，谬亦甚矣。^②

在王栋看来，《周易》之"几"乃是"事几"（动之微），不是"心几"，如将动之微之几理解为心几，则心几动处便成了"念之动"，此时、此处省检工夫已是措手不及，所谓"情念一动，便属流行，而曰'及其乍动未显之初，用功防慎'，则恐恍惚之际，物化神驰，虽有敏者，莫措其手"。针对王栋"若恶念已发而后着力，则犹恐有不及者矣"之说，其门人李楏进一步发挥说："禁于未发之谓豫，发而后禁，则扞格而不胜。用力于未发者，集义之君子，自慊者也。用力于已发者，袭取之小人，见君子而后厌然之类也。"^③ 在已发上用功被斥为"义袭"，聂豹早有此论，前已有述。王栋对"心几"的理解是忠实于朱子之训的，"几"乃善恶混杂的意念初动的心理状态，这与阳明后学普遍地将"几"视为善念恶念未分之前性体、心体呈

---

① 另，欧阳德亦以善恶错杂视"几"："盖意与知有辨。意者，心之意念；良知者，心之明觉。意有妄意、有私意、有意见，所谓'几善恶'者也。"欧阳德：《答徐少湖四》，陈永革编校整理：《欧阳德集》卷1，第23页。另参《寄王鲤塘》，同书同卷，第35页。泰州学派传人邓豁渠亦视"几"为善恶之几，他曾受湛若水门人蒋信（字卿实，号道林），蒋信学以慎独为宗，工夫在几上用。邓豁渠颇不以为然，称："须在'诚无为'理会，才是几先之学。诚则神，神则几自妙。研几落第二义，堕善恶上去了，总是体认天理之流弊。"见邓豁渠：《南询录校注》，邓红校注，武汉：武汉理工大学出版社，2008年，第41页。

② 王栋：《一庵王先生遗集》卷1，《四库存目丛书·子部》（第10册），济南：齐鲁书社，1997年，第55—56页。

③ 李楏：《诚意问答》，黄宗羲：《明儒学案》卷32，沈芝盈点校，第744页。

露之"本然之几""生生之几"迥然有别。

但就工夫应从善恶未分之前的性体、心体上入手这一先天工夫之意识看，王栋对阳明心学一系的先天工夫之阐发颇有一己之风光。这集中体现在他将"意"从经验性的、善恶混杂的心理状态提拔至主宰心灵活动的先天力量这一哲学创举上面：

> 旧谓"意者，心之所发"，教人审几于念动之初，窃疑念既动矣，诚之奚及？盖自身之主宰而言谓之心，自心之主宰而言谓之意。心则虚灵而善应，意有定向而中涵。非谓心无主宰，赖意主之。自心虚灵之中，确然有主者而名之曰意耳。大抵心之精神无时不动，故其生机不息，妙应无方，然必有所以主宰乎其中，而寂然不动者所谓意也。犹俗言主意之意，盖"意"字从"心"从"立"，中间象形太极图中一点，以主宰乎其间，不着四边，不赖倚靠。人心所以能应万变而不失者，只缘立得这主宰于心上，自能不虑而知。不然，孰主张是？孰纲维是？圣狂之所以分，只争这主宰诚不诚耳。①

意为心之所发，这是自朱子到王阳明一直持有的看法，王阳明四句教之第二句"有善有恶意之动"即清楚表明"意"乃是善恶混杂的经验层面的现象，然而，如将发动处谓之"意"，发动处有善念有恶念，善念故可诚，如是恶念如何曰诚？② 且念已发动，"诚"之工夫岂不落入后手乃至莫措其手

---

① 王栋：《一庵王先生遗集》卷1，《四库存目丛书·子部》（第10册），第54—55页。

② 我在与赖区平博士交流王阳明诚意工夫论时，区平当即向我提出这一问题，后来读到阳明后学、湛若水后学论诚意工夫时，发现王、湛两门后学都有类似的问题意识。刘宗周更是明确指出："如谓诚意即诚其有善有恶之意，诚其有善，固可断然为君子；诚其有恶，岂不断然为小人？吾不意良知既致之后，只落得做半个小人。"刘宗周：《学言下》，吴光主编：《刘宗周全集》（第2册），第444页。牟宗三先生认为此类质疑"不成义理"："在阳明，由致良知而诚意，亦犹在蕺山由诚意而化念还心。盖阳明之'诚意'与蕺山之'诚意'，不但'意'不同，即'诚'字之解法亦不同。在蕺山，解诚意为：如意之纯一不二而还其为纯一不二，'非意本有两，而吾以诚之者一之也。'而在阳明，则意为念，正是念本有两，而吾以致良知使之归于一。使之归于一，亦是化念为心也。良知运行，则意念即无有两，而一是皆纯矣。此之谓诚意。非如其为善念而实之为善，如其为恶念而实之为恶。此则成何说法？何可如此解人？"牟宗三：《陆王一系之心性之学》，《牟宗三先生全集》（第30册），第97—98页。

之尴尬？岂不有悖于"圣门诚意之学、先天易简之诀"？为使诚意工夫不落在念起之后，则必得将意跟念加以甄别，念属于心之所发，意则是心之主宰，"意"近乎"志"，严格说来，"意"在"志"先，主意立而后志趋定。显然，王栋心几的"几"字相当于王阳明"有善有恶意之动"的"意"字，而其"意有定向而中涵"的"意"字则相当于本然之几、真几、生几的"几"字。与同门将"几"刻画为性体、心体呈露之端倪相比，王栋对"意"内涵的体认更加细致与丰满。一方面，他将"意"描述为生生不息之生意、生机，此与王门对本然之几、真几、生几的描述若合符节；[①]另一方面他又强调"意"乃是主乎"心之精神生机不息其间者"，"心之精神"语出《孔丛子》（"心之精神是谓圣"），为杨简所喜道者，阳明子亦有"心之良知是谓圣"之说，故"精神"与"良知"在心学一系大致属于同一范畴。于是，"意"作为心之主宰便成了"良知"之本质规定性。王栋还认为，讲学之士之所以不入于老则入于佛，不入于佛则入于告子，舍《论语》《孟子》人情事变上用功之路径，而必求高于《论语》《孟子》，推原其故，不外是将《大学》诚意误为"心之所发"，"不免于发后求诚，而去欲防私之弊，所由以起。此高明之士所以鄙之，而跳入于老佛场中，亦无怪其然也。《大学》'诚意'本说心之主宰，主宰一定，自无邪私物欲可干，此先天易简之真机，不俟去而欲自不侵，不待防而私自不起者。老佛之超脱，只缘窃得此机括耳"。[②]

王栋进一步把这种作为主宰力量的"意"认定为慎独之"独"的最重

---

① 栋曰："……盖以意为心之所发，则未发为心之本体，心意有所分别，而后诚正不容混也。先儒谓'心如谷种'，'意'其所发之萌芽矣乎？"师曰："子知谷之萌芽已发者为意，而不知未发之中，生生不息，机莫容遏者，独不可谓之意乎？"李栋：《诚意问答》，黄宗羲：《明儒学案》卷32，沈芝盈点校，第742页。实际上，如果我们不拘于字面意思，亦不难发现王栋思想之中仍然有心几、真几之因素，他解邵康节"天根月窟闲来往"一诗指出，"天根指《易》之《复卦》，是说动之端；月窟指《易》之《姤卦》，是说静之端。来往云者，动中有静，静中有动，不属有无，不落方体，皆指此心神明不测、变化无方，不可以动求也。善学者特于二者之间握其机而已。……学者握得此机，则可得意忘言，枢纽造化矣"（见《一庵王先生遗集》卷2，第86页）。此处所云"学者握得此机"跟王门后学普遍所言的"几"毫无二致。

② 王栋：《一庵王先生遗集》卷2，第76页。

要的内涵，"独"作为"心性中涵之本体"即是"意"：

> 诚意工夫在慎独，独即意之别名，慎即诚之用力者耳。意是心之主宰，以其寂然不动之处，单单有个不虑而知之灵体，自做主张，自裁生化，故举而名之曰独。少间挈以见闻才识之能，情感利害之便，则是有所商量倚靠，不得谓之独矣。世云独知，此中固是离知不得，然谓此个独处自然有知则可，谓独我自知，而人不及知，则独字虚而知字实，恐非圣贤立言之精意也。知诚意之为慎独，则知用力于动念之后者，悉无及矣。故"独"在《中庸》谓之"不睹不闻"，"慎"在《中庸》谓之"戒慎恐惧"，故慎本严敬而不怠懈之谓，非察私而防杂者也。[①]

王阳明以独知刻画良知，在王栋看来，独知一词，重在"独"字而非"知"字，但依据传统对独知的理解（"独我自知，而人不及知"），"独"成了一个"限定符"，"知"成了一个"主词"，"独"的虚化与"知"的实化将"独"之精义遮蔽了。而今王栋指明"真头面"："知"只是"独"之"不虑而知"的面向，并不是其本质所在，"独"之本质是"自做主张""自裁生化"之"灵体"，这个灵体是纯粹的，不掺杂一毫见闻才识之能与情感利害之便。[②]"独"之纯粹性、独立自主性，既保证了吾人心灵生活不会沦为"念起念灭"之"流注想"，又避免了将知觉、情识混同于良知之弊端。阳明后学普遍将"几"字"认精"，动之微不是"有善有恶意之动"之经验层面的知觉运动，而是先天性体、知体、道心之呈露、萌动，"几"是生力、主宰力之所在，故"独知"工夫即是知此"几"，即是先行让心灵生活保持在此"几"之中，却普遍把"意"看粗了（上述王时槐是一罕见的"例外"），在王栋看来，这种主宰心灵的先天力量即是"意"！"意"不再是有起灭的经验之意念，而是生生不息之生意、主意，这个"意体"（"独体"）通体即是一主宰力量，此主宰力量虽自证自知，但其第一义不在"知"字（独知之"知"字乃"虚"字），而在"独"字，即独裁、独化、独主之力量。于是，将"独"

---

① 王栋：《一庵王先生遗集》卷1，第55页。

② "诚意工夫全在慎独，独即意也。此惟吾心一点生机，而无一毫见闻、情识、利害所混，故曰独。"李槃：《诚意问答》，黄宗羲：《明儒学案》卷32，沈芝盈点校，第743页。

与"几""意"通而为一的刘宗周之慎独、体独之学就呼之欲出了。

刘宗周虽未对王栋之"意论"有所致意，[①]但对阳明心学一系之论"独知""几"则颇为精熟。他一度称阳明"良知只是独知时"，乃是"心学独窥一源"，克服了朱子静存动察两轮工夫之"支离性"，但他最终认定王阳明未能看清"独"字之精义，而溯其源则因为未能看清"意"之精义：

> 心只是个浑然之体，就中指出端倪来，曰意，即惟微之体也。……而意者，心之所以为心也。非以所存为心，所发为意也。微之言几也，几者，动之微，吉之先见者也，即意也。今人精视几，而粗视意，则几字放在何处？[②]

> "意"得清，则"几"字才分晓；"几"字看得清，则"独"字才分晓。[③]

换言之，"意""独""几"虽都是本体层面的真实存有，但要把握"几"与"独"，其前提是要认准、认清"意"。一方面，意作为心之为心之本质乃

---

① 尽管王栋论"意"跟刘宗周已"若合符节"（黄宗羲语），据说刘宗周本人并未看到王栋论意文字，宗周论意为"心之存"，是"主意"，而非"心之发"时，曾提到胡居仁"心有专主之谓意"以及邓以赞"心是天，意是帝"，以为自家别出心裁的"意"论张目。见刘宗周：《学言下》，吴光主编：《刘宗周全集》（第2册），第441、447页。王栋、刘宗周将意视为神明有主之"主"，是一种好善恶恶、周流不息之力量，"意"遂被上拉于心体之层面而不再是经验意念层面，表面上看，这是对阳明"有善有恶意之动"之"意"的彻底颠覆，但在某种意义上未尝不可说是对阳明"良知只是个是非之心。是非只是个好恶。只好恶，就尽了是非"（《传习录》288:341）一说之进一步深化与落实。刘宗周云："好善恶恶是良知，舍好善恶恶，别无所谓知善知恶者。好即是知好，恶即是知恶，非谓既知了善，方去好善，既知了恶，方去恶恶。审如此，亦安见其所谓良者？乃知之与意，只是一合相，分不得精粗动静。"刘宗周：《学言下》，吴光主编：《刘宗周全集》（第2册），第444—445页。此正是阳明"只好恶，就尽了是非"一说之翻版。另，刘宗周"意"是心灵之定盘针之喻，实亦源自阳明"人人自有定盘针，万化根源总在心"说。对儒家"意"范畴之演化，请参见钱明：《儒家"意"范畴与阳明学的"主意"话语》，《中国哲学史》2005年第2期。

② 刘宗周：《答史子复》，吴光主编：《刘宗周全集》（第2册），第341页。

③ 刘宗周：《答叶润山四》，吴光主编：《刘宗周全集》（第3册），第374页。

是一纯粹的好善恶恶之意志，[①]"几"不过是此好恶之几，"人心止有好恶一几"，"好恶者，此心之初机"，好恶"两用而止一几"，"好恶只是一机"："好在善，即是恶在不善；恶在不善，即是好在善，故好恶虽两意而一几。"独亦不过是好恶之独，"如恶恶臭，如好好色"即是言独体之好恶。[②]另一方面，"意"亦是生意，[③]"几"是"天心"（"天地生物之心"）之几，"独"则是生生之"独体"。[④]要之，"独""几""意"乃成彻上彻下、一元生意而

[①] 动而未尝动、静而未尝静、渊然在中之"意"，"如定盘针在盘子中，随盘子东西南北，此针子只是向南也"。刘宗周：《答董生心意十问》，吴光主编：《刘宗周全集》（第2册），第339—340页。指南针不因环境不同而改变其指向，就此而论，指南这种性能乃是指南针之为指南针的本质规定性，同样，"意"之"好善恶恶"这种性能乃是心之为心的本质规定："意者心之所存，非所发也。或曰：'好善恶恶，非发乎？'曰：'意之好恶，与起念之好恶不同。意之好恶，一机而互见，起念之好恶，两在而异情。以念为意，何啻千里？'"（《学言中》，吴光主编：《刘宗周全集》（第2册），第412页。）这一说法可溯源至湛若水后学冯从吾处，冯从吾即言："好善之念与恶恶之念不对言。何也？好善之念固善念，恶恶之念亦善念也。"冯从吾撰：《少墟集》卷9，《景印文渊阁四库全书》（第1293册），第169页。

[②] 刘宗周：《学言上》《学言下》，吴光主编：《刘宗周全集》（第2册），第411、442—443页。

[③] "心如谷种，仁乃其生意。生意之意，即是心之意。意本生生，非由外铄我也。"《学言下》，吴光主编：《刘宗周全集》（第2册），第468页。

[④] "'独'即天命之性所藏精处，而'慎独'即尽性之学。独中具有喜怒哀乐四者，即仁义礼智之别名。在天为春夏秋冬，在人为喜怒哀乐，分明一气之通复，无少差别。"刘宗周：《圣学宗要》，吴光主编：《刘宗周全集》（第2册），第258—259页。在其《周易古文钞》中，刘宗周明确批评了周敦颐："'吉之先见'，本无'凶'字，周子以为'几善恶'者，误。此千古学脉所关，不可不辨。"见吴光主编：《刘宗周全集》（第1册），第84页。不过在《人谱杂记》中，刘宗周又指出：周子曰"诚无为，几善恶。德：爱曰仁，宜曰义，理曰礼，知曰智，守曰信。""几善恶"之下，方言五性有善恶也，不是以仁、义、礼、智、信为善，不仁、不义、不智、不信为恶也，此可以知几善恶之说矣。刘宗周又说："后儒论学都不认得'几'字，但就动念上讨分晓，便谓之知几。其实后人所谓'几'，非周子'几善恶'之'几'，亦非圣人'知几'之'几'也。学者终身造诣，只了得念起念灭工夫，便谓是儒门极则。此个工夫以前，则委之佛氏而不敢言；此个工夫以外，则归之霸图而不屑言。遂使儒门淡泊（"泊"当为"薄"之误），为二家所笑，而吾儒亦遂不能舍二家以立脚。以故往往阳辟佛而阴逃禅，名圣真而杂霸术，虚无、功利之说纵横以乱天下，圣学不传。悲夫！"吴光主编：《刘宗周全集》（第1册），第27、31页。显然，刘蕺山将"几"与"独""意"视为三位一体，将儒家知几、慎独与诚意工夫视为究竟工夫，亦有其辟佛的考虑。

周流不息之"独""几""意"。独知即是知"独"（亦是知"几""意"）："心无善恶，而一点独知，知善知恶。知善知恶之知，即是好善恶恶之意；好善恶恶之意，即是无善无恶之体，此之谓'无极而太极'。"离"独"，则无"良知"，[①] 离"意根"则无"致知"，[②]"独知"之工夫即是体独、慎独之工夫，即是让独体始终主宰吾人心灵生活之工夫。[③]

四、结论

"独知"自朱子始成为一个重要的修身学范畴，它是对"一念萌动"的心理欲望的觉知，是对"意"之"实"（天理）与"不实"（人欲／自欺）的警觉，带有强烈的道德审查意味。警觉必预设一能觉者和一知是知非（知善知恶）、好是恶非（好善恶恶）之良知者，故朱子讲独知，实际上已预设了此独知乃是"良知"之自知。王阳明良知概念的提出是朱子独知说水到渠成之结果。

在王阳明及其后学处，独知（"独"）逐渐成为一个名词，"独"即是天命之性，即是天理，即是几，独知工夫便成了知独、知几的工夫，而知独、知几在根本上乃是"独"之自知、"几"之自知，是独体、真几之自证自知。分言之如下：

----

① "学者只为离'独'一步说良知，所以面目不见透露，转费寻求，凡所说'良知'都不是良知也。"刘宗周：《答秦履思六》，吴光主编：《刘宗周全集》（第3册），第313页。

② "然则致知工夫不是另一项，仍只就诚意中看出。如离却意根一步，亦更无致知可言。"刘宗周：《学言下》，吴光主编：《刘宗周全集》（第2册），第444—445页。

③ 有关刘宗周慎独、诚意的论述以及阳明后学论"几"，可参见以下著述。黄敏浩：《刘宗周及其慎独哲学》，台北：台湾学生书局，2001年；彭国翔：《良知学的展开：王龙溪与中晚明阳明学》；陈畅：《自然与政教：刘宗周慎独哲学研究》，上海：上海人民出版社，2016年。高海波《慎独与诚意：刘蕺山哲学思想研究》（北京：生活·读书·新知三联书店，2016年）一书对刘宗周慎独说、诚意说以及蕺山与阳明的关系设立了专章阐述，颇值得参阅。

（1）独知是本原之知，是良知，不由外得，人人本具，个个自证，故称独知。独知乃是第一人称之知，如自家痛痒，惟自家知之。"自家痛痒，自家须会知得。自家须会搔摩得。既自知得痛痒，自家须不能不搔摩得。佛家谓之方便法门。非（当为"须"——引者）是自家调停斟酌。他人总难与力。亦更无别法可设也。"（《传习录》144:201—202）"知得良知却是谁？自家痛痒自家知。若将痛痒从人问，痛痒何须更问为？"① 故独知即是自家知之，良知之为独知即是良知自知之，自知之亦意味着他人总难与力、他人不得与焉，故必自为之。

（2）独知之"独"亦有无对、无待之义（"此知之外更无知"）。"独"即独一无二，无二即无对待、无分别。独知跟闻见之知、知识有别（"无声无臭独知时"），知识由声臭、见闻而起，故有善有恶，独知则无声无臭，故它作为一种先天的、普遍的自身做主、自体自证的能力乃恒存于人之整体的心灵生活过程之中。

（3）独知作为一种戒惧之念，它跟经验层面的善恶混杂的意念在本质上有别：经验层面的善恶混杂的意念具有一现象学意义上的结构性，即它总是关于某物的意念，这种意念乃是一种对象化的意识，是一种迷物不反、为物所转、逐物的意念，一种拖泥带水、念起念灭的意念。戒惧之念，则是让良知自体（心本体、独体）始终不走失、始终做主宰的一种心灵能力，这里说"让良知做主宰"亦只是一种权说，严格意义上说，是良知之自做主宰。戒惧之念不过是心灵生活之中一种高度警惕、警觉的能力，这种能力所敞开的心理氛围既是极静寂——在这种静寂的氛围下，一针落地之声、蚂蚁走路之声都显得格外响亮，又是极敏锐、极警觉——它甚至能听于无声、视于无形。②

（4）独知作为一种省察、察识能力，乃现时地与一切意念活动同时而在，就其对意念活动之现时地省察、反思而论，它确实跟自身意识、内意识、内知觉现象有一定的相似性，但心学大师在描述作为一种省察、察

---

①　王守仁：《答人问良知二首》，吴光等编校：《王阳明全集》卷 20，第 791 页。

②　有门人问"莫见乎隐，莫显乎微"，程颐云："昔人弹琴，见螳螂捕蝉，而闻者以为有杀声。杀在心，而人闻其琴已知之，岂非显乎？"程颢、程颐：《河南程氏遗书》卷 18，《二程集》，王孝鱼点校，第 224 页。

识能力的独知现象时，更注重点出这种省察、察识能力的主动性、主宰性、专题性面向，质言之，它不是一种"依附性""被动性""非专题化"现象。杨起元在解"诚意"一章时指出，"独者，知也。意殊而知独，意如卒徒，知如将帅"。[①] 意识活动之意念相对、杂多，如卒徒；独知则绝对、独一，如将帅。言外之意，"意念"乃统摄于、俯首称臣于"独知"之下。省察在根本上乃是良知之自觉，是良知在吾人意识流之中一直贞定其自身的能力，这种贞定自身的能力亦即是戒惧。故省察之功绝不是停留在经验层面、跟着意念起灭的意识活动，省察乃是立根、归根、端本澄源之活动。一方面，这种省察能力乃是出自独知作为戒惧之念所具有的警觉性，故可称为涵养下的省察；另一方面，每一次省察活动同时又反哺于这种戒惧之念，每一次省察都有回馈性的固本培元作用，故可称为省察下的涵养。

（5）无论作为一种戒惧之念，抑或作为一种省察能力，独知最终均是根于天道／生理／天理之力量，独知处即是"天理之明觉处""先天之灵窍"，"无声无臭独知时，此是乾坤万有基"。阳明及其后学往往以"乾知大始"标示此种独知之体（独体）之性质，而戒慎恐惧之念与省察不过是护持、保任、体认这种力量、能力之工夫。觉悟到这种力量，它就有沛然莫之能御的态势，不容已地实现其自身，这也是阳明所说"致知存乎心悟"之本义。发处、发时用功不过是由此独知所觉察的"意"之善恶以及与之一体而在的好善恶恶反之于"知体"，体认此知体之真、知体之诚，认取良知之真头面、真面目，故已含有一"默识"与"逆觉体证"的工夫。这种力量一方面显示出刚健、自强不息之生机（乾德、乾道本即是一生生不息、刚健进取之德、一创造性之道），另一方面这一力量同时又具有一种照察能力（昭明之德），故又是伴随着整个心灵生活的一种醒觉（明觉），季本曾以"龙惕"刻画这一既刚健又警觉之德："夫龙之为物，以警惕而主变化者也。警惕者，主宰惺惺之谓也。因动而见，故曰警惕。能警惕则当变而变，

---

① 杨起元：《太史杨复所先生证学编》卷1，《四库全书存目丛书·子部》（第90册），济南：齐鲁书社，1997年，第290页。

当化而化，不滞于迹，不见其踪……"①独知之独来独往、闲来闲往，彻上彻下、出神入化之性质若此。

以上"独知"五义大致能够反映出阳明致良知因用求体、致和以致中、体用不二的功夫路径与思维方式。

阳明殁后，由于第一义工夫、根本工夫、本体工夫的意识成为工夫论的议题，由于在"念"上、"发处"、"发时"用功所遭遇到的"念起念灭"这一工夫困境，阳明后学在工夫探索中普遍出现了"落入后着"的忧虑与"抢得先机"的倾向。先机所在即是根本、本体、第一义，于是未发之中、天根、先天、先天心体上立根、透体一类"归显于密"的术语成为"热词"。毫无疑问，"独""几""意"则是这些热词中的三个关键词，独与意更被称为独体、意体，成为道德本心、良知最内在的规定性，工夫只有抵达这个终极实在才堪称第一义工夫、根本工夫、本体工夫、究竟工夫。高攀龙称："学问见了独体，然后算得性学。不是念头上见底，若念头之独，便有断灭。见得此体，随处是独而无对也，若有古今、人我、内外，便是二。"②

由"朱子时刻"所启动的独知工夫（戒惧／涵养／致中与慎独／省察／致和一体两轮工夫之"一轮"）经由王阳明创造性、一元化的改造（即

---

① 季本：《龙惕书》，朱湘钰点校：《四书私存》，台北："中央研究院"中国文哲研究所，2013年，第652页。查铎云："戒惧原是本体，觉悟而不戒惧，则所悟者犹是虚见；戒惧而非觉悟，则戒惧者犹是强制。殊不知戒惧即觉悟，觉悟不息，则戒惧自不息矣。非觉悟之后，复有戒惧；亦非觉悟之后，无复有所谓戒惧也。不知戒惧即本性自然之不息，则所谓觉悟者亦非本性自然之觉悟矣。尧舜之兢兢业业即是戒惧，乃其本性原来如此，所谓尧舜性之也，但众人习于放荡之久，失其本体，故言戒惧然，何尝于本性增得一毫也？"查铎：《会语》，《毅斋查先生阐道集》卷4，《四库未收书辑刊》（第7辑，第16册），北京：北京出版社，2000年，第482—483页。

② 高攀龙：《高子遗书》卷5，《景印文渊阁四库全书》（第1292册），台北：台湾商务印书馆，1983年，第413页。实际上，高攀龙一直强调唯有超离起灭不定的"念头"，才能真正洞悉"性体"之真相。其《书静坐后》一文明确指出：凡人之所谓心者，念耳。人心日夜紧缚在念上，故本体不现，须一切放下，令心与念离，便可见性。

戒惧即慎独、即涵养即省察、致和以致中）① 直到刘宗周慎独工夫（"静存之外无动察"），宋明理学的工夫论既呈现出一个由外向内不断深化的过程，从最外部的客观对象向最内在的良知心体、性体、奥体、密体回归的过程，② 同时亦呈现出由内外、先后、动静向无内外、无先后、无动静的一元化、一体化回归的趋向，并最终形成了"已发未发只是一项工夫""静存之外无动察"的说法。③ 同在一元化工夫的意识下，王阳明本人更强调致和以致中、因用以求其体，而其后学尤其是归寂一系直到刘宗周更强调致中以致和、立体以达用（刘宗周有"致中之外复有致和之功乎"之说法）。日本幕末学者东泽泻（1832—1887）对刘宗周慎独学与王阳明致良知学之间的联系有一精妙之问答。问："慎独者，慎己所独知人所不知之地，而曰'慎独即致良知'，盖'独'指其黯然者，'知'指其昭然者，'慎'有收敛之意，'致'有推开之意，亦似不合。"答："独者无对之称，而慎者无所不用其功也。己对人，知对不知，有对则功有间断，功有间断则不可谓之慎独也。……夫黯亦昭，昭亦黯，收敛亦推开，推开亦收敛，无动无静，无有

---

① 实际上，心学一系的工夫论自陆九渊开始就着意强调工夫动静一如的性质。陆九渊明确指出："若得平稳之地，不以动静而变。若动静不能如一，是未得平稳也。……若自谓已得静中工夫，又别作动中工夫，恐只增扰扰耳。何适而非此心？心正，则静亦正，动亦正；心不正，则虽静亦不正矣。若动静异心，是有二心也。"见陆九渊：《与潘文叔》，《陆象山全集》卷4，北京：中国书店，1992年，第37页。

② 彭国翔：《良知学的展开：王龙溪与中晚明的阳明学》，第346、352—353页。陈来：《宋明理学》，沈阳：辽宁教育出版社，1991年，第406—407页。

③ 刘宗周曰："从来学问只有一个工夫。凡分内分外、分动分静、说有说无，劈成两下，总属支离。"从陆九渊指责朱子道问学为"支离"，到王阳明与湛若水互视对方格物工夫为"支离"（阳明说湛若水"随处体认天理"有偏外支离之弊，湛若水反唇相讥曰"心体万物而不遗"，故心无内外，逐外忘内固是支离，王阳明与象山"是内而非外"，亦是"支离"。平心而论，王阳明、湛若水工夫论均是不分内外、前后、动静的一个工夫、一段工夫、一元工夫），再到刘宗周"劈成两下，总属支离"，整个心学工夫一元化取向日趋明显。刘宗周甚至对儒学史上的种种分言、二元论说（子思之知行分言，诚明分言，孟子之仁义分言、心性分言，濂溪之动静、有无分言，程子之气质义理分言，朱子之存心致知分言，阳明之德性闻见分言、顿渐分言），"悉统而一之"，曰：种种分言"皆吾夫子所不道也"。

事无事，一以贯之，故曰：'慎独即致良知'。"①

韦伯在讨论儒教与清教的异同时曾指出："中国人没有优秀的清教徒的那种受宗教制约的、中心的、内在的、理性的生活方法论，……对自然冲动的限制与压抑，是严格的意志伦理理性产物，并成为清教徒的习性，这对于儒家来说是完全陌生的。儒家慎独的出发点是保持外表仪态举止的尊严，是顾'面子'，其实质美学基本上是消极的，'举止'本身并无特定内容，却被推崇，被追求。清教徒也讲清醒的自我控制，却有积极目的：有一定质的行为，除此之外，还有比较内在的东西：系统地抑制了自己那种邪恶、堕落的内在的天性。"②显然，韦伯的这一判定是基于汉唐经学家对儒家慎独的理解所作出的，他完全无视于由"朱子时刻"所启动的儒家慎独话语的内在的精神向度，而这个最内在、最隐微的"独"体向度恰恰又是"天道""天理""性体"植根之所在。换言之，儒家的慎独生活具有深刻的宗教内涵。墨子刻指出，以韦伯为代表的西方论述中国宗教的著作通常只注重鬼、神、祖先崇拜一类的信仰现象，而忽略了儒家经典中许多表达宗教情感的地方，尤其忽略了儒家修行生活中的"内在精神生活"，而这种内在生活具有强烈的宗教意义。③墨子刻这番评论虽不是针对儒家的慎独生活而发，但对韦伯的批评确是切中要害！

"几学"成为"显学"，则反映了阳明后学（包括湛若水后学）在意念戒慎、意念对治过程中遭受挫折而纷纷于"善恶未分之前"用功这一"抢得先机"的工夫取向。

当湛若水、阳明后学直到刘宗周尝试从"独知"中甄别出"独体"，并从"几""意"刻画这个独体，对阳明良知概念的认识则日趋强调其主宰性（心灵小船之舵）、定向性（将人生种种生命的冲力彻底定于"好善恶恶"这一方向下的"定盘针"）与行动力。良知之为"明德"，其"明"是

① 东泽泻：《证心录》下卷，转引自张崑将：《阳明学在东亚：诠释、交流与行动》，台北：台大出版中心，2011年，第206—207页。

② 韦伯：《儒教与道教》，王荣芬译，北京：商务印书馆，1995年，第296页。个别术语依照汉斯·格特（Hans H. Gerth）英译本（The Free Press, Illinios, 1951）略作改动。

③ 墨子刻：《摆脱困境：新儒学与中国政治文化的演进》，颜世安等译，南京：江苏人民出版社，1996年，第192—193页。

主宰与定向之"明"，而不是认知层面的知善知恶之"明"。由于王栋、王时槐、刘宗周将"意"从经验层面的意念提升至先天的道德意志，"意"由此成为"心之存主"。于是，"独体之好恶"（独）、"好恶之机"（几）与"意根"遂成为三位一体的"惟微之体"，阳明良知内涵之中的"好善恶恶"这一"意志"面向成了良知的第一义，阳明四句教中"知善知恶是良知"之知的面向被逐渐藏于"意"之中。（刘宗周曰："好善恶恶是良知，舍好善恶恶，别无所谓知善知恶"，故"离开意根一步"，亦更无致知可言。）

与良知中的独立自主的先天行动力、意志力彰显相应的，是良知中的"意识因素"被逐渐剥离殆尽。"元神"与"识神"（王阳明）、"知"与"识"（王畿）、"意"与"念"（刘宗周）得到清楚地界定，毫无疑问，这是儒家式的转识成智、化念归虚的工夫！让"知"与"意"始终保持其"天性"（"出乎天而不系于人"：系于天者无起灭、无分别，系于人者有起灭、有分别），[①]从杨简的"不起意"经王畿一条鞭式的"四无"（尤"无意之意则应圆"）到刘宗周"意根最微，诚体本天"（张载所谓"天德良能"），良知彻底成为即感即应的行动力："欲为善，则为之而已矣，不必举念以为之也。欲去恶，则去之而已矣，不必举念以去之也。"[②]

牟宗三先生曾以"归显于密"形容刘宗周"独—几—意"三位一体之学为"重开一新学路"，即把良知简易的心学之显教向内收归于慎独诚意的密教。这一归显于密的新学路分两步走，第一步先将良知之显教归于"意根最微之密教"，第二步将心体之显教复摄归于性体之密教，进而堵住阳明

---

① 湛若水高足洪垣曰："有一毫与天不似，圣人皆以为过。"洪垣：《觉山先生绪言》卷2，《续修四库全书·一一二四·子部·杂家类》，上海：上海古籍出版社，2002年，第96页。

② 刘宗周：《治念说》，吴光主编：《刘宗周全集》（第2册），第316页。对于王阳明"意在于事亲"一说，刘宗周也有"商量"：当晨昏则定省，当冬夏则温清，何处容得意在于事亲耶？事亲则事之而已，说个"意"，便犯了"私意"了。见刘宗周：《学言下》，吴光主编：《刘宗周全集》（第2册），第449—450页。撇开刘宗周对王阳明吹毛求疵般的误读不论（牟宗三先生曾讥之为"此亦找好听的说"），从刘宗周的解读背后不难看出，良知已经荡涤了所有意识因素而成了一纯粹的道德行动力、感应力。

后学"情识而肆"与"玄虚而荡"之流弊。[①]"密"之为"密"究竟是周密、隐密抑或是严密？谛观"意根最微，诚体本天"八字精神，显然刘宗周之密教亦具有"密切"的意味，即密切于天，始终让人处于"天性"的状态，即通过"知与识""意与念"的分判而荡涤良知话语之中的"意识因素"，让良知成为在日用伦常中自敬自爱、敬人爱人的行动力，所谓工夫"只索就日用间平铺做去"。这种密切于日用伦常、天性、天行的工夫进路正遥契于夫子在日常生活中指点"为仁"、培育德行的学脉。"居处恭，执事敬，与人忠"，夫子之工夫指点是何等平实、简易与亲切！这里看似无步骤、无节次，实则下学上达，循序渐进。不过真正告别"腔子中用功"而回归日常伦理生活，同时又避免泰州学派解缆放船、恣情肆欲的弊端，这一步是由潘平格迈出的。理学工夫浸润在心灵生活之中长达六百余年，走出腔子话语、工夫话语，重辨孔孟学脉，该潘平格登场了。

---

① 牟宗三：《从陆象山到刘蕺山》，《牟宗三先生全集》（第 8 册），第 366—367 页。在《陆王心学一系心性之学》中，牟宗三先生称归显于密是就心体而言，是使良知之虚用有收煞，此为"内在之密"，而就性体而言，则由良知与意所见之心体直透于性体，而益见心体之幽深邃远，此为"超越之密"。内在之密是内摄，超越之密是上提，内摄而上提，则永绝荡肆之弊。见牟宗三：《牟宗三先生全集》（第 30 册），第 87 页。

第十四章 "无工夫之工夫":
潘平格的登场与理学工夫论的终结

一、引言:一个不应被忽视的人物

潘平格(1610—1677),字用微,浙江慈溪人。据毛文强《潘先生传》知其青年时代即有必为圣贤之志,二十岁专研程朱学,二十五岁从事王学,又习老庄与禅学,三十八岁冬始觉宋明理学与二氏之学皆不合孔孟之道。经四十日苦思冥想,终于亲证"浑然天地万物一体"之学方乃孔孟真学脉。此后有著述《求仁录》(十卷)、《著道录》(十卷)、《四书发明》(六卷)、《孝经发明》(二卷)、《辨二氏之学》(二卷)、《契圣录》(五卷,一说两卷)。今存世者惟《求仁录》一书。[①]

对潘平格的研究始于 20 世纪 30 年代,最重要的研究成果出自容肇祖与钱穆二人。容肇祖认定潘平格思想与当时浙江一省以黄宗羲为代表的陆王派及以吕留良、张履祥、陆陇其为代表的程朱派鼎立为三,而自成一说。其说之特色在于"反抗程、朱、陆、王","以笃志力行为宗,反对心性的玄学"。对于其学说,容肇祖则表现出了一种审慎而保留的态度:"其实潘平格的思想,除反对宋明理学心性的玄学一点外,其主力行,与颜元、李塨同。其他,则平平无奇了。""潘平格的思想,在破坏方面,他的反玄虚方面,尚有些贡献;在建设方面,不免太缺乏力量了。他要建设的,是提出恕字,以为求仁之方,以为格通家国天下之用;提出力行,而以笃志为说。所说的笃志以外没有工夫,孝弟之外没有申说,可见其见闻的狭

① 潘平格:《潘子求仁录辑要》,钟哲点校,北京:中华书局,2009 年。以下援引该书,均简称《求仁录》或《求》,并随文夹注。

隘，见解的迂拘。"① 钱穆对潘平格与黄宗羲的关系阐述精详，对其学说亦有同情之理解，但对其整体思想评价跟容肇祖相似。另外，梁启超并未见到《求仁录》一书，他仅根据唐鉴《国朝学案小识》，而认定潘平格"大率也是从宋明学上很用过苦功而力求解放者"。此后，"破有余而立不足"几乎成了潘平格思想定位的基调。20 世纪 90 年代以后陆续出现了几篇讨论潘平格的论文，着眼点也大多在其"反理学"的英勇斗士之一面。王汎森意识到仅从"破之一面"认识潘平格是不够的，其《潘平格与清初思想界》一文尽可能对潘平格的思想进行全面剖析，尤着眼于其"积极救世的哲学"之阐释上面，并对潘平格与清初思想界的互动进行了细致的考察。② 确实，早在王阳明弟子黄绾处就有"有宋诸儒，其学皆由于禅之断案"，③ 倘把潘平格思想价值定位在"朱子道、陆子禅"（"朱羽陆释""孔庙两庑诸儒，乃一群僧道"）一类的判教式的批判一面、"破"的一面，并不足以呈现其思想之独特处、精彩处。

　　本章拟从儒家修身传统演进的角度，揭示潘平格的工夫路径及其特色。在中国哲学史中，潘平格或许不是发出大声光、留下大影响的思想家，但如果我们将他置于儒家修身学的历史脉络中看，他绝对是一位不应被忽视的人物。他盘查、检点宋明理学的工夫论系统，剔除了其中浸染已久的意识向度，将儒家的修身焦点由心灵、心性、意识之经营重新恢复为德行、伦常践履之关切，由"圣人心境"之追求转变为"人子德行"之追求，将格物论中的心灵修炼术改造成人际中的"恕道"，从而破除了宋明儒学中的"玄虚因素"。"玄"乃指形上理论的建构（体用范畴），"虚"乃指"意识的经营"（腔子中用功）。此"破除"之"破"绝不是纯粹的破坏、毁灭，而是捅破"玄虚的光景"，解放儒家伦理心性的内核，扭转自宋以降"腔子中用功"这一精神的"内转"取向。正是在这一旨在"建构"的"解构"之

---

　　① 容肇祖：《潘平格的思想》，《容肇祖集》，济南：齐鲁书社，1989 年，第 456、459、476 页。

　　② 王汎森：《晚明清初思想十论》，上海：复旦大学出版社，2004 年，第 294 页。

　　③ 黄绾还进一步指出："宋儒之学，自是宋儒之传，原非尧、舜之传；尧、舜之传，至孟子而绝，在今无传矣。""濂溪、明道、横渠、象山由于上乘；伊川、晦庵则由于下乘。"黄绾：《久庵日录》，张宏敏编校：《黄绾集》卷 34，第 653、658 页。

中，宋明儒所孜孜以求的"持敬""涵养工夫""静中养出端倪工夫""致良知工夫"之"目标"却又不期而至。就此而论，潘平格既是宋明理学工夫论的"解构者"，同时又是"建构者"；是"终结者"，又是调适上遂的"完成者"。[①]

二、辨清学脉：寓"立"于"破"

"辨清学脉"本是儒学传承与创新的一大机制。夫子殁后，儒分为八。取舍各异，而皆自谓真儒。孟子、荀子之"好辩""必辩"，其用意皆是以真儒自命而严辨学脉以传先王之道。宋明理学以发明"道统"自任，其实质亦不外斥汉唐功利、训诂、辞章之习，以绍承发扬孔孟之道。梁启超在《清代学术概论》中将清代三百年学术思潮概括为"以复古为解放"，由"复宋之古"经由"复汉唐之古""复西汉之古"而及"复先秦之古"。"古"是儒学的源头、真精神所在，"复古"即意味着后续的衍化、传承偏离了此"源头"而有悖于其"真精神"，故应由流溯源、重返本真。要之，复古旨在更化。这跟基督教传统打着唯独《圣经》、唯独基督的旗帜克绍箕裘、推陈出新的思想创新模式并无二致。

潘平格之所以极力提倡"辨清学脉"，皆因他认定孔孟儒学中经宋明理学"内转"之阶段，"以杂佛老之学而窜入孔孟"而误入歧途，陷入"腔子中用功"的泥沼之中而不能自拔，儒家学脉遂混淆不清："吾儒之道至孟子而绝，二千年来我幸窥见一斑。"（《求》，第215页）欲辨清学脉必越过宋明儒而重返孔孟之经典世界："读书须寻绎本文，不得看注，盖一经晦庵注，则宋贤之四书，非孔孟之四书矣。"（《求》，第164页）"某为千圣学脉辨，为天下万世辨，岂好辨哉？""盖孔孟之道，昭如日星，坦如大路。自诸贤以佛老之说乱之，以杜撰之学障之，遂使世之学者以圣贤之书就诸贤

[①] "终结"在此的意思不是"单纯的终止"，更不是指潘平格之后再无人倡导宋明理学工夫论。"终结"在此只是指宋明理学的工夫论的各种可能性已经得到了"实现""完成"，后出的种种理学工夫论均未再有实质性的突破。

之说，以后贤之宗旨摄前圣之真诠，而孔孟之学脉遂不可复问。……吾实痛之，吾实伤之，……见吾之辨，一句一泪，一字一血，读吾之辨，句句痛其肝肠，字字伤其肺腑……"（《求》，第183、184—185页）越过"宋贤之四书""后贤之宗旨"而重返"孔孟之四书""前圣之真诠"，这是潘平格辨清学脉的问题意识，其重点在于"重返"，在于"立"而不在"破"。

《求仁录》开宗明义即称"孔门之学，以求仁为宗"。求仁是儒家学脉所在。"仁也者，浑然天地万物一体，而充周于未发，条理于发见，吾人日用平常之事也。"（《求》，第1页）然世人因有我之私，故分尔我而较利害，争强好胜，以至于家不齐，国不治，天下不平。但尔我之分固能"遮蔽"性，却终究不能"灭"性。"浑然一体之真性时常发见于日用之间"，求仁即于此"真心""真性"之"发见处"，格通人我、彼此。夫子之"己所不欲勿施于人"即是格通人我（"以我通之人"），孟子之扩充四端即是格通彼此（"以此通之彼"）。这种格通人我、彼此之道即是"恕道"："浑然天地万物一体者，仁也。格通人我者，恕也。人能己所不欲勿施于人，当下人我浑然一体。此所以求仁必在于恕。……己所不欲而施于人，则人我之见炽然；己所不欲勿施于人，当下人我无间。行有不得而求于人，则人我之见炽然；行有不得反求诸己，当下人我无间。此所以求仁必在恕也。格物全是恕，物格则仁矣。"（《求》，第8—9页）

如所周知，《大学》格物之训，聚讼不已，刘宗周云有七十二家之说。潘平格截断众流，将先贤往训一概束之高阁，直接以"通"训"格"，格物被严格限定在人我、人物之间的感通上面。格物即是格通身、家、国、天下。格物全在"强恕反求"，全在"爱敬恻隐之真心密运"，格物即是"恕"："夫今之不能浑然天地万物一体者，止是彼我两人不浑然一体也。彼我两人浑然一体，则天地万物无不浑然一体矣。……所以工夫切近，止在格通人我，随时随地，惟心之所到——格通，有所不忍达之于所忍，有所不为达之于所为，己所不欲勿施于人，爱人不亲反其仁敬，久则人我之习见日融，真诚恻怛之心贯注伦物，爱敬油然，人己浑然，深造天地万物一体之实地，自得而居之安矣。然则求仁之学，舍格通人我又奚适哉！"（《求》，第7—8页）

以上即是潘平格学脉意识之大概。乍看起来，这些话语本属极平常、极平淡，卑之无甚高论。① 自古及今，哪一位儒者不以"求仁""为仁"作为儒学之宗？"孔子曰：'道二，仁与不仁而已矣。'"（《孟子·离娄上》）夫子千言万语只是个为仁："君子去仁，恶乎成名？君子无终食之间违仁，造次必于是，颠沛必于是。"（《论语·里仁》）朱子曰："孔孟只教人求仁。"② 陈淳曰："大抵圣门之学以求仁为要，其所以行之者必本于孝弟。"③ 湛若水论学，每每称"孔门之教，求仁而已矣"，④ 罗汝芳更是明确将《大学》视为"求仁全书"。而以"通"训格物之"格"，严格意义上也不是潘平格的首倡。王阳明后学杨起元即以"通彻"训"格"，称"格物者，己与物通一无二也"。黄宗羲对潘平格的思想进行了精炼的概括，撮其要旨曰：

> 以为浑然天地万物一体者性也，触物而浑然一体者，吾性之良知也；吾儒讲明此学，必须知耻发愤，立必欲明明德于天下之志；故其功夫，在致其触物一体之知，以格通身家国天下之物，使浑然而为一体，谓之复于性善；未有舍家国天下见在事，使交从之实地，而悬空致我一体之知者。⑤

接着黄宗羲便指出，潘平格的学问不过以上数句而尽，而此数言乃由朱子"本体之明则有未尝息者，故学者当因其所发而遂明之以复其初"脱换出来。作此判定后，黄宗羲遂展开火力，对其"谬不可胜言者"一一驳斥，并进而将潘平格之错谬归结为"灭气""灭心""灭体"三大弊病。黄宗羲作为当时思想格局的一个重要人物，不免受限于其门户、学派之见。他斥

---

① 清人徐时栋（1814—1873）对潘平格求仁说评价颇为随意："此等老生常谈，何补世用？毛文强序其书至谓'抉千圣不传之秘，析万古不解之疑'，吾不知其何疑何秘，而推而跻之于周、程、朱、张之上也。"见徐时栋撰《烟屿楼读书志》卷14"求仁录"一条。

② 黎靖德编：《朱子语类》卷6，朱杰人等主编：《朱子全书》（第14册），第254页。

③ 陈淳：《北溪大全集》卷18，《景印文渊阁四库全书》（第1168册），台北：台湾商务印书馆，1983年，第638页。

④ 湛若水：《雍语》，《泉翁大全集》卷6，第119、138页。

⑤ 黄宗羲：《与友人论学书》，《黄宗羲全集》（第10册），第150页。

潘氏为"七怪"之一，"昔之学者，学道者也；今之学者，学骂者也。……东坡所谓墙外悍妇，声飞灰火如猪嘶狗嗥者也"，为"兔园蒙师"，"摇笔即毁朱陆"，为"魑魅罔两"，"接迹骈肩而出没于白昼之下"。[①] 不识庐山真面目，只缘身在此山中。只有在后天后觉的反观之中，思想史的走势及其格局才变得明朗。[②] 潘平格的思想果如黄宗羲所认定的这样稀松平常乃至如猪嘶狗嗥一般不堪，而其人又不过一介训蒙师，交游声名皆无足动人，但自高一世的归庄、黄门高弟子万斯同（字季野，号石园，浙江鄞县人）、郑梁（字禹梅，号寒村，康熙二十七年进士，浙江慈湖人）却纷纷折服，"梨洲欲以极大气力压倒用微而卒不能得其及门弟子高才之心服"，这实在是一个令人无法索解之现象。潘平格之所以"迷惘豪杰之人心者何在？"此确为值得一问之问题。提出此问题的钱穆说："余读其《求仁录》乃言论极平实，空疏则有之，奇肆则未，大异乎所揣。恨不获其《著道录》诸书，又不得其平日制行之详，无以质言之也。"[③] 钱穆由于仅见《求仁录》前两卷，而认定答案或在《著道录》诸书中。实则吾人只要通读《求仁录》全书，即可了解潘平格"破"之后面的问题意识，其思想魅力即表现于其"寓'立'于'破'"的论述中。

兹先就黄宗羲所谓的"三灭"，阐述潘平格之用心所在。

灭体，立全体全用。"吾性浑然天地万物一体，若有所不忍、有所忍，有所不为、有所为，则吾性不浑然一体矣。惟达不忍于所忍，达不为于所为，充无欲害人之心，而仁不可胜用，充无穿逾之心，而义不可胜用，然后为复吾浑然天地万物一体之本然。后之为学者，存心于腔子，谓之立体，

---

① 黄宗羲：《七怪》《续师说》《寿张奠夫八十序》，《黄宗羲全集》（第 10 册），第 650、657、674 页。

② 钱穆指出，黄宗羲对潘平格之"严斥深非"，"无亦由其党人文士习气之用事，犹未脱讲学家传统门户之见者为之乎？"钱穆甚至认为黄梨洲晚年态度或许有变，今《与姜定庵书》（批评潘平格的专书）、《南雷》各集均不存，其《与万季野书》，《文定》《文约》亦均不录，则梨洲晚年殆亦于此公案不复坚持耳。见钱穆：《中国近三百年学术史》，北京：中华书局，1986 年，第 53 页。确实，由黄宗羲对同门陈确观点的变化及其晚年《孟子师说》"仁义是虚，事亲从兄是实"一类立论，亦可揣测其晚年对潘平格的态度当有所改变。

③ 钱穆：《中国近三百年学术史》，第 55 页。

视天地万物为外，而明物察伦只是应迹；爱亲敬长，平章协和，视为此心之妙用。分内外，分体用，则有动静可分，而吾性不浑然，工夫不浑然矣。"（《求》，第17—18页）显然，在潘平格看来，宋明理学的体用范畴是将意识领域、心性领域视为"体"，将爱亲敬长、日用伦常行动视为"用"。前者是内，后者是外。前者是静时用功之对象（涵养），后者是动时用功之对象（省察）。所谓体立而后用行，用不离体；立体而后致用，体不遗用。此种体用范畴分内外、动静，故虽云"浑然与万物同体"（此程颢语），"以天地万物为一体"（此王阳明语），"似一而仍二也"。惟潘平格所举"吾性浑然天地万物一体"方是真体："天地万物皆体也，何用之可言？位天地，育万物，即是立体。尽人伦，敦日用，即是尽性。"故孔子所说的"四勿""如见如承""不欲勿施""居处恭，执事敬，与人忠"等，无一语不是言体，"平日之力尽人伦，力敦实行，全是真体，全体是用而不必更觅体，全用是体而不必更言用矣"（《求》，第26页）。总之，"体用不可对举。一对举则体用为二，非浑然一体之性矣。或言体则不必言用，全体是用；或言用则不必言体，全用是体。故圣人绝无体用对举之言"（《求》，第26—27页）。破体用对举，则一切"腔子中用功"的法门均属非法。"立体"工夫端在笃志力行，而不再是"管束此心"；复性工夫端在日用伦常之行动，"圣学即是王政，又何内圣外王乎？"（《求》，第27—28页）

灭心，立真心见在日用。潘平格认定宋明理学以灵明知觉为心，"见灵明炯然，精光透露，而指心为灵气，曰'知觉者气之灵'，曰'灵气是心不是性'，曰'心属火，乃光明发动之物'，曰'心者气之精爽'。盖不知智，而误智为识；能识能知似乎气之灵，故又误识为气而指为心。即后世有误智为佛氏之空慧，曰'良知当体本空'，曰'无知而知，知而无知'"（《求》，第37—38页）。将心视为"气之灵""气之精爽"乃朱子言心之重要内涵，潘平格指出此类朱子"心之界定"乃是不知"智"，误智为识，能识能知气之灵，遂又误识为气，进而指为"心"。智与"心识"之混同在工夫论上导致了灾难性后果，即将儒家的心性生活误解为一封闭于腔子之中的意识生活。由"内外分"而"分体用"，腔子之中的意识生活是"体"，应事接物是"用"，于是"操持工夫"均在腔子之中把捉、劳攘，苦心劳力，追风逐电，念起念灭，梦魂颠倒。其极端则专以静坐为"立体工夫"。为此，潘平格一扫宋明理学普遍推崇的静坐工夫，静坐本于二氏"虚无""无心"之见，圣门本无此工夫。"可静坐收拾者，灵明知觉之心也。"（《求》，第34页）"前贤之教人静坐，则认心为虚灵知觉，常在于腔子。夫虚灵知觉常在于腔子者，意也，识也。意识生于有我，有我则与物对待，而识常缘物。前贤见其缘物而心常在外也，于是静坐以摄之，使之常虚灵常静，不为事物之所牵引，而后可以应事接物，为事物主宰。不知摄静者，亦意也，识也，是以意识管摄意识也。"（《求》，第196页）至于陈献章"静中养出端倪"一系，则系由老氏有生于无之学转出（《求》，第44页）。不惟静坐工夫是"以意识管摄意识"，理学所讲的提醒、照管、操持、涵养这些"使此心常惺惺而不昧"的"敬"之工夫，统统是围绕着意识、意念用功，故亦皆是"以意识治意识"的工夫。而王阳明一系虽没有将"智"误为"识"，又能辨"意"之非心，但其"良知当体本空"，"无知而知，知而无知"之说却又误"智"为佛氏的"空慧"（真空妙有），而心之本体只是一灵明一类说法，则显然又将"智"与"识"搅混在一起。以当体本空之灵知指点工夫，必沦入"情识"之弊，"以恣肆为本色，以流浪为见成"，"蛊人心，坏风俗"。惩此弊者又有"收摄敛聚"工夫以期归于"虚静渊寂"，此又堕入老氏虚极静笃之学。且"一有虚静可安顿，而收摄敛聚亦便为识神，盖真空无可收摄敛聚，可收摄敛聚者识神也"（《求》，第44页）。

潘平格力倡儒家求仁之学脉在于"真心见在日用"："学者之患，大率在于不知真心见在日用而别求心。……不知真心见在日用而别求心，则或有认灵明知觉为心之本体；知求仁之学脉者，不认灵明知觉。盖见在真心，当恻隐自恻隐，当下不自知恻隐；当羞恶自羞恶，当下不自知羞恶；当恭敬自恭敬，当下不自知恭敬；当是非自是非，当下不自知是非。……真心之直达流行，本不自识知，不自知故谓之良知。故曰：'不识不知，顺帝之则。'安得认灵明知觉为心之本体？"（《求》，第31页）引文中一系列"不自知"的说法只是要强调恻隐、羞恶、恭敬、是非之心直接落实在日用伦常中，而不是驻留于"灵明知觉"之意识向度，四端之心在根本上不是灵明知觉之心。"如认灵明知觉为心，则必见有起灭而畏其走作，于是有提省、照管、操持、涵养之工夫。灵明知觉者，佛氏之所谓意识也。意本有起灭，不自识知之真心发见，则识神不见，故识亦自有起灭。不知见在真心，而认意识为心，以故提省、照管、操持、涵养虽极其用力，而忽作得主，忽已作不得主，忽心在，忽心已不在，劳苦而不成片段。纵成，亦是意识凝滞，其于本心，所谓非徒无益，而又害之。知求仁之学脉者，知真心是主，意识是贼，真心流行，不自识知，何可操持？但有明昧，本无走作，何待操持？"（《求》，第31—32页）

针对阳明一系之误，潘平格特别强调儒家之"真心"的道德性与"不自识知"性："知求仁学脉者，见在真心不自识知，必不以不自识知而谓之当体真空，无有本体。盖怵惕于将入井之孺子，恬然于食草饮水之牛，当下亦不自知其安。何以不安也？当不可安则自不安也；何以安也？当可安则自安也。当不可安则自不安，当可安则自安，非性善而何哉？不学而能谓之良能，不虑而知谓之良知。安其所可安，不安其所不可安，各得其本心谓之'仁之心'，可得谓之虚无，谓之真空否？"（《求》，第31页）针对王畿四无工夫之弊，潘平格曰："知求仁之学脉者，知见在真心即是仁，既是性善，自知与情识悬绝，而工夫必扩充四端，情识自不得而用事。"（《求》，第43页）而于聂豹、罗洪先收摄敛聚工夫之弊，潘平格曰："知求仁之学脉者，只自勉于立志，不俟收摄敛聚而志常笃切，即心常凝谧。且真心直达流行，不识不知，是谓真寂。本体固然，无俟于归。"（《求》，第44页）

灭气，立性、心、情、才一如直达。程朱理学由于错认灵明知觉为心，而灵明知觉又不能混同于性，故只好舍心而另求性于阴阳造化之理。在造化为木、金、火、水、土，在人性则为仁、义、礼、智、信，发于情则为恻隐、羞恶、恭敬、是非、忠信，于是而又有"虚即理""理生气""合虚与气有性之名""理气合有性之名"等一类说法。而在潘平格看来，此理气架构全然源自老庄：老庄谓未有天地之先，默然虚无，虚无生气，即宰乎气，气运行错综不失其条绪则名之曰道。宋儒以理气架构言性显由此转手而来，"安得是吾圣人所言之性乎？""仁、义、礼、智，性也，不杂乎气禀者也，非受于五行而后有也。……仁、义、礼、智非禀于木、金、火、水之神，安得随木、金、水、火而有多少？"（《求》，第40—41页）孟子明明说"乃若其情，则可以为善"，"若夫为不善，非才之罪"，但宋明儒以理气言心性，则情与才为"气"之范畴而均有不善，则孟子之"情"与

"才"因此而"益离四端"，"竟同佛氏矣"！

有鉴于此，潘平格将性、心、情、才观念剥离其理气架构："知求仁之学脉者，知心知性，故知情知才。情者，性之可见者也。恻隐之心，仁也；羞恶之心，义也；恭敬之心，礼也；是非之心，智也。岂非性之可见者谓之情乎？岂得谓兼气质而有不善，着于欲而变不可诘乎？才者，吾性之所自具，四端直达而不诎即才也。"（《求》，第42—43页）

在将儒家的性、心、情、才与气剥离开之同时，潘平格又将道、理从形上世界安顿于日常生活世界之中。"道"是"日用事物当行之理"（《求》，第125页），"后世所谓理，非圣贤之所谓理。事事物物各有天则，如子当孝，而事有温清定省，道有几谏养志，事之理也，圣人则由以尽之；木之直者中矩，圆者中规，牛之力全在肩，马之力散在身，物之理也，圣人则顺以循之。后世之所谓理，言夫未有天地之初，必先有理，有理始有气，理生气，而理即在于气之中，气分阴阳，理即在乎阴阳，阴阳分五行，理即在乎五行，万物莫不生于五行，故万物莫不有理，物物而穷之，一旦有以知吾性焉！……夫岂圣贤之所谓理乎？性为随气而赋之理，而仁义礼智皆理合气而成，气有盛衰，则仁义礼智有多少。心为气属火，而知觉乃气之灵，圣贤之所谓心性，恐未必若是也"（《求》，第65页）。显然，潘平格所认同的"理"都是日常生活中事事物物之具体的理，而不是离开具体事物而言的"理在气先"之抽象的"理"。

要之，在潘平格看来，宋明理学的"体"已经沦为佛老化的"心性之体"，导致工夫偏于"内"与"静"；宋明理学的"心"浸染于佛老"灵明知觉"之心，进而导致"爱亲敬长"的道德本心虚化、无化，工夫遂偏于"腔子之中"捕风捉影；宋明理学的"理气"架构将儒家的"性"凌虚为宇宙论的理，而与情、才裂为两截。故所谓的"三灭"之所灭实则只是宋明理学之佛老化的心体、性体与理体，这与其说是"灭"，还不如说是"解构"，即将儒家心性观念从老庄的宇宙论—形上学架构（理气架构）与佛氏的空慧（真空妙有）体系中脱嵌、解放出来，荡涤其玄虚之习气，重返平实的、日用的、伦常的道德行动世界。"归显于密"的妙体、奥体、性体、心体重又回归为素朴的道德心性。"爱亲敬长，恰恰浑然心性"，儒家之心性全幅即是一日用伦常的道德心性。欲成就此道德心性之工夫不外"强恕反求"，儒家工夫只有一路，即在日用伦常的生活世界之中充扩四端，舍此，无工夫可言。"工夫只有扩充四端，无别路工夫须补凑。知求仁学脉者，浑身是心，浑身是性，绝无深微玄妙之见。"（《求》，第46页）"浑是平常，浑是平实"，无玄微、高妙可玩弄，无光景、新奇可健羡。洗尽铅华，平平常常才是真。

为避免误解，必须指出，在四端上用功本是理学工夫论的共法。陆王心学一系更是以爱敬、恻隐指点良知。陆象山常说，人之耳目自聪明，"事父自能孝，事兄自能弟，本无欠缺，不必他求，在自立而已"。[①] 在《武陵县学记》中，陆九渊更是明确以爱敬阐述良知："彝伦在人，维天所命。良知之端，形于爱敬，扩而充之，圣哲之所以为圣哲也。先知者知此而已，先觉者觉此而已。……所谓格物致知者，格此物、致此知也。"[②] 王阳明称良知为"天聪明"，又称"知是心之本体"，见父兄自然知孝弟，此更是心学常识，无须饶舌。即便朱子虽有"世间之物，无不有理，皆须格过"之说，但他亦着意指出"先从身上格去"的工夫路径，因"人之所以为人，只是这四件（仁、义、礼、智——引者），须自认取意思是如何。……此四者，人人有之，同得于天，不待别人假借。尧舜之所以为尧舜，也只是这四个，桀纣本来亦有这四个。如今若认得这四个分晓，方可以理会别道理。只是孝有多少样，有如此为孝，如此而为不孝；忠固是忠，有如此为忠，又有如此而不唤做忠，一一都着斟酌理会过"。[③] 然而，陆王一系尽管以爱敬、恻隐指点良知，但在潘平格看来，心学一系之中"不起意""四无"与"观未发气象""静中养出端倪""收摄保聚"等工夫论说渐趋玄妙而与佛老"真空妙有""虚能生有"混同无别。而朱子学"只是这四件"的论述着眼点虽在仁、义、礼、智，但用力致思的却是潘平格所谓的"神微玄妙"的性理世界。潘平格则将全幅心性工夫严格限定在充达四端上面：一友举"乍见恻隐"与"其颡有泚"两语云："先生只有这点。"平格曰："然。不特平格只有这点，尧舜禹汤文武周孔颜有曾思孟俱只有这点。"（《求》，第

---

① 陆九渊：《陆象山全集》卷34，北京：中国书店，1992年，第254页。

② 陆九渊：《陆象山全集》卷20，第152页。

③ 黎靖德编：《朱子语类》卷15，朱杰人等主编：《朱子全书》（第14册），第464—465页。

51 页）显然，这一对工夫路径的严格限定旨在确保儒家求仁工夫之平实性、伦常性，此诚有别于程朱陆王者。

潘平格对宋明理学"寓立于破"的解构，当然并不限于黄宗羲所描述的"三灭"向度。举凡宋明理学工夫之中的"意识"话语、"腔子"话语（如正心诚意工夫、悟道体验、主敬、持敬工夫），他都要一一加以检视、审核与荡涤。在他看来，由于宋明理学分体分用、视灵明知觉为心而使得整个工夫取向皆落入"盘桓于腔子"之弊而不知。

三、"盘桓于腔子"：破宋明理学工夫论

学有宗旨，理学家尤喜于《大学》"诚、正、格、致、修"中拈出数字来确立自家为学宗旨。潘平格亦不例外。潘平格称《大学》为求仁全书，并将儒家求仁学脉立定于"格通"人我。于是《大学》工夫只在"格物"，格物则"八目一齐俱到"（《求》，第 19 页）。格物即是儒家的"一贯之学"："《大学》乃曾子之书，格物物格，当即验之曾子。曾子日省吾身，格物也；唯一贯，物格也。曾子明知身、家、国、天下是析之不容析者，故省身工夫专在为人谋与朋友交上，曰'而不忠乎''而不信乎'，'己所不欲，勿施于人'亦在其中，'行有不得，反求诸己'亦在其中。如此诚切恳挚，浑然一体之仁完全。譬如鸡雏肢体已完，虽在壳中，势将破壳而出，只待母鸡一啄耳。故夫子曰：'参乎！吾道一以贯之。'曾子曰'唯'，豁然无疑。至门人有问，曾子只以平日省身工夫答之，盖得夫子一呼，当下印实，信得平日省身忠恕，恰是一贯也。其作《大学》，乃极言一贯之全书。"（《求》，第 21 页）"一贯"即格物之功，即忠恕之道，且"专在为人谋"这一向度上着力。实际上，在标举致良知宗旨的王阳明那里，亦不时强调格物乃"致知之实"（《大学古本序》），致良知"必实有其事"，非"影响恍惚而悬空无实"之谓，而实有其事即是"格物"（《大学问》）。但与王阳明不同的是，潘平格在将王阳明所说的"实事"紧紧落实在"为人谋"这一格通人我的向度之同时，更要进一步消解整个宋明理学围绕《大学》所阐发的"意识"话语，这集中体现于他对诚意、正心、致知的看法上：

观《大学》云"欲正其心者，先诚其意"，是未尝特有正心工夫也。"欲诚其意者，先致其知"，是未尝特有诚意工夫也。"致知在格物"，是未尝悬空有致知工夫也。欲正其心者，须先诚实其存主运行之意，未有存于中运于事者不诚实而心正者。欲诚其意者，须先推致其触物一体之知，未有一腔人我计较之见而不自欺者。致其触物一体之知，在格通身家国天下本是一体之物，未有舍家国天下见在事使交从之实地，而悬空致我一体之知者。是格物为致知实地，即是诚意正心实地。致知固在于格物，而诚意正心亦无不在于格物也。不特诚意正心在于格物，身不容有辟，即是修身；于家孝弟慈，即是齐家；于国恕，于天下絜矩，即是治国平天下。是一格物而致知、诚意、正心、修身、齐家、治国、平天下无不该括也。(《求》，第 13 页)

致浑然一体之知以格通人我，则不必别作诚意工夫，已是诚意工夫；不必别作正心工夫，已是正心工夫。盖浑然一体之知，性善之面目也。不致浑然一体之知于格通人我，则意不诚、心不正，故致浑然一体之知于格通人我，即是诚意工夫、正心工夫。(《求》，第 68—69 页)

未尝特有正心、诚意工夫，未尝悬空有致知工夫，致知、诚意、正心之功皆在格物，潘平格甚至有"正心是为学大病"之说(《求》，第 192 页)。宋明儒围绕《大学》"八目"，尤其是"诚、正、格、致、修"所阐述的工夫向度之中的"意识因素"被潘平格扫荡一空。格物者只须扩充四端，强恕反求，则心、意、知并归于"格"，而"知自致""意自诚""心自正"。在潘平格看来，《大学》之所以说诚意、正心皆源于人之有私欲、偏倚，而私欲只为有"人我"，故根本的工夫在对境实地上的"格通"人我之功。若在虚见上消磨则绵软无力。"在对境实地上消磨，则必不至遏欲制念，盘桓于腔子。在虚见上消磨，不过遏欲制念，自成其盘桓腔子之病。且在对境实地上消磨，则是致知格物，不期于诚正而无不诚正。"(《求》，第 33 页)"胜私于念虑"这一意识工夫，必然导致在心上正心、心上澄心、意上诚意，盘桓于"腔子"之中不能自拔：

诚意正心之学，舍致知格物又何所用其力乎？……自此学不明，而后世之求道者但欲正其心、欲诚其意，正心则就心上用力，以求心之

正，诚意则就意上用力，以求意之诚。其说虽不一，要不过腔子中照摄而已矣，岂得谓之能正心诚意者哉？（《求》，第 17 页）

诚意正心分于致知格物，而为工夫则必就意上诚意、心上正心。就意上诚意，则必用意以诚意；就心上正心，则必用意以正心。用意以诚意正心，则着意存主于方寸，昭昭灵灵于腔子，乃是知识而非心。……岂《大学》之诚意正心也耶！（《求》，第 69 页）

总之，爱亲敬长就是浑然一体之心性，若在腔子之中操持，则是昭昭灵灵之意识，而非儒家之心性。

潘平格认定儒学以求仁为宗，而仁之本质即是浑然天地万物一体，乍看起来与宋明理学万物一体论并无二致，但在潘平格看来，宋明儒虽有万物一体说，但由于宋明儒不知"见在真心"，故最终皆不知"浑然天地万物一体"，纵好言一体，实则高头讲章，蹈空凌虚，华而不实。如程朱一系说，人物均受天地之气而生，所以同一体，人物同禀天地之理，故与天地万物一体等，此一体之见均是"以理推之"之"结果"；程颢虽言"仁者以天地万物为一体"，但又说"将身放在万物中一例看，大小大快活"，此显然是"于虚明无我之际，看得一体"；罗洪先"当极静时，恍然觉吾此心中虚无物，旁通无穷……上下四方，往古来今，浑成一片"，此是"于寂静虚通之际，见得一体"；王畿所描述的阳明"浑身透亮，宇宙通明，视盈天地间，恰是个水晶宫"之体验，则是"于灵明炯然之顷，会得一体"，诸如此类的万物一体，跟老氏、佛氏的一体一样："皆非见在真心恰恰浑然天地万物一体"，皆堕入"想象之虚见""卜度之影子""虚寂之境界""识神之幻境"而不自知，而皆非"吾性浑然天地万物一体之仁"（《求》，第 45—46 页）。浑然万物一体体现于爱亲敬长、不自识知的日用伦常的活动之中。"浑然"，即不自知，即无分别相；爱亲敬长、恻隐皆属于不虑而知、不学而能；"总不自知"即不俟起意，勃然而发、油然而生而"不自知觉"。故潘平格每每告诫门人浑然万物一体不是"知见"："处处见浑然一体，不如处处不见浑然一体。"（《求》，第 173 页）他又说："有志之士，步步力行，但见不浑然一体；力行到入真入微处，亦不见不浑然一体，亦不见浑然一体。"（《求》，第 174 页）对于心学一系动辄悟道之现象，潘平格径称圣门不言"悟"，"悟自心、悟良知，大略是佛氏一派"（《求》，第 219 页）。他又说："今为程朱之学者，不喜言'悟'，谓'悟'即禅，最是。盖象山、慈湖、白沙、阳明、王畿言'悟'，即影响于禅矣。"（《求》，第176—177页）要之，浑然天地万物一体，不是虚见，也不是境界，而是爱亲敬长之实行，是谓步步履实地，事事在当下。

"敬"是宋明理学工夫论之中的一大关键词。朱子有敬为圣学第一义之说，静时涵养、动时省察与敬贯动静是其两轮一体工夫之招牌。王阳明虽于"敬"字无直接发明，但在其"实无无念时，戒慎恐惧亦是念"说中，戒慎恐惧实则即是"敬"之异名。如此，王阳明致良知工夫中亦是"敬贯动静"之工夫。围绕宋明理学敬贯动静说，潘平格与弟子有以下对话：

> 生问："主敬、致良知之学，俱贯动静。独圣学格通人我，似只在有事时，而不能贯无事时。"先生曰："若无事时无工夫，则遇事安能格通人我？"又问："立志非意念之说，某皆常闻之，而终不能无疑。"曰："此只是子未知立志耳。若果欲明明德于天下，即自责不能明明德于天下；竭力格通人我，即自责不能通人我。惕然悚然，心思常自凝聚，精神常自紧切，即是无事时工夫。所以某常言真志即是真工夫。"生云："此属起念，正苦间断。"曰："此本非念，何间断之有？"生云："惕然悚然，岂非念耶？"曰："惕然悚然之念，即是无念。"生云："更有无念时，如何？"曰："须问无念时精神紧切否？如是无念，则无念而已，更要'如何'作甚？"生云："每疑格通人我工夫不能贯该动静，思欲戒慎恐惧，又恐落于主敬，故敢问。""此是子未尝实用力，只在有念、无念中盘桓，所以有此疑。若格通人我工夫有漏，须戒慎恐惧以补之，乃是零星补凑之学，自无是理。《中庸》云'道也者，不可须臾离也。可离，非道也。是故君子戒慎乎其所不睹，恐惧乎其所不闻'，戒慎恐惧之由来如此。适所言自责不能明明德于天下，不能通人我，惕然悚然。非戒慎恐惧乎？惕然悚然之念，皆因立志笃切，自然如此，并非起念。今若立一戒慎恐惧题目要做，乃是起念，即已非戒慎恐惧矣。不过摄伏管带，不过强作主宰，自作其病，安得说是工夫！"（《求》，第197—198页）

弟子谓格通人我作为圣学格物功夫，只在人际感通上面用功，于独处无事时功夫未有措手处。潘平格随即指出，"惕然悚然，心思常自凝聚，精神常自紧切，即是无事时工夫"，此回答难免启人疑窦，惕然悚然岂不是某种意识状态，岂亦不是腔子中弄活计？潘平格指出，戒慎恐惧之念实是无念，它不是某种意识范畴，而是立志笃行之体现。念念戒慎恐惧恰是无念，若执定一念不起为无念则落入佛氏所谓外道之见。潘平格接着指出："爱亲敬长，何尝非念？何尝起念？乍见怵惕恻隐，何尝非念？何尝起念？圣人汲汲皇皇，忧世忧民而已矣！学者则强恕反求，格通人我而已矣！又何必论有念无念？"潘平格不以念与无念论戒慎恐惧与爱亲敬长，端是要将敬与意念、知见加以区隔。敬不是一种束住虚灵的意识状态，浑身是敬，敬是凛凛兢兢、小心翼翼之谓，而非提醒照管此心，胸中昭昭然有一心在之谓。敬之焦点不在意识，而在于志之笃切，敬实则就是志字，时时真志见前即是敬。（《求》，第 274 页）"必有事之为敬，非心无一事之为敬。心无一事，不过虚明湛然，如佛氏之所谓惺惺寂寂而已，岂圣人之心法乎？"（《求》，第 37 页）归根到底，圣人之敬不过是"扩充四端，强恕反求，孜孜焉以尽吾分……夫孜孜焉以尽吾分，全体是敬。……敬即是心，而非敬以治心。心即是敬，而非主敬、持敬"（《求》，第 35 页）。如此，则不期敬而敬，不期敬而敬则无不敬。而程朱理学之主敬、持敬工夫则落入意识用事，阳明讲致良知又注重空明圆应，则亦难免于识神者颇多。

　　综上所述，在潘平格看来，宋明理学之诚意、正心、悟道、主敬、持敬乃至致良知诸工夫都堕入盘桓于腔子之窠臼，无限精神空费在腔子上戛括。而潘平格本人之学则是"青天白日的学问"，那里有许多闲戛括在？（《求》，第 214 页）倘学人视此等腔子之中盘桓为工夫，则潘平格本人之工夫为无工夫之工夫。

四、立真志：无工夫之工夫

　　由于至今未能发现潘平格年谱，而其著述大多已散佚，故对其学思历程只是知其大概。潘平格本人曾有"自悔前日提浑然天地万物一体之张惶之说"（《求》，第 273 页），故其成熟时期工夫主张完全就日用伦常的行动立论，而与宋明理学经营于腔子之中的工夫论形成鲜明的对照。"观未发前气象""静坐观心""静中养出端倪""念上用功""收摄保聚"等一系列在心灵向度的操持是传统所谓的"工夫"所在，潘平格则一再强调为学无此等工夫：

> 友人问学者多问工夫，某无工夫可言，但教人欲明明德于天下，而从事于格通人我。欲明明德于天下，即自责不能明明德于天下；从事于格通人我，即自责不能格通人我。只此是志，只此是工夫，更无他语。志非念念常提之谓，自反自责，与留在胸中为悔者不同。（《求》，第103页）
>
> 为学只是笃志力行，本无工夫。自悔从前说工夫之为多事。（《求》，第273页）
>
> 为学本无工夫，事父母自当尽子道，事兄长自当尽弟道，事君自当尽臣道，交朋友自当尽友道。……只是尽人道而已！只是尽本分而已！安得说是工夫？……子臣弟友是人道之当然，则但可谓之力行而不得谓之工夫。故圣人但言安而行之，利而行之，勉强而行之，而未尝说是工夫。一部《四书》，语语是伦常日用中力行，而未尝说工夫，盖诚然非工夫也。工夫二字，起于后世佛老之徒，盖是伦常日用之外另有一事，故说是工夫。若主敬之学先立体以为致用之本、穷理之学先推极知识以为遇事之用，亦是另有一事，可说是工夫。（《求》，第255—256页）

显然，在潘平格看来，儒家修身学全幅都是在伦常日用之中用功，儒学只是格通人我、笃志力行，只是要尽人道，尽人的本分。这是先秦儒学的基调。舍此而认为在此伦常之外尚有一心灵的本体，须主敬以立之、穷理以推极之，并以此为工夫之所谓，则此"工夫"完全是转手自佛老二氏，而非儒学本地风光。段落二"自悔从前说工夫之为多事"一语说明这三段话均是潘平格晚年所发，其主题是完全放弃"工夫"的话语，而将儒家"为学"重新聚焦于伦常日用中的行动向度。

于伦常日用中笃志力行可谓潘平格"工夫论"反复致意者，而其重心则在笃志。"立志明明德于天下乃其入道之根基，格通人我乃其入道之途路。"（《求》，第221页）阳明云"志立，学问之功过半矣"，潘平格则说

"志立而学九分矣"（《求》，第 223 页），立志即是工夫！问题当然在于如何立志。观潘平格立志、责志、提志、笃志之论，可归纳为以下诸义：

第一，信得及。须信吾人本来是仁，"学者苟信得及，而日从事于强恕反求，则步步是踏实地，时时有可见之功，志意日渐充长，胸次日渐浩落，气质日渐销融"（《求》，第 102 页）。"某提浑然天地万物一体，盖欲人立明明德于天下之志；引孩提之爱亲敬长、乍见之怵惕恻隐，盖为不信吾性浑然天地万物一体者作一印证。浑然天地万物一体，必须深造自得。然须先信得吾性浑然天地万物一体，始能立明明德于天下之志，始能竭力格通人我有自得之日。"（《求》，第 222 页）

第二，思量。"立志贵在思量"，"初学思量，即是工夫。当下思量，全体精神凝聚，心不散乱，念不间杂；当下人我交涉，自不肯不尽本分，自不容丝毫欺妄。当下思量，即是当下工夫；无时不思量，即无时不是工夫。……故思量是立志丹头，立志又是力行丹头，力行是复性丹头，复性又是知性丹头。耐久工夫只在思量"（《求》，第 268 页）。考虑上引"自悔从前说工夫之为多事"，这些关于思量就是工夫的话语应该是潘平格早期接引弟子所发，不过，此处的"思量"也不是在腔子中用功的单纯的意念之反思活动，而是一种整体的人生目标的重新定向。思量什么？思量吾人天性跟孔孟分毫不差，孔孟也不过是"吾辈寻常朴实人耳！"（《求》，第 143 页）子贡说孔子是"天纵之圣"而似有别于常人，潘平格则申辩说："天何以限量人？人只不立志，自限量耳！若人人立志，人人天纵，何独夫子？"（《求》，第 180 页）吾人与孔孟之差别"只此志此愿不如孔孟，便甘心让孔孟为圣人"（《求》，第 226 页）。孔孟所臻之圣境，本亦是吾人能够优入者。潘平格发挥王艮的话说："'凡民之与豪杰，只在肯不肯之间。'诸友肯则是豪杰，不肯则是凡民；肯则至诚大人乃分内事，不肯则反至诚为伪。"本可以优入圣域，本可以与孔孟齐肩，却自暴自弃为小人，"思量"至此，吾人甘心否？"诸友！只此思量，便不容不自发肯心，不容不致曲复赤子之心。诸友！上达下达，只在今日；君子小人，只在今日。莫蹉过今日，再作商量。"（《求》，第 227 页）显然，潘平格之"思量"实则是唤醒人之存在的庄严与伟大感，人本与天地合德，"天地能生，惟人顺而成之，天地少我这个人不得。学者须做个天地少不得的人，方不负原日配天配地之本然"

（《求》，第225页）。"思量此生当作何等人，作何等结局。不违我本然能事，又不枉出世一生，毕竟非世间伎俩。"（《求》，第226页）由此对人性庄严与伟大的实感而必激发吾人对现实自我的不满："人须识得羞耻。我何以不能配天地？何以不如孔孟？配不得天地，如不得孔孟，便成不得人，岂不大可羞耻？"（《求》，第229页）由"在世的耻感"而生"存在之勇气"："人只是无耻，懵懵懂懂，同流合污。若有耻，则涕汗交流，精神百倍，直趋而前，当仁不让，故曰'近乎勇'。"（《求》，第263页）"思之，思之，不觉惭愤中生。愈思之，愈惭愤。"（《求》，第227页）由思而惭耻，由惭耻而愤而勇，由勇而生使命之担当感。

第三，担当。"孔孟之学二千年未明，汉唐以来生民无善治，正因无担当之人。……某少读《五代史》，叹彼世界，未知余几，百姓作何过活！读《孟子》'父子不相见，兄弟妻子离散，老弱转乎沟壑，壮者散而之四方'，即恻然伤心。今日世界恰是如此：乱离之惨，杀戮之痛，不知多少；无辜死于兵刃，死于蹂践，死于水火，死于饥寒，死于恐怖；父子、兄弟、夫妻、老幼，或死或掳，不得一见。言念至此，锥心刺骨，泪出痛肠！而举世之人，或争一时之名者，研举业；争久远之名者，醉诗文；自好者，以高尚为奇行；混迹者，以清浊为得策；学仙者，辟谷清静求长生；好佛者，看教参宗了生死。即自谓有志正学者，亦不过遏念制欲为克己，提醒把捉为操存，闭户于穷巷、独善于闾里为修身，又或以活泼自在为受用，识取光景为妙悟，卜度于书理、采择于见闻为学识，而绝不以天下生民为念，治道学脉为心，亦太忍哉！呜呼！彼其人非不豪杰也，但未之思耳！若能奋然思维，憬然悔悟，立明明德于天下之志，则旧时所为皆可悚愧，而出身担当无处退避。……世界有此豪杰，方能昌明二千年不续之圣学，方能拯救数百万涂炭之生灵。此个担子是吾性分中具足，不是外来；是人人具足，不是他能我不能。……诸君子担当世界，即是担当圣学；担当圣学，即是担当世界。千古圣人只担此担子，千古圣学只为此担子。担上此担子才是学问，肯担此担子方是豪杰。"（《求》，第223—224页）明清鼎革之际，兵燹频仍，人民涂炭，社会动荡。思量现实世界之艰苦、生民之困顿，思量一身之重任，而必起"在世的耻感"。处此乱世，仍盘桓于腔子，只是琢磨心无不善之念，身无过差之行，做一端人正士，以求自了，而于天下苍生置若罔闻，此不仅格局小，且为"极可耻"(《求》，第 225 页)。

毋庸置疑，潘平格的立志说与阳明心学一系若合符节。他本人就说过提志之法与阳明先生《立志说》中(《求》，第 248 页)有些相像。他对狂狷气质的欣赏与王阳明亦如出一辙："狂狷惟不知学，所以日任其狂狷。一旦知学，则天地民物霍然担荷，千圣学脉欣然承领，自不容不力行，自不容不入细。大器局有细密工夫，方是狂狷成就处，方是狂狷不终于狂狷，而终于圣贤。"(《求》，第 244 页)就其极力倡导荡涤世情、名利、意见、习气，而张大心胸、许大志愿、生大力量、树大气脉、立大规模、具大见识、开大眼界而论，潘平格立志论更与泰州学派相似。"天地民物，一身担荷。世道之事，即吾身之事；天地之所不能尽，皆吾身之所当尽"，"胸襟须阔，眼界须高，骨力须健，质地须朴实"，"茫茫宇宙，惟我一身担当千古学脉，推诿不得，退避不得"(《求》，第 242、243、247 页)，诸如此类的说法很容易让人联想到罗汝芳的担当说。罗汝芳反复告诫弟子辈要"对天发一大誓愿，将天地万物担当一担当"，"满得此愿，方才是一个人"[1]。

不过，出于对宋明理学"盘桓于腔子"的工夫论的高度警惕，潘平格在立志说之中亦反复辨析思量、提志在根本上不是意识活动之经营。

"提志"不同于"提心"："立志之始，须刻刻自提。盖学者初闻圣人之学，虽切向往之心，而志不能常笃，须常默默自提。或于空闲无记之际，默默自提，曰：'我何以无志？'或于侘傺恍惚之际，默默自提。或于循旧习之际，默默自提。久久，则志渐切渐坚而立矣。然提志与提心不同。提心者，认灵明知觉为心，欲常在于腔子。夫认灵明知觉为心，则认心错；欲常在于腔子，则认存心之道亦错。故常盘桓于腔子，常患此心之走失。提心之切，则或至作意而动火。提志者不然，不过自责志之不立而已，不过常知惭愧而已，不过常不忍自弃自贼而已。"(《求》，第 248 页)提志之志是整体生命的定向("心之所之，一往向前，全志是心")，提心之心则是"盘桓于腔子"之中的意念。前者是"主人公"，能够自作主宰，故能"常在"，无断续，无放逸；后者则是"提醒照管主人公，有主客之分"，故常常"忽然不在"，"时起灭，时断续，忽作主，忽走失"，且守定于腔子，照管、把捉、操持，则心劳，心劳，则慎思不安，魂梦扰乱，神魂颠倒。

---

①　方祖猷等编校整理：《罗汝芳集》，南京：凤凰出版社，2007 年，第 393 页。

（《求》，第 249—250 页）

"思量"也不是意念生活之思量。针对门人"惟恐一心之不善，一念之不尽"之问，潘平格答曰："子莫管一心一念，只自朝至夕，惟以不尽分为忧……自无此心之不善、此念之不尽，是谓真敬，是谓力行，是谓工夫。只在致知格物，而心即于格物正，意即于格物诚。如此，则刻刻是求仁，时时是居敬。"（《求》，第 264 页）显然，思量的目标一直要定格在尽本分这一德行向度上面。

综上所述，信得及、提志、思量只是真心凝谧，耻、忧、愤，"一团真精神一齐俱到"，"如鲁若愚，不识不知，岂有许多闲计较盘桓意念哉！"（《求》，第 241 页）无有把捉，无有操持，无有知见，"见有工夫者，假工夫；见无工夫者，真工夫。所谓真工夫，不自知是工夫；真工夫原是无工夫者也"（《求》，第 250、255 页）。

五、潘平格工夫论的思想史定位

潘平格的思想史意义，因观察的坐标不同而呈现出不同的意义。如立于清初思想格局看，潘平格的思想表现于"破的一面"确实与颜李学派相近。潘平格辨清学脉的意识与颜李学派"破一分程朱，始入一分孔孟"并无二致。他对宋明儒持敬、主静、静坐工夫的批判，对圣人学—教—治三位一体的强调，都可谓是开清初思想界风气之先。

但潘平格的思想是理学传统的一部分，其思想气质、问题关怀与论学风格均不逸出理学之矩矱。他承宋明儒就《大学》定学问宗旨这一传统，认定"格物"为学问入手处，而其论学之关键词诸如浑然天地一体之仁、良知、性、敬、心等均是宋明理学之关键词，而以"通"训格物之"格"更早见于王阳明弟子辈朱得之与尤时熙的格物解中。无疑潘平格看到了整个宋明理学工夫论的弊端之所在，并且指出一条"超越的"路径。如立于儒家修身学历程看，潘平格的工夫论实则是理学尤其是陆王心学一系工夫论的一个重要环节。[①]

第一，潘平格继承了陆王一系第一义工夫的修身路径取向。第一义工夫又称根本工夫、头脑工夫。潘平格虽未直接称格通人我是第一义工夫，对学者工夫之问，他一律回以"某无工夫可言"，但教人从事于强恕反求，格通人我，以至于给人"专提强恕反求"，似乎教法执一之印象，实则强恕反求，格通人我即是潘平格之第一义工夫、心性工夫！"愚之专提强恕反求，格通人我，全致重乎心性也。……心性工夫，莫近于此，莫重于此。……强恕反求，格通人我，则良知日扩充，自欺之本绝，有所之根消，知致、意诚、心正，俱于格通人我上取足，所谓以全力致重乎心性者也。……何者为入圣之路也？愚舍强恕反求，则无学；舍强恕反求，则无入圣之路。"（《求》，第104—105页）强恕反求就是圣门"一了百了工夫"，"强恕反求，格通人我者，用力于根本，专注于血脉；照管于视听言动者，用心于枝叶，支持于格式"（《求》，第106页）。这种将"根本血脉"与"枝叶格式"之对置，将程朱理学的工夫进路视为"枝叶格式"的做法自然是陆王心学一系尊德性、致良知第一义工夫之入圣途辙。潘平格还明确称，阳明心学一系"本体即是工夫，工夫即是本体语"已觉精切入微。（《求》，第274页）

不仅如此，面对"穷至事物之理，方能于目前日用之地，事事得其条理，物物协于机宜"此类朱子学之质疑，潘平格答曰："呜呼！吾非为事物之理毫不经心也，盖穷至事物之理已具于格通人我中也。学者若以格通人我为心，则于人、我交涉之事，自必委细寻其条理，曲折尽其机宜。条理

---

① 匿名审稿人质疑笔者将潘平格思想视为王学向前发展的一个"环节"："'发展'意味着前后之间核心理念的连续性，如果在核心的关怀上，已经歧出，如陈确之于刘宗周、黄绾之于王阳明，彼此的思想即不宜用发展形容之，而当是另立体系。王学不管是哪一系，阳明后学不管彼此之间有多大的争议，但'良知'作为身心的依据、统合意识与行动的主体，以及'良知'是统合意识与自然、'乾坤万有基'的本体，却是各派共同接受的。不接受良知的核心义，即不算发展。"笔者认定潘子的工夫论属于广义的陆王心学一系的一个环节，而并非将其限定在王学一脉，尽管其思想跟王学之中的泰州一系有更多亲近处。将潘平格思想归于心学一系实亦不是笔者的发明，唐鉴与王家振均指出潘平格思想的心学性质。潘平格工夫论之中的立志说、见在真心说、真心直达说在为学进路上即打下了深刻的心学烙印。

有未得，机宜有未尽，则于心有所不安，恻恻隐隐，如负重伤，内省有疚，自羞自恶，必委细得其条理，曲折尽其机宜，而后于心无不慊。……盖学在于格通人我，则尽事物之条理，皆不忍人之心运量，步步贴着浑然一体之仁，步步抱着明明德于天下之欲，求仁极近，复性最易。""格通人我愈久，事物条理愈明；强恕反求愈入细，事物条理亦愈入细，何待更有穷至工夫？""若不格通人我，而以穷至事物之理为学，则不特重事失物，急知缓行，失《大学》之旨，且是见闻觉知运量，而非不忍人之心运量，推极知识，而非充达浑然一体之知，于求仁之道远，于复性之学乖也。"（《求》，第 70 页）此处所辨跟阳明"头脑"与"节目"之辨、"良知"与"见闻之知"之辨以及"良知愈思愈精明"之说更是如出一辙。

　　第二，潘平格的笃志力行说带有强烈的行动主义色彩，而与陆王心学一系崇尚实行（陆九渊曰"千虚不博一实"，王阳明曰"知行合一"）的精神高度契合。他反对朱子将《大学》的致知之"致"解释为穷至事物之理，而认定"致"就是力行："夫良知不虑而知，力行乃所以致。若穷至事物之理，则但可谓之开长其知识，而不得谓之致。言致则必行也。……今不信良知自能直达曲致，而穷理以明诸心，使不惑于所往；不直提示良知，俾学者信吾性之良知本自具足，本自见成，充达吾爱敬、恻隐之良，以力尽人伦日用，而先教之逐事逐物理会，驰于闻见，长其知识，恐《大学》教人之道不如是也。"（《求》，第 58—59 页）这跟阳明对朱子的批评完全是一致的。对于朱子分小学与大学工夫，于《大学》立主敬之法以补《小学》之缺失，潘平格批评说朱子将穷理误为推极知识，而不知穷理之心即敬，"不知夫子之里已有居位并行之童子，则《小学》之废固已久矣，夫子作《大学》，何不于入德之始即补主敬于格致之前？"（《求》，第 59 页）这跟阳明斥朱子添个敬字于穷理之前为画蛇添足也是高度一致的。① 而其专论

①《传习录》（129:154—155）："……先去穷格事物之理，即茫茫荡荡，都无着落处。须用添个敬字，方才牵扯得向身心上来。然终是没根源。若须用添个敬字，缘何孔门倒将一个最紧要的字落了，直待千余年后要人来补出？正谓以诚意为主，即不须添敬字。所以举出个诚意来说，正是学问的大头脑处。于此不察，真所谓毫厘之差，千里之谬。大抵《中庸》工夫只是诚身，诚身之极便是至诚。《大学》工夫只是诚意，诚意之极便是至善。工夫总是一般。今说这里补个敬字，那里补个诚字，未免画蛇添足。"

知行关系曰："知先，当是先知为学之脉路。先知为学之脉路，始可行之而无疑，始能行之而无谬。……择善固执，是先知而后行；行之弗笃弗措，是知行合一；果能行此道矣，虽愚必明，恰又是行而后知。"（《求》，第 161 页）依此，阳明说认得良知头脑是当，此亦可以说是"知先"，又说，良知愈致愈精明，此亦可以说是"知后"。其实质皆是注重实行、力行。

第三，将阳明心学一系必有事焉的实学工夫贯彻到底。阳明有感于朱子两轮工夫之流弊而将致良知工夫视为无分于有事无事、无分于寂感、无分于动静、无分于先后内外而浑然一体的工夫。潘平格则进一步指出，"尽力于人伦日用，恰是心性工夫"（《求》，第 32 页）。"工夫只在人事上"（《求》，第 262 页）。程朱理学分内外、分体用、分动静，于是涵养持敬为静时工夫，省察慎独为动时工夫，内外交养、本末交养，实不知"吾心浑然天地万物一体"。心灵生活岂有方所？岂有一封闭的"内"？宋儒误将心灵生活封闭于"内"，心灵生活遂成一自足的领域，故致意念对治工夫陷入困境："一生谓：'闲思杂念去之甚难。'曰：'悬空在腔子中去闲思杂念，故见其难。若于人事上强恕反求，格通人我，则思思念念归并一路，有何闲杂之可去而论难说易耶？'生以为疑。曰：'闲思杂念，万起万灭，俱为有了人我。格通人我，恰是去闲思杂念之根，去其根则末自尽。'……知求仁之血脉，则克己即是格通人我；不知求仁之血脉，则克己不过制欲治心，管摄于腔子。"（《求》，第 87 页）离"实事"而言工夫在潘平格看来都是将儒家的心性生活禁锢于"腔子"之中，而沦入"以意识管摄意识"的死局。"故必有事，是圣学大主脑，勿正心，是大主脑中真诀窍。知乎此，则凡持敬静坐，常惺惺其心，收敛不容一物，整齐严肃则心自一，默坐澄心，体认天理，观未发气象，静中养出端倪，收敛保聚，常提不放，还元归静，摄知归止，内观返照，神驭气气摄神，存神炼性，性归于命，命伏于性，魂载魄，魄载魂，止观根尘诸说，皆不攻而破矣。"（《求》，第 192—193 页）

第四，将陆王一系在人情事变做功夫引申为"平情"工夫。陆九渊有"在人情事势物理上做功夫"的说法，王阳明则进一步发挥说：除了人情事变则无事矣。不过无论陆九渊抑或王阳明，其人情事变用功说重在事上深磨极炼其心性，而潘平格则不然，其人情上做功夫说则重在发明夫子之恕道："一友自谓：'近日识得象山在人情上做工夫。'先生谓之曰：'须识得人情。'友遂请问。曰：'识得己情，即识得人情，此夫子之所谓恕也。若人之私情，则不宜徇。'"（《求》，第95页）"己情"在潘平格这里即是人之为人的基本需要，"识得己情"实则是识得人人与己一样都有此基本需要，故曰"识得己情"即"识得人情"，此时，"己情"就是"公情"。所以潘平格又说："己私能推，当下即是无私。夫好货、好色，私也。与民同之，则可以王，又不可推乎？"倘只是识得自己的需要而不考虑他人的需要，则是不宜徇的"私情"。"吾儒止是平情之学，己所不欲，勿施于人，则情平。……老氏无情，佛氏冤亲平等，不近人情。惟吾儒为能平情。……吾儒平天下，止平其情而已。"平情即是体贴人之公情，忠恕之道就是体贴人情之道。"孰谓吾儒之道有出于平情之外乎？"（《求》，第96页）人之所以不能平情，只因人有成心、偏见，只因人之"有我"而"挟理以为胜"。惟有格通人我，"设身处地而量其人之情"，"惬乎人之情，始惬乎己之情。人情不惬处，己情亦安能自惬！此恕之一言所以为终身可行也"（《求》，第97页）。论者已指出潘平格论恕道开清儒以情絜情说之先河，戴震、焦循、凌廷堪、阮元的相关论述皆可溯源于此。[1] 不过，其平情之说就完备与深刻言丝毫不亚于戴震等人以情絜情说，可见所谓后出转精，亦不尽然。

第五，继承了陆王一系尤其是泰州学派的当下指点工夫。自陆九渊开始，心学一系即喜论"即今便是""当下便是"。陆象山以扇讼指点杨简本心属于心学著名的当下指点话头，[2] 阳明心学尤其是泰州学派更擅长此道。有人问王艮放心难求，王艮呼之，问者即起而应。王艮曰："尔心见在，更何求心乎？"[3] 罗汝芳跟张楫讨论良知（灵体）遍布全身之道理，张楫觉得一毛一发都是灵体贯彻的说法太过玄乎，罗汝芳趁其不觉，从其脑背力抽一发，张楫连声叫痛，手足顿颤，罗汝芳喝曰：一毛一发，岂非灵体贯彻！[4] 此皆心学一系当下指点之著名案例。表面看来，潘平格对罗汝芳当

---

① 钱穆：《中国近三百年学术史》，第67—68页。容肇祖：《容肇祖集》，第477—478页。

② 四明杨慈湖任富阳主簿时，断完一场买卖扇子的官司后，问陆象山："何为本心？"象山说刚才断扇讼，是者知其为是，非者知其为非，此即本心。慈湖问："止如斯耶？"象山大声说："更何有也！"慈湖遂大悟其本心。事见《宋元学案》卷74。

③ 王艮：《王心斋全集》，陈祝生点校，南京：江苏教育出版社，2001年，第17—18页。

④ 罗汝芳：《罗汝芳集》，第411—412页。

下指点工夫颇有微词，称当下指点，是禅宗事，"近溪当下指点，相沿于心斋。只是指点灵明，适误人耳！若某则但教人笃志力行，自有知性之日，不能当下指点人入悟。然不长人虚见，不误人落神识，确然性善真血脉，与孔孟不差毫发"（《求》，第 177 页）。但观《求仁录辑要》则不难发现，潘平格实非常善于当下指点：

> 三子侍坐次，一生后入趋坐末，生视三子为最少，平格指之曰："此即恭敬之心，如此则是，不如此则非，即是非之心；如此则安，不如此则不安，即恻隐之心；如此则宜，不如此则不宜，即羞恶之心。一趋坐末而四端毕见，真心见在日用，何更觅心为？"（《求》，第 28 页）
>
> 次儿烈侍，问之曰："子有志否？"烈不能对，诘之曰："子当下岂不知耻耶？即此一点耻心，是入圣真种子。"……越日，又问之，仍不能对，谓之曰："子实无志，自对不出，即羞恶之心；不强作有志以对，即是非之心；子当下岂不怦怦然心动耶，即恻隐之心；若侪辈问及，便胡乱作对，子今不敢胡乱作对我，即恭敬之心。子即今不能对答之顷，四端一一见在，若谓子不可为圣人，岂不抹杀子耶？子只今能信真心果见在日用，真心之见在日用果不学而能不虑而知，是子恰恰原是一位见成圣人。"（《求》，第 29—30 页）

前者由一趋坐末行为而指点四端之心，真心（四端之心）在最平常的一坐之态中当下毕显。后者在一日常问答之中而当下指点成圣之机。如依照潘平格本人的看法，泰州学派之当下指点重在"觉悟"，故仍有"盘桓于腔子"之嫌疑，而潘平格本人的指点则始终围绕着行动的动力，重在立志笃行。就义理而论，这种当下指点的工夫皆预设了良知见在这一前提。

第六，与阳明一系良知见在说类似，潘平格提出"见在真心"说。他指出真心发见处就是入圣之真种子，此见在真心，上自王公，下至乞丐，虽盗贼亦皆有之，故潘平格讲学"专提真心发见处"（《求》，第 143 页）。这跟朱子从道理发见处认取，阳明须就理之发见处用功说看来并无不同。不过，潘氏并不像朱子强调由此发见处用功是因其所已知而及其所未知的工夫（朱子），或是像阳明那样要此心纯乎天理的工夫（王阳明），而是着意强调此真心发见处的道德性与伦常性不是一"意识现象"："舍见在真心，而指点当体本空之灵知亦见在日用，则必有误于情识之弊，盖吾人真心与后起之情识常相间而出。知求仁之学脉者，知见在真心即是仁，即是性善，自知与情识悬绝，而工夫必扩充四端，情识自不得而用事。"（《求》，第43页）见在真心作为"第一念"须辨明其本性："孟子指乍见恻隐是第一念，即是性善面目。后世之所谓第一念，则无心之心，无意之意，无知之知，无物之物，佛氏空有不二而已。"（《求》，第193页）毋庸置疑，潘平格将真心发见处严格限定于性善之一面，其旨趣在于避免重蹈阳明心学良知见成一派最终陷入以恣肆为本色，以流浪为见成这一覆辙。

第七，潘平格"真心直达而不自知说"推进了陆王心学一系不起意、四无等工夫论说中浑然、自然之面向。"圣学只在真心直达。……委细曲折，竭尽苦心，无非直达。真心曲致即直达。""真心有直达时，有曲致时。直达固不待安排，不由思虑；曲致亦本无安排，虽千思万虑，仍是不思不虑。"（《求》，第126—127、128页）观潘平格《求仁录》，"……而不自知"的语式屡屡出现，如勃然怵惕恻隐而不自知为恻隐、羞恶而不自知为羞恶、敬而不自知为敬、工夫而不自知为工夫等。本来这种"……不自知"的语式通常用于负面意义，如用于常人自身陷入某种心灵遮蔽的状态而不察觉，如云"丧其良心而不自知"，"堕入物欲之私而不自知"等，有时又用于常人日用不察的状态，如"人皆有至神、至灵、至精之心而不自知"。当然这一语式也会用于道德教化之"潜移默化"的效果，如《大戴礼记·曾子疾病》云："君子慎其所去就，与君子游，如长日加益而不自知也。"四端之发而不自知其为四端、敬而不自知为敬、工夫而不自知为工夫、安而不自知为安等，潘平格此类"不自知语式"显然与上述用法不同，它特指道德本心发动、流行之浑然性、自然性，其意思与杨简之"不起意"、王畿之"四无"并无不同。晚清王家振就注意到潘平格与杨简的关系。其《题王畿慈湖精舍会语》云："颜先生鲸，初宗慈湖。后与高第弟子南凡郑先生光弼一甫、陈先生应式仁仲、钱先生仲选俊卿、王先生应选专以求仁为主，论格物之旨谓不当一事一物为物，而通天下国家为物、为格，与本朝用微潘先生平格之言相类。潘平格之学岂即本于冲宇欤？"[1]的确，杨简《杨氏易传》（卷20）有"孔子哭颜渊至于恸矣而不自知，正合无思无为之妙"之

---

[1] 王家振：《西江文稿》卷9，清光绪三十四年活字印本。

语，罗汝芳则有"尽是宁静而不自知其为宁静，尽是戒惧而不自知其为戒惧"之说。不过，潘平格强调真心直达而不自知其旨趣重在消解四端之意识化倾向，四端乃是泯能所、自然而然、直心而行的道德感应能力，而非某种意识状态、某种灵明知觉之心："真心之流行，当下本不自识知，世之以灵明知觉为心者，不显然其缪耶？"（《求》，第 28 页）显然，这是对杨简不起意说的进一步发展。

需要指出的是，真心直达、真心流行、率真自然与情肆而荡确系一线之争，稍有不慎，就会走向荡越而不可收拾，泰州学派的教训是深刻的。故潘平格一方面对"安"与"自然"的意义重加审订："有志为君子、为仁，则自有不容不凛凛兢兢，不敢忽易者在，虽勉而亦安矣。"又曰："不容不凛凛兢兢，不敢忽易，是谓安，是谓自然。若如后贤之所谓安，所谓自然，则直是坦坦然一无工夫，如禅宗所谓'丢在无事甲里'者然，其为不敬不仁，孰有甚于此？岂得谓之安乎？自然乎？"（《求》，第 265—266 页）另一方面，他尤其注重改过的工夫："若浑然一体有渗漏，而或动不善之念，或一息忘戒慎恐惧，则震震然惶恐悚息如陷大辟，此所谓我自见之心也。于此不自愧勉，其不为禽兽者几希！"（《求》，第 101 页）

第八，潘平格满堂人子说是对王阳明满街圣人说的推进。静坐工夫是宋明理学一种重要的修行技术，渊源有自，影响深远，几乎给人不静坐无工夫之印象。潘平格指出，儒家本无静坐法。二氏习静坐，宋儒遂袭之。默坐澄心，观未发气象，收拾放心，一切世事不管，只会宴坐反观，或从静中养出端倪，或以调息为入门，或致虚归静，收摄保聚。于是为学、修身成了"拨冗宽坐"之事，是"二三少事之人"的学问。此种静坐学问不可为教，不可为学，不可为治："人人为父母所生，人人与兄姊一本，一出胎而至道已备。苟人人笃其爱亲敬长之良，人人扩而充之于人伦日用，则经营艺业皆圣贤之事，农工商贾皆圣贤之人。盖事有闲忙，而爱亲敬长无闲忙；人有贵贱，而爱亲敬长无贵贱。家家致谨于事亲从兄，则家家复性求仁，家家成其为孝子悌弟，则家家圣人贤者。尝见有终日营生之小民，而爱敬真至者矣。爱敬真至，则必为善于乡里，慈心于物命，而取予不苟，非义不为者矣。此岂静坐主敬，收拾放心而然耶？抑岂静中养出端倪，方有商量耶？"（《求》，第 137—138 页）潘平格在这里明确指出，静坐只是少事之人、有闲阶级的学问，此种精英化的学问不具备可普及性（不可为教，不可为学），亦不具备社会效应（不可为治）。事有闲忙，但儒家爱亲敬长的修身工夫无闲忙；人有社会地位之高低，但儒家爱亲敬长的学问无高低。这就意味着儒家的修身学一定是普适的，即适合所有人的学问，亦一定是日用伦常性的，即一定是生活化的学问。"经营艺业皆圣贤之事，农工商贾皆圣贤之人"，此自是承继王阳明"四民异业而同道，其尽心焉，一也"说、王栋"自古士农工商业虽不同，然人人共此学说"精神而来。[1]潘平格又称："君等只是视学道为奇特，视圣贤为高远，……其实学道本寻常事，圣贤本寻常人；商贾若存心忠恕，贸易公平，虽圣贤修、齐、治、平之道，不外是矣。"（《求》，第94页）如所周知，满街圣人说是阳明学一大招牌，一友引阳明的话激励讲堂之人说："满堂皆是圣人。"潘平格应声曰："满堂皆是人子。"友人接着云："人人须为圣为贤。"潘平格曰："平格只愿人人为孝子悌弟。"友又解《西铭》云："乾父坤母，人须识得天地是一大父母，方能一体。"潘平格云："平格只愿各人识自己之父母，自能一体。"（《求》，第140页）这种欢快、平实、日常的圣人观与阳明学尤泰州学派野老成圣、江鱼化龙平民化趋势是高度一致的。其"只愿各人识自己之父母，自能一体"说跟王夫之"乾坤大而父母不小"说亦可相互发明。另外，以人子取代圣人也反映了明清之际学者强调家庭是成德场域这一思想发展的态势。[2]黄绾在其晚年所撰《久庵日录》中指出，其童年时，乡里前辈仍以《孝经》《小学》课弟子，故当时人才风俗不至大坏，但"近年始大坏，皆由师道无人，《孝经》《小学》不惟不知讲，且皆不读"。[3]而在潘平格的成圣书目之中，《孝经》占有举足轻重的地位："《大学》知有用力处，次《孟子》，无《孟子》，圣学之血脉难见，次《孝经》，读此三书，才能灼见为学血脉。次读《论语》，混融真实，难理会，次《中庸》，论道微言。"三书中，《大学》是曾子言一贯之书，其所谓絜矩之道（"所恶于上，毋以使下；所恶于下，毋以事上；所恶于前，毋以先后；所恶

---

① 王守仁：《节庵方公墓表》，吴光等编校：《王阳明全集》卷25，第941页。王栋：《一庵王先生遗集》，《四库存目丛书·子部》（第10册），第68页。

② 吕妙芬：《成圣与家庭人伦：宗教对话脉络下的明清之际儒学》，台北：联经出版公司，2017年，第71—104页。

③ 黄绾：《黄绾集》，张宏敏编校，第680页。

于后，毋以从前；所恶于右，毋以交于左；所恶于左，毋以交于右。"）之中的前后、左右、上下，落实于家庭即是父子、兄弟、夫妇与主仆（《求》，第143—144页）；《孝经》是后世学者记夫子言一贯之全书；《孟子》则只是仁义，而仁义之实则又不外事亲从兄。要之，三书"同一心印，圣贤道脉相传，止是如此"（《求》，第157页）。"学孔孟之道，止竭力于孝弟；尽之孝弟，乃人子人弟之本分；孝弟只求仁复性之工夫。"（《求》，第155页）

第九，在继承泰州学派学外无政、政外无学思想的基础上，潘平格进一步提出"学—教—治"三位一体之学。阳明心学一系历来就有政学合一的理念，王阳明、邹守益、欧阳德、南大吉均有政学合一的思想，王畿则明确提出政学合一的口号。以王艮为代表的泰州学派在强调学外无政、政外无学的同时，还提出"出入为师"这一惊世骇俗的"不袭时位"命题。[①]潘平格则曰："爱亲敬长，为不学而能之良能，不虑而知之良知，则自不当舍爱亲敬长而别求心性。爱亲敬长即是仁义，则自不当舍爱亲敬长而别求妙道。即此爱亲敬长，达之天下，则自不当舍爱亲敬长而别有政教。……古之圣人学即是教，教即是治，家无二学，学无二道，人人易知，人人共由。"（《求》，第138页）跟王艮一样，潘平格尤重讲学以淑人心，称经世之业从讲学始，此乃"古人位天地，育万物，不袭时位者也"（《求》，第131页）。有人问：王艮言"出者为天下师，处则为万世师"不乃夸张之辞乎？潘平格答曰："此吾人本分，何夸之有！"（《求》，第159页）又称："……古先帝王之事，皆吾身所能为；治平天下之业，皆吾性所自尽。自小不得，推委不得，自然真志勃发。"（《求》，第162页）与王艮不同的是，潘平格身历甲申之变与满清入关，可谓生逢乱世，其不袭时位思想带有强烈的救世（"止杀"）情怀："呜呼！自有祸乱以来，杀人盈城，杀人盈野，予与诸友皆目击之。回万世之杀运，开万世之太平，在于今日；回天下之杀运，开天下之太平，在于一方；回一方之杀运，开一方之太平，在于一人；一人回杀运，开太平，在于一念。"（《求》，第138—139页）

----

① 关乎心学一系政学合一思想，请参见吴震：《泰州学派研究》，北京：中国人民大学出版社，2009年，第124—193页。王艮不袭时位说，请参见陈立胜：《谁之"思"，何种"位"——儒学"思不出其位"之中的"政治"与"心性"向度》，金泽、赵广明主编：《宗教与哲学》第5辑，北京：社会科学文献出版社，2016年，第177—205页。

第十，潘平格以孔孟的孝弟之道统摄宋明儒工夫。与以往的理学家普遍推崇颜子不同，潘平格对颜子的工夫颇有保留："颜子工夫不善用，便流为遏欲制念。"（《求》，第104页）在夫子门下，有子孝弟为仁之本之言，于学脉最清楚、最真实，为仁就是用力于仁，即是求仁工夫。"凡孔门'为'字俱是指工夫，……盖圣门工夫，只在人事上竭力，故曰'为'，非若后世主静持敬之学，操持意念不起意之学，致虚、致良知之学，落于虚无也。"（《求》，第133页）可以说，潘平格以爱亲敬长（孝弟之道）指点工夫，其问题意识非常明确，即是克服程朱理学与陆王心学盘桓于腔中之弊。今之学者发念则入于两路：或欲除闲思杂念，则心意上操持以求诚正，而入于主敬一路；或欲明心见性，求玄求妙，则入于灵明无知而无不知、无善无恶一路，终必学佛参禅。皆远离爱亲敬长、强恕反求之正道、大路（《求》，第149、175页）。孟子曰："学问之道无他，求其放心而已矣。"潘平格进一步申明："求放心之道无他，爱亲敬长而已矣。"（《求》，第150页）如此，孟子的扩充四端，程朱的主敬，陆王的先立乎其大、不起意、致良知等工夫皆可统摄于专力孝弟之工夫："诸友听平格语孝弟，恻然动其天良，即恻隐之心；若平日有未尽孝弟之处，能知惭愧，即羞恶之心；闻圣贤孝弟之道，肃然起敬，即恭敬之心；知孝弟是为仁之本、圣贤之道，即是是非之心。于听讲时，四端见前，知皆扩而充之，足以保四海。凡前辈诸贤所论为学，当下无不该贯。诸友一心听讲，更无二念，即主一无适之谓敬，即心不妄动之谓静。当下思孝弟是为人之道，今益当专力孝弟，即思则得之，先立乎其大。听讲之时，不起一念，孝弟之念，非起念之念，即谓之不起意；孝弟非起念之念，又即谓之自然。孝弟之言，句句入耳，字字悚心，即是良知；能尊所闻，行所知，即致良知。"（《求》，第136页）

不惟如此，如修身工夫始终不离孝弟之道，则理学家津津乐道的静、敬、自然、不起意皆会不期而至，同时又不会落入"性空""虚无"之泥沼之中："盖强恕反求，不过扩充其爱亲敬长之良而达之天下，初非有二也。诚勉勉于此，则心专志一，宥密无疵，静矣。主静，则不过虚静之静，非静也。翼翼小心，日见不足，敬矣。主敬，则不过寂寂惺惺，治无记乱想，非敬也。爱敬恻隐，油然益然，何尝起意？何尝不自然？即强恕反求，力尽本分，有何尝起意？何尝不自然？爱敬恻隐，乃是良知；强恕反求，即是致良知。而以此心之虚明变化为不起意，以致虚为自然，以当体本空之灵知为良知，则性空之旨，虚无之教，非吾儒之脉络也。……圣学止是充长爱亲敬长之本然，故学易成而道易明。后世性善之旨不明，俱不知在爱亲敬长一根上直达扩充，而以主静持敬为学，不起意、致虚自然为宗，致灵知为教，各自以为心性工夫，而不知去之愈远。盖爱亲敬长，吾之真心也，所谓性善也，所谓'仁，人心也'，所谓良知即仁也。从此一根扩充，则自知性善，始是'仁，人心也'，始是良知即仁也。不从此一根扩充，则主静持敬者，不过意识用事；致虚自然者，不过归根复命；不起意者，致灵知者，不过智慧圆明，而错认心性矣。"（《求》，第 148 页）要之，充长爱敬之真心乃一根上直达扩充工夫，"本静，不必主静而后静；本敬，不俟持敬而后敬；本不起意，无不起意之可举；本自然，无自然之可宗；本不虑而知，非当体本空之可说"（《求》，第 149 页）。

综括以上十端，我们有足够的理由断定，潘平格工夫路径与陆王心学并无本质的差别，宜乎唐鉴将潘平格列入心宗学案！[①] 就其注重真心直达、于人伦日用上用功，强调满堂皆人子、担当世界的救世使命及学—教—治三位一体而论，其思想风格更靠近泰州一脉，我们亦不妨将之视为泰州学派之流光余韵。不过与"不犯造手""解缆放船，顺风张棹"而趋向猖狂情识之路的泰州学派[②]不同的地方在于，潘平格尽管对工夫由"勉强"到"自然"、由"生"到"熟"乃至"忘"之次第了然于心，但他一直强调工夫之"勉强"的一面，"初立志时须痛下猛力，到不容不然处，始是上路。……不尔，旧习缠身，无进步处"（《求》，第 272 页）。曾有门人煎药，告潘平格曰："煎药亦可喻学，沸时是知性，沸后虽不用扇，药势自涌。"潘平格曰："不然。沸时始是上路。若未上路，犹可放冷。故须武火使沸，沸后文火养之，方得熟。"（《求》，第 263 页）针对门人工夫自然之问，潘平格答

---

① 唐鉴《学案小识》卷末《心宗学案》云："盖先生欲超出程朱之涂辙，并亦讳言阳明，以便直接孟子。而观毛氏文强称先生竭力参求惭痛交迫者四十年如一日，而亲证浑然天地万物一体，则亦与阳明龙场之悟无异。故一守阳明之致良知与责志之说，而特以格通身家国天下释格物，以示不入阳明窠臼。然而或言真心，或言真性，心性并未分明。"

② 郑宗义对泰州学派如何走向此猖狂情识之路有系统而深刻之揭示，见郑宗义：《性情与情性：论明末泰州学派的情欲观》，《明清儒学转型探析：从刘蕺山到戴东原》（增订版），香港：香港中文大学出版社，2009 年，第 271—320 页。

曰："初学不论自然不自然，只一味勉强，勉强之极，自无夹杂回护之病，自无苟且姑容自寻出路之病。勉强之久，则真心日完满充固，天真洋溢，油然蔼然，不知不觉，自是妥帖。"（《求》，第212页）

表面看来，潘平格是宋明理学的颠覆者、破坏者，但透过其激烈批判的言辞，我们未尝不可以将之视为宋明理学尤其是心学一系的终结者、完成者。其思想的锐利与新颖处，置于儒家修身学的历程之中，方能得到清晰的呈现。牟宗三曾以"打破光景"与"调适上遂"刻画罗汝芳的工夫论特色，这两个词未尝不可以用来给潘平格的修身思想定位。

在打破光景上，潘平格要比罗汝芳更进一步。何谓光景？古清美曾指出，"在人人讲心、人人求心的风气下，'心'反而成为一个讲论描画、执求想象的虚幻不实的对象，这便是'光景'。'光景'就是光和影子；然而，究是何物之光，何物之影？还是那个万理融具、至灵又至实的心体。这心体本是当下时时涌出，但在人起意执求时，它便反而隐身在那个执求的意念后面、隐身在层层理论文字的包裹后面，使人但见其影而不见其真；此影虽因心而生，不离于心，但却不即是真心；欲证见心体者，却以此为真，加以想象、追求、描画，自是愈求愈远，终不可得了"。[1] 如所周知，罗汝芳反复指出认"耿耿一念""一念炯炯"为真体光明，而留恋其中，沉滞胸襟乃是鬼种、鬼窟，修身工夫必超越此炯炯心体之执持而回归日用平常之实地，方称稳妥。此打破光景之过程如同宗密"离幻""离觉""遣离"与"遣遣"之层层剥落、层层跃进直至一丝不挂一样，最终都是回归

---

① 古清美：《慧庵论学集》，台北：大安出版社，2004年，第153—154页。牟宗三先生《陆王一系心性之学》辟"荡肆与光景：相似法流"专节阐述心学一系的光景问题，并指出玩弄光景与拨弄精神、气魄承当三病在陆王以后，"犯此者众"，端因陆王一系重视透悟心体，而其后学不知透悟工夫之"险阻"，且须在"必有事焉"中磨练、落实而充实自己，于是所谓"透悟"只是一时灵光，而实无法成为转化自身的力量，所悟之心体成为"只是因智光之悟及而将其横撑竖架，投射于外而为影子。此影子即为'光景'。此是将天心仁体离其主位投射于外，所成之虚映。故曰'光景'。故凡智及而不能仁守，则智之所及届时光景。智光悟及于天心仁体本身，而不能当下将此天心仁体融于践履中而为主，以成其为太吓人他，则天心仁体即失其安守，吊挂而为光景。对此光景，说玄说妙，拟议猜卜，歌颂赞叹，皆是玩弄光景"。见牟宗三：《牟宗三先生全集》（第30册），第31—32页。

日用之实地。[1] 罗汝芳之后，刘宗周亦曾洞察到理学"求放心"工夫往往迷失于意念的幽谷与丛林之中：求之事物之交而得"营构心"，求之应感之际而得"缘着心"，求之念虑之隐而得"起灭心"，求之灵觉之地而得"通塞心"，求之虚空、玄漠而得"欣厌心"，此五心皆属心念随缘而营造的心境，而非"本心"。"以是五者征心，了不可得。吾将纵求之天地万物，而得心体焉，其惟天理乎？天理何理？归之日用。日用何用？归之自然。"[2]唯有爱亲敬长一真无妄的日用伦常世界才是真实的道德世界。潘平格则将心学一系悟道之玄冥、虚寂之境界、不起意之风光连同程朱一系持敬、主敬一道视为"盘桓于腔子"，是"浇培意识"。宋明儒之所以沉迷于腔子所幻化的光怪陆离的意识世界之中孤芳自赏，端因他们把这个意识世界、灵明知觉世界视为自在的心性王国，而以灵明知觉之所照为"外境"，于是分内外、分体用、分动静，"一分内外，则所谓心者非其心，而所谓正者非其正也。不过见惺惺寂寂者以为心之体用，矜持把捉者以为正之功耳。且盘桓于念虑，战斗于胸臆，执滞于意识，欲正愈见不正，不正则急求正，则不得不重内而轻外，研理而畏事，离人群而静坐观心。集义之功，不得不疏略矣。视听言动，自相挠乱，念起念灭，自作纠缠"（《求》，第191—192页）。潘平格进一步指出理学家之所以会陷入"光景"之中，在根本上是由于工夫制心、摄心于"腔子"之中。只有全盘推翻腔子话语，才能一劳永逸地解决光景问题。潘平格所揭示的宋明理学工夫论之中的"盘桓于腔子"现象确实切中肯綮。自宋儒工夫内转，心、知、意、念遂成了工夫对治的焦点，追求动亦定、静亦定的"心之镜""圣境"成了工夫的目标。得其门而入者自有其无限风光与受用，不得其法者则难免劳攘自冗，徒叹奈何。司马光尝患思虑纷乱，有时竟然中夜而作，达旦不寐。后来则"以中为念"以求锁定心猿意马。[3] "赵概为澄治念虑，于坐处置两器。每起一善念，则投白豆一粒于器中。每起一恶念，则投黑豆一粒于器中。

---

① 古清美：《慧庵论学集》，第138页。

② 刘宗周：《证学杂解》，吴光主编：《刘宗周全集》（第2册），第265—266页。

③ 程颢、程颐：《河南程氏遗书》卷2，王孝鱼点校：《二程集》，北京：中华书局，2004年第2版，第53页。

至夜，则倒虚器中之豆。观其黑白，以验善恶之多少。初间黑多而白少，久之，渐一般。又久之，则白多而黑少。又久，则黑豆也无了。"① 这种惩治念虑法虽为程、朱理学大家所刺讽（程子讥司马光念中求心静却不如与一串数珠，朱子则称叔平数豆记善恶法只是一个"死法"），却屡屡为后儒所仿效。以王阳明心学一系为例，阳明好友黄绾年轻时闭户书室，在册子上题刻"天理""人欲"四字，分两行。发一善念，则以红笔点之；发一恶念则以黑笔点之。至十日则一一清点，以视红黑点多寡为修身工程。② 邹守益以戒惧于念虑为用功之要，一度陷入憧憧起伏，相寻于无穷，灭东生西之困境。陈九川在其修身工夫初期，亦有类似的经历："初从念虑上长善消恶，以为视别诸事为首要矣，而致生灭之忧愁：沦注支流，轮回善恶。"③ 阳明尚在世的时候，陆澄向乃师抱怨省察功夫之困苦："盖欲使此心纯乎天理，而无一毫人欲之私耳。今欲为此之功，而随人欲生而克之，则病根常在。未免灭于东而生于西。若欲刊剥洗荡于众欲未萌之先，则又无所用其力。徒使此心之不清。且欲未萌而搜剔以求去之。是犹引犬上堂而逐之也。愈不可矣。"（《传习录》161:226—227）王栋曾自述，自己用功"数十年后"方真正摆脱此病困扰。④ 把这种念起念灭、灭东生西之逐念现象称为"病"有时并不是一种隐喻。最经典的例子出自罗汝芳，罗汝芳年轻时（十七岁）读到薛瑄"万起万灭之私，乱吾心久矣，今当悉皆扫去以全吾湛然之性"时，遂焚香叩首，闭关一寺，几上置一盂水与镜子，终日对之静坐，以求心与水镜无二，久之，遂成重病。后经颜钧一语喝破（"是制欲，非体仁也"），方大梦忽醒。然而其求道殷切之心已成一难破之心结，乃至"每清昼长夜，只挥泪自苦"，"夜分方得合眼，旋复惺惺"。

---

① 黎靖德编：《朱子语类》卷113，卷129，《朱子全书》（第18册），第3597—3598、4030—4031页。

② 黄绾：《久庵日录》卷2，张宏敏编校整理：《黄绾集》卷35，第669页。

③ 陈九川：《答聂双江》，《明水陈先生文集》卷1，《四库全书存目丛书·集部》（第72册），济南：齐鲁书社，1997年，第35页。

④ 王栋初见阳明弟子王臣，即问："闲思杂虑，灭东生西，如何可去？"瑶湖答曰："只在何思何虑上用功。"王栋一直领悟不得，再见再问，又见又问，反复只此数言，终未有得，直到数十年后，方了然于心。见王栋：《一庵王先生遗集》，第98页。

一直到三十九岁时，过临清，剧病恍惚，见老人语之曰："君自有生以来，触而气每不动，倦而目辄不瞑。扰攘而意自不分，梦寐而境悉不忘，此皆心之痼疾也。"先生愕然曰："是则予之心得，岂病乎？"老人曰："人之心体出自天常，随物感通，原无定执。君以夙生操持强力太甚，一念耿光，遂成结习。不悟天体渐失，岂惟心病，而身亦随之矣。"先生惊起叩首，流汗如雨，从此执念渐消，血脉循轨。[①] 至此，罗汝芳方真正摆脱意识光景之纠缠。从程颢到颜钧都强调识仁、体仁才是正面、立体的工夫，"念起念灭之病"实是"制欲"所致。潘平格则进一步指出此皆"胜私于意念中""盘桓于腔子"之过："盘桓于意念，战斗于腔子，灭于东而生于西，制于前而萌于后，劳攘一生而已。"（《求》，第 86 页）"见有欲而去欲遏念，只在腔子中盘桓，非学也。惟在本吾之不忍、不为者达之，则真心当下完满，私欲之去，不啻如燎毛。盖私欲本非吾之固有，而真心乃天性之本然，主客之分，原自分明也。"（《求》，第 200 页）"本心充达则欲不能留，欲不能留而本心常显，此圣学之所为异于后世也。若不知乎此，而但去人欲，则灭于东而生于西，制于前而萌于后，劳攘一生，卒无廓清之期。盖无本以达之，则无不流为腔子中盘桓也。夫为学而盘桓于腔子，岂小病哉！"（《求》，第 201 页）毫无疑问，潘平格在这里将颜钧的体仁说发挥到了极致。功夫端在于充达不忍、不为之真心，而不是疲于对治万起万灭之意念世界。针对一欲未去，一欲又生，引犬上堂，灭于东而生于西之用功病象，潘平格径直称"圣人本无去欲"之说（《求》，第 200 页），又称须辨清窒欲与去欲、遏欲之别："盖遏者遏其流，不过虚见上消磨，自成其遏抑于念虑、盘桓于腔子之病也。若窒欲则与遏欲不同，窒者窒其源，格通人我是也。即一字之辨而工夫有不同，得力与作病不同。"（《求》，第 202 页）潘平格对宋明儒腔子之中用功乱象之揭示，对宋明儒之过度意向（hyper-intention）、过度反思（hyper-reflection）一类用功之弊，确实具有救偏补弊的功效。

①《明儒学案》卷 34。关于罗汝芳悟道之历程及其"打破光景"之阐述，请参见古清美：《罗近溪悟道之义涵及其工夫》《罗近溪"打破光景"义之疏释及其与佛教思想之交涉》，收入古清美：《慧庵论学集》，第 111—182 页。

在"调适上遂"上，潘平格将宋明儒工夫论之中的意识向度剥离，重新将工夫之重点始终框定在爱亲敬长这一伦理、德行向度。由宋到明，工夫论的论述日趋精细，牛毛茧丝，无所不辨。陆王心学一系更是形成了追求第一义工夫、根本工夫的共识，围绕心体的向度，工夫之焦点则渐趋深入、细密、细微，乃至深入心灵深处的密体、奥体、性体。儒学自其诞生之时即提倡修身，先秦修身学的重点是德性——德行世界的经营，孔子"居处恭，执事敬，与人忠"最能体现这种修身学的风格。宋明理学转向内在，心灵世界的操持掩过了德行世界的经营，"无是无非""无善无恶"一类"虚无话语"渐趋近乃至混同于佛氏之"空慧"。潘平格破除"腔子话语"，其用意即是要将儒学的论述重新调整为"实有"之论述："良知不等于灵知，心不等于虚灵知觉，性善不等于性空，敬不等于操持于腔子。""盖爱亲、敬长、强恕、反求，浑然真心也。一根直达，此真心恰恰是性善，恰恰'仁，人心也'，恰恰良知。及其知性而言性也，自确确然性善，不得以性空浑；确确然'仁，人心也'，不得以虚灵知觉浑；确确然良知，不得以灵知当体本空混。心性上确确然下虚无等字不得，圣门'知'字确确然下虚灵寂照、虚明湛然等语不得。见之真则论之定，持之坚，虽刀锯鼎镬不能夺也。呜呼！此其透体灼见之实言，五、六年来，悲叹彷皇，欲得传人，欲明学脉之血泪，今谁与信此乎！"（《求》，第147页）这段话将性、心、良知、敬等儒学关键词与二氏的虚、空、无架构剥离，清除其"意识"因素，而重新回到素朴、真诚、平实的伦常德行世界。此不可谓不是儒学修身学发展历程之中的一个必要的"调适"。在重新调整儒家修身理论的论述过程中，潘平格又自觉与不自觉地吸纳了宋明理学尤其是陆王心学一系第一义工夫、当下指点工夫简明直截的风格，并融摄慈湖不起意、王畿四无说之中的"自然""率真"于"真心见在日用"之"浑然""不自知"论述之中，同时却又避免了空慧、玄虚之嫌疑，可谓道中庸而极高明，此不可谓不是"上遂"。潘平格思想的精彩处、深刻处即体现在他对宋明理学工夫论之"调适上遂"的腾挪改造上面。

舍此，而以颜、李学派之兵事、农事、礼乐一类的技艺关怀来观潘平格思想之"不足"，是诚其"不足"处，惟潘平格的问题意识原不在此耳。[①]

附录：郑性与潘平格

王汎森《潘平格与清初的思想界》一文对潘平格的门人甬上颜长文、毛文强、万斯同、郑性，昆山归庄、陈瑚，金华赵忠济均有引介，惟因郑性文集"尚未寻获"，故对其介绍仍有诸多未尽处，今据《南溪偶刊》（《四库未收书辑刊》第 8 辑第 27 册）等文献略补如下：

郑性（1665—1743），字义门，号南溪，又号五岳游人，浙江慈溪人。郑性的名字在当代学术界中往往是跟黄宗羲的《明儒学案》一道出现的。全祖望《五岳游人穿中柱文》记："先生于黄氏之学，表章不遗余力。南雷一水一火之后，卷籍散乱佚失，乃理而出之；故城贾氏颠倒《明儒学案》之次第，正其误而重刊之。先是，尊府君高州欲立祠于家以祀南雷而不果，先生成其志，筑二老阁于所居东，以祀南雷及王父秦川观察，春秋仲丁，祭以少牢，黄氏诸孙及同社子弟皆邀之与祭，使知香火之未坠也。又言于提学休宁汪公谋其墓田。初，南雷之卒也，托志文于高州而未就，至是先生以属之予。四方学者，或访求南雷之学，不之黄氏而之鹳浦，即黄氏诸孙访求簿录，亦反以先生为大宗，盖其报本之勤而笃也。"[②] 黄宗羲家曾遭受火灾与水灾，其书稿多有散乱，如何保存整理成了一大问题。郑性将黄

---

① 潘平格一度与吴殳（1611—1695，别名乔，字修龄，号沧尘子，江苏太仓人，入赘昆山）为友，吴殳是明清之际文武兼通之一大奇人，其《纪效达辞》一书（该书由戚继光兵学名著《纪效新书》改编而来）即是在潘平格等好友反复力劝之下撰成的，可见潘平格并非不谙兵事。见马明达：《吴殳著述考》，收入纪宗安、汤开建主编：《暨南史学》2002 年第 1 辑（广州：暨南大学出版社），第 232 页。吴殳与潘平格的友谊并未维持很久，两人性格均孤介傲岸，口无遮拦，很快即书信相诮，归庄复又从中挑拨，结果可想而知。见归庄：《与吴修龄书》，《归庄集》卷 5，上海：上海古籍出版社，1984 年，第 333 页。

② 全祖望：《鲒埼亭集》卷 21，朱铸禹汇校集注：《全祖望集汇校集注》，上海：上海古籍出版社，2000 年，第 376—377 页。

宗羲书稿船载回家，整理刊出。这是一件功德无量的文化事业，郑性本人曾专门撰诗纪念："劫后残编四五千，辞黄归郑上江船。可怜手泽消逾半，敢道心香绍得全。往似今朝从我载，来知异日倩谁传？中间做个邮亭卒，一站程挑一站肩。"可见经水火之灾，黄宗羲手稿（"手泽"）损失参半。郑性船载劫后残编，心情忐忑不安：他决意要保存好这些珍贵遗存，但又担心在他之后，谁又能继续传承下去。做个文化的邮亭卒，完成自己的传递使命，这最终成为他的自我期许。此后，郑性不仅整理刊刻了《明儒学案》《南雷文约》等著作，[①] 并遵其父郑梁（1637—1713，字禹梅，号寒村，康熙二十七年进士，历升刑部郎中，出守高州，为黄宗羲得意弟子）之命，筑二老阁，祭祀黄宗羲与郑溱（1612—1697，郑性祖父，字平子，号秦川，刘宗周弟子），将黄宗羲生前藏书三万余卷及家中所藏书卷一起珍藏于高阁。二老阁自此成为与天一阁齐名的藏书阁。可以说，黄宗羲文集能够比较完整地流传下来，郑性应记首功。

郑性文化邮亭卒的使命感强烈，他数次捐田资助书院事业，更"不识时务"地劝勉周围好友一道弘扬先贤文化。万经（1659—1741，字授一，号九沙，万斯大之子，从父与叔父一起师事黄宗羲）七秩寿诞，他人皆讲祝寿的套面话，惟郑性扬觯而前曰："吾祝公耄而益勤，不知老之将至。上以绍鹿园先生之学统，近以绍充宗先生之学统而已矣，他非所及也。"祝陈汝登（字山学，号南皋，黄宗羲弟子）寿辰，他亦以怡庭先生（陈锡嘏，1634—1687，字介眉，以经学闻名于当世）之薪火勉之（南皋为怡庭从子），又劝李暾（字寅伯，一字东门，李杲堂之子）讲学，东门谩讥之曰："今世之讲学者，特欺世以盗名耳，吾不屑为也。"（以上事均见《五岳游人穿中柱文》）他不仅整理刊刻了黄宗羲的大量著述，还于康熙五十九年（1720）刊刻了好友余姚法华庵僧等安（号全拙，又号五峰山人，郑性于黄宗羲处认识了等安）的诗集《偶存轩稿》，并撰序表彰。[②]

郑性另一大贡献就是刊刻与传播潘平格的著作与思想。郑性并非潘平

---

① 吴光：《论黄宗羲与清代浙东经史学派的学术成就与学术特色》，《从"道德人文"到"一道五德"：吴光论学集》，贵阳：孔学堂书局，2018年，第334—336页。

② 郑性：《偶存轩稿郑序》，释等安：《偶存轩稿》，《四库未收书辑刊》（第8辑，第29册），北京：北京出版社，2000年，第63页。

格入室弟子。其《潘用微先生求仁录序》中云："余幼闻先子称其学甚贯穿，今从老友毛孝章得而读之，因谓孝章曰：'儒门之有潘子，犹释氏之有观音也。'"（郑性尚撰《题潘用微先生求仁录》一诗："没世惟充恻隐心，十编藏此一枚针。空门若问谁相似，定是慈悲观世音。"）可见，郑性乃是幼时从乃父郑梁处听到潘平格的大名。郑梁应该非常熟悉潘平格的学问，郑性本人则从潘平格私淑弟子毛孝章处获得《求仁录》，读后大为叹服。所以严格说来，郑性乃是潘平格的私淑弟子。不过就传播潘平格思想而论，他毫无疑问当居首功。潘平格最为属意的弟子是颜长文，故临终前将所有遗稿均托付给他。然而就目前所见文献，颜氏应该辜负了乃师之厚望，他并未刊刻潘平格的任何著作，以致至今只有《求仁录》一书存世。而该书之存，更是费尽郑性一腔心血。

郑性出身当地望族，家底殷实，酷爱游山玩水与参访游学。其《题枕》云："南雷未殁尝语我，人生须得三百年。百年读毕今昔书，百年看遍名山川。百年手提尺寸柄，经纶揭地还掀天。"这大致反映了郑性本人的志趣。据其《西游记》，康熙戊戌（1718），郑性发愿遍游五岳，他携黄宗羲生前所用杖（事见齐召南《慈水郑义门性来访，郑自称五岳游人，于海内名山已十游七八，将自台温南历武夷以还旧隐》，《宝纶堂诗钞》卷2），带一画师与三仆人于三月初八启行。三位随从负责旅途之中的饮食起居，画师相当于今天的专职摄影师，负责描绘途中所见美景，[1] 这真是一次豪华而任性的旅行。"行箧无他长物，惟先人《寒村诗文选》及潘平格用微《求仁录》各数十部。"郑性先谒王阳明祠，并题诗。"中旬七日抵吴，以《求仁录》投族兄学山。甫踵门，一老生迎呼郑先生，若素相识。讯之为昆山邬大彩，潘子教行于昆山。大彩知南溪子刻其书，见书遂知为南溪子云。"这次相遇给他留下了美好的印象，他专门赋诗《吴门族兄学山斋晤昆山邬大彩》："舟泊金阊访阿兄，伊谁哆口唤先生。见书谓是求仁客，握手欢如道故朋。此理此心原宇宙，得君得我便分明。玉峰宜具岩岩象，太华归来拟一登。"华山归乡途中，郑性没有爽约，再次拜访邬大彩。由此可知，潘平格亲炙弟子辈中尚有邬大彩。郑性华山之行，除了游山，更西行至长安，舍于开

---

① 厉鹗（1692—1752）的《樊榭山房集》卷1载，郑性曾撰有五岳纪游画册，并请其题词。

元寺，得《王丰川集》。丰川，名心敬，字尔缉，鄠人，鳌屋李颙之高弟。郑性读完《王丰川集》，遂驱车至王心敬家谒之。王心敬"修髯玉质，温雅春容，一见不忍舍，留满旬乃辞还长安也"。另据全祖望《二曲先生窆石文》(《鲒埼亭集》卷12)记载，郑性还专程拜祭李颙墓，并立碑，请其好友全祖望撰写碑文。这次拜访于郑性本人意义重大，从此他心折于李颙之学，并"更甚窃敢自附私淑之列"。另外，他在参访嵩山书院之后，还抵禹州拜谒孙奇逢（孙奇逢、李颙、黄宗羲被全祖望称为清初"三大儒"）曾孙，孙淦（号担峰，康熙二十一年进士）之子孙以宁。所及之处，馈赠潘平格著作，应该是平常的行为。

翌年，则遵老友戴晟（1669—1735，字晦夫。万斯选弟子，万斯选与万斯同等兄弟八人均师事黄宗羲）建议，开始其北游恒山、泰山之旅。《北游记》记载了访问李塨之行。他先抵无锡，见顾培（字昀滋，邹钟泉《道南渊源录》有传）及其朋友华豫原、唐默成（阳明弟子唐荆川后裔）、刘露若，并参观东林书院及高忠宪水居遗址，后抵淮，与戴晟相见，"晤言之下，各质心得"。看《访戴晦夫》诗则知，郑性见面即馈送《求仁录》，两人交流"心得"实则是读该书的心得："生涯能得几良缘，廿八年还廿八年。会面可怜刚及再，谈心却喜胜于前。千秋道术惟去我，一体工夫在则天。……""人心天赋一腔仁，孰也亡哉孰也存。异教亦俱思易世，吾儒何苦各分门。看来总属乾坤囿，按去徒将口舌论。十卷文溪新刻语，非非是是任君扪。"两首诗主题明确，都是在讲述潘平格求仁工夫路径。郑性抵京后略作休整，即东行访问李塨。李塨，字刚主，号恕谷，蠡人，为博野颜元高弟，"以《大学》格物之物为三物，其学主于有经济之实用，而不尚性命之虚谈，故于六艺无所不通，当此空疏寡陋之世，实为中流一壶"。两人言谈甚欢，"握手经宵，侵晨作别。期再访之于其家，悯悯然而退"。这次访问，冯辰《李恕谷先生年谱》卷5亦有记载："宁波郑禹梅之子性，前岁在关中读《习斋年谱》而是之，数千里来拜，问学，馈潘平格《求仁录》。"据该年谱，毛孝章早在庚辰年即拜访过李塨："宁波毛孝章来访，论学述其师潘平格，言朱子误于老，陆子误于释。"郑性一路探恒山，登泰山，谒孔庙，返乡路中抵淮，"访晦夫而舍焉，三宿乃别，舟行四日抵常，宿钱洁人家，诘旦，唐默成携潘振声、石桂庠两儒来索潘平格《求仁录》，且欲尽刻其遗书"。由此可见，他跟顾昀滋、华豫原、唐默成、刘露若见面时应该亦以《求仁录》相赠，而唐默成显然对《求仁录》产生了浓厚的兴趣，另带来两位好友索要该书。至于最终是否"尽刻潘平格遗书"则不得而知。可以说，郑性在西游、北游的过程之中，将潘平格的书与思想散播到了黄、淮流域等理学重地。

另外，在金华一地，郑性与王崇炳交往甚密。王崇炳，字虎文，号鹤潭。王崇炳的老师即是《广丽泽约》的撰写者赵忠济。忠济，字济卿，号岐宁，巍山人。依王崇炳《先师岐宁赵先生传》（《学耨堂文集》卷4），赵忠济并不是潘平格弟子，其师乃陈其蕙（字生南，号频斋，东阳人），陈其蕙之学得自陈时方（字仲新，号春洲，东阳人），陈时方之学得自杜惟熙（字子光，号见山，东阳人），杜惟熙之学得之卢可久（字德卿，号一松，永康人。频斋、春洲、见山、一松，王崇炳《金华征献略》与戴殿江《金华理学粹编》均有传），卢可久与同邑程梓、应典一同师事阳明，比归，阳明曰："吾道东矣。"（见程嗣章撰《明儒讲学考》）王崇炳说乃师"资秉粹美，淳厚坦白，学宗姚江，以致良知为主"。准此，则赵忠济当为阳明四传弟子。不过赵忠济《广丽泽约》明显表现出对潘平格的推崇之情："潘先生……提出真性命，指破真工夫。其云'万物一体'者，即孟子'万物皆备'之旨也。其云'格通人我'者，即孟子'强恕而行'之旨也。其云'从格通人我亲证万物一体'者，即孟子'反身而诚'之旨也。而又本于立志，密之以思量。"显然，赵忠济非常熟悉潘平格的思想。他跟同门韩霖（具体生平不详）反复研读潘平格的《求仁录》，最终确信"伦物原在性命内，而求性命不出于尽伦物：伦物恳切处，便是性命透彻处；伦物体贴恰好处，便是性命精微莫测处；伦物常尽、常慊处，便是性命纯亦不已处。自此学明，而从来虚明洒脱之言，尽皆洗涤而返诸切实平易……孔孟之言众理毕备，潘先生即从孔孟言中指出要诀，使人并心一路而自可兼收众美。孔孟之言如一块好风水，龙穴沙水皆具，而潘先生则地师之点穴也。孔孟之言如海，千流万派无不并归，而潘先生则济渡之宝筏也。其有功于孔孟岂浅哉！"（《求》，第282—283页）赵忠济、韩霖纵不是潘平格亲炙弟子，位私淑列绝不愧矣。不知何故，王崇炳《先师岐宁赵先生传》及《金华征献略》"赵忠济"一条中，均不提及赵忠济与潘平格的关系。不过他的挚友郑性则主动向他推荐潘平格的思想，其《酬王鹤潭》云："俗儒别门户，道脉绝羲轩。千秋孔子圣，曰予欲无言。出则仕廊庙，处则止邱园。仕止惟其可，一诺答烝豚。万物固一体，随地见真源。朱陆辙本合，狗豕唇徒掀。王刘昌圣学，阴寒逢晴暄。吾乡有潘子，韦布没穷村。不依朱陆讨，不傍王刘论。独揭求仁旨，浑然宇宙吞。体用一忠恕，义著如朝暾。南雷谓无体，恐以惑后昆。先子默衔之，一笑容温温。三教既鼎立，众说任纷繁。大道无彼此，旷观齐昭昏。东阳豪杰士，契好遥弥敦。每怀一投谒，相与深推原。"诗中称潘平格不依傍朱子、陆九渊、王阳明与刘宗周而独步天下，其义理如初升的太阳（"朝暾"）。诗中也表达了黄宗羲的担忧，以及郑性父亲对潘平格思想的欣赏，又劝好友王崇炳超越门户，并期盼当面切磋。

郑性名义上是访学求友，实则是传播潘平格的思想，这自然会招致非议。涂天相（1668—1740，字燮庵，号存斋，一号迁叟。湖北孝感人）在《复郑义门》（见《静用堂续编》）中直言不讳："志在游乎？则游之师友至矣。志在学乎？则学之师友至矣。以类相从不相假易也。且夫昔之为五岳之游者何人乎？其必非笃志于道者可知也。今足下笃志于道以求师友，而以五岳游人自名。其不知道者以为游人而羡之而已矣，其知道者以为游人而外之而已矣。以是而求师友之益，是犹南辕而北辙也，乌可得哉！且《易》不云乎君子以虚受人。盖君子之心惟扩然大公，冲虚若谷，而后能物来顺应，集众思以广益。足下有志于道，以求师友，而行箧所携乃潘用微《求仁录》耳、先尊人《见黄集》耳，是足下乃挟所有以求为人之师友，而非虚其心以求人之为其师友也。"

需要补充的是，依照郑性《祭黄门周菉园先生文》，周近梁（字皋怀，一字弘济，号菉园，康熙三十年进士，黄宗羲弟子）曾到郑性家切磋学问，时郑性正在整理《求仁录》一书，郑性取书与其校雠，[①]可见周近梁也参与了《求仁录》的整理工作。

郑性不仅出资刊刻了《求仁录》一书，随其行迹所及，更是不遗余力传播潘平格的求仁之学。在潘平格思想的传播者之列，他是当之无愧的第一人。

---

① 郑性：《南溪偶刊·南溪不文》，《四库未收书辑刊》（第8辑，第27册），北京：北京出版社，2000年，第588页。

附录一："工夫"一词之说明

一、"功夫"与"工夫"

功夫／工夫论研究是近年来儒学研究的一个热点。在现代日常汉语中，功夫／工夫一词的使用大致限定在"工夫茶"、武打"功夫"以及表时间义的"一袋烟工夫"。传统意义上的修身功夫／工夫早已成为"僵尸"词，而涉及此意义上的功夫／工夫，则多以"修养""修行"代之。儒学作为"生命的学问"，在本质上是一套自我转化的"为己之学"，理学的"功夫／工夫论"更是身心修炼法门的一大宝藏。但在现代哲学学科知识体系的"筛选"下，功夫／工夫所包含的一套身心转化的实践智慧（"体道"）及其背后的天人合一信念（"道体"），被全盘"格式化"，组装进现代哲学中"知识论""应用心理学""形而上学"范畴之下。随着中国哲学主体性意识的觉醒，重新"启动"功夫／工夫话语也提上了议事日程，学界已明确提出将功夫／工夫引入哲学的主张。

最早尝试对功夫／工夫进行界定的学者当推徐复观。他在其《中国人性论·先秦篇》的结论中指出，先秦人性论是由哲人"自己的工夫"所把握到的。"工夫"虽可概括在广义的"方法"一词之内，但工夫与方法实则有着重要的区别：对自身以外的客观对象加以操作、加工以便达到某种目的，这是"方法"；与此相对，"以自身为对象，尤其是以自身内在的精神为对象，为了达到某种目的，在人性论则是为了达到潜伏着的生命根源、道德根源的呈现—而加内在的精神以处理、操运的，这才可谓之工夫。人性论的工夫，可以说是人首先对自己生理作用加以批评、澄汰、摆脱；因而向生命的内层迫近，以发现、把握、扩充自己的生命根源、道德根源的，不用手去作的工作"。[①] 徐复观将"方法"与"工夫"区别开来，乃是基于

---

① 徐复观：《中国人性论史·先秦篇》，上海：上海三联书店，2001年，第409页。

工夫是以"自身"为对象，即工夫具有自身反涉义。但很多一般性的技艺工夫如舞蹈、体操、拳术等亦是直接以"自身"为对象，或虑及此，徐复观又特别强调工夫是以"自身内在的精神"为对象。

倪培民近年来致力于功夫哲学的建构，并明确提出将功夫引入哲学的主张。他为功夫下了一个"三维合一"定义："从'功力'的角度看，功夫是本体的性质，是通常需要长时间实践修炼，有恰当的方法指导而获得或者开发、彰显的才艺能力。从'工夫'的角度看，功夫是有恰当的方法指导，为了获得才艺、能力而进行的实践修炼。从'功法'的角度看，功夫是为了获得才艺、能力而进行长时间实践修炼的方法。"①功夫概念是由才艺能力、实践修炼与方法三要素构成的"三维合一的概念"。这实际上将围绕功夫/工夫一词的词簇进行综合所得的一个定义。功力即是理学家所说的工夫的"效验"，"功法"（修炼的方法）与"实践修炼"的"工夫"其内涵是重叠的乃至是同一的。理学家所讨论的工夫次第、工夫"入手处""得力处"与"第一义工夫""头脑工夫""根本工夫""究竟工夫"等均含"功法"与"工夫"两义于一身。的确，"工夫"一词是一"厚概念"，牵涉"本体"（人性论与宇宙秩序）、实际修炼过程及其最终所臻境界。不过，理学家讨论工夫/功夫时，都自觉地避免将功夫/工夫自身与其效验（"功力"）混同。②

杨儒宾则给出了工夫/功夫四要素说："工夫是一种有意识的行为，它通常需要花费较长的时间，才可以精熟，最后达到预期的境地。有意识、时间、精熟、目的可以视为工夫的四要素。……在今日的日常言语中，'工

---

① 倪培民：《将"功夫"引入哲学》，《南京大学学报》2011年第6期。

② 谢良佐拜见程颐（一说程颢），程子问曰："近日事如何？"谢良佐对曰："天下何思何虑。"程子曰："是则是有此理，贤却发得太早在。"程颢、程颐：《河南程氏外书》卷12，《二程集》，王孝鱼点校，北京：中华书局，2004年第2版，第426页。显然，在程子看来，"道理"是与实际的"体道"状态联系在一起的，悬空讲道理则只是"效验"，属于揣摩，对塔说相轮。王阳明曾问在坐诸友"比来工夫何似？"一友举虚明意思，阳明曰："此是说光景。"一友叙今昔异同，阳明曰："此是说效验。"二友惘然，请是。阳明曰："吾辈今日用功，只是要为善之心真切。此心真切，见善即迁，有过即改，方是真切工夫。如此则人欲日消，天理日明。若只管求光景，说效验，却是助长外驰病痛，不是工夫。"《传习录》（97:117—118）。可见，理学家讨论工夫/功夫均是着眼于当下实地用功之入手处与过程，而忌谈效验与功力。

夫'一词仍有此涵义。放在理学脉络中看，工夫也是指一种自觉的道德实践，学者需要花费时间不断地从事道德的工作，仁精义熟，最后预期可以达到人格的大而化之之境。"① 与倪培民的三要素说相比，杨儒宾四要素说中"时间""精熟"两要素相当于前者所说的"工夫"，"目的"相当于"功力"，而"有意识"则强调功夫／工夫的"自觉性""主动性"，这一要素的确是功夫／工夫内涵不可或缺的，不然，工夫／功夫与百姓日用而不知的"教化"观念难以区别开来。

要之，学界对工夫／功夫的界定均能考虑到功夫／工夫的修身义与一般性的技艺义，但修身功夫／工夫与一般技艺功夫／工夫均指功夫／工夫，两者之间有何异同？学界对此未见系统论述，有鉴于此，本节首先简要勾勒功夫／工夫一词语义的演变过程，进而阐述传统儒学的道艺观，在此基础上，从目标定向义、时间历程义与自身反涉义三个方面揭示修身工夫与一般技艺工夫之异同，以期推进对功夫／工夫一词的理解。

有关"功夫"与"工夫"含义的演化，学界已有较详尽的考察。② "夫"，丈夫也，古代从事徭役工作的都是成年平民男子，故"夫"也指服劳役之人；"功"，原为功绩、功业义，引申出事功、劳作义；"工"，原义为曲尺，除引申为"巧饰"义外，尚有工匠义，如谓"工欲善其事"。

早在建和三年的《广汉长王君治石路碑》（严可均辑《全后汉文》卷九十八）中就出现了"功夫九百余日，成就通达"一语，故黄生《义府》卷下云："'功夫'即今俗所谓'工夫'，不知汉人已有此语。"此处的功夫显然系指役夫、役徒所付出的劳作时间。黄生系明末清初学者，其"'功夫'即今俗所谓'工夫'"一语表明，在明末习俗表示时间义通常用"工夫"而非"功夫"一词。"工""夫"二字连用大约在西晋才开始，在隋代以前的文献中，"工夫"的用例不及"功夫"的十分之一。到了唐代，"工夫"

---

① 杨儒宾：《未摄天根岂识人：理学工夫论》，景海峰主编：《儒家思想与当代中国文化建设》，北京：人民出版社，2013年，第575页。

② 林永胜：《功夫试探——以初期佛教译经为线索》，《台大佛学研究》2011年第21期；《反工夫的工夫论——以禅宗与阳明学为中心》，《台大佛学研究》2012年第24期。本节论述多采自林文，恕不一一加注。

的用例与"功夫"等量齐观。宋代以降，"工夫"已经成为较主要的用语，但"功夫"一词仍不时被使用。要之，"功夫""工夫"其最初的含义即是被征调做某项工程的劳动力、人力。而工役是有期限的，故引申出"时间"义（如云"闲工夫"/"闲功夫"），由于功夫/工夫的词义兼有人力与时间的意涵，由此亦衍生出"做事所花费的时间与精力"，由花费时间与精力做某事而成就某种能力、本领，达到某种造诣，亦成为功夫/工夫的衍生义。作为被征调的功夫/工夫，其劳作与付出的时间、精力都是"被动"态的，而作为修身、修行意义的功夫/工夫，其劳作与付出的时间、精力则是"主动"态的。换言之，前者功夫的主体是可计量的复数，是"对象化的复数格位"，后者一定是"个人性的单数主格"。①

　　修身义上的功夫/工夫最早出自佛教文献。潘平格指出："'工夫'二字，起于后世佛老之徒，盖是伦常日用之外另有一事，故说是工夫。"②的确，在西晋翻译的佛经中，"功夫"一词就有个人做事所花费的时间与精力义，布施一类的活动蕴含着信徒所付出的心血与精力，故亦被称为"功夫"，功夫即"功德"。后来布施与持戒、忍辱、精进、禅定、智慧一道作为"完整的六度条目"而被通称为功夫。"功夫"遂具备了"欲达到某一修行目标所设想出的方法或手段"义。由于"禅定"与"智慧"二门被认为是成佛的关键，故在唐代开始的佛教典籍中，"功夫"通常就是用来指坐禅这种修养方式。坐禅的过程非常复杂，它包含着一系列身心活动的自觉调整：先是趺坐，然后续以"数息、随息、止、观、还、净"六妙法门。在佛教那里，功夫/工夫变成了："个体将其身心进行高度的集中，以投入某种具有可重复性、窍门性、进阶性的仪式化操作技法。"③

　　以此佛教的功夫/工夫意涵，回头看儒家文献，最能呈现这种相应修身功夫/工夫的文本，莫过于《大学》。《大学》"三纲八目"终始条理、次第井然，由内而外，由己而人，内外一如，人己一体，其修己（内圣）向度

---

　　①　林永胜：《功夫试探——以初期佛教译经为线索》，《台大佛学研究》2011年第21期。

　　②　潘平格：《潘子求仁录辑要》，钟哲点校，北京：中华书局，2009年，第256页。

　　③　林永胜：《功夫试探——以初期佛教译经为线索》，《台大佛学研究》2011年第21期。

不仅可与佛教的功夫／工夫相媲美，其安人（外王）向度更被儒者视为与佛教的区别所在。《大学》由《礼记》普通一篇一跃而成为四书之一，并被誉为"孔氏之遗书"，"初学入德之门"，良有以也。

功夫／工夫一词进入儒学文献始于邵雍、张载与二程兄弟。在起始，功夫与工夫两词就未加区别而混同使用。即便在同一段落中，两词也交替出现："尧夫易数甚精。自来推长历者，至久必差，惟尧夫不然，指一二近事，当面可验。"明道云："待要传与某兄弟，某兄弟那得工夫？要学，须是二十年功夫。"[①] 这种混用的情形后来屡见于朱子学与阳明学的文献中：

> 问：何谓工夫？先生不答。久之，乃曰："圣门功夫，自有一条坦然路径。诸公每日理会何事？所谓功夫者，不过居敬穷理以修身也。……"[②]
> 爱曰："古人说知行做两个，亦是要人见个分晓，一行做知的功夫，一行做行的功夫，即功夫始有下落。"先生曰："……今人却就将知行分作两件去做，以为必先知了，然后能行。我如今且去讲习讨论做知的工夫，待知得真了，方去做行的工夫。故遂终身不行，亦遂终身不知。……"（《传习录》5:34）

与"工夫"相连的习语如作工夫、做工夫、用工夫、下工夫、费工夫、见工夫，也同样见于与"功夫"相连的习语，如作功夫、做功夫、用功夫、下功夫、费功夫、见功夫。即便今人专指武术的"功夫"在清末小说如《彭公案》《小五义》中，也有"练过了一身武工夫""文有文才，武有武工夫"的说法。

综上所述，"功夫"与"工夫"在宋明理学文献中通常是不加区别而混同且交替使用的。只有在现代汉语中"功夫"比"工夫"一词多了一层"武术技能"的含义。为了行文方便，以下统一使用"工夫"。

---

① 《河南程氏外书第十二》（明弘治陈宣刻本），今中华书局本《二程集》统一为"工夫"。
② 黎靖德编：《朱子语类》卷28，朱杰人等主编：《朱子全书》（第15册），上海：上海古籍出版社；合肥：安徽教育出版社，2002年，第1029页。

二、儒学传统的"道艺观"

一切技艺活动都需要付出精力、花费时间，反复习练，方能达到相应的造诣，获得某种不同凡响的能力，故凡技艺活动均有其工夫，将修身工夫与一般技艺活动之工夫（简称"技艺工夫"）相比，不仅有助于我们理解工夫之为工夫的一般性特征，也有助于我们把握修身工夫有别于一般技艺工夫之独特性。

实际上，在孔子所设想的君子修养之道中（"志于道，据于德，依于仁，游于艺"），游艺是其中一个重要的环节。但自秦汉以后，六艺（"礼、乐、射、御、书、数"）几近荒废，朱子感慨道："射，如今秀才自是不晓。御，是而今无车。书，古人皆理会得，如偏旁、义理皆晓，这也是一事。数，是算数，而今人皆不理会。六者皆实用，无一可缺。而今人是从头到尾，皆无用。"故在朱子看来，"艺"虽是"小物"，"似若无紧切底事"，"零碎底物事"，惟"志道""据德""依仁"方是工夫"主脑"，是"本"，但"游艺"也不是可有可无的一环："古人于礼、乐、射、御、书、数等事，皆至理之所寓。游乎此，则心无所放，而日用之间本末具举，而内外交相养矣。"[①] 此一说法亦为王阳明所继承："琴瑟简编，学者不可无；盖有业以居之，心就不放。"（《传习录》302:349）

阳明心学中，唐顺之与顾应祥最善发明"艺"之精微义。唐顺之继承了朱子游艺与存心的关系，他说："若使尽捐书册，尽弃技能，兀然槁形灰心，此亦非大难事。而精神无凝聚处，亦自不免暗路漏泄。若就从观书、学技中将此心苦练一番，使观书而燥火不生，学技而妄念不起，此亦对病下针

---

① 黎靖德编：《朱子语类》卷34，朱杰人等主编：《朱子全书》（第15册），第1217—1218页。吴展良指出，在孔子时代，礼、乐、射、御、书、数六艺中，礼、乐偏文，射、御偏武，四者统称为"大艺"，是最主要的艺。书与数则为"小艺"。六艺教育是贵族与新兴士阶层的基本教育内容。封建社会衰微之后，"大艺"渐趋衰微，"小艺"成为为官的基本要求，逮及隋唐，政教合一的"游于艺"退位，以个人与情性修养为主的"游于艺"日益盛行，"游于艺"于宋代则成了儒者怡情乐志、穷理尽性与修身养性的重要门径。见吴展良：《历史上的两种"游于艺"》，刘苑如主编：《游观：作为身体技艺的中古文学与宗教》，台北："中央研究院"中国文哲研究所，2013年，第417—436页。

之法，未可便废也。燥火不因观书而有，特因观书而发耳。妄念不因学技而有，特因学技而发耳。"①技艺之学可以磨练心性、凝聚精神，阳明注重"事上磨练"，技艺之学作为"一事"，不失为一种去"燥火"、息"妄念"的磨练方式。不宁如此，唐顺之还进一步提出"德艺一致"说：

> 至于道德、性命、技艺之辨，古人虽以六德、六艺分言，然德非虚器，其切实应用处即谓之艺，艺非粗迹，其精义致用处即谓之德。故古人终日从事于六艺之间，非特以实用之不可缺而姑从事云耳，盖即此而鼓舞凝聚其精神，坚忍操炼其筋骨，沉潜缜密其心思，以类万物而通神明。故曰洒扫应对精义入神，只是一理。艺之精处即是心精，艺之粗处即是心粗，非二致也。②
>
> 窃以六艺之学，皆先王所以寓精神心术之妙，非特以资实用而已。《传》曰："其数可陈也，其义难知也。"顾得其数而昧于其义，则九九之技小道泥于致远，是曲艺之所以艺成而下也。即其数而穷其义，则参伍错综之用，可以成变化而行鬼神，是儒者之所以游于艺也。游于艺，则艺也者即所谓德成而上也。③

"六德"（智、信、圣、仁、义、忠）必须落实于具体的生存活动之中，此落实处（"切实应用处"）即是"艺"。而艺之"精义致用"即谓之"德"，"精义致用"语出《周易·系辞》："尺蠖之屈以求信也，龙蛇之蛰以存身也，精义入神以致用也，利用安身以崇德也。"能够深入"艺"之精微处，知其所以然，则自可致用。艺之粗迹只是"小道"，是"曲艺"；艺之精处则义理存焉，是"游艺"。

唐顺之好友顾应祥则进一步提出"君子之学自性命道德之外，皆艺也"之主张：

> 或曰："下棋损闲心，且勿学。"余曰："君子之学自性命道德之外，

---

① 唐顺之：《答佺孙一麟》，《荆川先生文集》卷6，马美信、黄毅点校：《唐顺之集》，杭州：浙江古籍出版社，2014年，第263页。

② 唐顺之：《答俞教谕》，《荆川先生文集》卷5，《唐顺之集》，第195页。

③ 唐顺之：《与顾箬溪》，《荆川先生文集》卷7，《唐顺之集》，第305页。

何者非艺也？彼焦心苦思，求功于文字者，亦何益于身心乎？余以适吾意耳，庸何伤哉！"

　　初贱子之好算也，士夫闻之必问之曰："能占验乎？"答曰："不能"。又曰："知国家兴废乎？"曰："不能。"其人莞尔曰："然则何为？"不得已，应之曰："将以造历。"其人愕然曰："是固有用之学也。"君子之学自性命道德之外，皆艺也。彼摘章绘句，取媚于人以求富贵者，较之以数为乐，求自得于心者，故有间矣。①

顾应祥是明代的大数学家，知识淹博，"百家九流，无所不窥"。他将技艺视为"适意""求自得于心"之学，而与"道德性命"之学一起构成了"君子之学"的主题。与朱子"本末"论述不同，"君子之学自性命道德之外，皆艺也"的主张实际上是要证成技艺之学的相对独立性：它既有自身知识、技能的内在理路，又能有益于身心而给人以精神上的愉悦。②

　　修身工夫与一般技艺工夫相通处还在于，二者作为"工夫"都是"实学"，都是一反复操作的学习过程。邹守益说："世俗说一'学'字，未有徒腾口说而不措诸行者。如学诗则必哦句咏字，学文则必操觚染翰。至于曲艺，学木工则必操斧持矩，学缝匠则必执剪裁衣。至于学圣人之道，乃坐谈口耳，以孝弟忠信敷为辞说，以饵科第，而事父从兄判若不相关，可为善学乎？"③实际上《庄子》论道精彩动人的章节也多是技艺一类的寓言故事，如"庖丁解牛"（《养生主》）、"轮扁斫轮"（《天道》）、"佝偻者承蜩""津人操舟""丈人游水""梓庆削木为鐻""纪渻子养斗鸡"（《达生》）、"大马之捶钩者"（《知北游》）、"匠石运斤成风"（《徐无鬼》）等，这些技艺故事均展示"道进乎技"之一面，生动地刻画出技艺人"用志不分，乃凝于神"

---

　　① 顾应祥：《围棋势选序》《复唐荆川内翰书》，《崇雅堂全集》卷9，卷13，万历三十八年刻本，日本内阁文库藏。感谢宁波大学陈昊博士向我提供该书影印件。

　　② 关于顾应祥与唐顺之的知识兴趣，请参见刘荣茂：《阳明学派的知识面向——以顾应祥、唐顺之为中心》，《哲学与文化》2020年第6期。

　　③ 邹守益：《复初书院讲章》，董平编校整理：《邹守益集》卷15，南京：凤凰出版社，2007年，第723页。

的心性世界。① 换言之，"道"与"技"相通相贯，李贽说："以道与技为二，非也。造圣则圣，入神则神，技即道耳。"② 王叔岷认为"道进乎技"之"进"字与"尽"字通用："道是自然，技乃人为。尽乎人为，则合乎自然矣。"③

那么，修身工夫与技艺工夫之异同何在？

三、修身工夫与技艺工夫之异同

第一，目标定向义。修身工夫与技艺工夫均旨在相应的能力的培育，故均是一目标定向下的自觉的实践过程。

修身工夫牵涉身心活动的整体取向，它将认知、情感、意志聚焦于成为"君子""圣贤"这一目标，其能力培养着重在德性。修身工夫作为一种目标定向的实践活动在整体上是一种意向性活动，就其将人生自觉地加以整体定向而言，它是一种立志行动，王阳明说："学本于立志，志立而学问之功过半矣。"④ 又说："合着本体的，是工夫。做得功夫的，方识本体。"（《传习录》拾遗3:390）立志于成圣，即是合着本体，即是工夫。就其注重培养德性而论，它是一种旨在成就理想人格的实践活动。

技艺工夫亦有明确的目标及其相应的认知、情感、意志聚焦，但这种

---

① 徐复观指出，这些故事可能非成于一人乃至一时，但故事所包含的内容几乎是完全一贯的，约略言之：（一）非常重视技巧。这种技巧要达到手与心应、指与物化的程度。（二）手与心应之心，乃是心与物相融之心，亦即主客一体之心。（三）要达到心与物相融，须经过"齐以静心"的工夫，这即是庄子之所谓"心斋"、坐忘。这是艺术家人格修养的起点，也是艺术家人格的终点。（四）上述精神所达到的技巧上的成就，与一般技巧相较，便称之为"道"。（五）庄子所谓道与艺术家的道，并无本质区别。徐复观：《中国艺术精神》，上海：华东师范大学出版社，2001年，第72—79页。

② 李贽：《樊敏碑后》，《焚书》卷5，张建业主编：《李贽文集》（第1卷），北京：社会科学文献出版社，2000年，第203页。

③ 王叔岷：《庄子校诠》，北京：中华书局，2007年，第105页。

④ 王阳明：《与克彰太叔》，吴光等编校：《王阳明全集》卷26，上海：上海古籍出版社，1992年，第983页。

技艺的学习是人的某种具体能力的培养，这种具体的能力固然能够表现出人性所能达到的某种运动能力、创造能力、技巧能力的高度，但缺乏这种能力对"人之为人"的人性体验至多构成一种遗憾，但不会是一种后悔。一个人不会打马球，对于其丰富多彩的人生体验而言或是一种遗憾，但人却不会因此而后悔当初为何不学习打马球。因为在人身上有众多展示自己运动能力的方式，至于哪种能力成为自己的特长与爱好，既取决于自己的禀赋，也取决于后天的成长环境。一颗麦粒埋入土中，发芽、抽干、长叶、吐穗，最终成熟，它的本质就完全实现了。人是必有一死的存在者，其一生纵然多么丰富多彩，在其临终之际却不能说他充分实现了自己身上的各种潜能。人生倘若像计算机一样拥有重启模式，相信很多人的人生会有所不同。

修身工夫所培养的不是某种特殊的技艺能力，而是人之为人的在世能力。这种人之为人的能力构成了人的尊严所在。缺乏这种能力，人作为人是不完整的。在此意义上，不妨将修身工夫所培养的能力称为"构成性能力"（constitutive abilities），即构成人之为人的能力，它跟一般的技艺能力有着根本的区别。王阳明对此有专门阐述："今之习技艺者有师，习举业者求声利者有师，彼诚知技艺之可以得衣食，举业之可以得声利，而希美官爵也。自非诚知己之性分有急于衣食官爵者，孰肯从而求师哉！夫技艺之不习，不过乏衣食；举业之不习，不过无官爵；己之性分有所蔽悖，是不得为人矣。人顾明彼而暗此也，可不大哀乎？"①修身工夫旨在培养人之尽己之"性分"的能力，缺乏这一能力，人则"不得为人"。也正是在这一意义上，修身工夫的目标始终定位于"自我转化"上面。所谓修身工夫不过是一种实现根本转变的手段，其本质即在于从深陷于存在的困扰（"长戚戚"）中摆脱出来，并与终极实在（道体）结合在一起，从而证成一全新的人格（成圣）。一般技艺工夫成就的往往是"匠人""艺人"，而修身工夫历来注重"君子不器"，故更强调一"全人"人格之培育。实际上，作为一种终极的自我转化之道的修身工夫在不同宗教传统中侧重点或有不同，但其结构则是一致的。②

---

① 王阳明：《答储柴墟二》，吴光等编校：《王阳明全集》卷21，第814页。

② 斯特伦：《人与神：宗教生活的理解》，金泽、何其敏译，上海：上海人民出版社，1991年。

　　必须指出，我们将修身工夫所培养的能力称为"构成性能力"，这绝不意味着一般性的技艺活动就不具有修身的意义，也不意味着修身工夫可以完全脱离一般的技艺活动而展开。传统的技艺文化历来重视"德艺一致""德艺双馨"，"艺"之培养与"德"之提升不可分离。而在传统修身工夫论中，事上磨练一向是被理学家着重强调的。既然心性世界必须在人的实际的生存活动中得到磨练与成长，而技艺活动本来就跟人的生存活动分不开，或者说技艺工夫不过是一种专题化、仪式化的生存活动而已，那么修身活动与技艺活动确实是无法截然分开的。弟子问《论语·述而》"志于道"一章，王阳明答曰："只'志道'一句，便含下面数句功夫，自住不得。譬如做此屋，'志于道'，是念念要去择地鸠材，经营成个区宅。'据德'，却是经画已成，有可据矣。'依仁'，却是常常住在区宅内，更不离去。'游艺'，却是加些画采，美此区宅。艺者义也，理之所宜者也。如诵诗、读书、弹琴、习射之类，皆所以调习此心，使之熟于道也。苟不'志道'而'游艺'，却如无状小子，不先去置造区宅，只管要去买画挂做门面。不知将挂在何处？"（《传习录》240:311）显然，在王阳明看来，倘"志道"之修身工夫真切笃实，则自会落实于"据德""依仁"与"游艺"诸环节中。

　　当然，我们亦可将一切生存活动皆视为"艺"，现代新儒家唐君毅说："一切我们所作之对人对物之事，或对人对物之文化活动，又都可以说是艺。凡为我们之一番真诚的仁心所贯注与所游者，皆是艺。"如此，农、工、商贾是"对物之艺"，医、射、御、舞、武术、气功、瑜伽、体操是"对人身之艺"，政治、经济、治国平天下，是"对社会之艺"，《诗》《乐》是表情的文学、艺术之艺。数学、科学、哲学、宗教与《礼》，是表现人之理智智慧信仰于人间于宇宙之艺。要之，"人之一切事，皆可说是一种人文之活动，一切人文活动皆是艺。人必依仁而游艺，即人之道德性必表现于为人文，且由文化以陶养"。[1]

　　第二，时间历程义。"登高自卑，行远自迩"，修身工夫与技艺工夫均有一个由浅及深、由近及远的展开过程。这个"时间历程"既不是物理意义上的时间，也不是心理意义上的时间，而是由工夫修炼程度所刻画的

---

[1]　唐君毅：《人文精神之重建》，《唐君毅全集》卷 5，台北：学生书局，1991 年，第 258 页。

"节点"与"进程"，因而呈现出次第性、阶段性特征。

以心灵修炼而言，《大学》讲"止、定、静、安、虑、得"，佛教《瑜伽师地论》讲"九住心"（"内住""等住""安住""近住""调顺住""寂静住""最极安静""专注一趣""等持"），《庄子·大宗师》讲"外天下""外物""外生""朝彻""见独"，基督宗教讲灵性修炼的三十阶梯（第1—3阶梯以信为基础，是切断与世界的联系的阶梯；第4—26阶梯以望为力量，是建立美德的阶梯，其中第4—7阶梯为心态的转化，第8—23阶梯为美德的培育，第24—26阶梯为灵性的更新；第27—30阶梯以爱为依归，是与上帝联合的阶梯），① 都指示出修身工夫有其自然展开的次第。

工夫次第的展开也表现为由"生"到"熟"到"忘"的过程。庄子是善于描述技艺工夫由"生"到"熟"的能手，在他的笔下，善游者"忘水"，善解牛者"忘牛"。张行成解"精义入神以致用"一语时指出："惟至诚为能生精，惟至精为能生神。此生出之本，有至理在其间，然不过乎专一而已。精义入神，不知所以然而然，故能致用也。津人操舟，偻者承蜩，庖丁解牛，轮扁斫轮，皆入神致用之义。在孟子，则曰：'为仁在熟之而已。'精则熟，熟则妙。天下之事欲进乎神者，要在于熟，无他巧也。"② 朱子也一度将儒门上学下达工夫拟之为庖丁解牛的技艺："圣人便只说'下学上达'，即这个便是道理，别更那有道理？只是这个熟处，自见精微。"又曰："'尧、舜之道，孝弟而已矣。'亦只是就近处做得熟，便是尧、舜。圣人与庸凡之分，只是个熟与不熟，庖丁解牛，莫不中节。古之善书者亦造神妙。"③ 苏轼《小篆般若心经赞》以学字、学说话为例生动描述了这一"熟能生巧"的过程：

草隶用世今千载，少而习之手所安。如舌于言无拣择，终日应对惟

---

① 克里马卡斯（John Climacus）：《神圣攀登的天梯》，许列民译，香港：道风书社，2012年。

② 张行成：《皇极经世观物篇衍义》，收入邵雍：《皇极经世书》，郭彧、于天宝点校，上海：上海古籍出版社，2017年，第1397—1398页。

③ 黎靖德编：《朱子语类》卷18，朱杰人等主编：《朱子全书》（第14册），第625页。

所问。忽然使作大小篆，如正行走值墙壁，纵复学之能粗通，操笔欲下
仰寻索。譬如鹦鹉学人语，所习则能否则默。心存形声与点画，何暇复
求字外意。世人初不离世间，而欲学出世间法。举足动念皆尘垢，而以
俄顷作禅律。禅律若可以作得，所不作处安得禅。善哉李子小篆字，其
间无篆亦无隶。心忘其手手忘笔，笔自落纸非我使。正使匆匆少不暇，
倏忽千百初无难。稽首般若多心经，请观何处非般若。[①]

语言是透明的，人之说话直接就将注意力集中于话语所指涉的实事上
面，而不是话语的发音与声调上。同样，人之写字其心思直接就在字
之所指涉的实事上面，而不是字迹、字形、字体与笔画上面（"无篆
亦无隶"），亦不是写字的手与笔上面（"心忘其手手忘笔"），甚至也不
是写字这一主体活动上面（"笔自落纸非我使"）。孔子"从心所欲不逾
矩"，孟子"四体不言而喻"，都是真积力久、默识心通之表现，都是工
夫纯熟后所展示出的"从容和节之妙"。罗汝芳说："世间各色伎俩，熟
极皆可语圣，况以道而为学乎！"又说："天下之事，只在于习，习惯
自然。"[②]

　　汉学家毕来德（J. F. Billeter）曾指出庄子哲学的核心是由"人"而
"天"的机制转换："人的机制"是一种意向性机制，一种自觉谋划、计度、
造作的活动机制，"天的机制"则是一种自发、自然、浑全的活动机制。而
由人而天机制的转换无非是由自觉、有意识的活动方式向浑全、深层、自
然的运作方式转变："原来有意识地控制并调节活动的意识，忽然被一种浑
整许多的'事物之运作'取代，而这一运作则解除了意识一大部分的负累，
使人不再使劲费力，这时我们所有的官能与潜力，无论是已知的还是未知
的，都一同组合起来，往我们期待的方向行动了，而其共同协作现在已具

---

　　① 苏轼：《苏轼文集》卷21，孔凡礼点校，北京：中华书局，1986年，第618页。
埃克哈特在阐述将上帝引入自己内心深处的修炼活动时也有类似的比喻："这就像学书
法的人，一开始他必须把自己的思想集中到每一个单独的字母，铭记在心，慢慢熟练
了，就不必左思右想，就可以奋笔疾书。"埃克哈特：《埃克哈特大师文集》，荣震华译，
北京：商务印书馆，2003年，第12页。

　　② 方祖猷等编校整理：《罗汝芳集》，第274、347页。

备了必然的特征。"① 而"忘"则标志着"天的机制"转换的发生，"游"与"神"则标志着"天的机制"的运作特征。"鸟飞于空，鱼游于渊，非术也。故为鸟、为鱼者，亦不自知其能飞、能游。苟知之，立心以为之，则必堕、必溺。犹人之足驰手投，耳听目视，当其驰投、视听之际，应机自至，又不待思而施之也。苟须思之而后可施之，则疲矣。"② 慎到这里所描述的"不自知""不待思"而能飞、能游、能施的现象，正是"天之机制"应机自至的展现。毕来德所描述庄子技艺工夫中的这种由人而天的机制转换同样也见于儒家修身工夫之中。实际上儒学成圣的工夫追求在根本上即是一由"人"而"天"的工夫历程，即是由"天德良能"成为全部生命运作机制的过程。帛书《五行》篇曰："德之行五和谓之德，四行和谓之善。善，人道也；德，天道也。"由"善"而"德"即是由"人道"向"天道"的飞跃，即是由"可欲之谓善"阶段向"大而化之之谓圣"阶段的飞跃。前者谓之"反之者"，后者则是"性之者"；前者需要勉强以赴，有明确的自觉意识，后者则超意识，从容中道，行无所事。③ 张载《正蒙·三十篇第十一》即说夫子"七十而从心所欲不逾矩"是"与天同德，不思不勉，从容中道"。在儒学尤其是宋明儒学的主体性哲学中，如无修身工夫，则常人之应物不免"动于气"，"自私而用智"，"憧憧往来"，疲于应付而有累；惟"一循天理"，则"廓然大公，物来顺应"，"动亦定"，"静亦定"。孔子所要求的四毋工夫（毋意、毋必、毋固、毋我）、孟子所要求的"由仁义行而非行仁义"、程颢所要求的"定性"、张载所说的"大德良能"、朱子所说的"豁然贯通"、阳明所称的"无善无恶"、王艮所说的"良知致"等，在根本上都是要由"人的机制"转换为"天的机制"。周敦颐一句"圣希天，贤希圣，士希贤"已道破其"天机"。

---

① 毕来德：《庄子四讲》，宋刚译，北京：中华书局，2009 年，第 45—46 页。对毕来德由人而天的机制转换与新主体观的评论与研究，请参见陈赟：《庄子哲学的精神》第七章，上海：上海人民出版社，2016 年，第 235—254 页。

② 转引自王叔岷：《法家三派重势之慎到》，《先秦道法思想讲稿》，北京：中华书局，2007 年，第 179 页。

③ 杨儒宾：《儒家身体观》，台北："中央研究院"中国文哲研究所，2004 年修订2 版，第 273、277 页。

　　阳明弟子薛侃曾将为学工夫分为三节："初则舍非求是，中则有是无非，后则是非俱忘。"[①]显然，工夫的终极境界都是"忘"，不断努力为善去恶，最终让"良知"如如呈现其自身，一切人为的规则意识、善之造作与计度均被"化"掉、"忘"掉，天的力量（良知良能）沛然莫之能御、不容已地展开其自身。另一弟子王畿则将悟道工夫分为三种："入悟有三：有从言而入者，有从静坐而入者，有从人情事变练习而入者。得于言者，谓之解悟，触发印证，未离言诠，譬之门外之宝，非己家珍；得于静坐者，谓之证悟，收摄保聚，犹有待于境，譬之浊水初澄，浊根尚在，才遇风波，易于涌动；得于练习者，谓之彻悟，摩砻煅炼，左右逢源，譬之湛体冷然，本来晶莹，愈震荡愈凝寂，不可得而澄淆也。……学至于忘，悟其几矣乎！"[②]阳明自谓其良知说是从"百死千难中得来"，此即王畿所说的"从人情事变练习而入者"；"学至于忘"之"忘"是由"人"而"天"的标志；"左右逢源"之"源"则是深不可测的溥博渊泉，即生生不息、不犯做手的天德良能自身。

　　修身工夫与技艺工夫均有一个由浅及深、由生及熟及忘、由人而天的展开过程。两者的区别在于修身工夫强调这是个变化气质的过程，是人性中"仁"的力量不断地涌现（"体仁"）与对一切遮蔽"仁"的习气、私欲不断地突破与克服（"制欲"）。这一时间历程在根本上也是人格不断突破、提升的过程，孔子十五志学、三十而立、四十不惑、五十知天命、六十耳顺、七十从心所欲不逾矩即是一典范。这些人生历程的"节点"宛若"路标"，不仅反映了夫子一生修身工夫的轨迹，更为沿着这些路标前行的后继者提供了一个个自我反省的"契机"，通过这个契机，原本自是人生自然生命的年龄点以十五、十年为界，不断唤起"临界"者蓦然回首，对其个人以往经历的生命整体进行反思、省察，"行年"意识、"临界"意识与修身的"行己"意识交叠在一起构成了修行者的年龄意识。而就"由人而天"的转换机制看，修身工夫所臻天德良能之"天境"在无为、无心、自

────────────

　　① 薛侃：《研几录》，陈椰编校：《薛侃集》卷2，上海：上海古籍出版社，2014年，第35页。

　　② 吴震编校整理：《王畿集》卷17，第494页。对王畿悟说的阐述，请参见张卫红：《由凡至圣：王阳明体悟本心的工夫阶次：以王龙溪〈悟说〉〈滁阳会语〉为中心的考察》，《中国哲学史》2013年第8期。

然、不言、何思何虑、无声无臭面向上与技艺工夫是一致的，不过此只是"作用"面向上的一致，除此之外，前者还具有生生不息"由仁义行"的一面，以及《礼记·孔子闲居》篇所说的"天无私覆、地无私载、日月无私照"这一全覆、遍载、普照万物的一面，而技艺工夫则侧重于让身体"动手"能力、身体的掌控、操作能力以及创造能力从"人为""造作"中摆脱出来而不断趋向自然、自如。

第三，自身反涉义。修身工夫与技艺工夫均注重某种能力的培养，故最终都是自身反涉的，即落实于一己的身心上面。

一般的技艺工夫要借助于某种工具、器械而习得某种技能。在工夫习练中，习者对其所使用的工具或器械有一从"生疏"到"熟练"的过程，最终工具或器械会成为他肢体的一部分，或准确地讲成为他肢体的某种"延伸"。在这个工夫习练的过程中，对工具或器械的使用在本质上是自身反涉的：如相应的心态的调适、身体姿态的变化、呼吸的控制等；而不借助任何工具的技艺活动如体操、气功、武术、舞蹈一类纯粹"身体技艺"，其一举一动直接即是自身反涉的。

"修身工夫"的对象当然是"身己"，即自己、自身。此"自身"作为"修"的对象，跟一般被修理的对象如器物截然不同。它不是一个"现成的存在者"，而是一个有待成长、有待成就的活生生的"存在"（海德格尔所谓的"此在"）。这个"此在"究竟如何展开其"在世之在"，端赖其自身的筹划。人这一根本性的存在地位决定了修身工夫本质上即是一"自身反涉"的活动。人自身即是一"作者"，其一己的人生即是其"创作"的物件。一件雕塑的作者在"创作"其作品时，"作品"自身并不能"感受"到、"自觉"到被"创作"，而作为修身的对象，"自身"则能感受到、自觉到被"修"、被"塑造"，因为"创作者"与"被创造者"本是同一"此在"。一个无端发怒的人一旦意识和自觉到其发怒的"无端"性，怒火即会得到抑制，这正是修身工夫自反性的表现！人情事变，不外得失荣辱，不外喜怒哀乐，而修身工夫亦不外在此得失荣辱、喜怒哀乐的自反、自省中展开。当然体操、气功、拳术、舞蹈一类纯粹"身体技艺"活动，其身体姿态的塑造、运气的调控当下即是自知、自反的，活动的主体与客体亦是同一"此在"。

那么，修身工夫与一般技艺工夫在"自身反涉"义上有何区别？第一，一般技艺工夫的自身反涉性只在该技艺工夫展开时段表现出来。一个击剑运动员在击剑活动中保持着相应的"精气神"的自反性调整，但在击剑活动结束后，作为一个常人，他的"精气神"又重新回到平常的状态，当然他的一举一动也可能会让人感受到某种击剑运动员的精神气质。换言之，一般性技艺工夫有其应用的场所与时机，非其地、非其时则技无所施。如庄子笔下的匠石运斤，只有在信任他的"郢人"面前方能施展其技，一旦离开郢人，则"无以为质"，其技亦无法展开了。修身工夫将整体生命作为"修"的对象，故其自身反涉性并不限于某个时段。修身工夫自身反涉性是在修身主体在世的生存活动中，在与他者（天、地、人、物）具体的交往过程中随时、随处、随机展开的。第二，一般技艺工夫自身反涉的内容聚焦于运动或创作心态的调整，而修身工夫自身反涉的内容则是道德心性。当然两者也不能截然区隔，如程颢就讲过，写字时"甚敬"，"非是要字好，只此是学"。第三，修身工夫的自身反涉性，实有两个向度：一是在待人接物过程中行有不得皆反求诸己、反身而诚这一自反性，即将世俗指向他者的求全责备的外向性目光逆转为指向自身的自我审查目光；一是在整体的人生过程中始终对自己的言行举止与心理活动保持一种自反性的观照（"慎独"工夫）。修身工夫这两种自反性究极而言都是要返归"本心""良知"，举凡"私欲之萌""客气之动"以及"怠心、忽心、懆心、妒心、忿心、贪心、傲心、吝心"之生均反之于本心、良知，则私欲、客气与诸习心自然退消。[①]

四、结论

在儒家传统中，自孔子倡导志道与游艺，至阳明心学则明确提出"德艺一致""道技不二""君子之学自性命道德之外，皆艺也"之主张，学"道"与学"艺"密不可分。

修身工夫与技艺工夫皆曰"工夫"，固有其相通的一面，概之有三：

第一，修身工夫与技艺工夫均旨在相应的能力的培育，故均是一目标

---

① 王阳明：《示弟立志说》，吴光等编校：《王阳明全集》卷7，第260页。

定向下的自觉的实践过程。第二，修身工夫与技艺工夫均有一个由浅及深，由生及熟、及忘的时间历程，这一历程在本质上是由"人的机制"转变为"天的机制"。第三，修身工夫与技艺工夫均注重某种能力的培养，故最终都是自身反涉的，即落实于一己的身心上面。

但儒学自孔子始即强调"君子不器"，修身工夫与注重"成器"的技艺工夫自然有重要的区别。

第一，修身工夫强调人之一生即是一"成为"人的过程，即是一变化气质的过程，故其培养能力均是人之为人的"构成性能力"，而技艺工夫则侧重培养人的"动手"能力、创造能力以及身体掌控与操作能力，就此而言，修身工夫旨在完成根本性的自我转化，成就一"全人"之人格，技艺工夫则旨在成就一"匠人""艺人"之人格。第二，修身工夫所完成的"由人而天"的"机制转化"乃是人格不断突破与提升的过程，最终与天道所启示的无私之爱合一，而技艺工夫则侧重一切技艺活动从"人为""造作"中摆脱出来而不断趋向自然，自如而不自知。第三，修身工夫自身反涉性是全时段地体现在修身主体在世的生存活动之中的，其自身反涉的内容是一切行动、意念所系的道德心性，而一般技艺工夫的自身反涉性只在该技艺工夫展开时段表现出来，其自身反涉的内容也聚焦于与运动或创作联系在一起的心态之调整。

需要补充的是，无论是修身工夫抑或是技艺工夫都牵涉可否授受及如何授受的问题。就工夫之为己、切己而言，一切工夫都是第一人称的切身活动，这种切身性如人饮水、冷暖自知，故是只可意会而不可言传的。不过，工夫也是在一个相应的共同体中得到"传承"的，故有其"窍门"与"口诀"，无论修身工夫抑或是技艺工夫，概莫能外。

徐复观在《心的文化》一文中指出，中国文化是"心的文化"，孟子、庄子、荀子以及以后的禅宗所说的心，都是通过"一种修养工夫"得以从其他生理活动中摆脱出来，而呈现心的本来面目活动，故研究中国文化应在"工夫、体验、实践"方面入手。[①]"心的文化"这种工夫实践义在宋明理学中正式形成了相对独立的"工夫"论域，理学在本质上是工夫理学，一个不做"工夫"、不谈"工夫"的理学家就如一位从不游泳的游泳健将一样是荒谬的。

---

① 徐复观：《中国思想史论集》，上海：上海书店出版社，2004年，第215—217页。

附录二："内圣学"一词之说明

从附录一我们得知修身"工夫"是"成圣"（"复其初""复本体"）的具体实践过程（"路径"），佛教之成佛，道教之成仙自然亦有其路径，就此而言，佛教与道教皆有其相应的工夫。不仅如此，大凡各个伟大的宗教都有其各自的自我转化的路径，故都有其各自的"工夫"。这里所谓"自我转化"不是被迫的、被动的，倘如此则是强制性的政治"改造"，也不是不经个人努力、奋斗或是通过一种人工的技术手段获得的（倘如此则是基因编辑），而是个人的自觉皈依而发生的人格转变（个人的重生、再生）。无疑这一转变是在生命对超越者、终极实在（the real）的回应中发生的。[①] 撇开印度宗教不论，相较于儒家的成圣工夫，基督宗教源远流长的灵修传统中丰富多彩的自我技术实不遑多让。[②] 职是之故，"工夫"这个词或在西方传统中找不到准确的对应者，但这绝不意味着工夫论唯中国哲学一家而别无分店。但儒家自我转化确有其独特的路径，即它始终是在这个世界中转化这个世界的同时转化自身，或者说它始终在这个世界中转化自身的同时转化这个世界。这种被称为"即凡即圣"（the Secular as Sacred）的总体特

---

① 希克（John Hick）：《宗教之解释：人类对超越者的回应》，王志成译，成都：四川人民出版社，1998年；约翰·希克：《第五维度：灵性领域的探索》，成都：四川人民出版社，2000年。

② 欧迈安（Jordan Aumann）：《天主教灵修学史》，宋兰友译，香港：香港公教真理学会，1991年。麦格夫（Alister E.McGrath）：《基督教灵修学》，赵崇明译，香港：基道出版社，2004年。米歇尔·普契卡（Michaela Puzicha）：《本笃会规评注》，杜海龙译，上海：上海三联书店，2015年。对本笃会的修炼工夫的现代意义的阐释，请参见索罗金（Sergei P. Sorokin）：《爱之道与爱之力：道德转变的类型、因素与技术》，陈雪飞译，上海：上海三联书店，2011年，第20章"修士的技术体系"与第21章"修道院的'心理分析'、咨询和治疗"，第419—494页。

征，在根本上决定了儒家的修身、身心修炼的工夫践履是在日常生活之中展开的。换言之，在儒家这里，道—学—政是三位一体的，"成己"与"成人""成物"、"修己"与"安人""安百姓"本即是体用不二的关系。就此而论，"内圣学"绝不会是儒家的修身学、工夫论同义词。当今学者由朱子《大学章句》修身以上明明德之事、齐家之下新民之事而断定格、致、诚、正、修为内圣的领域，齐、治、平为外王的领域，内圣属于心灵秩序之安顿，外王属于社会秩序之安顿，此说虽言之有据，但很容易横生内外"泥执"之弊。以阳明为例，阳明修身工夫论始终不离立诚、致良知，然而又着重强调事上磨练，换言之，内圣与外王并不是断开的两节，不是先后两个时段，而是一体而在的、共时的体用关系。①

如所周知，"内圣"与"外王"对言，出自《庄子·天下》。孔、孟、荀原儒从未用过该词。有学者指出，宋明儒也罕用"内圣外王"一词讲学论道，宋儒品鉴人物时偶然用之，但随后，"内圣外王"便成为一帝王之学的谀词（"集内圣外王之道"用于当朝皇帝身上）。逮及熊十力，始尝试用"内圣外王"指"夫子之学"，这一新用法影响到牟宗三，其后内圣外王之学遂成为儒学的代名词。② 这一看法是成问题的。实际上至迟从陈淳《北溪字义》开始就用"内圣外王之道"指示儒家的义理系统，③ 至迟从真西山（1178—1235）开始，儒家文献中就开始用"内圣外王"指示儒学的义理精

---

① 当今学界围绕内圣外王的争论及相关文献，参见李明辉：《"内圣外王"问题重探》，《儒学与现代意识》（增订版），台北：台大出版中心，2016年，第265—310页。

② 梅广：《"内圣外王"考略》，《清华学报》新41卷第4期（2011年12月）。不过，张亨对梅广此论持保留态度，他认为内圣外王一词就其文献语境而论，乃是道家的政治理想。即便在《宋元学案》与《明儒学案》中，"被以'内圣外王'称许之人也都是倾向道家的学者，如程明道称邵康节是'内圣外王之学'。实际上，二程兄弟并不完全赞同康节之学。知道'内圣外王'原出道家，其外王内涵不必是儒家所认同的，就不会奇怪为什么儒者不使用这一口号了"。当然，张亨也不完全否定"内圣外王"一词不适合于儒家的思想，"如果我们不泥于语言，不执着在这四个字上，儒家岂无内圣外王的想法？"见张亨：《论"内圣外王"》，《东华汉学》2017年6月第25期。"内圣外王"成为儒学的一个关键词的具体过程与原因，参见陈立胜：《儒家思想中的"内"与"外"："内圣外王"何以成为儒学之道的一个"关键词"？》，《现代哲学》2023年第2期。

③ 陈淳：《北溪字义》，熊国祯、高流水点校，第7页。

神，其《跋刘弥邵读书小记》云："盖为仁者，成己之极；而为邦者，成物之极。体用本末，究乎此矣。颜子所以亚于圣人，而孟子期之以禹稷之事业，岂非内圣外王之学已备故邪？"[1]

明代王阳明高足邹守益在《篁垣别墅记》中明确将"内圣之德"与"外王之业"对举，在《励政堂说》中则提出"内圣外王之实学"一语：

> 古之君子，先正其心，以端万化之矩，然后絜诸天下，举协而罔辟。辟也者，矩之弗矩者也。故吾心无所喜，而亲爱之政不辟矣；无所怒，而贱恶之政不辟矣；无所哀惧，而哀矜畏敬之政不辟矣。无所喜怒哀惧者，廓然大公，中也；亲爱贱恶无辟者，物来顺应，和也。中以立天下之本，和以成天下之务，此内圣外王之实学也。[2]

其实邹守益的父亲邹贤已将儒学归结为"天道"与"王道"，并称"内圣外王之学，圣人之蕴尽是矣"。[3] 明儒如胡瓒宗、湛若水等著名理学家均明确用"内圣外王"指示"圣人之学"。[4] 明末清初黄宗羲弟子郑性也明确将《大学》"格致诚正修齐治平"之学概之为"内圣外王之学"。[5] 要之，整个宋明理学所阐述的四书结构具有成己成物、内外一如、体用一源的特征，"内圣外王"一语恰恰准确地表达了这一特征，故自朱子后学开始，

---

① 真德秀：《真西山先生集》卷4，上海：商务印书馆，1937年，第61页。

② 邹守益：《邹守益集》卷7、卷9，董平编校整理，南京：凤凰出版社，2007年，第411、469页。

③ 湛若水：《明故福建兵备副使易斋邹君墓志铭》，钟彩钧、游腾达点校：《甘泉先生续编大全》卷11，台北："中央研究院"中国文哲研究所，2017年，第263页。

④ "夫周公孔子其学与政岂与人异哉？亦曰'诚而已矣'，亦曰'纯而已矣'。然先王之至德要道，学者内圣外王之本不外是也。"《薛文清公从政名言序》，胡瓒宗：《鸟叔山人小集》卷12，《四库全书存目丛书·集部六二》，济南：齐鲁书社，1997年，第325页。"内圣外王之学，圣人之蕴尽是矣。"湛若水：《明故福建兵备副使易斋邹君墓志铭》，钟彩钧、游腾达点校：《甘泉先生续编大全》卷11，台北："中央研究院"中国文哲研究所，2017年，第263页。

⑤ 郑性：《南溪偶刊》，《四库未收书辑刊·八辑二十七册》，北京：北京出版社，2000年，第618页。

儒家就明确以此语作为儒学之道的"代名词"。虽然朱子、象山、阳明罕用"内圣外王"一词指示儒学义理系统，但该词绝不只是用于帝王之学的"谀词"。

"内圣外王"在近现代儒学重新登场也不是始自熊十力。清末民初，抱大同理想的胡礼垣、康有为都屡屡称孔孟之道为"内圣外王之道"。胡礼垣在《劝学篇书后·循序篇辩》中指出："内圣外王之道备于孔子，孔子之心法寓于六经，六经之精要括于《论语》，而曾子、子思、孟子递衍其传。故《论语》始于言学，终于尧舜汤武之政。《大学》始于格物致知，终于治国平天下。《中庸》始于中和位育，终于笃恭而天下平。《孟子》始于义利之辨，终于尧舜以来之道。"而在《新政变通》中，胡礼垣进一步指出内圣外王之道也是二程与朱子所传承的道统："若夫内圣外王之道，著于孔子，括于《论语》，而曾子、子思、孟子递衍其传，至二程而彰明，至朱子而大备。有明以来讲章注解无美不臻，其义之明于中国，而人无异辞，家无异说也。"[①]

康有为在其《论语注》及《大学注序》中也称"孔子之道"为"内圣外王之道"。

在现代新儒学中，熊十力最喜用内圣外王标举儒学义理系统。谛观熊子全书，熊子在《原儒》之"原外王"一章之后，即有"原内圣"一章，而于"原内圣"章则开宗明义指出："内圣之学，《易大传》所谓广大悉备，以言乎远则不御，以言乎迩则静而正，以言乎天地之间则备矣。"显而易见，儒家之内圣学实则彻上彻下、彻内彻外之学，"内圣"之"内"恰恰又是无远弗届的。熊子反复指出，《乐记》中"不能反躬，天理灭矣"之"反躬"即是"反己之学"，"此在哲学中最为特殊，庄子所为称之以内圣学也。返己而不自欺，宋学确承孔子精神"。[②] 在《答牟宗三》书信中，熊子又强调，庄子"内圣学"一语实本自《大学》，但强调"内外"是"顺俗为言，不可泥执"。因《大学》经文只言本末，不言内外"。本末不二、体

---

①　胡礼垣：《新政真铨》五编，《胡翼南先生全集》卷16，台北：文海出版社，1974年，第927页；胡礼垣：《新政真铨》六编，《胡翼南先生全集》卷19，第1086—1087页。

②　熊十力：《原儒》，上海：上海书店出版社，2009年，第177、259页。

用不二，是个"推扩不已的整体，不可横分内外"①。成己为"内"，成物为"外"，此只是流俗之分，实则"成物即是成己，本无内外可分，而复言内外者，乃随俗假设耳"②。要之，"内圣者，深穷宇宙人生根本问题，求得正确解决，笃实践履，健以成己，是为内圣学"③。显然这一"内圣学"的定义是在"广大悉备""体用不二""无内无外"的前提下所给出的一个"操作性定义"。

这一定义也为牟宗三所承认并继承："什么是'内圣'呢？就是内而治己，作圣贤的工夫，以挺立我们自己的道德人品。"④牟宗三进一步指出，作为"中华民族文化之命脉"的尧、舜、禹、汤、文、武、周公、孔、孟一线相承之道，自孔子实起一"创辟之突进"，即"立仁教以辟精神领域"，孟子承此而实落在"内圣之本之挺立处"，其后宋儒虽未忽视于外王，然其重点亦仍是落在内圣之本之挺立处，要之："此内圣之学，就其为学言，实有其独立之领域与本性。……自孔子立仁教后，此一系之发展是其最顺适而又是最本质之发展，亦是其最有成而亦最永久价值之发展，此可曰孔子之传统。"故内圣学具有"独立的意义与自性"。⑤

实际上，除了熊、牟一系新儒家以"内圣外王"含括儒家义理架构之外，冯友兰则指出："在中国哲学中，无论哪一派哪一家，都自以为讲'内圣外王之道'，而儒家道中庸而极高明才是名副其实的内圣外王之学。"⑥

本书副标题中的"内圣学"也是在这种意义上使用的。

---

① 熊十力：《十力语要》，《熊十力全集》（第4卷），武汉：湖北教育出版社，2001年，第406页。

② 熊十力：《原儒》，第23页。

③ 熊十力：《乾坤衍》，《熊十力全集》（第7卷），武汉：湖北教育出版社，2001年，第336页。

④ 牟宗三：《中国哲学十九讲》，《牟宗三先生全集》（第29册），台北：联经出版公司，2003年，第398页。

⑤ 牟宗三：《心体与性体（一）》，《牟宗三先生全集》（第5册），台北：联经出版公司，2003年，第199、203页。

⑥ 冯友兰：《新原道》，《三松堂全集》（第5卷），郑州：河南人民出版社，2000年，第7页。

附录三：全书架构之说明

本书由以下三部构成。第一部，儒家"内圣学"的开显：德行培育的时代；第二部，儒家"内圣学"中的反省向度与修炼技术；第三部，儒家"内圣学"的转进：心灵操练的时代。

第一部"儒家'内圣学'的开显：德行培育的时代"尝试将儒家的修身传统刻画为轴心期突破的一个主题。

人与道、天道的内在联系这一觉醒意识在根本上是对人的特殊存在地位的觉醒、人之为人的"类意识"的觉醒、人之为人的尊严意识的觉醒。这种基于"人"与"天"的内在联系的人之"类意识"觉醒才是中国哲学突破的一个标志。尽管殷周之际，"修德"已俨然成为"精神内向运动"的主题，周人"敬德"观念背后的"忧患意识"亦确具有"道德"的性格，只是这个"德"仅限于在位者而仍未及一般人，更为重要的是，以"敬"为本的"德"其原初动机亦不外天子、诸侯之祈福心理。孔子"为己之学"坚持"有教无类"，其"学"牢固地锚定于学者自身的修养、完整人格的培养上面。自此德性世界的普遍性、纯粹性与自足性得以证成。实际上，"自我—转化"与"超越的突破"一道均是轴心期的特点，唯有中国文明其"自我—转化""超越的突破"始终在"世间"与"超世间"保持一种"不即不离"的关系。轴心文明中普遍的自我—转化现象在儒家这里始终是在人间化、人伦化、在地化乃至肉身化之中展开的。儒家对修身之"身"的理解本身就决定了中国文明之轴心突破的这种以人为中心而贯通"天文"与"地文"的人文主义底色。"身"何以成为"修"的对象？儒家为何用"身"来指示西方宗教与哲学之中的"自我转化"的对象？"身"之被"修"跟一般的器具、器物被"修"，其"本体论的差异"何在？此是第一章"轴心期之突破：'身'何以成为'修'的对象？"处理的主题。

孔子不仅证成了德之普遍性、纯粹性与自足性，同时提出了"修己以敬"这一行己、持己之道。如同"关心自己"在希腊和罗马文化中规定哲学态度的一个基本原则、一个真正总体的文化现象一样，"修己以敬"既是一种关于自身、他人与世界的态度，也是一种"自反性"的精神指向，更是一种改变自身、净化自身、变化气质的活动。由"己"出发，能够通贯人己、人物、人天而确保敬人、敬事、敬鬼神的修身践履即是"敬"。故"敬"在根本上不是一种单向的指向他者的力量，而是人之为人的整体性的生存态度。"修己以敬"将敬天、敬人、敬事的"敬"的精神彻底安顿在个己德性生命的自觉上面，因而也是孔子之前"敬文化"的哲学升华。此是第二章"'修己以敬'：儒家修身传统的'孔子时刻'"阐述的主题。

由孔子所奠定的修己以敬的对待自我、关心自我之道、为己之学之道，在根本上决定了儒家的修身活动是一项高度的自反性活动。在这种自反性活动中，自我通过一种特殊的"目光"（"他者的目光"）将自身变成省察的对象。第二部即集中阐发儒家内圣学的自反向度与各种不同的修炼技术。

第二部"儒家'内圣学'中的反省向度与修炼技术"采取历时性的思想演变考察与共时性的类型学划分这一方法论，检视儒学修身传统中自孔子孳乳而至宋明粲然大备的反省现象。

在儒家修身学中，无论在"慎独"要求抑或在"三自反"的主张之中，都设定了一种"他者的目光"，这个他者的目光首先表现为"鬼神的目光"与"他人"的目光，而随着儒家人文主义精神之勃兴，他者的目光渐被每个人内在的"良知之光"（"心目之光"）所替代。在儒家修身工夫的"反省"向度之中，"鬼神的目光"、"他者的目光"与"良知之光"扮演着不同的角色。第三章"'慎独'、'自反'与'目光'：儒家修身学中的自我反省向度"即着手揭示这三种目光各自不同的性质与作用："鬼神的目光"是无人之际、独处之时一种超越的监视性目光，我是这个目光聚焦下的"行动者"；故在鬼神的目光下，营造出的是"我必须……"（I must）这一当下的行为期待，伴随这种期待而来的是我当下小心翼翼的举止。"三自反"处境下所遭遇的"他者的目光"是一种责备的目光、令我不安的目光，我是对某一行为（"横逆"）的"负责者"；故在三自反的"内视目光"下，营造出的是"我本应该……"（I should have）这一对适才发生的行动之反省，伴随这种反省而来的是愧疚感。静坐讼过之中自我审视的"良知的目光"（"通身是眼")是一种审判的目光，我是这一目光下的"有罪者""被审判者"；在自我审视的"良知的目光"下，营造出的是"我认罪……"（I confess）这一对心灵生活负责的忏悔态度，伴随着这种忏悔而来的是精神生命的重生。

不过，如从反省的对象、内容立论，儒家的反省活动既有对生命整体的反省，亦有对当下一念的省察，基于此，第四章"儒家修身传统中的四种反省类型"对儒家反省技术进行另一种类型学的划分：（1）对一生经历的反省。孔子十五志于学至七十不逾矩，反映了儒家"行年意识"、年龄的"临界意识"与修身的"行己意识"是紧密绾接在一起的，这种年龄现象学通过"反省意识"将其一生生命的"年轮"以一种"路标"的方式刻画为一个个不断跃升的"临界点"，警示、指引每一位"临界的此在"走好自己的人生之路。（2）对一天行为的反省。曾子"三省"的对象是日间所行的事情，省察之焦点在己之尽心尽责与否。这种夜间的修身"课程"发展到宋明理学则成为贯事前事后、贯动静的彻头彻尾的"常惺惺法"，无疑由对日间行为的反思、检讨转向对念虑的省察，由德行的培育转向意识生活的经营，是理学工夫论的重要转进处。（3）对意念生活的反省。这是宋明理学心灵操练的一项重要内容，它又表现出两种类型：一是课程化、仪式化的"意念管理术"，如以黑白豆点检意念的方法；一是理学家普遍认同的、以朱子为代表的"随念致察法"。（4）对当下一念的同步反省。这种反省"同念并起""无等待""无先后"，在一定意义上可以说，这是一种"道德自身意识"，一种现象学意义上的"内意识"反省现象。要之，儒家的反省虽是一种"回头意识"，但这种"向后看"旨在改变自身因而是面向未来的意识，故它在根本上是由一种"向前看"心态定调下的"向后看"意识。基于对未来生命进程的展望、规划而展开的对人生的反省式的回溯意识，与当下生命状况的调整、改变层层缠绕在一起，这是儒家反省意识的基本结构。

在反省成为一种基本的人生态度下，不仅一生经历、白昼言行、意念活动成为省察的对象，人之情绪领域（喜怒哀乐）与"下意识"乃至"无意识"的领域（梦）都成为工夫修炼的对象。这是接下来第五章"'治怒之道'与两种'不动心'：儒学与斯多亚学派修身学的一个比较研究"与第六章"'梦'如何成为工夫修炼的场域：以程颐说梦为中心"分别讨论的主题。

"怒"是人类情绪之中最难对治的一种。儒家对怒取血气之怒与义理之怒两分法。前者需要克治，后者需要培育。而种种"治怒之道"（忍怒法、忿思难法、自反治怒法、明理治怒法、克己治怒法、以敬治怒法）又可分为消极与积极两面。忍怒、忿思难均是消极、被动的治怒法，二者均是在怒意已起时才用工克治，这种消极的治怒法在学理上无非将"怒"予以"对象化"，怒"气"、怒"意"因此会减弱、延宕乃至渐消渐散；而积极的治怒之道在于克己、体仁、明理、以敬待人，在于"自反"而成就君子德性。斯多亚学派则视怒为一种彻底非理性的冲动，并通过克服"冒犯意识"，培养"容忍意识"、"庆幸意识"与"幽默感"来化解之，亦通过"且慢法"与"反思法"来对治之。"怒"在常人处都是指涉他人的，是对他人不满的一种情绪，而无论在儒家抑或在斯多亚学派的治怒体验之中，都明确要求将这种涉他的情绪指向性加以反转，从而成为一种自我关涉的醒觉时机，于是本来是要改变他人的一种策略之怒，现在变成了一种自我警戒、自我省察、自我转化的过程，"治怒之道"遂成为自我提升、自我精进之道。总之，儒家与斯多亚学派的治怒之道在根本上是为了成就伟大人格，培育"不动心"的精神境界——当然，前者是一种热性的不动心，后者是一种冷性的不动心。

"梦"则是人之无意识领域的重要内容。在上古文化中，梦只有吉凶祸福的意义。道家"至人无梦"说首次将梦跟心灵境界之修行直接联系在一起。在儒家，二程兄弟尤其是程颐彻底斩断习俗以吉凶祸福论梦这一思维定式，将"梦世界"收纳于"理世界"之中，体现出"惟理"主义的取向，并将梦世界跟心性修炼联系在一起，开启了"睡时用功"这一理学工夫论之新向度。从理学工夫论历程看，"梦工夫"计有四种类型：一曰借梦卜学型，二曰梦后自责型，三曰梦中用功型，四曰随顺昼夜之道型。将夜梦、睡眠纳入工夫修炼的对象，不仅意味着儒家反省工夫广度之扩展，而且同时也表明省察深度之加深，反省的目光已经深入人性之幽深晦暗之领域。梦工夫的出场反映了儒家修身传统的一大转进，程颐梦论标志着"梦"正式进入儒家修炼的传统。

反省与沉思固然是一种思想活动，但它也离不开身体的支持。一个人在像阿甘一样飞奔的时候是不适合反省与沉思的，毕竟人有限的血液更多地要用在机体运动上面，脑部的供血会受到限制，这也可以解释为何艺术作品中的沉思者都保持着静坐的姿态。静坐恰恰也是人类生命修炼现象中的一个常见的姿势，当然苏菲舞（Sufi dance）跟其他巫舞一样，固然能起到沟通人神乃至抵达忘我之境的作用，但显然这不是一种反省现象。静坐在儒家文化之中实则有古老的渊源，其源头确实可以追溯至祭祀文化所要求的斋戒仪式。作为修身工夫技术的儒家静坐传统通常被认为始于宋儒。"何者最乐？静坐最乐。"两宋士人精神生活丰富，静坐成为一种有格调、有韵味的生活方式。依照静坐在工夫修炼中所扮演的不同角色，第七章"宋明理学中的静坐类型及其效用"将儒家的静坐技术划分为以下四种类型：（1）作为默识仁体、观未发气象之静坐；（2）作为收敛身心之静坐；（3）作为观天地生物气象之静坐；（4）作为省过仪式之静坐。程朱一系之静坐注重收敛身心，澄心定气，这应是儒家各类静坐的基本要求。作为默识仁体、观未发气象之静坐则要求在摆脱血气荡漾的感性生活的基础上，更进一步达到"豁然有悟"而洞见心之本体（"睹体"）。作为省过仪式之静坐，就克治私欲、妄念一面而言亦可视为收敛身心静坐之变样，不过它更偏向一种主动性、倒巢搜贼式的净化心灵行动，并往往又以"睹体""见性"而告终。以上三种工夫都是围绕"心"做功夫，就此而言，都可以说是"观心"的工夫，作为观天地生物气象的静坐却侧重"观物"，但一者观物亦是在"静"中观（所谓"静观"），故已预设收敛身心之工夫，一者观物与察己密不可分，观"心"与观"乾坤造化心"实乃一体两面的工夫。

接下来第八章"宋明理学如何谈论'因果报应'？"则从儒家修身传统入手，讨论佛教因果报应理论传入中国后，针对上古文化中的天道"福善祸淫"与"德福一致"的信念，宋明儒学做出的回应和对佛教报应论的吸纳。先秦儒家对善恶有报与德福一致这一古老信念的反思最终确立了德性的纯粹性、无条件性与崇高性，并且他们将善恶无报与德福不一的问题归咎于时命、气命等存在的偶然性。"天道"尽管仍然被赋予福善祸淫的能力，但它从不被视为个人功德的算计师，而道德行动也不是在功德银行进行长线投资，人之行善去恶更不是跟"天道"做交易。然而德福不一、善恶无报的现象毕竟是人生一大缺憾，西来宗教恰恰以其严密的果报理论填补了这一空白。世人趋之若鹜，一度造成"儒门淡泊"的文化惨象。程朱大儒应时而起，重树"文化自信"，立生生不息的天道宇宙论系统，破佛教之轮回观，以"感应"代"报应"，将先秦儒学的善恶有报的观念彻底"理性化""感应化"，以此彰显佛教之因果报应、六道轮回论之功利性，又将佛教的因果报应与轮回观充分"现世化""人间化"，体现儒家"一个世界"的人文底色，并顺势将佛教"念念受报"观念转化为儒家诚意、慎独话语。阳明心学力倡"知行合一""一念发动处便即是行"的工夫，而将佛教的业报轮回说彻底人间化、心学化、当下化、德福一致化，惠能"西方只在目前"的思想则被阳明完全安立在儒家日用伦常的生活世界之中。要之，在儒学发展史中，古老的德福一致、善恶有报的观念即分化为两套话语系统：一套是"修己之学"话语系统，一套是"安人之学"话语系统。前者坚持惟道是忧、惟德是忧的道义主义原则，后者则坚持达情遂欲的现实主义原则。

第三部"儒家'内圣学'的转进：心灵操练的时代"则从"朱子时刻"入手，对朱子所开启的"独知"话语进行长时段、历时态的分析，以期由此管窥儒家内圣学由先秦德行培育时代转向宋明心灵操练时代的内在理路与基本特征。

自郑玄至孔颖达，汉唐大儒对《礼记》一书中《中庸》《大学》两篇"慎其独"之"独"的理解，均从"闲居""独处"之行为举止着眼。只有到了"转向内在"的宋朝理学家们那里，才彻底改变了这种解释格局。朱子首先明确将"独"解释为"人所不知己所独知之地"，此"独知之地"不是一"物理空间"概念，而是一私己、隐秘的"心理空间"概念，这个对私己、隐秘的心理活动之"知"并不限于一人的"独处"或私密的"闲居"，即便是大庭广众之下、在与他人共处之际，仍是"独知"之范畴。于是"慎独"工夫的焦点由独处、闲居之行为举止转向内心生活中的"一念萌动"。而与此相关，"戒惧"（"戒慎恐惧"）则是一念未起时的涵养心性的工夫，于是静时存养的"未发工夫"（"戒慎"）与动时省察的"已发工夫"（"慎独"）自此成为"两轮一体"的工夫。儒家修身工夫由此转向心性世界的隐微之处，乃至心学一系的理学家都纷纷称朱子于"独"字下补一"知"字为扩前圣所未发，真得孔、曾之心髓。此为第九章"作为工夫范畴'独知'的提出：儒家慎独传统中的'朱子时刻'"阐述之主题。

　　朱子所启动这个历史时刻，已经蕴含着向心学一系良知概念转进的契机。"'人虽不知而己所独知'者，此正是吾心良知处"，阳明一句点睛之笔遂挑明了这条千古圣学真脉之所在。阳明心学固是"孟子学"，此只是就学派属性而言，就其生成而论，朱子思想的潜移默化才是阳明学形成的因缘际会所在。第十章"从'独知'到'良知'：王阳明论慎独"全面刻画由朱子"独知"范畴向阳明"良知"范畴过渡的内在路径。"独知"成为"良知"别名，独知工夫（慎独、谨独）即成为致良知工夫，"独知"之范围与性质均于朱子之原意有所滑转。朱子往往强调独知特指动而未形、萌而未彰、有无之间"一念萌动"，而阳明则认定"戒惧"也是"已发"，也是一念萌动，故亦是独知工夫。这样，作为致良知工夫的"独知工夫"（"慎独工夫"）就成了贯彻始终（已发／未发、有事／无事、动／静、寂／感）的一元工夫。而就独知之性质论，朱子将"独知工夫"通常限定在一念初动时的警觉上面，而这种警觉更多的是提防性、防御性的（所谓"防意如城"），而在阳明这里，除了体现朱子的提防性、防御性的这一消极功能之外，"独知"还具有体认、默识、涵养"心之本"（"良知"）这一积极功能。一言以蔽之，在王阳明思想中，"独知"是指一种先天、人人本具（普遍的）、自知自证的贞定吾人心灵生活之寂而常感、感而常寂的力量。

　　阳明心学"独知工夫"一方面向"内"收摄，确保工夫始终聚焦在"心"上面，避免迷本、逐末、骛外之歧出，一方面重"事"上磨练，而避免遗世、耽空、嗜寂之弊端。"意念"恰恰是沟通内外的枢纽所在，"诚意"遂成为阳明工夫修炼的重要环节，乃至有"一念发动处便即是行"这一著名工夫主张。然而"一念"与"意念"、"念念"这些描述心灵活动的"念"话语其内涵在阳明思想中并未得到清楚厘定。第十一章"王阳明思想中的'一念'两义说"对阳明思想中"念话语"（"一念""意念""念念"）进行分析，澄清其不同的层次与内涵，并进而揭示"念话语"在阳明工夫论中的意义。在阳明心学词典中作为"戒惧"之一念与作为"意念"之一念、作为"好善恶恶"之"意"与作为"有善有恶"之"意"均被笼统地称为"一念"与"意"，阳明后学中往往错会阳明所说的"发处""发时"用功之本义，进而陷入念起念灭、山穷水尽的困局。其中一个重要原因，恐怕与这种意念的未判别密切相关。

阳明体用不二的致良知一元工夫论虽然在义理上蕴含着"独知工夫"即是要知"独"，他也给出了独知之为"独"的种种说法，但他从未明确提出"独体"的观念。他的心学盟友湛若水首次提出了"独体"观念，第十二章"湛若水'独体'意识的形成及其历史影响"阐述了湛若水由"独知"走向"独体"的心路历程，并揭示湛若水"独体学""几学"的历史影响。

而在阳明后学围绕"独"与"独知"、"良知"与"知是知非"的争辩进程中，"独体"意识日趋显题化。这是第十三章"'独'—'几'—'意'：阳明心学一系工夫演进中的三个'关键词'"讨论的主题。长期困扰阳明弟子的"念起念灭"困境（所谓"生灭之忧愁"）是形成此问题意识的一个重要机缘。由于长期饱受"念起念灭"的困扰，阳明后学中屡屡有人对"诚意"工夫持怀疑的态度，甚至出现了"意上用不得工"的看法。阳明后学的工夫论普遍重视"归根意识"，他们不再满足在良知上用功这种一般性的工夫表述，而是要进一步追问在良知的哪个面向上用功，哪个面向才是良知的根本属性。一系列与"体"相关的词如独体、诚体、知体、性体、心体变得空前流行，"立体"的工夫才是根本的工夫、第一义工夫。先天心体上立根这一工夫意识渐成共识，王门后学协力弘扬的"几学"精神集中体现了先天心体立根这一共同工夫取向。良知、独知之体作为"几"，其常寂常感、常虚常灵、常微常显、动而无动、有无之间之性状更能彰显天根、道心、良知、独知之动静一如、即体即用的活泼性、灵动性，"圣学只在几上用功"，几学遂成为一种"显学"。而王时槐则将"意"与"几"打通，他认定"生几"之动而未形、有无之间即体即用之性状即是"意之微"，这是将以往经验性的心之所发的"意"追溯至先天本体生生之"意"的创造性之举。实际上王阳明第一代弟子季本就已经将"意"字与"几"字贯通，称"意"是"天命流行之几""警惕之几流行莫遏者"。王栋更进一步将"意"与"独"打通，"独"作为"心性中涵之本体"即是"意"。机缘到了，刘宗周将"独""几""意"一齐穿纽而成一"独"—"几"—"意"三位一体的慎独学、诚意学。于是，由"朱子时刻"所启动的独知工夫（"戒惧"／"涵养"／"致中"与"慎独"／"省察"／"致和"一体两轮工夫之"一轮"）经由阳明创造性与一元化的改造（即戒惧即慎独、即涵养即省察、致和以致中）直到刘宗周慎独、诚意工夫（"静存之外无动察"），宋明理学的工夫论遂呈现出一个由外向内不断深化的过程。

百尺竿头，更进一步，刘宗周"归显于密"的工夫进路已抵达"竿头"，更进一步，进到何处？自然是重新回到竿底——儒家日用伦常的生活世界中。"居处恭，执事敬，与人忠"，夫子之工夫指点是何等平实、简易与亲切！这里看似无步骤、无节次，实则上学下达，循序渐进。告别"腔子中用功"而回归日常伦理生活，同时又避免泰州学派解缆放船、恣情肆欲的弊端，这一步是由潘平格迈出的。理学工夫浸润在心灵生活之中长达六百余年，走出腔子话语、工夫话语，重辨孔孟学脉，该潘平格登场了。第十四章"'无工夫之工夫'：潘平格的登场与理学工夫论的终结"尝试在儒家修身学历程中重新界定潘平格。潘平格盘查、检点宋明理学的工夫论系统，剔除了其中浸染已久的"意识"向度，将儒家的修身焦点由"心灵""心性""意识"之经营重新恢复为"德行"与伦常践履之关切，由"圣人心境"之追求转变为"人子德行"之追求，将格物论中的"心灵"修炼术改造成人际中的"恕道"，从而破除了宋明儒学中的"玄虚"因素。"玄"乃指形上理论的建构（体用范畴），"虚"乃指"意识"的经营（"腔子中用功"）。此"破除"之"破"绝不是纯粹的"破坏""毁灭"，而是捅破、破解，捅破"玄虚"的光景，解放儒家伦理心性的内核，扭转自宋以降"腔子中用功"这一内转取向。正是在这一旨在"建构"的"解构"之中，宋明儒所孜孜以求的"持敬""涵养工夫""静中养出端倪工夫""致良知工夫"之目标不期而至。就此而论，潘平格既是宋明理学工夫论的"解构者"，同时又是"建构者"；既是终结者，又是调适上遂的完成者。

参考文献

一、古籍类

《佛遗教三经》，上海：上海佛学书局，1991 年。

C

蔡汝楠：《自知堂集》，《四库全书存目丛书·集部》（第 97 册），济南：齐鲁书社，1997 年。

陈　淳：《北溪大全集》，《景印文渊阁四库全书》（第 1168 册），台北：台湾商务印书馆，1986 年。

陈　淳：《北溪字义》，熊国桢、高流水点校，北京：中华书局，1983 年。

陈九川：《明水陈先生文集》，《四库全书存目丛书·集部》（第 72 册），济南：齐鲁书社，1997 年。

陈俊民辑校：《蓝田吕氏遗著辑校》，北京：中华书局，1993 年。

陈　澧：《东塾读书记》，杨志刚校点，北京：生活·读书·新知三联书店，2012 年。

陈　宓：《复斋先生龙图陈公文集》，《续修四库全书》（第 1319 册），上海：上海古籍出版社，2002 年。

陈　确：《陈确集》，北京：中华书局，1979 年。

陈士珂辑：《孔子家语疏证》，上海：上海书店，1987 年。

陈献章：《陈献章集》，孙通海点校，北京：中华书局，1987 年。

程　颢、程　颐：《二程集》，王孝鱼点校，北京：中华书局，2004 年第 2 版。

程敏政：《篁墩集》，《景印文渊阁四库全书》（第 1253 册），台北：台湾商务印书馆，1986 年。

D

邓豁渠：《南询录校注》，邓红校注，武汉：武汉理工大学出版社，2008 年。

邓以赞：《邓定宇先生文集》，《四库全书存目丛书·集部》（第 156 册），济南：齐鲁书社，1997 年。

F

方　鹏：《矫亭存稿》，《四库存目丛书·集部》（第 61 册），济南：齐鲁书社，1997 年。

冯从吾：《少墟集》，《景印文渊阁四库全书》（第 1293 册），台北：台湾商务印书馆，1986 年。

G

高攀龙：《高子遗书》，《四库明人文集丛刊》，上海：上海古籍出版社，1993 年。

高攀龙：《高子遗书》，《景印文渊阁四库全书》（第 1292 册），台北：台湾商务印书馆，1986 年。

耿定向：《耿天台先生文集》，《四库全书存目丛书》（第 131 册），济南：齐鲁书社，1997 年。

龚　昱编：《乐庵语录》，《景印文渊阁四库全书》（第 849 册），台北：台湾商务印书馆，1983 年。

顾颉刚、刘起釪：《尚书校释译论》，北京：中华书局，2018 年。

顾宪成：《顾宪成全集》，王学伟编校，上海：上海古籍出版社，2022 年。

顾应祥：《崇雅堂全集》，万历三十八年刻本，日本内阁文库藏。

归　庄：《归庄集》，上海：上海古籍出版社，1984 年。

郭良翰辑：《问奇类林》，《四库全书未收辑刊》（第 7 辑，第 15 册），北京：北京出版社，2000 年。

H

何心隐：《何心隐集》，容肇祖整理，北京：中华书局，1960 年。

胡炳文：《四书通》，《景印文渊阁四库全书》（第 203 册），台北：台湾商务印书馆，1986 年。

胡　渭：《大学翼真》，《景印文渊阁四库全书》（第 208 册），台北：台湾商务印书馆，1986 年。

胡　寅：《崇正辩 斐然集》，容肇祖点校，北京：中华书局，1993 年。

胡　直：《衡庐精舍藏稿》，《四库明人文集丛刊》，上海：上海古籍出版社，1993 年。

胡　直：《胡直集》，张昭炜编校，上海：上海古籍出版社，2015 年。

胡　直：《胡子衡齐》，《续修四库全书》（第 939 册），上海：上海古籍出版社，2002 年。

黄怀信等：《逸周书汇校集注》，上海：上海古籍出版社，2007 年。

黄怀信主撰：《论语汇校集释》，上海：上海古籍出版社，2008 年。

黄　绾：《黄绾集》，张宏敏编校，上海：上海古籍出版社，2014 年。

黄　晖：《论衡校释（附刘盼遂集解）》，北京：中华书局，2017 年。

黄　佐：《泰泉乡礼》，《景印文渊阁四库全书》（第 142 册），台北：台湾商务印书馆，1986 年。

黄宗羲：《黄宗羲全集》，沈善洪主编，杭州：浙江古籍出版社，2005 年。

黄宗羲：《明儒学案》，沈芝盈点校，北京：中华书局，1985 年。

J

季　本：《四书私存》，朱湘钰点校，台北："中央研究院"中国文哲研究所，2013 年。

贾　谊：《新书》，《贾谊集》，上海：上海人民出版社，1976 年。

焦　竑：《澹园集》，北京：中华书局，1999 年。

焦　循：《孟子正义》，沈文倬点校，北京：中华书局，1987 年。

金景芳、吕绍刚：《〈尚书·虞夏书〉新解》，沈阳：辽宁古籍出版社，1996 年。

金履祥：《大学疏义》，北京：中华书局，1985 年。

K

康有为：《南海康先生口说》，吴熙钊、邓中好校点，广州：中山大学出版社，1985 年。

L

李　白：《李白文集》，北京：中国戏剧出版社，2009 年。

李　材：《见罗先生书》,《四库全书存目丛书·子部》(第 11 册), 济南：齐鲁书社, 1997 年。

李德裕：《李卫公会昌一品集》, 北京：中华书局, 1985 年。

李　绂：《穆堂初稿》,《续修四库全书》(第 1421 册), 上海：上海古籍出版社, 2002 年。

李　颙：《二曲集》, 陈俊民点校, 北京：中华书局, 1996 年。

李光地：《榕村语录》, 陈祖武点校, 北京：中华书局, 1995 年。

李见罗：《教学录》,《四库未收书辑刊》(第 6 辑, 第 12 册), 北京：北京出版社, 1997 年。

李　侗：《延平答问》,《景印文渊阁四库全书》(第 698 册), 台北：台湾商务印书馆, 1983 年。

利玛窦：《利玛窦中文著译集》, 朱维铮主编, 上海：复旦大学出版社, 2001 年。

林希逸：《庄子口义校注》, 周启成校注, 北京：中华书局, 1997 年。

刘安世：《元城语录解》, 马永卿辑、王崇庆解, 北京：商务印书馆, 1939 年。

刘元卿：《刘元卿集》, 彭树欣编校, 上海：上海古籍出版社, 2014 年。

刘宗周：《刘宗周全集》, 吴光主编, 杭州：浙江古籍出版社, 2007 年。

陆九渊：《陆九渊集》, 钟哲点校, 北京：中华书局, 1980 年。

陆九渊：《陆象山全集》, 北京：中国书店, 1992 年。

陆陇其：《松阳讲义》,《景印文渊阁四库全书》(第 209 册), 台北：台湾商务印书馆, 1986 年。

罗念庵：《罗洪先集》, 徐儒宗编校整理, 南京：凤凰出版社, 2007 年。

罗　侨：《东川罗先生潜心语录》,《续修四库全书》(第 938 册), 上海：上海古籍出版社, 2002 年。

罗汝芳：《罗汝芳集》, 方祖猷等编校整理, 南京：凤凰出版社, 2007 年。

吕　坤:《呻吟语》,《吕坤全集》,北京:中华书局,2008年。

M

孟化鲤:《孟云浦先生集》,《四库全书存目丛书·集部》(第167册),济南:齐鲁书社,1995年。

穆孔晖、尤时熙等:《北方王门集》,邹建锋、李旭等编校,上海:上海古籍出版社,2017年。

N

倪　思:《经鉏堂杂志》,《四库全书存目丛书·子部》(第83册),济南:齐鲁书社,1995年。

聂　豹:《聂豹集》,吴可为编校整理,南京:凤凰出版社,2007年。

O

欧阳德:《欧阳德集》,陈永革编校整理,南京:凤凰出版社,2007年。

P

潘平格:《潘子求仁录辑要》,钟哲点校,北京:中华书局,2009年。

潘植:《安正忘筌集》,《续修四库全书·子部》(第934册),上海:上海古籍出版社,2002年。

潘德舆:《养一斋札记》,清同治十一年刊本。

Q

钱德洪编次、罗洪先考订:《阳明先生年谱》,明嘉靖四十三年毛汝麒刻本。

全祖望:《鲒埼亭集》,朱铸禹汇校集注:《全祖望集汇校集注》,上海:上海古籍出版社,2000年。

S

僧　祐:《弘明集》,上海:上海古籍出版社,1991年。

邵　雍:《邵雍集》,郭彧整理,北京:中华书局,2010年。

释僧祐:《弘明集校笺》,李小荣校笺,上海:上海古籍出版社,2013年。

释智旭:《禅解周易四书》,释延佛整理,北京:九州出版社,2011年。

司马光：《资治通鉴》，上海：上海古籍出版社，1987 年。

司马迁：《史记》，北京：中华书局，1997 年。

苏　舆：《春秋繁露义证》，钟哲点校，北京：中华书局，1992 年。

孙奇逢：《孙奇逢集》，王惠敏等点校，郑州：中州古籍出版社，2003 年。

孙思邈：《千金方》，刘清国等校注，北京：中国中医药出版社，1998 年。

孙希旦：《礼记集解》，沈啸寰、王星贤点校，北京：中华书局，1989 年。

孙应奎：《燕诒录》，《四库全书存目丛书·集部》（第 90 册），济南：齐鲁书社，1995 年。

T

唐　枢：《木钟台集》，《四库全书存目丛书·子部》（第 162 册），济南：齐鲁书社，1995 年。

唐　枢：《一庵杂问录》，《四库全书存目丛书·子部》（第 84 册），济南：齐鲁书社，1995 年。

唐顺之：《唐顺之集》，马美信、黄毅点校，杭州：浙江古籍出版社，2014 年。

W

汪　俊：《濯旧稿》，《四库全书存目丛书·子部》（第 83 册），济南：齐鲁书社，1995 年。

汪荣宝：《法言义疏》，陈仲夫点校，北京：中华书局，1987 年。

王　艮：《王心斋全集》，陈祝生等校点，南京：江苏教育出版社，2001 年。

王　栋：《一庵王先生遗集》，《四库全书存目丛书·子部》（第 10 册），济南：齐鲁书社，1995 年。

王　畿：《王畿集》，吴震编校整理，南京：凤凰出版社，2007 年。

王　畿：《王龙溪语录》，台北：广文书局，1977 年再版。

王先谦：《荀子集解》，沈啸寰、王星贤点校，北京：中华书局，1988 年。

王家振：《西江文稿》，清光绪三十四年活字印本。

王时槐：《王时槐集》，钱明、程海霞编校，上海：上海古籍出版社，

2015 年。

　　王时槐:《塘南王先生友庆堂合稿》,《四库全书存目丛书·集部》(第
114 册),济南:齐鲁书社,1997 年。

　　王朝琛辑:《饶双峰讲义》(第 2 辑,第 15 册),《四库未收书辑刊》,
北京:北京出版社,1997 年。

　　王守仁:《王阳明全集》(新编本),吴光、钱明等编校,杭州:浙江古
籍出版社,2010 年。

　　王守仁:《王阳明全集》,吴光等编校,上海:上海古籍出版社,1992 年。

　　王守仁:《传习录详注集评》,陈荣捷注评,台北:台湾学生书局,
1983 年。

　　王聘珍撰:《大戴礼记解诂》,王文锦点校,北京:中华书局,1983 年。

　　王辟之:《渑水燕谈录》,北京:中华书局,1981 年。

　　魏良弼:《太常少卿魏水洲先生文集》,《四库全书存目丛书·集部》(第
85 册),济南:齐鲁书社,1997 年。

　　吴　曾:《能改斋漫录》,上海:上海古籍出版社,1979 年新 1 版。

　　吴　兢:《贞观政要集校》,谢保成集校,北京:中华书局,2003 年。

　　吴　澄:《吴文正集》,《景印文渊阁四库全书》(第 1197 册),台北:
台湾商务印书馆,1983 年。

X

　　谢良佐:《上蔡语录》,收入《朱子全书外编》(第 3 册),上海:华东
师范大学出版社,2010 年。

　　徐爱等:《徐爱 钱德洪 董澐集》,钱明编校整理,南京:凤凰出版社,
2007 年。

　　薛　侃:《薛侃集》,陈椰编校,上海:上海古籍出版社,2014 年。

　　薛　瑄:《薛瑄全集》,孙玄常等点校,太原:山西人民出版社,1990 年。

Y

　　颜　钧:《颜钧集》,黄宣民点校,北京:中国社会科学出版社,1996 年。

　　阳　枋:《字溪集》,《景印文渊阁四库全书》(第 1183 册),台北:台
湾商务印书馆,1986 年。

　　杨　时:《杨时集》,林海权校理,北京:中华书局,2018 年。

杨　时:《龟山集》,《景印文渊阁四库全书》(第1125册),台北:台湾商务印书馆,1983年。

杨伯峻编著:《春秋左传注》,北京:中华书局,1990年第2版。

杨起元:《证学编》,谢群洋点校,上海:上海古籍出版社,2016年。

杨起元:《太史杨复所先生证学编》,《四库全书存目丛书·子部》(第90册),济南:齐鲁书社,1997年。

杨逢彬:《论语新注新译》,北京:北京大学出版社,2016年。

印　光:《印光法师文抄三编》,台北:三重净宗学会,2002年。

游　酢:《游廌山先生集》,《宋集珍本丛刊》(第29册),北京:线装书局,2004年。

游　酢:《游廌山集》,《景印文渊阁四库全书》(第1121册),台北:台湾商务印书馆,1986年。

阮　元:《揅经室集》,邓经元点校,北京:中华书局,1993年。

俞　成:《萤雪丛说》,北京:中华书局,1985年。

Z

查　铎:《毅斋查先生阐道集》,《四库未收书辑刊》(第7辑,第16册),北京:北京出版社,2000年。

张　怡:《玉光剑气集》,魏连科点校,北京:中华书局,2006年。

张　萱:《西园闻见录》,《明代传记丛刊》(第117册),台北:明文书局,1991年。

张　载:《张载集》,张锡琛点校,北京:中华书局,1978年。

张　穆:《殷斋诗文集》,《续修四库全书》(第1532册),上海:上海古籍出版社,2002年。

张九成:《横浦先生文集》,《景印文渊阁四库全书·集部》(第1138册),台北:台湾商务印书馆,1986年。

张三丰:《张三丰先生全集》,方春阳点校,杭州:浙江古籍出版社,1990年。

张履祥:《杨园先生全集》,陈祖武点校,北京:中华书局,2002年。

湛若水:《甘泉先生续编大全》,游腾达、王文娟点校,台北:"中央研究院"中国文哲研究所,2018年。

湛若水:《泉翁大全集》,钟彩钧、游腾达点校,台北:"中央研究院"中国文哲研究所,2017 年。

湛若水:《格物通》,《景印文渊阁四库全书》(第 716 册),台北:台湾商务印书馆,1986 年。

湛若水:《湛甘泉先生文集》,《四库全书存目丛书·集部》(第 56 册),济南:齐鲁书社,1997 年。

赵维新:《感述续录》,《四库全书存目丛书》(第 91 册),济南:齐鲁书社,1997 年。

赵卫东、王光福编:《王志谨学案》,济南:齐鲁书社,2015 年。

周　密:《齐东野语》,张茂鹏点校,北京:中华书局,1983 年。

邹元标:《愿学集》,上海:上海古籍出版社,1993 年。

邹守益:《邹守益集》,董平编校整理,南京:凤凰出版社,2007 年。

郑　性:《南溪偶刊》,《四库未收书辑刊》(第 8 辑,第 27 册),北京:北京出版社,2000 年。

朱　熹:《朱子全书》,朱杰人等主编,上海:上海古籍出版社;合肥:安徽教育出版社,2002 年。

二、非古典书籍类

A

阿多:《伊西斯的面纱:自然的观念史随笔》,张卜天译,上海:华东师范大学出版社,2019 年。

爱比克泰德:《爱比克泰德论说集》,王文华译,北京:商务印书馆,2009 年。

埃克哈特:《埃克哈特大师文集》,荣震华译,北京:商务印书馆,2003 年。

奥古斯丁:《忏悔录》,周士良译,北京:商务印书馆,2017 年。

奥勒留:《沉思录》,何怀宏译,北京:中国社会科学出版社,1989 年。

B

柏格森：《道德与宗教的两个来源》，王作虹、成穷译，贵阳：贵州人民出版社，2000年。

柏拉图：《理想国》，郭斌和、张竹明译，北京：商务印书馆，1986年。

班布里基：《中年的意义》，周沛郁译，北京：北京联合出版公司，2018年。

毕来德：《庄子四讲》，宋刚译，北京：中华书局，2009年。

布拉伊多蒂：《后人类》，宋根成译，郑州：河南大学出版社，2018年。

C

常玉芝：《商代周祭制度》，北京：中国社会科学出版社，1987年。

陈　畅：《自然与政教：刘宗周慎独哲学研究》，上海：上海人民出版社，2016年。

陈　来：《古代思想文化的世界：春秋时代的宗教、伦理与社会思想》，北京：生活·读书·新知三联书店，2002年。

陈　来：《有无之境：王阳明哲学的精神》，北京：人民出版社，1991年。

陈　来：《朱子哲学研究》，上海：华东师范大学出版社，2000年。

陈　来：《宋明理学》，沈阳：辽宁教育出版社，1991年。

陈立胜：《宋明理学中的"身体"与"诠释"之维》，北京：商务印书馆，2019年。

陈立胜：《入圣之机：王阳明致良知工夫论研究》，北京：生活·读书·新知三联书店，2019年。

陈梦家：《殷墟卜辞综述》，北京：中华书局，2004年。

陈荣捷：《朱子新探索》，台北：台湾学生书局，1988年。

陈　赟：《庄子哲学的精神》，上海：上海人民出版社，2016年。

D

丁福保：《静坐法精义》，上海：上海古籍出版社，1990年。

丁四新：《洪范大义与忠恕之道》，北京：商务印书馆，2022年。

杜维明：《杜维明文集》，郭齐勇、郑文龙编，武汉：武汉出版社，2002年。

F

费希：《超人类革命》，周行译，长沙：湖南科学技术出版社，2017 年。

费里：《论爱》，杜小真译，北京：北京大学出版社，2017 年。

冯友兰：《三松堂全集》，郑州：河南人民出版社，2000 年。

福　柯：《主体解释学》，佘碧平译，上海：上海人民出版社，2010 年。

福　柯：《自我技术》，汪民安编，北京：北京大学出版社，2016 年。

福　柯：《性经验史》（增订版），佘碧平译，上海：上海人民出版社，2005 年。

弗洛姆：《爱的艺术》，孙依依译，北京：中国工人出版社，1986 年。

福山：《我们的后人类未来：生物技术革命的后果》，黄立志译，桂林：广西师范大学出版社，2017 年。

G

冈田武彦：《王阳明与明末儒学》，吴光等译，上海：上海古籍出版社，2000 年。

高海波：《慎独与诚意：刘蕺山哲学思想研究》，北京：生活·读书·新知三联书店，2016 年。

高木智见：《先秦社会与思想》，何晓毅译，上海：上海古籍出版社，2011 年。

葛兆光：《中国思想史》，上海：复旦大学出版社，2001 年。

耿　宁：《人生第一等事》，倪梁康译，北京：商务印书馆，2014 年。

龚鹏程：《晚明思潮》，北京：商务印书馆，2005 年。

古清美：《慧庵论学集》，台北：大安出版社，2004 年。

郭沫若：《郭沫若全集》，北京：科学出版社，1958 年。

H

海德格尔：《存在与时间》，陈嘉映、王庆节译，北京：生活·读书·新知三联书店，1987 年。

海勒：《我们何以成为后人类：文学、信息科学和控制论中的虚拟身体》，刘宇清译，北京：北京大学出版社，2017 年。

何　俊：《西学与晚明思想的裂变》，上海：上海人民出版社，2013 年。

黄俊杰：《儒家思想与中国历史思维》，台北：台大出版中心，2014 年。

黄敏浩:《刘宗周及其慎独哲学》，台北：台湾学生书局，2001年。

黄展岳:《古代人牲人殉通论》，北京：文物出版社，2004年。

J

蒋介石编:《王阳明平赣录》，上海：青年与战争社，1933年。

K

康　德:《实用人类学》，邓晓芒译，上海：上海人民出版社，2002年。

克里马卡斯:《神圣攀登的天梯》，许列民译，香港：道风书社，2012年。

L

李明辉:《四端与七情：关于道德情感的比较哲学探讨》，台北：台大出版中心，2008年。

李　巍:《从语义分析到道理重构：早期中国哲学的新刻画》，北京：商务印书馆，2019年。

李学勤主编:《字源》，天津：天津古籍出版社；沈阳：辽宁人民出版社，2012年。

梁　涛:《郭店竹简与思孟学派》，北京：中国人民大学出版社，2008年。

列文森:《儒教中国及其现代命运》，郑大华、任菁译，北京：中国社会科学出版社，2000年。

林月惠:《良知学的转折：聂双江与罗念庵思想之研究》，台北：台大出版中心，2005年。

林月惠:《诠释与工夫：宋明理学的超越蕲向与内在辩证》，台北："中央研究院"中国文哲研究所，2008年。

刘　翔:《中国传统价值观诠释学》，上海：华东师范大学出版社，2010年。

刘文英、曹田玉:《梦与中国文化》，北京：人民出版社，2003年。

刘述先:《朱子哲学思想的发展与完成》，台北：台湾学生书局，1995年增订三版。

刘健清编:《中国法西斯主义资料选编》，北京：中国人民大学中共党史系，1985年。

刘泽华主编：《中国政治思想史》，天津：南开大学出版社，1992 年。

吕妙芬：《成圣与家庭人伦：宗教对话脉络下的明清之际儒学》，台北：联经出版公司，2017 年。

罗　萨：《新异化的诞生：社会加速批判理论大纲》，郑作彧译，上海：上海人民出版社，2019 年。

M

马一浮：《马一浮集》，马镜泉等点校，杭州：浙江古籍出版社、浙江教育出版社，1996 年。

麦格夫：《基督教灵修学》，赵崇明译，香港：基道出版社，2004 年。

麦奎利：《探索人性：一种神学与哲学的途径》，何光沪、高师宁译，香港：道风书社，2014 年。

麦奎利：《基督教神学原理》，何光沪译，香港汉语基督教文化研究所，1998 年。

麦金太尔：《追寻美德》，宋继杰译，南京：译林出版社，2011 年第 2 版。

孟德斯鸠：《孟德斯鸠法义》，严复译，北京：商务印书馆，1981 年。

米兰多拉：《论人的尊严》，顾超一、樊虹谷译，北京：北京大学出版社，2010 年。

墨子刻：《摆脱困境：新儒学与中国政治文化的演进》，颜世安等译，南京：江苏人民出版社，1996 年。

牟宗三：《牟宗三先生全集》，台北：联经出版公司，2003 年。

牟宗三：《牟宗三先生讲演录（一）》，卢雪昆整理，台北：东方人文基金会，2019 年。

O

欧迈安：《天主教灵修学史》，宋兰友译，香港：香港公教真理学会，1991 年。

P

庞万里：《二程哲学体系》，北京：北京航空航天大学出版社，1992 年。

彭国翔：《良知学的展开：王龙溪与中晚明的阳明学》，北京：生活·读书·新知三联书店，2015 年增订版。

普契卡：《本笃会规评注》，杜海龙译，上海：上海三联书店，2015 年。

Q

钱　明：《王阳明及其学派论考》，北京：人民出版社，2009 年。

钱　明：《阳明学的形成与发展》，南京：江苏古籍出版社，2002 年。

钱　穆：《八十忆双亲师友杂忆合刊》，《钱宾四先生全集》（第 51 册），台北：联经出版公司，1998 年。

钱　穆：《中国近三百年学术史》，北京：中华书局，1986 年。

钱　穆：《朱子新学案》，北京：九州出版社，2011 年。

钱锺书：《管锥编》，北京：中华书局，1979 年。

S

塞涅卡：《哲学的治疗：塞涅卡伦理文选之二》，吴欲波译，北京：中国社会科学出版社，2007 年。

塞涅卡：《强者的温柔：塞涅卡伦理文选》，包利民等译，北京：中国社会科学出版社，2005 年。

塞涅卡：《道德和政治论文集》，袁瑜琤译，北京：北京大学出版社，2010 年。

塞涅卡：《道德书简：致鲁基里乌斯书信集》，刘晴译，北京：社会科学文献出版社，2021 年。

桑德尔：《反对完美：科技与人性的正义之战》，黄慧慧译，北京：中信出版社，2013 年。

舍　勒：《伦理学中的形式主义与质料的价值伦理学》，倪梁康译，北京：商务印书馆，2011 年。

舍　勒：《爱的秩序》，林克译，北京：生活·读书·新知三联书店，1995 年。

史华罗：《中国历史中的情感文化》，林舒俐等译，北京：商务印书馆，2009 年。

石敏敏、章雪富：《斯多亚主义（Ⅱ）》，北京：中国社会科学出版社，2009 年。

施米特：《政治的概念》，刘宗坤、沈雁冰等译，上海：上海人民出版社，2015 年。

束景南：《阳明佚文辑考编年》，上海：上海古籍出版社，2012 年。

斯特伦：《人与神：宗教生活的理解》，金泽、何其敏译，上海：上海人民出版社，1991 年。

索罗金：《爱之道与爱之力：道德转变的类型、因素与技术》，陈雪飞译，上海：上海三联书店，2011 年。

孙效智：《宗教、道德与幸福的吊诡》，台北：立绪文化事业有限公司，2002 年。

T

唐君毅：《中国文化之精神价值》，桂林：广西师范大学出版社，2005 年。

唐君毅：《中国哲学原论·原教篇》，北京：中国社会科学出版社，2006 年。

W

王正主编：《儒家工夫论》，北京：华文出版社，2018 年。

王兴国编校：《杨昌济集》，北京：民主与建设出版社，2016 年。

王汎森：《思想是生活的一种方式：中国近代思想史的再思考》，北京：北京大学出版社，2018 年。

王汎森：《晚明清初思想十论》，上海：复旦大学出版社，2004 年。

王汎森：《中国近代思想与学术的系谱》，上海：上海三联书店，2018 年

王叔岷：《王叔岷著作集·先秦道法思想讲稿》，北京：中华书局，2007 年。

王承文：《汉晋道教仪式与古灵宝经研究》，北京：中国社会科学出版社，2017 年。

韦　伯：《宗教社会学》，康乐、简惠敏译，桂林：广西师范大学出版社，2005 年。

韦伯：《儒教与道教》，王荣芬译，北京：商务印书馆，1995 年。

吴启超：《朱子的穷理工夫论》，台北：台大出版中心，2017 年。

吴　震：《明末清初劝善运动思想研究》，台北：台大出版中心，2009 年。

吴　震：《泰州学派研究》，北京：中国人民大学出版社，2009 年。

吴　震：《阳明后学研究》，上海：上海人民出版社，2003 年。

吴　震：《颜茂猷思想研究：17 世纪晚明劝善运动的一项个案考察》，北京：东方出版社，2015 年。

吴学昭：《吴宓与陈寅恪》，北京：生活·读书·新知三联书店，2004 年。

吾　淳：《重新审视轴心期：对雅斯贝斯相关理论的批判性研究》，上海：上海人民出版社，2018 年。

X

希　克：《宗教之解释：人类对超越者的回应》，王志成译，成都：四川人民出版社，1998 年。

希　克：《第五维度：灵性领域的探索》，王志成译，成都：四川人民出版社，2000 年。

西塞罗：《论老年 论友谊 论责任》，徐奕春译，北京：商务印书馆，1998 年。

熊十力：《佛家名相通释》，北京：中国大百科全书出版社，1985 年。

熊十力：《存斋随笔》，上海：上海远东出版社，1996 年。

熊十力：《原儒》，上海：上海书店出版社，2009 年。

熊十力：《熊十力全集》，武汉：湖北教育出版社，2001 年。

徐复观：《中国人性论史》，上海：上海三联书店，2001 年。

徐复观：《中国思想史论集》，上海：上海书店出版社，2004 年。

徐复观：《儒家政治思想与民主自由人权》，萧欣义编，台北：八十年代出版社，1979 年。

徐复观：《中国艺术精神》，上海：华东师范大学出版社，2001 年。

许倬云：《中国文化与世界文化》，贵阳：贵州人民出版社，1991 年。

Y

雅斯贝尔斯：《历史的起源与目标》，魏楚雄、俞新天译，北京：华夏出版社，1989 年。

阎步克：《士大夫政治演生史稿》，北京：北京大学出版社，1996 年。

杨联陞：《中国文化中的"报""保""包"的意义：钱宾四先生学术文化讲座》，香港：香港中文大学出版社，1987 年。

杨儒宾：《儒家身体观》，台北："中央研究院"中国文哲研究所，2003年修订二版。

杨儒宾等编：《东亚的静坐传统》，台北：台大出版中心，2012年。

杨天石：《王阳明》，北京：中华书局，1972年。

伊格尔顿：《马克思为什么是对的》，李扬等译，北京：新星出版社，2011年。

余英时：《士与中国文化》，上海：上海人民出版社，1987年。

余英时：《现代危机与思想人物》，北京：生活·读书·新知三联书店，2005年。

余英时：《论天人之际：中国古代思想起源试探》，台北：联经出版公司，2014年。

约纳斯：《技术、医学与伦理学：责任伦理的实践》，张荣译，上海：上海译文出版社，2008年。

Z

张广宝：《金元全真教史新研究》，香港：香港青松出版社，2008年。

张　灏：《探索的时代》，台北："中央研究院"、联经出版公司，2004年。

张　灏：《梁启超与中国思想的过渡（1890—1907）》，崔志海、葛夫平译，南京：江苏人民出版社，1995年。

张崑将：《阳明学在东亚：诠释、交流与行动》，台北：台大出版中心，2011年。

张曼涛主编：《现代佛教学术丛刊》（第54册），《佛教根本问题研究（二）》，台北：大乘文化出版社，1978年。

章念驰编订：《章太炎演讲集》，上海：上海人民出版社，2015年。

章太炎：《社会通诠商兑》，《章太炎全集·太炎文录初编》，上海：上海人民出版社，2014年。

章太炎：《章太炎全集·齐物论释》，上海：上海人民出版社，1986年。

张卫红：《由凡至圣：阳明心学工夫散论》，北京：生活·读书·新知三联书店，2016年。

张卫红：《罗念庵的生命历程与思想世界》，北京：生活·读书·新知三联书店，2009 年。

　　章雪富：《斯多亚主义（Ⅰ）》，北京：中国社会科学出版社，2007 年。

　　赵法生：《儒家超越思想的起源》，北京：中国社会科学出版社，2019
年。

　　郑宗义：《明清儒学转型探析：从刘蕺山到戴东原》（增订版），香港：
香港中文大学出版社，2009 年。

　　中共中央文献研究室、中共湖南省委《毛泽东早期文稿》编辑组编：
《毛泽东早期文稿（一九一二年六月——一九二〇年十一月）》，长沙：湖南人
民出版社，2008 年。

三、文章类

（一）书籍篇章

　　陈立胜：《遭遇"宗教人"：与伊利亚德一起面向神圣人生》，李志刚、
冯达文主编：《面向神圣人生》，成都：巴蜀书社，2004 年。

　　岛森哲男：《慎独思想》，梁涛、斯云龙编：《出土文献与君子慎独——
慎独问题讨论集》，桂林：漓江出版社，2012 年。

　　冯友兰：《当前的几个思想问题之一：新旧道德问题》，《三松堂全
集·中国哲学史补二集》，北京：中华书局，2017 年。

　　顾颉刚：《纣恶七十事的发生次第》，《古史辨》（第 2 册），上海：上海
古籍出版社，1982 年。

　　谷中信一：《孟子人性观的现代意义——阐扬"人的尊严"的思想家》，
王中江、李存山主编：《中国儒学》（第 7 辑），北京：中国社会科学出版社，
2012 年。

　　韩　星：《超凡入圣：孔子的人格境界》，《中华孔学》第 3 期，香港：
学术文化出版社，2019 年。

　　黄俊杰：《"身体隐喻"与古代儒家的修养工夫》，《东亚儒学史的新视
野》，上海：华东师范大学出版社，2008 年。

黄克武：《蒋介石与阳明学：以清末调适传统为背景之分析》，黄自进主编：《蒋中正与近代中日关系》，台北：稻香出版社，2006年。

李明辉：《孔子论"学"：儒家的文化意识》，收入《儒家视野下的政治思想》，台北：台大出版中心，2005年。

廖肇亨：《僧人说梦：晚明丛林梦论试析》，《中边·诗禅·梦戏——明末清初佛教文化论述的呈现与开展》，台北：允晨文化，2008年。

林素娟：《致爱则存、致悫则著：先秦祭礼中的生死观》，周大兴主编：《东亚哲学的生死观》，台北："中央研究院"中国文哲研究所，2016年。

马明达：《吴殳著述考》，纪宗安、汤开建主编：《暨南史学》第一辑，广州：暨南大学出版社，2002年。

濮茅左：《关于上海战国竹简中"孔子"的认定》，《中华文史论丛》第67辑第3期，上海：上海古籍出版社，2001年。

庞　朴：《"仁"字臆断》，刘贻群编：《庞朴文集》（第2卷），济南：山东大学出版社，2005年。

容肇祖：《潘平格的思想》，《容肇祖集》，济南：齐鲁书社，1989年。

史华慈：《超越的时代》，《思想的跨度与张力：中国思想史论集》，王中江译，郑州：中州古籍出版社，2009年。

文崇一：《报的迭替流变》，顾瑜君主编：《中国人的世间游戏》，台北：张老师文化事业有限公司，1980年。

文崇一：《报恩与复仇：交换行为的分析》，杨国枢主编：《中国人的心理》，台北：桂冠图书，1988年。

闻一多：《文学的历史动向》（1943年），《闻一多作品集》，北京：现代出版社，2016年。

吴　光：《论黄宗羲与清代浙东经史学派的学术成就与学术特色》，《从"道德人文"到"一道五德"：吴光论学集》，贵阳：孔学堂书局，2018年。

吴展良：《历史上的两种游于艺》，刘苑如主编：《游观：作为身体技艺的中古文学与宗教》，"中央研究院"中国文哲研究所，2013年。

吾妻重二：《朱熹的鬼神论和气的逻辑》，《朱子学的新研究》，傅锡洪等译，北京：商务印书馆，2017年。

杨儒宾：《〈中庸〉、〈大学〉变成经典的历程：从性命之书的观点立论》，收入李明辉编：《中国经典诠释传统（二）儒学篇》，台北：台大出版中心，2004 年。

杨儒宾：《明儒与静坐》，钱明主编：《阳明学派研究——阳明学派国际学术研讨会论文集》，杭州：杭州出版社，2011 年。

杨儒宾：《未摄天根岂识人：理学工夫论》，景海峰主编：《儒家思想与当代中国文化建设》，北京：人民出版社，2013 年。

（二）期刊论文

白　奚：《"仁"字古文字考辨》，《中国哲学史》2000 年第 3 期。

剡川野客（王任叔）：《王阳明论》，《大陆》第 1 卷第 6 期（1941 年）。

陈立胜：《"以心求心""自身意识"与"反身的逆觉体证"——对宋明理学通向"真己"之路的哲学反思》，《哲学研究》2019 年第 1 期。

陈立胜：《"身不自身"：罗近溪身体论发微》，《西北大学学报》2012 年第 1 期。

陈立胜：《"空空"鄙夫抑或是夫子？》（未刊稿）。

陈立胜：《王阳明龙场悟道新诠》，《中山大学学报》2014 年第 4 期。

陈立胜：《如何在现象学意义上理解良知——对耿宁之王阳明良知三义说的方法论反思》，《哲学分析》2014 年第 4 期。

陈立胜：《作为生活态度的格物之学——王阳明之"心外无事"解》，金泽、赵广明主编：《宗教与哲学》第 4 辑，北京：社会科学文献出版社，2015 年。

陈立胜：《谁之"思"何种"位"——儒学"思不出其位"之中的"政治"与"心性"向度》，金泽、赵广明主编：《宗教与哲学》第 5 辑，北京：社会科学文献出版社，2016 年。

陈启云：《中华古文化中的超越哲思：轴心与转轴》，《学术月刊》2011 年第 10 期。

陈少明：《儒家伦理与人性的未来》，《开放时代》2018 年第 6 期。

陈铁健、黄道炫：《王学及其现代命运》，《历史研究》1994 年第 4 期。

陈　椰：《梦论与睡功：睡梦的理学义蕴》，《周易研究》2013 年第 2 期。

陈　椰：《岭南阳明学与白沙学的互动交融》，《学术研究》2017 年第 9 期。

邓国元：《王阳明〈大学古本旁释〉献疑与辨证——以初本和定本为中心的考察》，《中国哲学史》2014 年第 1 期。

杜维明：《宋儒教育观念的前景》，《史学评论》（中国思想史研究专号），1985 年第 9 期。

胡厚宣：《中国奴隶社会的人殉和人祭（下）》，《文物》1974 年第 8 期。

李孟儒：《从静坐衡定陈白沙之心学》，《鹅湖月刊》2007 年第 3 期。

林永胜：《反工夫的工夫论——以禅宗与阳明学为中心》，《台大佛学研究》第 24 期（2012 年）。

林永胜：《功夫试探——以初期佛教译经为线索》，《台大佛学研究》第 21 期（2011 年）。

刘荣茂：《阳明学派的知识面向——以顾应祥、唐顺之为中心》，《哲学与文化》2020 年第 6 期。

黄道炫：《蒋介石与朱、王二学》，《史学月刊》2002 年第 12 期。

廖名春：《〈论语〉“君子有三畏”章新释》，《孔子研究》2011 年第 6 期。

廖俊毅、王雪卿：《唐君毅先生的工夫论》，《鹅湖月刊》第 35 卷第 5 期（年）。

梅　广：《“内圣外王”考略》，《清华学报》新 41 卷第 4 期（2011 年 12 月）。

米切姆：《一种工程的生活是否值得人类去过？》，黄晓伟译，《哲学分析》2019 年第 2 期。

倪培民：《将“功夫”引入哲学》，《南京大学学报》2011 年第 6 期。

潘振泰：《刘宗周（1578—1645）对“主静”与“静坐”的反省》，《新史学》2007 年第 1 期。

彭国翔：《“治气”与“养心”：荀子身心修炼的功夫论》，《学术月刊》2019 年第 9 期。

彭国翔：《“尽心”与“养气”：孟子身心修炼的功夫论》，《学术月刊》2018 年第 4 期。

钱　明：《儒家“意”范畴与阳明学的“主意”话语》，《中国哲学史》2005 年第 2 期。

司马黛兰：《中国早期经典中的“修身”与“修己”》，收入《2012 年纪念涵静老人宗教汇通论坛》，南投：2012年12月21—23日。

万　里：《周敦颐与佛教关系再考证》，《船山学刊》2018年第1期。

王中江：《“身心合一”之“仁”与儒家德性伦理——郭店竹简“息”字及儒家仁爱的构成》，《中国哲学史》2006年第1期。

王汎森：《明末清初的人谱与省过会》，《“中央研究院”历史语言研究所集刊》第63本，1993年，后收入《权力的毛细管作用》，北京：北京大学出版社，2015年。

吴展良：《朱子之鬼神论述义》，《汉学研究》第31卷第4期（2013年）。

吴　震：《身心技法：静坐——试析朱子学的修养论》，《朱子学刊》总第11辑（2000年）。

徐圣心：《梦即佛法——彻庸周理〈云山梦语摘要〉研究》，《台大佛学研究》第18期（2009年）。

杨　菁：《高攀龙的静坐实践及其体悟》，《彰化师大国文学志》第22期（2011年6月）。

杨雅妃：《朱熹静坐法》，《兴大中文学报》第18期（2006年1月）。

杨儒宾：《宋儒静坐说》，《台湾哲学研究》2004年第4期。

杨儒宾：《论“观喜怒哀乐未发前气象”》，《中国文哲研究通讯》第15卷第3期（2005年9月）。

于省吾：《释羌、苟、敬、美》，《吉林大学学报》1963年第1期。

张　灏：《五四与中共革命：中国现代思想史上的激化》，《“中央研究院”近代史研究所辑刊》第77期（2012年9月）。

张灏、卢华：《古典儒学与轴心时代的突破》，《政治思想史》第1期（2014年）。

张亨：《论内圣外王》，《东华汉学》第25期（2017年6月）。

张京华：《中国何来“轴心时代”？（上）》，《学术月刊》2007年第7期。

张京华：《中国何来“轴心时代”？（下）》，《学术月刊》2007年第8期。

张汝伦：《“轴心时代”的概念与中国哲学的诞生》，《哲学动态》2017年第5期。

翟奎凤：《“对越上帝”与儒学的宗教性》，《哲学动态》2017年第10期。

翟学伟:《报的运作方位》,《社会学研究》2007 年第 1 期。

钟彩钧:《王畿的本体论与工夫论》,《东海中文学报》第 22 期（2010 年 7 月）。

朱湘钰:《平实道中启新局——江右三子良知学研究》,台北：台湾师范大学博士论文，1995 年。

三、英文类

Arnason, Eisenstadt and Wittrock, *Axial Civilizations and World History* (Leiden: Brill, 2005).

Bellah, Robert N. and Joas, Hans (eds.): *The Axial Age and Its Consequences* (Cambridge, MA: The Belknap Press of Harvard University Press, 2012).

Bellah, Robert N.: *Religion in Human Evolution: From the Paleolithic to the Axial Age* (Cambridge, MA: The Belknap Press of Harvard University Press, 2011).

Black, Antony: "The Axial Period: What Was It and What Does It Signify?" in *The Review of Politics* 70 (2008).

Eisenstadt, S. N. ed.: *The Origins and Diversity of the Axial Age* (Albany, New York: State University of New York Press, 1986).

Eisenstadt, S. N.: *This Worldly Transcendentalism and the Structuring of the World: Weber's Religion of China and the Format of Chinese History and Civilization* (Jerusalem: Hebrew University of Jerusalem, 1983).

Foucault, Michel: *Ethics: Subjectivity and Truth*, edited by Paul Rabinow (New York: The New Press, 1997).

Foucault, Michel: *The Care of the Self, Volume 3 of The History of Sexuality*, translated from French by Robert Hurley (New York: A Division of Random House, 1988).

Graver, Margaret R.: *Stoicism and Emotion* (Chicago and London: The University of Chicago Press, 2007).

Hadot, Pierre: *Philosophy as a Way of Life: Spiritual Exercises from Socrates to Foucault*, translated by Micheal Chase (Oxford & Cambridge: Blackwell Publishers, 1995).

Hadot, Pierre: *What is Ancient Philosophy*, translated by Micheal Chase (Cambridge, MA: The Harvard University Press, 2002).

Harris, William V.: *Restraining Rage: the Ideology of Anger Control in Classical Antiquity* (Cambridge, MA: Harvard University Press 2002).

Irvine, William B.: *A Guide to the Good Life: the Ancient Art of Stoic Joy* (Oxford: Oxford University Press, 2009).

Ismael, Jenann: "Temporal experience," in *Oxford Handbook on Time*, ed. Craig Callender (Oxford: Oxford University Press, 2010).

Ivanhoe, Philip J.: *Confucian Moral Self Cultivation* (New York: Peter Lang Inc. International Academic Publishers, 1993).

MacIntyre, Alasdair: *After Virtue* (Notre Dame: University of Notre Dame Press, 1981).

Momigliano, Arnaldo: *Alien Wisdom: The Limits of Hellenization* (Cambridge: Cambridge University Press, 1990).

Nussbaum, Martha C.: *The Therapy of Desire: Theory and Practice in Hellenistic Ethics* (Princeton and London: Princeton University Press, 1994).

Seddon, Keith: *Epictetus' Handbook and the Tablet of Cebes: Guides to Stoic Living* (London and New York: Rouledge, 2005).

Sherman, Nancy: *Stoic Warriors: the Ancient Philosophy behind the Military Mind* (Oxford/New York: Oxford University Press, 2005).

Sihvola, Juha and Engberg-Pedersen, Troels (ed.): *The Emotions in Hellenistic Philosophy* (Dordrecht/Boston/London: Kluwer Academic Publishers, 1998).

Skinner, Quentin: "Meaning and Understanding in the History of Ideas," in *History and Theory*, Vol. 8, No. 1 (1969).

Wu, Pei-yi: *The Confucian's Progress: Autobiographical Writing in Traditional China* (Princeton: Princeton University Press, 1990).

Yao, Zhihua: "Consciousness." *Analytic Asian Philosophy*, edited by Mark Siderits (Forthcoming).

补 记

　　《从"修身"到"工夫"：儒家"内圣学"的开显与转折》繁体字版于台湾出版后不久，本书责任编辑凌金良博士即联系笔者，表达出版简体版意愿。我随即着手对原书进行修订：将"导论"附录部分中的"工夫""内圣学"二词之说明扩充为独立的两节，列于书末的附录中；将原书第十二章中的湛若水一节改写为独立的一章"湛若水'独体'意识的形成及其历史效应"。另外，我对原书中的每一章都做了不同程度的修订与补充。书中宋明理学人物除了程子、朱子、王阳明外，一律统一称名。在我完成这一列增订工作后，金良仍对小书简体版不舍不弃。没有他始终如一的雅意，《从"修身"到"工夫"：儒家"内圣学"的开显与转折》简体增订版不会这么快面世。付梓之际，南京大学学子巨智波君就繁体字版中种种标点不规范之处做了细致的订正。金良与智波均为素未谋面的道友，感谢二位君子的盛意！